W0407610

STRAFRECHT BT 2

Straftaten gegen höchstpersönliche Rechtsgüter und Rechtsgüter der Allgemeinheit

2017

Dr. Rolf Krüger
Rechtsanwalt und Fachanwalt für Strafrecht
in Münster

ALPMANN UND SCHMIDT Juristische Lehrgänge Verlagsges. mbH & Co. KG
48143 Münster, Alter Fischmarkt 8, 48001 Postfach 1169, Telefon (0251) 98109-0
AS-Online: www.alpmann-schmidt.de

Zitiervorschlag: Krüger, Strafrecht BT 2, Rn.

Dr. Krüger, Rolf

Strafrecht BT 2
Straftaten gegen höchstpersönliche Rechtsgüter
und Rechtsgüter der Allgemeinheit

16., vollständig neu bearbeitete Auflage 2017

ISBN: 978-3-86752-496-4

Verlag Alpmann und Schmidt Juristische Lehrgänge
Verlagsgesellschaft mbH & Co. KG, Münster

Die Vervielfältigung, insbesondere das Fotokopieren,
ist nicht gestattet (§§ 53, 54 UrhG) und strafbar (§ 106 UrhG).
Im Fall der Zuwiderhandlung wird Strafantrag gestellt.

Unterstützen Sie uns bei der Weiterentwicklung unserer Produkte.
Wir freuen uns über Anregungen, Wünsche, Lob oder Kritik an:
feedback@alpmann-schmidt.de.

LITERATURVERZEICHNIS

Arzt/Weber/Heinrich/ Hilgendorf	Strafrecht Besonderer Teil, 2. Aufl. 2009
BeckOK StGB/Bearbeiter	Beck'scher Online-Kommentar StGB, 32. Edition Stand: 01.04.2016
Fischer	Strafgesetzbuch mit Nebengesetze, 62. Aufl. 2015
Kindhäuser	Strafrecht, Besonderer Teil I, 6. Aufl. 2014
Lackner/Kühl	Strafgesetzbuch, 28. Aufl. 2014
LK-Bearbeiter	Strafgesetzbuch, Leipziger Kommentar, Jähnke/Laufhütte/Rissing-van Saan/Tiedemann, Bände 5, 6, 8–11, 13, 12. Aufl. 2009
MünchKomm/Bearbeiter	Münchener Kommentar zum Strafgesetzbuch, Joecks/Miebach, 2. Aufl. 2011 ff.
NK-Bearbeiter	Nomos Kommentar Strafgesetzbuch, 4. Aufl. 2013
Otto	Grundkurs Strafrecht, Die einzelnen Delikte, 7. Aufl. 2005
Rengier	Strafrecht Besonderer Teil II, 17. Aufl. 2016
Sch/Sch/Bearbeiter	Schönke/Schröder, Strafgesetzbuch, 29. Aufl. 2014
SK-Bearbeiter	Systematischer Kommentar zum Strafgesetzbuch, Rudolphi/Horn/Samson/Günther/Hoyer, Loseblattsammlung, Stand: August 2014
Wessels/Hettinger	Strafrecht Besonderer Teil/1, 39. Aufl. 2015

Die Nichtvermögensdelikte schützen alle höchstpersönlichen Individualgüter und die Universalrechtsgüter, also die Güter der Allgemeinheit.

Praktisch in jeder Examensklausur sind Straftatbestände aus diesem Bereich anzusprechen. Sie brauchen aber nach den landesrechtlichen Justizausbildungsgesetzen für das 1. Examen nur einen begrenzten Teil der Nichtvermögensdelikte zu kennen. Wenn diese bundesweit nicht zum Prüfungsstoff gehören, finden sie in diesem Skript auch keine ausführlichere Erwähnung. Soweit Deliktsgruppen nur in einzelnen Bundesländern kein Examensstoff sind, wird darauf vor dem jeweiligen Abschnitt besonders hingewiesen.

1. Teil: Höchstpersönliche Rechtsgüter

1. Abschnitt: Begriff und Strukturen

Höchstpersönliche Rechtsgüter sind solche, die untrennbar mit einem Rechtsträger verbunden sind, sodass sie nicht übertragen werden können und im Regelfall erlöschen, wenn der Rechtsträger aufhört zu existieren. 1

A. Gesetzessystematik nach den Phasen menschlicher Existenz

Träger höchstpersönlicher Rechtsgüter ist das **menschliche Individuum**. Nur dort, wo der Tatbestand nicht zwingend eine natürliche Person als Tatopfer verlangt, können auch juristische Personen oder Institutionen Rechtsgutträger sein, etwa beim Hausrecht, § 123,[1] oder bei der Ehre, §§ 185 ff.

Für die verschiedenen Stadien menschlicher Existenz gewährt unsere Strafrechtsordnung unterschiedlich weit reichenden Schutz.

I. Der künstlich befruchtete Embryo

Den lebenden menschlichen Embryo außerhalb des Mutterleibes schützt ausschließlich das **Embryonenschutzgesetz**. § 8 Abs. 1 ESchG definiert als Embryo die bereits befruchtete, entwicklungsfähige menschliche Eizelle vom Zeitpunkt der Kernverschmelzung an, ferner jede einem Embryo entnommene totipotente Zelle (das sind solche, die sich bei Vorliegen der erforderlichen Bedingungen teilen und zu einem selbstständigen Individuum entwickeln können). Das ESchG bezieht sich auf Handlungen am Embryo außerhalb des Mutterleibes oder vor der Einnistung in der Gebärmutter, sogenannte Nidation. Das Gesetz bekämpft den Missbrauch **der künstlichen Befruchtung**. Es will sicherstellen, dass diese ausschließlich angewendet wird, um eine von beiden Eltern gewollte Schwangerschaft zu ermöglichen, und zwar von einem lebenden Samenspender bei der Frau, von der die Eizelle stammt, und ohne Selektion oder Manipulation des Erbguts. 2

1 §§ ohne Gesetzesangabe sind solche des StGB.

II. Die Leibesfrucht

3 Das im Mutterleib heranwachsende Kind, die sogenannte Leibesfrucht,[2] ist nur vor einer vorsätzlichen Tötung durch **§ 218** geschützt – und auch das nur, wenn die Tat nicht innerhalb der ersten 12 Schwangerschaftswochen nach Beratung durch einen Arzt vorgenommen wurde und wenn für die Tat keine speziellen Rechtfertigungsgründe eingreifen, § 218 a. **Die fahrlässige Tötung und jede vorsätzliche oder fahrlässige Schädigung des Ungeborenen sind nach unserer Rechtsordnung straflos!**

III. Der lebende Mensch

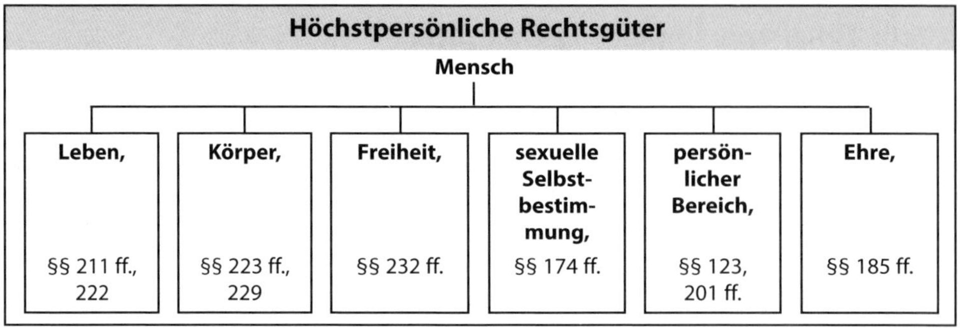

4 Zum Schutz des lebenden Menschen enthält das StGB die meisten Strafvorschriften.

1. Als wichtigstes Rechtsgut untersteht das **Leben** absolutem Schutz vor vorsätzlicher Tötung durch die §§ 211 ff., vor fahrlässiger Tötung durch § 222 und alle Erfolgsqualifikationen, z.B. § 227, ferner vor vorsätzlicher Gefährdung durch § 221.

2. Körperliche Integrität und Gesundheit werden durch die §§ 223 ff., 229 geschützt.

3. Die Tatbestände zum Schutz der **Fortbewegungs- und Willensfreiheit** finden sich in den §§ 232 ff.

4. Schutzgut der §§ 174 ff. ist die **sexuelle Selbstbestimmung**.

5. Die Entfaltung des **persönlichen Lebens- und Geheimnisbereichs** wird durch § 238, § 123 und die Vorschriften der §§ 201 ff. gesichert.

6. Angriffe auf die **Ehre** sind durch die §§ 185 ff. unter Strafe gestellt.

IV. Verstorbene

5 Mit dem Tod werden der Leichnam und seine Teile strafrechtlich zur (grundsätzlich herrenlosen) Sache. An die Stelle der vorgenannten Individualdelikte treten wenige Strafvorschriften, die nur noch rudimentär mit der Person des Trägers verbunden sind:

1. Das Transplantationsgesetz will sicherstellen, dass eine **Organentnahme** nur mit der vorherigen Einwilligung des Verstorbenen oder seiner nächsten Angehörigen erfolgt, §§ 3, 4 TPG.

---

2 In den §§ 218 ff. taucht dieser Begriff nicht auf. Stattdessen spricht das Gesetz juristisch unpräzise vom „Abbrechen der Schwangerschaft". „Schwangerschaft" bezeichnet aber nur einen Zustand und keinen individuellen Rechtsträger. Für die Bezeichnung des Tatobjekts hat sich der Terminus „Leibesfrucht" eingebürgert; das Strafgesetz verwendet ihn in § 168.

2. § 168, Störung der Totenruhe, bestraft die **Wegnahme sterblicher Überreste** aus dem Gewahrsam der für die Totensorge Berechtigten und **beschimpfenden Unfug**, also letztlich Achtung und Pietät der Allgemeinheit im Umgang mit Verstorbenen.

3. § 189 stellt die **Verunglimpfung des Andenkens Verstorbener** unter Strafe und schützt damit neben dem Pietätsempfinden der Angehörigen das postmortale Persönlichkeitsrecht.

4. Zuletzt reicht der **Geheimnisschutz** des § 203 über den Tod hinaus.

B. Gemeinsamkeiten

I. Kein Schutz vor dem Rechtsgutträger selbst

In den meisten Strafvorschriften zum Schutz individueller Rechtsgüter wird durch das Merkmal „anderen" oder „fremd" ausdrücklich bestimmt, dass Täter und Opfer personenverschieden sein müssen. Dort wo dieses Merkmal fehlt, nämlich in den §§ 211, 212, 226, ist es nach heute ganz h.M. durch systematische Auslegung hineinzuinterpretieren. Das bedeutet: 6

- **Die Selbsttötung, Selbstverletzung oder Selbstgefährdung erfüllt keinen Straftatbestand.**
- **Mangels Haupttat ist auch eine Teilnahme hieran durch Dritte nicht strafbar.** Eine Sonderregel für die absichtliche und geschäftsmäßige Förderung von Selbsttötungen enthält der seit dem 10.12.2015 geltende § 217.
- Begeht ein vom Opfer verschiedener Täter eine **tatbestandliche Fremdtötung, -verletzung oder -gefährdung** und hat der Rechtsgutinhaber sich hieran durch Anstiftung oder Förderung beteiligt, so liegt **für letzteren keine teilnahmefähige Haupttat** vor, weil die Teilnahme nach der heute geltenden Förderungstheorie voraussetzt, dass das betroffene Rechtsgut vor Angriffen des fraglichen Beteiligten geschützt ist.[3]

II. Einverständnis und Einwilligung

Über seine Individualgüter kann der Rechtsgutträger oder eine dispositionsbefugte dritte Person durch tatbestandsausschließende oder rechtfertigende **Einwilligung** verfügen. Allerdings macht das Gesetz zwei **Ausnahmen**: 7

Da § 216 die Tötung auf Verlangen unter – wenn auch milde – Strafe stellt, gibt es keine rechtfertigende Einwilligung in die eigene Tötung durch gezieltes aktives Tun eines anderen. § 216 erzeugt insoweit eine **Einwilligungssperre**. Ausnahmen gelten nur unter den besonderen Voraussetzungen des Behandlungsabbruchs (s.u. Rn. 85 ff.).

- Auch die Einwilligung in die eigene **Körperverletzung** hat nach § 228 keine rechtfertigende Wirkung, wenn die Tat **gegen die guten Sitten** verstößt (dazu unten Rn. 131.).

---

3 Vgl. dazu AS-Skript StrafR AT 2 (2016), Rn. 72, 85.

2. Abschnitt: Tötungsdelikte am Menschen

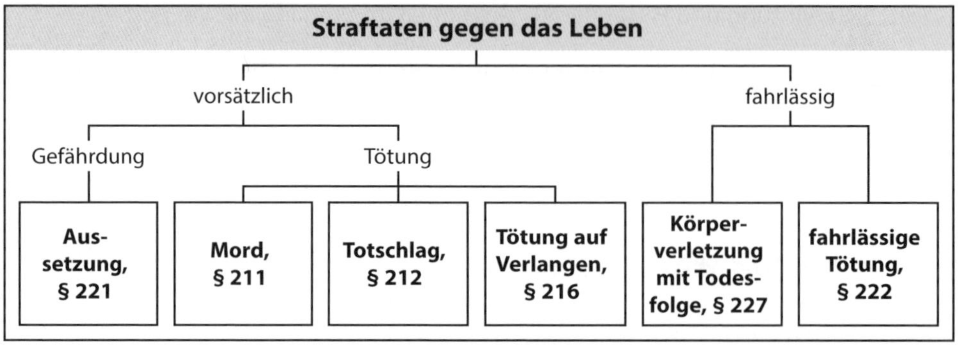

8 Vor konkreter Gefährdung ist das Leben des Einzelnen geschützt durch den Tatbestand der Aussetzung, § 221. Bei Delikten mit anderer Schutzrichtung wirkt die konkrete Lebens- (oder Leibes-)gefährdung häufig strafbegründend (z.B. § 315 b) oder strafschärfend (§ 250 Abs. 2 Nr. 3 b, § 306 b Abs. 2 Nr. 1).

Die §§ 211–216 bestrafen alle vorsätzlichen und die §§ 222, 227 alle fahrlässigen Fremdtötungshandlungen. § 212 ist der Kerntatbestand jeder vorsätzlichen Tötung. Tötet der Täter unter besonders verwerflichen Umständen, Motiven oder Absichten, die dem abschließenden Katalog des § 211 unterfallen, so ist die Tat als Mord zu bestrafen. Erfolgt die Tötung auf ausdrückliches und ernsthaftes Verlangen des Getöteten, ist sie als Vergehen nach § 216 strafbar.

Die Tötung von **Mitgliedern einer Bevölkerungsgruppe** wird durch das Völkerstrafgesetzbuch (VStGB) gesondert unter Strafe gestellt. Es erfasst außerdem Verbrechen gegen die Menschlichkeit (§ 7 VStGB) sowie Kriegsverbrechen (§§ 8–12 VStGB).

A. Die vorsätzlichen Tötungsdelikte

I. Totschlag, § 212

Aufbauschema: Totschlag, §§ 212, 213
1. objektiver Tatbestand
a) Tatopfer: Anderer Mensch
b) Töten
2. subjektiver Tatbestand Vorsatz
3. Rechtswidrigkeit
4. Schuld
5. Benannte Strafänderung: § 213 Alt. 1: minder schwerer Fall nach Provokation

1. „Totschläger" und „ohne Mörder zu sein" für die Tatbestandsprüfung bedeutungslos

Der Wortlaut des § 212 (und des § 211) geht zurück auf das Gesetz zur Änderung des StGB v. 04.09.1941.[4] Durch die Bezeichnung „Totschläger" (und in § 211 „Mörder") wird eine Person durch ihre Tat zu einem Tätertyp abgestempelt und dafür bestraft. Ein solches Täterstrafrecht weckt Assoziationen zu nationalsozialistischem Gedankengut und gibt es heute nicht mehr. Anknüpfungspunkt der Strafbarkeit ist nach heutigem Tatstrafrecht nicht die Persönlichkeit des Täters, sondern die Tat. Demgemäß lautet auch der Schuldspruch aus § 212 in einem Urteil: „ist eines Totschlages schuldig". Das Wort „Totschläger" in § 212 ist bedeutungslos. 9

Auch der Nebensatz „ohne Mörder zu sein" hängt mit der überkommenen Unterscheidung von Tätertypen zusammen und ist an sich schon deshalb obsolet. Unabhängig davon ist nach heutigem Verständnis das Unrecht des Totschlages in § 211 mitenthalten.[5] Auch diese Klausel ist für die Prüfung des § 212 deshalb ohne Bedeutung.

Nicht nur wegen dieser historisch belasteten Formulierungen, sondern auch wegen der schuldunangemessenen weiten („Heimtücke", s.u. Rn. 42 ff.) und moralisch aufgeladenen Mordmerkmale („niedrige Beweggründe", s.u. Rn. 70 f.) war schon lange eine Reform der Tötungsdelikte gefordert worden. Der Bundesminister der Justiz und für Verbraucherschutz hat deshalb eine Expertengruppe eingesetzt. Ihr Abschlussbericht liegt seit Juni 2015 vor.[6] Ob die darin vorgeschlagenen Gesetzesänderungen realisiert werden, ist allerdings nicht absehbar.

***Klausurhinweis**: In einem Gutachten brauchen Sie diese Fragen nicht anzusprechen. Sie sollten ihnen aber für die mündliche Prüfung geläufig sein.*

2. Tatopfer: Anderer Mensch

a) „Mensch"

ist jedes lebende menschliche Individuum. 10

aa) Beginn des Menschseins

§ 218 sieht für die Tötung eines Ungeborenen eine erheblich geringere Strafe vor als § 212. Zudem ist weder der fahrlässige Schwangerschaftsabbruch strafbar noch die Schädigung der Leibesfrucht. Daraus folgt, dass der Gesetzgeber zwischen der Leibesfrucht als Schutzobjekt des § 218 und dem Menschen als Schutzobjekt der §§ 211 ff., 222 und §§ 223 ff. unterscheidet. Daraus folgt weiter, dass im Anwendungsbereich der §§ 218 ff. die §§ 211 ff., 222 und 223 ff. tatbestandlich schon nicht erfüllt sein können. **Solange das Tatobjekt eine Leibesfrucht ist, ist es strafrechtlich nicht als Mensch** 11

4 RGBL I 549.

5 BGHSt 36, 231, 235; Sch/Sch/Eser Vor §§ 211 ff Rn. 6.

6 http://www.bmjv.de/SharedDocs/Downloads/DE/Artikel/Abschlussbericht_Experten_Toetungsdelikte.html.

geschützt. Endet die Eigenschaft als Leibesfrucht, beginnt der strafrechtliche Schutz für Menschen.

Die ganz h.M. zieht die Grenze bei dem **Beginn der Geburt**.[7] Bei regulärem Geburtsverlauf ist dies der Beginn der sogenannten ***Eröffnungswehen***, die zeitlich vor den Presswehen die oberen Abschnitte des Geburtsweges erweitern.[8] Bei operativer Entbindung soll nach h.M. die Eröffnung des Uterus der maßgebliche Zeitpunkt sein.[9]

Ob sich eine Tat auf eine Leibesfrucht oder einen Menschen bezieht, bestimmt sich nach **§ 8**. Danach ist für die **Begehung einer Tat der Handlungszeitpunkt und nicht der Erfolgszeitpunkt maßgeblich.**

12 **(1)** Wirkt sich eine Handlung danach schon **auf eine Leibesfrucht** aus, wird diese Handlung allein nach den Strafbarkeitsvoraussetzungen der §§ 218 ff. beurteilt. Ein Tötungsdelikt im Sinne der §§ 211 ff. oder des § 222 liegt in einem solchen Fall selbst dann nicht vor, wenn die Handlung auf ein ausgereiftes und außerhalb des Mutterleibes lebensfähiges Kind trifft und wenn der Tod erst mehrere Tage nach der Geburt eintritt.[10]

Beispiel: F stand im 9. Monat kurz vor der Niederkunft, wusste aber nicht, dass sie schwanger war. Als bei ihr die Vorwehen einsetzten, durch die das Kind vor Beginn der Eröffnungswehen in den Beckeneingang verlagert wird, hielt sie die Schmerzen für Unterleibskrämpfe. F begab sich zum Notfalldienst der Uniklinik, wo sie der diensthabende Stationsarzt A untersuchte. Da F die Frage nach einer Schwangerschaft verneinte, glaubte A an eine schmerzhafte Menstruationsstörung. Er spritzte F ein krampflösendes Medikament. Die Krampflösung bewirkte zugleich eine Wehenhemmung, sodass die Vorwehen, Eröffnungs- und Ausstoßungswehen verzögert und der Geburtsvorgang verlängert wurde. Das Kind erlitt deshalb während der Geburt einen Sauerstoffmangel und starb an dessen Folgen Tage nach der Geburt. – A ist straflos. Das wehenhemmende Mittel wirkte auf die Leibesfrucht ein. A handelte aber in Unkenntnis der Schwangerschaft, hatte also keinen Vorsatz für § 218 Abs. 1. Fahrlässige Tötung, § 222 scheitert daran, dass die Leibesfrucht im Handlungszeitpunkt strafrechtlich kein „Mensch" und damit keine taugliches Tatopfer war.

13 **(2)** Auch für solche Fälle, in denen die Willensbetätigung nicht unmittelbar, sondern erst später wirksam geworden ist, wird auf die Rechtsqualität des Opfers in dem Moment abgestellt, in welchem **sich die Handlung auszuwirken beginnt**.[11]

Beispiel für eine solche Zeitverzögerung: A montiert im Jahr 2015 ein Regal falsch an. Als 2016 der erst wenige Wochen alte Säugling dadurch verletzt wird, hat sich die Handlung auf einen Menschen ausgewirkt (§ 229). A kann sich nicht damit entlasten, seine Handlung, die Montage, zu einem Zeitpunkt begangen zu haben, als der Säugling noch nicht einmal gezeugt war.[12]

14 **(3)** Zu einer Überschneidung mit den §§ 211 ff. kommt es auch, wenn **nach einem Schwangerschaftsabbruch ein lebendes Kind geboren und anschließend getötet** wird. Dass in diesen Fällen ein vollendeter Totschlag gemäß § 212 oder Mord gemäß § 211 erfüllt sein kann, steht außer Zweifel. Auch ein etwaiger Rechtfertigungsgrund für den Schwangerschaftsabbruch nach § 218 a Abs. 2, 3 kann die Tötung eines Menschen nicht mehr rechtfertigen. Fraglich ist nur, ob **§ 218 in diesen Fällen vollendet oder nur**

7 BGH, Beschl. v. 02.11.2007 – 2 StR 336/07, RÜ 2008, 173; Lackner/Kühl § 218 Rn. 3; Fischer Vor §§ 211–216 Rn. 5.

8 BGHSt 32, 194, 196.

9 Isemer/Lilie MedR 1988, 68.

10 BGH, Beschl. v. 02.11.2007 – 2 StR 336/07, RÜ 2008, 173.

11 BVerfG NJW 1988, 2945.

12 Vgl. NK-Neumann Vor § 211 Rn. 15.

versucht ist. Für diese Frage, die letztlich die objektive Zurechnung des Erfolges zum Schwangerschaftsabbruch betrifft, gilt:

Führte der gegen die Leibesfrucht gerichtete Eingriff zu einer **lebensfähigen Frühgeburt**, die danach durch eine neue Handlung getötet worden ist, so liegt nach allgemeiner Ansicht ein fehlgeschlagener versuchter Schwangerschaftsabbruch vor, der dann in Tatmehrheit mit einem vorsätzlichen Tötungsdelikt steht.[13]

Führte der gegen die Leibesfrucht gerichtete Eingriff zu einer **nicht lebensfähigen Frühgeburt** und wird dieses nicht lebensfähige Kind vor seinem natürlichen Absterben durch eine neue Handlung getötet, ist die Beurteilung umstritten. Nach der Rspr. soll trotzdem ein vollendeter Schwangerschaftsabbruch (in Tateinheit mit einem vollendeten Tötungsdelikt) vorliegen.[14] Die im Schrifttum überwiegende Gegenauffassung sieht in der weiteren Tötungshandlung ein Folgegeschehen, das zumindest als wesentliche Kausalabweichung die subjektive Zurechnung des eingetretenen Todes als vom Vorsatz umfasste Folge des Schwangerschaftsabbruchs ausschließt. Danach ist der Schwangerschaftsabbruch also nur versucht.[15]

bb) Ende des Menschseins

Das Menschsein endet mit dem Tod. In der Regelung von Organ- und Gewebeentnahmen 15
zu Transplantationszwecken hat der Gesetzgeber den Todesbegriff konkretisiert. Die einschlägigen Vorschriften des Transplantationsgesetzes (TPG)[16] lauten auszugsweise:

§ 3 Abs. 1 Nr. 2 TPG:
„Die Entnahme von Organen oder Geweben ist (...) nur zulässig, wenn (...) der Tod des Organ- oder Gewebespenders nach Regeln, die dem Stand der medizinischen Wissenschaft entsprechen, festgestellt ist ..."

§ 3 Abs. 2 Nr. 2 TPG:
„Die Entnahme von Organen oder Geweben ist unzulässig, wenn nicht vor der Entnahme bei dem Organ- oder Gewebespender der endgültige, nicht behebbare Ausfall der Gesamtfunktion des Großhirns, des Kleinhirns und des Hirnstamms nach Verfahrensregeln, die dem Stand der Erkenntnis der medizinischen Wissenschaft entsprechen, festgestellt ist."

Damit ist der irreversible und vollständige Ausfall aller Hirnfunktionen, der sogenannte **Gesamthirntod** die gesetzlich verbindliche Trennlinie zwischen lebenden Menschen und Verstorbenen.[17]

Für die Hirntod-Diagnose hat der wissenschaftliche Beirat der Bundesärztekammer nach § 16 Abs. 1 Nr. 1 TPG einen Katalog von Symptomen aufgestellt:[18] Bewusstlosigkeit, reaktionslose Pupillenerweiterung, Fehlen von Schmerzreizreaktionen und bestimmter Reflexe, Ausfall der Spontanatmung und bei weiterer klinischer Beobachtung ersatzweise Feststellung der Nulllinie im Elektroenzephalogramm und/oder des Kreislaufstillstands im Hirn. Zum Nachweisverfahren als Voraussetzung zur Organentnahme vgl. § 5 TPG.

---

13 BGHSt 13, 21.

14 BGHSt 10, 291; vgl. auch – zu einem Fall irriger Annahme – BGH, Urt. v. 20.05.2003 – 5 StR 592/02, S. 14.

15 Lackner/Kühl § 218 Rn. 4; LK-Kröger § 218 Rn. 13; Sch/Sch/Eser § 218 Rn. 24; i.E. ebenso NK-Merkel § 218 Rn. 84, wonach das vollendete Tötungsdelikt auf Konkurrenzebene nur den tatbestandlichen Tötungserfolg des § 218 Abs. 1 verdrängen soll.

16 BGBl. I 1997, 2631 ff.

17 Vgl. Sch/Sch/Eser/Sternberg-Lieben Vor §§ 211 ff. Rn. 19.

18 Deutsches Ärzteblatt, Sonderdruck vom 24.07.1998.

cc) Keine qualitativen Differenzierungen

16 Ist ein lebender Mensch das Tatopfer, kommt es auf die Lebensfähigkeit oder gar auf so etwas wie „Lebenswert" nicht an. Frühgeburten, Kinder mit Fehlbildungen oder sogar hirnlose Kinder sind ebenso Menschen i.S.d. Strafrechts wie schwer hirngeschädigte Personen. Auch Sterbende unterstehen dem prinzipiellen Schutz der Tötungsdelikte. Geschieht die Tötung auf ausdrückliches Verlangen des Getöteten, wird § 212 von § 216 verdrängt. Darüber hinaus hat sich inzwischen eine begrenzte Lockerung des Tötungsverbots in den Fällen des **Behandlungsabbruchs bei Sterbenden und Todkranken** entwickelt (s. dazu unten Rn. 77 ff.).

b) Anderer Mensch

17 Ungeschriebene Voraussetzung des Totschlags ist, dass die Tötung einen **anderen** Menschen betrifft. Nach ganz h.M. ist der **eigenverantwortliche Suizid** schon nicht vom Tatbestand eines Tötungsdelikts erfasst (zu dessen Voraussetzungen und zur Abgrenzung zur Tötung auf Verlangen unten Rn. 89 ff.).

3. Tötung

18 Tathandlung und Taterfolg ist **jede kausale (und nach dem Schrifttum: objektiv zurechenbare) Lebensverkürzung oder garantenpflichtwidrige Nichtverlängerung des Lebens eines anderen Menschen.**

4. Subjektiver Tatbestand

19 Der Täter muss bei den objektiv zum Tode führenden oder diesen beschleunigenden Handlungen auch Tötungsvorsatz haben. **Dolus eventualis** genügt zwar. Die dafür erforderliche billigende Inkaufnahme des Todes darf aber – wenn kein Hinweis im Sachverhalt steht – nur dann angenommen werden, wenn sich aus einer Gesamtwürdigung aller Tatumstände, vor allem der Gefährlichkeit des eingesetzten Tatmittels, ergibt, dass der Täter nicht mehr ernsthaft auf das Ausbleiben des Todeserfolges vertrauen konnte.[19]

20 Früher verneinten die Gerichte häufig Eventualvorsatz mit dem Argument, dass psychisch vor der Tötung eines Menschen eine höhere **Hemmschwelle** stehe als vor einer – wenn auch lebensgefährlichen – Körperverletzung. Mittlerweile hat man erkannt, dass ein besonders gefährliches Handeln eher umgekehrt dafür spricht, dass der Täter eine etwaige Tötungshemmung überwunden hat. Die sogenannte Hemmschwellentheorie ist heute überholt.[20]

Beispiel für bedingten Tötungsvorsatz: In Todesangst sticht A dem Angreifer B mit einem Küchenmesser in den Hals und fügt ihm dabei eine 11 cm tiefe Stichverletzung zu, an deren Folgen B stirbt. – Nach Ansicht des BGH sprechen hier die Todesangst und die Gefährlichkeit des konkreten Messereinsatzes für Tötungsvorsatz des A.[21]

---

19 Ausführlich dazu AS-Skript StrafR AT 1 (2016), Rn. 141.

20 BGH, Urt. v. 22.03.2012 – 4 StR 558/11, BGHSt 57, 183, RÜ 2012, 369; BGH, Urt. v. 19.12.2013 – 4 StR 347/13, RÜ 2014, 165.

21 BGH, Urt. v. 19.12.2013 – 4 StR 347/13, RÜ 2014, 165.

5. Rechtfertigung

Wichtigster **Rechtfertigungsgrund** des Totschlags ist § 32, Notwehr.[22] **21**

6. Schuld

Bei der **Schuld** sind außer der Schuldunfähigkeit gemäß § 20 häufig Notwehrexzess, § 33, und entschuldigender Notstand, § 35, zu berücksichtigen.[23] **22**

7. Strafzumessungsregeln

a) Als **unbenannte Strafzumessungsvorschrift** verschärft **§ 212 Abs. 2** die Strafe für Totschlag „in besonders schweren Fällen" zu lebenslanger Freiheitsstrafe. Voraussetzung dafür ist ein außergewöhnlich großes Verschulden des Täters, das dem eines Mörders gleichsteht. Das Minus, das sich im Fehlen von Mordmerkmalen zeigt, muss durch ein Plus an schulderhöhenden Gesichtspunkten ausgeglichen werden.[24] Die bloße Nähe zu Mordmerkmalen genügt nicht.[25] **23**

b) Ebenfalls Strafzumessungsregel (ausschließlich) zu § 212 ist **§ 213.** Diese gesetzestechnische Einordnung folgt nach ganz h.M. aus der Bezeichnung als „minder schwerer Fall".[26] **24**

aa) § 213 Alt. 1 enthält einen **benannten Strafmilderungsgrund** mit zwingender Rechtsfolge für den provozierten Totschlag. Voraussetzungen:

Misshandlung oder schwere Beleidigung des Täters oder eines Angehörigen durch den Getöteten. „Misshandlung" ist jede vorsätzliche, auch nur versuchte körperliche oder seelische Beeinträchtigung. „Schwere Beleidigung" ist jede über das normale Maß hinausgehende Kränkung. „Angehörige" sind Personen i.S.v. § 11 Abs. 1 Nr. 1.

Keine eigene Schuld des Täters an der Provokation. Entscheidend dafür ist, dass der Täter keine Veranlassung zu der Provokation gegeben haben darf, die ihm vorzuwerfen ist.[27]

Der Täter muss durch die Provokation zum Zorn gereizt worden sein. Das ist anzunehmen, wenn die Provokation kausal für einen aggressiven Affekt wie Wut oder Empörung war.

Dadurch muss der Täter auf der Stelle zur Tat hingerissen worden sein, d.h. die Tötung muss in einem motivationspsychologischen Zusammenhang zur Erregung stehen.

bb) § 213 Alt. 2 ermöglicht die Strafmilderung, wenn „sonst ein minder schwerer Fall" vorliegt. In dieser Variante enthält § 213 also einen **unbenannten Strafmilderungsgrund**. Hierbei kommt es nicht darauf an, ob eine Situation vorgelegen hat, die mit einer Provokation i.S.d. 1. Alt. vergleichbar ist. Entscheidend ist vielmehr, ob das gesamte Tatbild einschließlich aller subjektiven Momente vom Durchschnitt der erfahrungsgemäß vorkommenden Fälle in einem Maß abweicht, dass die Anwendung des Ausnahmestrafrahmens geboten ist.[28]

---

22 Vgl. AS-Skript StrafR AT 1 (2016), Rn. 166 ff.
23 AS-Skript StrafR AT 1 (2016), Rn. 292 ff., 302 ff., 319 ff.
24 BGH JR 1983, 28.
25 BGH, Beschl. v. 20.01.2004 – 5 StR 395/03, StV 2004, 601.
26 LK-Jähnke § 213 Rn. 2; anders für die 1. Alt. „Privilegierung" Otto § 2 Rn. 15.
27 Sch/Sch/Eser/Sternberg-Lieben § 213 Rn. 7.
28 BGH, Urt. v. 06.11.2003 – 4 StR 296/03, NStZ-RR 2004, 80.

Klausurhinweis: *In einem strafrechtlichen Gutachten zum 1. Staatsexamen sind keine Erwägungen zu unbenannten Strafzumessungsgründen anzustellen. Zu erörtern ist* ***allenfalls § 213 Alt. 1****.*

II. Mord, § 211

1. Struktur

25 Mord ist die vorsätzliche Tötung eines anderen Menschen unter Verwirklichung mindestens eines der in § 211 Abs. 2 abschließend genannten Merkmale. Die Mordmerkmale selbst lassen sich in **drei Gruppen** unterteilen:

- In der **1. Gruppe** nennt das Gesetz besondere **Motive**,
- in der **2. Gruppe** sind besonders verwerfliche **Begehungsweisen** aufgeführt
- und in der **3. Gruppe** besondere **Absichten**.

Der Katalog des § 211 ist abschließend. Ob die Erfüllung eines Mordmerkmals stets zum Schuldspruch aus § 211 führen muss, ist – vor allem bei Heimtücke und Verdeckungsabsicht – umstritten. Rechtsfolge ist nach dem Gesetz allein lebenslange Freiheitsstrafe. Mord ist unverjährbar, § 78 Abs. 2.

2. Verfassungsmäßigkeit

26 Das BVerfG hat schon im Jahr 1977 die Verfassungsmäßigkeit sowohl des Mordtatbestandes als auch der lebenslangen Freiheitsstrafe bejaht. Es verlangt aber eine restriktive, am Verhältnismäßigkeitsgrundsatz orientierte Auslegung – vor allem der Merkmale „Heimtücke" und „Verdeckungsabsicht" (dazu die nachfolgenden Fälle).[29]

Ferner hat das BVerfG aus dem Gebot menschenwürdigen Strafvollzugs und dem Rechtsstaatsprinzip die Forderung abgeleitet, dass auch der lebenslänglich Verurteilte die gesetzlich geregelte Chance haben müsse, die Freiheit wiederzuerlangen.[30] Diese Forderung hat der Gesetzgeber durch Einführung des § 57 a, Möglichkeit der Restaussetzung lebenslanger Freiheitsstrafe, erfüllt.

Voraussetzungen: Nach § 57 a Abs. 1 Nr. 1 müssen mindestens **15 Jahre der Strafe verbüßt** sein, nach § 57 a Abs. 1 Nr. 2 darf nicht die **besondere Schwere der Schuld die weitere Vollstreckung gebieten** und schließlich muss für den Täter gemäß § 57 a Abs. 1 Nr. 3 wie bei jeder Reststrafenaussetzung zur Bewährung eine **günstige Prognose** bestehen.

Das BVerfG hat später bestimmt, dass die **Schuldschwere bereits im Erkenntnisverfahren vom Schwurgericht festzustellen und in dem Urteil darzulegen** sei.[31] Hierbei handelt es sich nicht mehr um eine Entscheidung zu Schuld und Strafe, sondern um eine vorbereitende Entscheidung über die Vollstreckung. Besonders schwere Schuld liegt vor, wenn das gesamte Tatbild einschließlich der Täterpersönlichkeit von den erfahrungsgemäß gewöhnlich vorkommenden Mordfällen so sehr abweicht, dass eine Strafaussetzung der lebenslangen Freiheitsstrafe nach 15 Jahren auch bei dann günstiger Täterprognose unangemessen wäre.[32] Die besondere Schuldschwere kann z.B. in der besonders verwerf-

---

29 BVerfGE 45, 187, 267; BVerfG, Nichtannahmebeschluss v. 07.10.2008 – 2 BvR 578/07, NJW 2009, 1961 (Kannibalen-Fall).

30 BVerfGE 45, 187, 227 ff.

31 BVerfGE 86, 288.

32 BGHSt 39, 121, 122; vgl. auch BGHSt 40, 360, 370; BGH, Urt. v. 03.12.2008 – 2 StR 435/08, NStZ-RR 2009, 103.

lichen Tatausführung oder in der Verwirklichung mehrerer, sich inhaltlich nicht überschneidender Mordmerkmale liegen, ferner in der Tötung mehrerer Personen bei einer Tat oder in der Begehung mehrerer Mordtaten.[33] Das Vollstreckungsgericht, das an die Feststellungen des Tatgerichts gebunden ist, hat dann gemäß § 454 StPO darüber zu entscheiden, ob die weitere Vollstreckung zur Bewährung auszusetzen ist, und im Fall der Ablehnung, bis wann die Vollstreckung unter dem Gesichtspunkt der besonderen Schuldschwere fortzusetzen ist.

Die lebenslange Freiheitsstrafe ist also als materiell-rechtliche Sanktion noch vorhanden, vollstreckungsrechtlich aber weitgehend suspendiert.[34]

Klausurhinweis: *Erörterungen zur besonderen Schuldschwere sind in einem Gutachten zum 1. Staatsexamen nicht gefragt.*

3. Deliktssystematische Streitfragen zu § 211 und Auswirkungen auf die Prüfungsfolge

Um den Mordparagraphen in seiner geltenden Fassung ranken sich im Wesentlichen zwei Streitfragen der Strafrechtsdogmatik, die Auswirkungen auf die Prüfungsreihenfolge der Tötungsdelikte und den Deliktsaufbau des § 211 haben. **27**

a) Die wichtigste Frage lautet: **Ist Mord eine Qualifikation des Totschlags oder ein selbstständiger Tatbestand?** **28**

- **Das Schrifttum sieht in § 212 den Grundtatbestand, in § 211 dessen Qualifikation und in § 216 dessen Privilegierung.**[35] Konsequenterweise baut der Mordtatbestand auf dem Totschlag auf.
- **Die Rspr. nimmt seit langem**[36] **an, dass die §§ 211, 212, 216 selbstständige, unverbunden nebeneinander stehende Tatbestände seien** (dazu ausführlich unten Rn. 102 ff.). Dessen ungeachtet geht aber auch die Rspr. davon aus, dass das Unrecht des § 212 notwendiges Merkmal des § 211 ist. Hier gelte dasselbe wie beim Raub, § 249, der die Elemente des Diebstahls und der Nötigung als selbstständiger Tatbestand in sich vereinige, ohne jedoch Qualifikation der §§ 242/240 zu sein.[37]

Aufbau:

- *Bei einem **Einzeltäter** brauchen Sie den vorgenannten Streit nicht darzustellen.*

  *Geht es um **Totschlag** oder **Mord**, kann man mit jedem Delikt beginnen, ohne sich schon dadurch auf ein bestimmtes verbrechenssystematisches Verständnis festzulegen. Was Sie zuerst prüfen, hängt vielmehr davon ab, wie Sie die Probleme des konkreten Falles am sachgerechtesten darstellen können.*

  - ***Vollendete Tat:*** *Beginnen Sie mit der **Totschlagsprüfung** immer dann, wenn nach dem Fall auf allgemeine Deliktsmerkmale näher eingegangen werden muss, z.B. Kausalität, Zurechnung, Vorsatz, Notwehr, entschuldigender Notstand (zu diesem Aufbau*

33 Vgl. BGHGSSt 40, 360, 370.

34 Vgl. Kargl StraFo 2001, 365.

35 Statt aller Wessels/Hettinger Rn. 69.

36 BGHSt 1, 368.

37 BGHSt 36, 231, 234.

der nachfolgende Fall). Verneinen Sie § 212, erübrigt sich auch die Prüfung des § 211. Bejahen Sie § 212, ist mit der Mordprüfung fortzufahren, wobei die Elemente des Totschlags nicht wiederholt werden müssen. Allerdings sollten Sie dann im Obersatz Begriffe wie „Qualifikation/qualifiziert" vermeiden (vgl. dazu die Formulierungen in den folgenden Fällen).

Beginnen Sie mit dem ***Mordtatbestand****, wenn alle Verbrechensmerkmale des § 212 evident erfüllt sind. Hier wirkt eine vorgeschaltete Prüfung des Totschlags gekünstelt.*

- *Ist die Tat nur* ***versucht****, sollten Sie sicherstellen, dass Mordmerkmale abgehandelt werden. Erkennen Sie, dass sogar Rücktritt vorliegt, sollten Sie in der Regel den Mordversuch zuerst prüfen. Würde man in einer solchen Konstellation mit versuchtem Totschlag beginnen und den Rücktritt bejahen, ist dem Leser nicht mehr einsichtig, warum noch ein Wort zum Mordversuch verloren wird, weil dieser ja auch an § 24 scheitert. Vordergründig richtig, aber gutachtentechnisch gefährlich, wenn Beteiligte dabei sind, für die der Rücktritt nicht eingreift. Sind dagegen die Rücktrittsvoraussetzungen nicht erfüllt, kommt man ohnehin zur Mordprüfung. Hier kann man die Versuchsmerkmale auch zunächst an § 212 abarbeiten und dann auf Mordversuch eingehen.*[38]

  Kommt eine ***Tötung auf Verlangen*** *gemäß* ***§ 216*** *neben der Verwirklichung von Mordmerkmalen in Betracht, sollten Sie mit dem spezielleren § 216 beginnen. Nach Bejahung genügt die Feststellung, dass mitverwirklichte Mordmerkmale entweder schon nicht mehr tatbestandlich i.S.v. § 211 sind (Rspr.) oder dass der an sich gegebene § 211 jedenfalls im Wege der Gesetzeskonkurrenz zurücktritt (Lit.).*

- *Für* ***Mittäter und Teilnehmer*** *muss der Streit zwischen Lit. und Rspr. zum Verhältnis der Tötungsdelikte zueinander dargestellt werden, wenn sie hinsichtlich persönlicher Mordmerkmale divergieren. Ich komme hierauf in einem eigenen Abschnitt noch einmal ausführlich zurück (s.u. Rn. 102 ff.).*

b) Für den Deliktsaufbau des § 211 selbst ist die weitere Streitfrage bedeutsam, ob die **Mordmerkmale Tatbestands- oder Schuldmerkmale** sind.

Eine starke Meinungsgruppe im Schrifttum differenziert, indem sie Merkmale der 2. Gruppe als Tatbestandselemente, diejenigen der 1. und 3. Gruppe aber als Schuldelemente interpretiert.[39] Diese Auffassung führt zu einem „zerrissenen" Mordaufbau, bei dem die Ausführungen zu objektiven Mordmerkmalen und zu subjektiven Mordmerkmalen unterbrochen werden durch die Prüfung der allgemeinen Rechtswidrigkeit der Tat.

Die Rspr. und ein großer Teil des Schrifttums sehen in allen Mordmerkmalen **Elemente des Tatbestandes**, wobei die Begehungsweisen der 2. Gruppe zum objektiven und die Absichts- und Motivmerkmale der 1. und 3. Gruppe zum subjektiven Tatbestand gezählt werden.[40] Diese Ansicht ist klarer und einfacher in der Rechtsanwendung.

---

38 Zu diesem Aufbau unten Fall 2 Rn. 58 ff.

39 Sch/Sch/Eser /Sternberg-Lieben § 211 Rn. 6; Wessels/Hettinger Rn. 141.

40 Vgl. BGHSt 1, 368, 371; LK-Jähnke, 11. Aufl., vor § 211 Rn. 49.

Aufbau: *Im* ***objektiven Tatbestand*** *sind nach dem Vorgenannten nur die objektiven Mordmerkmale* ***(2. Gruppe)*** *zu untersuchen. Im subjektiven Tatbestand ist vorrangig auf den Vorsatz bezüglich der verwirklichten objektiven Mordmerkmale einzugehen. Die Absichts- und Motivmerkmale dürfen nur im subjektiven Tatbestand geprüft werden. Dabei bietet es sich an, die* ***Absichtsmerkmale der 3. Gruppe vor den Motivmerkmalen*** *zu untersuchen, weil die Ermöglichungs- und Verdeckungsabsicht spezielle Motivmerkmale sind. Innerhalb der Mordmerkmale der 1. Gruppe sollten die „niedrigen Beweggründe" entsprechend ihrer Auffangfunktion („sonst") als letzte geprüft werden.*

Zu Erinnerung: In einem Gutachten erklärt man den Aufbau nicht, sondern man wendet ihn an!

Aufbauschema: Mord, § 211
1. objektiver Tatbestand
a) Tötung eines anderen Menschen
b) objektive Mordmerkmale der 2. Gruppe objektive Verwirklichung einer der Begehungsweisen: heimtückisch/grausam/mit gemeingefährlichen Mitteln
2. subjektiver Tatbestand
a) Tötungsvorsatz
b) Vorsatz und sonstige subjektive Erfordernisse bzgl. des jeweils erfüllten objektiven Mordmerkmals
c) subjektive Mordmerkmale
aa) 3. Gruppe: um eine andere Straftat zu ermöglichen/zu verdecken
bb) 1. Gruppe: Mordlust/zur Befriedigung des Geschlechtstriebes/Habgier/sonst aus niedrigen Beweggründen
3. Rechtswidrigkeit
4. Schuld
5. Rechtsfolge, ggf. Strafrahmenveränderung

4. Die Mordmerkmale der 2. Gruppe – objektive Merkmale

a) Heimtücke

Das ist das häufigste Mordmerkmal. Die allgemein anerkannte Definition lautet: 29
Heimtückisch handelt, wer die auf Arglosigkeit beruhende Wehrlosigkeit des Opfers in feindlicher Willensrichtung bewusst zur Tötung ausnutzt.[41] Damit genügt

41 Statt aller Altvater NStZ 2002, 20, 22.

für diesen Mordvorwurf schon die Ausnutzung schlichter Unwissenheit des Opfers von einem drohenden Anschlag auf Leib und Leben. Hinterlistiges Vorgehen, wie es z.B. in der Strafschärfung der gefährlichen Körperverletzung gemäß § 224 Abs. 1 Nr. 3 verlangt wird, ist bei der Heimtücke nicht erforderlich.[42]

aa) Begriffsmerkmale der Heimtücke

30 **(1) Arglosigkeit** liegt vor, **wenn das zum Argwohn fähige Opfer in der unmittelbaren Tatsituation, d.h. beim Eintritt der Tat in das Versuchsstadium, nicht mit einem Angriff des Täters auf sein Leben oder einem erheblichen Angriff auf seine körperliche Unversehrtheit rechnet.**[43] Im Einzelnen:

31 **(a)** Personen, die schon konstitutionell nicht in der Lage sind, die böse Absicht des Täters zu erkennen und ihr wirksam entgegenzutreten – **Kleinkinder bis zu einem Alter von drei Jahren, Besinnungslose oder geisteskranke Personen** –, könnten deshalb nicht heimtückisch getötet werden.[44] Dennoch lässt die Rspr. hier Heimtücke zu, wenn die **natürlichen Abwehrinstinkte des Opfers** überwunden werden, z.B. durch Versüßen des Tötungsmittels,[45] oder wenn die **Arglosigkeit einer schutzbereiten dritten Person** ausgenutzt wird.[46] Schutzbereiter Dritter ist jeder, der den Schutz des Opfers vor Leib- und Lebensgefahr dauernd oder vorübergehend übernommen hat und diesen im Augenblick der Tat entweder tatsächlich ausübt oder es deshalb nicht tut, weil er dem Täter vertraut. Voraussetzung ist jedoch, dass die Person den Schutz wirksam erbringen kann, wofür eine gewisse räumliche Nähe und eine überschaubare Anzahl der ihrem Schutz anvertrauten Menschen erforderlich sind.[47]

32 **(b)** Das später getötete Opfer darf im Tatzeitpunkt **tatsächlich nicht mit einem schwerwiegenden tätlichen Angriff gerechnet** haben.

So **entfällt** die Arglosigkeit regelmäßig, wenn der Täter dem Opfer nach einer auch nur mit Worten geführten Auseinandersetzung in offener Feindseligkeit entgegengetreten ist und das Opfer nunmehr einen tätlichen Angriff erwartet.[48]

Andererseits kann die Arglosigkeit auch nach einer unmittelbar vorausgegangenen Auseinandersetzung **vorhanden** gewesen sein, wenn das Opfer den Todesdrohungen nicht glaubt[49] oder den Streit für beigelegt hält und nunmehr keinen tätlichen Angriff mehr befürchtet.[50]

---

42 BGH, Beschl. v. 25.08.2011 – 1 StR 393/10, RÜ 2011, 782.

43 Vgl. BGHSt 4, 11; BGH, Urt. v. 05.06.2013 – 1 StR 457/13; Sch/Sch/Eser/Sternberg-Lieben § 211 Rn. 24 ff.

44 BGH NStZ 1995, 230; BGH, Urt. v. 10.03.2006 – 2 StR 561/05, RÜ 2006, 252.

45 BGHSt 8, 218; krit. BVerfGE 45, 187, 216 f.

46 BGHSt 32, 382, 387.

47 BGH, Urt. v. 18.10.2007 – 3 StR 226/07, RÜ 2008, 104; BGH, Urt. v. 21.11.2012 – 2 StR 309/12, RÜ 2013, 97; abl. im konkreten Fall Rengier § 4 Rn. 30 c.

48 Vgl. BGHSt 33, 363; BGH, Urt. v. 11.06.2013 – 1 StR 86/13, RÜ 2013, 709.

49 BGH, Urt. v. 10.11.2004 – 2 StR 248/04, NStZ 2005, 688, RÜ 2006, 145.

50 BGH StV 1998, 543, 544; BGH, Urt. v. 16.02.2012 – 3 StR 346/11.

Eine allgemeine Gefahrgewöhnung oder „rollenbedingtes" Rechnenmüssen sind unmaßgeblich.[51] Auch latente Angst des Opfers steht der Arglosigkeit im Tatzeitpunkt nicht entgegen, solange kein akuter Anlass für die Annahme eines schwerwiegenden Angriffs auf Leib oder Leben besteht.[52] **33**

Hiervon macht ein Teil der Rspr. eine **Ausnahme, wenn das Tatopfer ein Erpresser** ist. Sucht dieser die Konfrontation mit dem Erpressten, um seine Tat zur Vollendung zu bringen, so wird er hinsichtlich einer Gegenwehr des Erpressten nicht mehr als arglos behandelt, weil es genügen soll, dass er damit als Angreifer habe rechnen müssen. Überschreitet der Erpresste die Grenzen der Notwehr, liegt danach selbst dann kein heimtückischer Mord vor, wenn er tatsächlich ein Überraschungsmoment ausgenutzt hat.[53]

(c) Das Opfer muss grundsätzlich **noch bei Beginn des mit Tötungsvorsatz geführten Angriffs** arglos gewesen sein, also wenigstens im Moment des Versuchsbeginns.[54] Erkannte der Getötete die ihm drohende Gefahr, bevor der Täter Tötungsentschluss gefasst oder zur Verwirklichung seines Tötungsentschlusses unmittelbar angesetzt hat, so entfällt grundsätzlich heimtückischer Mord. **34**

Klausurhinweis: *Es kann also bei einer Falllösung durchaus notwendig werden, die Abgrenzung Vorbereitung und Versuchsbeginn beim Merkmal der Arglosigkeit vorzunehmen, obwohl die Tat später zur Vollendung gelangt ist!*

(d) Allerdings erkennt die h.M. auch **Ausnahmen von der Zeitgleichheit** zwischen Versuchsbeginn der Tötung und Arglosigkeit an:

- Dazu gehören die **Überraschungsangriffe**. Hat der Täter einen Überraschungsangriff zunächst nur mit Körperverletzungswillen geführt, der dann in Tötungswillen umgeschlagen ist, genügt es für die Heimtücke, dass das Opfer zu Beginn der Körperverletzungshandlung arglos war, wenn der Körperverletzungs- so schnell zum Tötungsvorsatz umschlug, dass der **Effekt der Überrumpelung bis zum Beginn der Tötung** andauerte und dadurch dem Opfer keine Zeit mehr für Gegenmaßnahmen blieb.[55] Erst recht kann ein offener Tötungsangriff heimtückisch sein, wenn er so überraschend erfolgt, dass die **Zeitspanne zwischen dem Erkennen der Gefahr und dem unmittelbaren Angriff für das Opfer zu kurz ist**, um ihm irgendeine Möglichkeit der Gegenwehr zu lassen.[56] **35**

- Eine weitere Ausnahme bildet die von **langer Hand geplante und vorbereitete Tötung**: Schafft sich der Täter durch besondere, bei der Tat **fortwirkende Vorkehrungen** eine günstige Gelegenheit zur Tötung (Falle oder Hinterhalt) und hat er zu diesem Zeitpunkt bereits Tötungsvorsatz , so liegt schon darin die Heimtücke, sodass es nicht mehr darauf ankommt, ob das Opfer noch unmittelbar vor der Tötung arglos oder noch zum Argwohn fähig ist oder ob der Täter ihm aus dem Hinterhalt offen in feindlicher Haltung entgegentritt.[57] **36**

---

51 BGH NStZ 1995, 394, 396 zur heimtückischen Tötung eines Polizisten.

52 BGH, Urt. v. 20.08.2012 – 4 StR 84/12, RÜ 2012, 777.

53 BGH, Urt. v. 12.02.2003 – 1 StR 403/02 RÜ 2003, 265 m. Anm. Roxin JZ 2003, 961; Quentin NStZ 2005, 128; für eine rein faktische Betrachtung BGH, Urt. v. 10.11.2004 – 2 StR 248/04, NStZ 2005, 688; BGH, Urt. v. 10.05.2007 – 4 StR 11/07.

54 BGH, Urt. v. 15.09.2011 – 3 StR 223/11, RÜ 2011, 780.

55 BGHSt 32, 382, 384; BGH, Beschl. v. 11.01.2011 – 1 StR 517/10, RÜ 2011, 781.

56 BGH, Urt. v. 25.11.2015 – 1 StR 349/15, RÜ 2016, 230.

57 BGH, Beschl. v. 06.05.2008 – 5 StR 92/08, NStZ 2008, 569; anders in BGH, Beschl. v. 06.11.2014 – 4 StR 416/14, RÜ 2015, 165, wo der Täter sein Opfer zunächst ohne Tötungsvorsatz in einen Hinterhalt lockte.

37 ■ Ein Ausnahmefall von der Zeitgleichheit von Arglosigkeit und Tötungsangriff ist auch die **Tötung von Schlafenden.** Obwohl im Schlaf die Fähigkeit, Argwohn zu schöpfen, nicht vorhanden ist, also das Opfer im Moment der Tötung eigentlich nicht arglos ist, ist bei einer solchen Fallgestaltung heimtückische Tötung möglich. Entscheidend ist, dass sich das Opfer dem Schlaf in dem Vertrauen überlassen hat, dass ihm nichts geschehen werde. In dieser Lage „nimmt der Betreffende die Arglosigkeit mit in den Schlaf, auch wenn er sich ihrer dann nicht mehr bewusst ist".[58] Etwas anderes gilt nur dann, wenn das Opfer vom Schlaf übermannt wurde.[59]

38 **(2) Wehrlos ist, wer infolge seiner Arglosigkeit zur Verteidigung außerstande oder in seiner Verteidigung stark eingeschränkt ist.**[60] Die Tötung einer **nur wehrlosen, bei Tötungsbeginn aber nicht mehr arglosen Person** (z.B. eines Gefangenen oder Gelähmten) ist damit nicht heimtückisch, es sei denn, dass bei vollständig Wehrlosen vorher **schutzbereite Dritte** ausgeschaltet worden sind.[61]

39 **(3)** Objektiver Gehalt des Merkmales **„Ausnutzen"** ist, dass die Arg- und die Wehrlosigkeit die Tötung **erleichtert** haben. Der Täter muss die verminderte Schutzlage weder beim Tatopfer noch bei einem schutzbereiten Dritten herbeigeführt haben.[62]

40 **(4)** In subjektiver Hinsicht muss der Täter die **äußeren Umstände der Arg- und Wehrlosigkeit erkannt** haben. Bildet er sich die Heimtücke-Situation nur ein, so begründet dies einen Mordversuch, der, wenn es zur Tötung kommt, in Tateinheit mit Totschlag steht.[63] Ferner muss **Ausnutzungsbewusstsein** vorgelegen haben, also die – bei spontanem Tötungsentschluss vielleicht auch nur mit einem Blick entwickelte – Vorstellung, dass die Tat durch die Arglosigkeit des Opfers erleichtert wird.[64] Hieran kann es ausnahmsweise fehlen, wenn der Täter die Situation verkannt hat oder aufgrund eines spontanen Entschlusses in plötzlich aufwallender Wut, Verbitterung oder sonstiger hoher Erregung gehandelt hat.[65]

41 Mit Zustimmung des überwiegenden Schrifttums verlangt die Rspr. zudem eine **feindliche Willensrichtung.** Diese fehlt, wenn die Tötung **zum vermeintlich Besten des Opfers** begangen worden ist.[66]

Damit fallen aber nur echte Mitleidstötungen aus § 211 heraus, bei denen der Täter aus einer objektiv nachvollziehbaren persönlichen Betroffenheit dem Opfer Not oder schwerstes Leiden ersparen will. Wer dagegen das Leben anderer, die ihm zur Pflege anvertraut sind, gezielt verkürzt, indem er „selektiert", wer sterben soll, handelt nicht aus einer solchen nachvollziehbaren Mitleidsmotivation.[67] Auch wer sich über den erklärten Willen des Opfers hinwegsetzt, kann sich bei Ausnutzung der Arg- und Wehrlosigkeit nicht auf vermeintliche Mitleidsmotivation berufen.[68]

---

58 BGHSt 23, 119, 121.

59 Offengelassen von BGHSt 23, 119, 121.

60 BGH GA 1971, 113.

61 BGHSt 18, 37; 32, 382; BGH, Beschl. v. 06.11.2014 – 4 StR 416/14, RÜ 2015, 165.

62 BGH, Urt. v. 21.11.2012 – 2 StR 309/12, RÜ 2013, 97.

63 BGH, Urt. v. 08.02.2006 – 1 StR 523/05, NStZ 2006, 501.

64 BGH StV 1985, 235; Sch/Sch/Eser/Sternberg-Lieben§ 211 Rn. 25.

65 BGH, Urt. v. 10.02.2010 – 2 StR 391/09 Rn. 8, NStZ-RR 2010, 175; BGH, Beschl. v. 04.05.2011 – 5 StR 65/11.

66 BGHSt 9, 385; Rengier § 4 Rn. 36.

67 BGHSt 37, 376, 377; BGH, Urt. v. 18.10.2007 – 3 StR 226/07, RÜ 2008, 104.

68 BGH NStZ-RR 2000, 327 zu einem Fall von Suizidversuch, bei dem andere Familienangehörige mit in den Tod genommen werden sollten, sogenannter „Mitnahmesuizid".

bb) Restriktionen der Heimtücke bei Konflikttötungen

Seit der Entscheidung des BVerfG[69] zur Verfassungsmäßigkeit des Mordtatbestandes besteht Einigkeit darüber, dass der Anwendungsbereich des Heimtücke-Merkmals und die nach dem Gesetz ausnahmslos zu verhängende lebenslange Freiheitsstrafe gerade bei Tötungen aus Konfliktsituationen zu weit greift. Die Lösung dieses Problems sucht die Lit. auf Tatbestandsseite; die Rspr. hat dafür eine Rechtsfolgenlösung entwickelt. **42**

Fall 1: Tatbestandslösungen nach der Literatur und die Rechtsfolgenlösung der Rechtsprechung

In einem Asylbewerberheim lebten fünf chinesische Landsleute in einem Zimmer zusammen. Ihr Verhältnis untereinander war gut. Eines Nachts griff der Mitbewohner O den T jedoch grundlos an. Er warf ihm eine Bierflasche an den Kopf und rief, er werde ihn umbringen. Nachdem die Wunde des T im Krankenhaus versorgt war, entschuldigte sich O bei T. Er hatte tatsächlich keinen Aggressionswillen mehr gegenüber T. Dieser entwickelte jedoch zunehmende Furcht um sein Leben. Er verfasste einen Antrag an den Heimleiter, mit dem er – wie er wusste – eine räumliche Trennung von O hätte erreichen können. Er wollte das Schreiben am folgenden Morgen abgeben. Als seine Landsleute morgens den Raum verließen und T nur noch mit dem schlafenden O im Zimmer war, entschloss er sich jedoch aus Furcht, den O zu töten. Ohne Vorwarnung versetzte er O gezielte Stiche in Hals und Brust. O verblutete.
Strafbarkeit des T? (Fall nach BGH, Urt. v. 01.07.2004 – 3 StR 107/04)

Aufbau: *Bei Konflikttötungen im Zusammenhang mit Heimtücke taucht immer die Frage auf, ob der Täter nicht bereits gerechtfertigt oder entschuldigt ist. Deshalb hier § 212 vorprüfen.*

I. Infrage kommt **Totschlag, § 212**, durch die Stiche.

1. Dadurch, dass T auf O einstach, hat er dessen Tod zurechenbar verursacht. Die Stiche beruhten auf einer natürlichen Handlungseinheit und bilden deshalb eine einzige Tötungshandlung. T handelte mit Tötungsvorsatz.

2. Von dem schlafenden O ging kein gemäß § 32 notwehrbegründender gegenwärtiger Angriff aus. Die Tat war damit rechtswidrig.

3. Auch entschuldigender Notstand gemäß § 35 Abs. 1 scheidet aus. Da O keinen Aggressionswillen mehr gegenüber T hatte, bestand tatsächlich keine gegenwärtige Leibes- oder Lebensgefahr für ihn.

4. Ein schuldausschließender (oder bei Vermeidbarkeit strafmildernder) Entschuldigungstatbestandsirrtum nach § 35 Abs. 2 läge nur vor, wenn sich T Umstände vorgestellt hätte, bei deren Vorliegen entschuldigender Notstand tatsächlich gegeben wäre.[70] Die Vorstellung des T als wahr unterstellt, hätte zwar eine gegenwär-

69 BVerfGE 45, 187.
70 Vgl. zum Entschuldigungstatbestands- und Entschuldigungsgrenzirrtum AS-Skript StrafR AT 2 (2016), Rn. 339 ff.

tige Lebensgefahr bestanden, doch wäre diese – das wusste T – durch räumliche Trennung von O zu beseitigen gewesen. Nach den dem T bekannten Umständen hätte also die vermeintliche Gefahr anders als durch die Tötung des O abgewendet werden können.

43 II. Die Tötung ist als **Mord** gemäß **§ 211** strafbar, wenn T den O **heimtückisch getötet** hat.

1. Objektiv ist hierfür die **Ausnutzung von Arg- und Wehrlosigkeit bei der Tötung** erforderlich.[71]

   Dass O im Moment der Stiche durch den Schlaf psychisch nicht in der Lage war, Argwohn zu schöpfen, ist unerheblich, da er arglos war, als er sich schlafen legte. Bei einem Schlafenden ist die Verteidigungsmöglichkeit ausgeschlossen. O war damit wehrlos. Für die Ausnutzung genügt es bei der Tötung Schlafender, dass der Täter den Schlafenden in seiner hilflosen Lage überrascht hat und ihn dadurch hinderte, dem Anschlag auf sein Leben zu begegnen. Dass er den Schlaf bewusst herbeigeführt oder gefördert hat, ist nicht erforderlich.[72]

2. T hat erkannt, dass er wegen des Schlafs seines Opfers ungehindert zustechen konnte. Er hat sich dessen Arg- und Wehrlosigkeit deshalb auch bewusst zunutze gemacht. T tötete ausschließlich, um O als potenzielle Gefahr für sich zu beseitigen, also auch aus feindlicher Motivation.

3. Angesichts des vom BVerfG[73] aufgestellten Gebots restriktiver Anwendung des § 211 ist bedenklich, ob allein die vorgenannten Kriterien ausreichen, um den Vorwurf eines heimtückischen Mordes zu begründen. Die Folge wäre, dass der niederträchtige Anschlag aus dem Hinterhalt und die Tötung aus verständlichen Motiven oder aus menschlich begreifbarer Konfliktlage hinsichtlich des Schuldspruchs und der Rechtsfolge (lebenslange Freiheitsstrafe!) völlig gleich behandelt werden müssten. Fraglich ist deshalb, ob auf der **Tatbestandsseite** des § 211 **begrenzende Elemente** eingefügt werden können und welchen Inhalt diese haben sollen.

44 a) Den weitestreichenden Lösungsvorschlag vertritt die **Lehre von der negativen Typenkorrektur**. Danach setzt Mord zwar immer voraus, dass eines der in § 211 Abs. 2 genannten Merkmale erfüllt ist. Diese sollen jedoch nur eine Indizwirkung haben. Der Mordvorwurf könne daher bei allen Mordmerkmalen wieder entfallen, wenn die Tötung aufgrund einer umfassenden Gesamtwürdigung der Persönlichkeit des Täters und der Tatumstände ausnahmsweise nicht als besonders verwerflich erscheine.[74] Nach dieser Ansicht müsste bei T Mord abgelehnt werden, weil er sich durch die Körperverletzung und die Todesdrohung zumindest subjektiv in notstandsähnlicher Lage befand, aus der heraus sein Handeln nachvollziehbar ist.

---

71 BGHSt 32, 382.

72 BGH, Urt. v. 10.03.2006 – 2 StR 561/05 S. 7, RÜ 2006, 252.

73 BVerfGE 45, 187.

74 Sch/Sch/Eser/Sternberg-Lieben § 211 Rn. 10; Wessels/Hettinger Rn. 108.

Kritik: Durch das zusätzliche Korrektiv allgemeiner Verwerflichkeit verliert der Mordtatbestand – ähnlich wie § 240 – an Bestimmtheit. Berechenbarkeit und Gleichmäßigkeit der Rechtsanwendung in einem zentralen Bereich des Strafrechts wären infrage gestellt.[75] Deshalb ist diesem Ansatz nicht zu folgen.

b) Im Schrifttum wird vielfach auch vorgeschlagen, Heimtücke nur dann zu bejahen, wenn der Täter zugleich einen **besonders verwerflichen Vertrauensbruch** begangen habe. Nicht nur „heimlich", sondern auch „tückisch" handele, wer „sozialethisch positive Verhaltensmuster" zwischen sich und dem Opfer ausnutze.[76] Solche Verhaltensmuster könnten bei alltäglichen freundlichen Gesprächskontakten, bei besonderen Vertrauensverhältnissen von Freunden oder Verwandten oder bei Vortäuschung von Hilfsbedürftigkeit vorliegen.[77] Auch die hier infrage stehende Tötung eines Wohngenossen im Schlaf kann wegen der zwischen den Beteiligten typischen Vertrauenslage als heimtückische Tötung interpretiert werden. **45**

Kritik: Der Vertrauensbruch ist kein taugliches Begrenzungskriterium. Die Folge wäre, dass all die Tötungsfälle, bei denen allein das Überraschungsmoment des ahnungslosen Opfers ausgenutzt wird (Attentat des Heckenschützen, Tötung mit ferngezündeter Bombe), nicht mehr als heimtückische Tötungen zu bestrafen wären. Die Beurteilung einer Tötung aus dem Hinterhalt kann aber nicht davon abhängig sein, ob Täter und Opfer vorher in einer persönlichen Beziehung zueinander gestanden haben.[78] Zudem gelingt es mit diesem Kriterium bei Vertrauensbeziehungen nicht, die Konflikttötungen aus begreiflicher Motivation dem Mordvorwurf zu entziehen.

Die tatbestandlichen Beschränkungen des Heimtücke-Merkmals sind damit insgesamt abzulehnen. T hat den O heimtückisch getötet.

4. Er handelte rechtswidrig und schuldhaft.

5. Fraglich ist, ob wegen der Konfliktbelastung des T ein **minder schwerer Fall des Mordes** anzuerkennen ist. Gesetzlich vorgesehen ist eine solche Milderung nicht. Auch ist § 213 als Strafzumessungsregel des Totschlags bei Mord unanwendbar und wäre wegen seiner besonders weitgehenden Strafermäßigung auch unangemessen. Hier setzt die ***Rechtsfolgenlösung*** des BGH ein: Um der Forderung des BVerfG nach einer am verfassungsrechtlichen Verhältnismäßigkeitsgrundsatz orientierten Auslegung der Tatmodalität „Heimtücke" gerecht zu werden, hat der Große Senat für Strafsachen beim BGH durch Rechtsfortbildung § 211 um eine ungeschriebene Strafzumessungsvorschrift für einen minder schweren Fall erweitert. Diese besagt: **46**

75 BGHSt 30, 105, 115.
76 SK-Sinn § 211 Rn. 8; Krey/Hellmann/Heinrich Rn. 47 f.
77 Mayer JR 1979, 485 ff.
78 Vgl. BGHSt 30, 105, 116.

Greift keine gesetzliche und damit vorrangige Milderungsmöglichkeit ein (z.B. § 35 Abs. 2 oder § 21 jeweils i.V.m. § 49 Abs. 1 Nr. 1), tritt in analoger Anwendung des § 49 Abs. 1 Nr. 1 an die Stelle lebenslanger Freiheitsstrafe ein Strafrahmen zwischen drei und fünfzehn Jahren, wenn die Verhängung lebenslanger Freiheitsstrafe unverhältnismäßig wäre, weil außergewöhnliche Umstände vorliegen, die das Ausmaß der Täterschuld erheblich mildern.[79]

Solche außergewöhnlichen Umstände können z.B. sein: **Unverschuldete und notstandsnahe, anders als durch Tötung ausweglos erscheinende Situationen; tiefes Mitleid; „gerechter Zorn"; schwere Provokationen; vom Opfer verursachte, ständig neu angefachte, zermürbende Konflikte oder schwere Kränkungen des Täters durch das Opfer.**

In mehreren Entscheidungen hat der BGH klargestellt, dass diese Rechtsfolgenlösung nur **Ausnahmecharakter** besitzen soll: Dafür reiche nicht jeder Umstand aus, der im Rahmen des § 213 berücksichtigt werden könnte.[80] Auch eine Verfahrensverzögerung oder lange zurückliegende Tatzeit werden nicht als außergewöhnliche Umstände angesehen.[81]

Für eine Anwendung dieser Rechtsfolgenlösung auf **andere Motiv-Mordmerkmale** sieht der BGH bislang ebenfalls keine Veranlassung (s.u. Rn. 54 ff.).[82]

Auch im vorliegenden Fall hat der BGH eine Strafmilderung abgelehnt. Der erstmalige und vor der Tat nur wenige Stunden zurückliegende Konflikt präge die Tat nicht als zermürbende, ausweglos erscheinende und notstandsähnliche Situation.[83]

Aufbau: *Da es sich bei der Rechtsfolgenlösung um eine durch Rechtsfortbildung entwickelte, aber* ***unbenannte Strafzumessungserwägung*** *handelt, braucht sie in einem Gutachten zum 1. Staatsexamen nicht im Einzelnen ausgeführt zu werden. Es genügt, dass der Bearbeiter die Möglichkeit einer Strafmilderung nur aufzeigt und dann schreibt, dass „die Entscheidung darüber der tatrichterlichen Gesamtwürdigung überlassen" werde.*

III. Mitverwirklicht hat T den Tatbestand der **gefährlichen Körperverletzung, § 224 Abs. 1 Nr. 1, 5,** durch Einsatz des Messers.

Konkurrenzen und Ergebnis: Als schwerstes Tötungsdelikt verdrängt vollendeter Mord den Totschlag gemäß § 212 sowie § 224. T ist strafbar gemäß § 211.

---

79 BGHSt 30, 105 119; BGH, Urt. v. 25.03.2003 – 1 StR 483/02, BGHSt 48, 25, 255 f.

80 BGH, Urt. v. 10.05.2005 – 1 StR 30/05.

81 BGH, Urt. v. 21.02.2002 – 1 StR 538/01, StV 2002, 598; BGH, Urt. v. 07.02.2006 – 3 StR 460/98, StV 2006, 237.

82 BGH NStZ 1997, 182, 184 zum Mord aus Habgier; zur Verdeckungsabsicht.

83 BGH, Urt. v. 01.07.2004 – 3 StR 107/04, NStZ-RR 2004, 294.

cc) Heimtücke und Unterlassen

Die h.M. erkennt auch heimtückische Tötung durch Unterlassen an, etwa in dem Fall, in dem der handlungspflichtige Garant eine tödliche Gefahr nicht abwendet und sich dabei die Ahnungslosigkeit des Opfers von der Gefahr zunutze macht.[84] Die Gegenansicht verneint die Gleichwertigkeit mit aktivem Tun gemäß § 13 Abs. 1 a. E. und meint, der Täter nutze hier nur die äußeren Tatumstände aus. [85] 47

dd) Heimtücke und Versuchsbeginn

Ob der Täter bereits dadurch gemäß § 22 unmittelbar zum Mord ansetzt, wenn er das Opfer mit Tötungsvorsatz in eine Falle oder Hinterhalt lockt, ist höchstrichterlich noch nicht entschieden. Sieht man diese fortwirkenden Vorkehrungen nach einer aktuellen – und umstrittenen – Entscheidung zum Versuchsbeginn bei grausamer Tötung wegen seiner Zusammengehörigkeit nach dem Tatplan bereits als deren Bestandteil an (s.u. Rn. 51.), könnte Versuchsbeginn angenommen werden.[86] 48

b) Grausamkeit

aa) Begriffsmerkmale

Grausam tötet, wer dem Opfer besonders starke Schmerzen oder Qualen körperlicher oder seelischer Art aus gefühlloser, unbarmherziger Gesinnung zufügt.[87] 49

(1) Objektiv muss der Täter dem Opfer **physische oder psychische Leiden** zugefügt haben, die **über das für die Tötung als solche erforderliche Maß** hinausgehen.[88] Besondere physische Leiden können durch **Folterungen** ausgelöst sein, psychische Qualen können durch **Tötungsvorbereitungen im Angesicht des Opfers.**[89] Grausamkeit und vorsätzliche Tötung müssen sich **zeitlich überschneiden**. Zwar muss die Grausamkeit nicht notwendig in der eigentlichen Ausführungshandlung und den durch diese verursachten Leiden liegen; sie kann sich auch aus Umständen ergeben, unter denen die Tötung eingeleitet und vollzogen wird. Eine grausame Körperverletzung mit erst danach spontan geplanter und realisierter Tötung begründet aber noch keine grausame Tötung.[90]

(2) Zur **inneren Tatseite** dieses Mordmerkmals gehört, dass der Täter die Umstände erkennt, die die Grausamkeit ausmachen. Die gefühllose und unbarmherzige Gesinnung braucht den Täter nur bei der Tat zu beherrschen; sie muss kein Charakterzug sein.[91] Im

84 Fischer § 211 Rn. 44 b; vgl. auch BGH, Beschl. v. 07.07.2009 – 3 StR 204/09 Rn. 5.
85 Bachmann/Goeck NStZ 2010, 510; SK-Sinn § 211 Rn. 51.
86 BGH, Urt. v. 20.03.2014 – 3 StR 424/13, RÜ 2014, 504.
87 BGHSt 3, 264.
88 BGH, Beschl. v. 17.06.2004 – 5 StR 115/03, BGHSt 49, 189, 195 f.
89 Sch/Sch/Eser/Sternberg-Lieben § 211 Rn. 27.
90 BGH NJW 1986, 265; BGHSt 37, 40.
91 BGHSt 3, 264.

Regelfall ergibt sich die innere Einstellung schon daraus, dass der Täter dem Opfer die Schmerzen bewusst zufügt.[92]

bb) Grausamkeit und Unterlassen

50 Grausame Tötung durch Unterlassen kommt infrage bei Verhungern- oder Verdurstenlassen.[93] Erforderlich ist nach h.M. aber, dass das Opfer überhaupt noch zur **Leidensempfindung fähig** ist, woran es bei Bewusstlosigkeit[94] oder Verlust von Hungergefühlen nach langandauerndem Nahrungsentzug[95] fehlt.

cc) Grausamkeit und Versuchsbeginn

51 Hat der Täter Vorsatz zur grausamen Tötung, so liegt nach aktueller Rspr. des BGH Versuchsbeginn zum Mord schon durch die Zufügung körperlicher oder psychischer Leiden vor, selbst wenn die eigentliche Tötung erst viel später erfolgen soll. [96]

Diese Entscheidung wird im Schrifttum abgelehnt: Einen Tatentschluss gebe es erst in dem Moment, in dem er betätigt werde. Wer entschlossen sei, sein Opfer noch nicht zu töten, es jedoch töten könnte, habe noch keinen Tatentschluss gefasst.[97] Ferner wird argumentiert, dass bei gestreckten Geschehensabläufen mit körperlichen Misshandlungen des Opfers gar nicht absehbar sei, ob und wann es tatsächlich zu einem Angriff auf das Leben des Opfers kommen solle. Solange der Täter das Opfer zunächst quälen und es erst später töten wolle, fehle es an einem unmittelbaren Ansetzen gemäß § 22.[98]

c) Mit Gemeingefährlichen Mitteln

52 **Gemeingefährlich ist ein Tötungsmittel, dessen Wirkung auf Leib oder Leben mehrerer oder vieler Menschen der Täter nicht beherrscht, weil er in der konkreten Situation die Ausdehnung der Gefahr bei seinem Einsatz nicht in der Gewalt hat.**[99]

aa) Begriffsmerkmale

(1) Maßgeblich für die **objektive Gefährlichkeit** ist die typische **Wirkungsweise** in der **konkreten Tatsituation** unter Berücksichtigung der **Fähigkeiten des Täters**. Ist danach das Potenzial für eine Gemeingefährlichkeit zu bejahen, muss eine konkrete Gefährdung im Einzelfall nicht eingetreten sein.[100]

Beispiele: Ein **Steinwurf von einer Autobahnbrücke** auf ein bestimmtes, allein herannahendes Kfz ist noch kein gemeingefährliches Mittel, weil die Gefahr dann auf die Insassen des Fahrzeugs begrenzt ist. Herrscht aber dichter Verkehr und können deshalb durch den Steinwurf und die Reaktion des Fahrers

92 LK-Jähnke § 211 Rn. 57.
93 BGH, Beschl. v. 03.09.2008 – 2 StR 305/08, NStZ-RR 2009, 173.
94 BGH NJW 1986, 266.
95 BGH, Beschl. v. 13.03.2007 – 5 StR 320/06, RÜ 2007, 311.
96 BGH, Urt. v. 20.03.2014 – 3 StR 424/13.
97 Schuhr HRRS 2014, 402.
98 Krehl NStZ 2014, 449.
99 BGHSt 38, 353, 354.
100 Fischer § 211 Rn. 59.

des getroffenen Fahrzeugs Folgeunfälle geschehen, so entsteht eine tödliche Gefahr für eine Vielzahl von Menschen, die nicht mehr beherrschbar ist. Der Steinwurf wird dann zum gemeingefährlichen Mittel.[101]

Wer mit einem Kfz in Suizidabsicht und Fremdtötungsvorsatz mit hoher Geschwindigkeit in Gegenrichtung auf die Autobahn fährt, kann nicht mehr beherrschen, welche und wie viele Personen durch die Kollision, durch Ausweichmanöver und Folgeunfälle zu Tode kommen können. Eine solche **Geisterfahrt** macht das Kfz zum gemeingefährlichen Mittel (Beliebter Klausurfall).[102] Wer dagegen sein Kfz von der Fahrbahn lenkt, um sich und seine Beifahrerin zu töten, ohne dass weitere Personen gefährdet werden, erfüllt das Mordmerkmal nicht. [103]

(2) In **subjektiver Hinsicht** muss der Täter die Wirkung des Tötungsmittels kennen und dessen mangelnde Beherrschbarkeit zumindest in Kauf nehmen.[104]

bb) Gemeingefahr und Unterlassen

„Mittel" ist nach h.M. in Rspr. und Schrifttum nur etwas, das „eingesetzt" wird. Der Täter **53**
muss danach die unberechenbare Gefahr **aktiv** zum Zweck der Tötung geschaffen haben. Ein Mord mit gemeingefährlichen Mitteln durch Unterlassen ist bei diesem Verständnis ausgeschlossen.[105] Die Gegenansicht wendet § 13 auch auf dieses Mordmerkmal an und hält Mord durch Nichtabwendung einer Gemeingefahr für möglich.[106]

---

101 BGH, Urt. v. 14.01.2010 – 4 StR 450/09 Rn. 22, NStZ-RR 2010, 373; MünchKomm/Schneider § 211 Rn. 104.

102 BGH, Urt. v. 16.03.2006 – 4 StR 594/05, NStZ 2006, 503.

103 BGH, Beschl. v. 06.01.2007 – 4 StR 598/06, NStZ 2007, 330.

104 LK-Jähnke § 211 Rn. 58.

105 BGHSt 34, 13; BGH, Beschl. v. 07.07.2009 – 3 StR 204/09, NStZ 2010,87; Lackner/Kühl § 211 Rn. 11.

106 Fischer § 211 Rn. 61; Bachmann/Goeck NStZ 2010, 510.

Objektive Mordmerkmale, § 211 Abs. 2, 2. Gruppe

heimtückisch

Bewusste Ausnutzung d. Arg- u. Wehrlosigkeit in feindlicher Willensrichtung

- **objektiv:**
  - Arglosigkeit liegt vor, wenn das zum Argwohn fähige Opfer in der unmittelbaren Tatsituation, d.h. beim Eintritt der Tat in das Versuchsstadium, nicht mit einem Angriff des Täters auf sein Leben oder einem erheblichen Angriff auf seine körperliche Unversehrtheit rechnet
    - Bei nicht zum Argwohn fähigen Personen genügt Ausnutzung der Arglosigkeit eines tatsächlich schutzbereiten Dritten
    - Auch nach vorheriger Auseinandersetzung kann Arglosigkeit wiedererlangt worden sein.
    - Ausnahmen vom Erfordernis der Zeitgleichheit von Versuchsbeginn der Tötung und Arglosigkeit: Überraschungsangriffe mit fortwirkender Überrumpelung/von langer Hand geplante Tötung mit bis zur Tötung fortwirkenden Vorkehrungen/Tötung Schlafender
  - Wehrlosigkeit liegt vor, wenn das Opfer infolge seiner Arglosigkeit zur Verteidigung außerstande oder in seiner Verteidigung beschränkt ist.
  - Ausnutzen bedeutet Erleichterung der Tat.
- **subjektiv:**
  Kenntnis der Arg- und Wehrlosigkeit, ferner Ausnutzungsbewusstsein und feindliche Willensrichtung.
- **Restriktionen nach dem Schrifttum auf Tatbestandsebene:**
  - Lehre von der negativen Typenkorrektur: „Besondere Verwerflichkeit der Tat?"
  - Erfordernis eines besonders verwerflichen Vertrauensbruchs.
- **Rechtsfolgenlösung der Rspr.:** Ausnahmsweise Strafmilderung analog § 49 Abs. 1 bei besonders schuldmindernden Umständen.

grausam

Zufügung besonders starker Schmerzen oder Qualen körperlicher oder seelischer Art aus gefühlloser, unbarmherziger Gesinnung

- **objektiv:**
  Täter muss dem Opfer bei Versuchsbeginn der Tötung psychische oder physische Leiden zugefügt haben, die über das für die Tötung als solche erforderliche Maß hinausgehen.
- **subjektiv:**
  Kenntnis der besonderen Schmerzzufügung, tatbeherrschende gefühllose und unbarmherzige Gesinnung

mit gemeingefährlichen Mitteln

Nach h.M. nur aktiv einsetzbares Tötungsmittel, dessen Wirkung auf Leib oder Leben mehrerer oder vieler Menschen der Täter nicht beherrscht, weil er die Ausdehnung der Gefahr in der konkreten Situation nicht in der Gewalt hat.

5. Die Mordmerkmale der 3. Gruppe – Absichtsmerkmale

Die Absichtsmerkmale sind rein subjektiver Natur. Ihr Unrechtsgehalt besteht darin, dass der Täter die Tötungshandlung mit einer nach seiner Vorstellung bereits erfüllten oder noch zu verwirklichenden weiteren Straftat verknüpft.

a) Absicht, eine andere Straftat zu verdecken

Die Verdeckungsabsicht ist neben der Heimtücke das in Klausuren häufigste Mordmerkmal. **Der Verdeckungsmörder will die Konsequenzen verhindern, die er aus der Aufdeckung einer von ihm oder einem Dritten nach seiner Vorstellung begangenen Straftat befürchtet.**

aa) Begriffsmerkmale der Verdeckungsabsicht

(1) Bezugspunkt der Verdeckung muss eine **Straftat** sein. **„Straftaten"** sind nur **Verbrechen oder Vergehen**, nicht aber Ordnungswidrigkeiten oder Dienstpflichtverletzungen.[107] 54

In den letztgenannten Fällen kommen aber „niedrige Beweggründe" als Mordmotiv in Betracht.[108]

Straftat ist jede **Vortat des Täters oder eines Dritten.**[109] Wegen der subjektiven Fassung der Verdeckungsabsicht muss die Tat nicht wirklich begangen oder strafbar sein; es genügt, wenn der Täter sich diese irrtümlich nur **vorstellt.**[110]

(2) Fraglich ist, inwieweit sich die zu verdeckende Tat und die Tötung unterscheiden müssen, damit von einer zu verdeckenden **„anderen"** Straftat die Rede sein kann. 55

- Richtete sich die zu verdeckende Tat gegen ein **anderes Rechtsgut**, so ergibt sich die Andersartigkeit der Verdeckungstat im Verhältnis zur Tötung schon hieraus. Es spielt dann auch keine Rolle, wenn Vortat und Tötung zeitlich zusammenfallen.

  Beispiel: Vor Beendigung des Raubes tötet der Täter das Opfer, um es als Tatzeugen auszuschalten.[111]

- Ein Verdeckungsmord ist auch möglich, wenn sich die zu verdeckende Vortat gegen die **körperliche Unversehrtheit** des Opfers richtete und unmittelbar in die Tötung zur Verdeckung des vorausgegangenen Geschehens überging.

  Sogar ein vorangegangener Tötungsversuch an demselben Opfer kann u.U. verdeckungsfähige „andere Straftat" sein . Dazu die nachfolgenden Fälle.

(3) Der Täter muss das **Ziel der Verdeckung** verfolgen. „Verdeckung" verlangt kein Zudecken, sondern ist gleichbedeutend mit **„Entdeckungsvereitelung"**. Auch wer weiß, dass er bereits unter **Verdacht** steht, kann immer noch in Verdeckungsabsicht töten, wenn er dadurch eine günstige Beweislage aufrechterhalten oder seine Lage verbes- 56

---

107 BGHSt 28, 93.

108 BGH NStZ 1992, 127.

109 Sch/Sch/Eser/Sternberg-Lieben § 211 Rn. 32.

110 BGHSt 11, 226.

111 Vgl. BGH, Beschl. v. 07.12.2000 – 1 StR 414/00, NStZ 2001, 194.

sern will.[112] Wer dagegen mit der Tötung nur die Festnahme wegen einer bereits den Behörden bekannten und ihm zugeschriebenen Straftat verhindern will, handelt nicht mehr in Verdeckungsabsicht.[113]

In einem solchen Fall ist aber das Mordmerkmal der **„niedrigen Beweggründe"** in Betracht zu ziehen.[114]

Nicht notwendig ist nach h.M., dass der Täter gerade mit Strafverfolgung wegen der zu verdeckenden Tat rechnet. **Mord ist kein Rechtspflegedelikt**. Daher genügt es, wenn es ihm um die **Vermeidung außerstrafrechtlicher Konsequenzen** geht.[115]

Nach der Gegenauffassung gehören diese Handlungsantriebe wiederum in den Bereich der **„niedrigen Beweggründe"**.[116]

57 **(4)** Der Verdeckungsmörder muss einen anderen Menschen getötet haben, **um** die andere Straftat **zu** verdecken. Hieraus ergibt sich zunächst, dass das Ziel der Verdeckung mit **dolus directus 1. Grades** erstrebt worden sein muss.

Darüber hinaus muss zwischen der Tötung und der Verdeckung eine **Finalverknüpfung** bestehen, d.h. die **Tötung muss Mittel der Verdeckung** sein. Glaubt der Täter, die Vortat werde unabhängig von der Tötung des Opfers nicht aufgedeckt, so fehlt der erforderliche Finalzusammenhang.[117]

58 Fraglich ist, ob für die Erfüllung des Mordmerkmals zwangsläufig der Tod des Opfers die Verdeckung bewirken soll. Wäre dem so, müsste Verdeckungsabsicht immer ausscheiden, wenn der Täter bezüglich des Todes nur dolus eventualis hatte oder wenn aus seiner Sicht nicht durch den Getöteten, sondern durch Dritte die Aufdeckung zu befürchten war. Das Mittel der Verdeckung muss aber nach gängigem Verständnis **nur der vom Täter mit Tötungsvorsatz in Gang gesetzte Ursachenverlauf sein**. Es genügt, wenn diese Handlung oder Unterlassung dazu dienen soll, die vorangegangene Straftat nicht offenbar werden zu lassen und zum Tode eines Menschen führen sollte.[118] Konsequenzen:

- Glaubt der Täter, dass das Tatopfer ihn und seine Vortat erkannt hat, geht er also von einer Aufdeckung durch das Tatopfer aus, die **nur durch dessen Tötung** zu verhindern sei, **muss sowohl hinsichtlich der Tötung als auch hinsichtlich der Verdeckung dolus directus 1. Grades bestehen**. Dolus eventualis bzgl. des Todes und Verdeckungsabsicht können dann denkgesetzlich nicht zusammen vorliegen.
- Muss der Täter aus seiner Sicht den Verdeckungserfolg **nicht notwendigerweise durch den Tod** des Opfers erreichen, sondern durch eine andere Handlung oder Unterlassung, die den Tod nur als eine mögliche und gebilligte Folge herbeiführen kann, so steht weder **dolus eventualis** bzgl. des Todes noch die **Personenverschie-**

112 BGH, Urt. v. 17.05.2011 – 1 StR 50/11 Rn. 14, BGHSt 56, 239, RÜ 2011, 436.

113 BGH GA 1979, 108.

114 Vgl. BGH StV 1989, 151.

115 BGH NJW 1995, 1910; NStZ 1999, 615.

116 MünchKomm/Schneider § 211 Rn. 178; Geppert Jura 2004, 242, 245.

117 BGH, Beschl. v. 04.08.2010 – 2 StR 239/10, RÜ 2011, 783.

118 BGHSt 41, 358; BGH NJW 2000, 1730; anders noch BGHSt 7, 287, 289; 15, 291; Lackner/Kühl § 211 Rn. 15.

denheit von Tötungsopfer und potenziellem Tatentdecker der Verdeckungsabsicht entgegen.

Beispiele:

Zur Beseitigung von Tatspuren einer anderen Straftat legte der Täter Feuer in einem Haus, wohl wissend, dass in diesem Gebäude zwei Frauen schliefen. Von diesen war nichts zu befürchten, doch billigte der Täter, um der Beseitigung der Spuren willen, dass sie in den Flammen umkamen. – Mord(versuch) in Verdeckungsabsicht.[119]

Die Angeklagten misshandelten und quälten ihre Pflegekinder. Sie entzogen ihnen auch Nahrung. Als der Zustand der Pflegekinder lebensbedrohlich wurde, konsultierten sie keinen Arzt, damit dieser die Quälereien nicht zur Anzeige bringe. Sie billigten dabei den Tod der Kinder; eines davon starb an Unterernährung. – Neben Misshandlung von Schutzbefohlenen bejahte der BGH vollendeten und versuchten Mord durch Unterlassen in Verdeckungsabsicht.[120]

bb) Restriktionen der Verdeckungsabsicht

Fall 2: Motivbündel; Restriktion der Verdeckungsabsicht; Tötungsversuch und Verdeckungsmord an demselben Opfer

Die L beschimpfte ihren Lebenspartner A wegen dessen Dauerarbeitslosigkeit als faulen und nutzlosen Penner. A wehrte sich zunächst mit Worten, dann durch Schläge und Tritte, deren Intensität er noch steigerte, weil L nicht aufhörte, ihn zu provozieren. Die Wut des A wurde so stark, dass ihm sogar der Tod der L recht war. Als sie – noch nicht lebensgefährlich verletzt, aber ohne Bewusstsein – am Boden lag, verließ A die Wohnung. Er hielt es für möglich, dass seine Partnerin an den bereits zugefügten Verletzungen sterben könnte, hoffte aber, dass dies nicht passieren werde, weil seine Verärgerung inzwischen abgeflaut war. Kurze Zeit später kamen in A Minderwertigkeitsgefühle und Frustration hoch. Dann wurde er sich bewusst, dass L ihm wegen des Vorfalls zivilgerichtlich die Nutzung der gemeinsamen Wohnung untersagen lassen könnte. Er entschloss sich deshalb, L zu beseitigen. Er kehrte in die Wohnung zurück, erstickte die immer noch bewusstlose Frau mit einem Kissen und warf ihre Leiche in einen hinter dem Haus vorbeiführenden Fluss.
Strafbarkeit des A?

Aufbau: *Sprechen Sie in Mordfällen mit Ermöglichungs-/Verdeckungsabsicht zuerst die zu verdeckenden oder zu ermöglichenden Straftaten an, um eine Inzidenterprüfung dieser Delikte bei der Mordprüfung zu vermeiden.*

A. Die Misshandlungen

I. Vollendeter Totschlag, § 212?

Zwar waren die Misshandlungen ursächlich für den Tod der L, weil diese nicht hinweggedacht werden können, ohne dass es zu der Erstickungshandlung gekommen wäre. Der Tod war jedoch nicht die Folge des Letalitätsrisikos der Tritte und Schläge, die die L noch nicht in Lebensgefahr gebracht hatten, sondern der Un-

119 BGHSt 41, 358.
120 BGH NJW 2000, 1730.

terdrückung der Sauerstoffzufuhr. Letztere ist gegenüber den Misshandlungen ein selbstständiger Risikofaktor, der auf einem neuen Tatentschluss beruhte, nachdem der Tötungsvorsatz des A zuvor sogar erloschen war. Folglich steht der Tod der L entweder mit dem Schrifttum schon objektiv nicht im Risikozusammenhang oder es liegt eine Kausalabweichung vor, die so wesentlich ist, dass der Tod nicht mehr als vorsätzliche Folge der Misshandlungen angesehen werden kann. Vollendeter Totschlag scheidet aus.[121]

II. Infrage kommt ein als Verbrechen strafbarer **versuchter Totschlag** durch die Misshandlungen, **§§ 212, 22, 23 Abs. 1**.

1. Während A auf seine Partnerin einschlug und eintrat, entwickelte er Eventualvorsatz zur Tötung. Er besaß damit Tatentschluss und hat zu dessen Ausführung unmittelbar angesetzt, § 22.

2. Die Tat war rechtswidrig und schuldhaft.

3. Ein strafbefreiender Rücktritt käme hier nur unter den Voraussetzungen des § 24 Abs. 1 S. 1 Alt. 2 infrage, weil A nach dem Ablassen von der L – wenn auch irrtümlich – annahm, diese könnte an den bereits zugefügten Verletzungen sterben. Die für den Rücktritt von einem solchen beendeten Versuch erforderliche aktive Verhinderung der Vollendung hat A nicht erbracht.

III. **Versuchter Mord** gemäß **§§ 211, 22, 23 Abs. 1** setzt voraus, dass A Tatentschluss für ein Mordmerkmal hatte.

1. Als A die Misshandlungen mit Tötungsvorsatz vornahm, war L nicht mehr arglos. Die dem A bekannten Tatumstände begründen daher keinen Heimtückevorwurf.

2. Wut kann zwar eine verachtenswerte Motivation und damit einen niedrigen Beweggrund darstellen, aber nur, wenn es dafür keinen nachvollziehbaren Anlass gibt (s.u. Rn. 70 ff.). Hier war A durch die Beschimpfungen der L zur Tat gereizt worden. Seine Gefühlsaufwallung war nicht völlig grundlos. Niedrige Beweggründe scheiden aus.[122] Mordversuch ist nicht gegeben.

IV. Durch die einzelnen Schläge und Tritte, die eine tatbestandliche Bewertungseinheit bilden, hat sich A aber einer gefährlichen Körperverletzung gemäß **§§ 223, 224 Abs. 1 Nr. 5** schuldig gemacht. Diese steht zum Totschlagsversuch in Tateinheit.

B. **Das Ersticken der L**

I. A könnte einen **Mord** gemäß **§ 211** an L begangen haben.

1. Durch die Unterbrechung der Luftzufuhr hat A den Tod der L vorsätzlich herbeigeführt.

---

121 Zur Problematik der Zweithandlungen des Täters BGH, Urt. v. 03.12.2015 – 4 StR 223/15, RÜ 2016, 163; AS-Skript StrafR AT 1 (2016), Rn. 121.

122 Vgl. BGH StV 1998, 25.

2. Infrage kommt nur ein subjektives Mordmerkmal.

Handelt der Täter nur aus einem Beweggrund, ist dieser daraufhin zu überprüfen, ob er ein Absichts- oder Motiv-Mordmerkmal erfüllt. Liegen mehrere Handlungsgründe zugrunde, sogenanntes **Motivbündel**, ist derjenige zu ermitteln, der letztlich für den Tatentschluss ausschlaggebend, also treibend und **handlungsleitend** war.[123] Hier schwangen bei der Tat Minderwertigkeitsgefühle und Frustration mit. Tatauslöser war jedoch, L daran zu hindern, dem A zivilgerichtlich aufgrund der zugefügten Körperverletzung den Zutritt zur Wohnung verbieten zu lassen. Dies könnte das Mordmerkmal der **Verdeckungsabsicht** erfüllen.

a) Bezugstaten waren hier die Misshandlung und der Tötungsversuch an L, also von A begangene Straftaten. Dass sich die Vortat und die Tötung gegen dieselbe Person richteten, steht der Annahme einer „anderen" Straftat nicht entgegen. Sogar ein vorangegangener Tötungsversuch an demselben Opfer kann eine verdeckungsfähige Straftat sein. Dies aber nur, wenn zwischen der (erfolglosen) Tötungshandlung und der erneuten weiteren Tötungshandlung eine deutliche zeitliche (und situative) **Zäsur** liegt. Die spätere Tötungshandlung ist dann nicht mehr die Fortsetzung der bisherigen Tat, sondern bezieht sich auf eine in der Vergangenheit liegende abgeschlossene Tat. Handelte der Täter aber durchgängig mit Tötungsvorsatz (wenn auch anfänglich nur mit bedingtem Vorsatz) und tritt während einer einheitlichen Tötungshandlung die Verdeckung nur als weiteres Motiv für die Tötung hinzu, so liegt keine „andere" Tat mehr vor. Vielmehr will der Täter dann nur die Tat verdecken, die er gerade begeht.[124] **59**

   Den zielgerichteten Willen, L endgültig zu beseitigen, fasste A erst nach Verlassen der Wohnung und nachdem sein vorheriger Tötungsvorsatz erloschen war. Sowohl objektiv (zeitlich-räumlich) als auch subjektiv (neuer Tatentschluss) stellt der 2. Handlungskomplex damit einen **neuen Angriff** auf das Leben der L dar. Die in dem 1. Handlungskomplex verwirklichten Taten gegen Leib und Leben der L waren „andere Straftaten".[125]

b) A wollte den Tod der L nicht zur Verhinderung einer Strafsanktion, sondern er wollte verhindern, als Folge seines Angriffs auf Leib und Leben der L per Gerichtsbeschluss aus der Wohnung geworfen zu werden.[126] Diese außerstrafrechtliche Konsequenz genügt als Verdeckungszweck. Da der Tod der L auch Mittel hierfür war, liegt Verdeckungsabsicht begrifflich vor.

c) Fraglich ist, in welchen Fällen und wie das Merkmal zu **beschränken** ist, um eine unverhältnismäßige Verhängung lebenslanger Freiheitsstrafe zu vermeiden.

---

123 BGH, Urt. v. 06.10.2004 – 1 StR 286/04, S. 13, NStZ 2005, 332.

124 BGH, Urt. v. 12.06.2001 – 5 StR 432/00, NStZ 2002, 253; BGH, Urt. v. 10.10.2002 – 4 StR 185/02, NStZ 2003, 259; abl. Rengier § 4 Rn. 65.

125 Vgl. Fischer § 211 Rn. 73 a. E.

126 Vgl. dazu §§ 1, 2 Gewaltschutzgesetz v. 01.01.2002 (BGBl. I, 3513).

60 aa) Die **Lehre von der negativen Typenkorrektur** verneint den Mord trotz Bejahung von Verdeckungsabsicht, wenn die Tötung aufgrund einer umfassenden Gesamtwürdigung ausnahmsweise nicht als besonders verwerflich erscheint.[127] Diese Einschränkung nimmt dem Mordmerkmal jedoch die verfassungsrechtlich gebotene Begriffsschärfe und ist abzulehnen (s.o. Rn. 44.).

61 bb) Das BVerfG hat erwogen, die Verdeckungsabsicht auf solche Fälle zu beschränken, bei denen die Mordtat **im Voraus geplant** war. Danach würden all die Verdeckungstötungen aus dem Mordtatbestand herausfallen, bei denen sich der Täter während oder nach Begehung einer Straftat aufgrund eines plötzlich gefassten Entschlusses zur Tötung hinreißen lässt.[128]

Der BGH lehnt diesen Vorschlag ab. Kritisiert wird, dass dann die Bestrafung von der Geständnisfreudigkeit des Täters über seine inneren Beweggründe abhinge.[129]

62 cc) Im Anschluss an Krey[130] wird zum Teil in der Rspr. und im Schrifttum[131] eine Negativausgrenzung der Verdeckungsfälle unter dem Gesichtspunkt fehlender Niedrigkeit des Beweggrundes für möglich gehalten. Da die Verdeckungsabsicht – wäre sie im Tatbestand des § 211 nicht besonders aufgeführt – regelmäßig einen **niedrigen Beweggrund** darstellen würde, könnte Mord trotz festgestellter Verdeckungsmotivation wieder entfallen, wo sie ausnahmsweise nicht die Kriterien des niedrigen Beweggrundes erfüllt, also nicht auf sittlich tiefster Stufe steht.

Die Rspr. zeigte zunächst Sympathie für diesen Ansatz,[132] verfolgt ihn aber aus guten Gründen nicht mehr.[133] Gegen die Annahme, die Verdeckungsabsicht sei ein typisierter Regelfall der niedrigen Beweggründe, spricht die Wortstellung des „sonst" in § 211, das sich auf die vorangestellte Aufzählung der Merkmale der 1. Gruppe bezieht, nicht aber auf die erst danach genannten Absichtsmerkmale der 3. Gruppe. Der Gesetzgeber wertet durch das Merkmal der Verdeckungsabsicht zudem allein das Tötungsmotiv des Selbst- oder Drittschutzes vor den Konsequenzen einer Straftat als schwerstes Unrecht, und zwar unabhängig von sonstigen Beweggründen oder Fernzielen. Diese Tabuisierung würde durch einen weiteren strafrechtlichen „Motivfilter" der Niedrigkeit der Beweggründe aufgehoben. Sie wäre zudem systemwidrig: Auch bei der Habgier wird nicht zusätzlich gefragt, was der Täter mit dem durch die Tötung erstrebten Vermögensvorteil tun wollte.

127 Sch/Sch/Eser/Sternberg-Lieben § 211 Rn. 10, 32 b.
128 BVerfGE 45, 187 ff., 267.
129 BGHSt 27, 281, 283.
130 Krey/Hellmann/Heinrich Rn. 63.
131 Rengier § 4 Rn. 67.
132 BGHSt 35, 116, 127.
133 BGHSt 41, 358, 361 f.

dd) In Betracht gezogen wird auch eine Anwendung der zur Heimtücke entwickelten **Rechtsfolgenlösung**, sodass die Verdeckungstötung bei Vorliegen außergewöhnlicher Umstände als Mord im minder schweren Fall angesehen werden könnte.[134] **63**

Solche Einschränkungen könnten im Rahmen einer Verdeckungstötung Bedeutung erlangen, wenn es um die Tötung eines Erpressers geht, der den Täter mit der Drohung, eine Straftat zu offenbaren, in die unausweichliche Gefahr der Existenzvernichtung bringt, oder in sonstigen Fällen der Verantwortlichkeit des Opfers für die Situation.[135]

Im vorliegenden Fall tötete A allein deshalb, um sich der Verantwortung für verschuldetes Unrecht durch Beseitigung der einzigen Tatzeugin zu entziehen. Das ist die Grundsituation jeder Verdeckungstötung, bei der die strafmildernde Selbstbegünstigungsabsicht von der überdurchschnittlichen Gefährlichkeit des Täters überlagert wird. Damit liegen auch keine (nur auf Rechtsfolgenseite zu prüfenden!) außergewöhnlichen Umstände vor, die die Tat in einem milderen Licht erscheinen lassen. A hat damit in Verdeckungsabsicht getötet.

3. A handelte rechtswidrig und schuldhaft.

II. Die mitverwirklichten Tatbestände des **Totschlags, § 212**, und der **gefährlichen Körperverletzung, §§ 223, 224 Abs. 1 Nr. 2, 5**, treten gesetzeskonkurrierend dahinter zurück.

C. **Verbleibende Konkurrenzen und Gesamtergebnis:** A ist strafbar, tateinheitlich eine vollendete gefährliche Körperverletzung und einen versuchten Totschlag, tatmehrheitlich dazu einen Mord begangen zu haben.

---

cc) Verdeckungsabsicht und Unterlassen

Fall 3: Verdeckungstötung durch Unterlassen bei vorangegangenem Totschlagsversuch an demselben Opfer?
(Abwandlung des vorhergehenden Falles)

Ändert sich die Beurteilung, wenn L durch die Misshandlungen des A tatsächlich lebensgefährlich verletzt worden war und A – nach Verlassen der Wohnung und ohne zwischenzeitliche Aufgabe seines Tötungsvorsatzes – die L durch Nichtherbeiholen eines Arztes hat sterben lassen, damit sie ihn nicht per Gerichtsbeschluss aus der Wohnung werfen konnte?

I. Durch die Schläge und Tritte hat A hier den **Totschlag** gemäß **§ 212** vollendet. Seine spätere Untätigkeit hat weder den Kausalzusammenhang noch den Risikozusammenhang verändert.

134 BGHSt 35, 116, 127; LK-Jähnke § 211 Rn. 13.
135 Vgl. dazu LK-Jähnke § 211 Rn. 13.

64 II. Das hinzutretende Verdeckungsmotiv könnte den Vorwurf eines **Mordes durch Unterlassen** begründen, **§§ 211, 13**.

1. Eine Minderansicht im Schrifttum bejaht das. Die Garantenstellung ergebe sich aus Ingerenz, nämlich dem vorherigen vorsätzlichen Ingangsetzen der tödlichen Kausalkette durch aktives Tun. Darauf, dass dies eine vorsätzliche Tötung gewesen sei, komme es nicht an. Wenn jemand Ingerenzgarant durch fahrlässiges Vorverhalten in Bezug auf den konkreten Todeserfolg sei (dazu der nachfolgende Fall), sei dies erst recht bei einer Vorsatz-Vortat anzunehmen. Durch das hinzutretende Verdeckungsmotiv werde die Tat zum Mord durch Unterlassen, der wegen der Überschneidung mit dem Aktivdelikt in Tateinheit stehe.[136]

65 2. Die weit überwiegende Mehrheit in Rspr. und Schrifttum verneint eine selbstständige Mordstrafbarkeit, allerdings mit völlig unterschiedlicher Begründung:

a) Teilweise wird schon die **Garantenstellung abgelehnt**, weil derjenige, der vorsätzlich einen Erfolg anstrebe, nicht dadurch zugleich verpflichtet werden könne, ihn wieder abzuwenden.[137]

b) Eine andere Meinungsgruppe bejaht zwar den **Totschlag durch Unterlassen**, lässt diesen aber hinter dem Aktivdelikt zurücktreten. Das Mordmerkmal der **Verdeckungsabsicht wird abgelehnt**. Manche[138] verneinen „Verdeckung", weil die Nichtaufdeckung des vorangegangenen Totschlags beim Unterlassungstäter kein Mordunrecht verwirkliche; diesem sei nicht zumutbar, sich selbst durch Rettungsmaßnahmen der Strafverfolgung auszusetzen (vgl. zu diesem Argument auch den nachfolgenden Fall). Überzeugender ist die Ansicht des 4. Strafsenats des BGH, der in solchen Fällen eine **„andere"** Straftat verneint. **Ungeachtet einer zeitlichen Zäsur zwischen dem Vorgeschehen und dem nachfolgenden Unterlassen gehe es immer noch um dieselbe vorsätzliche Tötungstat, die der untätig Bleibende lediglich weiterverfolge, indem er keine Rücktrittshandlung einleite.**[139]

Ergebnis: A ist strafbar wegen Totschlags.

---

136 Wilhelm NStZ 2005, 177.
137 BGH NStZ-RR 1996, 131; Otto Jura 2003, 621.
138 Freund NStZ 2004, 123.
139 BGH, Urt. v. 12.12.2002 – 4 StR 297/02, NJW 2003, 1060.

b) Absicht, eine andere Straftat zu ermöglichen

aa) „Straftat“ als Bezugstat meint hier dasselbe wie bei der Verdeckungsabsicht (s.o. Rn. 54.). **66**

bb) Die Tat ist immer dann eine **„andere“**, wenn die Tötung und die Zieltat zeitlich gestaffelt sind, z.B. Tötung als Mittel zur Erlangung einer Lebensversicherung.[140] Auch tateinheitliche Überschneidung zwischen der Tötung und der Zieltat sind möglich, z.B. Tötung des Opfers als Raubgewalt zur Erleichterung der späteren Wegnahme.[141]

Nur dann, wenn die Tötung in ihrer Ausführungshandlung **vollständig deckungsgleich** mit dem weiteren deliktischen Ziel des Täters ist, liegt keine „andere“ Straftat mehr vor, z.B. die Tötung des Verfolgers nach einem Diebstahl mit dem Ziel der Erhaltung des Beutebesitzes. Hier liegt in der Tötung keine Ermöglichung des räuberischen Diebstahls als einer anderen Straftat; vielmehr ist die Tötung das Unrecht der §§ 252, 251 selbst. Der Täter kann hier nur aus Habgier oder niedrigen Beweggründen Mörder sein.[142]

cc) Die **Ermöglichung** ist auch schon bei erstrebter Erleichterung durch die Tötung beabsichtigt. Die Absicht ist dabei – parallel zur Verdeckungsabsicht – auch mit dolus eventualis hinsichtlich des Todes kompatibel, wenn nur der Täter glaubt, sein Ziel durch die Handlung mit der gebilligten Todesfolge erreichen zu können und nicht notwendigerweise durch den Tod des Opfers.[143]

6. Die Mordmerkmale der 1. Gruppe – Motivmerkmale

a) Mordlust

Dieses Merkmal liegt vor, wenn **die Tötung des Opfers den einzigen Zweck der Tat bildet, insbesondere wenn allein aus der Freude an der Vernichtung eines Menschenlebens getötet wird.**[144] Mordlust liegt nahe, wenn es dem Täter gleichgültig ist, wen er tötet, weil das Opfer für ihn austauschbar ist. Anders als bei dem Mordmerkmal der niedrigen Beweggründe spielen gefühlsmäßige oder triebhafte Regungen hierbei keine Rolle.[145] **67**

b) Befriedigung des Geschlechtstriebs

Aus dieser Motivation tötet, **wer sich durch den Tötungsakt als solchen sexuelle Befriedigung verschaffen will, oder wer das Opfer tötet, um sich an der Leiche geschlechtlich zu befriedigen,**[146] oder **wer den Tod des Opfers als Folge einer Vergewaltigungshandlung zumindest billigend in Kauf nimmt.**[147] Auf einen unmittelbar **68**

140 BGH NStZ 1998, 352.
141 BGHSt 39, 159, 160.
142 MünchKomm/Schneider § 211 Rn. 199.
143 BGHSt 39, 159.
144 BGHSt 34, 59, 61.
145 BGH NStZ 1994, 239.
146 BGHSt 7, 353.
147 BGH StV 1982, 15; Sch/Sch/Eser/Sternberg-Lieben § 211 Rn. 16.

zeitlich-räumlichen Zusammenhang zwischen der Tötung und der sexuellen Befriedigung kommt es nicht an. Das Merkmal ist auch dann erfüllt, wenn der Täter erst bei der späteren Betrachtung der Videoaufzeichnung vom Tötungsakt und dem Umgang mit der Leiche sexuelle Befriedigung finden will.[148]

c) Habgier

69 **Aus Habgier mordet, wer einen Menschen zum Zweck der Erlangung eines auch nur geringen wirtschaftlichen Vorteils oder zur Vermeidung wirtschaftlicher Nachteile tötet.** Wer aus materiellen Gründen „über Leichen geht" zeigt schon dadurch eine verwerfliche Gesinnung.[149] Die Rspr. betont zudem das Wortelement „Gier". Danach muss die Tat **Folge eines über bloße Gewinnsucht hinaus gesteigerten abstoßenden Gewinnstrebens** sein.[150] In der Rechtsanwendung wirkt sich dieses zusätzliche Element nicht aus. Es ist kein Fall bekannt, in dem ein Mord verneint worden ist, weil der Täter aus „gesundem Gewinnstreben" getötet hat.[151]

Hauptfälle sind der **Raubmord**, der bezahlte **Auftragsmord**, Mord zur Erlangung eines **Erbes** oder einer **Lebensversicherung**. Habgierig handelt auch, wer sich seiner **Schulden** oder **Unterhaltspflicht** entziehen[152] oder um jeden Preis irgendeinen dem Opfer zustehenden Gegenstand – z.B. Drogen – erlangen will.[153]

d) Sonstige niedrige Beweggründe

70 **„Niedrig" sind solche Handlungsantriebe, die nach allgemeiner sittlicher Wertung auf tiefster Stufe stehen, weil sie besonders verwerflich, ja verachtenswert sind.**[154] Die Prüfung vollzieht sich in folgenden Schritten:

71 **aa)** Zunächst ist das **handlungsleitende Tatmotiv, der subjektive Auslöser der Tat** zu ermitteln. Dieser kann sich aus dem äußeren Anlass, aus Gefühlsregungen des Täters aber auch aus der Art und Weise der Tötung ergeben.

72 **bb)** Fällt das gefundene Tatmotiv unter **kein spezielles Mordmerkmal**, folgt die **Bewertung**, ob dieser Beweggrund der Tat in deutlich weiter reichendem Maß als ein Totschlag „niedrig" ist. Diese Bewertung hat aufgrund einer **Gesamtwürdigung** aller äußeren und inneren, für den Handlungsantrieb des Täters maßgeblichen Faktoren zu erfolgen. Dies ist insbesondere bei Gefühlsregungen, wie Wut, Zorn oder Ärger zu beachten. Da jedermann Gefühlsaufwallungen unterliegen kann, sind diese nicht schon für sich gesehen niedrig, sondern nur dann, wenn darin auch eine verachtenswerte Gesinnung zum Ausdruck kommt.[155]

---

148 BGH, Urt. v. 22.04.2005 – 2 StR 310/04, BGHSt 50, 80, RÜ 2005, 365 im „Kannibalen-Fall".

149 Vgl. NK-Neumann § 211 Rn. 13.

150 BGH, Urt. v. 15.01.2003 – 5 StR 223/02, NStZ 2003, 307.

151 Vgl. zur Kritik auch Fischer § 211 Rn. 13.

152 BGHSt 10, 399.

153 BGHSt 29, 317.

154 BGHSt 3, 132.

155 Vgl. BGH, Urt. v. 29.10.2008 – 2 StR 349/08, BGHSt 53, 31; BGH, Urt. v. 30.08.2012 – 4 StR 84/12, RÜ 2012, 777.

(1) Ein Beweggrund ist dann verachtenswert, wenn dadurch 73

- **ungehemmte Eigensucht** („Herr über Leben und Tod anderer")
- oder **krasse Rücksichtslosigkeit** („für die Durchsetzung von Eigeninteressen über Leichen gehen")
- oder die **Missachtung jeglichen Eigenwerts des Opfers** („menschenverachtende Behandlung wie eine Sache, mit der man nach eigenem Gutdünken verfahren kann")

zum Ausdruck kommt.[156]

Beispiele aus der Rspr.:

Die Tötung, um sich der Verantwortung für ein vorangegangenes Tun zu entziehen, das der Täter nicht als strafbar ansieht (sonst wäre Verdeckungsabsicht gegeben!), sondern „nur" für seinem Ansehen für abträglich hält, ist Ausdruck krasser Rücksichtslosigkeit und damit ein niedriger Beweggrund.[157]

Tötung aus Ausländerhass,[158] zum Abreagieren frustrationsbedingter Aggressionen[159] manifestieren eine ungehemmte Eigensucht und sind niedrige Beweggründe.

Inszenierung wie eine Hinrichtung; [160] Ausweiden des lebenden Opfers wie eine Tier[161] zeigen einen Vernichtungswillen, der dem Opfer jeglichen Eigenwert abspricht und begründen Mord aus niedrigen Beweggründen.

(2) Differenziert ist die Betrachtung, wenn die **Täter aus einem anderen Kulturkreis** stammen und die Tat aus dem Motiv der **Blutrache** oder der **Vergeltung für eine Ehrverletzung** begangen wurde. Hier hat der BGH folgende Leitlinien entwickelt:[162] 74

Für die Bewertung eines Beweggrundes ist der Maßstab den Vorstellungen der Rechtsgemeinschaft **der Bundesrepublik Deutschland** zu entnehmen und nicht den Anschauungen einer Volksgruppe, die die sittlichen und rechtlichen Werte der deutschen Rechtsgemeinschaft nicht anerkennt. Eine Tötung aus dem Motiv der **„Blutrache" ist in aller Regel als besonders verwerflich und sozial rücksichtslos** anzusehen, weil sich der Täter dabei seiner persönlichen Ehre und der Familienehre wegen gleichsam als Vollstrecker eines von ihm und seiner Familie gefällten Todesurteils über die Rechtsordnung und einen anderen Menschen erhebt. Hat der Täter dagegen **aus persönlichen Motiven aufgrund schwerer Kränkung durch Tötung eines ihm besonders nahestehenden Angehörigen** gehandelt, ist diese Form von „Selbstjustiz" zwar strafrechtlich nicht billigenswert. Die Tat kann aber auch nicht als besonders verwerflich eingestuft werden, weil sie aus einer besonderen Belastungssituation infolge des Verlustes einer wesentlichen Bezugsperson oder aus ähnlichen Motiven erfolgte, die jedenfalls nicht per se als niedrig anzusehen sind.

---

156 BGH, Urt. v. 22.10.2014 – 5 StR 380/14.

157 BGH NStZ 1997, 81.

158 BGH NJW 1994, 395.

159 BGH NJW 2002, 382.

160 Vgl. BGH, Urt. v. 30.08.2012 – 4 StR 84/12, RÜ 2012, 777.

161 BGH, Urt. v. 22.10.2014 – 5 StR 380/14.

162 BGH, Beschl. v. 10.01.2006 – 5 StR 341/05, RÜ 2006, 194.

75 **cc)** In einem dritten Schritt wird überprüft, ob dem Täter subjektiv **die Umstände bewusst waren, die die Niedrigkeit seiner Beweggründe ausmachen,**[163] ohne dass er sie selbst so eingestuft haben muss.[164] Gefühlsmäßige und triebhafte Regungen müssen ferner für den Täter **gedanklich beherrscht und willensmäßig steuerbar** gewesen sein.[165] Dies kann bei Spontantaten entfallen.[166]

76 Auch Tätern, die noch ihren **fremdkulturellen Anschauungen völlig verhaftet** sind, kann die Fähigkeit gefehlt haben, die Bewertung als niedrig nach deutschen Maßstäben ansatzweise nachzuvollziehen. Dann fehlt die für alle normativen Tatbestandsmerkmale zumindest erforderliche laienhafte Parallelwertung.[167]

163 BGH GA 1974, 370.
164 BGH NJW 1994, 395, 396.
165 BGH NStZ 1997, 81.
166 BGH NStZ 2001, 87.
167 BGH, Urt. v. 28.01.2004 – 2 StR 452/03, NstZ 2004, 332.

§ 211 Abs. 2, 1. und 3. Gruppe (die wichtigsten subj. Mordmerkmale)

Verdeckungsabsicht/Ermöglichungsabsicht

- **andere Straftat als Bezugstat**
  - Verbrechen oder Vergehen des Täters oder eines Dritten nach der Vorstellung des Täters; auch bei tateinheitlicher Überschneidung mit der Tötung
  - **Bei Verdeckungsabsicht** kann auch ein Totschlagsversuch an demselben Opfer Verdeckungstat sein, sofern aktive Tötung mit zeitlicher Zäsur nachfolgt.
  - **Bei Ermöglichungsabsicht** darf die Zieltat nicht vollständig mit der Ausführung der Tötung deckungsgleich sein.
- **Zielvorstellung**
  - **bei Verdeckungsabsicht** dolus directus I der Nichtentdeckung der Tat zur Vermeidung strafrechtlicher/außerstrafrechtlicher Konsequenzen; auch durch Unterlassen begehbar
  - **bei Ermöglichungsabsicht** dolus directus I zur Erleichterung der Tatbegehung
- **Finalzusammenhang zwischen Tötung und Zielerreichung**
  Die Tötung muss aus Tätersicht Mittel der Nichtentdeckung/Ermöglichung der Zieltat sein. Wenn das Verdeckungs- oder Ermöglichungsziel schon durch die Handlung/Unterlassung aus Tätersicht erreichbar ist, braucht der Täter bezüglich des Todes nur dolus eventualis zu besitzen; ist das Ziel nur durch den Tod erreichbar, ist diesbezüglich dolus directus I erforderlich.

Habgier

Tötung eines Menschen zum Zweck der Erlangung eines auch nur geringen wirtschaftlichen Vorteils oder zur Vermeidung wirtschaftlicher Nachteile; nach der Rspr. zusätzlich als Folge übersteigerten Gewinnstrebens.

Hauptfälle: Raubmord, Auftragsmord, Tötung wegen Erbes oder Lebensversicherung

sonstige niedrige Beweggründe

Handlungsantriebe, die keinem anderen Mordmerkmal unterfallen und nach allgemeiner sittlicher Bewertung auf tiefster Stufe stehen, weil sie ungehemmte Eigensucht, krasse Rücksichtslosigkeit oder die Missachtung jeglichen personalen Eigenwerts des Opfers zum Ausdruck bringen. Gefühlsmäßige, triebhafte Regungen müssen für den Täter gedanklich beherrschbar und willensmäßig steuerbar gewesen sein.

Hauptfälle: Tötung aus nichtigem Anlass, grundlosem Hass, Wut

III. Tötung auf Verlangen, § 216

Aufbauschema: Tötung auf Verlangen, § 216
1. objektiver Tatbestand
a) Fremdtötung (in Abgrenzung zur Beteiligung an freiverantwortlichem Suizid)
b) Tötungsverlangen des Opfers
c) Ausdrücklichkeit und Ernstlichkeit des Tötungsverlangens
d) Bestimmtsein des Täters (persönliches Merkmal i.S.v. § 28)
– Tötungsentschluss durch das Verlangen motiviert
2. subjektiver Tatbestand
Vorsatz bezüglich der tatbezogenen Umstände
3. Rechtswidrigkeit
4. Schuld

1. Struktur

77 § 216 ist das einzige **Vergehen** unter den vorsätzlichen Tötungsdelikten und deshalb in Abs. 2 mit eigener Versuchsstrafandrohung ausgestattet. Die Herabstufung zum Vergehen und der besonders geringe Strafrahmen beruhen darauf, dass sich der Täter von dem Sterbewillen des Opfers leiten lässt und dadurch sowohl das Unrecht **(Rechtsschutzverzicht)** als auch die Schuld des Täters **(Mitleidskonflikt und Hilfsmotivation)** gemindert erscheinen.[168]

Aufbau: *In allen Fällen, in denen der vorsätzlich herbeigeführte Tod des Opfers auf dessen* ***ausdrücklich erklärtem Willen oder Verlangen*** *beruht, sollte mit § 216 als speziellerem und im Fall seiner Bejahung auch konkurrenzdominantem Delikt begonnen werden. Dort, wo ein Sterbewunsch nicht ausdrücklich geäußert worden ist, ist der Prüfungseinstieg über § 212 zu empfehlen.*

2. Fremdtötung

78 Der objektive Tatbestand setzt – wie § 212 – zunächst voraus, dass der Täter einen anderen Menschen getötet hat. Das folgt schon aus dem Wortsinn des Tatobjekts „Getöteten“. Damit ist klargestellt, dass die Beteiligung an der Selbsttötung nicht unter den Tatbestand fällt. Hat sich das Opfer nach dem äußeren Ablauf zwar selbst getötet, wurde es aber in den Selbstmord getrieben oder handelte es aus anderen Gründen nicht frei verantwortlich, kommt von vornherein keine Tötung auf Verlangen, sondern nur ein Totschlag oder Mord in mittelbarer Täterschaft infrage.

168 Sch/Sch/Eser/Sternberg-Lieben § 216 Rn. 1.

Klausurhinweis: *Innerhalb der Prüfung des § 216 muss daher immer gutachtlich dargestellt werden, dass und warum die fragliche Handlung des Täters keine straflose Suizidförderung war (ausführlich dazu unten Rn. 89 ff.).*

3. Ausdrückliches und ernstliches Tötungsverlangen

aa) Erforderlich ist des Weiteren ein **Tötungsverlangen** des Opfers. Das ist eine – über eine bloße Einwilligung hinausgehende – Aufforderung des Opfers mit dem Ziel, den anderen zur Tötung zu bestimmen. Dabei liegt es in der Entscheidungsmacht des Opfers, ob es ein Tötungsbegehren an eine Einzelperson oder einen Personenkreis richtet und unter welchen Bedingungen die Tat geschehen soll.[169] **79**

bb) Ausdrücklich ist das Verlangen, wenn es in eindeutiger, unmissverständlicher Weise durch Worte oder Gesten kundgetan worden ist.[170] **80**

cc) Für die **Ernstlichkeit** gelten zunächst die Anforderungen, die an jede Disposition über ein persönliches Rechtsgut zu stellen sind, gleichviel ob Einverständnis oder rechtfertigende Einwilligung: Das Opfer muss also die zureichende **Urteils- und Einsichtsfähigkeit für die Entscheidung zum Tod** besitzen, woran es aus Alters- oder Krankheitsgründen oder wegen des Einflusses von Drogen und Medikamenten fehlen kann. Ferner muss der **Sterbewille mangelfrei** gebildet worden sein, darf also nicht auf Zwang oder Irrtum beruhen. Darüber hinaus muss der Sterbewille von **innerer Festigkeit und Zielstrebigkeit** getragen sein. Ein Todeswunsch, der zwar willensmangelfrei geäußert wird, aber einer „depressiven Augenblicksstimmung" entspringt, ist also nicht ernstlich.[171] **81**

4. Bestimmtsein des Täters durch das Tötungsverlangen

Das Tötungsverlangen muss den Täter zur Tat **bestimmt** haben. Gerade der Sterbewunsch des späteren Opfers muss Hauptmotiv des Täters, also für die Tötung **handlungsleitend** geworden sein.[172] Wer ohnehin zur Tat entschlossen war oder durch andere Umstände (z.B. durch die Belohnung eines Dritten oder die Verfolgung eigener Interessen) zur Tat veranlasst wurde, kann nicht § 216 für sich in Anspruch nehmen.[173] Beruht der Tatentschluss aber auf dem Tötungsverlangen, so spielen Nebenmotive keine Rolle.[174] **82**

5. Vorsatz und Irrtum

Für den **Vorsatz** muss der Täter alle vorgenannten Umstände in sein Vorstellungsbild aufgenommen haben. Kennt er das Tötungsverlangen nicht, ist die Tat aus § 212 oder § 211 strafbar. Stellt sich der Täter umgekehrt das Vorliegen eines ausdrücklichen und ernstlichen Tötungsverlangens vor, z.B. weil er eine die freie Willensbildung ausschlie- **83**

169 BGH NJW 1987, 1092; LK-Jähnke § 216 Rn. 5.

170 Vgl. Sch/Sch/Eser/Sternberg-Lieben § 216 Rn. 7.

171 BGH, Urt. v. 07.10.2010 – 3 StR 168/10, RÜ 2011, 235.

172 BGH, Urt. v. 22.04.2005 – 2 StR 310/04, BGHSt 50, 80, RÜ 2005, 365 im „Kannibalen-Fall".

173 Vgl. Fischer § 216 Rn. 10.

174 Vgl. BGH NJW 1987, 1092, 1093.

ßende Erkrankung des Opfers nicht kennt oder weil er aufgrund einer Verwechslung nicht die Person tötet, die das wirksame Sterbeverlangen geäußert hat, so ist die Tat über **§ 16 Abs. 2** gleichwohl als vollendete Tötung auf Verlangen zu bestrafen.[175]

Aufbau: *Die beliebten Fälle der irrigen Annahme eines Tötungsverlangens bewältigen Sie am besten, indem Sie die Tatbestandsprüfung des § 216 nach Verneinung eines wirksamen Sterbewillens beenden und eine neue Prüfung einer Tötung auf Verlangen gemäß §§ 216 Abs. 1 i.V.m. § 16 Abs. 2 anschließen. Hier stellen Sie auf Tatbestandsebene zunächst fest, dass eine vollendete Fremdtötung vorlag, die auch vom Vorsatz umfasst war. Dann prüfen Sie, ob sich der Täter alle Umstände eines ausdrücklichen und ernsthaften Sterbewunsches vorgestellt hat. Außerdem muss erörtert werden, ob er dadurch auch zur Tötung bestimmt wurde.*

6. Rechtswidrigkeit

84 Eine **rechtfertigende Einwilligung** in die eigene Tötung durch aktives Tun ist nicht möglich, § 216 entfaltet – weil die Disposition über das Leben des Opfers bereits die Privilegierung des § 216 auslöst – eine „Einwilligungssperre".

IV. Sterbehilfe

1. Das Verbot aktiver Lebensverkürzung

85 § 216 verdeutlicht, dass ein Tötungsverlangen des Getöteten bei einer an ihm verwirklichten Fremdtötung keine tatbestandsausschließende, sondern allenfalls unrechtsmindernde Kraft hat. Auch rechtfertigend kann ein Tötungsverlangen nicht wirken, weil der Straftatbestand sonst leerliefe.

Grundsätzlich gilt also: **Jede gezielte und aktive Lebensverkürzung eines anderen Menschen ist strafrechtlich verboten. Sogenannte aktive Euthanasie bei Behinderten, Alten und Sterbenden ist strafrechtlich verboten, weil damit der absolute Lebensschutz in verfassungswidriger Weise verletzt würde.** Das strafrechtliche Verbot aktiver Tötung gilt selbst dann, wenn das Opfer sich nicht selbst töten könnte – etwa wegen Bewegungsunfähigkeit durch Lähmung.[176]

Diese Rechtslage steht im Einklang mit der EMRK. Insbesondere ergibt sich aus Art. 2 EMRK (gesetzlicher Schutz des Rechts auf Leben) nicht ohne Verdrehung des Wortlauts die Auslegung, dass ein Recht existiere, mithilfe einer dritten Person oder einer Behörde getötet zu werden.[177]

2. Der rechtfertigende Behandlungsabbruch

a) Relativierung des Tötungsverbots

86 Bei der Lebensverkürzung **Sterbender** oder auf **lebenserhaltende Maßnahmen angewiesener Menschen** wird das absolute Tötungsverbot schon seit langem durch

175 Vgl. Lackner/Kühl § 216 Rn. 5.

176 BGH, Urt. v. 20.05.2003 – 5 StR 66/03, NStZ 2003, 537, 538.

177 EGMR NJW 2002, 2851.

höchstrichterliche Rechtsfortbildung **eingeschränkt**. Grund hierfür ist das Selbstbestimmungsrecht jedes Patienten, über eine Fortsetzung oder Beendigung lebenserhaltender medizinischer Hilfe zu entscheiden. Dieses Recht hat in den zivilrechtlichen Regeln zur Patientenverfügung und zur Vorsorgevollmacht seinen Niederschlag gefunden, §§ 1901 a ff. BGB. Wer unter diesen Voraussetzungen den Willen des Patienten verwirklicht, ist **strafrechtlich für die Lebensverkürzung gerechtfertigt**, unabhängig davon ob es sich um einen tatbestandsmäßigen Totschlag handelte, weil der Getötete unfähig war, ein aktuelles Sterbeverlangen zu artikulieren oder ob eine Tötung aufgrund eines aktuellen Sterbeverlangens gemäß § 216 vorlag, ferner unabhängig davon ob die Tötung durch Unterlassen (Vorenthalten von Nahrung und Medikamenten) oder durch aktives Tun (Abschalten von lebenserhaltenden Apparaturen) geschah. Persönlich unterfallen der Rechtfertigung nicht nur **Ärzte**, **Betreuer** und **Bevollmächtigte**, sondern auch **Dritte**, soweit sie für die Behandlung und Betreuung als hinzugezogene Hilfspersonen tätig werden.[178]

b) Voraussetzungen und Grenzen der Rechtfertigung

aa) Die betroffene Person muss **lebensbedrohlich erkrankt** bzw. ihr Weiterleben medi- 87
zinisch von Maßnahmen **zur Erhaltung oder Verlängerung des Lebens** abhängig sein.

bb) Das fragliche Verhalten muss ein **Behandlungsabbruch** sein, sich also darauf **beschränken**, einem bereits begonnenen Krankheitsprozess seinen Lauf zu lassen, ggf. Leiden zu mindern, die lebenserhaltende oder -verlängernde Maßnahme nicht weiterzuführen, sodass der Patient letztlich dem Sterben überlassen wird. Gerechtfertigt sein kann damit das **Unterlassen einer lebenserhaltenden Behandlung oder ihr Abbruch sowie Handlungen in Form „indirekter Sterbehilfe", die unter Inkaufnahme eines möglichen vorzeitigen Todeseintritts als Nebenfolge einer medizinisch indizierten Schmerzlinderung erfolgen.**

Lebensbeendende Handlungen außerhalb des Zusammenhangs mit einer medizinischen Behandlung sind als aktive Lebensverkürzung nicht rechtfertigungsfähig.

cc) Rechtfertigende Kraft besitzt der Behandlungsabbruch ferner nur dann, wenn er dem **geäußerten oder mutmaßlichen Willen des Patienten entspricht** und damit der Verwirklichung seines aus Art. 1 Abs. 1, 2 Abs. 1 GG abgeleiteten Selbstbestimmungsrechts zur Abwehr gegen nicht gewollte Eingriffe in die körperliche Unversehrtheit und in den unbeeinflussten Fortgang seines Lebens und Sterbens darstellt.

Umstritten ist, ob es allein auf die tatsächliche Übereinstimmung mit dem geäußerten oder mutmaßlichen Willen des Patienten ankommt oder ob für die materielle Rechtfertigung auch die **Verfahrensregeln der §§ 1901 a ff. BGB** eingehalten werden müssen.

(1) Eine im Schrifttum vertretene Auffassung hält eine Akzessorietät zu den Regeln des Betreuungsrechts für einen juristischen Fremdkörper innerhalb der materiell-strafrechtlichen Rechtmäßigkeit.[179]

---

178 BGH, Urt. v. 25.06.2010 – 2 StR 454/09, RÜ 2010, 644.

179 Verrel, NStZ 2010, 671, 674; ders. NStZ 2011, 274, 277; Rengier § 7 Rn. 8 b; Rosenau, Festschrift Rissing-van Saan, 2011, 427, 443, 563; Wolfslast/Weinrich, StV 2011, 286, 289.

(2) Vorzugswürdig ist die Rspr., die die Einhaltung der Verfahrensregeln der §§ 1901 a ff. BGB für unverzichtbar erachtet: Diese Vorschriften enthalten verfahrensrechtliche Absicherungen, die den Beteiligten bei der Ermittlung des Patientenwillens und der Entscheidung über einen Behandlungsabbruch Rechts- und Verhaltenssicherheit bieten sollen und bei der Bestimmung der Grenze einer möglichen Rechtfertigung von kausal lebensbeendenden Maßnahmen auch für das Strafrecht Wirkung entfalten. Dafür ist zunächst sicherzustellen, dass Patientenverfügungen nicht ihrem Inhalt zuwider als Vorwand benutzt werden, um aus unlauteren Motiven auf eine Lebensverkürzung schwer erkrankter Patienten hinzuwirken. Darüber hinaus muss in der regelmäßig die Beteiligten emotional stark belastenden Situation, in der ein Behandlungsabbruch in Betracht zu ziehen ist, gewährleistet sein, dass die Entscheidung nicht unter zeitlichem Druck, sondern nur nach sorgfältiger Prüfung der medizinischen Grundlagen und des sich ggf. in einer Patientenverfügung manifestierenden Patientenwillens erfolgt.[180]

Für die Feststellung des Patientenwillens als Grundlage für den rechtfertigenden Abbruch lebenserhaltender medizinischer Maßnahmen sehen die §§ 1901 a und 1901 b BGB grundsätzlich folgendes Verfahren vor: Gemäß § 1901 a Abs. 1 S. 1 und 2 BGB ist nur der Betreuer bzw. Bevollmächtigte (§ 1901 a Abs. 5 BGB) befugt, die Übereinstimmung der Festlegungen in der Patientenverfügung mit der aktuellen Lebens- und Behandlungssituation des Patienten zu prüfen und auf dieser Grundlage dem Willen des Patienten gegebenenfalls Geltung zu verschaffen. Darüber hinaus setzt die Entscheidung über einen Behandlungsabbruch gemäß § 1901 b Abs. 1 BGB zwingend ein Zusammenwirken von Betreuer bzw. Bevollmächtigtem und Arzt voraus. Dafür prüft der behandelnde Arzt in eigener Verantwortung, welche ärztliche Behandlung im Hinblick auf den Gesamtzustand und die Prognose des Patienten indiziert ist und erörtert dies mit dem Betreuer unter Berücksichtigung des Patientenwillens als Grundlage für die zu treffende Entscheidung. Wenn zwischen Arzt und Betreuer Konsens über den Behandlungsabbruch besteht, bedarf es auch keiner Genehmigung des Betreuungsgerichts.

dd) Subjektiv müssen die Kenntnis der objektiven Umstände nach pflichtgemäßer Überprüfung der Übereinstimmung mit dem Willen des Patienten und das Motiv, im Sinne des Betroffenen zu handeln, vorhanden sein.

Klausurhinweis: *Die Abgrenzung zwischen Tun und Unterlassen ist nur bei einem rechtfertigenden Behandlungsabbruch obsolet. Liegen die Voraussetzungen eines rechtfertigenden Behandlungsabbruchs nicht vor, gilt die Abgrenzung auch weiterhin. In einer Falllösung stellt sich die Abgrenzungsfrage Tun/Unterlassen vor der Rechtfertigungsprüfung. Wenn also nicht evident ist, dass ein rechtfertigender Behandlungsabbruch vorliegt, sollte man wie bisher die Frage diskutieren, ob aktives Tun oder Unterlassen vorgelegen hat.*[181]

V. Suizidbeteiligung

88 Aus den §§ 212, 216 folgt, dass nur **Fremdtötungen** tatbestandlich sind. Eine strafbare Fremdtötung (in mittelbarer Täterschaft) liegt auch vor, wenn das Opfer sich zwar äußerlich selbst getötet hat, aber aufgrund eines Wissens- oder Willensmangels zum Tatmittler gegen das eigene Leben instrumentalisiert wurde. Die Beteiligung an einer Selbsttötung ist nur nach § 217 strafbar, wenn sie absichtlich und geschäftsmäßig erfolgt (s. dazu unten Rn. 101.). Ohne Absicht und Geschäftsmäßigkeit unterfällt die Mit-

180 BGH, Urt. v. 10.11.2010 – 2 StR 320/10, RÜ 2011, 102.

181 Ausführlich dazu AS-Skript AT 1 (2016), Rn. 394 ff, 436 ff.

wirkung an einem freiverantwortlichen Suizid keinem Tatbestand und ist mangels Tatbestandsmäßigkeit der Haupttat auch nicht als Anstiftung oder Beihilfe strafbar. Damit kommt der Abgrenzung zwischen Fremdtötung und Suizidförderung sowie den Kriterien zur Bestimmung der Freiverantwortlichkeit eines Suizides zentrale Bedeutung zu:

Fall 4: Abgrenzung Fremd- und Selbsttötung; Kriterien der Freiverantwortlichkeit; Unterlassen nach Tatherrschaftswechsel

Der von den alleinstehenden Brüdern A und B geleitete Futtermittelbetrieb steht vor dem wirtschaftlichen Aus. B beschließt, sich zu opfern, um dem A für die Rettung des Unternehmens Geld aus der Lebens- und Unfallversicherung zukommen zu lassen. A verspricht, das Geld zur Sanierung einzusetzen, obwohl er das Geschäft aufgeben und die Versicherungssumme für den Aufbau einer neuen Zukunft einsetzen will. Damit der Tod wie ein Arbeitsunfall aussieht, steigt B in ein Getreidesilo. Dann veranlasst er A durch Zuruf, die Befüllung einzuschalten. Als die Druckluftanlage das Futtergetreide hochpumpt, reißt B von innen den Schieber ab, der das Silo öffnet. Erst dadurch kann sich das Getreide in dem Silo verteilen und binnen weniger Sekunden den B begraben. Als das Getreide durchgelaufen ist und die Anlage automatisch abschaltet, ist B bereits bewusstlos, könnte aber noch gerettet werden. A ahnt dies, unterlässt jedoch weitere Hilfe. Am Abend birgt die Feuerwehr den Leichnam des B. Strafbarkeit des A?

A. **Das Einschalten der Anlage**

I. Infrage kommt **Tötung auf Verlangen** gemäß **§ 216**.

1. Indem A die Druckluftanlage einschaltete, hat er eine Ursache i.S.d. conditio sine qua non für den Erstickungstod des B gesetzt.

2. Die Ursächlichkeit einer Handlung führt aber nicht automatisch zur Täter- **89**
schaft. Wer willentlich das vorsätzliche Tun eines anderen ermöglicht, wird nicht allein wegen der Mitverursachung zum unmittelbaren Täter, sondern kann auch Teilnehmer sein. Dementsprechend scheidet der Vorwurf einer Fremdtötung in unmittelbarer Täterschaft aus, wenn die Mitwirkung am Ausführungsakt lediglich als Beihilfe zur Selbsttötung zu bewerten ist.

a) Früher wendete die Rspr. auch für die vorliegende Problematik die subjektive Theorie an.[182] Der Täterwille wurde jedoch später als untaugliches Kriterium erkannt, weil sich auch derjenige, der die Tötung auf Verlangen ganz allein vollzieht, bei § 216 dem Willen des Lebensmüden unterordnet.[183]

b) Im Grundsatz stellen Rspr. und Schrifttum heute im Sinne der Tatherr- **90**
schaftslehre darauf ab, **wer den Tod bringenden Akt beherrschte:**

182 BGHSt 13, 162.

183 BGHSt 19, 135, 139.

Gab sich der später Getötete in die Hand des anderen, weil er duldend den Tod von ihm entgegennehmen wollte, dann hatte der andere die Tatherrschaft. Behielt dagegen der Sterbewillige bis zuletzt die freie Entscheidung über Leben und Tod, dann tötete er sich selbst, wenn auch mit fremder Hilfe.[184]

aa) Dieses Kriterium reicht zur Einordnung der Fälle aus, in denen die tödliche Handlung eindeutig einer Person zugeordnet werden kann und der Tod ohne Weiteres eingetreten ist.

Beispiele: Fremdtötung liegt nach allgemeiner Ansicht vor, wenn der Freund den gelähmten Sterbewilligen auf dessen Wunsch hin erschießt. Bloße Suizidförderung liegt dagegen vor, wenn der Freund den Gelähmten zum Abgrund fährt, wo dieser sich selbst in die Tiefe stürzt.

91 bb) Einer Präzisierung bedarf die „Herrschaft über den letzten Akt" aber für die Fälle, in denen dem Opfer bei oder nach dem Mitwirkungsbeitrag des anderen noch die tatsächliche Möglichkeit bleibt, die tödliche Wirkung zu vereiteln oder sich zu retten, ferner die Fälle, in denen der Mitwirkende und der Sterbewillige erst durch aktives Zusammenwirken den Tod herbeiführen, so wie im vorliegenden Fall bei A, der die Zufüllanlage auslöste, und B, der den Schieber abriss.

92 (1) Die Rspr. orientiert sich hierfür an der **Handlung** des Mitwirkenden:

Dauert diese als Willensbetätigung bis zum Verlust der Handlungsfähigkeit des Opfers fort, so soll eine Fremdtötung gegeben sein. Hieran ändert sich auch nichts dadurch, dass sich der Sterbewillige den Wirkungen der Handlung noch hätte entziehen können.

Beispiel: Um gemeinsam in den Tod zu gehen, drückt M fortwährend das Gaspedal herunter, damit giftiges Kohlenmonoxyd ins Wageninnere gelangen kann und M und die auf dem Beifahrersitz sitzende F tötet. M überlebt. – Nach Ansicht des BGH vollendete Tötung auf Verlangen.[185]

Hat der Mitwirkende dagegen seine Willensbetätigung abgeschlossen und damit eine Ursachenkette in Gang gesetzt, die zwar zum Tode führen soll, aber dem Sterbewilligen noch die freie Entscheidung über Leben und Tod lässt, so wird Tötung auf Verlangen verneint.

Beispiel: M und F wollen sich gemeinsam durch Gas vergiften. M dreht den Gashahn auf und beide warten auf den Tod. M wird gerettet. – Nach Ansicht des BGH straflose Suizidbeihilfe. Weil die Handlung mit dem Aufdrehen des Gashahns abgeschlossen gewesen sei, sei das Verharren der F in der Tod bringenden Lage kein Ausdruck duldender Entgegennahme des Todes von fremder Hand, sondern ihrer eigenen Tatbeherrschung.[186]

Auch bei **arbeitsteiligem Zusammenwirken** zwischen dem Getöteten und dem Mitwirkenden fragt die Rspr. allein danach, wer die den Tod bringende Handlung beherrscht hat.

---

184 BGHSt 19, 135, 140; BayObLG JZ 1988, 201.

185 BGHSt 19, 135, 140.

186 BGHSt 19, 135, 140 mit Verweis auf RG JW 1921, 579; zust. MünchKomm/Schneider § 216 Rn. 48.

Beispiel: Der Sterbewillige spritzt sich mit Selbsttötungswillen Betäubungsmittel. Als ihn die Kraft verlässt, spritzt sein Neffe die tödlich wirkende Menge nach. – Nach Auffassung des BGH, der Suizidbeihilfe nicht einmal in Betracht zieht, Tötung auf Verlangen, § 216.[187]

(2) Das Schrifttum weitet demgegenüber den Bereich des straflosen Suizids erheblich aus. Danach ist entscheidend, ob der Sterbewillige ungeachtet des Ingangsetzens der Ursachenreihe durch den anderen bis zum Eintritt seiner Handlungsunfähigkeit die Entscheidung über Leben und Tod behalten hat. Habe er diese Entscheidung auf welchem Weg auch immer realisieren können, sei das Geschehen eine Selbsttötung.[188] **93**

In beiden vorgenannten **Beispielen** der Todesherbeiführung durch Kohlenmonoxyd oder Gas hätte demnach keine Fremdtötung vorgelegen, weil die Getöteten hier immer noch das Auto oder den Raum verlassen konnten.

Auch **arbeitsteilige** aktive Mitwirkung des Sterbewilligen ist für einige Rechtslehrer ein Kriterium, das eine Bestrafung aus § 216 ausschließt. Roxin favorisiert den Gedanken, dass bei einverständlichem Handeln zwischen dem Tatopfer und dem anderen eine Selbstgefährdung vorliege, die insgesamt die objektive Zurechnung des Erfolges ausschließe.[189] Der Mitwirkende sei dann stets nur Suizidhelfer. Die Gegenansicht hält die Verwischung der allgemeinen Abgrenzungsregeln selbst bei gleichmäßiger Verteilung der Handlungsbeiträge für unvertretbar: § 25 Abs. 2 dürfe nicht herangezogen werden, weil diese Norm voraussetze, dass Mitwirkende „Täter" sein könnten, was für den Suizidenten gerade nicht der Fall sei,[190] und ein Zurechnungsausschluss wegen Selbstgefährdung widerspreche dem Normzweck des § 216, der gerade das Prinzip strafloser Eigenverantwortlichkeit bei vorsätzlichen Tötungshandlungen zurückdränge.[191]

Im vorliegenden Fall kommen alle Ansichten zu demselben Ergebnis: Zwar hat A mit dem Einschalten der Befüllungsanlage eine Bedingung für den Tod gesetzt. Diese wäre jedoch gar nicht wirksam geworden, wenn B nicht erst durch Abreißen des Schiebers den Getreidezufluss in das Silo ausgelöst hätte. B hatte also nach Abschluss der Handlung des A (Rspr.) bzw. nach dem Ingangsetzen des tödlichen Geschehensablaufs (Lit.) immer noch die Letztentscheidung über Leben oder Tod. Schon nach diesen Kriterien lag die Ausführungsherrschaft bei B. Auf eine weitere, den A begünstigende Berücksichtigung des arbeitsteiligen Zusammenwirkens mit B kommt es nicht mehr an. § 216 ist nicht erfüllt.

II. Trotz fehlender Herrschaft über das äußere Geschehen könnte A **mittelbarer Täter eines Totschlags** gewesen sein, weil er seinen Bruder im Irrtum darüber ließ, **94**

187 BGH NStZ 1987, 365.
188 NK-Neumann Vor § 211 Rn. 52; Sch/Sch/Eser/Sternberg-Lieben § 216 Rn. 11; Wessels/Hettinger Rn. 164.
189 Roxin AT Band 1, 4. Aufl., § 11 Rn. 121 ff.
190 NK-Neumann Vor § 211 Rn. 50.
191 MünchKomm/Schneider § 216 Rn. 47 ff.

was er tatsächlich mit dem zu erwartenden Geld anfangen wollte, **§§ 212, 25 Abs. 1 Alt. 2**.

Nach ganz h.M. ist mittelbare Täterschaft einer Fremdtötung für denjenigen gegeben, der an einer Selbsttötung mitwirkt, die beim Sterbewilligen mit solchen Willensmängeln behaftet war, dass er unfrei war und deshalb zum Werkzeug gegen sich selbst wurde. Allerdings bestehen Differenzen darüber, wie diese **Unfreiheit** zu bestimmen ist.

95 1. Ein Teil des Schrifttums wendet die **Regeln strafrechtlicher Verantwortung entsprechend** an, d.h. man fragt, ob sich der Suizident in einer Ausnahmesituation befunden hat, die so erheblich war, dass sie im Fall einer Fremdtötung die Verantwortlichkeit hierfür ausgeschlossen hätte. Beruht die Selbstschädigung auf einem Irrtum über die tödliche Wirkung einer Handlung (§ 16) oder werden unmündige Kinder, Jugendliche, Geisteskranke (§ 3 JGG, §§ 19, 20) zu einer Selbsttötung veranlasst oder wurde das Opfer in eine dem § 35 entsprechende Notstandslage getrieben, so soll mittelbare Täterschaft vorliegen.[192] Nach dieser Auffassung lag bei B ein defektfreier „Bilanzsuizid" vor. Die Fehlvorstellung über die Verwendung des Geldes seiner Lebensversicherung ist insoweit bedeutungslos.

96 2. Vordringend ist die Auffassung, die die Freiheit einer Selbsttötungsentscheidung nach den Kategorien einer **rechtfertigenden Einwilligung bzw. der in § 216 geforderten „Ernstlichkeit" des Todeswillens** beurteilt. Diese Ansicht macht geltend, dass eine Entscheidung, die im Rahmen von § 216 als unfrei zu bewerten wäre, im Falle der Eigentötung nicht als freiverantwortlich angesehen werden könne. Folglich gilt ein erheblich strengerer Maßstab für einen defektfreien Suizid. Nicht nur die vorgenannten Fälle werden zur Fremdtötung in mittelbarer Täterschaft, sondern auch Zwangslagen unterhalb der Schwelle des § 35 und Willensmängel über den konkreten Handlungssinn der Selbsttötung, z.B. der Irrtum über den bevorstehenden Ausbruch einer schweren Krankheit oder die Behauptung, dem anderen in den Tod folgen zu wollen.[193] Auch nach dieser Ansicht war die Suizidentscheidung des B frei von Zwang. Seine Fehlvorstellung, der Bruder werde die Firma nach seinem Tod weiterführen, betrifft auch nicht den Handlungssinn der Selbsttötung, sondern war nur Irrtum über ein die Selbsttötung begleitendes, nicht aber auslösendes Motiv. Totschlag in mittelbarer Täterschaft scheidet daher aus.

Zwischenergebnis: Die aktive Förderung der Selbsttötungshandlung durch A ist straflos.

B. **Das Sterbenlassen des B**

97 I. In Betracht kommt **Tötung auf Verlangen durch Unterlassen** gemäß **§§ 216, 13.**

192 Vgl. Arzt/Weber/Heinrich/Hilgendorf § 3 Rn. 28; MünchKomm/Schneider vor §§ 211 ff. Rn. 62; Roxin NStZ 1984, 70 ff.

193 Vgl. Krey/Hellmann/Heinrich Rn. 87 ff.; Neumann JA 1987, 244, 254; Sch/Sch/Eser/Sternberg-Lieben Vor §§ 211 ff. Rn. 36 f.; i.E. aufgrund Wertung der Gesamtumstände auch BGHSt 32, 28; BGH GA 1986, 509.

Isoliert gesehen sind die Merkmale der Unterlassungstat erfüllt, weil A als Garant aus persönlicher Nähebeziehung die ihm mögliche Bergung des B nicht vorgenommen und dadurch bedingt vorsätzlich dessen Tod herbeigeführt hat. Im Unterschied zur vorangegangenen aktiven Förderung hielt A nunmehr auch das Geschehen in seinen Händen, denn mit dem Bewusstloswerden des B war ein Tatherrschaftswechsel eingetreten.

1. Wegen dieses **Tatherrschaftswechsels** hat der BGH die Unterlassungstäterschaft des nicht hindernden Garanten bejaht.[194] In seinem berühmt gewordenen Wittig-Urteil aus dem Jahr 1984 begründet der 3. Strafsenat die strafbarkeitsbegründende Wirkung des Tatherrschaftswechsels mit Erkenntnissen der Suizidforschung. Danach verfällt häufig ein ursprünglich ernsthafter Selbsttötungswille nach Beendigung des Suizidversuchs. Den vor Eintritt der Bewusstlosigkeit erklärten Rettungsverzicht des Opfers hielt der BGH für nicht beachtlich. Die Handlungspflicht des Garanten entfällt danach nur, wenn eine schwere und irreversible Schädigung des Opfers eingetreten war, als der Garant hinzutrat.[195] Das Hans. OLG Hamburg hat diese Rspr. jüngst in einem Fall organisierter Suizidbeihilfe – vor Geltung des § 217 – bestätigt.[196] Diese Auffassung käme auch hier zur Bestrafung des A aus §§ 216, 13.

2. Die Lehre folgert einhellig aus der Straflosigkeit aktiver Freitod-Teilnahme, dass der Garant, der nichts zur Verhinderung eines solchen Suizides unternehme, ebenfalls straffrei bleiben müsse. Die von der Rspr. vertretene zeitliche Aufspaltung nach dem Kriterium des Tatherrschaftswechsels sei unzulässig, weil dadurch die Wertentscheidung des Gesetzgebers, die Suizidbeteiligung aus dem Strafbarkeitsbereich der Tötungsdelikte herauszunehmen, unterlaufen würde.[197]

3. **Stellungnahme:** Die Wittig-Entscheidung ist abzulehnen. Es ist nicht erklärlich, warum ein sterbewilliger Patient Angehörigen und Ärzten bis zum Eintritt seines Todes lebenserhaltende oder lebensrettende Maßnahmen verbieten kann, dieser Wille aber bei einem freiverantwortlichen Suizid nicht Berücksichtigung finden soll.

   A ist daher auch nicht wegen Tötung auf Verlangen durch Unterlassen strafbar.

II. Indem A seinen Bruder unter dem Futtergetreide ließ, kann er sich nach herrschender Lehre auch nicht wegen **Aussetzung** gemäß **§ 221 Abs. 1 Nr. 2** strafbar gemacht haben. Rein tatsächlich hat A den B in hilfloser Lage zurückgelassen und dadurch dessen konkrete Lebensgefahr als Durchgangsstadium zum Tod herbeigeführt. Beides beruhte aber auf einem eigenverantwortlichen Entschluss des B, sich das Leben zu nehmen. Wenn der freiverantwortlich ins Werk gesetzte Suizid

---

194 BGHSt 13, 162 ff.; 32, 367 ff.

195 BGHSt 32, 367, 376.

196 Hans. OLG Hamburg, Beschl. v. 08.06.2016 – 1 Ws 13/16, RÜ 2016, 640; für Straflosigkeit des Garanten, wenn der Suizid begangen wurde, um den Belastungen durch eine schwere Krankheit zu entgehen StA München I, Verf. v. 30.07.2010 – 125 Js 11736, 09, RÜ 2011, 575.

197 LK-Jähnke vor § 211 Rn. 24; NK-Neumann vor § 211 Rn. 74; Wessels/Hettinger Rn. 44, 57 jeweils m.w.N.

schon die Strafbarkeit Mitwirkender aus einem Tötungsdelikt hindert, muss erst recht die Strafbarkeit wegen eines Lebensgefährdungsdelikts ausgeschlossen sein. Das Verhalten des A, der den Sterbewillen seines Bruders unterstützen wollte, liegt deshalb außerhalb des Schutzzwecks der Aussetzung.[198]

III. **Unterlassene Hilfeleistung, § 323 c?**

1. Für den echten Freitod wird von vielen schon das Vorliegen eines „Unglücksfalls" verneint.[199] Die h.M. bejaht generell auch bei Selbsttötungshandlungen einen Unglücksfall. Die jedermann treffende Solidarpflicht könne nicht davon abhängig gemacht werden, ob ein freiverantwortlicher Suizid vorliege oder nicht, weil ein hinzutretender Unbeteiligter dies nicht überprüfen könne.[200]

2. Auf der Grundlage der letztgenannten Ansicht kann aber bei zweifelsfrei ernstlicher Sterbeabsicht und Willensfreiheit die Pflicht zur Suizidhinderung entfallen, weil es sich dabei nicht mehr um die erforderliche „Hilfe" i.S.v. § 323 c handelt[201] oder weil der Respekt vor dem fremden Selbsttötungswillen Rettungsbemühungen unzumutbar macht.[202] § 323 c entfällt damit nach allen Ansichten.

Ergebnis: A ist straflos.

---

98 Zur Klarstellung:

Die Mitwirkung an einem freiverantwortlichen Suizid ist nach allgemeiner Ansicht in Bezug auf Tötungs- und Körperverletzungsdelikte straflos, wenn es nicht mehr zu einer „Unterlassungsphase" kommt, weil der Tod des Opfers sofort eingetreten ist.[203]

Die Straflosigkeit der Mitwirkung an einem Suizid bezieht sich aber auch dann nicht auf Rechtsgüter, die nicht zur Disposition des Sterbewilligen stehen. **Mitverwirklichte Delikte z.B. gegen das Betäubungsmittelstrafrecht, gegen die Leibesfrucht oder andere Unbeteiligte bleiben damit strafbar.**[204]

Verfällt der Sterbewille tatsächlich nach der Suizidhandlung und kann das Leben des Opfers noch gerettet werden, so lebt die Strafbarkeit aus echten und unechten Unterlassungsdelikten nach allgemeiner Ansicht wieder auf.

198 Vgl. LK-Jähnke § 221 Rn. 27; NK-Neumann § 221 Rn. 12.

199 Sch/Sch/Sternberg-Lieben/Hecker § 323 c Rn. 7; Wessels/Hettinger Rn. 63.

200 Vgl. BGHSt 32, 367, 375 f.

201 BGH NJW 1988, 1532; OLG München JZ 1988, 201, 206; StA München I, Verf. v. 30.07.2010 – 125 Js 11736/09, NStZ 2011, 345, RÜ 2011, 576.

202 BGHSt 32, 367, 381; Rengier § 8 Rn. 20.

203 Vgl. BGHSt 46, 279.

204 Vgl. BGHSt 46, 279.

Fall 5: Fahrlässige Fremdtötung oder straflose Mitwirkung an einer Selbsttötung bei „quasi-mittelbarer Täterschaft" des Sterbewilligen?
(Abwandlung des vorhergehenden Falles)

B will sich opfern, um seinem Bruder Geldmittel aus der Lebens- und Unfallversicherung zukommen zu lassen. Weil er weiß, dass A dies niemals zulassen würde, sagt er ihm aber nichts davon. Er springt in den Silo und reißt von innen den Schieber ab. Dann ruft er seinem Bruder zu, dieser solle die Befüllungsanlage einschalten und laufen lassen, damit B von innen die Dichtigkeit des Silos kontrollieren könne. Es könne nichts passieren, da der Schieber nur an der undichten Stelle geringe Getreidemengen durchlasse. A glaubt dem B, obwohl er weiß, dass die Befüllungsanlage nach den einschlägigen Sicherheitsvorschriften niemals eingeschaltet werden darf, wenn sich Menschen im Silo aufhalten. Als sich die Anlage nach ca. 15 Minuten automatisch abstellt, ist B bereits tot.
Strafbarkeit des A?

Infrage kommt nur **fahrlässige Tötung** dadurch, dass A die Befüllungsanlage einschaltete, **§ 222**. **99**

I. Diese Handlung kann nicht hinweggedacht werden, ohne dass der Tod des B entfiele. Sie war damit für den Taterfolg kausal.

II. Das Verhalten war objektiv sorgfaltswidrig, weil die Sicherheitsvorschriften es verboten, die Maschine in Gang zu setzen, solange sich Menschen in dem Getreidesilo aufhielten.

III. Selbstgefährdungen, Selbstverletzungen und Selbsttötungen unterfallen aber als Akte der Autonomie keinem Straftatbestand zum Schutz höchstpersönlicher Rechtsgüter. Demgemäß macht sich derjenige, der einen solchen Akt durch sorgfaltswidriges Verhalten ermöglicht oder fördert, nicht aus einem Fahrlässigkeitsdelikt strafbar. Über dieses Ergebnis besteht Einigkeit.[205] Damit ist entscheidend, ob in dem Geschehen eine tatbestandsausschließende Selbsttötung oder eine tatbestandliche Fremdtötung liegt.

1. Dafür ist zunächst zu ermitteln, wer äußerlich den **letzten zum Tod führenden Akt** vorgenommen hat, denn wenn schon danach ein Suizidgeschehen vorliegt, das zudem vom Opfer eigenverantwortlich gewollt war, ist eine Fahrlässigkeitsbestrafung für den Mitwirkenden ausgeschlossen. Hier hat B (anders als im Ausgangsfall) den Schieber beseitigt, bevor A die Anlage einschaltete. Damit wurde das Auslösen der Befüllungsanlage zum eigentlich tödlichen Geschehen. B hatte danach auch keine Möglichkeit mehr, sich zu retten. Äußerlich gesehen lag eine Fremdtötung vor. **100**

2. Fraglich ist, ob die Tatbeherrschung dennoch bei B lag, weil er den A durch **Täuschung** zur Vornahme der tödlichen Handlung veranlasst hat.

205 Ausführlich dazu AS-Skript AT 1 (2016), Rn. 388.

a) In der Rspr. ist in ähnlichen Fällen ungeachtet dieser Besonderheit eine Fremdtötung bejaht worden: Entweder wird argumentiert, dass auch überlegenes Wissen des Tatopfers den Umstand nicht überwinden könne, dass ein anderer die Tötung vorgenommen habe.[206] Oder es wird für ausreichend erachtet, dass der Handelnde zumindest die Gefährlichkeit seines Tuns erkannt habe, auch wenn er nicht an den Todeseintritt gedacht habe.[207]

b) Eine Gruppe von Literaten nimmt dagegen Suizid an: Engländer[208] und Roxin[209] verweisen auf die Ähnlichkeit zur mittelbaren Täterschaft. Wenn der Tatveranlasser kraft überlegenen Wissens die Steuerungsherrschaft über das Handeln eines anderen besitze, dann sei ihm auch dessen Handeln zuzurechnen. Die äußerlich gegebene Fremdtötung verwandelt sich dann für alle Beteiligten in eine Selbsttötung. Hecker und Witteck[210] verneinen den Schutzzweckzusammenhang. Die Sorgfaltsanforderungen – hier: beim Befüllen einer Siloanlage – schützten davor, dass Unbeteiligte geschädigt würden, nicht aber davor, selbst als Werkzeug einer Tötung missbraucht zu werden.

c) **Stellungnahme:** Diesen Ansichten ist nicht zuzustimmen. Eine Zurechnung fremden Handelns nach § 25 Abs. 1 Alt. 2 in Bezug auf eine Person, die das jeweilige Delikt nicht verwirklichen kann, ist gar nicht möglich. Auch die Folgerung, dass die Wissensherrschaft einer Person über eine andere zwangsläufig deren Ausführungsherrschaft verdränge und den solchermaßen Beherrschten von jeder Strafbarkeit freistelle, ist unzutreffend. Das belegt folgende gedachte Sachverhaltsvariante: Unterstellt, B hätte den Arbeiter X in den Silo eingesperrt und dann seinen nichts ahnenden Bruder A veranlasst, die Getreidezufüllung einzuschalten, dann wäre B zwar mittelbarer Täter eines Tötungsdelikts, doch wäre A dann wegen seiner sorgfaltswidrigen Todesverursachung immer noch Täter einer Fahrlässigkeitstötung. Nichts anderes gilt in Bezug auf A, wenn der Tatveranlasser und das Opfer dieselbe Person sind.

Die Irrtumsausnutzung durch B schließt daher den inneren Zusammenhang zwischen der Fahrlässigkeit des A und dem Todeserfolg nicht aus.

IV. Einziger Rechtfertigungsgrund für die Fremdtötung könnte eine Einwilligung des A sein. § 216 verbietet jedoch die Fremdtötung, auch wenn sie auf Verlangen des Opfers geschieht. Damit erzeugt diese Norm eine Einwilligungssperre, die auch für die Fahrlässigkeitstat gilt.

V. A handelte auch fahrlässigkeits-schuldhaft, weil es ihm möglich war, die Sicherheitsvorschriften einzuhalten.

Ergebnis: A ist strafbar wegen fahrlässiger Tötung.

---

206 OLG Nürnberg, Beschl. v. 18.09.2002 – Ws 867/02, NJW 2003, 454.
207 BGH, Urt. v. 20.05.2003 – 5 StR 66/03, NJW 2003, 2326, RÜ 2003, 363.
208 Jura 2004, 234.
209 AT Band 1, 4. Aufl., § 11 Rn. 129.
210 JuS 2005, 397, 402.

VI. Geschäftsmäßige Förderung der Selbsttötung, § 217

§ 217 gilt seit dem 10.12.2015. Er soll Suizidbegleitung als Dienstleistung durch sog. Sterbehilfevereine bekämpfen und der gesellschaftlichen Normalisierung der Selbsttötung entgegenwirken. Die Strafvorschrift wird vielfach für verfassungsrechtlich und rechtspoltisch bedenklich gehalten, weil sie unangemessen in die Autonomie des Sterbewilligen eingreife[211] und sogar ärztliche Suizidbegleitung in ausweglosen Fällen pönalisiere.[212] **101**

1. Abs. 1 enthält den Straftatbestand. Dieser erfasst als Allgemeindelikt und abstraktes Gefährdungsdelikt unter dem Oberbegriff des **Förderns** das geschäftsmäßige und absichtliche **Gewähren, Verschaffen oder Vermitteln der Gelegenheit zur Selbsttötung eines anderen**. Dadurch werden Unterstützungshandlungen bereits im Vorfeld des Versuchs der Selbsttötung zur täterschaftlichen Begehung erhoben. Die Vollendung setzt nicht voraus, dass es zum Suizid gekommen ist.

a) Tatbezug ist die **Selbsttötung**, nicht: Tötung auf Verlangen oder gerechtfertigte Behandlungsabbrüche einschließlich indirekter Sterbehilfe durch Palliativmedizin (s.o. Rn. 87.).

b) Das **Gewähren** (1. Mod.) oder **Verschaffen einer Gelegenheit** (2. Mod.) setzt voraus, dass der Täter äußere Umstände herbeiführt, die geeignet sind, die Selbsttötung zu ermöglichen oder wesentlich zu erleichtern, z.B. durch das Überlassen bzw. Besorgen einer Räumlichkeit oder von zur Selbsttötung geeigneten Mitteln. Vollendet ist die Tat, wenn die äußeren Bedingungen für die Selbsttötung günstiger gestaltet worden sind. Das **Vermitteln einer Gelegenheit** (3. Mod.) verlangt nur, dass der Täter den konkreten Kontakt zwischen einer suizidwilligen Person und der Person, die die Gelegenheit zur Selbsttötung gewährt oder verschafft, ermöglicht. Vollendet ist die Tat auch, wenn diese Personen noch nicht miteinander in Kontakt getreten sind.

d) Subjektiv erforderlich sind Vorsatz, Förderungsabsicht von Selbsttötungen und **Geschäftsmäßigkeit**. Unter Geschäftsmäßigkeit versteht man die Absicht, die dauernde und wiederholte Betätigung zu einem Bestandteil seiner Tätigkeit zu machen, unabhängig von einer Gewinnerzielungsabsicht und unabhängig von einem Zusammenhang mit einer wirtschaftlichen oder beruflichen Tätigkeit.[213]

2. Abs. 2 enthält einen **persönlichen Strafausschluss** für Angehörige und nahestehende Personen des Sterbewilligen ohne geschäftsmäßige Absicht.

Die Regelung war notwendig, weil die Geschäftsmäßigkeit gemäß Abs. 1 ein strafbegründendes persönliches Merkmal gemäß § 28 Abs. 1 ist. Damit könnten auch Angehörige oder dem Suizidwilligen nahe stehende Personen, die im Einzelfall aus Gewissensgründen den geschäftsmäßig handelnden Suizidhelfer anstiften oder ihm Hilfe leisten, wegen der Teilnahme bestraft werden. Dies sollte jedoch straffrei sein. Einer entsprechenden Regelung für den Suizidwilligen selbst bedurfte es nicht, weil dieser bereits nach den Grundsätzen der notwendigen Teilnahme nicht strafbar ist.

---

211 Gaede, JuS 2016, 385.

212 Roxin NStZ 2016, 185.

213 BT-Drs. 18/5373 S. 17.

Tötung auf Verlangen, § 216

- **Ausdrückliches Tötungsverlangen** ist eine eindeutige und unmissverständliche Aufforderung durch Worte oder Gesten mit dem Ziel, den Adressaten zur Tötung zu bestimmen.
- **Ernstlichkeit** setzt voraus, dass der Erklärende einsichts- und urteilsfähig ist, keinem Willensmangel unterliegt und die Entscheidung von innerer Festigkeit und Zielstrebigkeit getragen ist.
- Zur Tötung **bestimmt** ist der Täter, wenn der Sterbewille des Opfers sein Hauptmotiv zur späteren Tat geworden ist.

Rechtfertigender Behandlungsabbruch

Bei einer **lebensbedrohlich erkrankten** oder von **lebenserhaltenden Maßnahmen abhängigen Person** sind **das Unterlassen, das aktive oder passive Beenden einer Behandlung** sowie die **Gabe schmerzlindernder Mittel mit der nicht beabsichtigten Folge der Lebensverkürzung** durch **Ärzte, Betreuer oder von diesen beauftragte Dritte** gerechtfertigt, wenn dies dem nach Maßgabe der **§§ 1901 a ff. BGB festgestellten geäußerten oder mutmaßlichen Willen** des Betroffenen entspricht und der Täter dem Willen des Betroffenen gemäß handeln **will**.

Suizidbeteiligung

Die Veranlassung oder aktive Förderung einer **freiverantwortlichen Suizides** erfüllt keinen Straftatbestand. Die Nichthinderung des Todes eines freiverantwortlich ins Werk gesetzten Suizides ist nach h. Lit. auch nach einem Tatherrschaftswechsel nicht als unechtes Unterlassungsdelikt, sondern ggf. gemäß § 323 c strafbar.

- **Selbsttötung** liegt vor, wenn der Sterbewillige die Tatherrschaft über den „letzten Akt" besitzt, d.h. wenn er nach Abschluss der Mitwirkungshandlung des anderen noch die Entscheidung über Leben und Tod besitzt.
- **Freiverantwortlich** ist die Selbsttötung nach einer Ansicht, wenn der Tötungswille in entsprechender Anwendung der strafrechtlichen **Vorsatz- und Schuldregeln** §§ 16, 18, 20, 35; § 3 JGG ein Akt autonomer Entscheidung war; eine andere Ansicht verlangt nach den Regeln der **Einwilligung** eine wirksame Disposition über das eigene Leben.

Geschäftsmäßige Förderung der Selbsttötung, § 217

Nach Abs. 1 strafbare absichtliche und geschäftsmäßige (nicht notwendig gewerbsmäßige!) Förderung von Selbsttötungen durch Gewähren, Verschaffen oder Vermitteln einer Gelegenheit. Für Angehörige ohne geschäftsmäßige Absicht (und den Suizidwilligen selbst) nach Abs. 2 nicht strafbar.

B. Das Verhältnis der Tötungsdelikte untereinander und Konsequenzen für die Strafbarkeit bei mehreren Tatbeteiligten

I. Der Systemstreit

In welcher Beziehung die vorsätzlichen Tötungstatbestände zueinander stehen, ist seit Jahrzehnten zwischen Rspr. und Lit. umstritten: 102

Rspr.: Selbstständigkeit der Tötungsdelikte

Zwar ist die vorsätzliche Tötung eines anderen Menschen notwendiges Tatbestandselement aller vorsätzlichen Tötungsdelikte. Mord und Totschlag stellen aber im Verhältnis zueinander keine verwandten, sondern selbstständige, voneinander unabhängige Tatbestände mit unterschiedlichem Unrechtsgehalt dar.[214] Auch § 216 ist selbstständiger Tatbestand, bei dessen Vorliegen die §§ 212, 211 ausgeschlossen sind.

Argumente:

- Das Gesetz bezeichnet die verschiedenen Tötungstäter unterschiedlich (in § 212 „Totschläger", in § 211 „Mörder"). Solche Unterschiede finden sich innerhalb verwandter Strafvorschriften nicht.
- § 212 umschreibt nur den Vorsatztäter als Totschläger, der einen Menschen tötet, „ohne Mörder zu sein". Damit geht das Gesetz von zwei Tätertypen aus, die sich gegenseitig ausschließen.
- Wenn § 212 der Grundtatbestand der vorsätzlichen Tötungsdelikte wäre, müsste dieser – wie bei allen Grundtatbeständen üblich – als erster im Strafgesetz genannt sein.
- Die in § 211 absolut, also ohne Strafrahmen angedrohte lebenslange Freiheitsstrafe macht deutlich, dass Mord nicht nur eine quantitative Steigerung des Totschlagsunrechts, sondern qualitativ arteigenes Unrecht ist.

Lit.: Stufenverhältnis der Tötungsdelikte

Der Totschlag, § 212, bildet den Grundtatbestand aller vorsätzlichen Tötungsdelikte. Mord, § 211, ist eine Qualifikation des Totschlags. § 216 ist unselbstständige Privilegierung des § 212, bei dessen Vorliegen die §§ 212, 211 auf Konkurrenzebene zurücktreten.[215]

Argumente:

- Die Bezeichnungen als „Totschläger" in § 212 und „Mörder" in § 211 drücken kein gegenseitiges Ausschlussverhältnis aus. Vielmehr weisen sie für den Rechtsanwender lediglich auf die besondere Rolle hin, die bei der Einordnung des Tötungsgeschehens der Täterpersönlichkeit und der Verwerflichkeit seiner Motivation zukommt.

214 BGHSt 1, 368; 36, 231.

215 Statt aller Sch/Sch/Eser/Sternberg-Lieben Vorbem. §§ 211 ff. Rn. 5 ff.

- Die Formulierung „ohne Mörder zu sein" in § 212 basiert auf einer überkommenen Tätertypenlehre. Sie ist kein negatives Tatbestandsmerkmal, sondern – auch nach der Rspr. – heute bedeutungslos (s.o. Rn. 9).
- Die Stellung des § 211 ist historisch bedingt. Sie ändert für sich gesehen nichts daran, dass das Totschlagsunrecht vollständig in § 211 mitenthalten ist, wie es für Grundtatbestände typisch ist.
- Die lebenslange Freiheitsstrafe ist – abgesehen von den ohnehin bestehenden Milderungsgründen des Allgemeinen Teils – spätestens seit Geltung der von der Rspr. entwickelten Rechtsfolgenlösung (s.o. Rn. 46.) nicht mehr absolut. Wenn aber für Mord auch eine zeitige Freiheitsstrafe verhängt werden kann und umgekehrt für besonders schwere Fälle des Totschlags nach § 212 Abs. 2 eine lebenslange Freiheitsstrafe möglich ist, liegen die für § 212 und für § 211 möglichen Rechtsfolgen so dicht beieinander, dass von einem qualitativen „Unrechtssprung" beim Mord nicht mehr die Rede sein kann.

Die Erwartung, dass die Rspr. auf die Lit. einschwenken werde, hat sich bisher nicht erfüllt, auch wenn der BGH im Zusammenhang mit Mord schon den Begriff „Qualifikation" verwendet[216] und der 5. Strafsenat „gewichtige Argumente des Schrifttums" und „Probleme der bisherigen Rspr." eingeräumt hat.[217]

II. Auswirkungen des Systemstreits bei mehreren Beteiligten

1. Alleintäterschaft

103 Bei Alleintäterschaft einer Tötung ohne Teilnahme kommt es auf die unterschiedlichen Standpunkte nicht an; sie brauchen nicht einmal erwähnt zu werden. Erst recht verbietet sich eine Stellungnahme. Entscheidend ist, ob der Einzeltäter in seiner Person ein Mordmerkmal erfüllt hat oder ob er durch ein ausdrückliches und ernsthaftes Tötungsverlangen zur Tat motiviert worden ist. Totschlag tritt dann nach allen Auffassungen hinter Mord an demselben Opfer zurück, und die Tötung auf Verlangen verdrängt nach Lit. und Rspr. sowohl den Totschlag als auch mitverwirklichte Mordmerkmale.

2. Mehrere Tatbeteiligte und tatbezogene Mordmerkmale

104 Bei **mehreren Tatbeteiligten** sind die verschiedenen Auffassungen zum Verhältnis der Tötungsdelikte ebenfalls **bedeutungslos**, solange es nur um **tatbezogene Mordmerkmale** geht.

Tatbezogen sind alle objektiven Merkmale der 2. Gruppe („heimtückisch, grausam, mit gemeingefährlichen Mitteln"), weil sie die Art und Weise der Tötung betreffen.[218] Werden solche Merkmale von einem Beteiligten verwirklicht, sind sie ande-

---

216 Z.B. BGHSt 41, 358, 362.

217 BGH, Beschl. v. 10.01.2006 – 5 StR 341/05 S. 20 f., RÜ 2006, 194; vgl. dazu auch Küper JZ 2006, 608.

218 BGHSt 23, 103, 105. Lediglich diejenigen im Schrifttum, die für die Heimtücke einen besonders verwerflichen Vertrauensbruch verlangen, müssen deshalb die personale Prägung des Merkmals in den Vordergrund stellen, Sch/Sch/Eser/Sternberg-Lieben § 211 Rn. 49.

ren Beteiligten durch ihre Verbindung zum Handelnden als mittelbarer Täter, Mittäter, Anstifter oder Gehilfe zurechenbar, wenn sie nur Vorsatz diesbezüglich haben.

3. Mehrere Tatbeteiligte und persönliche Mordmerkmale

Bedeutung erlangt der Systemstreit immer, wenn **mehrere Beteiligte** bei einer Tö- 105
tungstat mitwirken, sich aber bzgl. **persönlicher Merkmale unterscheiden.**

Persönliche Merkmale sind bei § 211 Abs. 2 alle Motivmerkmale der 3. Gruppe („Absicht, eine andere Straftat zu ermöglichen oder zu verdecken") sowie der 1. Gruppe („Mordlust, zur Befriedigung des Geschlechtstriebs, Habgier, sonstige niedrige Beweggründe")[219] und nach h.M. in § 216 das Bestimmtsein durch das Tötungsverlangen.[220]

Liegt ein solches Merkmal bei einem Beteiligten (Täter oder Teilnehmer) **vor und beim anderen nicht**, geht es um die Frage, ob nach § 28 Abs. 2 eine Tatbestandsänderung für den fraglichen Beteiligten oder nach § 28 Abs. 1 auf Strafzumessungsebene nur eine Strafmilderung ausgelöst ist.

a) § 28 Abs. 2 gilt für alle **strafschärfenden oder strafmildernden persönlichen** 106
Merkmale und für **Täter** sowie für **Teilnehmer**. Die Vorschrift besagt, dass jeder nur nach dem Tatbestand schuldig zu sprechen ist, der nach dem Vorliegen oder Nichtvorliegen der Merkmale in seiner Person erfüllt ist. Dies gilt unabhängig vom Vorliegen oder Nichtvorliegen des Merkmals bei einem anderen Mittäter oder Haupttäter. Ein von einem anderen Beteiligten verwirklichtes persönliches Merkmal wird auch nicht – wie ein tatbezogenes – nur aufgrund der Kenntnis davon zugerechnet. § 28 Abs. 2 ordnet vielmehr bei Mittätern eine unterschiedliche Tatbestandswahl und bei Teilnehmern eine Durchbrechung der akzessorischen Haupttat an.[221]

aa) Geht man nun mit dem **Schrifttum** davon aus, dass § 212 der Grundtatbestand, § 211 eine Qualifikation und § 216 eine Privilegierung ist, sind die persönlichen Mordmerkmale solche, die die Strafe **„schärfen"**, und das Bestimmtsein in § 216 ist ein solches, das die Strafe **„mildert"**. Alle diese Merkmale unterfallen **§ 28 Abs. 2**.

bb) Sieht man mit der **Rspr.** in den Tötungsdelikten eigenständige Tatbestände, ist § 28 Abs. 2 nicht anwendbar, weil es sich dann nicht um strafschärfende oder -mildernde persönliche Merkmale handelt, wie diese Vorschrift voraussetzt. Stattdessen ist hier jeder Mittäter unmittelbar nur aus den von ihm erfüllten persönlichen Mordmerkmalen strafbar und jeder Teilnehmer, soweit er Vorsatz der Verwirklichung der Mordmerkmale beim Haupttäter besitzt.

b) § 28 Abs. 1 gilt für alle **strafbegründenden persönlichen Merkmale** und verpflich- 107
tet das Gericht zu einer **Strafmilderung**, wenn der Anstifter oder Gehilfe bezüglich des fraglichen Merkmals in der Person des Haupttäters Vorsatz hatte, aber das Merkmal selbst nicht erfüllte. Außerhalb der Regelung liegt der Fall, in welchem der Tatbeteiligte allein oder ein anderes persönliches strafbegründendes Merkmal aufwies.

219 Vgl. Rengier § 5 Rn. 3.

220 Lackner/Kühl § 216 Rn. 2; Sch/Sch/Eser/Sternberg-Lieben § 216 Rn. 18; a.A. Otto § 6 Rn. 73.

221 Lesen Sie dazu bitte noch einmal AS-Skript StrafR AT 2 (2016), Rn. 126–141.

aa) Geht man nun mit dem **Schrifttum** davon aus, dass die §§ 212, 211 und § 216 im Verhältnis von Grundtatbestand zu Qualifikation und Privilegierung stehen, so sind die in den §§ 211, 216 genannten persönlichen Merkmale gerade keine, die die Strafe „begründen", wie es § 28 Abs. 1 verlangt. Diese Vorschrift findet im Bereich der Tötungsdelikte danach überhaupt keine Anwendung, sondern nur § 28 Abs. 2.

bb) Die **Rspr.** sieht von ihrem Standpunkt der Selbstständigkeit aller Tötungsdelikte in den persönlichen Merkmalen der §§ 211, 216 strafbegründende Merkmale, sodass danach nur **§ 28 Abs. 1** gilt und eben nicht § 28 Abs. 2.

***Aufbau**: Beginnen Sie in solchen Fällen – wie auch sonst – mit der Prüfung des Tatnächsten. Knüpfen sie an das für den Tatnächsten festgestellte Tötungsdelikt die Prüfung des anderen Tatbeteiligten an. Hier kann in Einzelfällen der Teilnahme schon beim Vorsatz der Systemstreit bedeutsam werden, weil es bei Anwendung des § 28 Abs. 2 nicht darauf ankommt, ob der Teilnehmer Vorsatz bezüglich des persönlichen Mordmerkmals beim Haupttäter besitzt, während dann, wenn man § 28 Abs. 2 nicht anwendet, nach allgemeinen Akzessorietätsregeln der Vorsatz des Teilnehmers auch für persönliche Mordmerkmale des Haupttäters zu ermitteln ist. Der Streit ist aber nicht zu entscheiden, wenn Vorsatz vorliegt. In solchen Fällen ist nach Bejahung der objektiven und subjektiven Tatbestandsvoraussetzungen der Beteiligtenrolle – vor der Rechtswidrigkeit – zu erörtern, ob sich wegen unterschiedlicher persönlicher Merkmale für den jeweiligen Beteiligten gemäß § 28 Abs. 2 der für ihn maßgebliche Tatbestand ändert oder eine Änderung der akzessorischen Haupttat vorzunehmen ist. Hier ist dann zuerst die Literaturauffassung darzustellen und auf den Fall anzuwenden. Es folgt die Darstellung der Rspr., die § 28 Abs. 2 nicht für anwendbar hält und erst auf Strafzumessungsebene zu § 28 Abs. 1 kommt. Subsumieren Sie Ihren Fall auch nach der Rspr., um zu entscheiden, ob sich tatsächlich Unterschiede zur Lit. ergeben. Eine Entscheidung zwischen den unterschiedlichen Auffassungen ist entbehrlich, wenn alle zu demselben konkreten Ergebnis kommen.*

Die nachfolgenden Fälle geben eine Anleitung zur klausurmäßigen Darstellung des Streits:

Fall 6: Nur ein Mittäter hat ein persönliches Mordmerkmal, von dem der andere Mittäter aber weiß

C hatte von A Drogen erworben, aber nicht bezahlt. A drohte, ihn umzubringen, falls er seine Schulden nicht begleiche. A bat B, ihn zur Wohnung des C zu begleiten, um die Schulden einzutreiben. Auf dem Weg dorthin sah B, dass A eine Pistole eingesteckt hatte. Da er von den Todesdrohungen des A wusste, argwöhnte er, dass es zur Tötung des C kommen könne, wenn dieser nicht bezahlen würde. Dennoch läutete er in Absprache mit A bei C. Dieser öffnete, aus Angst um sein Leben mit einer Vorderschaftrepetierflinte („Pumpgun") bewaffnet. B erklärte, er wolle mit C über dessen Schulden sprechen und wurde von C eingelassen. Unter einem Vorwand verschaffte B dem A im weiteren Verlauf den Zutritt zur Wohnung. A verlangte erneut vergeblich Geld von C. Als er erkannte, dass er keine Rückzahlung seiner „Schulden" mehr zu erwarten hatte, erschoss er C als „Bestrafung" dafür.
Strafbarkeit von A und B aus Tötungsdelikten? (Sachverhalt vereinfacht nach BGH, Urt. v. 29.11.2007 – 4 StR 425/07 und BGH, Beschl. v. 10.06.2009 – 4 StR 645/08)

A. **Strafbarkeit des A?**

I. Indem A den C erschoss, hat er vorsätzlich, rechtswidrig und schuldhaft einen **Totschlag** nach **§ 212** verwirklicht.

II. Die Tat könnte als **Mord gemäß § 211** anzusehen sein.

1. **Heimtücke** als Ausnutzung der Arg- und Wehrlosigkeit scheidet aus, weil C – wie seine Bewaffnung zeigt – durchgängig mit einem Angriff des A rechnete und damit nicht mehr arglos war.

2. Fraglich ist, ob **niedrige Beweggründe** angenommen werden können. Niedrig sind Handlungsantriebe, wenn sie nach einer Gesamtwürdigung aller Tatumstände auf sittlich tiefster Stufe stehen. Die Tötung wurde hier durch die Nichterfüllung einer Forderung veranlasst, die wegen des Verbots des Drogenhandels sogar außerhalb der Rechtsordnung stand. Damit wurde ein Leben wegen eines nichtigen Anlasses geopfert. Dieses extreme Missverhältnis offenbart eine ungehemmt eigensüchtige und selbstgerechte Gesinnung. Zudem kommt die Erschießung als Akt der Selbstjustiz einer Hinrichtung gleich, womit A dem Opfer jeglichen personalen Eigenwert abspricht. Die Beweggründe des A stehen auf tiefster Stufe. Ihm waren diese Umstände auch bewusst.

Ergebnis und Konkurrenzen: A ist strafbar wegen Mordes, § 211; der mitverwirklichte Totschlag tritt dahinter zurück.

B. **Strafbarkeit des B**

I. Infrage kommt **Mittäterschaft zum Mord, §§ 211, 25 Abs. 2.** **108**

1. Dann müsste er C gemeinschaftlich mit A und vorsätzlich getötet haben. Dafür ist nicht erforderlich, dass er selbst den tödlichen Schuss abgegeben hat. Liegen die Voraussetzungen der Mittäterschaft vor, so ist dem B dieser wie eigenes Handeln zuzurechnen. Dadurch, dass B zuerst sich und dann dem A den Zutritt zu Wohnung des C verschafft hat, hat er die Tötung des C mitverursacht. Dies geschah aufgrund vorheriger Absprache mit A. Nach engem Tatherrschaftsverständnis wäre der Beitrag nicht für Mittäterschaft ausreichend, weil er noch in der Vorbereitungsphase der Tat geleistet wurde. Für die herrschende weite Tatherrschaftslehre kann jedoch auch ein derartiger Beitrag die Mittäterschaft begründen, wenn er ein solches Gewicht besitzt, das es auf eine Mitwirkung in der Ausführungsphase nicht mehr ankommt. Das ist hier zu bejahen, weil A ohne die Ermöglichung des Zutritts zur Wohnung durch B gar nicht an den vorgewarnten C herangekommen wäre. Für die subjektive Theorie genügt die weite Tatherrschaft als entscheidendes Indiz für den Täterwillen; dass B selbst keinerlei Eigeninteresse am Taterfolg hatte und nicht in die Planung der Tat eingebunden war, spielt angesichts der vorhandenen Tatherrschaft keine Rolle mehr.[222]

222 BGH, Urt. v. 29.11.2007 – 4 StR 425/07, Rn. 29 ff.; zur Abgrenzung allgemein AS-Skript StrafR AT 2 (2016), Rn. 29.

Da B in Kauf nahm, dass C von A erschossen werden könnte, hatte er Tötungsvorsatz. Zudem kannte er die Umstände, die seine Mittäterschaft begründeten. Er hat gemeinschaftlich mit A den C getötet.

2. Fraglich ist, ob auch bei ihm das Mordmerkmal der niedrigen Beweggründe bejaht werden kann.

   a) B selbst hegte keine Rachegefühle gegen C. Er hat sich auch die Motive des A nicht zu Eigen gemacht.

   b) Zwar waren ihm die niedrigen Beweggründe des A bekannt. Da es sich hierbei jedoch nicht um ein tatbezogenes, sondern um ein **persönliches Merkmal** handelt, findet keine bloße Wissenszurechnung statt. Vielmehr kann nach allgemeiner Ansicht nur derjenige Täter eines Mordes aus niedrigen Beweggründen sein, der in eigener Person das Mordmerkmal aufweist.

      aa) Für die **Lit.**, die in den Mordmerkmalen strafschärfende Merkmale sieht, ergibt sich dies aus § 28 Abs. 2.

      bb) Die **Rspr.**, die § 28 Abs. 2 auf die aus ihrer Sicht strafbegründenden Mordmerkmale nicht anwendet, folgert dieses Ergebnis unmittelbar aus der Natur der persönlichen Merkmale. Diese sind untrennbar mit der Person des Beteiligten verknüpft und damit einer täterschaftlichen Zurechnung von vornherein entzogen.[223]

B ist damit kein Mittäter eines Mordes.

109 II. Da er gemeinschaftlich mit A den C getötet hat, ist er nach allgemeiner Ansicht **Mittäter eines Totschlags, §§ 212, 25 Abs. 2**.

1. Für die **Lit.** folgt dies wegen des fehlenden persönlichen strafschärfenden Merkmals bei B aus § 28 Abs. 2.

2. Die **Rspr.** kommt auch ohne Anwendung des § 28 Abs. 2 zu diesem Ergebnis: Da hiernach zwischen Mord und Totschlag kein Exklusivitätsverhältnis[224] besteht, sondern das Totschlagsunrecht in § 211 enthalten ist wie vergleichsweise das Diebstahlsunrecht im Raub, kann bei Nichtvorliegen eines Mordmerkmals aus dem verbleibenden Totschlag schuldig gesprochen werden.[225] Auch eine Strafmilderung nach § 28 Abs. 1 kommt insoweit nicht in Betracht. Zwar handelte B ohne das aus Sicht der Rspr. strafbegründende persönliche Merkmal der niedrigen Beweggründe, doch gilt § 28 Abs. 1 nur für Teilnehmer und nicht für Täter.

Soweit es um Mittäter mit Unterschieden bei persönlichen Mordmerkmalen geht, braucht man also in der Regel den Systemstreit zwischen Lit. und Rspr. nicht zu entscheiden.

110 III. B könnte aber **Gehilfe eines Mordes** des A gewesen sein, **§§ 211, 27**.

223 BGH, Beschl. v. 10.06.2009 – 4 StR 645/08, NStZ 2009, 627; Dehne-Niemand/Wegemund HRRS 2010, 98, 105.

224 Das wird vom Schrifttum zuweilen zu Unrecht so unterstellt, vgl. Kindhäuser § 2 Rn. 61.

225 BGHSt 36, 231; BGH, Beschl. v. 10.06.2009 – 4 StR 645/08, NStZ 2009, 627.

1. A hat C vorsätzlich und rechtswidrig aus niedrigen Beweggründen getötet. Diese Tat hat B durch die Verschaffung des Zutritts für A objektiv gefördert. Dass der Tatbeitrag im Rahmen von § 212 als mittäterschaftlich eingestuft wurde, steht der Annahme einer Beihilfe in anderem Deliktszusammenhang nicht entgegen, da auch sonst dieselbe Handlung mehrere Beteiligungsformen kumulativ erfüllen kann.

2. B kannte alle Umstände, die die Haupttat in der Person des A zum Mord aus niedrigen Beweggründen machten, und er wollte seinen Tatbeitrag erbringen.

3. Fraglich ist, ob sich seine Bestrafung ändert, weil er selbst nicht aus niedrigen Beweggründen gehandelt hat.

   a) Wer mit der **Lit.** in diesem Fall § 28 Abs. 2 anwendet, gelangt als für B akzessorische Haupttat zu dem Tötungsdelikt, das vorliegen würde, wenn auch A ohne Mordmerkmale gehandelt hätte. Das wäre der Totschlag. Da B hieraus aber bereits als Mittäter strafbar ist, ergibt sich kein selbstständiges Strafbarkeitsbedürfnis aus Beihilfe mehr. Diese ist als minder schwere Beteiligungsform gegenüber der Mittäterschaft subsidiär.

   b) Bei konsequenter Anwendung ihrer Grundsätze müsste die **Rspr.** in diesem Fall die Beihilfe zum Mord bejahen, denn dafür braucht der Teilnehmer das persönliche Mordmerkmal in der Person des Haupttäters nur zu kennen.[226] Zwar wäre dann wegen des Nichtvorliegens des persönlichen Mordmerkmals bei B dessen Strafe ggf. zweimal zu mildern, nämlich aus § 27 Abs. 2 S. 2 und aus § 28 Abs. 1 (s. dazu den nachfolgenden Fall). Das würde aber am Klarstellungsbedürfnis im Schuldspruch nichts ändern: B wäre neben seiner Mittäterschaft zum Totschlag tateinheitlich wegen Beihilfe zum Mord strafbar.[227]

   c) **Stellungnahme:** Dass die Rspr. bei Teilnahme durch die Nichtanwendung von § 28 Abs. 2 eine reine Wissenszurechnung eröffnet, bei Mittäterschaft aber ausschließt, führt zu dem merkwürdigen Ergebnis, dass derselbe Beitrag, wenn er als Beihilfe angesehen wird, einen Schuldspruch aus Beteiligung am Mord auslöst, während er, wenn er als täterschaftlich angesehen wird, nur einen Schuldspruch aus Totschlag begründet. Die Argumente, die für die Selbstständigkeit der §§ 211, 212, 216 nach der Judikatur sprechen könnten (unterschiedliche Bezeichnungen von Mörder und Totschläger in §§ 212, 211 usw., s.o. Rn. 102.) sind durch die Abkehr von der Tätertypenlehre rechtshistorisch überholt und durch die Annahme der Rspr., dass das Totschlagsunrecht im Mord enthalten sei, eingeebnet. Der Lit. ist deshalb der Vorzug zu geben.

Eine selbstständige Beihilfe zum Mord kann nicht angenommen werden.

Ergebnis: B ist strafbar wegen Mittäterschaft zum Totschlag.

226 Vgl. Fischer § 211 Rn. 95 m.w.N.

227 In den einschlägigen Entscheidungen finden sich hierzu keine Ausführungen; vgl. aber Dehne-Niemann/Wedemund HRRS 2010, 98, 105.

Fall 7: Nur der Haupttäter hat ein persönliches Mordmerkmal, von dem der Teilnehmer nichts weiß

M hat den Türken T im offenen Kampf erstochen. Tatprägendes Motiv war der ungezügelte Ausländerhass des M. G hatte M das Messer zum Zweck der Tötung verschafft. Er kannte die Fremdenfeindlichkeit des M nicht. Auch sonstige Motive sind bei ihm nicht nachzuweisen. Strafbarkeit von M und G aus Tötungsdelikten?

A. **Strafbarkeit des M**

M hat den T vorsätzlich getötet. Da die Tat von Ausländerfeindlichkeit getragen war und diese als Tötungsmotiv auf sittlich tiefster Stufe steht, handelte M aus einem „niedrigen Beweggrund". Rechtswidrigkeit und Schuld liegen vor. M ist wegen **Mordes** gemäß **§ 211** strafbar.

B. **Strafbarkeit des G**

I. **Mittäterschaftlicher Mord** gemäß **§§ 211, 25 Abs. 2** scheidet aus, weil in der Verschaffung des Messers kein die Tatherrschaft vermittelnder oder den Täterwillen indizierenderTatbeitrag lag.

111 II. Infrage kommt **Beihilfe zum Mord, §§ 211, 27**.

1. Eine entsprechende Haupttat hat M begangen. G hat sie dadurch gefördert, dass er ihm das Messer beschafft hat.

2. Fraglich ist, ob die Mordbeihilfe bereits am fehlenden Vorsatz des G für die niedrigen Beweggründe des M scheitert:

a) Nach der Rspr. muss der Vorsatz alle Merkmale der Haupttat umfassen – auch die persönlichen Merkmale beim Haupttäter. Das war bei G nicht der Fall. Vereinzelt findet sich in der Rspr. die These, Teilnahme am Mord sei möglich, wenn der Teilnehmer **entweder selbst das persönliche Mordmerkmal aufweise oder in Kenntnis vom Vorliegen des Mordmerkmals gehandelt** habe.[228] Ob vor allem die 1. Alt. dieser Formel überhaupt in das System der Rspr. passt, ist zweifelhaft, weil nur § 28 Abs. 2 eine hinreichende gesetzliche Grundlage für eine Bestrafung aus Teilnahme ohne Vorsatz für das persönliche Mordmerkmal beim Haupttäter liefern könnte. Die Anwendung dieser Vorschrift wird von der Rspr. aber gerade abgelehnt.[229] Ungeachtet dessen könnte die Rspr. jedoch im vorliegenden Fall den fehlenden Vorsatz des G für die niedrigen Beweggründe des Haupttäters M nicht überwinden, weil G selbst nicht aus niedrigen Beweggründen gehandelt hat.

b) Nach dem **Schrifttum** kommt es bei persönlichen strafschärfenden Merkmalen des Haupttäters **schon gar nicht darauf an**, ob der Teilnehmer hiervon Kenntnis hatte. Ausreichend ist, dass G den Vorsatz hatte, das Grundde-

228 BGH NStZ 1996, 384, 385; BGH, Urt. v. 24.06.2004 – 5 StR 306/03 Rn. 39; BGH, Urt. v. 29.11.2007 – 4 StR 425/07 Rn. 26; dort sogar als „st.Rspr." bezeichnet; vgl. auch BGH, Urt. v. 18.12.2007 – 1 StR 301/07, NStZ 2008, 280, 281.

229 Vgl. Dehne-Niemann/Wegemund HRRS 2010, 98 ff.

likt des Totschlags zu fördern und dem M bei dessen Tötung zu helfen. Folglich scheitert die Bestrafung des G aus Mordbeihilfe nicht an dessen Unkenntnis der Fremdenfeindlichkeit des M.

3. Für das Schrifttum kommt es nach § 28 Abs. 2 darauf an, ob G seinerseits persönliche Mordmerkmale aufwies, um ihn aus Mordbeihilfe schuldig zu sprechen. Das war nicht der Fall.

   Damit verneinen alle Ansichten im vorliegenden Fall eine Strafbarkeit des G gemäß §§ 211, 27.

III. G ist aus **Beihilfe zum Totschlag strafbar, §§ 212, 27**, und zwar nach der Rspr., weil sein Vorsatz zumindest dieses in der objektiv verwirklichten Mordbeihilfe liegende Unrecht umfasste und nach der Lit. wegen Fehlens des qualifizierenden persönlichen Mordmerkmals in seiner Person, § 28 Abs. 2.

Aufbau: *Im Gliederungspunkt II. wurde ausschließlich die Frage aufgeworfen, ob G aus Beihilfe zum Mord strafbar ist. Diese Frage kann man gutachtentechnisch nur entweder bejahen oder verneinen. Folgt man der Lit. und verneint Mordbeihilfe, darf die Prüfung der Totschlagsbeihilfe nicht mehr unter diesen Obersatz gepackt werden, weil das Ergebnis dazu nicht mehr passen kann. Deshalb muss die Totschlagsbeihilfe in Verbindung mit § 28 Abs. 2 in einem eigenständigen Prüfungspunkt mit neuem Obersatz dargestellt werden.*

Fall 8: Nur der Haupttäter hat ein persönliches Mordmerkmal, das der Teilnehmer kennt (Abwandlung des vorhergehenden Falles)

Ändert sich die Strafbarkeit des G, wenn er M das Messer in Kenntnis der Fremdenfeindlichkeit des M verschafft hat, ohne selbst diese Einstellung zu besitzen?

I. Infrage kommt wieder **Beihilfe zum Mord, §§ 211, 27**. **112**

1. Eine entsprechende Haupttat hat M begangen. G hat sie dadurch gefördert, dass er ihm das Messer beschafft hat

2. Bzgl. der Tatvollendung und seines eigenen Gehilfenbeitrages hatte G Vorsatz. Er kannte zudem den Ausländerhass des M, also dessen niedrigen Beweggrund. Auf die Frage, ob sich hierauf tatsächlich der Vorsatz erstrecken muss, kommt es nicht an.

3. Einem Schuldspruch aus Beihilfe zum Mord könnte aber **§ 28 Abs. 2** entgegenstehen.

   a) Nach dem **Schrifttum** ist eine Bestrafung des Teilnehmers bei einem persönlichen Merkmal wie den „niedrigen Beweggründen" nur möglich, wenn er selbst aus einer solchen Motivation gehandelt hat. Das war bei G nicht der Fall. Fehlt ein persönliches Merkmal beim Teilnehmer, so ordnet § 28 Abs. 2 bei strafändernden persönlichen Merkmalen eine Umgestaltung der akzessorischen Haupttat für den Schuldspruch und die Strafbemessung des Teilnehmers an, durchbricht also insoweit die Akzessorietät. Im vorliegenden Fall ist nach dieser Ansicht eine Bestrafung des G aus Beihilfe zum Mord ausgeschlossen, auch wenn er die niedrige Motivation des M kannte.

b) Nach der **Rspr.** ist § 28 Abs. 2 bei den Tötungsdelikten unanwendbar. Folglich wäre G trotz der Tatsache, dass er selbst nicht aus niedrigen Beweggründen gehandelt hat, wegen Beihilfe zum Mord strafbar, weil er die niedrigen Beweggründe des M gekannt hat. Seine Strafe müsste aber doppelt gemildert werden: Zum einen aus § 27 Abs. 2 S. 2 wegen der Beihilfe; zum anderen aus § 28 Abs. 1 wegen des Fehlens des persönlichen Mordmerkmals. Das würde in Anwendung des § 49 Abs. 1 Nr. 1 und bei nochmaliger Milderung gemäß § 49 Abs. 1 Nr. 3 zu einer Mindeststrafe von nur 6 Monaten Freiheitsstrafe führen. Wäre G dagegen wegen Beihilfe zum Totschlag verurteilt worden, wäre die Mindeststrafe bei nur einmal nach § 49 Abs. 1 Nr. 3 gemildertem Strafrahmen mit zwei Jahren Mindeststrafe deutlich höher. Das führt zu dem Wertungswiderspruch, dass die Teilnahme am Mord niedriger bestraft werden müsste als die Teilnahme am Totschlag.

Dasselbe Problem taucht bei versuchter Anstiftung zum Mord ohne eigenes persönliches Mordmerkmal des Anstifters auf, da nach § 30 Abs. 1 S. 2 und nach § 28 Abs. 1 ebenfalls eine doppelte Strafmilderung vorzunehmen wäre.

Um das abzuwenden, nimmt die Rspr. in solchen Fällen eine **Sperrwirkung der Mindeststrafe aus Teilnahme am Totschlag** an. Begründet wird dies mit dem Grundsatz aus der Konkurrenzlehre, dass eine im Wege der Gesetzeskonkurrenz verdrängte Strafvorschrift, deren Rechtsfolge strenger ist als die des verdrängenden Tatbestandes, ebenso wie bei der Tateinheit (§ 52 Abs. 2 S. 2) eine Sperrwirkung hinsichtlich der Mindeststrafe erzeuge.[230]

c) **Stellungnahme:** Gebunden durch ihre kaum noch aufrecht zu erhaltende Prämisse der Selbstständigkeit der Tötungsdelikte muss die Rspr. im Strafzumessungsrecht präterlegale Korrekturen vornehmen. Diese sind vermeidbar, wenn der Konzeption des Schrifttums gefolgt wird.

Eine Bestrafung des G aus Beihilfe zum Mord scheidet aus.

II. In Betracht kommt mit dem Schrifttum über § 28 Abs. 2 eine Bestrafung aus **Beihilfe zum Totschlag, §§ 212, 27**.

1. § 28 Abs. 2 ordnet an, dass bei Divergenzen in persönlichen strafändernden Merkmalen zwischen Täter und Teilnehmer eine Tatbestandsverschiebung bzw. Akzessorietätsdurchbrechung vorzunehmen ist. Es ist diejenige Haupttat als Grundlage für die Strafbarkeit des Teilnehmers zugrunde zu legen, die vorläge, wenn beim Haupttäter die identische persönliche Eigenschaft oder Einstellung vorgelegen hätte, wie sie beim Teilnehmer tatsächlich gegeben war. Das bedeutet: Hätte auch M ohne niedrige Beweggründe gehandelt, so hätte als Haupttat nur Totschlag vorgelegen. Damit ist § 212 die für G anzunehmende Haupttat.

2. Die übrigen Teilnahmevoraussetzungen wurden bereits festgestellt.

Ergebnis: G ist strafbar wegen Beihilfe zum Totschlag.

---

230 BGH, Urt. v. 24.11.2005 – 4 StR 243/05 S. 8, NStZ 2006, 288.

Fall 9: Strafmilderndes persönliches Merkmal des Tötungsverlangens beim Täter und persönliches Mordmerkmal beim Teilnehmer; gekreuzte Mordmerkmale

X befindet sich im fortgeschrittenen Stadium einer Aids-Erkrankung, hat große Schmerzen und kann schon lange nicht mehr das Bett verlassen. Seiner jungen Lebensgefährtin L hat er in seinem Testament einen großen Bargeldbetrag vermacht, spricht aber immer wieder davon, die letztwillige Verfügung zu ändern. Da bittet er die L eines Tages, sie möge ihn mit einer Überdosis Morphium töten, weil er sein Siechtum nicht mehr ertragen wolle. L bespricht sich mit S, dem Sohn des X. Wahrheitsgemäß erzählt sie, dass sie dem Wunsch des X nachkommen wolle, und zwar in erster Linie, weil sie das Leiden des X nicht mehr mit ansehen könne, in zweiter Linie aber auch wegen des Vermächtnisses. S liebt L und ist schon seit Jahren eifersüchtig auf seinen Vater. Das von L erwähnte Geld interessiert ihn nicht, weil er selbst über ein beträchtliches Vermögen verfügt. Ihm kommt es nur darauf an, dass der verhasste X bald „von der Bildfläche verschwindet", damit er die L an sich binden kann. S verschafft L das Morphium. Diese injiziert es X, der bald darauf stirbt.
Wegen welcher Tötungsdelikte sind L und S strafbar?

A. **Strafbarkeit der L** 113

I. Durch die Injektion könnte sich L wegen **Tötung auf Verlangen** gemäß **§ 216** strafbar gemacht haben.

1. Mit Eindrücken des Spritzeninhalts in den Körper hat L einen Verursachungsbeitrag für den Tod des X gesetzt, der dem X nicht mehr die Entscheidungsmacht über Leben und Tod ließ. L hat folglich eine täterschaftliche Fremdtötung begangen.

2. X hatte zuvor sein ausdrückliches, von Willensmängeln freies und von fester Entscheidung getragenes, also ernstliches Tötungsverlangen geäußert.

3. L ist hierdurch zur Tötung motiviert worden. Zwar spielte für ihre Entschlussfassung auch eine Rolle, sich das testamentarische Vermächtnis zu erhalten. Dies war aber nur nachrangiges Motiv war und verdrängte die von § 216 verlangte Mitleidsmotivation nicht.

4. L handelte vorsätzlich, rechtswidrig und schuldhaft.

II. Begriffsnotwendig in § 216 mitenthalten ist ein **vollendeter Totschlag, § 212**. Dieser tritt aber – gleichviel ob man in § 216 mit der Rspr. eine privilegierende Sonderregel oder mit der Lit. eine echte Privilegierung zu § 212 erblickt – hinter der spezielleren Tötung auf Verlangen zurück.[231]

III. **Mord** gemäß **§ 211** scheitert daran, dass zwar Habgier bei L vorlag, aber nicht bewusstseinsdominantes Tötungsmotiv war.

Ergebnis: L ist strafbar wegen Tötung auf Verlangen.

231 BGHSt 2, 258; Rengier § 6 Rn. 3.

B. **Strafbarkeit des S**

I. **Mittäterschaftliche Tötung auf Verlangen** gemäß **§§ 216, 25 Abs. 2** scheidet aus, weil in der bloßen Verschaffung des Morphiums kein Tatbeitrag gelegen hat, der S die Tatherrschaft zugewiesen hat oder ihren Täterwillen indizieren könnte.

114 II. In Betracht kommt Beihilfe zur **Tötung auf Verlangen, §§ 216, 27**.

1. S hat die vorsätzliche rechtswidrige Haupttat der L gefördert, indem er ihr das Betäubungsmittel besorgte.

2. S wusste, dass L durch das Tötungsverlangen des X zum Tötungsentschluss veranlasst worden war und dass das von ihm herangeschaffte Morphium hierfür Verwendung finden sollte. Er handelte sowohl bezüglich der Haupttat als auch bezüglich seines Gehilfenbeitrages vorsätzlich.

3. Eine Strafbarkeit aus akzessorischer Teilnahme könnte aber ausgeschlossen sein, weil S gar nicht durch den Todeswunsch seines Vaters motiviert wurde mitzuhelfen, sondern ausschließlich aus dem eigennützigen Motiv, die L durch die Beseitigung des X an sich binden zu können.

a) Dieser Umstand wäre gleichgültig, wenn man mit einem Teil des Schrifttums in dem Bestimmtsein durch das Tötungsverlangen ein rein tatbezogenes Merkmal sehen würde, das ausschließlich das Unrecht der Tat mindert.[232] Für seine Strafbarkeit aus §§ 216, 27 würde es dann genügen, dass S die Motivation der Haupttäterin kannte. **Wegen der besonderen Mitleidsbeziehung zwischen Tatbeteiligtem und Opfer ist aber mit der h.M. in dem Bestimmtsein ein persönliches Merkmal i.S.v. § 28 zu sehen.**[233]

b) Zwischen Lit. und Rspr. ist umstritten, wie sich das Fehlen des Bestimmtseins durch den Todeswunsch für einen Teilnehmer auswirkt:

aa) Für das **Schrifttum**, das in § 216 eine Strafmilderung des § 212 sieht, ist die Mitleidsmotivation **„strafmilderndes persönliches Merkmal"** i.S.v. § 28 Abs. 2. Die Rechtsfolge ist im konkreten Fall, dass S, weil das Merkmal bei ihm nicht gegeben ist, auch nicht aus Beihilfe zur Tötung auf Verlangen bestraft werden kann, sondern eine Durchbrechung der zur Haupttat akzessorischen Haftung zu erfolgen hat.[234]

bb) Für die **Rspr.** ist die Anwendung des § 28 Abs. 2 ausgeschlossen. Sie betrachtet alle Tötungsdelikte als selbstständige Tatbestände. Deren besondere Merkmale wirken demzufolge allesamt strafbegründend. Zwar gilt an sich § 28 Abs. 1 für strafbegründende Merkmale, die beim Teilnehmer nicht erfüllt sind. Diese Vorschrift wird aber in Fallkonstellationen, in denen das strafbegründende besondere persönliche Merkmal

232 MünchKomm-Neumann § 216 Rn. 20.

233 Lackner/Kühl § 216 Rn. 2; Sch/Sch/Eser/Sternberg-Lieben § 216 Rn. 18.

234 LK-Jähnke § 216 Rn. 10.

den Täter privilegiert, von der Rspr. nicht in Betracht gezogen. Dies würde zu dem absurden Ergebnis führen, dass S gerade deshalb milder zu bestrafen wäre als die L, weil seine Motivation ungleich krimineller war als die der Haupttäterin. Um dies zu vermeiden, konstruiert die Rspr. auch hier eine Art Konkurrenzlösung: Sie stellt für den Beteiligten, bei dem die Voraussetzungen des privilegierenden Sondertatbestandes nicht gegeben sind, **auf dasjenige Delikt ab, das beim Haupttäter als Haupttat vorläge, wenn der Haupttäter nicht privilegiert wäre**.[235]

Damit scheidet eine Bestrafung des S aus §§ 216, 27 nach allen Ansichten aus.

Achten Sie darauf, dass auch hier nicht unter dem Obersatz „Beihilfe zu § 216" weitergeprüft, sondern ein neuer Obersatz gebildet wird.

III. In Betracht kommt **Beihilfe zum Mord, §§ 211, 27**. **115**

1. Für das **Schrifttum** ergibt sich Mord als akzessorische Haupttat aus der Anwendung des § 28 Abs. 2: Diese Vorschrift bestimmt, dass allein für Schuldspruch und Strafrahmen die „fiktive" Haupttat zu bilden ist, die gegeben wäre, wenn auch der Haupttäter dieselben persönlichen Merkmale aufweisen würde wie der Teilnehmer. Hätte auch L aus eifersüchtigem Hass das Leben des X vernichtet, damit dieser einer engeren Bindung zu S nicht mehr im Wege stand, hätte sie einen Mord aus niedrigen Beweggründen begangen. S ist nach dieser Ansicht wegen Beihilfe zum Mord zu bestrafen.

2. Wesentlich komplizierter stellt sich die Lösung nach dem Verständnis der Tötungsdelikte durch die **Rspr.** dar:

   a) Denkt man die privilegierende Norm des § 216, also die Mitleidsmotivation, bei L weg, so wäre diese wegen **Mordes aus Habgier** schuldig gewesen, weil sie sich durch das Töten des X das Vermächtnis erhalten wollte. Aufbauend auf dieser Haupttat müssen dann alle weiteren Teilnahmevoraussetzungen geprüft werden.

   b) S hat zu dieser Tat objektiv Beihilfe geleistet.

   c) Da der BGH alle – auch die persönlichen – Mordmerkmale als Tatbestandsmerkmale ansieht, ist der subjektive Tatbestand erfüllt, wenn der Teilnehmer das Vorliegen des jeweiligen Mordmerkmals beim Haupttäter kannte und zu der Tat bestimmen bzw. Hilfe leisten wollte. Hier wusste S, dass L als (Neben-)Motiv das Geldvermächtnis erhalten wollte. Dass er selbst gar nicht aus finanziellen Motiven gehandelt hat, spielt keine Rolle.

   d) Zu denken wäre noch an eine Strafmilderung, weil S selbst nicht aus Habgier gehandelt hat. **Weist ein Teilnehmer ein solches Merkmal in seiner Person nicht auf, so kommt er grundsätzlich in den Genuss der obligatorischen Strafermäßigung nach § 28 Abs. 1.**[236] **Die Strafmilderung**

235 BGH LM § 48 Nr. 10 zu dem früher geltenden Tatbestand der Kindestötung, § 217 a. F.

236 BGH StV 1984, 69.

wird jedoch dann wieder versagt, wenn der Beteiligte zwar nicht dasselbe Mordmerkmal aufwies wie der Haupttäter, aber aus einem persönlichen Mordmerkmal gleicher Art handelte wie dieser, sogenannte gekreuzte Mordmerkmale.[237] Im vorliegenden Fall wollte S seinen Vater zwar nicht aus finanziellen Gründen beseitigen. Sein prägendes Motiv war aber der durch Eifersucht begründete Hass auf seinen Vater, also ein niedriger Beweggrund. Habgier ist nur ein Spezialfall der niedrigen Beweggründe. Beide sind gleichartig. Der Mangel der Habgier des S wird demzufolge durch dessen niedrige Beweggründe aufgewogen. Eine Strafmilderung kommt für ihn nach der Rspr. nicht in Betracht.

Ergebnis: S ist nach allen Ansichten wegen Beihilfe zum Mord strafbar.

***Klausurhinweis**: Dass sowohl Rspr. als auch Lit. hier zum Mord als Haupttat kommen würden, beruht auf der Zufälligkeit der Fallkonstellation. Hätte bei L kein (durch § 216 verdrängtes) Mordmotiv vorgelegen, so wäre nach der Rspr. Mord als Haupttat ausgeschieden, wohingegen sich für die Lit. nichts geändert hätte. Wegen der Identität der Ergebnisse war im vorliegenden Fall eine Stellungnahme entbehrlich. Falls diese in einer anders gelagerten Klausur oder Hausarbeit erforderlich wird, nachfolgende **Kritik** an der Rspr.:*

Sowohl die Versagung des § 28 Abs. 1 für Teilnehmer an § 216 bei Nichtvorliegen der Mitleidsmotivation als auch die Nichtanwendung des § 28 Abs. 1 bei kompensierenden „gekreuzten" Mordmerkmalen ist verfassungsrechtlich bedenklich. Es ist eine indirekte verbotene Analogie, eine den Täter entlastende Vorschrift – hier § 28 Abs. 1 – entgegen ihrem Wortlaut aus – wenn auch berechtigten – Gründen des Normzwecks nicht anzuwenden.[238] Auch dies spricht gegen die Auffassung der Rspr.

Fall 10: Persönliches Mordmerkmal nur beim Teilnehmer

T erschlug den O in einem als „tödliches Duell" zwischen den Kontrahenten vereinbarten Kampf. A hatte den T überredet, bei dem Duell mitzumachen. Ihm war – was T nicht wusste – daran gelegen, O zu beseitigen, weil O ihm gedroht hatte, ihn bei nächster Gelegenheit als Drogenhändler bei der Polizei anzuzeigen.
Strafbarkeit von T und A aus den §§ 211 ff.?

A. **Strafbarkeit des T**

Gegeben ist vorsätzlicher, rechtswidriger und schuldhafter **Totschlag, § 212**.

Ob ein minder schwerer Fall nach § 213 Alt. 2 wegen des beiderseitig selbstgefährdenden Charakters des Geschehens vorliegt, ist eine Frage tatrichterlicher Würdigung bei der Strafzumessung.

---

237 BGHSt 23, 39; BGH, Urt. v. 12.01.2005 – 2 StR 229/04 S. 14, RÜ 2005, 198; der Ausdruck *„gekreuzte Mordmerkmale"* stammt von Arzt JZ 1973, 682 ff.

238 Vgl. zu § 24 BGH NJW 1996, 2663, 2664.

B. **Strafbarkeit des A**

I. **Mord in mittelbarer Täterschaft, §§ 211, 25 Abs. 1 Alt. 2?** **116**

1. A hat durch seine psychische Einflussnahme die Tötungshandlung des T verursacht.

2. Fraglich ist, ob bei ihm von einer täterschaftsbegründenden Steuerung des Geschehens ausgegangen werden kann. Anknüpfungspunkt dafür kann sein, dass dem Ausführenden ein deliktsspezifisches Merkmal fehlt, das beim Hintermann vorhanden ist.

   a) Hier handelte T ohne Mordmerkmale; demgegenüber wollte A durch die Tötung verhindern, dass er wegen des Verstoßes gegen das Betäubungsmittelgesetz strafrechtlich zur Verantwortung gezogen würde. Er handelte zur Verdeckung einer anderen Straftat, mithin unter **Verwirklichung eines persönlichen Mordmerkmals**.

   b) Ob dies für eine mittelbare Täterschaft ausreicht, ist noch ungeklärt.

   Ein Teil des Schrifttums hält – in Anlehnung an die Rechtsfigur des qualifikationslos dolosen Werkzeugs[239] – eine solche Konstruktion für denkbar.[240] A ist dann mittelbarer Mörder mit dem Totschläger T als Werkzeug, weil Letzterem ein Mordmerkmal fehlt. Auf den Streit zur Einordnung von Mord und Totschlag als Grunddelikt oder Qualifikation käme es dann nicht an.

   Kritik: Dieser Lösungsweg ist nicht überzeugend. Wer ein äußeres Geschehen tatsächlich nicht beherrscht, kann auch nicht dadurch zum Täter werden, dass er mehr will als der volldeliktisch handelnde Täter. Mittelbare Täterschaft lässt sich in solchen Konstellationen allenfalls dann bejahen, wenn es um tatbezogene Mordmerkmale geht, deren Verwirklichung nur dem Hintermann bekannt sind (Heimtücke, Grausamkeit, gemeingefährliche Tatmittel), oder wenn eine sonstige herrschaftsbegründende Überlegenheit vorliegt (vgl. etwa die Ausnutzung eines – wenn auch vermeidbaren – Verbotsirrtums im „Katzenkönig-Fall").[241]

Mord in mittelbarer Täterschaft ist abzulehnen.

II. In Betracht kommt **Anstiftung zum Totschlag, §§ 212, 26.** **117**

1. Als vorsätzliche rechtswidrige Haupttat liegt ein Totschlag durch T vor. A hat in T auch den Entschluss dazu geweckt, ihn also „bestimmt".

2. Sowohl hinsichtlich der Haupttat als auch hinsichtlich seines Teilnehmerbeitrages handelte A vorsätzlich.

239 Vgl. dazu AS-Skript StrafR AT 2 (2016), Rn. 66.

240 Roxin Allg. Teil II § 25 Rn. 99.

241 BGHSt 35, 347 ff.

3. Einem Schuldspruch aus Totschlag könnte aber § 28 Abs. 2 entgegenstehen, weil A das persönliche Mordmerkmal der Verdeckungsabsicht aufwies.

   a) Für die **Lit.** ist der Lösungsweg über § 28 Abs. 2 vorgezeichnet: Das persönliche Unrechts-„Plus" wird wegen des strafschärfenden Charakters der Mordmerkmale durch eine Änderung der akzessorischen Haupttat erreicht.

   b) Nach der **Rspr.**, die die Mordmerkmale nicht als strafschärfend, sondern als strafbegründend ansieht, ist § 28 Abs. 2 mit der Folge einer Änderung der akzessorischen Haupttat nicht gangbar. Aber auch § 28 Abs. 1, der für strafbegründende persönliche Merkmale einschlägig ist, ist im vorliegenden Fall nicht erfüllt. Die Vorschrift regelt ausschließlich den Fall, **dass ein Teilnehmer weniger personenbezogenes Unrecht verwirklicht als der Haupttäter**, nicht dagegen die Fälle, in denen der Teilnehmer den Haupttäter durch ein personenbezogenes Merkmal „überbietet".

   Die Rspr. vertritt zwar vereinzelt die These, Teilnahme am Mord sei möglich, wenn der Teilnehmer **selbst das persönliche Mordmerkmal aufweise, ohne das persönliche Mordmerkmal des Haupttäters zu kennen** (s. schon oben Rn. 111).[242] Ungeachtet der Systemwidrigkeit dieser These geht aber die Rspr. bisher noch nicht so weit, aus dem Totschlag des Haupttäters durch das Vorliegen eines persönlichen Mordmerkmals beim Teilnehmer einen Mord als akzessorische Haupttat zu machen.

   Einziger Lösungsweg für die Rspr. ist es deshalb, wegen der überschießenden Motivation des Teilnehmers einen „besonders schweren Fall" der Anstiftung nach § 212 Abs. 2 anzunehmen.[243]

   c) **Stellungnahme:** Die Rechtsprechungslösung ist abzulehnen. Die Tat desjenigen, der einen anderen zu einer nach seiner Motivation erfüllten Mordtat veranlasst, nur mit einer schwereren Strafe zu belegen, wird dem erhöhten Unrechtsgehalt nicht gerecht. Dieses erhöhte Unrecht muss schon im Schuldspruch als Beteiligung am Mord klargestellt werden.

Ein Schuldspruch aus Anstiftung zum Totschlag scheidet aus.

III. Mit dem Schrifttum ist **Anstiftung zum Mord** gemäß **§§ 211, 28 Abs. 2, 26** anzunehmen. Hätte auch T wie A zur Verdeckung einer Straftat gehandelt, läge als Haupttat ein Mord vor. Gemäß § 28 Abs. 2 ist für A damit § 211 die akzessorische Haupttat. Anstiftungshandlung, Vorsatz, Rechtswidrigkeit und Schuld liegen vor.

Ergebnis: A ist einer Anstiftung zum Mord schuldig.

---

242 BGH NStZ 1996, 384, 385; BGH, Urt. v. 24.06.2004 – 5 StR 306/03 Rn. 39, NStZ 2005, 35; BGH, Urt. v. 29.11.2007 – 4 StR 425/07 Rn. 26, NStZ 2008, 273; dort sogar als „st.Rspr." bezeichnet.

243 BGHSt 1, 368, 372.

Verhältnis der Tötungsdelikte zueinander

Rspr.: *Vorsätzliche Tötung ist notw. Bestandteil der §§ 211–216; aber alle Tötungsdelikte verkörpern qualitativ eigenständiges Unrecht*

wichtigste Folge: § 28 Abs. 2 ist **unanwendbar** für § 211 Abs. 2, 1. u. 3. Gruppe und für § 216

Lit.: *§ 212 ist Grundtatbestand, § 211 ist Qualifikation, § 216 ist Privilegierung*

wichtigste Folge: § 28 Abs. 2 ist **anwendbar** für § 211 Abs. 2, 1., 3. Gruppe und für § 216

Konsequenzen für Beteiligte bei abweichenden persönlichen Mermalen

Mittäter verwirklicht § 211 durch pers. Mordmerkmal (pM)

Mittäter → ... hat **Vorsatz** bez. pM des anderen → ... und kein eigenes pM
- allg. Ansicht: **§§ 212, 25 II (+)**
- **§§ 211, 27:**
  - Lit.: wg. § 28 II nicht mögl.
  - Rspr.: wg. Vorsatz Zurechnung mögl.

Haupttäter verwirklicht § 211 durch pM

Teilnehmer → ... hat **keinen Vorsatz** bez. pM des Täters
- → ... und kein eigenes pM
  - allg. Ansicht: **§§ 212, 26/27**
  - Lit.: wegen § 28 II
  - Rspr.: wegen § 16 I
- → ... aber **eigenes pM**
  - Lit.: unabh. von § 16 über § 28 Abs. 2, **§§ 211, 26/27**
  - Rspr. neuerdings: **§§ 211, 26/27**; bisher wegen § 16: **§§ 212, 26/27**; ggf. § 212 II

Teilnehmer → ... hat **Vorsatz** bez. pM des Täters
- → ... aber kein eigenes pM
  - Lit.über § 28 Abs. 2: **§§ 212, 26/27**
  - Rspr.: **§§ 211, 26/27; § 28 I bei §§ 27 II 2 und 30 I 2 aber Strafrahmenuntergrenze aus §§ 212, 27**
- → ... und **anderes, artverwandtes eigenes pM**
  - Lit.: über § 28 Abs. 2, **§§ 211, 26/27**
  - Rspr.: **§§ 211, 26/27**; § 28 I (–) **„gekreuzte Mordmerkmale"**

Haupttäter verwirklicht § 212

Teilnehmer → **... hat eigenes** pM
- Lit.: über § 28 Abs. 2, **§§ 211, 26/27**
- Rspr.: **§§ 212, 26/27; ggf. § 212 II**

Haupttäter verwirklicht § 216

Teilnehmer → ... hat **Vorsatz** bez. pM des Täters
- → ... aber kein eigenes pM
  - allg. Ansicht: **§§ 212, 26/27**
  - Lit.: wegen § 28 II
  - Rspr.: weil Privilegierung nicht erfüllt
- → **... und eigenes pM**
  - Lit.: über zweimalige Anwendung des § 28 II **§§ 211, 26/27**
  - Rspr.: akzessorische Haftung des Teilnehmers nach der Haupttat, die dieser ohne Privilegierung begangen hat, d.h. **§§ 212, 26/27**, ggf. § 212 II

3. Abschnitt: Straftaten gegen die körperliche Unversehrtheit

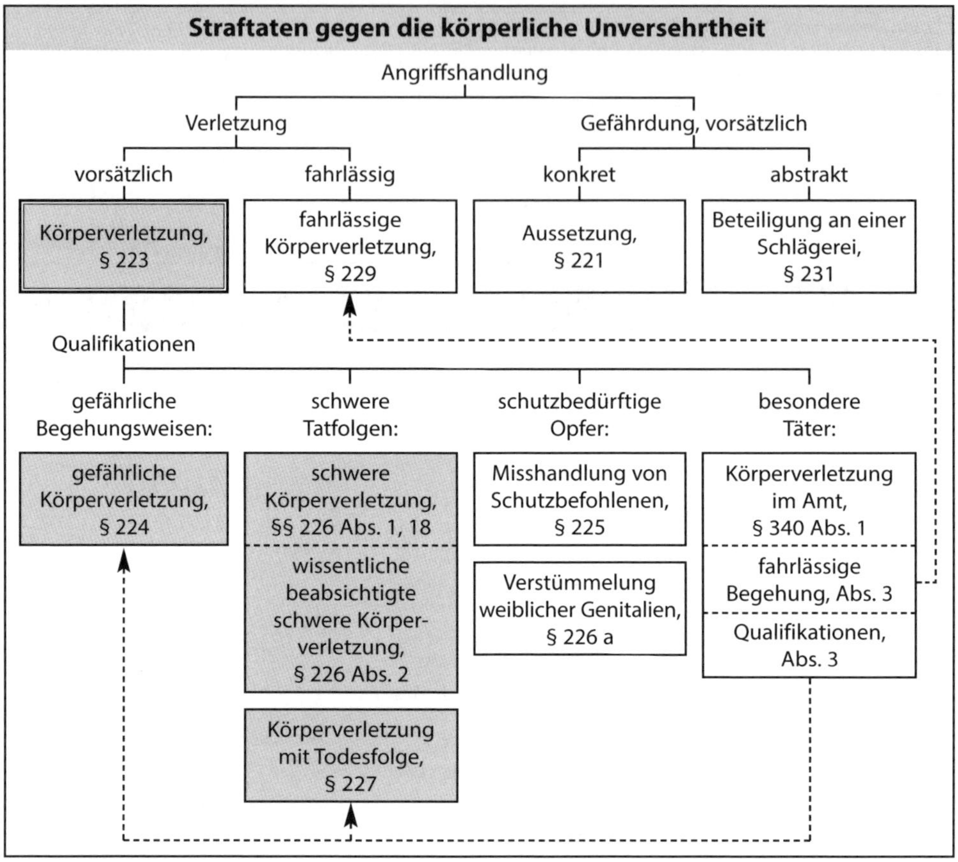

118 Die Körperverletzungsdelikte sind im 17. Abschnitt des StGB, den **§§ 223–231**, geregelt. Schutzgut ist die physische Integrität und die körperliche Gesundheit des Menschen. Grundtatbestand ist die Vorsatztat der **einfachen Körperverletzung, § 223 Abs. 1**. Die Fahrlässigkeitsvariante dazu enthält **§ 229**. Nur für die einfache vorsätzliche und fahrlässige Körperverletzung verlangt **§ 230** einen Strafantrag, lässt die Strafverfolgung aber auch zu, wenn die Staatsanwaltschaft das besondere öffentliche Verfolgungsinteresse bejaht.

Die für Ausbildung und Praxis wichtigste Vorsatzqualifikation ist die **gefährliche Körperverletzung, § 224**, die abschließend besonders gefährliche Begehungsweisen erfasst.

Davon zu unterscheiden ist die **schwere Körperverletzung, § 226.** Dessen **Abs. 1** ist **Erfolgsqualifikation**, lässt also genügen, dass die schwere Folge objektiv und fahrlässigkeits-schuldhaft verursacht worden ist. Erfasst werden über § 18 („wenigstens fahrlässig") aber auch die Fälle, in denen der Körperverletzungstäter die schwere Folge bedingt vorsätzlich herbeigeführt hat. Demgegenüber verschärft **§ 226 Abs. 2** die **wissentliche und absichtliche Herbeiführung** einer schweren Folge i.S.v. § 226 Abs. 1 noch weiter. Hier liegt eine reine Vorsatzqualifikation vor.

Die **Körperverletzung mit Todesfolge, § 227,** kombiniert als Erfolgsqualifikation die vorsätzliche Körperverletzung gemäß §§ 223 f. und die fahrlässige Tötung, § 222, zu einem Verbrechenstatbestand mit einem gegenüber § 222 drastisch erhöhten Strafrahmen.

Personen unter 18 Jahren oder wegen Gebrechlichkeit oder Krankheit Wehrlose schützt **§ 225** als Vorsatz- und Erfolgsqualifikation vor Fürsorgepflichtigen, die sie quälen, roh misshandeln oder ihre Pflichten böswillig vernachlässigen. In der Rechtswirklichkeit findet diese Strafvorschrift vor allem bei Kindesmisshandlungen und bei Vernachlässigung pflegebedürftiger alter Menschen Anwendung. In strafrechtlichen Übungsfällen hat sie keine Bedeutung.

Seit dem 28. 09. 2013 ist die Verstümmelung der äußeren weiblichen Genitalien als Verbrechensqualifikation in **§ 226 a** unter Strafe gestellt.

Bei einem männlichen Kind ist dagegen das Abschneiden der Penis-Vorhaut, die sogenannte Beschneidung als Körperverletzung nach § 1631 d BGB gerechtfertigt, und zwar auch dann wenn sie nicht medizinisch indiziert ist und in den ersten sechs Lebensmonaten von einem Nichtarzt vorgenommen wird.[244]

Diese Rechtslage hat unter dem Gesichtspunkt der Verletzung des Gleichbehandlungsgebots aus Art. 3 Abs. 1 GG erhebliche Zweifel an der Verfassungsmäßigkeit des § 226 a laut werden lassen.[245]

In Strafrechtsklausuren spielt § 226 a keine Rolle.

§ 340 erfasst als **unechtes Amtsdelikt** – weil allein die Amtsträgereigenschaft die Qualifikation ausmacht – jede Körperverletzung, die der Amtsträger im Amt begeht oder begehen lässt; **nach Abs. 2 ausdrücklich auch die einfache, nur versuchte Körperverletzung**. Die einfache Körperverletzung im Amt unterfällt dabei nach § 340 Abs. 1 einem gegenüber § 223 erhöhten Strafrahmen. In Abs. 3 verweist das Gesetz auf die entsprechende Geltung der §§ 224–229. Das bedeutet, dass es auch eine fahrlässige Körperverletzung im Amt gemäß §§ 340, 229 gibt. Dort wo die Amtsdelikte kein Prüfungsstoff sind, hat auch § 340 keine Bedeutung.

Kein Verletzungs-, sondern **konkretes Gefährdungsdelikt für Leib und Leben ist § 221, Aussetzung**. Die Vorschrift erfasst als Tathandlung entweder, dass eine Person von einem beliebigen Täter in eine hilflose Lage versetzt wird oder von einem Garanten in einer solchen Lage im Stich gelassen wird.

Rein **abstraktes Gefährdungsdelikt** für Leib und Leben ist **§ 231, Beteiligung an einer Schlägerei**. Der Tod oder die schwere Körperverletzung ist objektive Strafbarkeitsbedingung. Diese braucht keinem bestimmten Täter, sondern nur der Schlägerei oder einem Angriff mehrerer zuzuordnen sein, an denen der Täter vorsätzlich mitgewirkt hat. Da sogar das Opfer der schweren Folge Täter des Delikts sein kann,[246] handelt es sich nicht um ein Individualdelikt, sondern um eine Strafvorschrift zum Schutz vor den Gemeingefahren von Aggressionen in oder aus Personengruppen.

---

244 Vgl. zur Entstehung der Vorschrift Schneider RÜ 2013, 106.

245 Fischer § 226 a Rn. 4 ff.

246 BGHSt 33, 104.

Aufbau:

*Liegt der Schwerpunkt des Falls in den **allgemeinen Deliktsmerkmalen**, ist es ratsam, bei den §§ 223 ff. **„von unten nach oben"** aufzubauen. Man beginnt also die Prüfung mit dem Grundtatbestand des § 223 und prüft nach Bejahung etwaige Qualifikationen.*

*Ist der **Tod** eines Menschen eingetreten, beginnt man zunächst mit der Prüfung der §§ 212 ff. Soweit ein vorsätzliches Tötungsdelikt zu bejahen ist, können etwa mitverwirklichte Körperverletzungsdelikte knapper dargestellt werden. Wird Tötungsvorsatz verneint, sollte man die Körperverletzung mit Todesfolge gemäß § 227 anschließen und danach auf die §§ 223, 224 eingehen. Hier prüft man also **„von oben nach unten"**.*

*Kommen **mehrere Strafschärfungen innerhalb des § 224 oder des § 226** in Betracht, darf die Prüfung nicht beendet werden, wenn eine bejaht wurde. Vielmehr sind **alle** nach dem Sachverhalt relevanten **Qualifikationen** im Gutachten zu erörtern. Dies sind keine sonst in Klausuren zum 1. Staatsexamen verpönten „Hilfserwägungen", sondern es entspricht dem Gebot vollständiger Sachverhaltsausschöpfung. Zwar bilden die verschiedenen Varianten derselben Qualifikation in der Regel eine **tatbestandliche Bewertungseinheit**, sodass die Strafnorm nur einmal im Schuldspruch auftaucht; dennoch bleiben mehrere Strafschärfungen für die Strafzumessung wichtig.*

*Ist eine Qualifikation gegenüber der anderen **spezieller**, braucht die allgemeine nicht mehr geprüft zu werden.*

Wird beispielsweise eine gefährliche Körperverletzung durch Giftbeibringung bejaht, § 224 Abs. 1 Nr. 1 Alt. 1, braucht nicht noch geprüft zu werden, ob das Gift auch „anderer gesundheitsschädlicher Stoff" i.S.v. Nr. 1 Alt. 2 oder gefährliches Werkzeug oder Mittel gemäß § 224 Abs. 1 Nr. 2 sein könnte.

A. Die einzelnen Körperverletzungs- sowie spezielle Leibes- und Lebensgefährdungsdelikte

I. Vorsätzliche Körperverletzung, § 223

Aufbauschema: Körperverletzung, §§ 223, 230
1. objektiver Tatbestand
a) Tatopfer: anderer Mensch
b) Taterfolg und Tathandlungen:
aa) körperliche Misshandlung (Alt. 1)
bb) Gesundheitsschädigung (Alt. 2)
2. subjektiver Tatbestand: Vorsatz
3. Rechtswidrigkeit, insbesondere Einwilligung
4. Schuld
5. Strafantrag oder Bejahung besonderes öffentl. Verfolgungsinteresses, § 230

1. Tatopfer: Anderer Mensch

Tatopfer muss eine andere Person sein, d.h. ein vom Täter verschiedener, lebender Mensch. **119**

2. Taterfolg

In beiden Tatalternativen muss ein Körperverletzungserfolg, ein Zustand, eingetreten sein. Der Unterschied zwischen beiden Varianten lässt sich darin sehen, dass bei der Misshandlung kein nennenswerter Heilungsprozess erforderlich ist, wohl aber bei der Gesundheitsschädigung.

a) Ob die **körperliche Integrität** an der Körperoberfläche des Einzelnen endet, ist am Fall der Beschädigung **vorübergehend getrennter oder „ausgelagerter" Körperteile**, die wieder mit dem Körper verbunden werden sollen, problematisch geworden – etwa die zur Befruchtung entnommene Eizelle oder für Eigentransplantationen entnommenes Gewebe oder Blut. Die höchstrichterliche zivilrechtliche Rspr. hat in solchen Fällen bereits Körperverletzung i.S.d. § 823 Abs. 1, § 847 BGB (a.F.) bejaht.[247] Dem wird in der strafrechtlichen Lit. teilweise zugestimmt, weil der Tatbestand der Körperverletzung auch das „Freiheitsentfaltungspotenzial", also die Selbstbestimmung des Trägers schütze.[248] Die überwiegende Gegenmeinung im strafrechtlichen Schrifttum weist zu Recht darauf hin, dass das Schutzgut der Willensautonomie in Spezialtatbeständen und allgemein in § 240 erfasst ist und dass die Körperverletzungstatbestände ausschließlich die physische Integrität, also die medizinisch-funktionale Körpereinheit schützen. Die Einbeziehung des Selbstbestimmungsrechts würde die Tatbestandsgrenzen sprengen, zudem mithilfe einer nur im Zivilrecht möglichen, aber im Strafrecht verbotenen Analogie.[249] **120**

b) Umstritten ist ferner, ob das Schutzgut **„Gesundheit"** nur **physische oder auch psychische Beeinträchtigungen mit Krankheitswert** erfasst. **121**

Konsens besteht darüber, dass bloße Befindlichkeitsstörungen, die sich nur im psychischen Bereich abspielen bzw. unter der Erheblichkeitsschwelle einer körperlichen Auswirkung liegen, wie z.B. **Schrecken** oder **Angst**, nicht ausreichen.[250]

Einigkeit besteht umgekehrt auch darüber, dass Erschütterungen des seelischen Gleichgewichts dann, wenn sie körperlich in Erscheinung treten, wie z.B. durch einen Kollaps oder durch Schocklähmung oder auch nur durch Schlaf- und Konzentrationsstörungen, stets als Körperverletzung zu behandeln sind.[251]

Der Streit rankt sich also nur um die Einordnung **rein geistiger Erkrankungen**, die keinen objektivierbaren körperlichen Krankheitszustand begründen. Ein Teil des Schrifttums bezieht das seelische Wohlbefinden in den Gesundheitsbegriff mit ein und bejaht

247 BGHZ 124, 52, 54 zur Vernichtung eingefrorenen Spermas.
248 Freund/Heubel MedR 1995, 194; Sch/Sch/Eser § 223 Rn. 3 a.
249 LK-Lilie Vor § 223 Rn. 1 a.E.; ausführlich dazu AS-Skript StrafR BT 1 (2014), Rn. 17.
250 BGH NStZ 1986, 166; BGH, Beschl. v. 26.02.2015 – 4 StR 548/14.
251 BGH NStZ 2000, 25.

in solchen Fällen eine Körperverletzung.[252] Für diese Ansicht könnte sprechen, dass auch in anderen Körperverletzungsdelikten (§ 225: „Quälen", § 226 Abs. 1 Nr. 3: „geistige Krankheit") psychisch-somatische Beeinträchtigungen Erwähnung finden. Herrschend ist die gegenteilige Auffassung. Danach folgt aus der Abschnittsüberschrift und den einzelnen Gesetzesüberschriften, dass in den §§ 223 ff. nur die physische Gesundheit erfasst wird.[253] Geistige Erkrankungen ohne körperliche Auswirkungen sind damit nicht tatbestandsmäßig.

122 **c)** Umstritten ist auch, ob **ärztliche Heileingriffe** vom Tatbestand erfasst werden. **Ärztlicher Heileingriff ist eine in die Körperintegrität eingreifende Behandlung, die vorgenommen wird, um Krankheiten, Körperschäden, körperliche Beschwerden oder seelische Störungen zu verhüten, zu erkennen, zu heilen oder zu lindern.**

aa) Nach h.L. liegen ärztliche Heileingriffe außerhalb des Schutzzwecks der Körperverletzungsdelikte. Zwar beträfen solche Eingriffe regelmäßig die Körperintegrität (z.B. Operationsschnitte, Injektionen), doch verbiete sich eine isolierte Betrachtung der Einzelakte. Entscheidend sei vielmehr, dass der gesamte Eingriff der Wiederherstellung oder Erhaltung der Gesundheit diene und damit nicht die von den §§ 223 ff. geschützten Körperinteressen verletze.[254]

Voraussetzung für den Tatbestandsausschluss ist aber, dass der Eingriff **medizinisch indiziert,** also nach den Erkenntnissen und den Erfahrungen der Heilkunde zur Erreichung eines der genannten Zwecke angezeigt ist. Er muss darüber hinaus kunstgerecht (lege artis) ausgeführt sein; bei seiner Vornahme muss also **guter ärztlicher Standard** eingehalten worden sein.[255] Ein großer Teil innerhalb dieser Meinungsgruppe verlangt darüber hinaus **objektives Gelingen** des Heileingriffs. Ist danach der Erfolg eingetreten, so entfällt der objektive Tatbestand; ist der Erfolg ausgeblieben, so fehlt dem Arzt – wegen seiner Heilungsabsicht – der Tatvorsatz. Für § 229 bleibt Raum, sofern den Arzt wegen eines Kunstfehlers der Vorwurf eines Sorgfaltsverstoßes trifft (Tatbestandslösung).[256]

123 **bb)** Die Rspr. ignoriert seit jeher Vorschläge der Lehre zur Ausgrenzung ärztlicher Heileingriffe aus den §§ 223 ff. **Danach ist auch der zu Heilzwecken kunstgerecht vorgenommene ärztliche Eingriff in die körperliche Integrität tatbestandsmäßige Körperverletzung. Es entfällt nur die Rechtswidrigkeit, wenn ein Rechtfertigungsgrund – insbesondere Einwilligung, aber auch mutmaßliche Einwilligung, Notwehr oder rechtfertigender Notstand – vorliegt** (Rechtfertigungslösung).[257]

Ein Teil des Schrifttums schließt sich dieser Auffassung zum Schutz des Selbstbestimmungsrechts vor eigenmächtiger Heilbehandlung an.[258]

---

252 Krey/Hellmann/Heinrich Rn. 193.

253 Vgl. LK-Lilie vor §§ 223 ff. Rn. 2; vgl. auch BGH im Guben-Fall, Urt. vom 09.10.2002 – 5 StR 42/02 (unten Fall 13).

254 Vgl. Lackner/Kühl § 223 Rn. 8.

255 Vgl. Lackner/Kühl § 223 Rn. 9.

256 LK-Lilie vor § 223 Rn. 2 ff.; Lackner/Kühl § 223 Rn. 9.

257 BGHSt 11, 111; BGH, Urt. v. 23.10.2007 – 1 StR 238/07 Rn. 24, NStZ 2008, 150.

258 Arzt/Weber/Heinrich/Hilgendorf § 6 Rn. 99; Rengier § 13 Rn. 17 ff.; für einen Tatbestandsausschluss bei Einwilligung § 8 Rn. 28.

cc) Stellungnahme: Nach der Tatbestandslösung kommt es bei kunstgerecht ausgeführten und gelungenen Heileingriffen nicht auf die Einwilligung des Patienten an, sodass eigenmächtige oder erschlichene Heileingriffe von den §§ 223 ff. nicht erfasst würden. Damit wäre das Selbstbestimmungsrecht des Patienten in diesen Fällen außer Kraft gesetzt. Dessen Schutz gewährleistet nur die Rechtfertigungslösung. Bestätigt wird diese Auffassung indirekt durch die §§ 630 a ff. BGB, die seit dem 26. 02. 2013 in Kraft sind und den medizinischen Behandlungsvertrag regeln. § 630 d BGB ordnet ausdrücklich die Pflicht des Arztes zur Einholung einer Einwilligung des Patienten vor einem Eingriff ein. Ein Eingriff ohne Einwilligung ist eine Vertragsverletzung des behandelnden Arztes und zugleich eine rechtswidrige unerlaubte Handlung. Auch der zivilrechtliche Gesetzgeber sieht also in der bloßen Einhaltung medizinischer Standards keinen Haftungsausschluss.

3. Tathandlungen

a) Körperliche Misshandlung i.S.d. 1. Alt. ist eine üble, unangemessene Behandlung, durch die das körperliche Wohlbefinden oder die körperliche Unversehrtheit nicht nur unerheblich beeinträchtigt wird.[259] 124

Das **körperliche Wohlbefinden** ist der Zustand, der vor der Einwirkung vorhanden war.[260] Es ist regelmäßig bei allen Schmerzzuständen beeinträchtigt, aber auch ohne Schmerzempfinden wie etwa bei Beeinträchtigungen des Nervensystems durch extreme Schalleinwirkung.[261] Die **körperliche Unversehrtheit** ist beeinträchtigt, wenn es zu einem Substanzverlust (z.B. Abschneiden der Haare), zu einem Ausfall oder einer Herabsetzung körperlicher Funktionen (z.B. Sehstörungen) oder zu körperlichen Verunstaltungen gekommen ist.[262]

Ob die durch die Einwirkung hervorgerufene Beeinträchtigung **mehr als unerheblich** war, beurteilt sich aus der Sicht eines objektiven Beobachters, wobei die Dauer und die Intensität der Einwirkung zu berücksichtigen sind.[263] So wird z.B. ein Stoß vor die Brust grundsätzlich nicht als ausreichend erachtet,[264] wohl aber eine Ohrfeige, die zu Wangenrötung mit sichtbaren Fingerspuren führt.[265]

Auch die Verursachung eines schwachen Stromstoßes, der beim Opfer nur ein „Kribbeln in den Beinen" ausgelöst hat, reicht nicht aus.[266]

Entgegen der Ansicht AG Erfurt ist auch das Anblasen mit Atemluft, die „mit Spuckeanteilen und Zigarettenrauch versetzt ist", weder eine körperliche Misshandlung noch eine (versuchte) Gesundheitsschädigung.[267]

---

259 BGHSt 14, 269; OLG Köln NJW 1997, 2191.

260 RGSt 29, 60.

261 Vgl. StA Hannover NStZ 1987, 176.

262 Fischer § 223 Rn. 4.

263 Sch/Sch/Eser § 223 Rn. 4.

264 BGH StV 2001, 680.

265 BGH bei Dallinger MDR 1973, 901.

266 BGH NStZ 1997, 123.

267 Urt. v. 18.09.2013 – 910 Js 1195/13 48 Ds, RÜ 2014, 710, wonach dagegen sogar Notwehr durch Entgegenschleudern eines Bierglases gegen den Kopf des „Angreifers" erlaubt sein soll.

Mit den Adjektiven **„übel, unangemessen"** soll sichergestellt werden, dass sich die Einwirkung gegen die Körperintegrität des Opfers richten muss.

Daher liegt **beispielsweise** in einem einverständlichen Geschlechtsverkehr als solchem keine Körperverletzung, wohl aber in der hierdurch verursachten Geschlechtskrankheit.

125 **b) Gesundheitsschädigung i.S.d. 2. Alt. ist jedes Hervorrufen oder Steigern eines nicht unerheblichen krankhaften Zustandes.**[268]

Krankhaft (= pathologisch) ist jede vom vorherigen Zustand nachteilig abweichende Veränderung der körperlichen Verfassung. Auf Schmerzempfindungen kommt es auch hier nicht an. Unerheblich ist ferner, ob es später wieder zur Ausheilung kommt. **Hauptfälle der Gesundheitsschädigung sind die Übertragungen von Krankheiten, wobei die Krankheit** selbst noch nicht zum Ausbruch gekommen sein muss.[269]

Unter Bezugnahme auf die vorgenannten Entscheidungen sieht der BGH sogar in exzessiv häufigem Röntgen einer Person deren (gefährliche) Körperverletzung, auch wenn Veränderungen des Körpergewebes klinisch nicht sofort nachweisbar sind. Entscheidend sei, dass „die Zerstörung der Zellstrukturen durch Röntgenuntersuchungen ... die Gefahr von Langzeitschäden nicht nur unwesentlich erhöht".[270]

Weitere Fälle der Gesundheitsschädigung sind die Herbeiführung von Rausch und Bewusstseinstrübung.[271]

Die Beeinträchtigung darf **nicht völlig unerheblich** sein. Hierdurch fallen bagatellhafte und sozialadäquate Beeinträchtigungen aus dem Strafbarkeitsbereich heraus.

Nicht tatbestandsmäßig sind daher die Infektion mit einem Schnupfen oder die Gabe leichter Betäubungsmittel in geringer Dosis.[272]

Auf welche Weise die Gesundheitsschädigung verursacht wird, ist gleichgültig, sofern es sich nur um ein rechtlich beherrschbares Risiko handelt.

Klausurhinweis: *Da sich beide Alternativen wegen des erforderlichen Körperverletzungserfolges begrifflich überschneiden, verwirklicht ein Misshandlungsakt oft auch die Gesundheitsschädigungsvariante. Dies ist aber nicht zwingend: So gibt es Misshandlungen ohne Gesundheitsschädigung (z.B. Ohrfeigen, Haare abschneiden) und Gesundheitsschädigungen ohne Misshandlung (z.B. Infektionen). Die Gesundheitsschädigung ist also nicht nur eine speziellere Form der Misshandlung. Daraus folgt für eine Fallbearbeitung, dass man beide Varianten ansprechen kann, dass aber bei Bejahung beider Alternativen nur eine Unrechtsverletzung, eine tatbestandliche Bewertungseinheit, vorliegt.*[273]

4. Vorsatz

126 Der Täter muss zumindest Eventualvorsatz bezüglich der Körperverletzungshandlung und der beeinträchtigenden Folge für körperliches Wohlbefinden, Unversehrtheit oder Gesundheit besitzen.

---

268 Vgl. BGHSt 36, 1, 6, 7; Rengier § 13 Rn. 11.

269 BGHSt 36, 1 ff.; 36, 262 zur Infektion mit Aids.

270 BGH StV 1998, 203; kritisch dazu, weil hier die Gefährdung mit der Verletzung gleichgesetzt wird; Götz/Hinrichs/Seibert/Sommer MedR 1998, 505.

271 Fischer § 223 Rn. 6.

272 BGH, Urt. v. 11.12.2003 – 3 StR 120/03, S. 7, BGHSt 49, 34,38, RÜ 2004, 138.

273 Sch/Sch/Eser § 223 Rn. 2.

Tötungsvorsatz schließt Körperverletzungsvorsatz nicht aus. Einhellig wird heute angenommen, **dass jede Tötung zwangsläufig eine Körperverletzung als notwendiges Durchgangsstadium durchläuft und dass deshalb auch der Tötungsvorsatz den Körperverletzungsvorsatz mit umfasst, sogenannte Einheitstheorie.**[274] **127**

Nach der früher vertretenen **Gegensatztheorie** setzte die Körperverletzung als Leidenszufügung voraus, dass das Opfer die Tat überlebte, sodass sich Tötungs- und Körperverletzungsvorsatz durch dieselbe Handlung und an demselben Opfer gegenseitig ausschlossen.[275]

Zwischen Tötungsdelikten und mitverwirklichten Körperverletzungsdelikten besteht daher kein tatbestandliches Exklusivitätsverhältnis, sondern nur ein Konkurrenzverhältnis (dazu unten Rn. 197 ff.).

5. Rechtfertigungsgründe

a) Eine Körperverletzung kann durch Notwehr gemäß § 32, Notstand, gemäß § 34 in engen Grenzen auch durch eine Festnahmebefugnis nach § 127 Abs. 1 S. 1 StPO erlaubt sein. **128**

b) Der wichtigste Rechtfertigungsgrund ist die **Einwilligung**.[276] Diese muss objektiv von einer einwilligungsfähigen Person erklärt worden sein. Die Einwilligung muss ferner **frei von erheblichen**, nach zutreffender Ansicht **rechtsgutbezogenen Willensmängeln** gewesen sein. Dafür muss der Rechtsgutinhaber die Tragweite und Folgen des Eingriffs gekannt haben. Ob Fehlvorstellungen über Begleitumstände die Wirksamkeit ausschließen, ist umstritten (z.B. Kostenübernahme durch die Krankenkasse). **129**

aa) Zentrale Bedeutung für alle ärztlichen Handlungen hat die **Aufklärung des Patienten**. Sie muss in der gebotenen Weise über den Eingriff, dessen Verlauf, die Erfolgsaussichten, Risiken und mögliche Behandlungsalternativen informieren (vgl. auch § 630 e BGB).[277] Auch bei einer fehlerhaften Aufklärung geht die Rspr. inzwischen von einer wirksamen **(hypothetischen)** Einwilligung aus, wenn der Patient seine Einwilligung bei vollständiger und korrekter Aufklärung erteilt hätte.[278] Die Lit. lehnt diese Rechtsfigur als im Strafrecht systemwidrig ab.[279] **130**

bb) Eine Körperverletzung kann trotz erklärter Einwilligung rechtswidrig sein, wenn sie **gegen die guten Sitten** verstößt, **§ 228**. Die Sittenwidrigkeit, also der sozialethische Unwert der Tat, ist der Grund, die Befugnis des Rechtsgutträgers über sein Rechtsgut zu begrenzen. Diese Begrenzung darf nicht zu einer Bevormundung des Einzelnen führen, sondern muss dessen Grundrecht auf Handlungsfreiheit berücksichtigen. **Anknüpfung für das Sittenwidrigkeitsurteil ist vielmehr die Tat selbst.** Entscheidend ist, **ob der Eingriff in die körperliche Integrität so schwer oder so lebensgefährlich ist,** dass dadurch das Anstandsgefühl aller billig und gerecht Denkenden verletzt wird und deshalb ein Eingriff in das Selbstbestimmungsrecht des Opfers durch den Einwilligungsausschluss legitimiert ist. Daraus folgt: **131**

---

274 BGHSt 16, 122, 123; BGH StV 1997, 188; LK-Lilie Vor § 223 Rn. 15.

275 RGSt 61, 375.

276 Zu den allgemeinen Voraussetzungen AS-Skript StrafR AT 1 (2016), Rn. 245 ff.

277 BGH StV 1996, 148, 149.

278 Ausführlich dazu AS-Skript StrafR AT 1 (2016), Fall 12, S. 134 ff; BGH, Urt. v. 10.11.2011 – 1 StrR 134/11, NStZ 2012, 205.

279 Jansen ZJS 2011, 482, Sowada NStZ 2012, 1, zusammengefasst bei Schneider RÜ 2012, 175.

132 **(1)** Solange das Opfer durch die Körperverletzung nicht in Lebensgefahr gerät oder typischerweise geraten kann, ist kein Einwilligungsausschluss nach § 228 gegeben, selbst wenn sittenwidrige Begleitumstände vorgelegen haben[280] oder mit der Tat verwerfliche (Fern-)Ziele verfolgt wurden.[281]

Aus diesem Grund erachtet der BGH die Fremdverletzung durch eine vom Opfer gewollte **Rauschgiftinjektion** in geringer Dosis nicht für sittenwidrig. i.S.d. § 228, auch wenn damit gegen § 29 BtMG verstoßen wird.[282]

133 **(2)** Je größer aber die Gefahr ist, dass das Opfer durch von ihm gebilligte Körperverletzung zu Tode kommen kann, umso eher folgt aus der Wertung des § 216 (Rechtfertigungssperre für eine Tötung auf Verlangen) die Sittenwidrigkeit der Tat gemäß § 228.

Demgemäß sind sexuell motivierte Verletzungen, die dem Opfer mit dessen Zustimmung beigebracht werden, nicht schon wegen ihres **sadomasochistischen** Charakters „sittenwidrig" i.S.d. § 228, aber dann, wenn und weil sie das Opfer in Lebensgefahr bringen.[283]

134 **(3)** Bei **vorher verabredeten Gruppenschlägereien** ergibt sich die Sittenwidrigkeit inzwischen nach der Rspr. schon aus der Tatbestandserfüllung des § 231 – auch dann wenn die objektive Strafbarkeitsbedingung des Todes oder einer schweren Körperverletzung ausgeblieben ist und auch keine lebensgefährlichen Verletzungen herbeigeführt wurden.[284]

Die beiden letzten Fallgruppen sind sehr häufig Prüfungsgegenstand gewesen!

135 **(4)** Der Zweck der Tat wird ausnahmsweise für den Ausschluss der Sittenwidrigkeit bedeutsam, nämlich wenn aufgrund der Schwere der Verletzung die Sittenwidrigkeit eigentlich gegeben wäre, dies aber durch einen positiven oder einsehbaren Zweck kompensiert wird.[285]

Beispiel: Lebensgefährliche Verletzung durch eine Notoperation zum Zweck der Lebenserhaltung.

II. Gefährliche Körperverletzung, § 224

1. Beibringung von Gift oder anderen gesundheitsschädlichen Stoffen, § 224 Abs. 1 Nr. 1

136 **a)** Durch die Formulierung „oder anderer" wird deutlich, dass „Stoff" der Oberbegriff und dass deshalb die 1. Alt. nur ein Spezialfall der 2. Alt. ist. Um beide voneinander unterscheiden zu können, wird auf die Wirkungsweise abgestellt.

Gift ist jede anorganische oder organische Substanz, die chemisch oder chemisch-physikalisch die Gesundheit zu beeinträchtigen vermag, z.B. Arsen, Morphium, Gas.[286]

---

280 BGH NStZ 2000, 87.

281 BGH, Urt. v. 11.12.2003 – 3 StR 120/03, S. 11, BGHSt 49, 34, 41, RÜ 2004, 138.

282 S. vorangegangene Fußnote.

283 BGH, Urt. v. 26.05.2004 – 2 StR 505/03, BGHSt 49, 166, RÜ 2004, 480.

284 BGH, Urt. v. 22.01.2015 – 3 StR 233/14, RÜ 2015, 305; ausführlich AS-Skript StrafR AT 1 (2016), Rn. 258.

285 BGH, Urt. v. 26.05.2004 – 2 StR 505/03, BGHSt 49, 166, 171; Fischer § 228 Rn. 9 a f.

286 LK-Lilie § 224 Rn. 7 m.w.N.

Andere Stoffe sind solche, die mechanisch (zerhacktes Glas), thermisch (kochendes Wasser) oder biologisch (Viren, Bakterien) wirken.[287] Keine „Stoffe" sind dagegen Strahlen oder Elektrizität.

Faustregel zur Unterscheidung zwischen „gesundheitsschädlichem Stoff" und „gefährlichem Werkzeug" (§ 224 Abs. 1 Nr. 2 Alt. 2): Werkzeuge wirken typischerweise **von außen physikalisch auf den Körper des Opfers ein** und werden vom Täter gerade zur **Verstärkung seiner Kraft und Verletzungsenergie** eingesetzt.

b) Sowohl das Gift als auch der Stoff müssen **gesundheitsschädlich** sein. Das folgt aus der Inbezugnahme durch die Formulierung „oder anderen gesundheitsschädlichen Stoffen." Fraglich ist nur, welche Anforderungen an die Schädlichkeit zu stellen sind. **137**

aa) Allein nach dem Wortlaut könnte es genügen, dass der Täter überhaupt eine Körperverletzung mittels Gift oder einem anderen Stoff ausgeführt hat. In der Gesundheitsschädigung hätte sich dann zugleich die Schädlichkeit des Mittels realisiert. Dies ist aber fragwürdig, wenn es nur zu geringfügigen Körperverletzungen gekommen ist und nach dem Stoff auch nur kommen konnte, weil dann die für die Straferhöhung des § 224 notwendige Unrechtssteigerung gegenüber § 223 nicht mehr vorläge.

Beispiel: A schlägt den Jugendlichen B so stark, dass dieser taumelt und das Bewusstsein verliert. Hier liegt nur eine einfache Körperverletzung gemäß § 223 Abs. 1 vor. Soll es demgegenüber eine gefährliche Körperverletzung gemäß § 224 Abs. 1 Nr. 1 Alt. 1 sein, wenn A dem B heimlich Wodka in den Fruchtsaft schüttet, sodass dieser kurzzeitig berauscht ist?

Einigkeit besteht darin, dass der Begriff „gesundheitsschädlich" in § 224 Nr. 1 umzudeuten ist in: **„zu erheblichen Verletzungen geeignet"**. Dafür sollen dieselben Anforderungen wie für das „gefährliche Werkzeug" in § 224 Abs. 1 Nr. 2 gelten.[288]

bb) Es schließt sich die Frage an, was unter **„erheblich"** zu verstehen ist. Das Schrifttum verlangt mit Blick auf die hohe Strafdrohung zwar nicht die Gefahr einer „schweren Folge" i.S.v. § 226 Abs. 1, wohl aber, dass gravierende, **schwerwiegende oder länger andauernde und nachhaltige Verletzungen drohten**.[289] **138**

Die Rspr. geht nicht so weit, wie das Beispiel der **Beibringung von KO-Tropfen** belegt: Darin sieht der BGH mangels hinreichender Gefährlichkeit keine Körperverletzung mittels „gefährlichen Werkzeuges" i.S.d. §§ 224 Abs. 1 Nr. 2 Alt. 2 wohl aber mittels Giftbeibringung i.S.d. § 224 Abs. 1 Nr. 1 Alt. 2 (und Nr. 3).[290]

cc) Die erheblichen Verletzungen müssen nicht tatsächlich eingetreten sein. Umstritten ist der erforderliche Gefahrengrad. Für eine Ansicht muss der Stoff nur abstrakt-generell geeignet gewesen sein, erhebliche Verletzungen herbeizuführen.[291] Die h.M. stellt eine **konkrete** Betrachtung an. Danach muss **die Substanz ihrer Art und dem konkreten Einsatz nach unter Berücksichtigung der Menge und Konzentration sowie der Konstitution des Opfers geeignet gewesen sein, erhebliche Beeinträchtigungen** **139**

287 Vgl. Fischer § 224 Rn. 4.

288 BGH, Urt. v. 16.03.2006 – 4 StR 536/05 Rn. 13, BGHSt 51, 18, 22; Fischer § 224 Rn. 5 a.

289 NK-Paeffgen § 224 Rn. 12; Wessels/Hettinger Rn. 275.

290 BGH, Beschl. v. 27.01.2009 – 4 StR 473/08, StV 2009, 408.

291 SK-Horn/Wolters § 224 Rn. 8 a.

der Gesundheit herbeizuführen.[292] Dieser Ansicht hat sich der BGH angeschlossen, sodass auch Stoffe des **täglichen Bedarfs** unter die Strafschärfung fallen können, sofern sie unter Umständen zum Einsatz kommen, die zu erheblichen Verletzungen führen können.[293]

Beispiel: Eine Frau zwang die vierjährige Tochter ihres Partners „zur Erziehung" dazu, einen von dieser versehentlich versalzenen Schokoladenpudding auszulöffeln. Das Kind nahm auf diese Weise 32 g Kochsalz zu sich und starb an den Folgen. – Der BGH bejaht gefährliche Körperverletzung gemäß § 224 Abs. 1 Nr. 1 (verneint aber eine strafrechtliche Verantwortung für den Tod des Kindes gemäß §§ 227, 222, weil die Unkenntnis über die Lebensgefährlichkeit von Kochsalzvergiftungen bei Kleinkindern der Täterin nicht vorgeworfen werden konnte).[294]

140 **c)** Schon nach dem Gesetzeswortlaut muss die **Körperverletzung „durch", also gerade aufgrund der Wirkung der beigebrachten Substanz** vollendet worden sein. Erforderlich ist also ein **tatbestandsspezifischer Risikozusammenhang** zwischen der Körperverletzung und dem verwendeten Gift oder Stoff.

141 **d)** Tathandlung ist das **Beibringen**. Dafür muss der Täter eine Verbindung des Tatmittels mit dem Körper des Opfers derart hergestellt haben, dass dieses seine Wirkung entfaltet. Nach h.M. spielt es dabei keine Rolle, auf welche Weise die Wirkung ausgelöst wurde, also durch **äußeren Kontakt**, wie z.B. durch Verbrühen oder durch Verätzen mit Säure, oder durch **Wirkung im Körperinneren.**[295] Die Gegenansicht ordnet die Wirkungen an der Körperoberfläche nicht der Nr. 1, sondern der Nr. 2 zu.[296]

142 **e)** In subjektiver Hinsicht muss der Täter neben dem Körperverletzungsvorsatz auch **Vorsatz haben, einen gesundheitsschädlichen Stoff beizubringen**, d.h. er muss auch das Gefahrenpotenzial für eine erhebliche Gesundheitsschädigung des Stoffes zumindest für möglich halten und billigen.

2. Mittels einer Waffe oder eines anderen gefährlichen Werkzeugs, § 224 Abs. 1 Nr. 2

a) Tatmittel muss eine **Waffe** oder ein **anderes gefährliches Werkzeug** gewesen sein. Durch das Wort „anderes" wird deutlich, dass die Waffe nur ein gesetzlicher Spezialfall des gefährlichen Werkzeugs ist.[297]

143 **aa) „Waffe"** ist nach der wenig aussagekräftigen Definition der h.M. jede Waffe im technischen Sinn.[298] Gemeint ist damit **jeder Gegenstand, der schon nach seiner Konstruktion dazu bestimmt ist, als Angriffs- oder Verteidigungsmittel eingesetzt zu werden und bei bestimmungsgemäßem Gebrauch geeignet ist, erhebliche Verletzungen herbeizuführen.**

Beispiele: Pistolen (auch geladene Gas- und Schreckschusspistolen mit frontaler Austrittsöffnung), Gewehre, Reizstoffsprühgeräte, Springmesser, Stahlruten, Handgranaten, Molotow-Cocktails usw.

292 MünchKomm/Hardtung § 224 Rn. 8; Sch/Sch/Stree/Sternberg-Lieben § 224 Rn. 2 d; Fischer § 224 Rn. 5.

293 BGH, Urt. v. 16.03.2006 – 4 StR 536/05 Rn. 13; BGHSt 51, 18.

294 S. vorhergehende Fußnote.

295 Rengier § 14 Rn. 20.

296 LK-Lilie § 224 Rn. 15.

297 Vgl. BGH StV 2002, 21, 22.

298 BGH a.a.O.

bb) „Gefährliches Werkzeug" ist jeder Gegenstand, der nach seiner objektiven Beschaffenheit und nach seiner Art der Verwendung in der konkreten Situation geeignet ist, erhebliche Verletzungen herbeizuführen.[299] **144**

„Werkzeug" ist nach h. M. nur ein Gegenstand, den man zur Erleichterung einer Handlung oder zur Verstärkung der Körperkräfte einsetzt, also nur **Nicht-Körperteile**. Unbewehrte Körperteile – Faust, Handkante, Knie – oder besondere Körperfähigkeiten – Kampftechniken – scheiden für diese Taterschwerung aus.[300] **145**

Andererseits kann die Bewehrung des Körperteils nach den Umständen zum gefährlichen Werkzeug werden, z.B. der **schwere Ring am Finger** oder (sehr häufig!) der **Schuh am Fuß** des Täters (s. dazu unten Rn. 150).

Umstritten ist, ob es dem Begriff des Werkzeugs immanent ist, dass der vom Täter benutzte Gegenstand durch **menschliche Einwirkung beweglich** sein muss. Die h.M. bejaht das, weil anderenfalls das Hinabstoßen von einem Bergabhang oder einer Treppe oder das Schleudern gegen eine Hauswand von § 224 erfasst würde, obwohl der natürliche Sprachgebrauch dies ausschließt.[301] Nach a.A. hängt die Werkzeugeigenschaft nicht von der Beweglichkeit des Mittels, sondern von dem vom Täter geschaffenen Funktionszusammenhang zwischen Gegenstand und Verletzung ab.[302] **146**

cc) Die **konkrete, einsatzbezogene Eignung zu erheblichen Verletzungen** ist sowohl bei der Waffe (Unterfall des gefährlichen Werkzeugs) als auch beim Werkzeug erforderlich. Auf eine abstrakte Gefährlichkeit durch die objektive Beschaffenheit allein kommt es nicht an.[303] Konsequenzen: **147**

Trotz Verwendung einer Waffe im technischen Sinn oder eines Gegenstandes mit objektiv hohem Verletzungspotenzial kann eine gefährliche Körperverletzung ausgeschlossen sein, wenn der Täter sie in concreto ungefährlich eingesetzt hat.

Beispiel: Leichter Schlag mit dem Griff der (geladenen) Pistole ist keine gefährliche Körperverletzung.[304] Werden dem Opfer mit einem **Messer** oder einer **Schere** Haare abgeschnitten, so ist die fallbezogene Verwendung gerade nicht geeignet, erhebliche Verletzungen herbeizuführen. § 224 Abs. 1 Nr. 2 scheidet aus.[305] Ein locker **um den Hals gelegtes Kabel**, mit dem eine Strangulation nur vorgetäuscht werden soll und durch die das Opfer in einen krankhaften Angstzustand versetzt wird, lässt keine erheblichen Verletzungen befürchten und ist daher kein gefährliches Werkzeug.[306]

Umgekehrt können für sich gesehen harmlose Gegenstände bei konkret gefährlichem Einsatz zum gefährlichen Werkzeug zweckentfremdet werden.

Beispiele: Die **brennende Zigarette**, durch die dem Opfer Brandwunden zugefügt werden.[307] Stiche mit einem **Schraubendreher** in den Brustbereich.[308]

---

299 Statt aller: Schroth NJW 1998, 2861, 2863.

300 BGH, Beschl. v. 11.01.2011 – 4 StR 450/10; SK-Horn § 224 Rn. 13; kritisch Fischer § 224 Rn. 8.

301 BGHSt 22, 235; BGH, Beschl. v. 12.12.2012 – 5 StR 574/12 zu einem ortsfesten Industriehäcksler als gefährliches Werkzeug i.S.v. § 250 Abs. 2 Nr. 1 Alt. 2; Fischer § 224 Rn. 8.

302 Vgl. LK-Lilie § 224 Rn. 27; Rengier § 14 Rn. 39.

303 Fischer § 224 Rn. 9.

304 LK-Lilie § 224 Rn. 30.

305 BGH, Beschl. v. 17.04.2008 – 4 StR 634/07, NStZ-RR 2009, 50.

306 BGH, Beschl. v. 12.01.2010 – 4 StR 589/09, NStZ-RR 2010, 205, RÜ 2010, 441.

307 BGH StV 2002, 21, 22.

308 BGH, Urt. v. 25.02.2010 – 4 StR 575/09, NStZ-RR 2010, 176.

148 **Ausnahme:** Ein **medizinisches Instrument in der Hand eines Arztes bei Vornahme eines ärztlichen Eingriffs ist kein gefährliches Werkzeug,** gleichviel ob es sich um einen Heileingriff handelt oder ob eine fehlerhafte Einwilligung des Patienten vorliegt. Entscheidend ist, dass der Gegenstand hier nicht als Angriffs- oder Verteidigungsmittel fungiert.[309] Ein gefährliches Werkzeug i.S.d. § 224 können medizinische Instrumente dagegen nach der Rspr. in der Hand von Personen werden, die nicht als Heilkundige zugelassen sind.[310]

Die Eignung für erhebliche Verletzungen darf dabei nicht aus der eingetretenen Verletzungsfolge hergeleitet werden, sondern aus dem konkreten Gebrauch innewohnenden **Verletzungspotenzial**.

149 Umstritten ist, welche Anforderungen an das Adjektiv **„erheblich"** zu stellen sind (vgl. denselben Streit schon oben bei § 224 Abs. 1 Nr. 1 zum Merkmal „gesundheitsschädlich"). Ein Teil des Schrifttums verlangt dafür nicht notwendig die Gefahr einer „schweren Folge" i.S.v. § 226 Abs. 1, zumindest aber die Möglichkeit einer gravierenden, schwerwiegenden oder länger andauernden und nachhaltigen Verletzung. Eine restriktive Auslegung sei angesichts der in § 224 gravierend erhöhten Mindeststrafe geboten.[311] Der BGH sieht keinen Anlass, nach der Strafänderung des § 224 an die Gefahr „erheblicher Verletzungen" höhere Anforderungen zu stellen als bisher. Es stehe im Widerspruch zur Gesetzesgeschichte und zum Gesetzeszweck, gerade die Angriffe auf die körperliche Unversehrtheit stärker unter Strafe zu stellen.

Danach genügen **beispielsweise** auch die Verletzungsgefahren, die von einer auf der Haut ausgedrückten glimmenden Zigarette ausgehen, nämlich regelmäßig schmerzhafte Brandverletzungen mit Narbenbildung sowie nicht ausschließbare Komplikationen der Wundheilung.[312]

150 Ein **Schuh am Fuß** des Täters ist dann zu erheblichen Verletzungen geeignet und ein gefährliches Werkzeug, wenn es sich entweder um einen festen **schweren Schuh** handelt, mit dem heftig in die Bauchgegend getreten wird, oder wenn es sich zwar um einen **normalen Straßenschuh oder Turnschuh** handelt, mit dem aber dem Opfer heftig ins Gesicht oder in andere **besonders empfindliche Körperteile** getreten wird.[313]

151 **b)** Das Wort **„mittels"** wird von der h.M. eng ausgelegt. Die Verletzung muss danach **gerade aus der konkreten Gefährlichkeit des Werkzeugs** resultieren.[314] Auch hier muss sich in der Körperverletzung das qualifikationsspezifische Risiko der Gefährlichkeit des eingesetzten Werkzeugs widerspiegeln.

Klausurhinweis: *Dieser Punkt ist im vergangenen Jahr mehrfach in Examensaufgaben eingebaut worden.*

---

309 BGH NJW 1978, 1206.

310 BGH NStZ 1987, 174 zu § 223 a a.F.

311 NK-Paeffgen § 224 Rn. 12; Wessels/Hettinger Rn. 275.

312 BGH StV 2002, 21, 22.

313 BGH, Urt. v. 24.09.2009 – 4 StR 347/09, NStZ 2010, 151 zum Dienstschuh eines Polizeibeamten; BGH, Urt. v. 23.06.1999 – 3 StR 94/99, NStZ 1999, 616 zu einem Turnschuh.

314 KG NZV 2006, 111.

Beispiele:

Mit seinem Pkw bremst A den hinter ihm fahrenden Motorrollerfahrer B aus und nimmt in Kauf, dass dieser durch das plötzliche Ausweichmanöver stürzt und sich verletzt. – Keine versuchte gefährliche Körperverletzung gemäß § 224 Abs. 1 Nr. 2 Alt. 2, weil die Verletzung nicht auf der typischen Gefahr des Autos durch Anfahren oder Überfahren beruht hätte.[315]

Der Täter drückt dem Opfer schmerzhaft eine Pistole auf das Gesicht, um seine Entschlossenheit zu demonstrieren. – Keine gefährliche Körperverletzung mittels einer Waffe.[316]

c) Zum straferhöhenden **Tatvorsatz** gehört nur das Bewusstsein, die Verletzung unter Einsatz des fraglichen Gegenstandes zu begehen sowie zumindest das billigende Inkaufnehmen seiner Verletzungsgefährlichkeit. **152**

3. Mittels eines hinterlistigen Überfalls, § 224 Abs. 1 Nr. 3

a) Die Straferschwerung des **hinterlistigen Überfalls** geht – das wird häufig verkannt – über die Voraussetzungen **heimtückischen** Handelns hinaus: **153**

Überfall ist jeder plötzliche, unerwartete Angriff auf einen Ahnungslosen.[317] Hinterlist liegt vor, wenn der Täter planmäßig in einer auf Verdeckung seiner wahren Absicht berechnenden Weise vorgeht, um dadurch dem Gegner die Abwehr des nicht erwarteten Angriffs zu erschweren und die Vorbereitung auf die Verteidigung nach Möglichkeit auszuschließen.[318]

Hinterlistig ist deshalb nicht der auf einem Spontanentschluss beruhende **Überraschungsangriff**. Hinterlist liegt aber vor, wenn der Täter dem Opfer mit **vorgetäuschter Friedfertigkeit** (freundlicher Gruß, Erkundigung nach dem Weg) entgegentritt, um ihn dann zu verletzen.[319] Auch das **Auflauern** genügt. Hier liegt die Hinterlist in dem gezielten, planmäßigen und von Heimlichkeit geprägten Ausnutzen der vorgegebenen Situation.[320] Auch das heimliche Beibringen von Schlafmitteln oder KO-Tropfen erfüllt nach st.Rspr. die Strafschärfung.[321]

Auf die Gefahr gefährlicher Verletzungen kommt es bei dieser Tatmodalität nach h.M. nicht an, weil die Unrechtserschwerung ihren Grund in dem erhöhten Handlungsunrecht hat.[322]

b) In **subjektiver Hinsicht** muss der Täter nur die Umstände kennen, die sein Verhalten als hinterlistigen Überfall kennzeichnen.

315 BGH, Beschl. v. 04.11.2014 – 4 StR 200/14, RÜ 2015, 103.

316 BGH, Beschl. v. 18.02.2016 – 4 StR 550/15, RÜ 2016, 374.

317 Wessels/Hettinger Rn. 279.

318 BGH GA 1989, 132.

319 BGH, Beschl. v. 15.07.2003 – 1 StR 249/03, NStZ 2004, 93.

320 BGH, Beschl. v. 17.06.2004 – 1 StR 62/04, NStZ 2005, 40; Rengier § 14 Rn. 45.

321 Vgl. BGH NStZ 1992, 490; BGH, Beschl. v. 27.01.2009 – 4 StR 473/08, StV 2009, 408.

322 Vgl. Sch/Sch/Stree/Sternberg-Lieben § 224 Rn. 10; a.A. SK-Horn/Wolters § 224 Rn. 23.

4. Mit einem anderen Beteiligten gemeinschaftlich, § 224 Abs. 1 Nr. 4

Fall 11: „Gemeinschaftliches" Handeln auch bei Täter und Gehilfen?

T suchte Streit mit O. Um dessen Flucht und Abwehr zu schwächen, veranlasste T den G, ihm beizustehen, aber versteckt zu bleiben und nur notfalls einzugreifen. G hatte mit O nichts zu tun, wollte aber dem T gefällig sein. Als O auftauchte, wusste dieser sofort, dass es T auf ihn abgesehen hatte. Er versuchte deshalb gar nicht erst zu fliehen. Bei den anschließenden Faustattacken des T bemühte sich O nun so gut es ging um Körperdeckung, trug aber dennoch blaue Flecken im Gesicht und am Oberkörper davon. G erkannte die Situation und griff nicht weiter in das Geschehen ein. Strafbarkeit von T und G?

***Aufbau:** Die Strafschärfung der gemeinschaftlichen Körperverletzung ist nach allgemeiner Ansicht erfüllt, wenn zumindest zwei am Tatort Anwesende Mittäter des Grunddelikts sind. Falls nach dem Fall und nach der Fallfrage möglich, sollte man daher zunächst durch gemeinsame Prüfung der in Betracht kommenden Beteiligten klären, ob Mittäterschaft vorliegt.*

154 A. **Strafbarkeit von T und G als Mittäter einer Körperverletzung, §§ 223, 25 Abs. 2**

I. Durch seine Faustschläge hat T den O eigenhändig körperlich misshandelt und an der Gesundheit geschädigt.

II. Fraglich ist, ob sich G diese Schläge gemäß § 25 Abs. 2 wie eigene zurechnen lassen muss.

1. Seine aufgrund der vorherigen Verabredung erbrachten Verursachungsbeiträge für die Tat lagen darin, dem T das Gefühl erhöhter Sicherheit zu vermitteln, falls sich O zu sehr wehrte, ferner in der Verhinderung der Flucht des O.

2. Nach der objektiven Tatherrschaftslehre gestaltete G damit das Kerngeschehen nicht als Täter mit, sondern flankierte und sicherte nur die Ausführung durch T. Die mangelnde Tatausführungsherrschaft sowie das Fehlen eines Eigeninteresses an der Tat – G hatte mit O keinen Streit – sind nach der subjektiven Täterlehre Indizien, die gegen Täterwillen des G sprechen. G ist somit nach keiner Abgrenzungsformel als Mittäter der Körperverletzung anzusehen.

B. **Strafbarkeit des T**

I. Durch die Faustschläge hat sich T wegen **einfacher Körperverletzung** gemäß **§ 223 Abs. 1** strafbar gemacht.

II. Fraglich ist, ob auch **gefährliche Körperverletzung** gegeben ist. Einziger in Betracht kommender Qualifikationsgrund ist **§ 224 Abs. 1 Nr. 4**, die von mehreren Beteiligten gemeinschaftlich verübte Körperverletzung.

1. T hat sich der Unterstützung des G bedient. Dieser war zwar kein Mittäter, doch erfasst das Tatbestandsmerkmal **„Beteiligter"** nach seiner Legaldefinition in § 28 Abs. 2 sowohl Täter als auch Teilnehmer.

2. Umstritten ist, welchen verengenden Begriffsinhalt das Adverb **„gemeinschaftlich"** hat: **155**

   a) Ein Teil des Schrifttums sieht darin einen Verweis auf die gemeinschaftliche Begehung, die § 25 Abs. 2 für die Mittäterschaft vorschreibt. Nach dieser Auffassung ist § 224 Abs. 1 Nr. 4 nur auf zusammen agierende Täter der Körperverletzung anwendbar, nicht aber – wie im vorliegenden Fall – auf Täter und Gehilfen.[323]

   b) Die h.Lit. argumentiert mit Recht, dass die Wendung „mit einem anderen Beteiligten" nur deshalb durch das 6. StrRG in das Gesetz aufgenommen worden sein kann, um auch das Zusammenwirken von Tätern und Teilnehmern zu erfassen. **Das Tatbestandsmerkmal „gemeinschaftlich" soll danach sicherstellen, dass nur ein verbundenes Handeln mehrerer Personen erfasst wird, die auch gefahrerhöhend am Tatort anwesend sind**, weil die Strafschärfung ihren Grund gerade darin hat, dass ein Opfer, das mehreren Feinden gegenübersteht, in seiner Verteidigung beschränkt ist.[324]

   Das bedeutet umgekehrt, dass die Strafschärfung trotz Mittäterschaft nicht erfüllt ist, wenn am Tatort nur eine Person agiert, während der oder die anderen abwesend sind und sich nur – wenn auch als Mittäter – an der Vorbereitung beteiligt haben.[325]

   Der BGH hat sich der letztgenannten Ansicht angeschlossen. Danach ist eine „gemeinschaftliche" Begehung i.S.d. § 224 Abs. 1 Nr. 4 zwischen Täter und Teilnehmer jedenfalls dann gegeben, wenn der am Tatort anwesende Gehilfe die Wirkung der Körperverletzungshandlung des Täters bewusst in einer Weise verstärkt, die die Lage des Verletzten zu verschlechtern geeignet ist. Dies wird vor allem durch eine Schwächung der Abwehrmöglichkeiten verwirklicht, wenn das Opfer wegen des erwarteten Eingreifens des mit anwesenden Gegners in seinen Chancen beeinträchtigt wird, dem Täter der Körperverletzung Gegenwehr zu leisten, ihm auszuweichen oder zu flüchten.[326]

   c) Umstritten ist innerhalb der h.M., ob das Opfer den mit anwesenden Teilnehmer wahrgenommen haben muss. Auch die Rspr. schwankt. Einige Entscheidungen verlangen, dass sich das Opfer mehreren Aggressoren gegenüber gesehen haben muss, um dadurch in seiner Verteidigungsbereitschaft eingeschränkt zu sein.[327] Nach der vorzugswürdigen Gegenansicht hängt

323 Vgl. SK-Horn/Wolters § 224 Rn. 24; Renzikowski NStZ 1999, 377, 382.

324 BGH, Beschl. v. 18.02.2016 – 4 StR 550/15, RÜ 2016, 374; Fischer § 224 Rn. 11; Wessels/Hettinger Rn. 281.

325 MünchKomm/Hardtung § 224 Rn. 126; Sch/Sch/Stree/Sternberg-Lieben § 224 Rn. 11.

326 BGH, Urt. vom 03.09.2002 – 5 StR 210/02, S. 3; BGHSt 47, 383, 386.

327 Sch/Sch/Stree/Sternberg-Lieben § 224 Rn. 11; vgl .auch BGH, Beschl. v. 30.06.2015 – 3 StR 171/15.

der Grad der Gefährlichkeit von der konkreten Tatsituation ab, nicht aber davon, ob das Opfer die Zahl der Angreifer erkannt hat.[328]

Da auch hier der G durch seine Bereitschaft, jederzeit einzugreifen, den O in den Verteidigungs- und Fluchtmöglichkeiten beeinträchtigte, hat T mit G trotz dessen Teilnehmerrolle „gemeinschaftlich" die Körperverletzung verübt. Darauf, dass er nur im Hintergrund geblieben ist, kommt es nicht an.

3. Auch bei dieser Modalität braucht es zur Gefahr erheblicher Verletzungen nicht gekommen zu sein.[329]
4. T handelte bezüglich der strafschärfenden Umstände vorsätzlich, rechtswidrig und schuldhaft.

Ergebnis: T ist einer gefährlichen Körperverletzung schuldig.

156 C. **Strafbarkeit des G als Teilnehmer**

G hat durch seine erklärte Bereitschaft, einzugreifen, und durch seine Anwesenheit am Ort des Geschehens die Tat des T vorsätzlich, rechtswidrig und schuldhaft gefördert, §§ 224, 27.

Ergebnis: G ist strafbar wegen Beihilfe zur gefährlichen Körperverletzung.

---

5. Mittels einer das Leben gefährdenden Behandlung, § 224 Abs. 1 Nr. 5

Fall 12: HIV-Infektion

A hatte von seinem Arzt erfahren, dass er mit Aids infiziert ist und welche Infektionswege und -risiken für Dritte bestehen. Dennoch vollzog A mit seiner Partnerin F ungeschützten Geschlechtsverkehr. Dass er dabei die F infizieren könnte, war ihm egal. Die eigene sexuelle Befriedigung war ihm wichtiger. F, die von der Erkrankung nichts wusste, wurde dadurch HIV-positiv. Die Krankheit ist aber noch nicht ausgebrochen. Strafbarkeit des A?

157 I. Ein wegen des Verbrechenscharakters der Tat **versuchter Totschlag** gemäß **§§ 212, 22, 23 Abs. 1** setzt zumindest dolus eventualis bezüglich des Todes voraus. Die billigende Inkaufnahme lässt sich wegen der besonders hohen Hemmschwelle, ein fremdes Menschenleben zu opfern, nicht schon aus der Gefährlichkeit einer Handlung ableiten. Vielmehr kann der Täter trotz Verletzungsvorsatzes und des Bewusstseins, sein Opfer in Lebensgefahr zu bringen, gehofft haben, dass sich die Gefahr nicht realisiert. Dies wird bestätigt durch die Existenz des § 224 Abs. 1 Nr. 5: Wären Lebensgefährdungsvorsatz und Tötungsvorsatz dasselbe, bliebe für diese Körperverletzungsqualifikation kein Anwendungsbereich, weil immer zugleich versuchter Totschlag anzunehmen wäre. Bei Aids-Infektionen ist es nicht fernliegend, dass der Betroffene für sich (und für andere) damit rechnet, dass die Krankheit nicht tödlich verläuft.[330] Damit muss auch bei A der Tötungsvorsatz abgelehnt werden.

---

328 BGH, Urt. v. 22.12.2005 – 4 StR 347/05 S. 5, NStZ 2006, 572; Fischer § 224 Rn. 11 a.

329 So aber SK-Horn/Wolters § 224 Rn. 4, 25.

330 Vgl. BGHSt 36, 1, 15.

II. Gegeben ist einfache Körperverletzung in Form einer **Gesundheitsschädigung, § 223 Abs. 1 Alt. 2**. Bereits die Infektion mit einer so schweren und zurzeit unheilbaren Krankheit wie Aids bedeutet eine erhebliche negative Veränderung des körperlichen Normalzustandes. Auf eine Schmerzempfindung oder äußere Sichtbarkeit kommt es nicht an.[331] A handelte bzgl. der Ansteckung mit Eventualvorsatz. Auch Rechtswidrigkeit und Schuld liegen vor.

III. **Gefährliche Körperverletzung, § 224?**

1. Begrifflich sind die durch die Aids-Viren verseuchten Körperflüssigkeiten „gesundheitsschädliche Stoffe" i.S.d. Nr. 1.[332] A hätte dann die Körperverletzung auch durch Beibringung dieser Stoffe begangen. Die Rechtspraxis hat diesen Weg jedoch nicht beschritten.[333]

2. Gelöst wird diese Fallkonstellation stattdessen über § 224 Abs. 1 Nr. 5. Dafür ist zu- **158**
nächst zu klären, was unter einer **„das Leben gefährdenden Behandlung"** zu verstehen ist.

   a) Eine enge Auffassung verlangt den tatsächlichen Eintritt einer konkreten Lebensgefahr und begründet dies vor allem mit einem Vergleich zu anderen Strafvorschriften, bei denen auch stets nur die konkrete Lebensgefährdung tatbestandsmäßig ist, z.B. § 250 Abs. 2 Nr. 3 b.[334] Nach dieser Ansicht wäre A – da die Krankheit der F noch nicht einmal sichtbar geworden ist – allenfalls aus Versuch strafbar.

   b) Rspr. und h.Lit. lassen es heute fast einhellig ausreichen, dass das Vorgehen des Täters **generell geeignet war, das Leben des Opfers zu gefährden**, dies allerdings nur, wenn unter Berücksichtigung der Art und Weise des Vorgehens des Täters, der Person des Geschädigten und der konkreten Situation tatsächlich der Tod zu befürchten ist.[335]

   Beispiel: Ein Schlag mit dem **Ellenbogen in das Gesicht** eines am Boden Liegenden wird als lebensgefährliche Behandlung angesehen, weil das Opfer der Schlagwucht nicht ausweichen kann und weil die geringe Oberfläche des Ellenbogens ein hohes Risiko lebensgefährlicher Frakturen im Gesichtsbereich birgt.[336]

   Gegenbeispiele:

   Ein **Würgegriff** am Hals ist auch bei Druckmalen und Hautunterblutungen noch keine lebensgefährdende Behandlung, sondern erst dann, wenn das Opfer nach Dauer und Stärke der Einwirkung in Lebensgefahr geraten konnte.[337]

   Das Opfer wird gezwungen, im September im Dunkeln bei 15 Grad Wassertemperatur mit voller Kleidung **in die Elbe zu steigen** und sich einige Hundert Meter stromabwärts treiben zu lassen, wodurch es sich eine leichte Unterkühlung zuzieht. – Nach Ansicht des BGH keine

---

331 BGHSt 36, 1, 6.

332 Vgl. Jäger JuS 2000, 31, 36.

333 Vgl. BGH, Beschl. v. 05.02.2002 – 1 StR 570/01.

334 Stree Jura 1980, 291 f.

335 BGHSt 36, 1, 9; BGH, Beschl. v. 25.02.2010 – 4 StR 575/09, RÜ 2010, 443; Wessels/Hettinger Rn. 282.

336 OLG Hamm, Urt. v. 09.06.2004 – 2 Ss 121/04.

337 BGH, Beschl. v.14.10.2004 – 4 StR 403/04, NStZ-RR 2005, 44.

lebensgefährdende Behandlung nach § 224 Abs. 1 Nr. 5, wenn das Opfer ein guter Schwimmer und örtlich orientiert war.[338]

Wegen der Unheilbarkeit und des typischerweise letalen Verlaufs ist die Lebensgefährlichkeit einer Aids-Erkrankung zu bejahen.

Das Gefährdungspotenzial kann dabei entweder der Körperverletzungs**handlung** selbst (z.B. Hinunterstoßen von einem fahrenden Motorrad), aber auch dem Körperverletzungs**erfolg** anhaften.[339] Deshalb spielt es im vorliegenden Fall keine Rolle, dass sich die Lebensgefährlichkeit nicht aus dem Sexualverkehr als solchem, sondern aus den Folgen der dabei verursachten Infektion ergibt.

3. In subjektiver Hinsicht muss der Täter bei dieser Modalität **Gefährdungsvorsatz** besessen haben. Er muss also diejenigen Umstände zumindest für möglich gehalten und gebilligt haben, aus denen sich die Verletzungs- bzw. Lebensgefährlichkeit ergibt.[340] Das war bei A ebenfalls der Fall.

Ergebnis: A hat rechtswidrig und schuldhaft eine gefährliche Körperverletzung begangen.

---

338 BGH, Beschl. v. 25.10.2011 – 4 StR 455/11.

339 BGHSt 36, 262, 265.

340 Vgl. BGH NJW 1990, 3156.

Einfache Körperverletzung, § 223

- **Körperliche Misshandlung** ist eine üble, unangemessene Behandlung, die entweder das **körperliche Wohlbefinden** oder die **körperliche Unversehrtheit** nicht nur **unerheblich beeinträchtigt**.
- **Gesundheitsbeschädigung** ist jedes Hervorrufen oder Steigern eines vom normalen Zustand der körperlichen Funktionen des Opfers nachteilig abweichenden Zustandes. Dies gilt nach st.Rspr. auch bei ärztlichen Heileingriffen.
- **Körperverletzungsvorsatz** (nach herrschender Einheitstheorie auch bei Tötungsvorsatz gegeben)
- **Rechtswidrigkeit** entfällt insbesondere bei wirksam erteilter Einwilligung (Rückausnahme: trotz Einwilligung Rechtswidrigkeit bei Sittenverstoß der Tat wegen Lebensgefährlichkeit der drohenden Verletzung, § 228).

Gefährliche Körperverletzung, § 224

- **Nr. 1:** Gift ist jede anorganische oder organische Substanz, die chemisch oder chemisch-physikalisch die Gesundheit zu beeinträchtigen vermag. Andere Stoffe sind solche, die mechanisch, thermisch oder biologisch wirken. Gesundheitsschädlich sind Gift und andere Stoffe nur, wenn durch sie die einfache Körperverletzung vollendet wurde und nach der konkreten Art und Weise des Einsatzes und der Konstitution des Opfers die Gefahr „erheblicher" Verletzungen bestand. Für das Beibringen muss der Täter eine Verbindung des Tatmittels mit dem Körper des Opfers derart hergestellt haben, dass dieses seine Wirkung entfalten konnte.
- **Nr. 2:** Gefährliches Werkzeug ist jeder nach h.M. bewegliche Gegenstand mit Ausnahme von Körperteilen, der nach seiner objektiven Beschaffenheit und nach seiner Art der Verwendung in der konkreten Situation geeignet ist, „erhebliche" Verletzungen herbeizuführen (Unterfall: Waffe = funktionsspezifische Angriffs- oder Verteidigungsmittel); nicht dagegen medizinische Gerätschaften in der Hand eines Arztes bei einem ärztlichen Eingriff.
- **Nr. 3:** Überfall ist jeder plötzliche, unerwartete Angriff auf einen Ahnungslosen. Hinterlist liegt aber nur vor, wenn der Täter planmäßig in einer auf Verdeckung seiner wahren Absicht berechnenden Weise vorgeht, um dadurch dem Gegner die Abwehr des nicht erwarteten Angriffs zu erschweren und die Vorbereitung auf die Verteidigung nach Möglichkeit auszuschließen.
- **Nr. 4:** Gemeinschaftliches Handeln setzt verbundenes Handeln von mindestens zwei am Tatort anwesenden Beteiligten voraus, die nicht notwendig Mittäter sein müssen und die das Opfer nicht alle wahrgenommen haben muss (str.).
- **Nr. 5:** Eine das Leben gefährdende Behandlung ist jede Einwirkung, die unter Berücksichtigung der Umstände des Einzelfalles nur generell geeignet sein muss, das Opfer in Lebensgefahr zu bringen. Eine konkrete Lebensgefahr braucht nicht eingetreten zu sein.

III. Schwere Körperverletzung, § 226

<table>
<tr><th colspan="2">Aufbauschema: Schwere Körperverletzung, § 226</th></tr>
<tr><th>Abs. 1</th><th>Abs. 2</th></tr>
<tr><td colspan="2">1. Körperverletzung i.S.v. § 223 und Vorsatz diesbezüglich
2. Eintritt einer schweren Folge
Nr. 1: Verlust des Sehvermögens auf einem/beiden Augen/des Sprechvermögens/der Fortpflanzungsfähigkeit
Nr. 2: Verlust oder dauerhafter Funktionsausfall eines (wichtigen) Gliedes
Nr. 3: dauernde Entstellung in erheblicher Weise/Verfallen in Siechtum/Lähmung/ geistige Krankheit oder geistige Behinderung
3. Verursachung der schweren Folgen durch die Körperverletzung
4. tatbestandsspezifischer Gefahrenzusammenhang = Unmittelbarkeitsbeziehung</td></tr>
<tr><td>5. einfache Fahrlässigkeit/Leichtfertigkeit/dolus eventualis hinsichtlich der schweren Folge</td><td>5. dolus directus I/dolus directus II hinsichtlich der schweren Folge</td></tr>
<tr><td>6. Rechtswidrigkeit</td><td>6. Rechtswidrigkeit</td></tr>
<tr><td>7. Schuld (bei Fahrlässigkeit: individuelle Sorgfaltspflichtverletzung und Verhersehbarkeit)</td><td>7. Schuld</td></tr>
</table>

1. Struktur

159 § 226 knüpft an die vorsätzliche Körperverletzung an und **qualifiziert** diese zu einem **Verbrechen**, wenn durch sie eine der in Abs. 1 Nr. 1–3 abschließend aufgezählten Folgen eingetreten ist.

***Klausurhinweis**: Lag nicht einmal Vorsatz für eine Körperverletzung vor, so kann auch bei eingetretenen Folgen i.S.v. § 226 Abs. 1 nur aus fahrlässiger Körperverletzung gemäß § 229 oder – wenn das Opfer verstorben ist – nur aus fahrlässiger Tötung gemäß § 222 verurteilt werden.*[341] *Das wird gern übersehen.*

***Beispiel:** Drückt A den B zur Seite und stürzt dieser so schwer, dass er später Lähmungen zurückbehält, so ist – mangels Grunddelikts – nur fahrlässige Körperverletzung gegeben; § 226 hingegen, wenn der Sturz und die Lähmung Folge eines Faustschlages waren.*

a) § 226 Abs. 1

160 § 226 Abs. 1 enthält eine **Erfolgsqualifikation**, lässt es also nach § 18 genügen, dass dem Täter hinsichtlich der schweren Folge „wenigstens" (einfache) Fahrlässigkeit zur Last fällt. Damit ist § 226 Abs. 1 aber erst recht dann erfüllt, wenn er hinsichtlich der schweren Folge mit dolus eventualis gehandelt hat.

---

341 Vgl. BGH StV 2001, 680.

b) § 226 Abs. 2

Hatte der Täter bezüglich einer schweren Folge sogar dolus directus ersten Grades (Absicht) oder zweiten Grades (sicheres Wissen), ist § 226 Abs. 2 einschlägig. Hierbei handelt es sich also um eine reine Vorsatzqualifikation. **161**

c) Ausschluss bei Tötungsvorsatz

Hatte der Täter Tötungsvorsatz, enthält dieser auch den Vorsatz zur Körperverletzung als Durchgangsstadium zur Tötung (s.o. Rn. 127.). Hieraus darf aber nicht auch Vorsatz zur Herbeiführung einer schweren Folge geschlossen werden! Die in § 226 abschließend aufgezählten Folgen beinhalten jeweils einen besonders tiefen Eingriff in die körperliche Integrität des Tatopfers und sind durch ein **gewisses Dauerelement gekennzeichnet. Sie setzen damit schon ein Weiterleben des Opfers voraus. Vorsatz bezüglich der schweren Folge und Tötungsvorsatz schließen sich damit regelmäßig aus.**[342] Möglich sind allenfalls Vorsatzkombinationen im Sinne eines Alternativvorsatzes des Täters,[343] gerichtet entweder auf eine Tötung oder – bei Nichterreichung dieses Ziels – auf eine schwere Körperverletzungsfolge.[344] **162**

d) Tatbestandsspezifischer Gefahrzusammenhang = Unmittelbarkeitszusammenhang

Die schwere Folge muss **unmittelbar** durch die Körperverletzung eingetreten sein. Damit ist keine zeitliche Abfolge oder Betonung des Kausalzusammenhangs gemeint, sondern der bei allen Vorsatz-Fahrlässigkeits-Kombinationen erforderliche **gefahrspezifische Zusammenhang**. Die Folge muss sich also aus der Gefährlichkeit der Verletzung selbst, nicht aber aus anderen Gefährdungsmomenten entwickelt haben. Zur Parallele bei § 227 unten Rn. 172. **163**

Aufbau: *§ 226 Abs. 1 ist als Kombinationsdelikt aus Vorsatz- und Fahrlässigkeitsdelikt darzustellen.*[345] *Die Vorsatz-Vorsatz-Kombinationen der §§ 226 Abs. 1, 18 und § 226 Abs. 2 können Sie dagegen wie ein einheitliches Vorsatzdelikt strukturieren.*

2. Die schweren Folgen im Einzelnen

a) Nr. 1: Verlust des Sehvermögens, Gehörs, des Sprechvermögens oder der Fortpflanzungsfähigkeit

Als Verlust des Sehvermögens genügt schon die Erblindung oder Sehkraftminderung unter 10% auf nur einem Auge[346] Eine Abmilderung der Folgewirkungen durch eine Spezialbrille gleicht den Verlust nicht aus.[347] Der Gehörverlust erfordert ein Taubwer- **164**

---

342 BGH StV 1997, 188; Sch/Sch/Eser/Sternberg-Lieben § 212 Rn. 19.

343 Vgl. dazu AS-Skript AT 1 (2016), Rn. 143 f.

344 Vgl. BGH JuS 2001, 513 m.Anm. Martin; BGH, Urt. v. 25.06.2002 – 5 StR 103/02.

345 S. AS-Skript StrafR AT 1 (2016), Rn. 463.

346 LG Freiburg, Urt. v. 14.12.2005 – 7 Ns 210 Js 24420/04 – AK 84/05.

347 BayObLG, Urt. v. 20.04.2004 – 2 StRR 165/03.

den auf beiden Ohren.[348] Die Fortpflanzungsfähigkeit erfasst sowohl die männliche Zeugungsfähigkeit als auch die weibliche Empfängnisfähigkeit, und zwar auch potenziell bei Kindern.[349]

b) Nr. 2: Verlust oder Gebrauchsunfähigkeit eines wichtigen Gliedes

165 **aa) Körperglieder sind nach h.M. nur solche Körperteile, die mit dem Rumpf oder einem anderen Körperteil durch Gelenke verbunden sind**, z.B. Arme, Beine, Finger.[350] Nach einer weitergehenden Meinung sind dies alle nach außen in Erscheinung tretenden Körperteile, die eine in sich geschlossene Existenz mit besonderer Funktion im Gesamtorganismus haben, z.B. Nase und Ohren.[351] Noch weitergehend lassen einige Rechtslehrer jeden in sich abgeschlossenen Körperteil mit Eigenaufgaben im Organismus ausreichen, z.B. Niere.[352] Dieser Ansicht ist jedoch wegen Überschreitung der natürlichen Wortlautgrenze nicht zu folgen.

166 **bb)** Fraglich ist, nach welchen Kriterien sich die **Wichtigkeit** bemisst. Dies wird immer dann relevant, wenn Glieder beeinträchtigt werden, die nicht generell, wohl aber für das vorgeschädigte Opfer eine bedeutende Funktion haben, z.B. die als Greifwerkzeuge umtrainierten Zehen eines Menschen ohne Arme.

Nach **generalisierender** Betrachtung ist für die Wichtigkeit nur maßgeblich, ob das Glied allgemein für den Gesamtorganismus des Menschen erhebliche Bedeutung besitzt. Auf individuelle Besonderheiten des Opfers soll es nicht ankommen.[353] Die **individuell-soziale** Ansicht entscheidet die Wichtigkeit nach der Individualität des Verletzten, namentlich nach seinem Beruf.[354] Die **individuell-körperliche** Meinung stellt für die Wichtigkeit eines Körpergliedes auf die Person des Opfers ab. **Maßgeblich sind danach aber nur körperliche Besonderheiten, die es dem Opfer ermöglichen, die generellen körperlichen Mindestfähigkeiten des Ruhens, Bewegens und Hantierens zu vollziehen**. Sonstige soziale oder private Sonderfähigkeiten (Klavierspielen) bleiben außer Betracht.[355]

Die Rspr. hat sich der individuellen Betrachtung angeschlossen. Bei Beurteilung der Frage, ob ein Körperglied „wichtig" ist, sind deshalb auch dauerhafte körperliche (Vor-)Schädigungen des Verletzten zu berücksichtigen. So habe ein Finger der linken Hand naturgemäß für einen Linkshänder eine größere Bedeutung als für einen Rechtshänder. Für einen Menschen ohne Hände, etwa infolge einer körperlichen Behinderung, der gelernt habe, seine Zehen als Fingerersatz einzusetzen, seien diese Zehen für das Hantieren ebenso wichtig wie die Finger für einen nicht behinderten Menschen. Solche dauerhaften körperlichen Besonderheiten des Tatopfers bei der Beurteilung der Wichtigkeit

---

348 Fischer § 226 Rn. 3.

349 Fischer § 226 Rn. 5.

350 Wessels/Hettinger Rn. 288; BGHSt 28, 100.

351 Wolters JuS 1998, 585.

352 Rengier § 15 Rn. 9.

353 RGSt 64, 201; BGH bei Dallinger MDR 1953, 597; NK-Paeffgen § 226 Rn. 29.

354 Lackner/Kühl § 226 Rn. 3; Sch/Sch/Stree/Sternberg-Lieben § 226 Rn. 2.

355 MünchKomm/Hardtung § 226 Rn. 27; SK-Horn/Wolters § 226 Rn. 10.

eines Körperglieds ganz außer Acht zu lassen, widerspräche dem heutigen Verständnis eines gleichberechtigten Zusammenlebens von Menschen unterschiedlicher körperlicher Beschaffenheit.[356]

cc) Unter **Verlust** versteht die Rspr. nur die **physische Trennung**,[357] wobei diese als Dauerfolge nicht gegeben ist, wenn das Glied durch eine chirurgische Operation wieder angefügt worden ist.[358] Dem Verlust gleichgestellt ist es, wenn das Opfer das Glied **dauernd nicht mehr gebrauchen kann**. Das ist anzunehmen, wenn eine nicht in absehbarer Zeit zu beseitigende Aufhebung so vieler Funktionen vorliegt, dass dies faktisch unbrauchbar geworden ist (z.B. chronische Versteifung eines Zeigefingers mit der Folge des Verlusts der für die Handgeschicklichkeit prägenden Greiffunktion).[359] **167**

c) Nr. 3 Var. 1: Dauernde Entstellung in erheblicher Weise

Entstellung ist die ästhetische Verunstaltung der Gesamterscheinung.[360] Dauernd ist die Entstellung, wenn sich ihr Ende im Voraus nicht bestimmen lässt, z.B. nicht bei Verlust mehrerer Vorderzähne da sich das nachteilige Erscheinungsbild auf zumutbare Weise durch Zahnersatz beseitigen lässt.[361] **Erheblich** ist die Entstellung nur dann, wenn sie dem Gewicht der geringsten der **übrigen in § 226 genannten Folgen in etwa gleichkommt**, also z.B. bei **Narben** nur dann, wenn diese deutlich die Proportionen des Gesichts des Opfers verzerren.[362] **168**

d) Nr. 3 Var. 2: Verfallen in Siechtum, Lähmung oder geistige Krankheit oder Behinderung

Siechtum ist ein chronischer Krankheitszustand, der den Gesamtorganismus des Verletzten ergreift und ein Schwinden der Körper- oder Geisteskräfte und Hinfälligkeit zur Folge hat, z.B. Krankheitsverlauf bei Aids.[363] **Lähmung** ist die erhebliche Beeinträchtigung der Bewegungsfähigkeit eines Körperteils, die den ganzen Körper in Mitleidenschaft zieht. **Geisteskrankheit** und **geistige Behinderung** erfassen alle exogenen und endogenen Psychosen i.S.v. § 20.[364] Von „**Verfallen**" spricht man, wenn der Krankheitszustand chronisch ist.[365] Das setzt voraus, dass das Opfer die Tat längere Zeit überlebt hat. Die Ansicht der Rspr., die allein an den Eintritt einer nicht heilbaren Verletzung bei einem nur wenige Minuten überlebenden Opfer anknüpft,[366] ist abzulehnen. **169**

---

356 BGH, Urt. v. 15.03.2007 – 4 StR 522/06, Leitsatz Rn. 11 f., BGHSt 51, 252; Jesse NStZ 2008, 605.
357 BGH NJW 1988, 2622.
358 LK-Hirsch § 226 Rn. 17.
359 BGH, Urt. v. 15.03.2007 – 4 StR 522/06 Rn. 15, BGHSt 51, 252, 257.
360 Fischer § 226 Rn. 9.
361 BGHSt 24, 315.
362 BGH, Beschl. v. 02.05.2007 – 3 StR 126/07.
363 Vgl. Sch/Sch/Stree/Sternberg-Lieben § 226 Rn. 7.
364 Wolters JuS 1998, 582, 585.
365 Fischer § 226 Rn. 10.
366 BGH, Urt. v. 15.09.2004 – 2 StR 242/04, NStZ 2005, 261.

IV. Körperverletzung mit Todesfolge, § 227

Aufbauschema: Körperverletzung mit Todesfolge, § 227

1. Tatbestand der vorsätzlichen Körperverletzung, § 223
- **a)** objektiver Tatbestand
  - **aa)** Beeinträchtigung der körperlichen Integrität/Gesundheit eines anderen
  - **bb)** Verletzungshandlung
  - **cc)** Kausalität
  - **dd)** objektive Zurechenbarkeit der eingetretenen Verletzung
- **b)** subjektiver Tatbestand
  Vorsatz

2. schwere Folge, Tatbestand des § 222
- **a)** Tod des Opfers der Körperverletzung(-shandlung)
- **b)** Verursachung durch die Körperverletzung(-shandlung)
- **c)** objektive Fahrlässigkeit, § 18
  - **aa)** Überschreitung erlaubten Risikos durch Körperverletzung(-shandlung) indiziert
  - **bb)** generelle Vorhersehbarkeit des Kausalverlaufs und des Todes

3. Tatbestandsspezifischer Gefahrzusammenhang „Unmittelbarkeitsbeziehung"

4. Rechtswidrigkeit

5. Schuld
insbesondere individuelle Vorhersehbarkeit des Kausalverlaufs des Todes

1. Struktur

a) Erfolgsqualifikation

170 Der Tod des Opfers ist bei § 227 erfolgsqualifizierender Umstand der vorsätzlichen und rechtswidrigen Körperverletzung (§§ 223–226 a). Hinsichtlich der Todesfolge muss der Täter objektiv und subjektiv sorgfaltswidrig gehandelt haben.

b) Ausschluss bei Tötungsvorsatz

171 Fraglich ist, ob **Tötungsvorsatz eine Bestrafung aus § 227 ausschließt**. Diese Frage wird wichtig, wenn im konkreten Fall nicht feststellbar ist, ob Körperverletzungsvorsatz oder Tötungsvorsatz vorgelegen hat:

Nach einem Teil des Schrifttums stehen die Tötungsdelikte und die Körperverletzung mit Todesfolge in einem Exklusivitätsverhältnis. Zur Begründung wird darauf verwiesen, dass anderenfalls im deutschen Strafrecht zwei vorsätzliche Tötungsdelikte mit unterschiedlichen Strafrahmen existierten und dass damit § 227 zur Grundnorm aller Tötungsdelikte werde.[367] Folge dieser Ansicht wäre, dass bei der Möglichkeit des Tötungsvorsatzes in dubio pro reo weder aus §§ 211 ff. noch aus Körperverletzung mit Todesfol-

367 LK-Hirsch § 227 Rn. 1; SK-Horn/Wolters § 227 Rn. 18.

ge verurteilt werden könnte, weil für ein vorsätzliches Tötungsdelikt in dubio pro reo vom Körperverletzungsvorsatz und für den Schuldspruch aus § 227 in dubio pro reo vom Tötungsvorsatz ausgegangen werden müsste.[368] Nach dieser Meinung wäre auch eine Wahlfeststellung zwischen § 212 und § 227 ausgeschlossen, da zwischen den beiden Delikten schon wegen der unterschiedlichen Einstellung des Täters keine psychologische Vergleichbarkeit besteht.

Die ganz h.M. sieht zwischen den §§ 211 ff. und § 227 kein Exklusivitäts-, sondern ein Subsidiaritätsverhältnis. Hauptargument ist § 18, der durch das Wort „wenigstens" klarstellt, dass erst recht derjenige aus der Erfolgsqualifikation strafbar ist, der bzgl. der schweren Folge sogar vorsätzlich gehandelt hat.[369] Folge: In jedem Totschlag steckt begrifflich ein vollendeter § 227, der aber im Wege der Gesetzeskonkurrenz zurücktritt. Weitere Folge: Ist eine Bestrafung aus dem stärkeren vorsätzlichen Tötungsdelikt nicht möglich, so hindert das nicht, unter Berücksichtigung des in dubio pro reo-Grundsatzes aus der weniger schweren Körperverletzung mit Todesfolge, § 227, zu bestrafen.

Kommen Sie in Ihrer Lösung zu einem vollendeten vorsätzlichen Tötungsdelikt, taucht das Problem nicht auf. Also brauchen Sie § 227 mit keinem Wort mehr zu erwähnen.

c) Tatbestandsspezifischer Gefahrzusammenhang = Unmittelbarkeitszusammenhang

Der Tod muss sich als **unmittelbare Folge**, d.h. als Folge einer spezifischen Gefahr der Körperverletzung verwirklicht haben. Das ist der Fall, wenn sich **in dem Tod gerade das typische Risiko der Körperverletzung realisiert** hat. Nur dann ist es gerechtfertigt, die Tat der im Verhältnis zu §§ 222, 223 dreimal höheren Strafdrohung des § 227 (i.V.m. § 38 Abs. 2) zu unterwerfen. **172**

aa) Einigkeit besteht darüber, dass dieser Zusammenhang zwischen dem Körperverletzungsgeschehen und dem Tod über die bloße Kausalität hinausgehen und dass der Tod dem Körperverletzungstäter mindestens nach den für die fahrlässige Tötung gemäß § 222 geltenden Maßstäben der **objektiven Vorhersehbarkeit und des Pflichtwidrigkeitszusammenhanges** zurechenbar sein muss. **173**

Verwirklicht sich also im Tod gar nicht mehr das Risiko der Körperverletzung, sondern nur allgemeines Lebensrisiko oder ist der Tod Folge eines unvorhersehbaren Geschehensablaufs, so scheidet eine Bestrafung nach § 227 (und damit auch nach § 222) aus.

Dasselbe gilt, wenn die Todesfolge zwar mit der Körperverletzung ursächlich verbundenen ist, aber ausschließlich einem Dritten oder dem Opfer selbst als Folge einer eigenverantwortlichen Selbstgefährdung zuzurechnen ist.[370]

bb) Umstritten ist, ob für den tatbestandsspezifischen Gefahrzusammenhang noch weitere Restriktionen zu verlangen sind: **174**

---

368 Zu dieser „gegenläufigen" Anwendung des Zweifelssatzes AS-Skript StrafR AT 2 (2014), Rn. 403 ff.

369 Rengier § 16 Rn. 25; Sch/Sch/Sternberg-Lieben § 18 Rn. 6; Wessels/Hettinger Rn. 308; BGHSt 20, 269.

370 Sch/Sch/Stree/Sternberg-Lieben § 227 Rn. 4.

(1) Die Rspr. sieht das nicht so. Danach ist die Strafbarkeit aus § 227 auch dann ausgelöst, wenn sich der Tod gar nicht aus der Gefährlichkeit der Verletzung, sondern einer vorhersehbaren **Anfälligkeit** des Opfers entwickelt hat, ferner wenn der Tod auf **vorhersehbarem Fehlverhalten Dritter** beruht oder auf einem **Fluchtverhalten des Opfers.** Der Tod muss nicht einmal aus der Verletzungsfolge, sondern nur **aus der Verletzungshandlung** resultieren (Merkbegriff: **Zurechnungslösung**).

175 **Klausurwichtige Fälle**, in denen § 227 von der Rspr. bejaht wurde:

- **Vorschädigung des Opfers:** Das durch Verkalkung der Herzkranzgefäße vorgeschädigte Opfer erleidet infolge der Belastung durch einen Überfall mit Schlägen und Tritten einen tödlichen Herzinfarkt.[371]
- **Vorhersehbares Fehlverhalten eines Dritten:** Vorsätzliche Tötungshandlung eines als gewalttätig erkannten Mittäters begründet für den anderen mittäterschaftliche Körperverletzung mit Todesfolge.[372]
- **Fluchtverhalten des Opfers:** Nach einem Messerstich des Täters ohne Tötungsvorsatz klettert das Opfer aus Angst vor weiteren Verletzungen auf ein Fensterbrett im achten Stockwerk, verliert den Halt und findet durch einen Sturz in die Tiefe den Tod.[373]
- **Todesfolge aus der Verletzungshandlung:** Beim Schlag mit dem Griff einer Pistole löst sich der tödliche Schuss.[374]

176 **(2)** Eine engere Auffassung im Schrifttum verlangt, dass die Todesfolge aus Umständen herrühren muss, die objektiv bereits bei Vornahme der Körperverletzungshandlung vorlagen und diese zu einer **lebensgefährlichen** gemacht haben.[375] War nur eine Körperverletzung ohne Lebensgefahr Auslöser für den späteren Tod, soll § 227 nach dieser Meinung mangels gefahrspezifischen Zusammenhangs nicht erfüllt sein (Merkbegriff: **Gefährlichkeitslösung**)

Beispiel: Mit Verletzungsvorsatz stürzt der Täter einen 3.50 m hohen Hochsitz um, auf dem sein Onkel sitzt. Der Onkel zieht sich einen Knöchelbruch zu, ist aber wochenlang bettlägerig und stirbt wegen des Bewegungsmangels an Herz-Kreislauf-Versagen. – Nach der Rspr. Körperverletzung mit Todesfolge gemäß § 227,[376] nach dem Schrifttum nur Körperverletzung gemäß § 223 (ggf. § 224) in Tateinheit mit fahrlässiger Tötung gemäß § 222.[377]

177 **(3)** Eine noch engere Auffassung verlangt, dass sich die Todesfolge sogar aus der **„Letalität"** des Verletzungserfolges entwickelt haben muss. Der Verletzungsschaden muss danach Durchgangsstadium zum Tod gewesen sein wie z.B. durch Verbluten. Bloße Begleitumstände, die zum Tod geführt haben, sollen nicht genügen **(Letalitätslösung)**.[378]

---

371 BGH NStZ 1997, 341.

372 BGH. v. 05.09.2012 – 2 StR 242/12, RÜ 2013, 164.

373 BGH, Beschl. v. 10.01.2008 – 5 StR 435/07, RÜ 2008, 236.

374 BHSt 14, 110.

375 Kindhäuser § 10 Rn. 12; Wessels/Hettinger § 5 Rn. 299 ff.

376 BGHSt. 31, 96.

377 Wessels/Hettinger Rn. 300.

378 Lackner/Kühl § 227 Rn. 2; Sch/Sch/Stree/Sternberg-Lieben § 227 Rn. 5.

2. Versuch und Tatbeteiligung

Klausurhinweis: *Der nachfolgende Fall spiegelt die Fragen des tatbestandsspezifischen Gefahrzusammenhanges bei § 227 wider und klärt zugleich die Frage der Versuchsstrafbarkeit. Er ist in kurzer Zeit Grundlage vieler Examensklausuren quer durch die deutschen Prüfungsämter geworden!*

Fall 13: Gemeinschaftliche versuchte Körperverletzung mit Todesfolge (Guben-Fall)

In einer Diskothek in Guben/Brandenburg war es zu tätlichen Auseinandersetzungen zwischen deutschen und ausländischen Besuchern gekommen. Dabei war ein Kubaner auf einen Deutschen losgegangen und hatte diesen verletzt. In den folgenden Stunden trafen sich 11 Personen, darunter auch B und H, und entschlossen sich, diesen Kubaner zu suchen und zu ergreifen. Allen war bewusst, dass sie dabei Gewalt anwenden und die Person auch möglicherweise verletzen würden. In verschiedenen Fahrzeugen machte sich die Gruppe auf die Suche und heizte sich dabei mit ausländerfeindlicher Musik auf. Gegen 4.40 Uhr morgens bemerkten sie drei Ausländer. Sie schnitten ihnen den Weg ab und sprangen aus den Autos. Als die Ausländer die mit Bomberjacken und Springerstiefeln bekleideten Deutschen sahen, liefen sie in Angst und Panik in verschiedene Richtungen davon. Die Verfolger teilten sich. B und H liefen hinter zwei Flüchtenden her, brachen die Verfolgung aber schon nach einigen Metern ab, weil sie diese aus den Augen verloren hatten. Ihre Suche und ihren Körperverletzungswillen gaben sie jedoch nicht auf. Indessen wähnten die Flüchtenden die Verfolger immer noch hinter sich. Sie liefen zu einem etwa 200 m entfernten Wohnhaus. Da F, einer der Flüchtigen, die Haustür nicht öffnen konnte, trat er in Todesangst die untere Glasscheibe der Tür ein. Dabei und beim anschließenden Durchsteigen zog er sich an den im Türrahmen steckenden Glasresten eine 8,5 cm tiefe Wunde am Bein und die Verletzung einer Schlagader zu. Binnen kurzer Zeit verblutete er.
Strafbarkeit von B und H wegen Körperverletzungsdelikten? (Fall vereinfacht nach BGH, Urt. v. 09.10.2002 – 5 StR 42/02, BGHSt 48, 34)

I. B und H könnten sich durch ihre Verfolgung und den Tod des F wegen gemeinschaftlicher **Körperverletzung mit Todesfolge** strafbar gemacht haben, **§§ 227, 25 Abs. 2, 18.** 178

1. Dann müsste objektiv die körperlichen Unversehrtheit oder die Gesundheit des F beeinträchtigt worden sein. Die Todesangst des F und seine Panikgefühle reichen als psychische Empfindungen ohne objektivierbare körperliche Folgen nicht aus. Die körperliche Unversehrtheit ist aber durch die Verletzungen an den Glasresten beeinträchtigt worden. Hierfür ursächlich war die gemeinschaftlich verabredete und ausgeführte Verfolgungsaktion. Da die Panikhandlung dem Selbstschutz des F vor Gefahr für Leib und Leben diente, war sie – am Maßstab des § 35 Abs. 1 gemessen – keine eigenverantwortliche Selbstverletzung, sondern eine Fremdverletzung, über die B und H als Veranlasser objektiv die Tatherrschaft besaßen.

2. Zweifel bestehen am Tatvorsatz. B und H hatten zwar im Zeitpunkt der Verletzungen durch das Glas den Willen, die Suche fortzusetzen, also auch noch den Vorsatz, es zu Körperverletzungen kommen zu lassen. Diese sollten aber durch Schläge, Tritte und dergleichen ausgeführt werden. Von den lebensgefährlichen Schnittverletzungen hatten B und H keine Ahnung. Die gewollten und die tatsächlich eingetretenen Verletzungen unterscheiden sich auch hinsichtlich ihrer Art, Gefährlichkeit und des sie auslösenden Steuerungsprozesses voneinander, sodass letztere Folge einer wesentlichen Kausalabweichung ist. Die Schnittverletzungen sind daher nicht als vorsätzlich bewirkt anzusehen.[379]

Vollendete Körperverletzung und damit auch vollendete Körperverletzung mit Todesfolge scheiden aus.

II. In Betracht kommt **versuchte Körperverletzung mit Todesfolge in Mittäterschaft, §§ 227, 25 Abs. 2, 22, 23, 18.**

179 1. Fraglich ist vorab, ob eine solche Kombination von Versuch und Fahrlässigkeitstat rechtlich möglich ist.

a) Die h.Lit. und Rspr. erkennen die Rechtsfigur eines erfolgsqualifizierten Versuchs im Grundsatz an. Argument: § 11 Abs. 2 stuft auch Vorsatz-Fahrlässigkeits-Kombinationen als Vorsatzdelikte ein, sodass keine Bedenken bestehen, die Deliktsvariante des Versuchs auf den Vorsatzteil anzuwenden.[380]

b) Umstritten ist, ob speziell eine versuchte Körperverletzung mit Todesfolge wegen der Struktur des § 227 abzulehnen ist.

aa) Die Befürworter des Letalitätskriteriums, also diejenigen die verlangen, dass der Tod Folge einer tatsächlich eingetretenen Verletzung gewesen sein muss (s.o. Rn. 172.), verweisen für ihre Ansicht auf den Wortlaut des § 227. Danach muss „der Täter durch die Körperverletzung (§§ 223–226 a) den Tod der verletzten Person verursacht" haben.[381] Nach dieser Auffassung ist eine versuchte Körperverletzung mit Todesfolge rechtlich nicht anzuerkennen.

bb) Die h. M. hält dagegen, dass in § 227 auch steht, der Täter müsse „durch die Körperverletzung" den Tod des Opfers verursacht haben. Der Begriff der Körperverletzung werde aber auch im Gesetz – z.B. „misshandeln" in § 223 oder „lebensgefährdende Behandlung" in § 224 Abs. 1 Nr. 5 als Unrechtsakt unter Einbeziehung der auf die Verletzung gerichteten Handlung verstanden. Zudem beinhalte der auf die §§ 223–226 a bezogene Klammerverweis in § 227, dass der Gesetzgeber auch jeweils die dort enthaltenen Versuchsstrafdrohungen mit einbezogen habe.[382] Nach dieser Ansicht kann die Todesfolge also auch schon durch die Versuchs**handlung** der Körperverletzung ausgelöst werden.

---

379 BGH a.a.O., S. 21.

380 Ausführlich AS-Skript StrafR AT 2 (2016), Rn. 203 ff.

381 LK-Hirsch § 227 Rn. 9; Lackner/Kühl § 227 Rn. 2.

382 Rengier § 16 Rn. 12; Wessels/Hettinger Rn. 298.

cc) Die Rspr. hat schon seit jeher den Tatbestand der Körperverletzung mit Todesfolge angewendet, wenn **entweder der Körperverletzungserfolg oder die Körperverletzungshandlung** die Todesfolge ausgelöst hat. Früher wurde aber die Bezeichnung als „versuchte Körperverletzung mit Todesfolge" nicht verwendet, wenn der Tod auf der Versuchshandlung beruhte.[383] In der vorliegenden Entscheidung wird erstmals dieser Schritt getan.[384]

dd) **Stellungnahme:** Die Letalitätstheorie ist abzulehnen. Sie verkürzt in einem zu engen Wortverständnis den Anwendungsbereich des § 227 und gerät damit in Widerspruch zu allen anderen Erfolgsqualifikationen, bei denen ein Versuch des Grunddelikts anerkannt ist.

Der Versuch der Körperverletzung mit Todesfolge ist damit rechtlich möglich.

2. Es müssten die Voraussetzungen einer versuchten Körperverletzung gemäß §§ 223, 25 Abs. 2, 22, 23 vorliegen.

   a) B und H hatten Tatentschluss, durch gemeinsames Handeln den Kubaner zu finden und ihn gegebenenfalls zu verletzen.

   b) Für den Versuchsbeginn gemäß § 22 genügt es, dass der Täter Handlungen vornimmt, die nach seinem Tatplan der Erfüllung eines Tatbestandsmerkmals vorgelagert sind und unmittelbar in die tatbestandliche Handlung einmünden. Dies ist der Fall, wenn es eines weiteren „Willensimpulses" nicht mehr bedarf und der Täter objektiv zur tatbestandsmäßigen Angriffshandlung ansetzt, sodass sein Tun ohne Zwischenakte in die Erfüllung des Tatbestands übergeht.[385] Spätestens mit der Verfolgung der Flüchtenden zu Fuß und dem weiteren, dem Verhalten der Flüchtenden angepassten arbeitsteiligen Vorgehen haben B und H die Versuchsschwelle überschritten; eines weiteren „Willensimpulses" oder „Willensrucks" zur Umsetzung ihrer Pläne bedurfte es nicht mehr.

3. Der **Tod** des F ist durch Verbluten eingetreten, und zwar als **ursächliche Folge der versuchten Körperverletzung**. Anders als bei Fahrlässigkeitsdelikten bedarf es bei der Körperverletzung mit Todesfolge nicht des Nachweises, dass jeder von mehreren Beteiligten einen für den Erfolg kausalen Beitrag erbracht hat. Nach § 227 macht sich auch derjenige strafbar, der die Verletzung nicht mit eigener Hand ausführt, jedoch aufgrund eines gemeinschaftlichen Tatentschlusses mit dem Willen zur Tatherrschaft zum Verletzungserfolg beiträgt. Voraussetzung ist allerdings, dass die Handlung der anderen im Rahmen des allseitigen ausdrücklichen oder stillschweigenden Einverständnisses liegt.[386] Hier war die Verfolgung zwischen B und H abgesprochen. Das Verbluten als Folge der in Panik beigebrach- **180**

383 BGHSt 14, 110, 112; 31, 96; BGH StV 1998, 203.

384 Vgl. BGH, Urt. v. 09.10.2002 – 5 StR 42/02, BGHSt 48, 34 (Leitsatz).

385 Vgl. BGH NStZ 2000, 422; 1999, 395, 396.

386 St.Rspr., vgl. BGH, Urt. v. 19.08.2004 – 5 StR 218/04, NStZ 2005, 93.

ten Schnittverletzung beruhte auch nicht auf einer eigenverantwortlichen Selbstgefährdung, sondern war Folge der von B und H veranlassten Flucht.[387]

181 4. Nach § 18 muss jeder Beteiligte hinsichtlich des Erfolgs wenigstens fahrlässig gehandelt haben. Fahrlässigkeit ist Überschreitung erlaubten Risikos bei Vorhersehbarkeit des Taterfolgs. Die Überschreitung des erlaubten Risikos ist bei Erfolgsqualifikationen bereits in der Tathandlung des Grunddelikts angelegt. Die Prüfung reduziert sich damit auf die Frage, ob der Tod objektiv vorhersehbar gewesen ist.[388] Hierfür reicht es aus, dass der Erfolg nicht außerhalb aller Lebenserfahrung liegt; alle konkreten Einzelheiten brauchen dabei nicht voraussehbar zu sein. Es genügt die Vorhersehbarkeit des Erfolgs im Allgemeinen. Dass sich bei einer nächtlichen Verfolgungsjagd das in Todesangst geratene Opfer auch zu waghalsigen Selbstrettungsaktionen veranlasst sieht, bei denen es den Tod findet, ist eine jedermann einsichtige Erfahrungstatsache. Der Tod des F war daher sowohl für B als auch für H objektiv vorhersehbar.

5. Fraglich ist, ob der erforderliche tatbestandsspezifische Gefahrzusammenhang vorliegt.

   a) Für die Vertreter der Letalitätstheorie gehören nur solche Umstände in den Unmittelbarkeitszusammenhang, die den Todeseintritt als Folge der Verletzungswunde ausgelöst oder beschleunigt haben.

   Dieser Theorie, die schon zur Ablehnung der Versuchsstrafbarkeit kommen würde, wird aber nicht gefolgt (s.o. Rn. 179).

   b) Diejenigen, die an die Gefährlichkeit der Verletzungshandlung anknüpfen, bejahen den Gefahrzusammenhang, wenn das Opfer bei einem lebensgefährlichen Angriff durch Abwehr oder Flucht zu Tode gekommen ist. Dagegen soll im vorliegenden Fall der Gefahrzusammenhang fehlen, weil hier in der Attacke noch keine lebensgefährlichen Umstände in der Körperverletzung angelegt gewesen seien.[389]

   Auch diese Auffassung verdient keine Zustimmung. Sie verengt den Vorsatzteil des § 227 praktisch auf § 224 Abs. 1 Nr. 5. Dies widerspricht dem Wortlaut des § 227, der nach dem Klammerverweis „(§§ 223–226 a)" auch einfache Körperverletzungen als Grunddelikt ausreichen lässt.

   c) Der BGH sieht – in Abweichung von früherer Rspr.[390] – ein durch eine Flucht „Hals über Kopf" geprägtes Opferverhalten **bei den durch Gewalt und Drohung geprägten Straftaten** als **deliktstypisch** an, weil es dem elementaren Selbsterhaltungstrieb des Menschen entspringe. Jedenfalls dann, wenn die Geschädigten – wie im vorliegenden Fall aufgrund des aggressiven und überfallartigen Verhaltens der Tätergruppe – in panikartige Todesangst gebracht worden seien, sei der Gefahrzusammenhang zwischen dem vorherigen Kör-

387 BGH, Urt. v. 09.10.2002 – 5 StR 42/02, S. 22, 23, BGHSt 48, 34, 39.

388 BGH NStZ 1982, 27; 2001, 478 f.

389 Wessels/Hettinger Rn. 300.

390 „Rötzel-Fall", BGH NJW 1971, 152.

perverletzungsverhalten (dem Versuch) und der nachfolgenden tödlichen Selbstverletzung zu bejahen. Daran ändert nach Ansicht des Senats auch die Tatsache nichts, dass die Verfolger zwischenzeitlich zu den Fahrzeugen zurückgekehrt waren, weil F davon nichts mitbekommen hatte und daher immer noch Schutz vor den Verfolgern suchte, als er sich an den Glasresten tödlich verletzte.[391] Dem ist zuzustimmen.

Der erforderliche tatbestandsspezifische Zusammenhang ist damit gegeben.

6. B und H handelten rechtswidrig. Auch die Fahrlässigkeitsschuld ist zu bejahen, da davon auszugehen ist, dass beide auch nach ihren individuellen Fähigkeiten den Tod des von ihnen Gejagten voraussehen konnten.

B und H sind strafbar aus § 227.

III. Indem sich B und H gemeinsam auf die Suche machten, haben sie zugleich den Tatentschluss zur Qualifikation des **§ 224 Abs. 1 Nr. 4** gefasst. Die Tat ist damit als **versuchte gefährliche Körperverletzung in Mittäterschaft** strafbar.

IV. Notwendigerweise mitverwirklicht ist eine **fahrlässige Tötung, § 222**.

Konkurrenzen und Ergebnis: Die (versuchte gefährliche) Körperverletzung sowie die fahrlässige Tötung treten als Bestandteile des § 227 aus Spezialitätsgründen dahinter zurück. B und H sind strafbar wegen versuchter Körperverletzung mit Todesfolge in Mittäterschaft.

V. Aussetzung, § 221

Aufbauschema: Aussetzung, § 221 Abs. 1

Nr. 1	Nr. 2
1. Taugliches Opfer: jedermann	**1.** Taugliches Opfer: jedermann
2. Tauglicher Täter: jedermann	**2.** Tauglicher Täter: nur **Beistandspflichtige i.S.d. § 13**
3. Tathandlung: **Versetzen in hilflose Lage**	**3.** Tathandlung: **Im-Stich-Lassen in hilfloser Lage**

4. Aussetzen der Gefahr einer schweren Gesundheitsschädigung oder des Todes
5. Vorsatz bezüglich aller Tatumstände einschließlich der konkreten Gefährdung
6. Rechtswidrigkeit
7. Schuld

1. Struktur

Der Aussetzungstatbestand als Leibes- oder Lebensgefährdungsdelikt ist eine Auffangnorm strafrechtssystematisch unterhalb der Körperverletzung mit schwerer Folge und unterhalb der vorsätzlichen Tötungsdelikte. Selbstständige Bedeutung erlangt § 221, **182**

391 BGH a.a.O.; BGH, Urt. v.10.01.2008 – 5 StR 435/07, NStZ 2008, 278.

wenn das Opfer in konkrete Todesgefahr oder Gefahr schwerer Gesundheitsschädigung gebracht oder in einer solchen Lage von einem Garanten belassen worden ist und dem Täter zwar kein Körperverletzungs- oder Tötungsvorsatz nachzuweisen ist, wohl aber Gefährdungsvorsatz.

Beispiele:

Taxifahrer T wirft einen volltrunkenen Fahrgast bei Winterkälte auf der Landstraße aus dem Auto. Das Opfer wird vor Eintritt von Unterkühlung und Erfrierung von einer Polizeistreife entdeckt.

Altenpfleger A kümmert sich trotz mehrfacher Hinweise durch Mitbewohner nicht um einen demenzkranken Pflegeheimbewohner, der nur durch Zufall davor bewahrt wird, an Erbrochenem zu ersticken.

Aufbau: *Sprechen Sie in einem Gutachten § 221 wegen seines Auffangcharakters erst nach Prüfung von Tötungs- und Körperverletzungsdelikten an.*

2. Versetzen in eine hilflose Lage, § 221 Abs. 1 Nr. 1

183 **a)** Tatopfer kann jeder vom Täter verschiedene **Mensch** sein.

b) Die **„hilflose Lage"** ist jede **Situation, in der das Opfer der abstrakten Gefahr des Todes oder einer schweren Körperverletzung ausgesetzt ist, ohne die Möglichkeit eigener oder fremder Hilfe zu besitzen.**[392]

c) „Versetzen" erfasst nach heute h.M. jede (kausale und objektiv zurechenbare) Herbeiführung einer vorher noch nicht vorhandenen hilflosen Lage.[393] Eine Ortsveränderung ist dafür aber nicht erforderlich.[394]

Die Tat ist auch **durch garantenpflichtwidriges Unterlassen** denkbar, z.B. durch den Vater, der nichts dagegen unternimmt, dass sich sein minderjähriger Sohn bei ablandigem Wind auf der Luftmatratze zu weit in die offene See treiben lässt. Setzt der Vorwurf der Untätigkeit allerdings erst ein, wenn die hilflose Lage bereits eingetreten ist, ist hierfür § 221 Abs. 1 Nr. 2 die spezielle Tatmodalität.[395]

Voraussetzung für die Tatbestandsmäßigkeit ist, dass der Betreffende das Geschehen des „Versetzens" täterschaftlich ausgeführt hat. Die bloße Mitwirkung an einer Selbstgefährdung ist dagegen straflos. Zur Abgrenzung kann auf dieselben Kriterien wie bei der Suizidbeteiligung zurückgegriffen werden (s.o. Fall 5, Rn. 99 ff.).

Lässt sich das Opfer einverständlich von einem anderen in eine hilflose Lage bringen (Überlebenstraining oder zweifelhafte Rekordversuche), ist eine rechtfertigende Einwilligung zu prüfen.[396]

184 **d)** Als Folge der hilflosen Lage muss das Opfer der **Gefahr des Todes oder einer schweren Gesundheitsschädigung ausgesetzt** worden sein.

aa) Neben der Lebensgefahr nennt das Gesetz die Gefahr einer schweren Gesundheitsschädigung. Dieser Begriff umfasst mehr als eine „schwere Körperverletzung", nämlich schwere Erkrankungen mit der Notwendigkeit langwieriger Rehabilitationsmaßnahmen.[397] Wie bei allen Delikten, in denen der Gesetzgeber zusätzlich zur Tathandlung ein

---

392 MünchKomm/Hardtung § 221 Rn. 7; BGH, Urt. v. 10.01.2008 – 3 StR 463/07, NStZ 2008, 395.

393 NK-Neumann § 221 Rn. 22; Rengier § 10 Rn. 9; Sternberg-Lieben/Fisch Jura 1999, 45, 46.

394 BGH, Urt. v. 05.03.2008 – 2 StR 626/07, BGHSt 52, 153.

395 Vgl. dazu StA Zweibrücken, VRS 98 [2000], 284.

396 Vgl. zur Problematik AS-Skript StrafR AT 1 (2016), Rn. 390.

397 Fischer § 221 Rn. 16 mit Verweis auf § 225 Rn. 18.

bestimmtes Gefährdungserfordernis aufstellt (z.B. § 250 Abs. 1 Nr. 1 c/Abs. 2 Nr. 3 b, § 315 b Abs. 1, § 315 c Abs. 1), wird der Eintritt oder die Steigerung einer **konkreten** Gefahrenlage verlangt. Die schon bei der hilflosen Lage gegebene Möglichkeit, dass das Opfer zu Tode kommen oder sich schwer verletzen kann, muss sich also durch Hinzutreten weiterer Umstände so verdichtet haben, dass ein entsprechender Schaden akut bevorstand.

bb) Wegen der begrifflichen Trennung zwischen hilfloser Lage und konkreter Gefahr könnten Zweifel an der Tatbestandsmäßigkeit dann bestehen, wenn die hilflose Lage und die konkrete Gefährdung **zeitlich und sachlich identisch** sind, wenn sich die hilflose Lage also nicht erst durch den weiteren Ablauf zur konkreten Gefährdung entwickelt hat.

Beispiel: Jugendliche halten einen Schwächeren zum Zeitvertreib an den Beinen über ein Brückengeländer.

Eine starke Ansicht vertritt einen engen Ansatz: Mit der hilflosen Lage sei eine gegenüber der konkreten Gefährdung verselbstständigte Situation verminderten Schutzes gemeint. Das Versetzen in eine hilflose Lage müsse grundsätzlich von der konkreten Gefährdung getrennt ausgelegt und subsumiert werden. Erfasst würden nur Fälle, in denen die **hilflose Lage zeitlich vor der konkreten Gefährdung** eingetreten ist.[398]

Kritik: Das Zeitkriterium ermöglicht keine überzeugende Trennung der hilflosen Lage und des Gefährdungserfordernisses. Zwar ist es tatsächlich möglich, dass Hilflosigkeit und Gefahrenlage zeitlich zusammenfallen – wie in dem genannten Beispiel mit dem Brückengeländer. Nicht jede konkrete Gefährdung trifft aber auf ein hilfloses Opfer und umgekehrt muss nicht jede hilflose Lage zu einer konkreten Gefährdung und damit zur Tatvollendung führen.

Die Gegenmeinung argumentiert: Da die Hilflosigkeit keine allgemeine Situation kennzeichnet, sondern stets gefahrbezogen ist, schließt der Wortlaut des Gesetzes nicht aus, auch die bloße Verursachung einer konkreten Lebensgefahr ohne vorherige zeitlich selbstständige hilflose Lage, sondern zeitgleich mit dieser zu erfassen.[399]

cc) Darüber hinaus muss der Täter das Opfer gerade durch die Tathandlung dieser Gefahr „ausgesetzt" haben. Es muss zwischen der hilflosen Lage und der konkreten Gefahr ein **tatspezifischer Risikozusammenhang** bestanden haben. Das bedeutet, dass die konkrete Gefährdung nicht auf anderen Umständen als der Hilflosigkeit beruhen darf.

e) Der subjektive Tatbestand verlangt Vorsatz bezüglich aller Umstände, die die objektiven Tatbestandsmerkmale ausfüllen. Der Täter muss also **sowohl bzgl. der Herbeiführung der hilflosen Lage als auch der konkreten Gefährdung zumindest Eventualvorsatz** besessen haben. Aus § 16 Abs. 1 S. 1 folgt, dass dieser Vorsatz im Zeitpunkt der Tatbegehung vorgelegen haben muss. Tatbegehung ist bei § 221 Abs. 1 Nr. 1 der Handlungszeitraum, in welchem der Täter das Opfer in die hilflose Lage versetzt.

---

398 Rengier § 10 Rn. 14 a; Mitsch JuS 2000, 848, 849.

399 LK-Jähnke § 221 Rn. 7; Fischer § 221 Rn. 9.

3. Im Stich lassen in hilfloser Lage, § 221 Abs. 1 Nr. 2

185 **a) Opfer** auch dieser Modalität kann jedermann sein.

b) Täter ist aber nur, wer gegenüber dem Opfer **obhuts- bzw. beistandspflichtig** ist. Nach dem Willen des Gesetzgebers sind damit alle diejenigen Pflichten gemeint, die auch **Garantenpflichten** im Rahmen der unechten Unterlassungsdelikte gemäß § 13 begründen. Daraus folgt zugleich, dass die jedermann treffende Hilfeleistungspflicht aus § 323 c keine Täterschaft zu § 221 begründen kann.[400]

aa) Der Begriff der **hilflosen Lage** ist identisch mit Nr. 1. Im Unterschied dazu muss bei der Nr. 2 die hilflose Lage aber bereits vorhanden sein, bevor die Tathandlung einsetzt.

bb) Das **Im-Stich-Lassen** selbst erfasst jeden, der sich – **auch ohne Ortsveränderung** – seiner Beistandspflicht entzieht.[401] Die Tathandlung umschreibt nach überwiegender Auffassung ein **echtes Unterlassen** durch Nichtvornahme der gebotenen Handlung.[402] Daraus folgt, dass man – wie bei anderen Unterlassungsdelikten auch – zusätzlich zur Untätigkeit die Möglichkeit und auch Zumutbarkeit der Beistandsleistung verlangen muss. (Nur eine Strafmilderung des § 13 Abs. 2 gibt es bei diesem Verständnis nicht.)[403] **Im-Stich-Lassen ist damit jedes Verhalten, durch das der Täter die Beseitigung einer bereits vorhandenen hilflosen Lage unterlässt, obwohl ihm dies tatsächlich möglich und nach den Umständen zumutbar ist.**

c) Durch das Im-Stich-Lassen muss das Opfer auch in dieser Modalität einer **konkreten Gefahr des Todes oder einer schweren Gesundheitsschädigung ausgesetzt** worden sein (s.o. zu Nr. 1 Rn. 183.). Dafür ist der (oft schwer zu führende) Nachweis erforderlich, dass gerade infolge des Nichteingreifens des Täters die Gefährdung eingetreten oder eine bestehende Gefahr erhöht worden ist.[404]

d) Für Vorsatz ist die Kenntnis der Umstände erforderlich, die den Täter obhutspflichtig machen, ferner zumindest dolus eventualis für die Möglichkeit der Gefahren für das Opfer und des eigenen Beistandes.

4. Qualifikationen, § 221 Abs. 2 und 3

186 **a) § 221 Abs. 2 Nr. 1** qualifiziert die Tat als Verbrechen, wenn sie von den Eltern oder von Personen begangen wird, denen das Opfer zur Erziehung oder zur Betreuung in der Lebensführung anvertraut ist. Dieses Merkmal entstammt – allerdings ohne die dortige Altersbegrenzung des Opfers – § 174 und erfasst neben Pflegeeltern und Vormündern auch Lehrer.[405]

187 **b)** Eine weitere Strafschärfung in Form einer **Erfolgsqualifikation** benennt **§ 221 Abs. 2 Nr. 2** für den Fall, dass der Täter (wenigstens, § 18) fahrlässig eine „schwere Gesundheitsschädigung" des Ausgesetzten verursacht hat.

---

400 BT-Drs. 13/8587 S. 34.

401 BT-Drs. 13/8587 S. 34.

402 BGH, Beschl. v. 19.10.2011 – 1 StR 233/11; MünchKomm/Hardtung § 221 Rn. 2.

403 BGH, Beschl. v. 19.10.2011 – 1 StR 233/11.

404 Vgl. dazu BGH, Beschl. v. 10.01.2006 – 4 StR 490/05, S. 5, NStZ 2006, 351.

405 Fischer § 174 Rn. 4.

c) **§ 221 Abs. 3** enthält eine weitere **Erfolgsqualifikation für die fahrlässige Tötung** des Opfers als spezifische Folge der Aussetzung. **188**

VI. Beteiligung an einer Schlägerei, § 231

Aufbauschema: Beteiligung an einer Schlägerei, § 231
1. objektiver Tatbestand:
a) Schlägerei
b) Angriff mehrerer
c) Beteiligung daran
2. subjektiver Tatbestand: Vorsatz
3. objektive Strafbarkeitsbedingung: Tod oder schwere Körperverletzung als gefahrspezifische Folge der Auseinandersetzung
4. Rechtswidrigkeit; „ohne dass ihm dies vorzuwerfen ist", Abs. 2
5. Schuld

189 Massenschlägereien sind wegen ihres hohen Eskalationspotenzials der Gewalt für die Rechtsgemeinschaft gefährlich; ist jemand dabei schwer verletzt oder getötet worden, kann der Verantwortliche oft nicht ermittelt werden. Die Antwort des Strafgesetzgebers auf diese Probleme ist § 231: Die Vorschrift stellt als **abstraktes Gefährdungsdelikt** jeden unter Strafe, der bei einer Schlägerei mitmacht, sofern diese zum Tod eines Menschen oder einer schweren Körperverletzung i.S.v. § 226 geführt hat. Hierbei handelt es sich um eine **objektive**, also vom Vorsatz und von Fahrlässigkeit unabhängige **Strafbarkeitsbedingung**. Da diese Bedingung nur an die Schlägerei anknüpft, braucht der Beteiligte die schwere Folge nicht einmal verursacht zu haben.

§ 231 ist damit kein reines Körperverletzungsdelikt, sondern **primär ein Straftatbestand zum Schutz der Rechtsgemeinschaft**. Wichtigste Konsequenzen: Eine rechtfertigende **Einwilligung** ist – anders als bei den §§ 223 ff. und dort nach Maßgabe des § 228 (s.o. Rn. 131.)– **mangels Disponibilität des Rechtsguts ausgeschlossen.**[406] Soweit der jeweils Beteiligte auch noch wegen Körperverletzungs- und Tötungsdelikten im Zusammenhang mit der Schlägerei strafbar ist, steht § 231 dazu in **Tateinheit** (s.u. Rn. 203).

***Aufbau**: Prüfen Sie in einer Klausur zuerst die Strafbarkeit des jeweiligen Beteiligten nach den §§ 212, 223 ff. Das erspart häufig die Inzidenterprüfung in § 231.*

406 Sch/Sch/Stree/Sternberg-Lieben § 231 Rn. 10.

Fall 14: Persönliche und zeitliche Reichweite der Beteiligung an § 231

Vor einer Unterkunft für Obdachlose hatte sich eine Gruppe Skinheads versammelt. Sie umzingelten den Nichtsesshaften N und bedrohten ihn mit abgebrochenen Bierflaschen und Baseballschlägern. Als N fliehen wollte, stürzten sie sich auf ihn und schlugen ihn zu Boden. Im weiteren Verlauf des Handgemenges attackierte A, der Anführer der Gruppe, den N mit einem abgebrochenen Flaschenhals. N konnte dem A die Waffe jedoch entwenden und stieß sie aus Todesangst in den Oberschenkel des A. Wenige Minuten später erschien die Polizei, und die Gruppe zerstreute sich. Außer N und A wurde noch der X festgenommen, der später eingestand, einen anderen Obdachlosen, der dem N zu Hilfe kommen wollte, kurze Zeit festgehalten und sich dann vom Ort des Geschehens entfernt zu haben. Unklar bleibt, ob dies vor der Verletzung des A oder danach geschah. Infolge der Schnittwunden ist das rechte Bein des A gelähmt.
Strafbarkeit von A, N und X?

A. **Strafbarkeit des A**

I. Indem A den N unter Mitwirkung seiner mit Baseballschlägern und Bierflaschen bewaffneten Skinheadgruppe zu Boden schlug, hat er eine **gefährliche Körperverletzung nach § 224 Abs. 1 Nr. 2, 4** – mit gefährlichen Werkzeugen und von mehreren gemeinschaftlich – begangen.

II. Der Versuch der gefährlichen Körperverletzung durch die Attacke mit der abgebrochenen Bierflasche tritt als materiell subsidiär hinter dieser in natürlicher Handlungseinheit begangenen Vollendungstat zurück.

III. Weiterhin kommt **Beteiligung an einer Schlägerei** gemäß **§ 231** in Betracht.

190 1. Der objektive Tatbestand setzt allein **die Beteiligung an einer Schlägerei oder an einem von mehreren verübten Angriff** voraus.

a) Es könnte zunächst ein **Angriff mehrerer** vorgelegen haben. **Das ist die in feindseliger Willensrichtung unmittelbar auf den Körper eines anderen abzielende Einwirkung von mindestens zwei Personen.** Bei den Angreifenden muss Einheitlichkeit des Angriffs, des Angriffsgegenstands und des Angriffswillens vorliegen. Ein gemeinschaftliches Handeln als Mittäter ist nicht notwendig.[407] Der Angriff ist gegeben, wenn die Einwirkung auf den Körper des Angegriffenen abzielt; zu Gewalttätigkeiten muss es in diesem Moment noch nicht gekommen sein.[408] Hier hat ein solcher Angriff damit begonnen, dass die von A angeführte Gruppe der Skinheads den N zu Boden warf.

b) Durch die Gegenwehr des N könnte sich der Angriff in eine **Schlägerei** verwandelt haben. Dieses Tatbestandsmerkmal ist immer schon dann zu bejahen, **wenn an einer mit gegenseitigen Körperverletzungen verbunde-**

407 BGHSt 31, 124, 126 f.
408 BGHSt 33, 100, 102.

nen Auseinandersetzung mehr als zwei Personen aktiv mitwirken.[409] Dabei kommt es nur darauf an, ob die erforderliche Anzahl von Beteiligten gegenseitig tätlich geworden ist; unerheblich ist auch, ob einer von ihnen rechtmäßig gehandelt hat.[410] Eine Schlägerei liegt sogar noch dann vor, wenn innerhalb eines einheitlichen Gesamtgeschehens nacheinander jeweils zwei Personen gleichzeitig wechselseitige Tätlichkeiten verübt haben.[411] Hier hat sich N nicht auf bloße Schutzwehr beschränkt, sondern den A mit dem Flaschenhals verletzt. Unabhängig von der Frage, ob diese Handlung aus Notwehr gerechtfertigt war, entwickelte sich damit der Angriff mehrerer zu einer Schlägerei.

c) **Beteiligt ist jeder, der am Tatort anwesend ist und durch physische oder psychische Mitwirkung in feindseliger Weise an den Tätlichkeiten teilnimmt.**[412] Dadurch dass A bei den Handgreiflichkeiten gegen N mitwirkte und diesen später mit der Bierflasche attackierte, wurde er zum „Beteiligten". 191

2. Da mit den vorgenannten Merkmalen der objektive Tatbestand erschöpft ist, muss auch der **Vorsatz** nur darauf gerichtet sein, an einer Auseinandersetzung mitzuwirken, die die Voraussetzungen eines Angriffs mehrerer oder einer Schlägerei erfüllt. Das war bei A ebenfalls der Fall.

3. Durch die Schlägerei oder den Angriff mehrerer muss entweder der **Tod eines Menschen oder eine schwere Körperverletzung i.S.v. § 226** verursacht worden sein. Da der Täter allein „schon wegen" der Beteiligung als solcher bestraft wird, muss der Eintritt der schweren Folge dem Täter nicht vorwerfbar sein. Es handelt sich nach ganz h.M. um eine **objektive Strafbarkeitsbedingung.**[413] 192

a) Wer **Opfer der schweren Folge** ist, ist für die Indizwirkung der Gefährlichkeit der Auseinandersetzung ohne Belang. Verletzter kann ein unbeteiligter Dritter sein, der Angegriffene, der sich versehentlich selbst verletzt oder getötet hat, sogar der Beteiligte, dessen eigene Verletzung die Strafbarkeit aus § 231 begründet.[414] Auch kann die Handlung, die die schwere Folge ausgelöst hat, für sich gesehen aus Notwehr gerechtfertigt sein, sofern die Beteiligung des Angegriffenen sich nicht auf den Notwehrakt beschränkt.[415] Hier ist A durch den in den Oberschenkel gebohrten Flaschenhals so schwer verletzt worden, dass das Bein gelähmt ist. Eine schwere Folge i.S.v. § 226 Abs. 1 Nr. 2 ist damit eingetreten. 193

b) Die schwere Folge muss weiterhin **„durch"** die Schlägerei ausgelöst worden ist. Dem muss keine strafbare Handlung zugrunde liegen. Auch auf 194

409 BGHSt 31, 124, 125.

410 BGHSt 15, 369, 371.

411 BG; Urt. v. 19.12.2013 – 4 StR 347/13, RÜ 2014, 165.

412 Wessels/Hettinger Rn. 349; enger z.B. Sch/Sch/Stree/Sternberg-Lieben § 231 Rn. 4.

413 BGHSt 33, 100, 103; Lackner/Kühl § 231 Rn. 5.

414 BGHSt 33, 100, 104; Zopfs Jura 1999, 172, 180; abl. Günther JZ 1985, 585, 587.

415 BGH JR 1994, 369.

eine Ursächlichkeit einzelner Tatbeiträge der Beteiligten kommt es nicht an. Es kommt allein auf den Ursachen- (und wohl auch: spezifischen Gefahr-)zusammenhang zwischen der Auseinandersetzung als solcher und der schweren Folge an.[416] Hier ist A durch eine Handlung des N im Zusammenhang mit gegenseitigen Tätlichkeiten verletzt worden. Damit ist die objektive Strafbarkeitsbedingung ausgelöst.

4. Die **Formel „ohne dass ihm dies vorzuwerfen ist"** in Abs. 2 hat lediglich die Bedeutung, auf etwaige Rechtfertigungs- oder Entschuldigungsgründe für die Beteiligung hinzuweisen.[417] Solche Rechtfertigungsgründe kommen bei A aber nicht infrage.

5. Er handelte auch schuldhaft.

IV. **Konkurrenzen und Ergebnis:** § 231 schützt weitergehend als § 224 das Leben und die Gesundheit aller durch eine Schlägerei Gefährdeten.[418] Wegen des unterschiedlichen Unrechtsgehalts kommt daher nur klarstellende Tateinheit in Frage. A ist strafbar gemäß §§ 224, 231; 52.

B. **Strafbarkeit des N**

I. Durch den Stoß mit der Flasche in den Oberschenkel hat N den Tatbestand der **schweren Körperverletzung nach § 226** erfüllt. Da er jedoch handelte, um sich dem gegenwärtigen und rechtswidrigen Angriff des A zu erwehren, und da in der Kampflage kein milderes Mittel zur Verfügung stand, war die Tat aus Notwehr gemäß § 32 gerechtfertigt.

II. Zu denken wäre noch an **Beteiligung an einer Schlägerei, § 231**.

1. Durch seine aktive Gegenwehr mit dem abgebrochenen Flaschenhals hat N aus dem gegen ihn gerichteten Angriff eine Schlägerei gemacht und sich daran beteiligt.

2. Dies geschah auch vorsätzlich.

3. Bei A ist eine Lähmung als schwere Folge der Schlägerei eingetreten.

195 4. N könnte aus Notwehr gerechtfertigt gewesen, und damit „ohne dass ihm dies vorzuwerfen ist" (Abs. 2) Beteiligter geworden sein. Die Notwehrvoraussetzungen lagen hier in Bezug auf die Verteidigungshandlung des N vor (s.o.). § 32 rechtfertigt an sich nur die jeweilige Verteidigungshandlung und nicht allgemein die Beteiligung an der Rauferei. Sind aber Verletzungshandlung als Reaktion auf einen Angriff und Beteiligungshandlung im Rahmen von § 231 ein und derselbe Vorgang, ergreift § 32 auch den Beteiligungsvorwurf aus § 231.

Ergebnis: N ist straflos.

---

416 Vgl. BGHSt 33, 100, 103.

417 Wolters JuS 1998, 582, 585.

418 BGHSt 33, 100, 104.

C. **Strafbarkeit des X**

I. **Gefährliche Körperverletzung** gemäß **§ 224** oder Beteiligung daran scheidet aus, weil (in dubio pro reo) davon auszugehen ist, dass X durch das Festhalten des anderen Obdachlosen keinen Verursachungs- oder Förderungsbeitrag für eventuell anschließende Verletzungen des N geleistet hat.

II. In Betracht kommt allein **§ 231**.

1. Fest steht, dass X entweder am Tatort anwesend war, als noch ein Angriff mehrerer gegen N vorlag, oder – nach der Gegenwehr des N – eine Schlägerei entstanden war. Für die Tatbeteiligung genügt jede physische oder psychische Anteilnahme, durch die der Fortgang des Streits gefördert werden soll, also auch das Abhalten von Personen, die den Streit schlichten oder einem der Beteiligten zu Hilfe kommen wollen.[419] X hat sich also beteiligt, als er den anderen Obdachlosen festhielt.

2. Dies geschah vorsätzlich.

3. Fraglich ist, ob der Eintritt der schweren Folge dem X angelastet werden kann, **196**
da ihm nicht nachzuweisen ist, ob er in dem Moment, als die Beinverletzung des A ausgelöst wurde, am Ort des Geschehens war.

   a) Eine Minderansicht sieht das Gefährdungsdelikt des § 231 nur bei solchen Tätern als erfüllt an, die **im Zeitpunkt der Verursachung der schweren Folge** zur Gefährlichkeit der Rauferei beigetragen haben.[420]

   b) Eine weitergehende Auffassung hält dem entgegen, dass die Auswirkungen der Beteiligung auf den Fortgang der Auseinandersetzung nicht ohne weiteres durch das Ausscheiden entfallen. Allerdings könne derjenige, der **erst nach der für den Erfolgseintritt ursächlichen Gefährlichkeitsphase Beteiligter** geworden sei, keinen Beitrag zu dem für den Tatbestand ausschlaggebenden riskanten Geschehen geleistet haben.[421] Danach müsste bei X in dubio pro reo § 231 entfallen, weil nicht auszuschließen ist, dass sein Beteiligungsbeitrag erst nach der Verletzung des A eingesetzt hat.

   c) Die h.M. verzichtet dagegen auf einen konkreten Beitrag der Beteiligung zur Gefährlichkeit der Schlägerei. Gerade um den bei Auseinandersetzungen mehrerer auftretenden Beweisschwierigkeiten zu entgehen, ist es danach **gleichgültig, ob die Beteiligung vor, während oder nach der Verursachung der schweren Folge erfolgt ist.**[422]

4. X handelte rechtswidrig und schuldhaft.

Ergebnis: X ist nach § 231 strafbar.

---

419 BGHSt 15, 369, 370 f.

420 Krey/Hellmann/Heinrich Rn. 323.

421 SK-Horn/Wolters § 231 Rn. 8; Rengier § 18 Rn. 11.

422 BGHSt 14, 132; 16, 130; Wessels/Hettinger Rn. 360.

Schwere Körperverletzung, § 226

Abs. 1 (i.V.m. § 18)	Abs. 2

Vorsätzliche Körperverletzung (§ 223) und **gefahrspezifische** (s. § 227) Herbeiführung einer **schweren Folge**:

- **Nr. 2:** „Glieder" sind nach h.M. nur solche Körperteile, die mit dem Rumpf oder einem anderen Körperteil durch Gelenke verbunden sind. „Wichtig" ist ein Glied nach herrschender individuell-körperlicher Betrachtung, wenn es auch unter Berücksichtigung von Vorschädigungen oder Besonderheiten des Opfers für den Gesamtorganismus erhebliche Bedeutung hat. „Verlust" ist die dauerhafte physische Abtrennung. Das Opfer kann es „dauernd nicht mehr gebrauchen", wenn so viele Funktionen aufgehoben sind, dass dies einem Verlust gleichkommt.
- **Nr. 3:** „Entstellung" ist die ästhetische Verunstaltung der Gesamterscheinung. „Dauernd" ist sie, wenn sich ihr Ende im Voraus nicht bestimmen lässt. „Erheblich" ist die Entstellung, wenn sie dem Gewicht der geringsten der übrigen Folgen des § 226 in etwa gleichkommt.

Abs. 1	Abs. 2
■ Fahrlässigkeit bzgl. der schweren Folge	■ Wissentlichkeit bzgl. der schweren Folge
■ dolus eventualis bzgl. der schweren Folge	■ Absicht bzgl. der schweren Folge

Körperverletzung mit Todesfolge, § 227

Vorsätzliche Körperverletzung und gefahrspezifischer Zusammenhang zur Todesfolge:

Die Rspr. lässt hierfür schon die objektive Zurechenbarkeit ausreichen.

Ein Teil der Lit. verlangt, dass sich die Todesfolge aus der Gefährlichkeit der Körperverletzungshandlung oder der Verletzung entwickelt haben muss.

Nach der Letalitätstheorie darf der Tod nur aus dem Verletzungserfolg herrühren.

Aussetzung, § 221 Abs. 1

Nr. 1	Nr. 2
Versetzen in hilflose Lage (auch ohne Ortsveränderung)	Im Stich lassen in hilfloser Lage durch Garanten (auch ohne Ortsveränderung)

„Hilflose Lage" ist jede Situation, in der das Opfer der abstrakten Gefahr des Todes oder einer schweren Körperverletzung ausgesetzt ist, ohne die Möglichkeit eigener oder fremder Hilfe zu besitzen.

Durch die Gefahren der hilflosen Lage muss das Opfer konkret in die Gefahr des Todes oder einer schweren Gesundheitsschädigung geraten sein.

Beteiligung an einer Schlägerei, § 231

- Angriff mehrerer ist jede in feindseliger Willensrichtung unmittelbar auf den Körper eines anderen abziehende Einwirkung von mindestens zwei Personen.
- Schlägerei ist jede mit gegenseitigen Körperverletzungen verbundene Auseinandersetzung von mehr als zwei Personen.
- Beteiligter ist jeder am Tatort Anwesende, der psychisch oder physisch an den Tätlichkeiten mitwirkt.
- Die schwere Folge ist objektive Strafbarkeitsbedingung und muss nur auf der Auseinandersetzung beruhen, nicht notwendig auf der Beteiligung. Daher ist es nach h.M. gleichgültig, ob die Beteiligung **vor, während** oder **nach** der Verursachung lag.

B. Konkurrenzen

I. Körperverletzungsdelikte untereinander

Verschiedene Strafschärfungen derselben Qualifikation bilden in aller Regel eine **tatbestandliche Bewertungseinheit**.

§ 224 tritt hinter den schwereren Qualifikationen der §§ 226, 227 **zurück**, soweit sich der Strafschärfungsgrund des § 224 in der schweren Körperverletzung oder der Körperverletzung mit Todesfolge realisiert hat.[423] **Tateinheit** besteht aber zwischen lebensgefährlicher Körperverletzung gemäß § 224 Abs. 1 Nr. 5 und schwerer Körperverletzung gemäß § 226 Abs. 1 Nr. 3.[424]

II. Körperverletzungsdelikte zu den Tötungstatbeständen

Nach h.M. treten alle Körperverletzungsdelikte, die nur Durchgangsstadium zu einem vollendeten Tötungsdelikt waren, dahinter als subsidiär zurück.[425] 197

Ein Tötungsversuch und dabei an demselben Opfer vollendete Körperverletzungsdelikte stehen in Tateinheit, weil nicht jeder Tötungsversuch notwendigerweise zu einer vollendeten Körperverletzung führen muss und weil für die eingetretene Verletzung ein Klarstellungsbedürfnis im Schuldspruch besteht.[426] 198

Tritt der Täter von einem Tötungsversuch strafbefreiend zurück, so bleibt er aus den bis dahin vollendeten Körperverletzungsdelikten strafbar, denn § 24 enthält nur einen persönlichen Strafaufhebungsgrund für versuchte Delikte, nicht aber für vollendete („Wegen Versuchs wird nicht bestraft ..."). 199

Probleme ergeben sich, wenn der Täter vom **Versuch einer Tötung auf Verlangen zurückgetreten** ist. Der Täter muss dann in der Regel aus gefährlicher Körperverletzung, und wenn eine **schwere Folge nach § 226 zurückgeblieben** ist, sogar aus dem Verbrechen der schweren Körperverletzung bestraft werden. Hätte er die Tötung auf Verlangen vollendet, so wäre die Tat nur als Vergehen aus einem Strafrahmen von sechs Monaten bis zu fünf Jahren strafbar gewesen. Für § 224 gilt dagegen ein Strafrahmen von sechs Monaten bis zu zehn Jahren; bei § 226 Abs. 1 sogar ein Jahr bis zu zehn Jahren; zudem wäre die Tat dann ein Verbrechen. **Der vom Versuch des § 216 Zurückgetretene kann aber nicht härter bestraft werden als derjenige, der die Tat vollendet hat, weil sonst die Anwendung der §§ 224, 226 auf ein Rücktrittsverbot hinausliefe.** Auch ein Ausweichen auf einen minder schweren Fall nach § 226 Abs. 3 genügt nicht, weil die Tat dann immer noch ein Verbrechen bliebe. Als Ausweg aus dieser wertungswidersprüchlichen Situation schlägt das Schrifttum vor, der Privilegierung des § 216 eine Sperrwirkung zu entnehmen, die den Rückgriff zumindest auf § 226 ausschließen 200

423 Fischer § 224 Rn. 16.

424 BGH, Beschl. v. 21.10.2008 – 3 StR 408/08, BGHSt 53, 23.

425 BGHSt 16, 122; Lackner/Kühl § 212 Rn. 7; a.A. für solche Körperverletzungsdelikte, denen ein besonderer Unwertgehalt anhaftet, Sch/Sch/Eser § 212 Rn. 20.

426 Statt aller Sch/Sch/Eser § 212 Rn. 23; BGH, Urt. v. 24.09.1998 – 4 Str 272/98; BGHSt 44, 196.

soll.[427] Nach einem anderen Vorschlag soll es zwar beim Schuldspruch aus § 224 oder § 226 bleiben, doch soll der Strafrahmen des Versuchs des § 216 zugrunde gelegt werden.[428]

III. Aussetzung zu Körperverletzungs- und Tötungsdelikten

201 Ist bei vollendeter Aussetzung ein **Körperverletzungsdelikt** (in der Regel mindestens § 224 Abs. 1 Nr. 5) oder eine **Tötungsdelikt** vollendet, so tritt die Aussetzung im Wege der Gesetzeskonkurrenz zurück. Ist es nur zu einem **Versuch eines solchen Delikts** gekommen, so wird aus Klarstellungsgründen eine mitverwirklichte Aussetzung in Idealkonkurrenz stehen bleiben.

202 **Tritt der Täter vom Versuch des jeweiligen Erfolgsdelikts strafbefreiend zurück**, so taucht das allgemeine Problem auf, ob das bis dahin vollendete konkrete Gefährdungsdelikt bestehen bleibt. Die Rspr. bejaht dies,[429] weil sonst der Täter mit Verletzungsvorsatz besser stünde als der weniger kriminelle Täter, der „nur" Gefährdungsvorsatz besessen hat. Ein Teil des Schrifttums bezieht dagegen den Rücktritt vom Erfolgsdeliktsversuch auch auf das bis dahin vollendete konkrete Gefährdungsdelikt, würde also auch aus § 221 nicht mehr bestrafen.[430]

IV. Beteiligung an einer Schlägerei zu Körperverletzungs- und Tötungsdelikten

203 Da § 231 gemeingefährlicher Tatbestand ist, der allein die Beteiligung an einer Schlägerei oder an einem Angriff mehrerer unter Strafe stellt, besteht zu allen Körperverletzungs- und Tötungsdelikten, die dem Beteiligten nachzuweisen sind, Tateinheit.[431]

---

427 Lackner/Kühl § 216 Rn. 7; Mitsch JuS 1996, 26, 27; Sch/Sch/Eser/Sternberg-Lieben § 212 Rn. 25.

428 Gerhold JuS 2010, 113.

429 BGHSt 39, 128, 131 zu § 310 a a.F.

430 Sch/Sch/Eser/Bosch § 24 Rn. 110.

431 Vgl. BGHSt 33, 100, 104.

4. Abschnitt: Straftaten gegen die Willens- und Fortbewegungsfreiheit

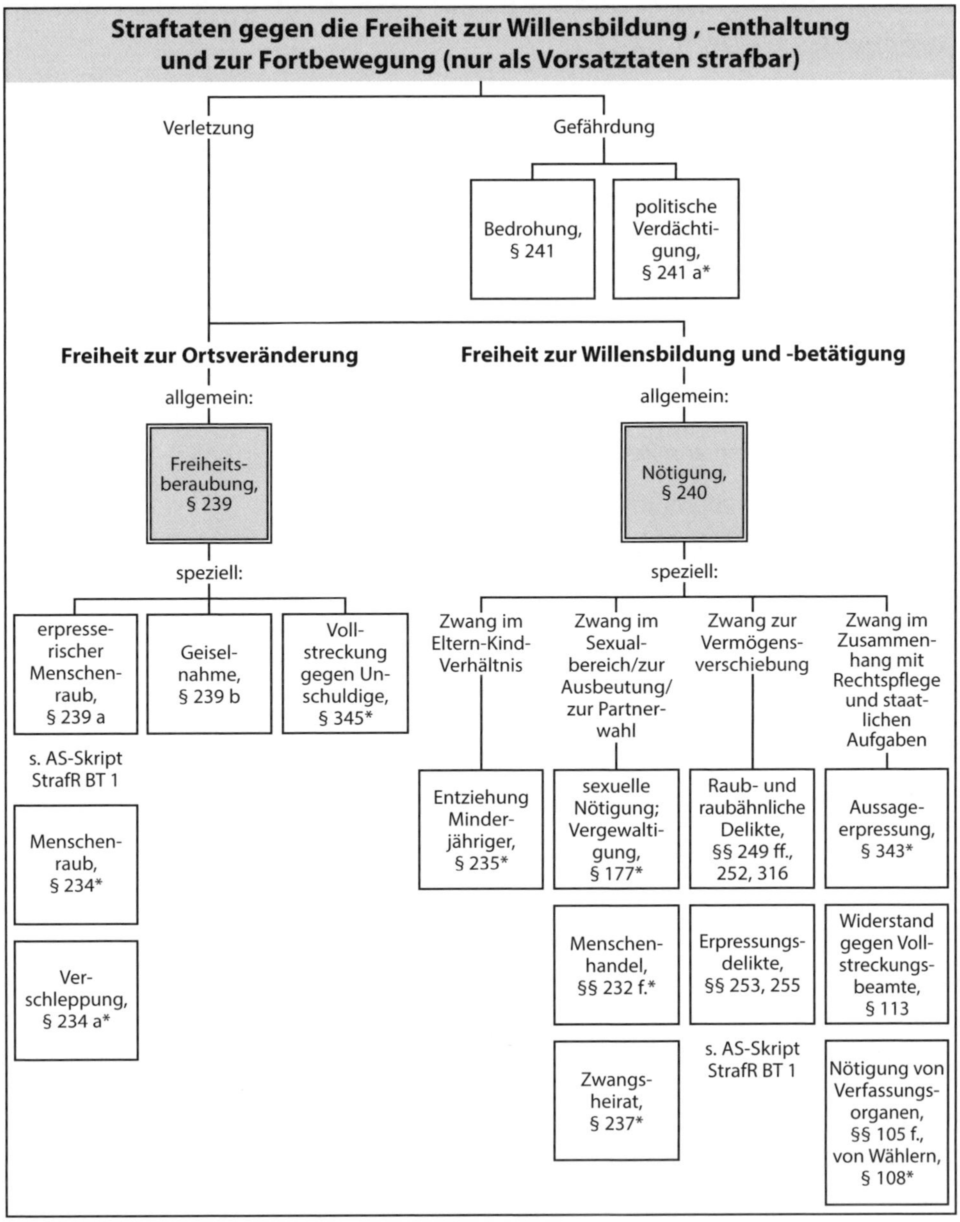

* Es genügt die Kenntnis des Gesetzeswortlauts. Auf eine Einzeldarstellung wird verzichtet. Zur Prüfungsfolge der meisten Tatbestände AS Aufbauschemata Strafrecht/StPO (2016).

A. Nötigung, § 240

Aufbauschema: Nötigung, § 240
1. objektiver Tatbestand:
a) Nötigungsmittel
aa) Gewalt oder
bb) Drohung mit einem empfindlichen Übel
b) Nötigungserfolg: Tun/Dulden/Unterlassen
c) Kausaler und nötigungsspezifischer Zusammenhang zwischen Mittel und Erfolg
2. subjektiver Tatbestand: Vorsatz
3. Feststellung der Rechtswidrigkeit nach § 240 Abs. 2
a) Nichteingreifen von Rechtfertigungsgründen
b) Indizwirkung körperlicher Gewalt
c) Verwerflichkeit der Mittel-Zweck-Relation
4. Schuld
5. Besonders schwerer Fall mit Regelbeispielen, § 240 Abs. 4 S. 2
Nr. 1: Nötigung zu einer sexuellen Handlung (mit Zwangsmitteln unterhalb der Schwelle des § 177)
Nr. 2: Nötigung einer Schwangeren zum Schwangerschaftsabbruch
Nr. 3: Missbrauch von Amtsstellung oder -befugnissen

I. Struktur

204 Die Nötigung ist der umfassendste Vergehenstatbestand zum Schutz der Willensbildungs- und -betätigungsfreiheit des Menschen. Dennoch ist nicht jede Willensbeeinflussung tatbestandsmäßig, beispielsweise nicht die List wie in §§ 234 ff. oder die Ausnutzung einer schutzlosen Lage wie in § 177, sondern nur der **Zwang zu einem bestimmten Verhalten durch Gewalt oder Drohung**. Die Nötigung ist also ein **verhaltensgebundenes Erfolgsdelikt.**

Aufbau: *Bei verhaltensgebundenen Erfolgsdelikten beginnt man in der Prüfung des Tatbestandes mit der Tathandlung und prüft erst danach den Taterfolg.*

1. Tatmittel

205 **a)** Den Tatmitteln der **Gewalt oder Drohung mit einem empfindlichen Übel** ist gemeinsam, dass sie für das Opfer eine von diesem empfundene Zwangslage auslösen. Dabei muss derjenige, den das durch die Drohung angekündigte Übel trifft oder gegen

den Gewalt geübt wird, und derjenige, der genötigt werden soll, nicht dieselbe Person sein. Möglich ist also ein sogenanntes **Nötigungsdreieck** (s.u. Rn. 222).

b) Im Unterschied zur Drohung, bei der das Opfer zu dem vom Täter erwünschten Verhalten motiviert werden soll, weil es den Eintritt des als zukünftig angedrohten Übels fürchtet, wird bei der **Gewalt das Übel sogleich zugefügt**. **206**

aa) Ist die Gewalt so stark, dass sie Gegenwehr des Opfers ganz ausschließt, spricht man von ***vis absoluta***. **207**

Beispiel: Das Opfer wird niedergeschlagen oder gefesselt, um seine Flucht zu verhindern.

Im Schrifttum wird teilweise vertreten, dass vis absoluta gar kein tatbestandliches Nötigungsmittel sei. Jemand, dessen Willen ausgeschlossen werde, habe keine Verhaltensalternative, was aber für das „Tun, Dulden oder Unterlassen" Voraussetzung sei.[432] Die h.M. widerspricht dem mit dem Hinweis, dass auch derjenige etwas „dulde", der es nicht verhindern könne.[433] Danach kann sogar das durch Bewusstlosschlagen handlungsunfähiger Opfer noch „dulden". Nur die Tötung des Opfers ist keine Nötigung mehr.

bb) Wird durch den Zwang der Wille des Genötigten so gebeugt, dass er sich dem Täter fügt, weil er die Fortsetzung der Übelszufügung beenden will, liegt sogenannte ***vis compulsiva*** vor. **208**

Beispiel: Das Opfer wird so lange geschlagen, bis es ein Geheimnis verrät.

Da die willensbeugende Gewalt einen Motivationsprozess auslöst, also psychisch wirkt, fragt sich, wie weit bei dieser Gewaltform auf Körperlichkeitsbezug verzichtet werden kann, ohne die natürlichen Grenzen der Wortbedeutung zu sprengen. Damit hängt auch die Frage zusammen, wann Gewalt gegen Sachen als Gewalt i.S.d. § 240 angesehen werden kann. Dazu unten Rn. 221.

Trotz aller Streitfragen liegt Gewalt jedenfalls immer dann vor, wenn durch physische Einwirkung körperlich wirkender Zwang auf das Opfer ausgeübt wird, um dadurch erwarteten oder geleisteten Widerstand zu überwinden.[434]

c) Drohung ist das Inaussichtstellen eines Nachteils, auf dessen Eintritt der Täter Einfluss hat oder zu haben vorgibt und der dann eintreten soll, wenn der Bedrohte nicht das tut, was der Täter von ihm verlangt.[435] **209**

Gegenbegriff der Drohung ist die Warnung, durch die lediglich auf eine unabhängig vom Willen des Warnenden eintretende Folge eines bestimmten Verhaltens hingewiesen wird.[436] Eine Drohung liegt also nur vor, wenn der Täter tatsächlich oder nach den Befürchtungen des Bedrohten „Herr des Geschehens" ist.[437] Gleichgültig ist, ob das Angekündigte tatsächlich zu realisieren ist, ob dies der Drohende irrig annimmt oder nicht, solange er nur will, dass der Bedrohte die Realisierung für möglich hält (Scheindrohung).

---

432 Hruschka JZ 1995, 737; MünchKomm/Sinn § 240 Rn. 59.

433 Kindhäuser § 13 Rn. 12.

434 Rengier § 23 Rn. 23.

435 Vgl. Sch/Sch/Eser/Eisele Vorbem. §§ 234 ff. Rn. 30; BGH, Beschl. v. 15.01.2004 – 3 StR 490/03, NStZ 2004, 385.

436 Sch/Sch/Eser/Eisele Vorbem. §§ 234 ff. Rn. 31.

437 BGHSt 31, 195, 201.

Vollendet ist die Drohung dann, wenn die Erklärung nach dem Willen des Täters zur Kenntnis des Bedrohten gelangt ist.[438]

Ob und unter welchen Voraussetzungen auch eine **Drohung mit einem Unterlassen** den Tatbestand erfüllt, ist heftig umstritten. Dazu unten Rn. 226.

2. Nötigungserfolg

210 Der Nötigungserfolg muss über die bloße Duldung des Zwangs hinausgehen.[439] Die Tat ist nicht schon vollendet, wenn das Opfer nur erklärt, das Gewollte zu tun, wohl aber, wenn es begonnen hat, sich entsprechend dem Willen des Täters zu verhalten.[440]

3. Zusammenhang zwischen Nötigungshandlung und -erfolg

211 Zwischen dem Nötigungsmittel und dem Nötigungserfolg muss über den Kausalzusammenhang hinaus Gefahrzusammenhang bestehen, d.h. es muss sich in der Reaktion des Opfers gerade die dem jeweiligen Nötigungsmittel eigentümliche Kraft der Willensbeugung niedergeschlagen haben.[441]

So fehlt es **beispielsweise** an der Vollendung, wenn der Genötigte dem Täter nicht aus Angst vor den angedrohten Folgen, sondern auf den Rat der Polizei hin folgt.[442]

4. Subjektiver Tatbestand

212 Subjektiv genügt bezüglich des Nötigungsmittels dolus eventualis. Umstritten ist, welche Vorsatzform hinsichtlich des Nötigungserfolges erforderlich ist. Während der BGH Eventualvorsatz ausreichen lässt,[443] schließt die Gegenauffassung aus dem Merkmal „Zweck" in § 240 Abs. 2, dass der Nötigungserfolg beabsichtigt sein müsse.[444]

5. Rechtswidrigkeit

213 Die Grenzen der Nötigung hängen einerseits von der Auslegung der Nötigungsmittel ab – problematisch vor allem bei der Gewaltalternative –, zum anderen von der **Verwerflichkeitsklausel des § 240 Abs. 2**. Diese hat die Funktion, bagatellhafte und deshalb nicht strafwürdige Belästigungen von kriminellen Beeinträchtigungen der Willensfreiheit zu trennen. Weil dies wegen der begrifflichen Weite der Tatbestandsmerkmale in § 240 Abs. 1 nicht erreicht wird, kann man sich auch nicht mit einer Indizwirkung der Rechtswidrigkeit durch die Tatbestandserfüllung begnügen. Vielmehr ist bei jeder Nötigungsprüfung die Rechtswidrigkeit durch einen eigenständigen, einzelfallbezogenen Wertungsakt der Mittel-Zweck-Relation zu ermitteln.[445]

---

438 Sch/Sch/Eser/Eisele Vorbem. §§ 234 ff. Rn. 32.

439 Vgl. SK-Horn/Wolters § 240 Rn. 5.

440 BGH, Beschl. v. 19.06.2012 – 4 StR 139/12, RÜ 2012, 647.

441 Vgl. Sch/Sch/Eser/Eisele § 240 Rn. 14.

442 BGH, Urt. v. 18.06.2009 – 3 StR 194/09, NStZ 2010, 215 zu § 255.

443 BGHSt 5, 245.

444 BayObLG NJW 1989, 1621; SK-Horn/Wolters § 240 Rn. 7.

445 BGHSt 17, 329, 331.

Die **systematische Stellung des § 240 Abs. 2** ist umstritten. Einige meinen, Abs. 2 müsse als Ergänzung des Tatbestands angesehen werden, weil die verbotene Nötigung allein durch die Verwirklichung des § 240 Abs. 1 noch nicht festzustellen sei.[446] Andere ordnen die Umstände, die die Verwerflichkeit ausmachen, auf Tatbestandsebene ein und das Verwerflichkeitsurteil selbst bei der Rechtswidrigkeit.[447] Die h.M. interpretiert § 240 Abs. 2 als **spezielle Rechtswidrigkeitsregel**.[448] Auswirkungen hat dieser Meinungsstreit kaum: Ein Irrtum über Umstände, welche die Verwerflichkeit begründen, schließt den Vorsatz aus, und zwar nach den erstgenannten Ansichten als echter Tatbestandsirrtum. Sieht man mit der h. M. § 240 Abs. 2 als Rechtswidrigkeitsregel an, so liegt ein Erlaubnistatbestandsirrtum vor, der analog § 16 Abs. 1 S. 1 die Vorsatzbestrafung ausschließt. Ein Rechtsirrtum oder nur die fehlerhafter Bewertung der Verwerflichkeit wird nach allen Ansichten gemäß § 17 behandelt.[449] 214

Aufbau: *Ungeachtet der dogmatischen Einordnung besteht weitgehend Einigkeit über das* ***Prüfungsprogramm*** *bei § 240 Abs. 2. Vorrangig ist festzustellen, ob für die Tat* ***Rechtfertigungsgründe*** *eingreifen, weil gerechtfertigtes Verhalten nicht mehr verwerflich sein kann. Für das Ergebnis bedeutungslos ist dabei, ob man Erlaubnissätze vor § 240 Abs. 2*[450] *oder innerhalb des § 240 Abs. 2 als ersten Prüfungspunkt*[451] *untersucht. Ist kein Rechtfertigungsgrund gegeben, kann speziell bei Nötigung durch Gewalt die Verwerflichkeit schon durch die* ***Anwendung körperlichen Zwangs indiziert*** *sein, weil körperlicher Zwang grundsätzlich nur von Organen des Staates innerhalb der ihnen zustehenden Eingriffsermächtigungen geübt werden darf (Gewaltmonopol des Staates). In den übrigen Fällen kann sich die Verwerflichkeit* ***entweder aus der Sozialwidrigkeit des eingesetzten Mittels*** *oder des vom Täter verfolgten* ***Zwecks****, d.h. dem verwirklichten tatbestandlichen Erfolg, oder schlussendlich aus der* ***missbilligenswerten Verkoppelung beider*** *ergeben.*

Leitlinien für das Verwerflichkeitsurteil: 215

- An der Sozialwidrigkeit kann es fehlen, wenn die Dauer des Zwangs oder die Geringfügigkeit der Folgen die Tat nur als **Bagatelle** erscheinen lässt.[452]

  Beispiel: Kurzes und einmaliges Unterschreiten des Sicherheitsabstandes zur Freigabe der Überholspur.[453]

- Der Einsatz eines **verwerflichen Mittels** führt regelmäßig zur Verwerflichkeit, auch wenn ein an sich erlaubtes Ziel verfolgt wird.

  Beispiel: Geht es jemandem um die Beseitigung von Missständen in einer Institution, verfolgt er einen legitimen Zweck. Will er dies aber dadurch erreichen, dass er die Veröffentlichung unwahrer Tatsachen ankündigt, liegt schon in der Wahl des Mittels ein sozial unerträgliches Verhalten und begründet einen verwerflichen Nötigungsversuch.[454]

---

446 Sch/Sch/Eser/Eisele § 240 Rn. 16.

447 Lackner/Kühl § 240 Rn. 25; Wessels/Hettinger Rn. 424; in diese Richtung auch BGH, Beschl. v. 05.09.2013 – 1 StR 162/13, RÜ 2014, 102.

448 BGHSt 2, 194 f.; LK-Träger/Altvater § 240 Rn. 68.

449 Vgl. dazu AS-Skript StrafR AT 2 (2016), Rn. 313 ff.

450 So Rengier § 23 Rn. 58.

451 Fischer § 240 Rn. 38 a.

452 LK-Träger/Altvater § 240 Rn. 89.

453 LK-Träger/Altvater a.a.O.

454 Vgl. BayObLG, Urt. v. 22.09.2004 – 1 StRR 110/04, RÜ 2005, 369.

- Die Verwerflichkeit kann sich trotz eines an sich erlaubten Mitteleinsatzes aus der **Sozialwidrigkeit des erstrebten Zwecks** ergeben.

Beispiel: So ist die Drohung mit einer an sich zulässigen Strafanzeige wegen Ladendiebstahls mit dem Ziel, ein Fangprämie über der von der Rspr. zugelassenen Summe von 25 € zu erlangen,[455] verwerfliche Nötigung, ggf. sogar Erpressung.

Verwerflich kann der Einsatz eines an sich legitimen Mittels zu einem für sich gesehen erlaubten Zweck werden, wenn Mittel und Zweck in keinem inneren Zusammenhang stehen **(Inkonnexität).**[456]

Häufige Fälle: Der Täter droht mit der Strafanzeige wegen eines ganz anderen Vorfalls zur Erzwingung der Rückzahlung einer fälligen Schuld.

Ferner kann sich die Verwerflichkeit daraus ergeben, dass sich der Täter inadäquater Mittel bedient **(Missverhältnis)**.

Krass unverhältnismäßig wäre die Drohung, durch die jemand ankündigt, das strafbare Verhalten eines anderen durch öffentliche Mitteilung bloßzustellen, um auf diesem Wege Schadensersatz zu erlangen.

6. Regelbeispiele

216 § 240 Abs. 4 S. 2 Nr. 1–3 enthält für die Strafzumessung einen Katalog von **Regelbeispielen**, deren Erfüllung einen besonders schweren Fall indiziert.

Die bisher als Regelbeispiel in § 240 Abs. 4 S. 2 Nr. 1 Alt. 2 enthaltene **Zwangsheirat** ist durch den am 01.07.2011 in Kraft getretenen Spezialtatbestand des § 237 ersetzt worden.[457]

II. Gewalt

1. Die verschiedenen Gewaltbegriffe

Fall 15: Straßenblockaden; Zweite-Reihe-Rechtsprechung; Verwerflichkeit

Nach einem langwierigen Planfeststellungsverfahren ist in der Gemeinde G eine Sondermülldeponie errichtet worden. Um gegen die nach seiner Auffassung ökologisch verhängnisvolle „Abfallverschieberei" zu protestieren, setzt sich A eines Morgens vor Beginn der Öffnungszeiten in die Mitte der einzigen Deponie-Zufahrtstraße. Er will durch seine Sitzblockade die Anlieferungen von Sondermüll verhindern – jedenfalls für einige Stunden. Der erste LKW stoppt vor A, um ihn nicht zu überfahren. Der Fahrzeugführer F versucht vergeblich, A zur Aufgabe seiner Demonstration zu überreden. Bis die Polizei eintrifft und A von der Straße trägt, vergeht eine Stunde. Währenddessen stauen sich ein Dutzend Müllfahrzeuge mit den Fahrern X1–X12 hinter dem Wagen des F.
Strafbarkeit des A?

455 BGH NJW 1980, 119.

456 Kindhäuser § 13 Rn. 39.

457 Vgl. Sering, NJW 2011, 2161.

I. **Versuchter gefährlicher Eingriff in den Straßenverkehr** gemäß **§§ 315 b Abs. 1 Nr. 2, Abs. 2, 22, 23?** Zur Tatvollendung dieses nach § 315 b Abs. 2 strafbaren Versuchs ist es nicht gekommen, weil keine anderen Personen und keine Sachen von bedeutendem Wert gefährdet worden sind. A hatte zwar den Willen, durch Einsatz seines Körpers, ohne Verkehrsteilnehmer zu sein,[458] den Verkehrsablauf zu hemmen, also durch ein von außen in den Straßenverkehr hineinwirkendes Verhalten ein Hindernis zu bereiten. Angesichts der Umstände – Deponiezufahrt mit üblicherweise langsamem Lkw-Verkehr – ist jedoch Vorsatz für eine konkrete Gefährdung anderer Personen oder Sachen fernliegend. A hatte damit keinen Tatentschluss für einen gefährlichen Eingriff in den Straßenverkehr.

II. A könnte den Müllwagenfahrer F genötigt haben, **§ 240**.

1. A erzeugte bei F durch Einsatz seines Körpers den Zwang, das Fahrzeug anzuhalten. Hierin könnte „Gewalt" gemäß § 240 Abs. 1 Alt. 1 liegen. F sah sich einem aktuellen Hindernis gegenüber. In der Behinderung lag damit eine **gegenwärtige Übelszufügung**. Da F theoretisch hätte weiterfahren können (ein auf der Straße liegendes Hindernis in der Größe eines menschlichen Körpers könnte von einem Lkw überrollt werden), wurde sein Wille nicht ausgeschaltet, sondern gebeugt. Die Zwangssituation spricht also für Gewalt in Form der vis compulsiva. **217**

   F wurde aber nicht deshalb an der Weiterfahrt gehindert, weil er A als Barriere ansah, die nur unter Inkaufnahme von Schäden an dem Lkw überwindbar war, sondern weil er vor einer Tötung oder Verletzung eines Menschen zurückschreckte. Der Zwang wurde damit nicht physisch, sondern durch Wahrnehmung und geistige Verarbeitung der Situation vermittelt. Ob solche Fälle unter das Tatbestandsmerkmal der Gewalt zu subsumieren sind, ist heftig umstritten. Das vielfältige Meinungsspektrum[459] zerfällt im Wesentlichen in drei Gruppen: Dem extensiven, dem restriktiven und dem vergeistigten Gewaltbegriff:

   a) Nach dem **extensiven Gewaltbegriff** von Teilen des Schrifttums ist nicht einsichtig, weshalb die Nötigung zu einer Handlung durch Androhung eines Übels, nicht aber das Erzwingen dieser Handlung durch die Zufügung dieses Übels Nötigung sein solle.[460] Deshalb müsse unter Gewalt **jede gegenwärtige Zufügung eines empfindlichen Übels** verstanden werden.[461] Nach dieser Ansicht wäre Gewalt hier allein darin zu sehen, dass A den F durch seine Anwesenheit an der Weiterfahrt hinderte.

      Kritik: Zweifelhaft ist, ob dieser Gewaltbegriff noch mit den Vorgaben des BVerfG zur Auslegung des § 240 in Einklang zu bringen ist (s.u. Rn. 218). Jedenfalls deutet er das Gesetz entgegen seinem Wortlaut um: § 240 spricht nicht von Drohung und Zufügung eines empfindlichen Übels, sondern bezieht das Wort „Übel" nur auf die Tatmodalität der Drohung. Für den Gesetzgeber muss also die Gewalt qualitativ mehr beinhalten als nur ein Übel. Dafür spricht auch § 113, der – als Spezialtatbestand bei Widerstand gegenüber Vollstreckungsbeamten – ausdrücklich nur die Drohung mit Gewalt als Widerstandshandlung

458 Vgl. BGH NJW 1996, 203, 204 zum „Münchener Fahrbahngeher"; BGH StV 2002, 361.

459 Zusammenfassend Lackner/Kühl § 240 Rn. 10.

460 Sch/Sch/Eser/Eisele § 240 Rn. 1 a.

461 Sch/Sch/Eser/Eisele Vorbem. §§ 234 ff. Rn. 6; SK-Horn/Wolters § 240 Rn. 9.

unter Strafe stellt. Dies wäre unsinnig, wenn Gewalt und empfindliches Übel dasselbe wären.

b) Diametral entgegengesetzt ist der **restriktive Gewaltbegriff**. Dieser definiert Gewalt als unmittelbar ausgeübten **physischen Zwang**, der durch eine – wenn auch nicht erhebliche – **Kraftentfaltung** ausgelöst sein muss.[462] Danach läge im Verhalten des A schon deshalb keine Gewalt, weil das bloße Hinsetzen auf die Straße keine Kraftentfaltung auf den Körper des F darstellte.

Kritik: Dieser Ansatz verkennt, dass durch psychische Einwirkung Zwang möglich ist, dessen Wirkung über Zwang durch Körperkontakt hinausgeht und deshalb ebenso strafwürdig ist. Wer sein Opfer durch Schockanrufe, Ausnutzung von krankhaften Ängsten oder Hypnose ausschaltet oder gefügig macht, unterscheidet sich nicht von einem prügelnden oder folternden Nötigungstäter.

218 c) In der Rspr. hat sich unter weitgehender Billigung des Schrifttums ein sogenannter **entmaterialisierter** oder **vergeistigter Gewaltbegriff** etabliert. Danach setzt **Gewalt eine – nicht notwendig erhebliche – Kraftentfaltung voraus, durch die entweder physischer oder psychischer Zwang ausgelöst wird, den das Opfer aber als körperlichen Zwang empfinden muss. Körperlich wird ein psychischer Zwang empfunden, wenn das Opfer ihm gar nicht, nur mit erheblicher Kraftentfaltung oder in unzumutbarer Weise begegnen kann.**[463]

Das BVerfG hat – in Abweichung von zwei früheren Entscheidungen[464] – die erweiternde Auslegung des Gewaltbegriffs in § 240 im Zusammenhang mit Sitzdemonstrationen als Verstoß gegen den Bestimmtheitsgrundsatz in Art. 103 Abs. 2 GG für verfassungswidrig erklärt. Die Rspr. habe auf das Gewaltelement der Kraftentfaltung so weitgehend verzichtet, dass bereits die körperliche Anwesenheit an einer Stelle, die ein anderer einnehmen oder passieren wolle, zur Erfüllung des Tatbestandsmerkmals der Gewalt genüge, falls der andere durch die Anwesenheit des Täters psychisch gehemmt werde, seinen Willen durchzusetzen. Weder durch das Kriterium des Gewichts der psychischen Einwirkung noch durch das Korrektiv der Verwerflichkeit in § 240 Abs. 2 werde die rechtsstaatlich gebotene Tatbestandsklarheit erreicht.[465]

Nach § 31 Abs. 1 BVerfGG hat diese Entscheidung (Entscheidungsformel und tragende Gründe) für alle Gerichte und Behörden bindende Wirkung. Die Fachgerichte sehen hierin aber keine völlige Abkehr vom vergeistigten Gewaltbegriff. Eine generelle Beschränkung der Gewalt auf Fälle körperlicher Kraftentfaltung wird nicht für geboten erachtet. Dies hat das BVerfG inzwischen selbst in einer weiteren Blockade-Entscheidung akzeptiert.[466] Damit ergibt sich folgender **eingeschränkt vergeistigter Gewaltbegriff**:

462 MünchKomm/Sinn § 240 Rn. 60.
463 BGHSt 23, 126 f.; BayObLG NJW 1990, 59; 1993, 212.
464 BVerfGE 73, 206; 76, 211.
465 BVerfG NJW 1995, 1141.
466 BVerfG RÜ 2002, 171.

- Nur dann, wenn das Verhalten des Täters **allein in der körperlichen Anwesenheit besteht und die Zwangswirkung auf das Opfer nur psychischer Natur ist**, kann Gewalt nicht mehr angenommen werden.[467]

- Sobald **irgendeine physische Kraftentfaltung als Zwangskomponente hinzutritt**, liegt aber Gewalt i.S.d. Nötigungstatbestands vor. Dabei ist nicht erforderlich, dass das hinzutretende physische Element gegenüber dem durch die bloße Anwesenheit der Person ausgelösten psychischen Zwang überwiegt.[468]

  Mit dieser „Rückausnahme" bleiben die meisten Fälle Gewalt, weil ihnen in aller Regel ein physisches Element innewohnt, das Zwang erzeugt, der den von der Anwesenheit des Täters an einer bestimmten Stelle ausgehenden Druck übersteigt.

  Beispiele:

  Das **bedrängende Auffahren** bei gleichzeitiger Betätigung von Aufblendlicht und Hupe ist damit Gewalt, auch wenn es innerorts über eine Strecke von nur 300 m und bei einer Geschwindigkeit von 40–50 km/h geschieht.[469]

  Legt sich der **Täter mit seinem Körper auf die Motorhaube** des Autos, das er an der Weiterfahrt hindern will, oder stemmt er sich gegen das Fahrzeug, liegt Gewalt i.S.d. Nötigung vor.[470]

  Fesseln sich Demonstranten oder ketten sie sich an, so liegt hierin ein ausreichender physischer Begleitumstand, um das Tatbestandsmerkmal der Gewalt zu bejahen.[471]

  Auch dann, wenn eine **einzelne Person einer anderen** nicht nur kurzfristig, sondern gänzlich den Weg versperrt, liegt darin wegen des physischen Hindernisses Gewalt.[472]

Im vorliegenden Fall wurde der Zwang auf F anzuhalten, nur durch die Anwesenheit des A auf der Zufahrtstraße ausgelöst und wirkte allein in der Tötungshemmung des F. Dies ist nach den Vorgaben des BVerfG nicht ausreichend, um das Gewaltmerkmal auszufüllen.

2. Zum Teil wird im Schrifttum in solchen Konstellationen eine Drohung gesehen.[473] Der Blockierer kündige dem Kfz-Führer an, dieser werde einen Menschen überrollen, wenn er weiterfahre. Dieses Übel liege auch in der Macht des Täters, weil dieser entscheide, ob er beiseitespringe oder verharre.

   Kritik: Dem ist nicht zuzustimmen. Anderenfalls könnte in jeder aktuellen Einwirkung die Drohung gesehen werden, die Zwangslage aufrechtzuerhalten. Die gegenwärtige Zufügung eines Übels wäre dann – entgegen dem Wortlaut des Gesetzes – identisch mit seiner Inaussichtstellung. Wer droht, behält sich zudem den Eintritt des Übels – bei fortbestehender Zwangslage – vor, wenn sich das Opfer

---

467 BGH NJW 1995, 2643; 1996, 203, 205; OLG Zweibrücken NJW 1996, 867; OLG Naumburg NStZ 1998, 623.

468 BVerfG RÜ 2002, 171, 172; kritisch Wessels/Hettinger Rn. 392 a.

469 BVerfG, Beschl. v. 29.03.2007 – 2 BvR 932/06, NJW 2007, 1669.

470 OLG Naumburg NStZ 1998, 623; BGH StV 2002, 360.

471 BVerfG RÜ 2002, 171.

472 Vgl. OLG Karlsruhe, Urt. v. 06.06.2002 – 1 Ss 13/02, NJW 2003, 1263.

473 Herzberg JuS 1997, 1067.

nicht fügt. Bei der Blockade mit dem eigenen Körper bestehen aber nur zwei Möglichkeiten für den Blockierer: Entweder erhält er die Zwangslage aufrecht – dann hat nicht er, sondern der Kraftfahrer die Macht, das Übel eintreten zu lassen – oder der Blockierer räumt die Fahrbahn – dann hat er zwar den Übelseintritt verhindert, aber schon vorher die Zwangslage beseitigt.

Nötigung zum Nachteil des F ist zu verneinen.

219 III. Infrage kommt **Nötigung in mittelbarer Täterschaft** zum Nachteil der sich hinter dem Fahrzeug des F aufstauenden, von X1–X12 geführten Müllfahrzeuge, **§§ 240, 25 Abs. 1 Alt. 2**.

1. Indem sich A auf die Straße begab, hat er den F durch eine – wenn auch nur geringfügige – Energieentfaltung **zum Anhalten gezwungen und dessen Lkw als Mittel zur Bildung einer Barriere benutzt**, welche die nachfolgenden Lkw-Fahrer physisch an der Weiterfahrt hinderte. Auf einen unmittelbaren Kontakt zwischen Täter und Opfer kommt es für körperlich wirkende Gewalt nicht an. Auch die Zwischenschaltung eines handelnden Menschen – hier des F – ist bei § 240 möglich, weil Nötigung kein eigenhändiges Delikt ist.[474]

A müsste die Errichtung einer physischen Barriere durch **F als Tatmittler** zurechenbar sein. Hier könnten die Tatherrschaft und der dadurch indizierte Täterwille daraus folgen, dass A den F als gemäß **§ 34** gerechtfertigten Tatmittler instrumentalisiert hat. Durch das Niedersetzen auf der Fahrbahn hat A eine gegenwärtige Gefahr für seine körperliche Unversehrtheit geschaffen. Diese war nicht anders abwendbar als durch Anhalten und Aufstauenlassen des nachfolgenden Verkehrs. Gegenüber der so bewirkten Beeinträchtigung der Willensfreiheit der nachfolgenden Verkehrsteilnehmer hat der Schutz von Leib und Leben Vorrang. Zwar hat A die Notstandslage als Mittel seiner Meinungsäußerung selbst herbeigeführt. Diese „Notstandsprovokation" hebt jedoch für F den eindeutigen Wertüberhang des Rechtsguts Leben gegenüber der nur kurzfristigen Beeinträchtigung der Willensfreiheit von X–X 12 nicht auf.[475] F handelte auch zum Zweck der Gefahrenabwehr für A und war damit gerechtfertigt. Indem A die Situation herbeigeführt und durch Aufstehen jederzeit wieder beenden konnte, steuerte er das Verhalten des F und war damit mittelbarer Täter.

Mit dieser Konstruktion, für die sich der Begriff **„Zweite-Reihe-Rspr."** eingebürgert hat, lässt sich also Gewaltwirkung wenigstens für X1–X12 bejahen.[476]

Das **BVerfG** hat die Verfassungsmäßigkeit dieser Rspr. bestätigt. Die Wortlautgrenze des Analogieverbots durch Bejahung von Gewalt sei nicht verletzt. Für die durch das erste Fahrzeug zum Anhalten gebrachten Fahrzeugführer liege physischer Zwang vor, weil sie ein Hindernis vor sich gehabt hätten. Für sie sei es gleichgültig, ob das auf einer psychischen Einflussnahme Dritter beruht habe oder nur darauf, dass F sein Auto einfach nur abgestellt hätte. Auch die Rechtsfi-

474 BGH NJW 1995, 2643, 2644.

475 Vgl. dazu LK-Zieschang, 12. Aufl., § 34 Rn. 70.

476 Vgl. auch KG, Beschl. v. 26.03.2001 – 1 Ss 361/00.

gur des mittelbaren Täters durch ein gerechtfertigtes Werkzeug wird ausdrücklich anerkannt.[477]

2. A bewirkte hierdurch als **Taterfolg**, dass die Müllfahrer die Weiterfahrt unterlassen mussten.

3. Die Fahrtunterbrechung müsste **„durch"** die Gewalt des A bewirkt worden sein, also kausal und in einem spezifischen Zusammenhang zu dem Zwangsmittel stehen. Diese wird jedenfalls im Rahmen eines einheitlichen Verkehrsstaus bejaht, denn hier setzt sich der gegenüber dem ersten Kraftfahrer ausgeübte Zwang unmittelbar in physische Hindernisse um.[478]

4. A handelte hinsichtlich aller Tatbestandsmerkmale mit Absicht, sodass sich die Streitfrage der Vorsatzform nicht auswirkt.

5. **Rechtswidrig ist die Tat nur bei Verwerflichkeit der Mittel-Zweck-Relation.** **220**

   a) Greift ein **anerkannter Rechtfertigungsgrund** ein, erübrigt sich eine weitere Prüfung, weil von der Rechtsordnung ausdrücklich erlaubtes Verhalten niemals verwerflich sein kann.[479]

      aa) **Notwehr** bzw. **Nothilfe** gemäß **§ 32** scheidet hier aus mehreren Gründen aus: Die Reinheit der Umwelt ist als Allgemeingut schon nicht notwehrfähig.[480] Soweit es dem A um die Gesundheit der in der Nähe der Deponie lebenden Menschen ging, lag in dem Abkippen des Sondermülls kein gegenwärtiger Angriff im Sinne einer akuten Bedrohung.

      bb) **Notstand** i.S.v. **§ 34** muss ebenfalls abgelehnt werden. Selbst wenn man eine gegenwärtige (Dauer-)Gefahr für die Gesundheit der Anwohner der Deponie unterstellte und in der Demonstrationshandlung das einzige Mittel zum Schutz des vorrangigen Rechtsguts der Gesundheit vieler gegenüber der Willensfreiheit Einzelner annähme, so fehlte doch die Angemessenheit: Durch die Möglichkeit der Beteiligung im Planfeststellungsverfahren sieht der Gesetzgeber ein abschließendes Instrument zur Konfliktbewältigung vor, dessen Geltungsanspruch durch Rückgriff auf § 34 aufgehoben würde.[481]

   Rechtfertigungsgründe kommen also nicht in Betracht.

   b) **Indiziell** für die Verwerflichkeit wirkt Gewaltanwendung stets nur dann, wenn Gewalt i.S.d. früheren Rspr. des RG vorliegt – also durch Kraftaufwand körperlich vermittelte physische Zwangswirkung. In den übrigen Fällen ist eine umfassende Abwägung unter Berücksichtigung sämtlicher Umstände des konkreten Einzelfalles unerlässlich.[482]

   c) Die **Gesamtabwägung** im Rahmen der Verwerflichkeitsklausel des § 240 Abs. 2 ist Ausdruck des **Grundsatzes der Verhältnismäßigkeit**.

      aa) Insofern kommt einer etwaigen **Grundrechtsausübung** vorrangig wertsetzende Bedeutung zu.

---

477 BVerfG, Beschl. v. 07.03.2011 – 1 BvR 388/05 Rn. 29, RÜ 2011, 300, 302.

478 BGH NJW 1995, 2643, 2644 unter Verweis auf BGHSt 37, 350; a.A. Hoyer JuS 1996, 200, 203 f.

479 Lackner/Kühl § 240 Rn. 17.

480 Sch/Sch/Perron § 32 Rn. 8.

481 Vgl. dazu AS-Skript StrafR AT 1 (2016), Rn. 240.

482 BVerfGE 73, 206, 253 ff.; BVerfG StV 1990, 491.

Auf **Art. 5 GG** kann sich A aber nicht berufen, weil dieses Grundrecht nur die Meinungsfreiheit schützt, also den Austausch geistiger Argumente, nicht aber, andere mit Nötigungsmitteln zu einem bestimmten Verhalten zu zwingen und dadurch einer bestimmten Meinung Publizität zu verschaffen.[483]

Auch der Schutzbereich des **Art. 8 Abs. 1 GG** ist für Demonstrationen einer einzelnen Person nicht eröffnet.[484]

bb) Damit ist im Rahmen einer allgemeinen Abwägung zu fragen, ob A mit seiner einstündigen Blockade und der dadurch ausgelösten Behinderung der Müllfahrzeuge die Strafbarkeitsschwelle überschritten hat. Hierbei geht es nicht um die inhaltliche Bewertung des Protestgegenstandes. Zu beachten sind vielmehr die Umstände der Aktion, die mit Blick auf sein kommunikatives Anliegen zu gewichten sind: **Sachbezug der von der Blockade betroffenen Personen zum Protestgegenstand, vorherige Bekanntgabe, Ausweichmöglichkeiten, Dringlichkeit der behinderten Fahrten und Dauer.**[485] Bei nur kurzer Dauer ist das beabsichtigte Ausmaß zu gewichten, wenn die Zwangslage von dritter Seite beendet wurde.[486] Hier lag eine nicht nur wenige Minuten dauernde Zwangsunterbrechung des Zufahrtverkehrs vor. Eine vorherige Bekanntgabe war nicht erfolgt, auch Ausweichmöglichkeiten bestanden nicht. Dass die genötigten Lkw-Fahrer dem Personenkreis nahe standen, gegen dessen Handeln sich A richtete, wiegt diese Umstände nicht auf. Die Fahrer waren nur ausführende Arbeitnehmer ohne eigenen Entscheidungsspielraum bzgl. der Müllentsorgung. Das Verhalten des A war damit verwerflich i.S.d. § 240 Abs. 2.

6. Fraglich ist, ob A schuldhaft gehandelt hat, weil bei seiner Motivation nahe liegt, dass ihm das Unrechtsbewusstsein fehlte. Quelle dieser Fehlvorstellung könnte gewesen sein, dass A geglaubt hat, für sein Verhalten existiere eine spezielle Rechtfertigung oder es sei allgemein nicht verwerflich. Beide Fehlvorstellungen sind jedoch als Erlaubnisirrtümer nach § 17 zu behandeln und waren bei Anspannung aller Erkenntniskräfte des A vermeidbar. A ist wegen Nötigung strafbar.

IV. Eine **Nötigung der Polizeibeamten** gemäß **§ 240** käme nur in Betracht, wenn diese durch Gewalt oder Drohung zum Einschreiten gezwungen worden wären. Die Sitzblockade des A erzeugte bei ihnen jedoch allenfalls einen psychischen Zwang, der sich körperlich nicht auswirkte. Das reicht für § 240 nicht aus.[487]

Ergebnis: A ist strafbar wegen vollendeter Nötigung in gleichartiger Tateinheit (§ 52) in 12 Fällen zum Nachteil der X1–X12.

---

483 Bergmann Jura 1985, 457, 463 unter Verweis auf BVerfGE 25, 256, 264 ff.

484 Zum besonderen Schutz von friedlichen Demonstrationen – auch Sitzblockaden – durch Art. 8 GG im Rahmen der Verwerflichkeitsprüfung BVerfG, Beschl. v. 07.03.2011 – 1 BvR 388/05 Rn. 30 ff., RÜ 2011, 300, 303.

485 BayObLG NStZ 1993, 213.

486 Vgl. BVerfG StV 1990, 491, 492.

487 Zur Nötigung von Amtsträgern zur Vornahme einer Diensthandlung vgl. BayObLG JR 1989, 24.

2. Gewalt gegen Sachen

§ 240 begrenzt nicht, wie etwa der Raub (§ 249) oder die räuberische Erpressung (§ 255), die Gewalt auf „Gewalt gegen eine Person". Prinzipiell kommt daher auch eine Einwirkung auf eine Sache als Nötigungsmittel der Gewalt infrage. Dies aber nur, wenn sie im Sinne der Gewaltdefinitionen ausreichenden Zwang gegenüber dem Opfer erzeugt. **221**

Der bloße Zwang, sein Verhalten den Gegebenheiten anzupassen, reicht dafür nicht. Anderenfalls wäre jede Sachentziehung und jeder Diebstahl Nötigung, nur weil der Eigentümer die Sache nicht mehr benutzen kann wie er will.[488] Umstritten sind die verbleibenden Fälle:

Ein Teil des Schrifttums bejaht dann Nötigung, wenn der Täter die Sach- oder Umwelteinwirkung gerade mit dem **Ziel** vornimmt, dem Tatopfer hierdurch Handlungsmittel oder -alternativen zu nehmen.[489]

Kritik: Diese Ansicht ist abzulehnen. Für den objektiven Tatbestand kann es nicht darauf ankommen, welche Vorstellung der Täter damit verbindet, sondern welche Verhaltensweise für sich gesehen verboten sein soll.

Überwiegend wird „Gewalt" als Zwangsmittel bei Einwirkungen auf Sachen oder die Umwelt nur bejaht, wenn als Folge einer solchen Handlung wiederum eine **körperliche Auswirkung** vorliegt.[490]

Beispiele: Wer also die Heizung abstellt, um einen Mieter zu vergraulen, wird erst zum Nötigungstäter, wenn der Mieter friert und gerade deshalb zum Auszug motiviert wird. Wer einem Gehbehinderten den Rollstuhl blockiert und erkennt, dass sich dieser nicht fortbewegen kann, wendet Gewalt an, wenn und weil sein Opfer sich entweder gar nicht oder nur noch unter Mühen fortbewegen kann.

Gegenbeispiel: Eine online-Blockade, die durch massenhaften Zugriff auf eine Internet-Seite deren Zugänglichkeit für Dritte verhindert, ist mangels körperlicher Auswirkung keine Gewalt i.S.v. § 240.[491]

3. Gewalt gegen Dritte

Unbestritten ist eine gegenüber Dritten geübte Gewalt dann als Nötigungsmittel tatbestandsmäßig, wenn hierdurch das eigentliche Nötigungsopfer physisch zu einem bestimmten Verhalten veranlasst wird. **222**

Beispiel: Durch Niederschlagen des Fährmanns wird den Besuchern das Verlassen einer Insel unmöglich gemacht.

Umstritten ist die Beurteilung, wenn sich die Gewalt gegen den Dritten nur als psychischer Zwang gegenüber dem zu Nötigenden darstellt.

Beispiel: A quält die B und veranlasst durch die per Telefon mitgehörten Schmerzensschreie den C zur Preisgabe eines Betriebsgeheimnisses.

Auf der Grundlage des vergeistigten Gewaltbegriffs meinen einige im Schrifttum, dass der Zwang gegenüber dem Dritten nur dann als körperlicher Zwang empfunden wird,

---

488 Vgl. zum Blockieren einer Radarfalle die Falllösung zu BGH, Beschl. v. 15.05.2013 – 1 StR 469/12, RÜ 2013, 575.

489 LK-Träger/Altvater § 240 Rn. 50.

490 Sch/Sch/Eser/Eisele Vorbem. §§ 234 ff. Rn. 13; OLG Frankfurt, Beschl. v. 22.05.2006 – 1 Ss 319/05, StV 2007, 244.

491 OLG Frankfurt, Beschl. v. 22.05.2006 – 1 Ss 319/05, StV 2007, 244.

wenn zwischen dem unmittelbaren Gewaltopfer und dem Nötigungsopfer eine persönliche Nähebeziehung bestehe.[492] Die Gegenauffassung verzichtet mit Recht auf irgendeine Nähe. Entscheidend ist die körperliche Einwirkung und der durch sie faktisch ausgeübte Druck auf den Genötigten.[493]

III. Drohung mit einem empfindlichen Übel

223 Eine Drohung i.S.v. § 240 liegt nur dann vor, wenn der Täter ein Übel ankündigt, auf dessen Eintritt er zumindest vorgibt, Einfluss zu haben, wenn sich der Bedrohte nicht seinem Willen fügt.

1. Empfindliches Übel

224 **a) Übel ist jede Werteinbuße, jeder Nachteil.**[494] Der Nachteil muss – wenn auch erst durch Auslegung unter Berücksichtigung der Begleitumstände – eindeutig sein. Die unspezifische Ankündigung von Schwierigkeiten oder Weiterungen – etwa durch Veröffentlichung eines Lebenssachverhalts im Internet – soll nicht ausreichen.[495]

225 **b) Empfindlich ist das angedrohte Übel, wenn der in Aussicht gestellte Nachteil so erheblich ist, dass seine Ankündigung geeignet erscheint, das bezweckte Verhalten zu veranlassen, es sei denn, dass erwartet werden kann, dass das Opfer der Drohung in besonnener Selbstbehauptung standhält.**

Umstritten ist aber welcher Maßstab für den Motivationsdruck und die Selbstbehauptung anzulegen ist: In Rspr. und Lit. finden sich Stimmen, die allein auf einen besonnenen Durchschnittsmenschen abstellen.[496] Die herrschende Gegenmeinung betont den Individualschutzcharakter des § 240 und geht von dem **individuell Bedrohten in seiner Lage** aus.[497]In den meisten Fällen wirkt sich dieser Streit nicht aus.

So liegt nach keiner Auffassung eine Drohung (i.S.d. §§ 253, 240) mit einem empfindlichen Übel vor, wenn Strafverfolgungsbehörden angekündigt wird, Beweismittel für eine Straftat nur gegen Geldzahlung herauszugeben. Begründung: Da die Strafverfolgungsbehörden nicht zur Sachverhaltsaufklärung um jeden Preis verpflichtet sind und Zwangsmittel haben, sich die Beweismittel selbst zu beschaffen (§§ 94 ff, 102, 103 StPO), kann von ihnen erwartet werden, die Beweiserschwerung bei Nichtzahlung hinzunehmen.[498]

Der vorgenannte Streit wird nur bei der Nötigung besonders leicht beeinflussbarer und willensschwacher Personen relevant.

Beispiel: Die B trägt ein Amulett, das sie gegen böse Geister schützen soll. A droht, dem Amulett durch Bestreichen mit Blut seine Zauberkraft zu entziehen, wenn die B nicht ihr Vorhaben aufgäbe, A wegen eines begangenen Diebstahls anzuzeigen. Daraufhin unterlässt die B die geplante Strafanzeige. – Nach der erstgenannten Auffassung keine Nötigung, wohl aber nach der individuellen Betrachtungsweise.

492 Fischer § 240 Rn. 26.
493 Vgl. Sch/Sch/Eser/Eisele Vorbem. §§ 234 ff. Rn. 19; BGHSt 23, 126.
494 Vgl. BGHSt 31, 195, 201.
495 KG, Beschl. v. 29.02.2012 – 121 Ss 30/12, RÜ 2012, 644.
496 BGH NStZ 1982, 287; Lackner/Kühl § 240 Rn. 13; Sch/Sch/Eser/Eisele § 240 Rn. 9.
497 BGHSt 31, 195, 201; BGH NStZ 1992, 278; Fischer § 240 Rn. 32 a.
498 OLG Hamm, Beschl. v. 21.05.2013 – 3 RVs 20/13, NStZ-RR 2013, 312.

2. Unterlassen als empfindliches Übel

a) Der Täter kündigt an, etwas zu unterlassen, obwohl er **rechtlich zur Handlung verpflichtet** ist. 226

In solchen Fällen wird allgemein eine tatbestandsmäßige und verwerfliche Drohung schon wegen der Rechtswidrigkeit des Unterlassens bejaht. Einen Nachteil, den der Täter abwenden muss, darf er auch nicht zum Willensbeugungsmittel machen.[499]

Beispiel: Der Kindsvater, der sich durch die Ankündigung, den gesetzlichen Unterhalt nicht zu bezahlen, die Mutter des Kindes sexuell gefügig macht.

b) Der Täter kündigt an, etwas zu unterlassen, das **rechtlich verboten** ist. 227

Beispiele: A erklärt, bestimmte Papiere nicht zu stehlen, wenn die Auftraggeberin nicht sexuell mit ihm verkehre.

Hier kann die Drohung schon deswegen verneint werden, weil es an einem empfindlichen Übel fehlt. Einen Vorteil nicht zu erlangen, der nur durch Rechtsbruch zu bekommen wäre, ist etwas, das von jedem in besonnener Selbstbehauptung hinzunehmen ist.[500]

c) Der Täter kündigt an, ein **in seiner Entscheidungsfreiheit** stehendes Verhalten zu unterlassen. 228

Beispiel: Die A erklärt, sie werde den Strafantrag gegen B wegen Haus- und Familiendiebstahls (§ 247) nicht zurücknehmen, wenn er seine Liebesbeziehung zu C nicht beende.

Wer in Aussicht stellt, einen Nachteil, zu dessen Verhinderung er rechtlich nicht verpflichtet ist, nur unter gewissen Bedingungen abzuwenden, bietet nach einer Ansicht einen Vorteil an, erweitert also den Handlungsspielraum des Betroffenen.[501] Eine Drohung könne hierin nicht liegen.

Herrschend in Rspr. und Schrifttum ist, dass auch in der Ankündigung, ein rechtlich nicht gebotenes Handeln zu unterlassen, die Drohung mit einem Übel liegen kann. Argumente: Für den Motivationsdruck, der von einer Drohung ausgeht, kommt es nicht darauf an, was der Täter tun oder unterlassen darf, sondern welches Übel als Folge seines Verhaltens eintreten wird. Auch bei der Drohung mit aktivem Tun ist unwichtig, ob der Täter zu diesem Tun berechtigt ist (z.B. Drohung mit einer Strafanzeige), sondern ob der Einsatz dieses Mittels zur Erreichung des erstrebten Zwecks verwerflich ist. Abgesehen davon lässt sich oft nicht genau unterscheiden, ob der Täter ein Unterlassen oder ein aktives Tun ankündigt (insbesondere bei Ankündigung, einen bestehenden Zustand – etwa eine Freiheitsberaubung – fortdauern zu lassen). Folgt man dieser Auffassung, so verlagert sich der Schwerpunkt der Strafbarkeitsprüfung bei Drohungen mit einem Unterlassen auf die Frage der Empfindlichkeit des angekündigten Übels und die Verwerflichkeit nach § 240 Abs. 2.[502]

499 Rengier § 23 Rn. 47.
500 Vgl. Kindhäuser § 13 Rn. 22; Rengier § 23 Rn. 48.
501 Vgl. BGH NStZ 1982, 286, 287; SK-Horn/Wolters § 240 Rn. 16; Wessels/Hettinger Rn. 413.
502 BGHSt 31, 195 ff.; Fischer § 240 Rn. 34; Sch/Sch/Eser/Eisele § 240 Rn. 20.

229 Wird dann die Verwerflichkeit der Verquickung von Mittel und Zweck gemäß § 240 Abs. 2 geprüft, stellt sich die Frage, ob der Täter durch Ankündigung des Unterlassens schon die Autonomie der Entschlussfreiheit des Bedrohten in strafwürdiger Weise angetastet oder nur den Handlungsspielraum des Bedrohten erweitert hat.[503] Dabei kann die Verwerflichkeit nicht allein mit der Inkonnexität zwischen angekündigtem Übel und erzwungenem Verhalten begründet werden, weil sonst die Gefahr bestünde, den Nötigungstatbestand auf viele Fälle der Ausnutzung einer Stärkeposition auszudehnen. Im Anschluss an das Schrifttum[504] operiert auch die Rspr.[505] mit folgender **„Status-quo-Formel"**[506] bei Ankündigung rechtlich nicht verbotener Unterlassung:

- Wird der Adressat vor die Wahl gestellt, sich eine **Verbesserung seiner Situation zu „erkaufen" oder es beim status quo zu belassen**, so liegt in der Ankündigung die Gewährung einer Chance, aber nicht die verwerfliche Drohung mit einem Übel, selbst wenn damit eine unangemessene Gegenleistung verbunden ist.

  Beispiel: Die Ankündigung eines potenziellen Großkunden, einen Vertrag nur gegen Zahlung von Schmiergeld abzuschließen, ist danach keine Nötigung, weil damit dem betroffenen Unternehmen nichts genommen wird, das es vorher schon besessen hat.

  Verwerflich kann die Drohung nicht einzugreifen ausnahmsweise dann sein, wenn die **Fortdauer des Übels für den Adressaten ein dem Eintritt eines Übels gleichwertiges Gewicht** hat oder wenn dem Adressaten eine Gegenleistung abverlangt wird, die für ihn eine **besonders schwere Zumutung** darstellt.

  Beispiel: Ein Richter verlangte von einem Beschuldigten Geld dafür, dass er bei der zuständigen Staatsanwältin, mit der er verheiratet war, auf die Verfahrenseinstellung hinwirke. Wegen der belastenden Wirkung eines fortdauernden Strafverfahrens hat das OLG Oldenburg eine verwerfliche Drohung und damit eine Erpressung bejaht.[507]

- Wird dem Adressaten eine **Verschlechterung seines status quo** vor Augen geführt, weil der Ankündigende erklärt, nichts gegen den Übelseintritt zu unternehmen, wenn das Opfer dem Ansinnen nicht nachkommt, so liegt eine verwerfliche Drohung vor.

  Beispiel: Wird einem Unternehmen angekündigt, die bereits bestehende Geschäftsbeziehung, auf deren Fortbestand es existenziell angewiesen ist, abzubrechen, wenn kein Schmiergeld gezahlt werde, liegt darin eine verwerfliche Drohung.

3. Übel für einen Dritten

230 Die Drohung kann wie die Gewalt einen **Drittbezug** aufweisen, solange der Nachteil auch für den Nötigungsadressaten als Übel empfunden wird. Da § 240 nicht wie § 241 auf nahestehende Personen begrenzt ist, muss zwischen dem Dritten und dem Bedrohten nicht einmal eine besondere persönliche Beziehung bestehen.[508]

---

503 BGHSt 31, 195, 201 f.
504 LK-Herdegen § 253 Rn. 4; Roxin JR 1983, 333 ff.
505 BGHSt 44, 68, 75; BGHSt 44, 251.
506 Status quo (Lat.) = „gegenwärtiger Zustand", gegenwärtige Lage.
507 OLG Oldenburg, Beschl. v. 17.07.2008 – 1 Ws 371/08, NJW 2008, 3012.
508 Fischer § 240 Rn. 37.

B. Freiheitsberaubung, § 239

Aufbauschema: einfache Freiheitsberaubung, § 239 Abs. 1
1. objektiver Tatbestand **a)** Tatopfer ist jeder andere Mensch, der den natürlichen Willen zur Ortsveränderung bilden kann **b)** Taterfolg: Auch nur kurzfristiger Verlust der physischen (gleichbedeutend: die mit Leibes- u. Lebensgefahren verbundene) Möglichkeit zur Ortsveränderung **c)** Tathandlungen: ■ 1. Alt.: Einsperren ■ 2. Alt.: auf sonstige Weise **d)** Kein Einverständnis (bei Erschleichung unwirksam) **2.** subjektiver Tatbestand: Vorsatz **3.** Rechtswidrigkeit **4.** Schuld

Qualifikationen, § 239 Abs. 3, 4	
Abs. 3 Nr. 1:	Dauer über eine Woche (nach h.M. nur bei Vorsatz)
Abs. 3 Nr. 2:	Schwere Gesundheitsschäden (Erfolgsqualifikation)
Abs. 4:	Tod des Opfers (Erfolgsqualifikation)

Schutzgut der Freiheitsberaubung, § 239, ist die **Fortbewegungsfreiheit** des Menschen. Der Tatbestand erfasst also – anders als die Nötigung gemäß § 240 – nicht die allgemeine Willens- und Handlungsfreiheit, sondern speziell die **Freiheit, sich von einem bestimmten Ort oder räumlich begrenzten Areal fortzubewegen**. 231

Wer nur gehindert wird, einen bestimmten Ort aufzusuchen, oder in anderer Weise in seiner Willensfreiheit beschränkt wird, kann Opfer einer Nötigung, nicht aber einer Freiheitsberaubung sein.[509] Auch das Verbot, ein bestimmtes Land zu verlassen, ist wegen der Weiträumigkeit der verbleibenden Bewegungsfreiheit für § 239 nicht ausreichend.[510]

I. Grundtatbestand, § 239 Abs. 1

Die Tat ist nur vorsätzlich begehbar. Der Versuch ist mit Strafe bedroht, § 239 Abs. 2. 232

1. Tatopfer

Die Tat kann gegenüber jedem lebenden Menschen verübt werden, sofern dieser konstitutionell in der Lage ist, seinen Aufenthaltsort zu verändern (also nicht Säuglinge oder bewegungsunfähige Schwerstbehinderte).

509 Vgl. Sch/Sch/Eser/Eisele § 239 Rn. 4.

510 BGH, Urt. v. 22.01.2015 – 3 StR 410/14, RÜ 2015, 512.

233 Zum Teil werden nur die Personen als geschützt angesehen, deren **aktueller Wille** zum Ortswechsel vorhanden war.[511] Einige erweitern den Personenkreis auf solche Opfer, die – bei fehlendem aktuellen Fortbewegungswillen – hypothetisch zur Ortsveränderung willens wären.[512] Nach dieser Meinungsgruppe können willensunfähige Personen (Kleinstkinder, Bewusstlose) und solche, die keinen Ortswechsel wünschen, nicht der Freiheit beraubt werden.

Die h.M. sieht dagegen von § 239 die **potenzielle Fortbewegungsfreiheit** als geschützt an. Außer willensunfähigen Kleinstkindern und Schwerstbehinderten kann danach jeder Opfer der Tat sein, der die Möglichkeit zur Ortsveränderung hätte, gleichviel ob er etwas von der Beeinträchtigung bemerkt oder ob er eine Ortsveränderung im fraglichen Zeitraum will.[513]

234 Der Streit zeigt sich auch beim Einschließen **Schlafender**:

Diejenigen, die in § 239 nur den aktuellen Fortbewegungswillen als geschützt ansehen, kommen zu dem Ergebnis, dass eine vollendete Freiheitsberaubung erst gegeben ist, wenn das Opfer aufwacht und dann den Raum verlassen will.

Innerhalb der Meinungsgruppe, die auf die potenzielle Fortbewegungsfreiheit abstellt, vertreten einige die Auffassung, dass auch Schlafende schon während des Schlafs ihrer Freiheit, den Aufenthalt bei Wiedererlangung des Bewusstseins zu verändern, „beraubt" würden. Voraussetzung sei lediglich, dass die Möglichkeit ihres Erwachens während der Einsperrung nicht sicher ausgeschlossen sein dürfe und dass der Eingriff auf ihre Fortbewegungsfreiheit nach dem Willen des Täters wirksam werden solle, wenn ihr Bewusstsein zurückkehre.[514]

Dem steht die Ansicht gegenüber, dass die potenzielle Fortbewegungsfreiheit nur insoweit geschützt sei, als das Opfer einen aktuellen Fortbewegungswillen zumindest hätte bilden können. Bei Schlafenden sei die Möglichkeit einer solchen Willensbildung während der Dauer ihres Zustandes nicht gegeben.[515] Für diese Auffassung spricht, dass das Bedürfnis für ein extensives Verständnis der Tatvollendung seit der Einführung der Versuchsstrafbarkeit der Freiheitsberaubung durch das 6. StrRG nicht mehr besteht.

2. Taterfolg

235 Zur **Tatvollendung** muss die Freiheitsentziehung eine gewisse Mindestdauer haben. Die Anforderungen werden hier allerdings sehr niedrig angesetzt. Nach dem Reichsgericht „genügt die Dauer eines Vaterunser".[516] Nach OLG Hamm reichen einige Sekunden aus.[517] Als Dauerdelikt endet die Freiheitsberaubung erst, wenn die Freiheitsentziehung aufgehoben ist (wichtig für Unterlassungen, Konkurrenzen und Verjährungsbeginn).

511 Arzt/Weber/Heinrich/Hilgendorf § 9 Rn. 13.
512 SK-Horn/Wolters § 239 Rn. 2 a.
513 BGHSt 32, 183, 188; Rengier § 22 Rn. 5; LK-Träger/Schluckebier § 239 Rn. 1; Wessels/Hettinger Rn. 370.
514 Wessels/Hettinger Rn. 370.
515 Rengier § 22 Rn. 5.
516 RGSt 7, 259, 260.
517 OLG Hamm JMBl. NRW 1964, 31.

3. Tathandlungen

a) § 239 Abs. 1 Alt. 1 nennt als häufigste Verwirklichungsform das **„Einsperren"**, also die Schaffung äußerer Vorrichtungen, durch die ein Verlassen eines Raumes verhindert wird.[518] **236**

b) § 239 Abs. 1 Alt. 2 **„in sonstiger Weise"** ist Auffangmodalität für alle sonstigen Handlungen, durch die die Fortbewegungsfreiheit aufgehoben wird. **237**

Beispiele: Festhalten, Anbinden oder Fesseln, Änderung einer vorher vereinbarten Route bei Fahrt im Auto, ohne dass ein Aussteigen des Mitfahrers möglich ist.[519]

Umstritten ist, inwieweit hierfür außer physischen auch **psychische Schranken** der Ortsveränderung ausreichen. Eine weite Auffassung hält jeden psychischen Zwang von einigem Gewicht für ausreichend, wenn er das Opfer veranlasst, an einem bestimmten Ort zu bleiben, z.B. durch Übriglassen eines beschwerlicheren, gefährlichen oder anstößigen Auswegs, durch Drohung mit empfindlichem Übel oder sogar durch Täuschung über das Nichtvorhandensein von Ausgängen.[520] Die vorzugswürdige Gegenansicht betont, dass § 239 kein gegenüber § 240 spezialisierter Tatbestand zum Schutz der Willensfreiheit, sondern eigenständiges Delikt zum Schutz der physischen Ortsveränderungsmöglichkeit sei. Demzufolge muss die Fähigkeit des Opfers, sich fortzubewegen, unmittelbar berührt sein. Dies ist etwa der Fall, wenn das Verlassen des Ortes mit tatsächlichen oder angedrohten Leibes- und Lebensgefahren verbunden ist, nicht aber, wenn es für den Betroffenen nur ein empfindliches Übel auslöst.[521] **238**

4. „Beraubung" durch Einverständnis ausgeschlossen

Beide Tatmodalitäten verlangen eine „Beraubung" der Freiheit. Diese liegt schon begrifflich nicht vor, wenn der Betroffene dem Entzug der Fortbewegungsfreiheit zugestimmt hat. Die Zustimmung wirkt daher bereits tatbestandsausschließend, ist aber jederzeit **widerruflich**. **239**

Mehrfach in Examensklausuren variiertes Fallmotiv: Ein Mädchen lässt sich von einem jungen Mann im Auto nach Hause bringen. Damit hat das Mädchen sein Einverständnis erklärt, den Wagen während der Fahrt nicht verlassen zu können. Um zu imponieren, fährt der Fahrer zu schnell. Obwohl das Mädchen ruft, aussteigen zu wollen, fährt der junge Mann weiter. Mit Widerruf des Einverständnisses beginnt die Freiheitsberaubung nach § 239 Abs. 1 Alt. 2. Der Fahrer verursacht einen Unfall, bei dem das Mädchen getötet wird. Hierdurch wird die Tat zur Freiheitsberaubung mit Todesfolge, § 239 Abs. 1 Alt. 2, Abs. 4.[522]

Umstritten ist, ob auch ein durch **List** erschlichenes Einverständnis wirksam ist. Nach einer Mindermeinung sind auch solche mit Willensmängeln behaftete Einverständnisse bei § 239 wirksam, weil allein auf den faktischen Willen des Opfers abgestellt wird.[523] Die ganz h.M. argumentiert, dass die durch List bewirkte Beeinträchtigung fremder Au-

---

518 LK-Träger/Schluckebier § 239 Rn. 12.

519 BGH JR 1992, 244.

520 Sch/Sch/Eser/Eisele § 239 Rn. 6; RGSt 8, 210.

521 Vgl. RGSt 6, 231, das deshalb § 239 durch Wegnahme von Kleidung Nacktbadender abgelehnt hat; BGH, Urt. v. 22.01.2015 – 3 StR 410/14, RÜ 2015, 512 zum Verbot, eine Haus zu verlassen.

522 BGH, Urt. v. 20.01.2005 – 4 StR 366/04, NStZ 2005, 507.

523 Park/Schwarz Jura 1995, 294, 297.

tonomie in anderen Freiheitsdelikten ausdrücklich als strafwürdig eingestuft werde (§ 234) und deshalb in § 239 keine tatbestandsausschließende Wirkung entfalten dürfe.[524]

5. Rechtswidrigkeit

240 Bei § 239 braucht die Rechtswidrigkeit nicht wie bei der Nötigung durch eine gesonderte Prüfung festgestellt zu werden. Als Rechtfertigungsgründe sind häufig **Festnahme- oder Festhalterechte aus der StPO (§§ 127 Abs. 1 S. 1, 127 Abs. 2, 163 b StPO)** oder **Notstandsregeln** einschlägig. Eltern dürfen gegenüber ihren minderjährigen Kindern im Rahmen des **elterlichen Erziehungsrechts** Freiheitsbeeinträchtigungen durchsetzen (Hausarrest).

6. Unterlassen

241 **a)** Eine Freiheitsberaubung ist auch durch garantenpflichtwidriges Unterlassen möglich. Dies kann dadurch geschehen, dass ein Handlungspflichtiger vorsätzlich nichts dagegen unternimmt, dass dem Opfer durch äußere Umstände, versehentlich durch sich selbst oder durch Dritte die Fortbewegungsfreiheit genommen wurde.

b) Da § 239 ein **Dauerdelikt** ist, kann der strafrechtliche Vorwurf auch an die **Aufrechterhaltung der Freiheitsentziehung** anknüpfen. Besonderes Augenmerk ist dann auf die **Garantenstellung** zu richten.

242 **aa)** Wer durch eine zunächst irrtümlich für wahr gehaltene **Falschverdächtigung** bewirkt, dass der Verdächtigte in Untersuchungshaft kommt, wird zum Täter einer Freiheitsberaubung durch Unterlassen (in Tateinheit mit Falschverdächtigung gemäß §§ 164 Abs. 1, 13 durch Unterlassen[525]), wenn er die Unrichtigkeit erkannt hat, aber den Strafverfolgungsbehörden dies nicht mitteilt. Die Garantenstellung ergibt sich hier aus **Ingerenz wegen objektiv rechtswidrigen Vorverhaltens**.[526]

243 **bb)** Wer einen **auf frischer Tat ertappten** Einbrecher einsperrt, um ihn der Polizei zu übergeben, verliert die Rechtfertigung aus § 127 Abs. 1 S. 1 StPO, wenn er diese Absicht aufgibt.[527] Fallen aber die Voraussetzungen einer Rechtfertigung weg, so ist derjenige, der einen rechtsverletzenden Dauerzustand geschaffen hat, verpflichtet, diesen wieder zu beseitigen. Anderenfalls ist er strafbar aus Freiheitsberaubung durch Unterlassen. Hier genügt ausnahmsweise **rechtmäßiges Vorverhalten** für die **Garantenstellung aus Ingerenz**.[528]

244 **cc)** Wird jemand durch einen **Polizeibeamten** nach polizeirechtlichen Vorschriften in Gewahrsam genommen (z.B. § 35 PolG NRW) oder im Zusammenhang mit einer Straftat vorläufig festgenommen (§ 127 Abs. 2 StPO) oder zur Identitätsfeststellung festgehalten (§ 163 b StPO), so ist in jedem Fall unverzüglich eine richterliche Entscheidung über die

---

524 Lackner/Kühl § 239 Rn. 5; MünchKomm/Wieck-Noodt § 239 Rn. 34; OLG Zweibrücken GA 1981, 94, 95.

525 BGHSt 14, 240, 246.

526 MünchKomm/Wieck-Noodt § 239 Rn. 30.

527 Sch/Sch/Sternberg-Lieben Vorbem. §§ 32 ff Rn. 16.

528 Sch/Sch/Stree/Bosch § 13 Rn. 36; vgl. auch AS-Skript StrafR AT 1 (2014), Rn. 330.

Freiheitsentziehung nachzuholen. Die in den einschlägigen Vorschriften bestimmten äußersten Zeitgrenzen einer Freiheitsentziehung (z.B. 3 § 38 PolG NRW, §§ 128 Abs. 1, 163 c Abs. 2 StPO) entbinden von dieser Pflicht nicht. Unterlässt der verantwortliche Beamte die unverzügliche Einholung einer richterlichen Entscheidung, so begründet dies den Vorwurf einer Freiheitsberaubung durch Unterlassen, es sei denn dass der Richter bei hypothetisch rechtzeitiger Entscheidung die Fortdauer der Freiheitsentziehung angeordnet hätte. Die **Garantenstellung** ergibt sich hier **aus der Amtsstellung.**[529]

Klausurhinweis: *Unterlassungskonstellationen nach zunächst unvorsätzlicher oder gerechtfertigter Freiheitsentziehung sind in der Vergangenheit regelmäßig in Examensklausuren abgefragt worden!*

II. Qualifikationen

1. Erfolgsqualifikationen i.S.v. § 18 enthalten **§ 239 Abs. 3 Nr. 2 und § 239 Abs. 4.** 245

2. Ob auch die **Freiheitsberaubung von über einer Woche** gemäß **§ 239 Abs. 3 Nr. 1** 246
Erfolgsqualifikation ist, für deren Verwirklichung gemäß § 18 Fahrlässigkeit genügt, ist umstritten. Die inzwischen vorherrschende Meinung in der Lit. verneint das und verlangt Vorsatz bezüglich der strafschärfenden Dauer. Dies folge aus der durch das 6. StrRG geänderten Aktiv-Formulierung des § 239 Abs. 3 Nr. 1, die mit § 18 unvereinbar sei.[530] Die Gegenansicht macht geltend, dass der Gesetzgeber des 6. StrRG ausdrücklich keine Änderung der früheren Rechtslage gewollt habe, wonach die über eine Woche dauernde Freiheitsentziehung Erfolgsqualifikation war.[531]

C. Geiselnahme, § 239 b

Tatbestandsaufbau und -handlungen der Geiselnahme, § 239 b, entsprechen im We- 247
sentlichen dem erpresserischen Menschenraub, § 239 a.[532] Im Unterschied zu der dort genannten erpresserischen Absicht kann der Täter bei § 239 b **jedes Nötigungsziel** verfolgen, muss dafür aber bestimmte Drohungen (Tod oder schwere Körperverletzung oder Freiheitsentziehung von über einer Woche Dauer) gegenüber der Geisel selbst oder einem Dritten beabsichtigen.

Klausurhinweis: *Sehr häufig ist die Geiselnahme neben § 239 a zu prüfen und zu bejahen, z.B. wenn der Geiselnehmer neben Lösegeld auch freien Abzug verlangt.* ***Ist § 239 a deshalb nicht erfüllt, weil der Täter mangels Absicht rechtswidriger Bereicherung keine Erpressung als Zieltat erstrebt, kann trotzdem § 239 b erfüllt sein.*** *Das wird häufig vergessen. Wegen der Höhe der Strafdrohung ein fataler Fehler!*

Beispiel: *Ein Rentner entführt einen betrügerischen Anlageberater und erreicht durch Todesdrohung, dass dieser telefonisch die Rücküberweisung des erschlichenen Anlagekapitals veranlasst. – Vollendete Geiselnahme, § 239 b Abs. 1.*

529 BGH, Urt. v. 04.09.2014 – 4 StR 473/13, RÜ 2014, 777.

530 Fischer § 239 Rn. 15; Wessels/Hettinger Rn. 377.

531 LK-Schluckebier/Träger § 239 Rn. 33; Rengier 22 Rn. 19 ff. unter Verweis auf BT-Drs. 13/8587 S. 84 und 13/9064 S. 15.

532 Dazu ausführlich AS-Skript StrafR BT 1 (2015), Rn. 483 ff.

Die wichtigste Tatmodalität des **Sichbemächtigens** (Abs. 1 Alt. 2) verlangt die Begründung physischer Herrschaft über das Opfer, ohne dass dafür eine Ortsveränderung nötig wäre. Es genügt auch die Scheindrohung mit einer Waffenattrappe.[533]

Neben dem Vorsatz verlangt der subjektive Tatbestand durch das Merkmal „um zu" einen **zeitlich-funktionalen Zusammenhang** zwischen der Tathandlung und der Absicht. Dafür darf das Opferverhalten nicht zu einem Zeitpunkt beginnen, in welchem die physische Herrschaft über das Opfer bereits beendet ist.[534] Wegen des hohen Strafrahmens der §§ 239 a, b, der weiten Vorverlagerung der Tatvollendung und der Überschneidung mit anderen Delikten qualifizierten Zwangs wird dieser Zusammenhang bei der Modalität des **Sichbemächtigens im Zwei-Personen-Verhältnis** zudem restriktiv ausgelegt: Der Täter muss eine **stabilisierte Zwangslage** geschaffen haben, die ihrerseits eine weitergehende Druckwirkung erzeugen sollte, damit der Täter gerade diese für die geplante weitere Nötigung ausnutzen konnte.[535] An einer auszunutzenden Zwangslage fehlt es, wenn das Sichbemächtigen identisch mit der Nötigung ist, durch die der Täter sein Endziel erreichen wollte.

D. Bedrohung, § 241

248 Durch den Tatbestand der **Bedrohung**, **§ 241**, wird der **subjektive Rechtsfriede** geschützt, also das Gefühl der Rechtssicherheit des Einzelnen. Insoweit ist die Vorschrift das Gegenstück zu § 126, der den kollektiven Rechtsfrieden schützt.

I. Bedrohungstatbestand, Abs. 1

249 Tatbestandsmäßig in Abs. 1 ist die Drohung mit einem bestimmten und künftigen Verhalten,[536] das die wesentlichen Merkmale eines **Verbrechens** i.S.v. § 12 Abs. 1 erkennbar macht.[537] Das Verbrechen kann sich gegen den Bedrohten oder eine ihm nahestehende Person i.S.v. § 35 richten, die tatsächlich und nicht nur in der Vorstellung des Täters existiert.[538]

II. Vortäuschungstatbestand, Abs. 2

250 In Abs. 2 wird die Vortäuschung eines Verbrechens erfasst. Da die Scheindrohung bereits unter Abs. 1 fällt, bleiben die Fälle übrig, in denen eine „falsche Warnung" vor einem solchen Verbrechen ausgesprochen wird oder in denen der falsche Schein des gegenwärtigen Vollzugs eines Verbrechens erzeugt wird.[539]

---

533 BGH, Urt. v. 11.04.2002 – 4 StR 2/02, NStZ-RR 2002, 213; BGH, Beschl. v. 22.11.2005 – 4 StR 459/05, StV 2006, 693.

534 Vgl. BGH, Beschl. v. 08.04.2005 – 2 StR 111/05, StV 2005, 441.

535 BGHSt 39, 36; BGH, Urt. v. 08.03.2006 – 5 StR 473/05, NStZ 2006, 448 zu § 239 a.

536 BGH NStZ 1984, 454.

537 BGH bei Holtz MDR 1986, 795.

538 BVerfG NJW 1995, 2776.

539 Sch/Sch/Eser/Eisele § 241 Rn. 10.

Nötigung, § 240

- **Gewalt** ist jede – nicht notwendig erhebliche – Kraftentfaltung, durch die entweder physischer oder psychischer Zwang ausgelöst wird, den das Opfer als körperlichen Zwang empfindet. Psychischer Zwang wird als körperlich empfunden, wenn das Opfer ihm gar nicht, nur mit erheblicher Kraftentfaltung oder in unzumutbarer Weise begegnen kann. Das gilt auch bei Gewalt gegen Sachen oder Gewalt gegen Dritte. Nur der psychische Zwang, der durch die bloße Anwesenheit einer Person an einem bestimmten Ort ausgelöst wird, genügt nicht **(eingeschränkt vergeistigter Gewaltbegriff)**.
- **Drohung** ist das Inaussichtstellen eines Nachteils, auf dessen Eintritt sich der Täter Einfluss zuschreibt und der dann eintreten soll, wenn der Bedrohte nicht das tut, was der Täter von ihm verlangt. **Übel** ist jede Werteinbuße. **Empfindlich** ist das Übel, wenn es so erheblich ist, dass seine Ankündigung geeignet erscheint, das bezweckte Verhalten zu veranlassen, es sei denn, dass erwartet werden kann, dass das Opfer der Drohung in besonnener Selbstbehauptung standhält. Das gilt auch für die Ankündigung eines rechtlich nicht gebotenen oder verbotenen Unterlassens, ferner für Übelsankündigungen gegenüber Dritten.
- Die **Rechtswidrigkeit** ist nach § 240 Abs. 2 nur zu bejahen bei Verwerflichkeit entweder des Mittels oder des Zwecks oder aus der inkonnexen oder unangemessenen Verknüpfung beider.

Freiheitsberaubung, § 239

- **Tatopfer** ist jeder, der konstitutionell in der Lage ist, einen Ort zu verlassen und einen entsprechenden Willen bilden könnte **(potenzielle Fortbewegungsfreiheit)**.
- Das Opfer ist **der Freiheit beraubt**, wenn ihm für nur einige Sekunden durch äußere Vorrichtungen beim „Einsperren" (Alt. 1) oder „in sonstiger Weise" (Alt. 2) entgegen seinem Willen die Fähigkeit zur Ortsveränderung genommen wird.

Geiselnahme, § 239 b Abs. 1 Alt. 2

- **Sichbemächtigen** ist jede Erlangung physischer Herrschaft über das Opfer, auch ohne Ortsveränderung.
- Zwischen dem Sichbemächtigen und dem durch qualifizierte Drohung angestrebten Nötigungsziel muss ein **zeitlich-funktionaler Zusammenhang** bestehen; zudem darf die Zwangslage des Sichbemächtigens **nicht identisch** mit der Zieltat der Nötigung selbst sein.

Bedrohung, § 241

Bezugstat: Begehung eines **Verbrechens** (§ 12 Abs. 1) gegenüber Bedrohtem oder ihm nahestehende Person

- Abs. 1: (Schein-)Drohung
- Abs. 2: Vortäuschung
  - durch falsche Warnung
  - Schein des Vollzugs

E. Konkurrenzen

I. Verhältnis Nötigung, Freiheitsberaubung und anderen Delikten

251 **§ 239 und § 240 treten hinter vollendeten Spezialtatbeständen zurück**, die ebenfalls die Freiheit schützen.

Beispiele: §§ 177, 249, 255.

252 Auch **§ 240 tritt hinter dem insofern spezielleren § 239 zurück**, wenn die Nötigung nur dazu dient, die Freiheitsberaubung zu ermöglichen.

Beispiel: Mit vorgehaltener Waffe zwingt A den B, die Fesselung zu dulden.

253 **§ 239 tritt zurück**, wenn der Verlust der Fortbewegungsfreiheit **typische Begleiterscheinung** einer anderen Straftat ist.[540]

Beispiele: X schlägt Y für einige Minuten bewusstlos – nur § 224. Unter Androhung von Prügeln nötigt V den W, sich zum Gespött der Umstehenden zu entkleiden – nur § 240.

254 **§ 239 steht dagegen zu den anderen durch dieselbe Handlung verwirklichten Delikten in Tateinheit**, wenn die Freiheitsberaubung besonderes Eigengewicht erlangt, sei es wegen ihrer Intensität oder weil der Täter sie als Mittel für ein weiteres Ziel einsetzt.

Beispiele: X wird eingeschlossen und durch den Nahrungsentzug vorsätzlich an der Gesundheit beschädigt – §§ 239, 223; 52. A wird gefesselt und dadurch zur Preisgabe eines Geheimnisses veranlasst – §§ 239, 240; 52.

255 § 239 kann darüber hinaus als Dauerdelikt Straftaten, die jeweils tateinheitlich mit der Freiheitsberaubung verwirklicht sind, **untereinander zur Tateinheit verklammern**, wenn die Freiheitsberaubung bei konkreter Betrachtung nur so schwer wiegt wie eines der zu verklammernden Delikte.[541]

Beispiel: Während einer ununterbrochenen Einsperrung nötigt der Täter sein Opfer und fügt ihm später eine gefährliche Körperverletzung zu. – Da zwar § 224, nicht aber § 240 schwerer wiegt als die Freiheitsberaubung, kann § 239 alle Delikte zur Tateinheit verbinden.

II. Verhältnis Nötigung und Bedrohung

256 Die Bedrohung ist nur ein abstraktes Gefährdungsdelikt, § 240 demgegenüber Erfolgsdelikt mit höherer Strafe. Dass allein die Bedrohung mit einem Verbrechen tatbestandsmäßig ist, beruht darauf, dass der Gesetzgeber den Schutz des Rechtsfriedens vor abstrakten Gefährdungen nicht überspannen wollte. Daher beinhaltet § 241 auch kein gegenüber § 240 klarstellungsbedürftiges eigenständiges Handlungsunrecht. Die Bedrohung ist folglich gegenüber § 240 materiell subsidiär und tritt zurück.[542]

257 Dies gilt auch bei einer durch Bedrohung nur **versuchten Nötigung**. Auch hier tritt § 241 hinter dem Versuch der Nötigung zurück.[543] Lediglich dann, wenn der Täter vom

540 BGH, Beschl. v. 03.12.2002 – 4 StR 432/02, NStZ 2003, 371 im Zusammenhang mit §§ 223 ff.; BGH, Beschl. v. 21.01.2003 – 4 StR 414/02, NStZ-RR 2003, 168 im Zusammenhang mit Nötigung.

541 BGH, Beschl. v. 04.04.2012 – 2 StR 70/12, RÜ 2012, 509.

542 BGH, Beschl. v. 14.12.2011 – 1 StR 582/11.

543 BGH, Urt. v. 21.01.2004 – 1 StR 364/03, S. 12, BGHSt 49, 56; BGH, Beschl. v. 08.11.2005 – 1 StR 455/05, NStZ 2006, 342 gegen BayObLG NJW 2003, 911, 912.

Versuch der Nötigung nach **§ 24 strafbefreiend zurückgetreten** ist, lebt die vollendete Bedrohung wieder auf,[544] sofern man nicht den Rücktritt von einem Erfolgsdelikt ausnahmsweise auch auf gleichgerichtete abstrakte Gefährdungsdelikte erstreckt.[545]

5. Abschnitt: Straftaten gegen die Ehre

Kein Prüfungsstoff zum 1. Examen in Sachsen-Anhalt (§ 14 Abs. 2 Nr. 4 JAPrVO LSA)

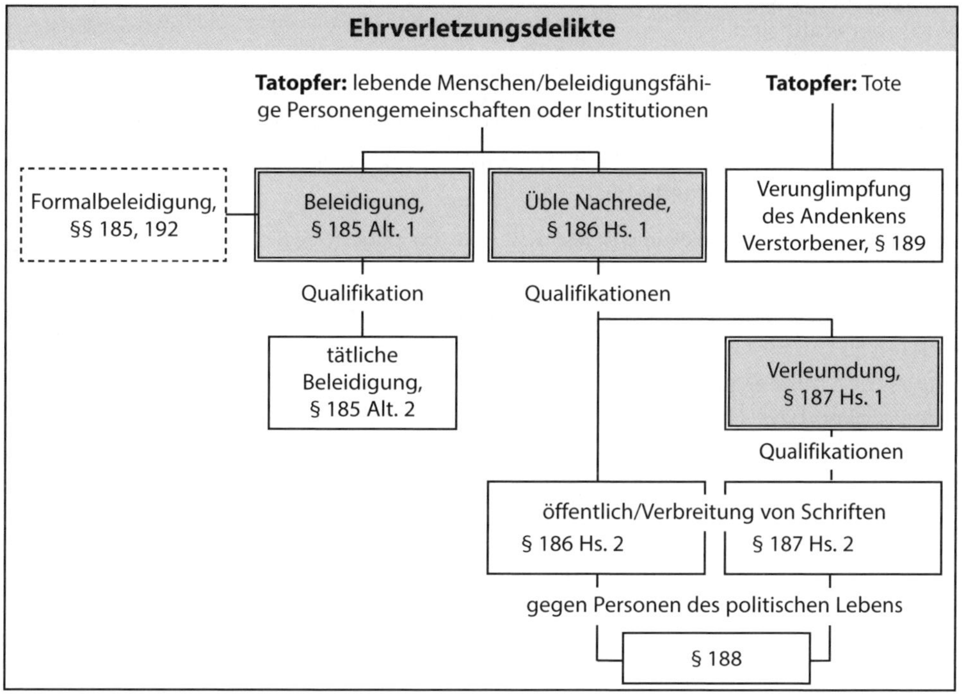

Ergänzend: § 199 ermöglicht dem Richter, bei einer auf der Stelle erwiderten Beleidigung einen oder beide Täter für straffrei zu erklären.

A. Gemeinsamkeiten

I. Ehrbegriff

Die §§ 185 ff. schützen die Ehre. Die Ehre ist nur ein Aspekt der Personenwürde und **258**
nicht mit ihr deckungsgleich.[546] Eine Persönlichkeitsrechtsverletzung ist nicht notwendigerweise zugleich eine Ehrverletzung. Die §§ 185 ff. haben also keine Auffangfunktion für sonst tatbestandslose Handlungen.

544 Fischer § 241 Rn. 7.

545 Sch/Sch/Eser/Eisele § 241 Rn. 16.

546 BGHSt 36, 145, 148.

Deshalb ist eine sexualbezogene Handlung für sich gesehen ebenso wenig eine Beleidigung wie ein sonstiger Eingriff in die Persönlichkeitssphäre (etwa durch heimliches Beobachten eines Liebespaares auf einer Parkbank).[547]

259 Unter Ehre versteht die h.M. den **verdienten Geltungsanspruch einer Person, geprägt durch deren sittliches Verhalten sowie das Fehlen elementarer menschlicher Unzulänglichkeiten** (normativ-faktischer und dualistischer Ehrbegriff). Daraus folgt:

260 Eine Ehrverletzung kann grundsätzlich nicht darin liegen, dass über einen anderen Tatsachen verbreitet werden oder ihm gegenüber geäußert werden, die zwar herabsetzend, aber **wahr** sind.

Eine Ausnahme gilt lediglich für die Formalbeleidigung gemäß § 192 (s.u. Rn. 308).

261 Als Ehrverletzung kommt ferner nur das infrage, was **in der Rechtsgemeinschaft als negativ** bewertet wird. Ob sich der Angesprochene subjektiv beleidigt fühlt oder die Äußerung versteht, ist unerheblich.

Beispielsweise ist eine Beleidigung ist also auch dadurch möglich, dass einem Kind ein Schimpfwort hinterhergerufen wird, das dieses nicht versteht.

262 Da der Ehrbegriff auf den „verdienten Geltungsanspruch" abstellt, muss der Täter einem anderen zu Unrecht Mängel zuschreiben, die, wenn sie vorlägen, den Geltungswert des Betroffenen mindern würden.[548] Das ist anzunehmen, wenn dem Ehrträger seine Minderwertigkeit bzw. Unzulänglichkeit in **sittlicher** (z.B. durch Bezeichnung als „Hure"), **personaler** (z.B. Bezeichnung als „Vollidiot") oder **sozialer** (z.B. Bezeichnung eines Arztes als „Metzger") Hinsicht attestiert wird.[549] Kein Angriff auf die Ehre liegt dagegen in dem bloßen Absprechen besonderer Verdienste, Leistungen und Vorzüge.[550]

263 Der Ehrbegriff ist zugleich **dualistisch**, also zweiseitig: Er schützt sowohl den Menschen als Träger geistiger und sittlicher Werte, also die Selbstachtung **(innere Ehre)**, als auch den aus diesen Werten entspringenden verdienten Ruf in der Rechtsgemeinschaft **(äußere Ehre)**.

II. Ehrträger

1. Lebende Menschen

264 Träger des Rechtsguts ist zunächst jeder **lebende Mensch**. Verstorbene sind nicht beleidigungsfähig.

Verletzungen des Pietätsempfindens Hinterbliebener werden durch **§ 189** erfasst. Die Tathandlung der **Verunglimpfung** ist eine nach Form, Inhalt, Begleitumständen oder Beweggrund erhebliche Herabsetzung, die durch Tatsachenäußerung oder Werturteil geschehen kann.[551]

---

547 Vgl. BayObLG NJW 1980, 1969.
548 BGHSt 36, 145, 148.
549 Vgl. Sch/Sch/Lenckner/Eisele § 185 Rn. 2.
550 Sch/Sch/Lenckner/Eisele § 185 Rn. 3.
551 Vgl. BGHSt 12, 364, 366; LK-Hilgendorf § 189 Rn. 3.

Ob die irrige Annahme oder Unkenntnis der Tatsache, dass das Opfer noch lebt, bei § 189 vorsatzausschließend wirkt, hängt davon ab, worin das Schutzgut des § 189 gesehen wird: **265**

Einige Rechtslehrer meinen, § 189 schütze die fortbestehende Ehre des Verstorbenen. Danach ist § 189 nur ein Spezialfall der Beleidigung. Folglich muss auch der Täter nur den Vorsatz zur Ehrverletzung als solcher haben. Irrtümer darüber, ob das Opfer noch lebt oder bereits tot ist, sind für die Vorsatzzurechnung des objektiv Verwirklichten unbeachtlich.[552] Diese Auffassung ist jedoch abzulehnen. Schon die Wortfassung des § 189 spricht dagegen, eine fortbestehende Ehre Verstorbener anzuerkennen, weil der Tatbestand anderenfalls lauten müsste: „Wer einen Verstorbenen verunglimpft ...". Durch Einfügung des Merkmals „Andenken" wird deutlich, dass damit der Respekt der Lebenden vor dem, was den Verstorbenen zu Lebzeiten ausmachte, Angriffsziel sein muss, nicht aber der Verstorbene selbst.

Die h.M. folgert aus dem Begriffsinhalt des „Andenkens", dass das Schutzgut des § 189 nur in dem **Pietätsgefühl** bestehen kann, wobei einige allein auf die Angehörigen abstellen[553] und andere auch das Pietätsgefühl der Allgemeinheit einbeziehen.[554]

Nach einer vermittelnden Ansicht geht es bei § 189 um die **Nachwirkung des Schutzes der Persönlichkeit**, die in der Achtung seiner Würde und des Respekts vor der menschlichen und sozialen Leistung des Verstorbenen ihren Ausdruck finde.[555]

Damit führt ein Irrtum in beide Richtungen zum Vorsatzausschluss, § 16 Abs. 1 S. 1.[556]

2. Personengesamtheiten und Institutionen

Ehre steht nicht nur der Einzelperson zu. Vielmehr wird aus § 194 Abs. 3 S. 2 und Abs. 4 gefolgert, dass der Gesetzgeber auch von der Beleidigungsfähigkeit von Personengesamtheiten, gleichviel welcher Rechtsform, ausgeht, sofern sie **genau abgrenzbar ist, eine rechtlich anerkannte Funktion erfüllt und einen einheitlichen Willen bilden kann.**[557] **266**

Beispiele für Beleidigungsfähigkeit: Bundeswehr,[558] eine Kapitalgesellschaft als Inhaberin einer Bank,[559] Parteien.[560]

Gegenbeispiele: Nicht beleidigungsfähig sind die Glaubensgemeinschaft der Christen, die Familie als solche (mangels einheitlicher Willensbildung nach außen).[561] Zur Beleidigungsfähigkeit der Polizei nachfolgender Fall.

---

552 LK-Hilgendorf § 189 Rn. 1, 4; für den Fall der irrigen Annahme, einen Lebenden zu verunglimpfen, auch NK-Zaczyk § 189 Rn. 8.

553 Rengier § 29 Rn. 35.

554 Lackner/Kühl § 189 Rn. 1.

555 Sch/Sch/Lenckner/Eisele § 189 Rn. 1; BGH NJW 1994, 1423.

556 Lackner/Kühl § 189 Rn. 4.

557 Vgl. BGHSt 6, 186.

558 BGHSt 36, 83, 88.

559 OLG Köln NJW 1979, 1723.

560 OLG Düsseldorf MDR 1979, 692.

561 Sch/Sch/Lenckner/Eisele Vorbem §§ 185 ff Rn. 8.

3. Individualbeleidigung unter einer Sammelbezeichnung

Häufig verbirgt sich hinter eine Kollektivbezeichnung eine **Individualbeleidigung durch die Wahl einer Sammelbezeichnung**.

267 **a)** Eine derartige „getarnte" Individualbeleidigung ist zum einen in der Weise möglich, dass der Täter nicht auf alle, sondern nur auf **einen oder wenige Angehörige** einer Gruppe abzielt, seine Erklärung aber so formuliert, dass sie offen lässt, wer gemeint ist, und damit jeder Einzelne der Gruppe betroffen sein kann. In diesem Fall ist eine strafbare Beleidigung nur gegeben, **wenn die betreffende Gruppe einen verhältnismäßig kleinen, in Bezug auf die Individualität seiner Mitglieder ohne Weiteres deutlich überschaubaren Personenkreis umfasst**. Anderenfalls verliert sich die Ehrkränkung in der Anonymität.[562]

Beispiel: Durch die Äußerung: „In der Regierung des Landes L befindet sich ein Minister, der häufiger Kunde eines Callgirl-Rings ist", sind alle Minister des Kabinetts des Landes L in ihrer Ehre verletzt.

268 **b)** Eine Beleidigung individueller Ehrträger unter einer Sammelbezeichnung ist aber auch in der Weise möglich, dass mit der Bezeichnung einer bestimmten Personengruppe **alle ihre Angehörigen** getroffen werden sollen, wobei der Täter selbst diese Personen nicht zu kennen und sich nicht vorzustellen braucht. Da aber feststehen muss, welche einzelnen Personen beleidigt sind, muss ein hinreichender Individualbezug bestehen, d. h. die bezeichnete Personengruppe muss **sich nach dem Inhalt der Äußerung so deutlich aus der Allgemeinheit herausheben, dass der Kreis der Betroffenen klar abgegrenzt ist**. Auch zahlenmäßig große Gruppen können beleidigt werden, wenn der Täter seine negative Äußerung so konkret fasst, dass damit ein äußeres Verhalten und ein objektives Eingebundensein in das Kollektiv beschrieben wird.[563] Eine beleidigungsrechtlich irrelevante Pauschalbeschimpfung oder bloße Systemkritik liegt dagegen vor, wenn das Urteil so allgemein gehalten ist, dass es inhaltlich schon nicht geeignet ist, einzelne Menschen zu kränken.[564]

Beispiel: Beleidigung aller Soldaten durch Bezeichnung als „KZ-Aufseher, Henker, Folterknechte".

Gegenbeispiel: Pauschalurteil wäre die Äußerung: „Alle deutschen Ärzte sind Kurpfuscher."

Besondere Aktualität haben in der letzten Zeit die Abkürzungen „FCK CPS" (= „Fuck Cops")[565] und „A.C.A.B." (= „All Cops Are Bastards")[566] erlangt:

Fall 16: Abgrenzung zwischen Sammelbeleidigung und tatbestandsloser Pauschalbeschimpfung durch A.C.A.B.

A hat sich auf beide Unterarme die Abkürzung A.C.A.B. tätowieren lassen. Als er an einem heißen Sommertag in einem kurzärmligen T-Shirt den Hauptbahnhof betritt, um seine Freundin vom Zug abzuholen, fallen seine Tattoos zwei Beamten der Bundespolizei auf. Sie fühlen sich durch die Buchstabenkombination beleidigt, lassen sich von A den Ausweis zeigen und stellen Strafantrag. Hat sich A strafbar gemacht?

---

562 BGHSt 14, 48; 19, 235.

563 BGHSt 36, 83, 87.

564 BGHSt 36, 83, 87.

565 BVerfG, Beschl. v. 26.02.2015 – 1 BvR 1036/14, RÜ 2015, 435.

566 BVerfG, Beschl. v. 17.05.2016 – 1 BvR 257/14 und 1 BvR 2150/14, RÜ 2016, 576.

Durch das Tragen des Tattoos im öffentlichen Raum könnte sich A wegen **Beleidigung** gemäß **§ 185 Alt. 1** strafbar gemacht haben.

Beleidigung ist die Kundgabe der eigenen Nichtachtung oder Missachtung durch ein herabsetzendes Werturteil gegenüber einem Ehrträger oder Dritten in Bezug auf den Ehrträger oder durch eine unwahre Tatsachenbehauptung gegenüber dem Ehrträger (s.u. Rn. 297).

I. Ob eine Äußerung beleidigenden Inhalt hat, ist unter Berücksichtigung aller das Tatgeschehen maßgeblich prägenden Umstände des Einzelfalls durch Auslegung zu bestimmen. Maßstab dafür ist, wie ein alle tatprägenden Umstände kennender unbefangener verständiger Dritte die Äußerung versteht.[567] Die Buchstabenabkürzung A. C. A. B. bedeutet: „All Cops Are Bastards". Eine Missachtung kommt dabei nicht dem Begriff „Cops" zu, weil dieser eine aus dem Englischen entlehnte umgangssprachliche Bezeichnung für Polizeibeamte ist. Das Wort „Bastard" ist aber sowohl im Englischen als auch im Deutschen ein Schimpfwort. Es bezeichnete früher einen Nachkommen „unreinen Blutes" als Ausdruck für „Schmutzigkeit und Sündhaftigkeit". Heute steht es für persönliche und soziale Minderwertigkeit.

II. Die Kundgabe kann in Wort und Schrift erfolgen, also auch durch Tragen und Präsentieren eines sichtbaren Aufdrucks auf einem Kleidungsstück oder auf der Haut.

III. Fraglich ist aber, ob und welcher Ehrträger betroffen ist.

1. Durch die Verallgemeinerung „all cops" könnte die **Polizei als Institution** beleidigt worden sein. Zwar können Personengemeinschaften eine eigene Ehre besitzen. Voraussetzung für eine solche **Sammel- oder Kollektivbeleidigung** ist aber, dass das betroffene Kollektiv genau abgrenzbar ist, eine rechtlich anerkannte Funktion erfüllt und einen einheitlichen Willen bilden kann. Bei der Polizei wird angesichts der Vielzahl verschiedener, zudem inländischer und ausländischer Polizeiorganisationen eine solche Abgrenzbarkeit verneint.[568] Die Polizei ist keine beleidigungsfähige Institution

2. Infrage kommt aber eine sogenannte Sammelbeleidigung aller Polizeibeamten, die dann auch die dazugehörigen Bundespolizeibeamten betraf. Wird die ehrverletzende Äußerung so gefasst, dass nicht nur einzelne gemeint sind, sondern alle Angehörigen der Gruppe, braucht die Gruppe nicht überschaubar klein zu sein. Erforderlich ist dann aber, dass sich die Personengruppe aufgrund bestimmter Merkmale so deutlich aus der Allgemeinheit heraushebt, dass der **Kreis der Betroffenen hinreichend klar** ist. Diese Konkretisierung kann auch durch den **Inhalt des Negativurteils** oder **zeitlichen und örtlichen Zusammenhang mit einem bestimmten Vorkommnis** herstellbar sein oder wenn deutlich wird, dass eine persönlich, örtlich oder in sonstiger Weise **hinreichend abgrenzbare Gruppe von Polizeibeamten** – etwa die Beamten eines bestimmten polizeilichen Einsatzes oder einer bestimmten polizeilichen Einrichtung – getroffen werden soll.[569]

---

567 BGHSt 19, 235; OLG Karlsruhe NStZ 2005, 158.

568 OLG Nürnberg, NStZ 2013, 593; Geppert NStZ 2013, 553; Kretschmer StRR 2014, 418.

569 BGHSt 36, 83, 87.

Nach diesen Grundsätzen ist die Abkürzung „A.C.A.B" für sich gesehen zu allgemein, um daraus eine für die Ehrverletzung notwendige Konkretisierung des betroffenen Personenkreises ersehen zu können.[570] Zudem ist die Bezeichnung nicht auf inländische Polizeibeamte und nicht einmal auf uniformierte Beamte begrenzt.[571] Anders als beim provokativen Hochhalten eines Transparents mit derselben Aufschrift enthält das bloß äußerlich wahrnehmbare Tragen auch keinen konkreten Bezug zu einem Einsatz oder Vorkommnis.[572] Das Tragen der Abkürzung A.C.A.B. im öffentlichen Raum ohne weiteren Individualbezug ist auch keine Kollektivbeleidigung aller Polizisten.

Ergebnis: A ist straflos

III. Mittel der Ehrverletzung

269 Die §§ 185 ff. erfassen Ehrverletzungen durch herabwürdigende Tatsachen und negative Werturteile.

- **Tatsachen sind Ereignisse, Vorgänge oder Zustände der Außen- oder Innenwelt, die in der Vergangenheit oder Gegenwart liegen und deshalb dem Beweis zugänglich sind.**
- **Werturteile sind alle Äußerungen, die durch Elemente der Stellungnahme, des Dafürhaltens oder Meinens geprägt sind und deren Richtigkeit oder Unrichtigkeit Sache persönlicher Überzeugung ist, und die mangels überprüfbarer Tatsachen nicht dem Wahrheitsbeweis zugänglich sind.**

***Klausurhinweis**: Fragen Sie bei der Ermittlung des Sinngehalts einer Äußerung zunächst, ob eine **herabsetzende Tatsachenäußerung** vorliegt. Ist das zu bejahen, muss diese auf ihren Wahrheitsgehalt untersucht zu werden. Liegt dagegen ein negatives Werturteil vor, muss im Rahmen des Rechtfertigungsgrundes des § 193 eine Abwägung zwischen der grundrechtlich geschützten Meinungsfreiheit und dem Persönlichkeitsschutz des Betroffenen vorgenommen werden. Dabei geht die Meinungsfreiheit grundsätzlich vor, es sei denn, dass sich die Äußerung als Angriff auf die Menschenwürde, als Schmähung oder als Formalbeleidigung darstellt.*[573]

270 Bei einer Äußerung, die **Tatsachen und Wertungen** enthält, die in innerem Zusammenhang miteinander stehen, kommt es auf den Sinnzusammenhang an. Im Übrigen ist danach **abzugrenzen, welches der beiden Elemente überwiegt**:

Beschreibt die (gemischte) Äußerung das tatsächliche Geschehen so deutlich, dass man die wertende Schlussfolgerung mitvollziehen kann, oder ist das Werturteil **erkennbar auf ein tatsächliches Geschehen** bezogen, das gleichsam nur verkürzt in dem Werturteil zusammengefasst wird, so bleibt die Äußerung eine **Tatsachenäußerung**.

---

570 Vgl. im Erg. auch BVerfG, Beschl. v. 17.05.2016 – 1 BvR 257/14 und 1 BvR 2150/14, RÜ 2016, 576.
571 Klas/Blatt HRRS 2012, 388.
572 LG Stuttgart NStZ 2008, 633; OLG Karlsruhe, Urt. v. 19.07.2012 – 1 (8) Ss 64/12 – AK 40/12.
573 BayObLG NStZ-RR 2002, 40.

Beispiel: Der Beklagte erklärt in einem Schriftsatz, die Geltendmachung des Anspruchs sei ein Versuch des Prozessbetrugs. – Verkürzte Tatsachenbehauptung, der Kläger habe gegen seine prozessuale Wahrheitspflicht verstoßen.

Ist der tatsächliche Gehalt der gemischten Äußerung so substanzarm, dass er gegenüber der Wertung völlig in den Hintergrund tritt, so liegt allein ein Werturteil vor.

Beispiel: „Der Vorsitzende Richter dieser Strafkammer ist ein Rechtsbeuger."

Geht das Werturteil erheblich über eine nachvollziehbare Wertung des mitgeteilten Sachverhalts hinaus, so kommt sowohl der Tatsachenbehauptung als auch dem Werturteil jeweils selbstständige Bedeutung als mögliche Ehrverletzung zu.

Beispiel: „Der Prozessbevollmächtigte der Gegenseite hat den Anspruch frei erfunden – ein Beleg dafür, dass es sich hierbei um einen Kriminellen im Gewand eines Rechtsvertreters handelt." Tatsachenäußerung bezüglich des Verstoßes gegen die Wahrheitspflicht und Werturteil bezüglich der negativen Charaktereigenschaft als Rechtsbrecher.

Die vorgenannten Grundsätze zu gemischten Äußerungen gelten auch für **Satiren** und **271**
Glossen in den Medien. Hier ist zwischen dem Aussagekern und dessen Einkleidung zu unterscheiden. Beide sind auf Ehrverletzungen hin zu untersuchen. Enthält der Aussagekern selbst keine Missachtung, so ist bei der Prüfung, ob die Aussageform eine solche darstellt, zu berücksichtigen, dass es zum Wesen der Satire und Glosse gehört, mit Mitteln zu arbeiten, die übertreiben und in grotesker oder verzerrender Weise pointieren und verfremden, um den Adressaten vordergründig zum Lachen zu bringen und dadurch Aufmerksamkeit auf ihren Gegenstand zu lenken. Die Grenzen der Straflosigkeit sind hier erst dann überschritten, wenn es sich um eine **Formalbeleidigung** handelt, § 192 (s.u. Rn. 308) oder wenn reine **Schmähkritik** vorliegt, bei der nicht mehr die Wahrnehmung der Meinungsfreiheit als berechtigte Interessen gemäß § 193 (s.u. Rn. 282 ff.), sondern die Diffamierung des Betroffenen im Vordergrund steht, oder wenn die Äußerung die **Menschenwürde antastet**.[574]

IV. Kundgabe

Die §§ 185 ff. verlangen allesamt, dass die Tatsache oder das Werturteil wörtlich, schriftlich oder durch wortvertretende Symbole zum Ausdruck gebracht wird. Erforderlich ist die **Kommunikation eines aus sich selbst als Ehrminderung verständlichen Gedankeninhalts**.

1. Äußerungsformen

- **Behaupten heißt: Etwas als nach eigener Überzeugung gegeben hinstellen.**[575] **272**
- **Verbreiten ist die Mitteilung einer Ehrenrührigkeit als Gegenstand fremden Wissens und fremder Überzeugung durch Weitergabe von (wirklichen oder angeblichen) Äußerungen anderer, die sich der Täter nicht selbst zu eigen macht und für deren Richtigkeit er daher auch nicht eintritt.**[576] **273**

---

574 BGH JZ 2000, 618, 620.

575 Lackner/Kühl § 186 Rn. 5.

576 Sch/Sch/Lenckner/Eisele § 186 Rn. 8.

274 ■ Bei der Beleidigung gemäß § 185 auch **herabsetzende Gesten** (z.B. „Vogelzeigen" oder „Stinkefinger zeigen")[577] und als Qualifikation durch **Tätlichkeiten**, die die Missachtung zum Ausdruck bringen (z.B. Anspucken).[578]

275 Der Täter muss **nicht als Urheber der Äußerung erscheinen**, weil sonst anonyme Beleidigungen nicht strafbar wären.[579] Da die Beleidigung kein eigenhändiges Delikt ist, ist auch mittelbare Täterschaft möglich, z.B. dadurch, dass der Hintermann eine kompromittierende Äußerung durch einen unvorsätzlich Handelnden (Irrtum über die Wahrheit) oder Schuldunfähigen (z.B. Zwischenschaltung eines Kindes als Boten) veranlasst.[580]

2. Tatbestandsloses Verhalten

276 **a)** Nicht tatbestandsmäßig ist **die bloße Schaffung einer kompromittierenden Sachlage**, aus der der Adressat lediglich den Schluss auf den ehrmindernden Gedankeninhalt zieht.[581]

Beispiel: Der Täter schiebt seinem Opfer Diebesgut unter oder speichert auf dessen PC kinderpornographische Bilder in der Hoffnung, dass diese bei einer Überprüfung gefunden werden. – Kein Beleidigung, aber in der Regel Falschverdächtigung gemäß § 164 Abs. 1.

b) An einer Kommunikation fehlt es auch, wenn die Äußerung **tatsächlich oder rechtlich keine Außenwirkung** entfaltet hat.

277 Das ist der Fall bei **Selbstgesprächen**, die – ohne dass der Täter dies weiß – von Dritten mit angehört werden.

278 Das ist ferner bei Äußerungen in **beleidigungsfreier Sphäre** gegeben, weil jeder Mensch einen Freiraum braucht, in dem er sich aussprechen und aufgestaute Emotionen entladen kann, ohne deswegen Bestrafung befürchten zu müssen. Überwiegend wird in diesen Fällen im Wege einer teleologischen Reduktion bzw. verfassungskonformen Auslegung schon die **Tatbestandsmäßigkeit verneint**.[582] Andere sehen vertrauliche Äußerungen im Rahmen § 193/§ 34 als gerechtfertigt an.[583]

Voraussetzung ist, **dass die Äußerung im Rahmen einer besonderen Vertrauensbeziehung zwischen den Beteiligten abgegeben worden ist und dass keine begründete Gefahr der Weitergabe der gemachten Äußerungen besteht**.[584]

Liegen diese Voraussetzungen vor, so ist ein Ehrverletzungsdelikt selbst dann nicht erfüllt, wenn der Täter mit einer Kontrolle seiner Erklärungen durch staatliche Organe zu rechnen hat.[585]

---

577 OLG Koblenz, Beschl. v. 24.02.2011 – 2 Ss 30/11.

578 BGH, Urt. v. 05.03.2009 – 4 StR 594/08, NStZ-RR 2009, 172.

579 Tenckhoff JuS 1988, 787, 788.

580 Fischer § 185 Rn. 13.

581 Vgl. BGH NStZ 1984, 216; Sch/Sch/Lenckner/Eisele § 186 Rn. 7; a.A. Streng GA 1985, 214.

582 SK-Rudolphi/Rogall Vor § 185 Rn. 47; Sch/Sch/Lenckner/Eisele Vor § 185 Rn. 9 a; Rengier § 28 Rn. 23.

583 LK-Hilgendorf § 185 Rn. 14.

584 BVerfG NJW 1995, 1015.

585 BVerfG a.a.O. und Beschl. v. 23.11.2006 – 1 BvR 285/06, RÜ 2007, 93 zur Straflosigkeit bei Gefangenenbriefen, die nach StrafvollzugsG überwacht werden.

Als derartige **beleidigungsfreie Sphäre wird überwiegend auch das Vertrauensverhältnis zu einem nach § 203 Schweigepflichtigen** angesehen, weil man in Verfolgung grundlegender Interessen gegenüber einem Arzt oder Anwalt die Worte nicht auf die Goldwaage zu legen pflege.[586] Dies gilt aber **nicht im Verhältnis des Schweigepflichtigen zu seinem Patienten oder Mandanten**, sodass schriftliche Schmähungen eines Strafverteidigers in Bezug auf Dritte in einem Schreiben an seinen Mandanten als Beleidigung strafbar sind.[587]

V. Vorsatz

Alle Ehrverletzungsdelikte sind nur bei **Vorsatz** unter Strafe gestellt. Ein Versuch ist **279**
ebenso wenig strafbar wie eine Fahrlässigkeitstat.

VI. Rechtfertigung

1. Einwilligung und Ehrennotwehr

Als allgemeine Rechtfertigungsgründe einer Ehrverletzung kommen manchmal **Einwilligung** in Betracht. **280**

Beispiel: Gestattet eine Kundin, sich vor den Augen Dritter in einem Warenhaus mit einem Sensorgerät abtasten zu lassen, so kann die darin liegende Behauptung eines Diebstahlsverdachts durch Einwilligung gerechtfertigt sein.[588]

Eine „Ehrennotwehr" gemäß § 32 ist nur erlaubt, soweit ein Angriff auf die Ehre noch gegenwärtig ist und die Verteidigung sich auf eine verbale Äußerung mit beleidigendem Inhalt beschränkt.[589] **281**

2. Wahrnehmung berechtigter Interessen, § 193

Spezieller und wichtigster Rechtfertigungsgrund für Ehrverletzungen ist § 193.

a) Anwendbar ist dieser Spezialfall einer Güter- und Interessenabwägung nur für Wert- **282**
urteile und nicht erweislich wahre Tatsachenäußerungen. Ein Recht zur bewussten Lüge (§§ 185, 187, 189) wird aus § 193 zum Teil generell abgelehnt,[590] zum Teil auf besondere Ausnahmefälle der Rechtsverteidigung beschränkt.[591] Unanwendbar ist § 193 nach überwiegender Ansicht ferner außerhalb des 14. Abschnitts, z.B. bei §§ 123, 203, weil anderenfalls die erheblich engeren Grenzen des § 34 umgangen werden könnten.[592]

b) Objektiv muss der Täter **berechtigte Interessen** verfolgt haben. Interesse ist jeder **283**
öffentliche, private, ideelle oder vermögensrechtliche Zweck, soweit er rechtlich schutzwürdig ist.[593] Das Interesse ist berechtigt, wenn es den Äußernden so nahe be-

586 Rengier § 28 Rn. 28; Sch/Sch/Lenckner/Eisele Vorbem. §§ 185 ff. Rn. 9 b; Wessels/Hettinger Rn. 486, die § 193 anwenden.
587 BGH, Urt. v. 27.03.2009 – 2 StR 302/08, NJW 2009, 2690.
588 Vgl. OLG Hamm NJW 1987, 1034.
589 Sch/Sch/Lenckner/Eisele § 185 Rn. 15.
590 Sch/Sch/Lenckner/Eisele § 193 Rn. 2.
591 Vgl. RGSt 48, 414; BGHSt 14, 48; Fischer § 193 Rn. 3.
592 Vgl. Tenckhoff JuS 1989, 198; OLG Stuttgart NStZ 1987, 121.
593 Vgl. Lackner/Kühl § 193 Rn. 5.

rührt, dass er sich zu seinem Verfechter aufwerfen darf.[594] Hierbei kann es sich um eigene Belange handeln, um solche von nahen Angehörigen oder Freunden oder um Interessen der Allgemeinheit, weil diese im demokratischen Rechtsstaat jeden Staatsbürger angehen.

Hauptfälle:

Es ist Aufgabe von Presse, Rundfunk und Fernsehen, die Öffentlichkeit zu unterrichten oder Kritik zu üben.[595] Diese öffentliche Aufgabe ist zum Teil in den Landespressegesetzen auch anerkannt (z.B. § 3 LPresseG NW).

Die Erstattung einer Strafanzeige zur Aufklärung einer Straftat als ein in § 158 StPO normiertes Recht jedes Bürgers.[596]

Die Äußerungen eines Rechtsanwalts bei der Vertretung der Interessen seines Mandanten.[597]

284 **c)** Der Täter muss die Interessen **in rechtfertigender Weise wahrgenommen** haben.

Das setzt voraus, dass die ehrverletzenden Äußerungen zur Wahrnehmung des berechtigten Interesses **geeignet, erforderlich und** unter Abwägung aller Umstände auch im engeren Sinne **angemessen** sind.[598]

285 **aa) Geeignet** zur Interessenwahrnehmung ist die Äußerung dann, wenn die Möglichkeit besteht, dass sie für das berechtigte Täterziel förderlich ist.[599]

Beispiel: Die Geeignetheit fehlt bei der Weitergabe eines Straftatverdachts an einen Nachbarn statt an die Polizei, weil dadurch die Aufklärung des Verdachts nicht zu erwarten ist.

286 **bb) Erforderlich** ist eine Ehrverletzung im Rahmen von § 193 nur dann, wenn dem Täter kein gleich wirksames, milderes Mittel zur Verfügung stand.[600]

Beispiel: Keine erforderliche Wahrnehmung der Interessen des Geschäftsinhabers durch einen Hausdetektiv, der ohne Einwilligung des Diebstahlsverdächtigen eine unnötig bloßstellende Sensorüberprüfung vor den Augen der übrigen Kunden durchführt.

287 **cc)** Die **Angemessenheitsfrage** bildet den Kern der Rechtfertigungsprüfung, denn hieran entscheidet sich, ob der persönlichen Ehre einerseits oder dem Grundrecht der Meinungsfreiheit (bzw. der Presse- oder Kunstfreiheit) andererseits Vorrang einzuräumen ist. Maßgeblich dafür ist eine **Gesamtabwägung** aller Umstände des Einzelfalles. **Leitlinien:**

288(**(1) Unangemessen ist die leichtfertige Äußerung ehrenrühriger falscher Tatsachen.** Leichtfertig handelt der Täter, wenn er der ihm zeitlich, beruflich und persönlich möglichen und zumutbaren Prüfungs- und Informationspflicht bzgl. der Richtigkeit des Vorwurfs nicht nachgekommen ist.[601]

594 Vgl. RGSt 63, 231.
595 Vgl. BVerfGE 10, 121.
596 Vgl. OLG Köln JP 1997, 301.
597 KG StV 1997, 485.
598 OLG Frankfurt NJW 1991, 2032, 2034.
599 Vgl. SK- Rudolphi/Rogall § 193 Rn. 19.
600 OLG Frankfurt NJW 1991, 2032, 2035; Sch/Sch/Lenckner/Eisele § 193 Rn. 10.
601 Vgl. BVerfG, Beschl. v. 05.12.2008 – 1 BvR 1318/07, RÜ 2009, 99.

Beispiel: Eine Strafanzeige darf nicht nur auf haltlose Vermutungen gestützt sein oder zweifelhafte Tatsachen fälschlich als gewiss hinstellen.

Speziell zur sogenannten **Verdachtsberichterstattung über mögliche Straftaten** in **289**
Medien gilt: Es muss ein **Mindestbestand an Beweistatsachen** vorliegen, die für den Wahrheitsgehalt der Informationen sprechen und ihr damit erst „Öffentlichkeitswert" verleihen. Dabei sind die Anforderungen an die Sorgfaltspflicht umso höher, je schwerer das Ansehen durch die Veröffentlichung beeinträchtigt wird. Die Darstellung darf **keine Vorverurteilung des Betroffenen** enthalten, also nicht den unzutreffenden Eindruck erwecken, der Betroffene sei bereits der ihm vorgeworfenen Straftaten überführt. Unzulässig ist auch eine auf **Sensationen ausgehende bewusst einseitige und verfälschende Darstellung.**[602]

(2) Unangemessen sind **Wertungsexzesse**; hier findet **ausnahmsweise keine Abwä-** **290**
gung zwischen der Meinungsfreiheit und dem Persönlichkeitsrecht statt, weil die Meinungsfreiheit regelmäßig hinter den Ehrenschutz zurücktritt. Darunter fallen:

- **Angriffe auf die Menschenwürde** (z.B. die Gleichsetzung mit einem Tier),
- **Formalbeleidigungen** (s.u. Rn. 308),
- **Schmähungen.** Dieser Begriff ist wegen seiner die Meinungsfreiheit verdrängenden Wirkung sehr eng auszulegen. Schmähungen liegen nicht schon bei jeder überzogenen oder gar ausfälligen Kritik vor, sondern **erst dann, wenn bei der Äußerung in keinem Sachbezug mehr steht oder ein solcher nur als Vorwand dient, eine Person zu diffamieren d.h. sie jenseits polemischer und überspitzter Kritik herabzusetzen.**[603]

  Ausgehend von diesem restriktiven Verständnis hat das BVerfG in der angegebenen Entscheidung abgelehnt, die Äußerung eines Rechtsanwalts in einem Interview als Schmähung anzusehen, in der dieser eine Staatsanwältin wegen ihrer hartnäckigen Ermittlungstätigkeit gegen seinen Mandanten als „dahergelaufen", „durchgeknallt", „widerwärtig, boshaft, dümmlich" und „geisteskrank" bezeichnete.

(3) Liegt ein Wertungsexzess im vorgenannten Sinn nicht vor, so muss eine **Güterabwä-** **291**
gung zwischen dem Grundrecht der Meinungsfreiheit des Äußernden aus Art. 5 GG mit dem Persönlichkeitsrecht des Betroffenen vorgenommen werden: Hierfür kommt es vorrangig auf die **Schwere der Beeinträchtigung** an. Dafür fällt ins Gewicht, ob die Äußerung im Rahmen einer privaten Auseinandersetzung zur Verfolgung von Eigeninteressen gefallen ist oder ob es sich um einen **Beitrag zur öffentlichen Meinungsbildung** gehandelt hat. Im letzteren Fall spricht nach st.Rspr. des BVerfG eine Vermutung für den Vorrang der Meinungsfreiheit.

Darüber hinaus ist bedeutsam, ob die Äußerung unmittelbar auf einzelne Personen gemünzt war oder eine **Sammelbezeichnung** enthielt (zum Begriff oben Rn. 267), durch die der Einzelne nur als Angehöriger der Gruppe und damit schwächer betroffen ist.

602 BGH JZ 2000, 618; ergänzend Eisenberg StraFo 2006, 15 ff.
603 BVerfG, Beschl. v. 29.06.2016 – 1 BvR 2646/15, RÜ 2016, 650.

292 **(4)** Von Bedeutung ist es ferner, wenn der von der Herabwürdigung Betroffene durch sein Verhalten eine kritische Äußerung herausgefordert hat. In diesem Fall besteht ein **Recht auf Gegenschlag.**[604]

Beispiele:

Die schriftliche Begründung eines Ablehnungsantrags wegen Besorgnis der Befangenheit mit dem Vorwurf der „Rechtsbeugung" kann daher durch § 193 gerechtfertigt sein.[605]

Ein Flugblatt von Gegnern der Abtreibungspraxis eines Klinikums mit dem Text: „Damals Holocaust – heute Babycaust" ist ebenfalls nach § 193 gerechtfertigt, jedenfalls soweit es um eine Ehrverletzung der kommunalen Gebietskörperschaft als Klinikträgerin geht.[606]

293 **d)** Als **subjektives Rechtfertigungselement** verlangt § 193 ein Handeln „zur", also in der Absicht der Interessenwahrnehmung.[607] Die Interessenwahrnehmung muss aber nicht der einzige Beweggrund gewesen sein. Nebenmotive wie Vergeltung oder wirtschaftliche Interessen stehen der Rechtfertigung nicht entgegen.[608]

VII. Antragserfordernis

294 **Für alle Ehrverletzungsdelikte ist nach § 194 ein Strafantrag erforderlich**, nicht nur – wie man fälschlich aus § 194 Abs. 1 S. 1 herauslesen könnte – für die Beleidigung.[609]

Antragsberechtigt ist nur der Verletzte, im Falle seines Todes die Angehörigen. Ist der Verletzte ein Amtsträger, so gewährt § 194 Abs. 3 S. 1 dem Dienstvorgesetzten ein eigenes Antragsrecht. Bei Taten gegen eine Behörde, eine Stelle der öffentlichen Verwaltung oder gegen Gesetzgebungsorgane regelt § 194 Abs. 3, Abs. 4 Strafantrag und Ermächtigung.

Ausnahmsweise ist nach § 194 Abs. 1 S. 2–4 eine Strafverfolgung von Amts wegen möglich, wenn Angehörige einer von den Nationalsozialisten verfolgten Gruppe dadurch beleidigt werden, dass das dieser Gruppe durch die Willkürherrschaft angetane Unrecht geleugnet wird („Auschwitz-Lüge"), und wenn der Verletzte der Verfolgung nicht widerspricht.

VIII. Straffreierklärung bei wechselseitigen Beleidigungen, § 199

295 Diese Vorschrift erlaubt es dem Gericht, einen oder beide Beleidiger im Urteil für straffrei zu erklären, wenn eine Beleidigung auf der Stelle erwidert worden ist, d.h. wenn es sich um wechselseitige und unmittelbar aufeinanderfolgende Ehrverletzungen handelt. Das Gericht hat dafür von Amts wegen anhand aller Tatumstände nach pflichtgemäßem Ermessen zu prüfen, ob der Täter durch die korrespondierende Tat des anderen bereits eine Art „Strafe" erhalten hat und es deshalb einer weiteren Bestrafung von Seiten des Gerichts nicht mehr bedarf.[610]

---

604 BayObLG, Beschl. v. 14.04.2004 – 5 StRR 009/04, RÜ 2004, 419.

605 BayObLG, Urt. v. 13.07.2001 – 1 StRR 75/01, RÜ 2002, 81.

606 BVerfG, Beschl. v. 24.05.2006 – 1 BvR 49/00, NJW 2006, 3769.

607 BGHSt 18, 182, 186; Fischer § 193 Rn. 42.

608 OLG Köln JP 1997, 301, 302.

609 Allgemeine Ansicht, Lackner/Kühl § 194 Rn. 1.

610 KG, Beschl. v. 23.01.2009 – (3) 1 Ss 545/08 – 2/09.

<table>
<tr><th colspan="3">Aufbauschemata:</th></tr>
<tr><th>Beleidigung, § 185 Alt. 1</th><th>Üble Nachrede, § 186 Alt. 1</th><th>Verleumdung, § 187 Alt. 1</th></tr>
<tr><td colspan="3">1. Tatopfer: Im Tatzeitpunkt lebender/existenter Individual-/Kollektiv-Ehrträger</td></tr>
<tr><td>2. Tathandlung: Kundgabe eigener Missachtung durch
a) Äußerung einer unwahren negativen Tatsache ggü. dem Ehrträger
bei Wahrheit: § 192
b) oder Äußerung eines negativen Werturteils ggü. Dritten in Bezug auf Ehrträger oder ggü. Ehrträger selbst</td><td>2. Tathandlung: Behaupten oder Verbreiten
einer negativen Tatsache ggü. Dritten in Bezug auf Ehrträger</td><td>2. Tathandlung: Behaupten oder Verbreiten
einer negativen und unwahren Tatsache ggü. Dritten in Bezug auf Ehrträger</td></tr>
<tr><td>3. Vorsatz, bei Tatsachenäußerung auch in Bezug auf Unwahrheit</td><td>3. Vorsatz
obj. Strafbarkeitsbedingung: Nichterweislichkeit der Wahrheit</td><td>3. Vorsatz, insbes. positive Kenntnis in Bezug auf Unwahrheit</td></tr>
<tr><td colspan="2">4. Rechtswidrigkeit, spezieller Rechtfertigungsgrund, § 193</td><td>4. Rechtswidrigkeit</td></tr>
<tr><td>5. Schuld
6. Strafantrag, § 194</td><td>5. Schuld
6. Strafantrag, § 194</td><td>5. Schuld
6. Strafantrag, § 194</td></tr>
</table>

B. Beleidigung, § 185 (einschließlich Formalbeleidigung, § 192)

Allgemein wird Beleidigung definiert als **Angriff auf die Ehre eines anderen durch** 296
Kundgabe eigener Missachtung oder Nichtachtung.[611]

I. Grundtatbestand, § 185 Alt. 1

Der Beleidigungstatbestand erfasst als Auffangtatbestand alle Ehrverletzungen, die nicht unter die §§ 186, 187 fallen. Das sind:

611 Vgl. BGHSt 1, 288; Lackner/Kühl § 185 Rn. 3.

1. Alle negativen Werturteile

297 **Erfasst werden alle direkt gegenüber dem Ehrträger selbst oder gegenüber Dritten in Beziehung auf den Ehrträger.**

298 Beide Begehungsformen sind auch kombinierbar, nämlich dann, wenn außer dem unmittelbar Betroffenen noch ein Dritter in seinem Achtungsanspruch verletzt wird, z.B. wenn ein Kind als „Hurensohn" beschimpft wird.[612]

299 Für die Eignung zur Herabwürdigung kommt es bei Werturteilen auf den durch Auslegung zu ermittelnden **objektiven Erklärungswert** an. Da es keine schlechthin beleidigenden Äußerungen gibt, erlangen die konkreten Umstände, unter denen die Äußerung erfolgt, entscheidendes Gewicht, insbesondere Alter, Bildungsgrad und Stellung des Täters, die persönlichen Verhältnisse des Angegriffenen, die Beziehungen zwischen den Beteiligten, ihr Verhältnis zueinander innerhalb der sozialen Ordnung und nicht zuletzt der Verkehrston in der betreffenden sozialen Schicht.[613]

Beispiele:

Anreden wie: „Pfeife", „lahme Pflaume" usw. sind deshalb auf dem Fußballplatz anders zu bewerten als etwa bei Verhandlungen im Geschäftsverkehr.

Auch die **„Du-Anrede"** ist nicht ohne Weiteres eine Ehrverletzung. Sie kann es sein, wenn sie gegenüber Personen gebraucht wird, die mit dem Täter vorher in keinerlei persönlichem Kontakt gestanden haben und bei denen nach den Umständen (z.B. gegenüber Polizisten bei einer Vollzugshandlung) kein Anlass besteht, die förmliche Anrede zu unterlassen. Dagegen ist unter gleichgestellten Angehörigen einer sozialen und beruflichen Gruppe – wie z.B. unter Arbeitskollegen – das Duzen ein häufiges umgangssprachliches Mittel, um die persönliche Nähebeziehung und Gruppenzugehörigkeit zu verdeutlichen, ohne dass darin eine Ehrminderung des Angeredeten zu erblicken ist.[614]

Auch die Bezeichnung eines Polizisten als **„Bulle"** ist nicht mehr ohne Weiteres eine Missachtungskundgabe. Zwar beinhaltet die Gleichsetzung mit einem Tier grundsätzlich, dass die so angesprochene Person nicht mehr wert sei als ein Tier.[615] Ferner wird mit dem Bullen ein negativer Tiervergleich gewählt, weil der Bulle als männliches Rindvieh reizbar und angriffslustig ist und zu blinder und unüberlegter Gewalt neigt. Andererseits hat die Bezeichnung einen Bedeutungswandel durchgemacht und steht heute als derb umgangssprachliches Synonym für die Polizei, so wie im Englischen der Begriff „Cop" oder in manchen Gegenden Deutschlands früher „Tschako" (= Polizeihelm) oder „Schmiere" (= hebräisch für Bewachung). Der Begriff hat auch in die normale Umgangssprache Eingang gefunden („Der Bulle von Tölz") und hat für sich gesehen deshalb keinen ehrverletzenden Charakter.[616] Beleidigend kann die Äußerung allerdings werden, wenn sie Bezug zu einer konkreten Handlung erhält und der Täter damit zugleich seine Abscheu gegenüber den so titulierten Beamten zum Ausdruck bringen will.[617]

300 Es muss sich **eindeutig um eine Herabsetzung** handeln. Ist eine Äußerung mehrdeutig, so liegt nur dann eine Beleidigung vor, wenn der Kontext ergibt, dass sie objektiv nur als Missachtung gemeint war.[618]

---

612 Vgl. dazu Sch/Sch/Lenckner/Eisele § 185 Rn. 10.

613 Vgl. OLG Düsseldorf NJW 1989, 3030; Tenckhoff JuS 1988, 787, 790.

614 Vgl. OLG Düsseldorf JR 1990, 345.

615 Vgl. BayOLG NJW 1990, 1742 zur gedanklichen Verbindung von „Bulle", „Schwein" und Polizeibeamter.

616 LG Regensburg NJW 2006, 629.

617 KG Berlin, unveröffentlichter Beschl. v. 11.05.1998 – 1 Ss 26/98 AG Böblingen, unveröffentlichtes Urt. v. 16.11.2006 – 3 C 1899/06; zusammenfassend auch Nock Kriminalistik 1998, 781.

618 OLG Karlsruhe StraFo 2004, 322.

Der Täter muss seine **eigene** Missachtung oder Geringschätzung zum Ausdruck bringen, d.h. sich mit dem ehrenrührigen Inhalt seiner Äußerung erkennbar identifizieren. Keine Beleidigung ist daher die bloße Weitergabe beleidigender Urteile Dritter oder die Wiedergabe einer fremden Tatsachenbehauptung gegenüber dem Betroffenen.[619] Der Veranlasser der Übermittlung ist dann aber mittelbarer Täter der Beleidigung, die er durch ein tatbestandsloses Werkzeug kundtun lässt. 301

2. Unwahre Tatsachenbehauptungen gegenüber dem Ehrträger

Die Äußerung muss **objektiv unwahr** sein. Dies folgt aus dem normativen Ehrbegriff, wonach die Äußerung einer **wahren herabwürdigenden Tatsache gegenüber dem Ehrträger** grundsätzlich keine Beleidigung dieser Person darstellt. 302

§ 190 enthält zwei Beweisregeln für den Fall, dass jemand durch die Behauptung einer Straftat in seiner Ehre verletzt wird: Ist der Beleidigte rechtskräftig verurteilt worden, so ist der Wahrheitsbeweis als erbracht anzusehen; ist er rechtskräftig freigesprochen worden, so ist der Beweis der Wahrheit ausgeschlossen. Zweck des § 190 ist es, ein erneutes Aufrollen bereits abgeschlossener Strafsachen im Beleidigungsverfahren zu verhindern.[620] 303

Umstritten ist die Behandlung, wenn sich **die Wahrheit im Nachhinein nicht feststellen** lässt. Eine vielfach befürwortete Ansicht geht dahin, in diesem Zweifelsfall die Regelung des § 186 anzuwenden, wonach schon die Nichterweislichkeit der Wahrheit die Strafbarkeit auslöst. Begründet wird dieser Standpunkt damit, dass der Betroffene sonst nur deshalb ihm gegenüber gemachte ehrverletzende Äußerungen hinnehmen müsse, weil er nicht das Gegenteil beweisen könne.[621] Die h.M. sieht in § 186 eine Sonderregel, für die nur ein Bedürfnis bestehe, wenn es um die Verletzung der äußeren Ehre gehe. Im 2-Personen-Verhältnis sei dies nicht anzunehmen, weil eine Rufgefährdung hier ausscheide. Abgesehen davon sei die Heranziehung des § 186 verbotene Analogie zulasten des Täters. Nach dieser Ansicht ist die **Unwahrheit der geäußerten Tatsache bei § 185 ungeschriebenes Tatbestandsmerkmal**. Bei Zweifeln ist nach dem Grundsatz in dubio pro reo freizusprechen – es sei denn, es liegen die Voraussetzungen einer Formalbeleidigung vor (s. dazu unten Rn. 308). 304

3. Vorsatz und Irrtum

a) In subjektiver Hinsicht verlangt die Beleidigung **Vorsatz**. Eine besondere Kränkungsabsicht („animus iniuriandi") ist nicht erforderlich.[622] Für den Vorsatz genügt es also, wenn der Täter sich bewusst ist bzw. für möglich hält, eine zur Ehrminderung geeignete Gedankenäußerung gegenüber einem anderen kundzutun. Sieht man mit der h.M. in der Unwahrheit einer Tatsachenäußerung ein ungeschriebenes Tatbestandsmerkmal des § 185, so muss sich auch der Vorsatz des Täters darauf beziehen. Lässt er sich also unwiderlegt ein, an die Wahrheit des Behaupteten geglaubt zu haben, so fehlt der Beleidigungsvorsatz.[623] Wer in der Nichterweislichkeit der Wahrheit lediglich eine Straf- 305

619 OLG Köln NJW 1996, 2878; Sch/Sch/Lenckner/Eisele § 185 Rn. 1; a.A. Tenckhoff JuS 1988, 787, 791.
620 Lackner/Kühl § 190 Rn. 1.
621 Vgl. LK-Herdegen § 185 Rn. 38; Tenckhoff JuS 1989, 35, 36 f.
622 LK-Hilgendorf § 185 Rn. 36.
623 Lackner/Kühl § 185 Rn. 11.

barkeitsbedingung sieht, verlangt keinen Vorsatz bezüglich der Unwahrheit, sodass auch der Irrtum über die Wahrheit den Täter nicht entlasten kann.[624]

306 **b) Irrtumsfälle** über die Person des Beleidigten sind in Strafrechtsarbeiten beliebt. Hierzu folgende Grundsätze:

aa) Verwechselt der Täter die Opfer, so liegt dann, wenn die Äußerung sowohl für den Gemeinten als auch für den Betroffenen beleidigend ist, ein unbeachtlicher Identitätsirrtum vor.[625]

Beispiel: Frau E will sich für die Seitensprünge ihres Ehemannes an dessen Freundin F rächen. Sie verwechselt die F mit deren Nachbarin N und beschimpft diese als „Ehebrecherin, Hure!" – Vollendete Beleidigung der Angesprochenen.

Gegenbeispiel: A will die Prostituierte P in seine Wohnung rufen. Aufgrund eines Irrtums wählt er die falsche Nummer und bekommt die Frau des Landgerichtspräsidenten an den Apparat, die sich mit „Hallo" meldet. A erklärt: „Na Süße, vertreibst du mir heute für deine übliche Taxe meine einsame Nacht?" – Zwar objektiv § 185 durch den unsittlichen Antrag, aber Vorsatzausschluss, weil sich A Umstände vorgestellt hat – Gespräch mit einer Prostituierten –, bei deren Vorliegen die gemachte Äußerung nicht beleidigend gewesen wäre.

bb) Ist die Missachtenskundgabe **statt direkt gegenüber dem Betroffenen ungewollt gegenüber einem Dritten und in Beziehung auf den Betroffenen** gemacht worden, so liegt, da beide Kundgabeformen von § 185 als gleichwertig behandelt werden, nur eine unwesentliche Kausalabweichung vor.

Beispiel: A ruft den Telefonanschluss der X an. Statt der X meldet sich deren Mutter, die sofort erkennt, dass die Beschimpfungen nicht auf sie, sondern auf ihre Tochter bezogen sind. – Vollendete Beleidigung, und zwar nur der X.[626]

307 **c)** Trifft die Missachtenskundgabe eine andere als die vorgesehene Person, ohne dass einer der vorgenannten Sonderfälle eingreift, so liegt eine den Vorsatz ausschließende **aberratio ictus** vor.

Beispiel: A will dem B aus Verärgerung Bier ins Gesicht schütten. B weicht aus und C bekommt den Schwall ab. – Keine Strafbarkeit aus § 185.

II. Formalbeleidigung, §§ 185, 192

§ 192 stellt klar, dass auch derjenige wegen Beleidigung strafbar sein kann, der zwar wahre Tatsachen äußert, dies aber in einer Weise, die für sich gesehen ein selbstständiges Plus an Ehrabschneidung enthält.[627]

308 **1.** Anknüpfungspunkt und objektives Tatbestandsmerkmal der Formalbeleidigung ist daher die **Äußerung einer wahren Tatsache**. Dort, wo es um die Äußerung eines reinen Werturteils geht, greift § 185 unmittelbar ein. Aus der **Form**, in welcher die Tatsachenäußerung erfolgt, oder den **Umständen**, unter denen sie gemacht worden ist, muss sich eine **„tatsacheninadäquate" Herabwürdigung** ergeben. Das setzt voraus, dass zwischen der Tatsachenäußerung und dem Werturteil ein innerer Zusammenhang

624 Tenckhoff JuS 1989, 35, 36.

625 Sch/Sch/Lenckner/Eisele § 185 Rn. 14.

626 BayObLG JR 1987, 431.

627 Vgl. LK-Hilgendorf § 192 Rn. 4.

besteht. Keine Formalbeleidigung, sondern unmittelbar nach § 185 strafbare Beleidigung ist also die nur äußerliche und zusammenhanglose Verknüpfung einer Tatsachenäußerung mit einem Werturteil.[628]

a) Aus der Form kann die Beleidigung hervorgehen bei besonders gehässiger Einkleidung und bei begleitenden Schimpfwörtern, die in keinem Verhältnis zur mitgeteilten Tatsache stehen.[629] **309**

Beispiel: In einem Satiremagazin wird ein querschnittsgelähmter Reserveoffizier als „Krüppel" bezeichnet, der „granatenscharf darauf ist, in einer Organisation, nämlich der Bundeswehr, Dienst zu tun, deren Zweck es ist, Menschen zu Krüppeln oder sogar tot zu schießen".[630]

b) Aus den Umständen, unter denen die Tatsachenbehauptung erfolgt, ergibt sich eine inadäquate Herabwürdigung insbesondere in den Fällen unangemessener Veröffentlichung eines wahren Vorgangs, sogenannter **Publikationsexzess**[631] oder bei „Ausgraben" eines lange zurückliegenden Vorgangs, sogenannte **Reaktualisierung**.[632] **310**

Schulbeispiel: Bei der Hochzeitsfeier klärt der frühere Freund der Braut die anwesenden Gäste und den Bräutigam über pikante Einzelheiten des Vorlebens der Braut auf.

2. In **subjektiver Hinsicht** muss der Täter die Umstände erkennen, die die Formalbeleidigung ausmachen. Eine darüber hinausgehende Beleidigungsabsicht des Täters wird nicht verlangt.[633] **311**

III. Qualifikation, § 185 Alt. 2

§ 185 Alt. 2 verschärft die Strafe für **Beleidigungen durch Tätlichkeiten**. Dafür ist eine unmittelbar gegen den Körper gerichtete Einwirkung erforderlich (z.B. Anspucken, Ohrfeigen), wobei die h.M. für die Vollendung eine tatsächliche Berührung verlangt.[634] **312**

Beispiel: Spuckt also der Täter in Richtung seines Opfers, trifft es aber nicht, so liegt darin zwar eine einfache Beleidigung durch Missachtenskundgabe, aber – mangels Berührung – nach h.M. keine tätliche Beleidigung.

C. Üble Nachrede, § 186

I. Grundtatbestand, § 186 Alt. 1

1. § 186 erfasst nur die **Behauptung oder Verbreitung ehrenrühriger Tatsachen in Bezug auf einen Ehrträger gegenüber Dritten. Die Unwahrheit der geäußerten Tatsache kein Tatbestandsmerkmal der üblen Nachrede**. Für die Strafbarkeit genügt es, dass die Tatsache „nicht erweislich wahr" ist. Das bedeutet Folgendes: Die Strafbarkeit aus § 186 ist schon dann begründet, wenn das Gericht im Strafprozess nicht feststel- **313**

628 Vgl. LK-Hilgendorf § 192 Rn. 2.
629 Vgl. Lackner/Kühl § 192 Rn. 2.
630 Vgl. BVerfG NJW 1992, 2073.
631 SK-Rudolphi/Rogall § 192 Rn. 9; ablehnend Sch/Sch/Lenckner/Eisele § 192 Rn. 1.
632 Tenckhoff JuS 1989, 35, 38.
633 Vgl. LK-Hilgendorf § 192 Rn. 5; Tenckhoff JuS 1989, 35, 39.
634 NK-Zaczyk § 185 Rn. 20; SK-Rudolphi/Rogall § 185 Rn. 24; a.A. Sch/Sch/Lenckner/Eisele § 185 Rn. 18.

len kann, dass die geäußerte Tatsache in ihrem Kern zutreffend war.[635] Der Ehrverletzte trägt zwar nicht die Beweisführungslast wie im Zivilprozess, aber das Beweisrisiko. Der sonst im Strafrecht geltende Grundsatz „in dubio pro reo" wird in diesem Punkt zu einem „in dubio contra reum" umgekehrt. Nur dann, wenn die Wahrheit erwiesen worden ist, entfällt ein Strafbarkeitsvorwurf. Rechtspolitisch ist diese Umkehrung geboten, weil sonst jedermann den guten Ruf anderer sanktionslos ruinieren könnte, indem er entweder Tatsachen vorträgt, deren Gegenteil nicht bewiesen werden kann, oder indem er sich auf seinen guten Glauben beruft. Strafrechtsdogmatisch wird dieses Ziel bei § 186 dadurch erreicht, dass die Nichterweislichkeit der Wahrheit nach h.M. eine von **Vorsatz und Fahrlässigkeit unabhängige objektive Strafbarkeitsbedingung ist**.[636] Spiegelbildlich dazu wirkt dann die erwiesene Wahrheit der Äußerung als **sachlicher Strafausschließungsgrund**.[637]

Eine Minderauffassung im Schrifttum sieht diese vollständige Abkoppelung von Vorwerfbarkeit und Wahrheitsfrage als mit dem Schuldprinzip unvereinbar an. Danach soll die Bestrafung jedenfalls dann entfallen, wenn den Täter bzgl. der nicht erweislichen Wahrheit nicht zumindest ein Fahrlässigkeitsvorwurf treffe.[638]

Aufbau: *Gliederungstechnisch ist die Vorsatzunabhängigkeit objektiver Strafbarkeitsbedingungen unbedingt dadurch hervorzuheben, dass man sie* ***erst nach Bejahung des objektiven und subjektiven Tatbestandes prüft****, und zwar zweckmäßigerweise schon vor der Rechtswidrigkeit. Dieser Aufbau empfiehlt sich insbesondere bei § 186, weil auch im Strafprozess die Nichterweislichkeit geprüft worden sein muss, bevor auf Rechtfertigungsgründe einzugehen ist.*[639]

314 **2.** Für den **Vorsatz** genügt es, dass der Täter die Ehrenrührigkeit der Tatsache erkannt hat und die Kundgabe in Beziehung auf einen anderen wollte. Anders als in den §§ 185/187 ist die Deshalb ist die irrige Vorstellung des Täters, die Wahrheit zum Ausdruck zu bringen, für den Vorsatz im Rahmen des § 186 unbeachtlich.[640]

II. Qualifikation, § 186 Alt. 2

315 Die üble Nachrede ist mit Freiheitsstrafe bis zu zwei Jahren oder mit Geldstrafe bedroht, wenn der Täter die Ehrverletzung öffentlich oder durch Verbreiten von Schriften begangen hat. **Öffentlich** bedeutet: Möglichkeit der Kenntnisnahme durch größere, nicht durch nähere Beziehungen zueinander verbundene Anzahl von Menschen,[641] z.B. in Fernseh- und Rundfunksendungen. **Verbreiten von Schriften** erfasst nach § 11 Abs. 3 alle Vervielfältigungen durch Schriftzeichen oder auf sonstigen Bild- und Datenspeichern, etwa durch Flugblätter.

---

635 Vgl. BGHSt 18, 182.
636 BGHSt 11, 273, 274; Lackner/Kühl § 186 Rn. 7.
637 Sch/Sch/Lenckner/Eisele § 186 Rn. 10.
638 Küpper JA 1985, 453, 459; SK-Rudolphi/Rogall § 186 Rn. 19 f.
639 Vgl. dazu BGHSt 18, 273.
640 Fischer § 186 Rn. 13.
641 Fischer § 186 Rn. 16.

III. Weitere Qualifikation, § 188 Abs. 1

Die üble Nachrede ist nach **§ 188 Abs. 1** noch weiter verschärft, wenn sie sich gegen Personen des politischen Lebens richten und der Täter aus einem Beweggrund handelt, der mit der Stellung des Opfers im öffentlichen Leben zusammenhängt. **Person des politischen Lebens** ist aber nur, wer sich mit grundsätzlichen Angelegenheiten des Staates befasst und in dieser Funktion das politische Leben wesentlich beeinflusst, also **Spitzenpolitiker von Bund, Ländern und Kommunen**.[642] **316**

D. Verleumdung, § 187

I. Tatbestand, § 187 Alt. 1

Die Verleumdung ist in der **1. Mod.** eine **Qualifikation der üblen Nachrede**.[643] Der objektive Tatbestand ist insoweit mit § 186 deckungsgleich, als es auch hier um die Behauptung oder Verbreitung einer ehrenrührigen Tatsache gegenüber Dritten in Beziehung auf den Ehrträger gehen muss. Qualifizierende Unterschiede: Die ehrenrührige Tatsache muss **objektiv unwahr** sein; zudem muss der Täter „wider besseres Wissen" gehandelt, also **dolus directus II** bezüglich der Unwahrheit besessen haben. **317**

Die **2. Mod.**, die sog. **Kreditgefährdung**, ist kein Ehrverletzungsdelikt, sondern ein abstraktes Gefährdungsdelikt zum Schutz des Vermögens des Betroffenen vor Äußerungen, die das Vertrauen Dritter in die Erfüllung seiner Verbindlichkeiten beeinträchtigen können. **318**

II. Qualifikationen, § 187 Alt. 2

§ 187 Alt. 2 enthält zunächst – wie § 186 Alt. 2 – Strafschärfungen für die Verleumdung in der **Öffentlichkeit** oder **durch Verbreiten von Schriften**. Erfasst wird zudem die Verleumdung in einer **Versammlung**, d.h. in einer räumlich zu einem bestimmten Zweck vereinigten größeren Anzahl von Menschen.[644] **319**

III.Weitere Qualifikation, § 188 Abs. 2

Wird eine Verleumdung gegen Personen des politischen Lebens begangen (s.o. Rn. 316), ist diese nach § 188 Abs. 2 mit Freiheitsstrafe von sechs Monaten bis zu fünf Jahren bedroht. **320**

E. Konkurrenzen

Die üble Nachrede tritt hinter dem spezielleren § 187 zurück.[645] **321**

Umstritten ist das Verhältnis zwischen §§ 185, 187, wenn dieselbe Äußerung gegenüber dem Ehrträger und gegenüber Dritten gemacht worden ist und deshalb zugleich die §§ 185 und 187 erfüllt. Für die Literaturauffassung, derzufolge allen Beleidigungsdelik- **322**

---

642 Fischer § 188 Rn. 2.
643 MünchKomm/Regel § 187 Rn. 2.
644 NK-Zaczyk § 187 Rn. 2, 4.
645 Vgl. Tenckhoff JuS 1988, 788, 792.

ten ein **einheitlicher** Ehrbegriff zugrunde liegt, verdrängt § 187 auch eine eventuelle Beleidigung, weil ehrenrührige Tatsachenbehauptungen, die zugleich an den Betroffenen und an Dritte gerichtet seien, kein gesteigertes Unrecht darstellten.[646] Nach h.M., die von einem **dualistischen** Ehrbegriff ausgeht und die innere Ehre von § 185, die äußere Ehre dagegen von den §§ 186 f. erfasst sieht (s.o. Rn. 263), muss zur Klarstellung der verschiedenen Angriffsrichtungen Idealkonkurrenz zwischen Beleidigung und Verleumdung angenommen werden.[647]

Klausurhinweis*: Derselbe Streit taucht auf, wenn bei Äußerungen gegenüber Dritten der Tatsachenbehauptung ein selbstständiges, aus dieser nicht ausschließlich ableitbares Werturteil hinzugefügt wird. Während Vertreter des einheitlichen Ehrbegriffs hier ebenfalls nur aus dem spezielleren Verleumdungstatbestand bestrafen,[648] gelangt der dualistische Ehrbegriff zur Tateinheit zwischen § 187 und § 185.[649]*

646 LK-Hilgendorf Vor § 185 Rn. 43; SK-Rudolphi/Rogall Vor § 185 Rn. 53.

647 Vgl. BGHSt 6, 159, 161; Sch/Sch/Lenckner/Eisele § 186 Rn. 21.

648 Tenckhoff JuS 1988, 788, 792.

649 Vgl. BGHSt 12, 287, 291.

Gemeinsame Begriffe der Ehrverletzungsdelikte

- **Ehrträger:** Jeder **lebende Mensch**, auch unter einer Sammelbezeichnung (sind Einzelne gemeint, muss die Gruppe individuell überschaubar sein; sind alle gemeint, kann die Gruppe groß sein, doch muss die Äußerung nach Inhalt oder Umständen hinreichenden Individualbezug haben)

  Personengesamtheiten als solche, wenn sie abgrenzbar sind, einen einheitlichen Willen bilden können und eine rechtlich anerkannte Funktion erfüllen.

- **Tatsachen:** Ereignisse, Vorgänge, Zustände der Außen- oder Innenwelt, die in der Gegenwart oder Vergangenheit liegen und dem Beweis zugänglich sind
- **Werturteile:** Äußerungen, die durch Elemente der Stellungnahme, des Dafürhaltens oder Meinens geprägt sind und deren Richtigkeit oder Unrichtigkeit nicht dem Wahrheitsbeweis zugänglich, sondern Sache persönlicher Überzeugung ist

  } Bei gemischten Äußerungen entscheidet der Schwerpunkt

- **Behaupten:** Etwas als nach eigener Überzeugung/eigenem Wissen äußern
- **Verbreiten:** Mitteilung als Gegenstand fehlenden Wissens/fremder Überzeugung durch Weitergabe von (angeblichen) Äußerungen Dritter

  } nur bei Kommunikation des ehrmindernden Gedankeninhalts und nur außerhalb beleidigungsfreier Sphäre

Delikt		Bedeutung der Unwahrheit
Beleidigung, § 185 Alt. 1 Kundgabe eigener Nichtachtung oder Missachtung durch: ■ negative Werturteile ggü. dem Ehrträger/über den Ehrträger ggü. Dritten ■ unwahre Tatsachenbehauptungen ggü. dem Ehrträger	→	bzgl. Tatsachenäußerungen ungeschriebenes objektives und vorsatzbedürftiges Tatbestandsmerkmal
Üble Nachrede, § 186 Alt. 1 Behauptung/Verbreitung ehrenrühriger Tatsachen über den Ehrträger ggü. Dritten	→	Nichterweislichkeit der Wahrheit als obj. Strafbarkeitsbedingung genügt
Verleumdung, § 187 Alt. 1 Behauptung/Verbreitung unwahrer Tatsachen über den Ehrträger ggü. Dritten wider besseres Wissen	→	objektives und von direktem Vorsatz zu umfassendes Tatbestandsmerkmal

6. Abschnitt: Straftaten gegen den persönlichen Lebens- und Geheimnisbereich

Mit Ausnahme des § 123 kein Prüfungsstoff zum 1. Examen in:

- Baden-Württemberg (§ 8 Abs. 2 Nr. 7 b JaPrO)
- Berlin / Brandenburg (§ 3 Abs. 4 Nr. 2 b JAG)
- Mecklenburg-Vorpommern (§ 11 Abs. 2 Nr. 22 b JAPO)
- Niedersachsen (§ 16 Abs. 2 Nr. 2 NJAVO)
- Rheinland-Pfalz (§ 1 Abs. 2 Nr. 1 Anl. B II)
- Sachsen (§ 14 Abs. 3 Nr. 4 b Sächs. JAPO)

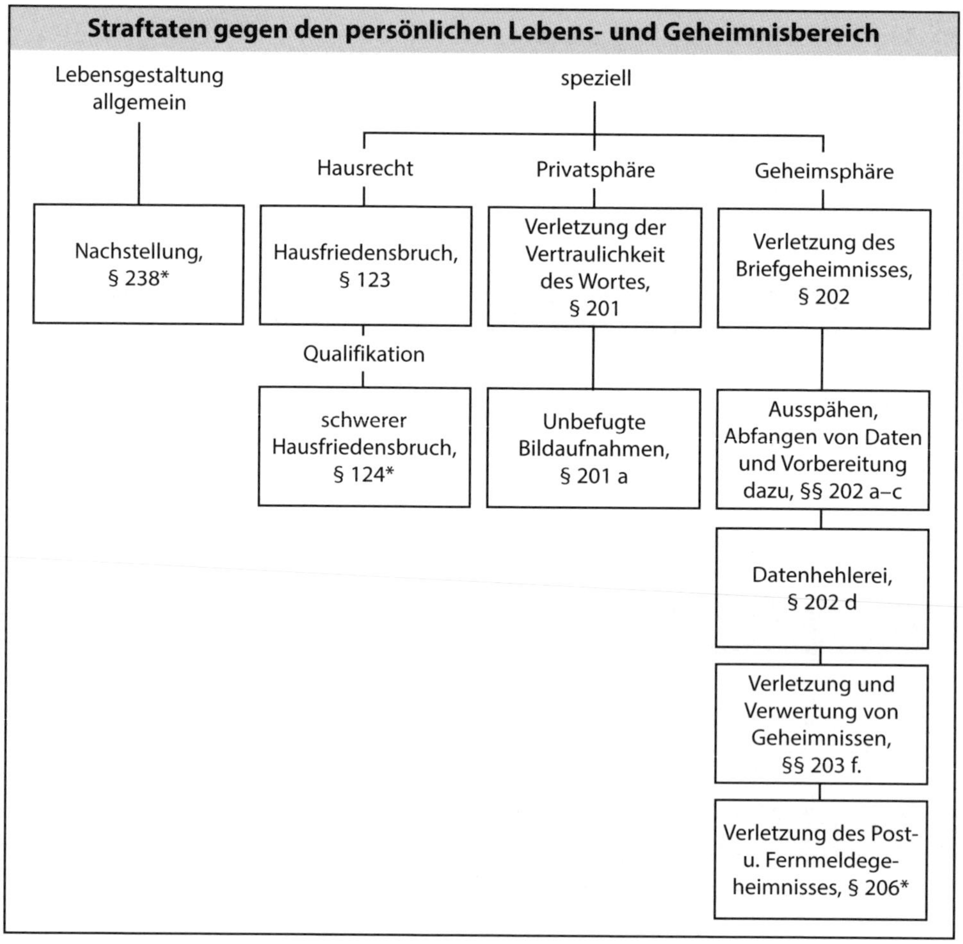

* Es genügt die Kenntnis des Gesetzeswortlauts. Auf eine Einzeldarstellung wird verzichtet. Zur Prüfungsfolge dieser Tatbestände AS Aufbauschemata Strafrecht/StPO (2016).

A. Hausfriedensbruch, § 123

Aufbauschema: Hausfriedensbruch, § 123
1. objektiver Tatbestand:
a) Tatobjekte insbesondere: fremde Wohnung, Geschäftsräume, befriedetes Besitztum
b) Tathandlungen
■ **Alt. 1:** Eindringen (str., ob durch garantenpflichtwidriges Unterlassen möglich)
■ **Alt. 2:** Verweilen ohne Befugnis trotz Aufforderung (subsidiär)
2. subjektiver Tatbestand: Vorsatz
3. Rechtswidrigkeit
4. Schuld
5. Strafantrag, Abs. 2

I. Tatobjekte

1. Wohnung ist ein Raum oder die zusammenhängende Mehrheit von Räumen, die Menschen zumindest als Unterkunft dienen oder zur Benutzung freistehen, wie etwa Treppen, Flure, Keller.[650] Auch eine bewegliche Sache kann zur Wohnung werden, z.B. ein Wohnmobil, ein Zelt oder ein Schiff, nicht aber ein gewöhnlicher Pkw.[651] 323

2. Geschäftsraum ist jede **Räumlichkeit, die dazu bestimmt ist, für eine gewisse Dauer zum Betrieb von Geschäften irgendwelcher, nicht notwendig erwerbswirtschaftlicher Art zu dienen**, z.B. Büroräume, Läden, Restaurationsgärten, sogar Zirkuszelte. 324

3. Befriedetes Besitztum ist jede unbewegliche Sache, die in äußerlich erkennbarer Weise mittels zusammenhängender Schutzwehren wie Mauern, Hecken, Drähte und Zäune gegen das willkürliche Betreten durch andere gesichert ist. Das Besitztum muss nicht mit „Hausfrieden" ausgestattet sein. Abbruchreife Gebäude sind damit ebenfalls geschützt, solange nicht sämtliche Türen und Fenster herausgebrochen sind, sodass keine ausreichende äußere Einfriedung mehr vorhanden ist.[652] 325

4. Geschützt sind außerdem **abgeschlossene Räume** – dies aber nur, wenn sie **zum öffentlichen Dienst oder Verkehr bestimmt** sind. 326

„Abgeschlossen" ist ein solcher Raum, wenn er durch physische Hindernisse gegen beliebiges Betreten geschützt ist. Auch bewegliche Sachen können solche „abgeschlosse-

---

650 Vgl. RGSt 12, 132.

651 Sch/Sch/Sternberg-Lieben § 123 Rn. 4.

652 OLG Stuttgart NStZ 1983, 123; Wessels/Hettinger Rn. 582.

nen Räume" sein. „Zum öffentlichen Dienst" sind die Räumlichkeiten bestimmt, wenn hierin bestimmungsgemäß öffentlich-rechtlich begründete Tätigkeiten ausgeübt werden, z.B. Schulgebäude oder Kirchen.[653] Zum öffentlichen Verkehr bestimmt sind Räume, die dem zur allgemeinen Benutzung angebotenen Personen- und Gütertransport dienen, also insbesondere Bahnhöfe und auch Eisenbahnen oder Omnibusse.[654]

II. Tathandlungen

1. Eindringen, Alt. 1

327 Häufigste Tatvariante ist das **Eindringen**. Das ist nach h.M. **das Betreten gegen** (gleichbedeutend: **ohne**) **den Willen des Hausrechtsinhabers**.[655]

328 **a)** Für das **Betreten** genügt es, dass der Täter **nur mit einem Körperteil in die geschützten Räumlichkeiten gelangt** ist, beispielsweise dadurch, dass er den Fuß zwischen die Tür gestellt hat.[656] Das bloße Hineingreifen in die Räume genügt nach h.M. nicht.[657] Da ein körperliches Eindringen erforderlich ist, genügen auch Belästigungen, z.B. durch Störanrufe oder Schlagen vor die Tür nicht.[658]

b) Das Merkmal **gegen/ohne den Willen des Berechtigten** ist stets gegeben, wenn der Täter den Raum ohne eine ausdrückliche oder konkludent erteilte Einwilligung des Hausrechtsinhabers betreten hat. Die Zutrittserlaubnis schließt also den Tatbestand aus.

329 **aa) Das Hausrecht wird bei Mietwohnungen** mit dem **Einzug aufgrund eines Mietvertrags**, also der rechtmäßigen Inbesitznahme begründet; es erlischt aber nicht schon nach wirksamer Kündigung, sondern erst dann, wenn der Mieter die Wohnung tatsächlich räumt. Die Verletzung der zivilrechtlichen Räumungspflicht durch den Mieter ist daher kein Hausfriedensbruch[659] und berechtigt den Vermieter auch nicht zur Selbsthilfe.

Haben **mehrere Personen** an geschützten Räumlichkeiten eine gemeinsame Berechtigung, insbesondere Ehegatten an der ehelichen Wohnung, so ist grundsätzlich **jeder Mitberechtigte für sich allein befugt, Dritten wirksam den Aufenthalt zu gestatten**. Während eine Mindermeinung aber die Zutrittserlaubnis durch einen Mitberechtigten generell als unwirksam ansieht, wenn sie gegen den Willen des anderen ausgeübt wird,[660] ist nach h.M. das Einverständnis eines Mitberechtigten nur dann unwirksam, wenn die Anwesenheit des Dritten dem anderen Mitberechtigten schlechthin unzumutbar ist, beispielsweise das Mitbringen der Geliebten in die eheliche Wohnung.[661]

---

653 OLG Jena NJW 2006, 1892.
654 Ranft Jura 1993, 84, 89.
655 Sch/Sch/Sternberg-Lieben § 123 Rn. 11.
656 BGH bei Dallinger MDR 1955, 144.
657 Vgl. Sch/Sch/Sternberg-Lieben § 123 Rn. 12; a.A. RGSt 39, 440; SK-Rudolphi-Stein § 123 Rn. 12 a.
658 Sch/Sch/Sternberg-Lieben § 123 Rn. 12.
659 Vgl. RGSt 36, 322; OLG Hamburg, Beschl. v. 02.03.2006 – III-3/06 – 1 Ss 2/06.
660 Arzt/Weber/Heinrich/Hilgendorf § 8 Rn. 11; Bernsmann Jura 1981, 337, 344.
661 OLG Hamm NJW 1965, 2067.

Umstritten ist, ob auch der Vermieter noch Hausrechtsinhaber der vermieteten Sache ist. Das Schrifttum steht teilweise auf dem Standpunkt, dass bei **Mietwohnungen das Hausrecht ausschließlich dem Mieter zustehe**, und zwar gegenüber jedermann, also auch gegenüber dem Vermieter. Dieser könne bei Vertragsverletzungen des Mieters den Zivilrechtsweg beschreiten. Allenfalls bei untervermieteten Einzelzimmern, Hotelunterkünften usw. verbleibe ein Rest von Hausrecht beim Vermieter.[662] Die Rspr. und ein Teil des Schrifttums erkennen prinzipiell ein „Restverfügungsrecht" des Vermieters an. Soweit der Vermieter nach dem Mietvertrag verlangen könne, dass bestimmte Personen die Mietwohnung nicht betreten, könne er ihnen auch den Zutritt gegen den Willen des Mieters verwehren.[663]

bb) Einigkeit besteht darüber, dass ein Geschehenlassen des Betretens **aufgrund von Zwang keine Zutrittserlaubnis** enthält und daher ein tatbestandliches Eindringen nicht beseitigt. Umstritten sind die (klausurhäufigen!) Fälle der durch **Täuschung erschlichenen Zutrittserlaubnis**: Eine Mindermeinung stellt für das Einverständnis dieselben Erfordernisse wie für die rechtfertigende Einwilligung auf. Entscheidend sei, dass der Täter den mutmaßlich entgegenstehenden Willen durch die Täuschung überwunden habe. Danach ist eine irrtumsbedingte Zustimmung unbeachtlich, also das Eindringen auch in Fällen des Erschleichens tatbestandsmäßig.[664] Die herrschende Gegenauffassung lässt eine **faktische Erlaubnis** genügen und fragt nicht nach einer wirksamen Willensbildung.[665] 330

cc) Ein ähnliches Problem ist, ob auch die Ausnutzung einer **generellen Zutrittserlaubnis** zu unerlaubten oder unerwünschten Zwecken den Tatbestand erfüllt. Eine solche generelle Zutrittserlaubnis besteht bei allen Gebäuden, Anlagen oder Verkehrsmitteln, die für Publikumsverkehr geöffnet sind (Geschäfte, Theater, Verkehrsmittel). 331

Hausfriedensbruch wird bei solchen Räumlichkeiten nicht schon dann begangen, wenn sich der Betretende nicht an allgemeine Verhaltensregeln hält (Missachtung eines Rauchverbots oder von Bekleidungsvorschriften).[666] Andererseits liegt Hausfriedensbruch stets vor, wenn sich der Täter über ein ihm persönlich erteiltes **Hausverbot** hinwegsetzt.[667]

Auch wenn der Betretende deliktische Absichten verfolgt (in Klausuren häufig: Warenhausdiebstahl oder Banküberfall)**, reicht die generelle Zutrittserlaubnis so weit, wie der Hausrechtsinhaber – hätte er jeden Eintretenden beobachtet – den Zutritt gestattet hätte:** 332

- Entspricht das äußere Erscheinungsbild und Verhalten des Betretenden den vom Hausherrn erkennbar aufgestellten Voraussetzungen (Öffnungszeiten), so ist der Zutritt vom Einverständnis gedeckt, selbst wenn der Täter nur vortäuscht, zum berechtigten Personenkreis zu gehören.

662 Bernsmann Jura 1981, 337, 342; LK-Lilie § 123 Rn. 29.
663 Vgl. OLG Braunschweig NJW 1966, 263.
664 Vgl. Kindhäuser § 33 Rn. 24.
665 Fischer § 123 Rn. 16; Rengier § 30 Rn. 11; vgl. auch AS-Skript StrafR AT 1 (2016), Rn. 267.
666 Fischer § 123 Rn. 17 a.E.
667 Fischer § 123 Rn. 20.

- Erst dann, wenn der Täter **nach Erscheinungsbild oder Verhalten erkennbar nicht mehr zu dem berechtigten Personenkreis gehört**, liegt bei genereller Zutrittserlaubnis Hausfriedensbruch schon durch das Betreten vor (z.B. der Bankräuber, der mit der übergezogenen Strumpfmaske und Waffe den Kassenraum betritt).[668]

2. Verweilen trotz Aufforderung, Alt. 2

333 Die Tathandlung des **Verweilens trotz Aufforderung zum Verlassen** ist gegenüber der 1. Alt. subsidiäres echtes Unterlassungsdelikt. Voraussetzung dafür ist ein ausdrückliches oder konkludentes Handlungsgebot des Hausrechtsinhabers. Abstrakte Zutrittsregeln oder zeitliche Aufenthaltsgrenzen genügen dafür nach h. M. nicht.[669]

3. Eindringen durch unechtes Unterlassen, 1. Alt i.V.m. § 13

334 Umstritten ist die Einordnung der Fälle, in denen der Täter mit zeitlich begrenzter Erlaubnis oder aufgrund eines vorsatzausschließenden Irrtums oder gerechtfertigt bzw. entschuldigt die Räume betreten hat, dann nach Wegfall der Erlaubnis oder Erkennen des Irrtums darin verweilte und keine ausdrückliche Aufforderung zum Verlassen vorlag.

Die h.M. nimmt hier ein **„Eindringen durch Unterlassen"** nach §§ 123 Abs. 1 Alt. 1, 13 an. Aus dem Dauerdeliktscharakter des § 123 sei zu folgern, dass derjenige, der zunächst unvorsätzlich, gerechtfertigt oder entschuldigt eingedrungen sei, nach Erkennen seines Irrtums/nach Wegfall der Rechtfertigungsvoraussetzungen/nach Wegfall des Entschuldigungsgrundes **aus Ingerenz verpflichtet** sei, den widerrechtlichen Zustand zu beseitigen. Die gleichen Grundsätze müssten auch gelten, wenn die Erlaubnis zum Aufenthalt in den geschützten Räumen von vornherein zeitlich begrenzt sei. Hier ergebe sich die Verpflichtung zum Verlassen der geschützten Räumlichkeiten aus der **tatsächlich übernommenen Verpflichtung**, den Aufenthalt auf die gestatteten Zeiten zu begrenzen. § 123 Abs. 1 Alt. 2 sei als echtes Unterlassungsdelikt demgegenüber subsidiär.[670]

In der Lit. wird diese Unterlassungskonstruktion als Umgehung des gesetzgeberischen Willens kritisiert, der das „Verweilen" nur unter den Voraussetzungen der Alt. 2 – nämlich bei Aufforderung zum Verlassen – unter Strafe gestellt habe. Dies Ansicht sucht eine Lösung über die 2. Alt.: Die Aufforderung zum Verlassen könne vorab in der Beschränkung der Aufenthaltserlaubnis für einen bestimmten Zeitraum gesehen werden.[671] Eine solche „antizipierte" Aufforderung schon beim Betreten erscheint jedoch mit dem Wortsinn und der Gesetzessystematik unvereinbar.

III. Vorsatz

335 Der Vorsatz erfordert die Kenntnis der Umstände, die den objektiven Tatbestand ausfüllen, also auch das Handeln ohne oder gegen den Willen des Hausrechtsinhabers. Stellt sich der Täter also **irrtümlich das Vorliegen einer Zutrittserlaubnis vor**, die im Fall ih-

668 OLG Zweibrücken NStZ 1985, 456 LK-Lilie § 123 Rn. 50; Rengier § 30 Rn. 12.
669 Fischer § 123 Rn. 32.
670 BGHSt 21, 224.
671 LK-Lilie § 123 Rn. 58; Rengier § 30 Rn. 17; SK-Rudolphi/Stein § 123 Rn. 19.

res Vorliegens tatsächlich den Tatbestand ausschließen würde, befindet er sich in einem den Vorsatz ausschließenden Tatbestandsirrtum, § 16 Abs. 1 S. 1.

***Klausurhinweis**: Manche Bearbeiter wenden in solchen Fällen die Regeln über den Rechtfertigungsirrtum an. – Grob falsch!*

IV. Rechtswidrigkeit

Die Tat muss **„widerrechtlich“**, Alt.1, bzw. **„ohne Befugnis“**, Alt. 2, verwirklicht worden **336**
sein. Hierbei handelt es sich nur um einen Hinweis des Gesetzgebers auf häufige Rechtfertigungen.[672] Rechtfertigungsgründe können zum einen öffentlich-rechtliche Befugnisse, z.B. Durchsuchung, Pfändung, aber auch allgemeine Erlaubnissätze, z.B. mutmaßliche Einwilligung oder rechtfertigender Notstand sein.

V. Strafantrag

Der Hausfriedensbruch ist gemäß § 123 Abs. 2 nur dann verfolgbar, wenn ein wirksamer **337**
Strafantrag gestellt worden ist.

B. Verletzung der Vertraulichkeit des Wortes, § 201

I. Angriffsgegenstand

Alle Tatmodalitäten des § 201 haben das **nicht öffentlich gesprochene Wort eines an-** **338**
deren zum Gegenstand. „Wort“ ist nach h.M. die mündliche Äußerung eines Gedanken jeglichen Inhalts, also nicht das Hervorbringen anderer Laute, z.B. Stöhnen oder Gähnen.[673] „Gesprochen“ ist das Wort nur dann, wenn es unmittelbar stimmlich geäußert wird. Darüber hinaus verlangt das Schutzgut des § 201, dass es um eine „live“ gesprochene Äußerung geht, sodass das Abhören einer Tonkonserve nicht unter § 201 Abs. 1 Nr. 1 fällt.[674] „Nicht öffentlich“ ist die Äußerung dann, wenn sie nach dem Willen des Sprechers nicht für einen größeren, nach Zahl und Individualität unbestimmten oder nicht durch persönliche oder sachliche Beziehungen miteinander verbundenen Personenkreis bestimmt oder unmittelbar verstehbar ist.[675]

II. Tathandlungen

1. Abs. 1 Nr. 1: Aufgenommen auf einen Tonträger ist das gesprochene Wort, wenn es **339**
so auf einem Speichermedium fixiert ist, dass es wieder hörbar gemacht werden kann.[676]

2. Abs. 1 Nr. 2: betrifft eine **„so hergestellte Aufnahme“**. In diese Verweisung ist auch **340**
das Erfordernis einer unbefugten Aufnahme einbezogen, sodass der Umgang mit rechtmäßig hergestellten Tonbandaufnahmen nicht tatbestandsmäßig i.S.d. § 201 Abs. 1

---

672 Vgl. OLG Hamburg NJW 1977, 1831.
673 Lackner/Kühl § 201 Rn. 2.
674 Sch/Sch/Lenckner/Eisele § 201 Rn. 5, 12.
675 Vgl. OLG Stuttgart NJW 1977, 1546.
676 Vgl. LK-Schünemann § 201 Rn. 14.

Nr. 2 ist.[677] Die Tathandlung des **Gebrauchens** ist erfüllt, wenn der Täter die Aufnahme vor sich selbst oder einem Dritten abspielt; für das Zugänglichmachen genügt es, wenn der Täter Dritten den Zugriff auf die Aufnahmen ermöglicht.[678]

341 **3. Abs. 2 S. 1 Nr. 1: Abhören** ist das Zuhören durch den Täter selbst oder das Hörbarmachen für andere.[679] Unter „Abhörgeräten" versteht die h.M. aber nur solche technischen Vorrichtungen, die das gesprochene Wort über dessen normalen Klangbereich hinaus durch Verstärkung oder Übertragung unmittelbar hörbar machen (z.B. Richtmikrofone, „Wanzen", Stethoskope) und die nicht zur üblichen Ausstattung gebräuchlicher Kommunikationsmittel gehören. Damit fallen die heute bei Telefonen üblichen Lautsprecher, die das Mithören von Telefongesprächen ermöglichen, nicht unter die Vorschrift.[680]

342 **4. Abs. 2 S. 1 Nr. 2:** Erfasst wird hier das **öffentliche Mitteilen** illegal abgehörter oder aufgenommener Worte oder ihres wesentlichen Inhalts, allerdings mit der Tatbestandseinschränkung[681] des S. 2, wonach die Mitteilung geeignet sein muss, berechtigte Interessen des Opfers zu beeinträchtigen. Einen **speziellen Rechtfertigungsgrund** für Veröffentlichungen der vorliegenden Art enthält § 201 Abs. 2 S. 3; ein **überragendes öffentliches Interesse** im Sinne der dort vorgeschriebenen Abwägung liegt jedoch nur vor, wenn es sich um die Aufdeckung schwerwiegender Missstände handelt, z.B. geplante Verbrechen organisierter Kriminalität oder illegaler Waffengeschäfte.[682]

III. „Unbefugt"

343 Umstritten ist die Bedeutung des Wortes **„unbefugt"** in §§ 201 ff. Während einige ihm eine Doppelfunktion zuweisen – die Einwilligung beseitige den Tatbestand, die Befugnis aus anderen Rechtfertigungsgründen die Rechtswidrigkeit[683] –, sieht die Gegenauffassung darin nur einen **Hinweis auf das allgemeine Verbrechensmerkmal der Rechtswidrigkeit**.[684] Die Tat kann bei Handeln durch Strafverfolgungsorgane insbesondere durch §§ 100 a ff. StPO gesetzlich erlaubt sein. Bei Handeln Privater kommen Einwilligung, Notwehr oder Notstand gemäß § 34 infrage (Abwehr eines Erpressers oder Identifizierung eines Stalkers).

IV. Tatbestandliche Bewertungseinheit

344 Die Tatmodalitäten des unbefugten Aufnehmens und anschließenden Gebrauchs sind nach h.M. nur **eine Tat**, weil der Gebrauch lediglich die Realisierung der durch die Aufnahme begründeten Gefahr der Beeinträchtigung der Eigensphäre darstellt.[685]

---

677 KG JR 1981, 254; LK-Schünemann § 201 Rn. 16.

678 Fischer § 201 Rn. 6.

679 Sch/Sch/Lenckner/Eisele § 201 Rn. 20.

680 BGH NJW 1982, 1397, 1398; NJW 1994, 596, 598; a.A. Sch/Sch/Lenckner/Eisele § 201 Rn. 19.

681 LK-Schünemann § 201 Rn. 25.

682 Vgl. Lackner/Kühl § 201 Rn. 15.

683 Vgl. z.B. Sch/Sch/Lenckner/Eisele § 203 Rn. 21.

684 LK-Schünemann § 203 Rn. 93.

685 NK-Kargl § 201 Rn. 37; im Ergebnis ebenso LK-Schünemann § 201 Rn. 36, wenn der spätere Gebrauch schon bei der Aufnahme beabsichtigt war.

V. Qualifikation, Abs. 3

Qualifiziert ist die Tat nach Abs. 3 bei Begehung durch Amtsträger. 345

VI. Strafverfolgungsvoraussetzungen

Für die Strafverfolgung einer Tat nach Abs. 1 oder 2 ist nach § 205 Abs. 1 S. 1 stets ein **Strafantrag** des Verletzten erforderlich. § 201 Abs. 3 ist dagegen Offizialdelikt. 346

C. Verletzung des persönlichen Lebensbereichs durch Bildaufnahmen, § 201 a

Die Vorschrift soll vor Bildaufnahmen unter Verletzung fremder Intimsphäre schützen. Seit Inkrafttreten des 49. StÄG am 27. 01. 2015 sind auch Bildaufnahmen erfasst, die die Hilflosigkeit einer Person oder zur Schau stellen oder das Ansehen gefährden können sowie die Kommerzialisierung von Nacktaufnahmen von Personen unter 18 Jahren.

I. Tatgegenstand

§ 201 a bezieht sich auf **Bildaufnahme einer anderen Person**. Bildaufnahme ist nur die digitale oder analoge Speicherung in Form einer Einzelaufnahme oder Bildserie (Video).[686] Handgefertigte Zeichnungen oder Gemälde fallen nicht darunter. Die Aufnahme muss eine andere (lebende) Person zeigen. Diese braucht nicht identifizierbar zu sein (Nahaufnahmen von Körperteilen genügen). 347

1. Die abgebildete Person muss sich in **Abs. 1 Nr. 1** in einer Wohnung oder einem sonstigen gegen Einblick geschützten Raum befunden haben. **Wohnung** ist – vergleichbar mit dem engen Wohnungsbegriff des § 244 Abs. 1 Nr. 3[687] – jede Räumlichkeit, die den Mittelpunkt des privaten, ungestörten Lebens bildet, also auch Zelte und Hafträume, aber nicht Nebenräume wie Hausflure.[688] **Gegen Einblick besonders geschützter Raum** ist jedes Raumgebilde, das primär dem Schutz vor unbefugten Einblicken dient und mit einem Sichtschutz ausgestattet ist.[689] Dazu gehören Toiletten, Umkleidekabinen, ärztliche Behandlungsräume usw. 348

2. In **Abs. 1 Nr. 2** kann sich die abgebildete Person überlass befinden. Sie muss aber **hilflos** sein, also unfähig, die Anforderungen der konkreten Lebenssituation zu erfüllen, wie z.B. Unfallopfer, berauschte Personen, oder Behinderte ohne Hilfsmittel).[690] 349

3. Abs. 2 erfasst **Aufnahmen, die das Ansehen der abgebildeten Person schädigen können,** also in peinlichen oder herabwürdigenden Situationen. 350

4. Von **Abs. 3** erfasst werden **Nacktaufnahmen von Personen unter 18 Jahren** – auch in Badekleidung oder Unterwäsche und auch ohne pornographischen Inhalt. 351

---

686 LK-Valerius § 201 a Rn. 9.

687 Vgl. AS-Skript StrafR BT 1 (2015), Rn. 144.

688 Vgl. Lackner/Kühl § 201 a Rn. 2; für weiten Wohnungsbegriff i.S.v. § 123 Rengier § 31 Rn. 11.

689 LK-Valerius § 201 a Rn. 17 f.

690 Fischer § 201 a Rn. 10 a.

II. Tathandlungen und Taterfolge

352 1. Bei **Abs. 1 Nr. 1 und Nr. 2** ist das **unbefugte Herstellen**, gleichbedeutend mit Speichern, oder **Übertragen**, d.h. Live-Übermittlung durch Videokameras ohne Speicherung unter Strafe gestellt. **Nr. 3** erfasst das **Gebrauchen** oder einem **Dritten Zugänglichmachen** einer Aufnahme nach Nr. 1 oder 2. **Nr. 4** betrifft das **Zugänglichmachen** einer befugt hergestellten Aufnahme.

353 In den Tatvarianten des Abs. 1 muss es zu einer **Verletzung des höchstpersönlichen Lebensbereichs** gekommen sein. Der Begriff lehnt sich an die „Intimsphäre" an und betrifft die Gedanken- und Gefühlswelt mit ihren äußeren Erscheinungsformen sowie von Natur aus geheimhaltungsbedürftige Angelegenheiten, im Kern also Sexualität, intime Verrichtungen, Krankheit und Tod.[691] Verletzt ist der Lebensbereich schon dann, wenn er kenntlich gemacht wird.[692]

354 2. **Abs. 2** bestraft das **Gebrauchen** oder **einem Dritten Zugänglichmachen** ansehensgefährdender Aufnahmen.

355 3. **Abs. 3** bestraft in **Nr. 1** das **Herstellen** und **Anbieten**, in **Nr. 2** das **Verschaffen** von Nacktaufnahmen Minderjähriger, aber nur bei Handeln **gegen Entgelt**.

III. Tatbestandsausschluss, Abs. 4

356 Nach Abs. 4 ist bereits der Tatbestand ausgeschlossen („gelten nicht"), wenn der Täter die Handlungen nach Abs. 1 Nr. 2, Abs. 2 und 3 und in Wahrnehmung überwiegender berechtigter Interessen vorgenommen hat. Das Gesetz nennt Zwecke der Kunst, Wissenschaft, Forschung, Lehre und Berichterstattung beispielhaft.

IV. Subjektiver Tatbestand

357 Die Tatmodalitäten sind nur bei Vorsatz strafbar.

V. Strafverfolgungsvoraussetzung

358 Das Strafverfahren kann wegen einer Tat nach § 201 a gemäß § 205 Abs. 1 auf **Antrag** oder bei **Bejahung besonderen öffentlichen Strafverfolgungsinteresses** geführt werden.

D. Verletzung des Briefgeheimnisses, § 202

I. Tatobjekt

359 1. Tatobjekt ist ein **Schriftstück**, d.h. jede Verkörperung eines gedanklichen Inhalts durch Schriftzeichen, ohne dass notwendigerweise die Urkundsmerkmale erfüllt sein müssen.[693] Schriftstücken gleichgestellt sind nach Abs. 3 **Abbildungen**, d.h. alle grafi-

691 LK-Valerius § 201 a Rn. 32.

692 Kindhäuser § 28 Rn. 35.

693 Sch/Sch/Lenckner/Eisele § 202 Rn. 4.

schen oder fotomechanischen Darstellungen.[694] Der **Brief** ist lediglich Unterfall des Schriftstücks und bezeichnet jede schriftliche Mitteilung von einer an eine andere Person.[695]

2. Das Objekt darf **nicht zur Kenntnis des Täters bestimmt** sein. Diese Bestimmung trifft bei Versendungen der Absender und ab dem Zugang der Adressat.[696] Die faktische Einwilligung in die Kenntnisnahme beseitigt nach allgemeiner Ansicht schon die Tatbestandsmäßigkeit, wirkt also als Einverständnis.[697]

3. Der Geheimhaltungswille des Berechtigten muss durch **äußere Vorrichtungen** manifestiert sein:

a) In **Abs. 1** muss das Schriftstück dafür **verschlossen**, d.h. mit einer unmittelbar damit verbundenen Vorkehrung versehen sein, die die Kenntnisnahme durch Dritte zumindest erschweren soll, z.B. zugeklebter Briefumschlag, das mit einem Schloss versperrte Tagebuch.[698]

b) In **Abs. 2** muss die verkörperte Gedankenäußerung durch ein **verschlossenes Behältnis gegen Kenntnisnahme besonders gesichert** sein. Dieser Begriff wird ebenso definiert wie in § 243 Abs. 1 S. 2 Nr. 2, also als Raumgebilde, das zur Verwahrung von Sachen dient, jedoch im Gegensatz zum umschlossenen Raum i.S.v. § 243 Abs. 1 S. 2 Nr. 1 nicht dazu bestimmt ist, von Menschen betreten zu werden.[699] Darüber hinaus muss das Behältnis **verschlossen sein, und der Verschluss muss die Sicherung vor fremder Kenntnisnahme bezwecken**.[700]

***Klausurhinweis**: Aus dem Schutzbereich fallen also alle Schriftstücke ohne besonderen Schutz vor Kenntnisnahme heraus, z.B. offene Postkarten oder offene Schriftstücke, die sich nicht in einem Behältnis, sondern in einem – wenn auch verschlossenen – Zimmer befinden.*

II. Tathandlungen:

1. Nach **Abs. 1 Nr. 1** strafbar ist das bloße Öffnen (nicht notwendig mit Kenntniserlangung), nach **Nr. 2** die Kenntniserlangung vom Inhalt mit technischen Mitteln ohne Öffnung des Verschlusses. **360**

2. Abs. 2 verlangt das Öffnen und die eigene Kenntnisverschaffung vom Inhalt.

III. Strafverfolgungsvoraussetzung

Auch § 202 setzt für die Strafverfolgung ausnahmslos einen **Strafantrag** des Verletzten voraus, § 205 Abs. 1 S. 1. **361**

694 Vgl. LK-Schünemann § 202 Rn. 11.

695 RGSt 36, 267, 268.

696 Vgl. Wessels/Hettinger Rn. 549.

697 Sch/Sch/Lenckner/Eisele § 202 Rn. 12.

698 Fischer § 202 Rn. 5.

699 Allgemeine Ansicht, vgl. LK-Schünemann § 202 Rn. 16.

700 Sch/Sch/Lenckner/Eisele § 202 Rn. 18.

E. Ausspähen von Daten, § 202 a

I. Tatobjekt

362 **1.** Die Strafvorschrift schützt **Daten, die nicht für den Täter bestimmt und die gegen unberechtigten Zugang besonders gesichert sind**. Was unter „Daten" zu verstehen ist, ist § 202 a nicht zu entnehmen. Allgemein werden darunter alle durch Zeichen oder kontinuierliche Funktionen dargestellten Informationen erfasst, die sich als Gegenstand oder Mittel der Datenverarbeitung für eine Datenverarbeitungsanlage codieren lassen oder die das Ergebnis eines Datenverarbeitungsvorgangs sind.[701] § 202 a Abs. 2 schränkt diesen Begriff lediglich ein: Zum einen dürfen die Daten **nicht unmittelbar wahrnehmbar** sein. Ferner müssen die Daten entweder bereits **gespeichert sein oder übermittelt** werden, also elektronisch oder magnetisch fixiert sein, bevor es zur Handlung des Täters kommt.

363 **2.** Die Daten dürfen ferner **nicht für den Täter bestimmt** sein. Das ist zu bejahen, wenn sie ihm nach dem Willen des Berechtigten zur Verfügung stehen sollen.[702]

364 **3.** Hinzu kommen muss, dass die Daten **gegen unberechtigten Zugang besonders gesichert sind**. Das setzt voraus, dass mechanische (Schließeinrichtungen an Computeranlagen) oder systemimmanente (Passwörter oder Codierungen) Vorkehrungen getroffen sind, die das Geheimhaltungsinteresse des Berechtigten dokumentieren.[703]

II. Tathandlung

365 Der Täter muss nicht die Daten selbst sich oder einem Dritten verschaffen, sondern nur den **Zugang** dazu. Damit ist klargestellt, dass schon das Eindringen in fremde Netzwerke und PCs den Tatbestand erfüllt, sogenanntes Hacking. Einschränkend muss aber hinzukommen, dass dies **gerade unter Überwindung der Zugangssicherung** geschieht, also durch Ausschaltung der datenspezifischen Sicherung.

366 **Beispiel für die Grenzen des § 202 a** ist das sogenannte **Skimming**,[704] also das Auslesen von Magnetkarten und PIN bei der Benutzung am Automaten. Dabei wird der auf der Rückseite der Karte angebrachte Magnetstreifen mithilfe eines vom Täter zuvor am Karteneinzugsschacht des Automaten angebrachten und unauffälligen Vorschaltgeräts ausgelesen und die Eingabe der PIN filmt der Täter mithilfe einer Mini-Kamera. – § 202 a ist hier nicht erfüllt:

Die **Daten auf dem Magnetstreifen** sind bei den Karten, die mithilfe einer handelsüblichen Software ausgelesen werden können, nicht gegen Zugang besonders gesichert. Die bloße Speicherung auf dem Magnetstreifen genügt nicht, da die Speicherung bereits Voraussetzung des Datenbegriffs selbst ist, § 202 a Abs. 2.[705] Auch die PIN ist keine spezifische Zugangssicherung zu den Magnetstreifendaten, sondern verhindert nur, dass nicht autorisierte Personen die Daten für Geldautomatenverfügungen missbrauchen.

Das Erlangen der **PIN** fällt ebenfalls nicht unter § 202 a: Die PIN ist weder in der Karte noch im bankeninternen EDV-System gespeichert. Die zur Authentifizierung der Karte erforderliche vierstellige Ziffern-

701 Sch/Sch/Lenckner/Eisele § 202 a Rn. 3.

702 Vgl. Sch/Sch/Lenckner/Eisele § 202 a Rn. 6.

703 Lackner/Kühl § 202 a Rn. 4.

704 to skim = abschöpfen, inzwischen Fachbegriff für illegale Datenerlangung an manipulierten Terminals.

705 BGH, Beschl. v. 14.01.2010 – 4 StR 93/09, RÜ 2010, 313; vgl. Fischer § 202 a Rn. 9 a.

folge errechnet sich erst online mithilfe eines speziellen Programms aus den auf dem Magnetstreifen gespeicherten Daten. Die PIN ist also selbst kein „gespeichertes" Datum i.S.v. § 202 a Abs. 2. Allenfalls könnte man die vom Kunden eingegebene PIN, die mit der errechneten PIN abgeglichen wird, ab dem Moment der Eingabe als „übermitteltes Datum" i.S.v. § 202 a ansehen. Fraglich ist dann, ob die eingegebene PIN auch gegen Zugang besonders gesichert ist. Das bloße Geheimhalten und das verdeckte Eingeben durch Sichtschutz am Geldautomaten genügen dafür nicht.[706] Ebenso wenig genügt die bloße Umwandlung in digitale Form, weil dies bereits Voraussetzung des Datenbegriffs selbst ist. Zudem wäre erforderlich, dass der Verschaffungsvorgang unter Überwindung der Zugangssicherung geschieht. Das ist hier gerade nicht der Fall. Das elektronische „über die Schulter schauen" mithilfe einer Mini-Kamera wird von § 202 a nicht erfasst.

F. Abfangen von Daten, § 202 b

Im Unterschied zu § 202 a sind hier Daten Tatgegenstand, die nicht öffentlich übermittelt werden, und zwar entweder leitungsgebunden (Telefon, Fax) oder drahtlos (WLAN, Bluetooth). Diese brauchen auch nicht gegen Zugang besonders gesichert zu sein. Dafür muss der Täter sich oder einem Dritten die Daten verschaffen, also nicht nur den Zugang dazu.[707] Zudem muss dies unter Anwendung technischer Mittel geschehen. Die Tat ist gegenüber § 202 a formell subsidiär und nach § 205 antragsbedürftig, sofern nicht die Staatsanwaltschaft ein besonderes öffentliches Verfolgungsinteresse bejaht. **367**

G. Vorbereitung des Ausspähens und Abfangens von Daten, § 202 c

Das abstrakte Gefährdungsdelikt erfasst jede selbst- oder fremdnützige Verschaffung tatsächlicher Verfügungsgewalt von Passwörtern und Sicherungscodes, die den Zugang zu Daten nach § 202 a ermöglichen (Abs. 1 Nr. 1) und von Computerprogrammen, deren objektive Zweckbestimmung zumindest auch die Begehung von Taten nach §§ 202 a, b ist (Abs. 1 Nr. 2). Anders als die §§ 202 a, b ist § 202 c nicht antragsbedürftig. **368**

H. Datenhehlerei, § 202 d

Diese Strafvorschrift gilt seit dem 18. 12. 2015. Sie schützt als Anschlussdelikt davor, dass die Verletzung des durch eine rechtswidrige Tat betroffenen Datengeheimnisses noch vertieft wird.

I. Tatobjekt

Es muss um **Daten** i.S.v. § 202 a Abs. 2 gehen, die nicht öffentlich zugänglich sind und die ein **anderer durch eine rechtswidrige Straftat erlangt hat**. Die Vortaten sind nicht begrenzt. Häufig werden es Datenschutzdelikte gemäß §§ 202 a, b sein, möglich sind aber auch Nötigung, Erpressung, Betrug oder Eigentumsdelikte am Datenträger sein.[708] Die Vortat muss vor Beginn der Datenhehlerei zeitlich abgeschlossen sein. **369**

706 Fischer § 202 a Rn. 9.
707 LK-Hilgendorf § 202 b Rn. 13.
708 Vgl. Beck OK StGB Weidemann § 202 d Rn. 7.

II. Tathandlungen und Tatbestandausschluss

370 **1.** Datenhehler ist, wer die Daten **sich oder einem Dritten** – im Einvernehmen mit dem Vortäter[709] – **verschafft, einem anderen überlässt, verbreitet oder sonst zugänglich macht**.

371 **2.** Geschieht dies in Erfüllung **rechtmäßiger dienstlicher oder beruflicher Pflichten**, insbesondere im Besteuerungs-, Straf- oder Ordnungswidrigkeitenverfahren (z.B. Ankauf von CD's mit den Daten von Schwarzgeldkonten), ist der Tatbestand gemäß § 202 d Abs. 3 ausgeschlossen.

III. Subjektiver Tatbestand

372 Die Tatbestandserfüllung verlangt Vorsatz. Zudem muss der Täter entweder **Bereicherungs**- oder **Schädigungsabsicht** besitzen.

IV. Verfolgbarkeit

373 Die Strafverfolgung ist gemäß § 205 Abs. 1 entweder von einem Strafantrag oder der Bejahung des besonderen öffentlichen Verfolgungsinteresses abhängig.

I. Verletzung von Privatgeheimnissen, §§ 203 ff.

I. Täterkreis

374 Täter dieses echten Sonderdelikts kann nur sein, wer zu den in § 203 abschließend aufgezählten **Geheimhaltungsverpflichteten** gehört:

- In Abs. 1 Nr. 1–6 sind zunächst **bestimmte Berufsgruppen** (Hauptfälle: Arzt, Anwalt) genannt.
- **Hilfs- und Lernpersonal** des nach Abs. 1 schweigepflichtigen Personenkreises wird von Abs. 3 S. 2 den berufsmäßig Schweigepflichtigen gleichgestellt.
- **Außenstehende**, die das Geheimnis von einem der vorgenannten verstorbenen Geheimnisträger oder aus deren Nachlass erfahren haben, sind nach § 203 Abs. 3 S. 3 ebenfalls geheimnisverpflichtet.
- Im Katalog der Abs. 2, 2 a und 3 S. 1 werden zudem solche Personen aufgezählt, die durch ihre Stellung als Amtsträger oder durch ihre **amtsähnlichen** Aufgaben in die Lage kommen, fremde Geheimnisse zu erfahren (§ 203 Abs. 2 ist beispielsweise weiter als § 353 b, der die Gefährdung wichtiger öffentlicher Interessen voraussetzt).

II. Tatobjekt

Gegenstand des § 203 ist ein **fremdes Geheimnis, das dem Täter in seiner beruflichen oder amtlichen Eigenschaft anvertraut oder sonst bekannt geworden ist.**

709 Singelnstein ZIS 2016, 432.

1. Geheimnisse sind Tatsachen, die nur einem beschränkten Personenkreis bekannt sind und an deren Geheimhaltung derjenige, den sie betreffen, ein von seinem Standpunkt aus sachlich begründetes Interesse hat.[710] **Fremd ist das Geheimnis, wenn es irgendeine andere natürliche oder juristische Person betrifft.** Welchen Lebenskreis das Geheimnis berührt, ist unbeachtlich. Die gesetzliche Aufzählung ist nicht abschließend („namentlich"). Abs. 4 stellt klar, dass das Geheimhaltungsinteresse nicht mit dem Tod endet, also die Schweigepflicht über den Tod des Betroffenen hinaus fortbesteht. 375

2. Bei den Geheimhaltungspflichtigen i.S.v. Abs. 2 werden darüber hinaus durch S. 2 auch Einzelangaben eines anderen einem Offenbarungsverbot unterworfen, die einerseits nicht geheim sein müssen (sonst S. 1) und die andererseits nicht offenkundig sein dürfen, § 203 Abs. 2 S. 2 Hs. 1.[711] 376

Beispiel: A erlangt über den Polizeibeamten P, der anhand des Kfz-Kennzeichens eine Halteranfrage beim örtlichen Fahrzeugregister durchführt, die persönlichen Daten über einen Nebenbuhler. – P ist strafbar aus § 203 Abs. 2 Nr. 1 i.V.m. Abs. 2 S. 2 Hs. 1. Nach dem BGH[712] sind die Halterdaten keine offenkundigen Tatsachen, sondern stehen Geheimnissen gleich, weil Halterdaten aus dem Fahrzeugregister nicht jedermann ohne Weiteres übermittelt werden, sondern nur bei Darlegung eines Interesses zur Rechtsverteidigung, § 39 StVG. A ist strafbar aus Anstiftung zu § 203.

Einen Tatbestandsausschluss dazu wiederum enthält § 203 Abs. 2 S. 2, letzter Hs., wenn die Weitergabe für Aufgaben der öffentlichen Verwaltung erfolgt und nicht ausdrücklich gesetzlich untersagt ist.

3. Geschützt sind diese Geheimnisse jedoch nur, wenn sie dem **Schweigepflichtigen in seiner beruflichen Eigenschaft anvertraut oder sonst bekannt geworden sind**. Dabei bedeutet „Anvertrauen" Mitteilen gegenüber dem Geheimnispflichtigen in Ausübung seiner beruflichen Funktion; „in sonstiger Weise bekannt werden" kann die geheimzuhaltende Tatsache durch eigene Tätigkeit des Schweigepflichtigen, z.B. ärztliche Untersuchung.[713] 377

III. Tathandlung

Offenbarung ist jede Mitteilung des Geheimnisses an einen Dritten – sogar an einen anderen nach § 203 Schweigepflichtigen –,[714] **der das Geheimnis noch nicht oder nicht sicher kannte**.[715] 378

IV. „Unbefugt"

Auch bei § 203 soll das Merkmal **„unbefugt"** nach einer Meinung Tatbestandsmerkmal sein, das entfällt, wenn der Geheimnisgeschützte der Offenbarung ausdrücklich zugestimmt hat, während hinsichtlich aller übrigen Erlaubnissätze nur auf die allgemeine Rechtswidrigkeit verwiesen wird. Nach der Gegenansicht verweist das Merkmal generell auf die Rechtswidrigkeit. 379

710 OLG Hamburg NStZ 1998, 358.

711 Vgl. Lackner/Kühl § 203 Rn. 15.

712 BGH, Urt. v. 08.10.2002 – 1 StR 150/02, BGHSt 48, 28 gegen OLG Hamburg NStZ 1998, 358; BayObLG NJW 1999, 1727.

713 LK-Schünemann § 203 Rn. 34.

714 BayObLG NJW 1995, 1623.

715 Lackner/Kühl § 203 Rn. 17.

380 **1.** Ungeachtet der Einordnung auf Tatbestands- oder Rechtswidrigkeitsebene ist die **Einwilligung** nur wirksam, wenn der Rechtsgutträger einwilligungsfähig war und ohne Willensmängel seine Zustimmung zum Ausdruck gebracht hat.

381 **2.** Besondere Bedeutung hat im Bereich des Geheimnisschutzes die **mutmaßliche Einwilligung**, und zwar immer dann, wenn der Geheimnisgeschützte nicht oder nicht mehr befragt werden kann. In jedem Fall muss aber der mutmaßliche Wille des Betroffenen erforscht und erfragt werden, ob er auf die Wahrung des konkreten Geheimnisses verzichtet hätte.[716]

Beispiele: Benachrichtigung naher Angehöriger von der Krankenhausbehandlung eines bewusstlosen Unfallopfers oder Bekanntgabe der Todesursache durch den Arzt beim plötzlichen Ableben. Nach Ansicht der zivilrechtlichen Rspr. soll es sogar im mutmaßlichen Willen eines Testierunfähigen liegen, dass der behandelnde Arzt vor dem Nachlassgericht die medizinischen Gründe für die Testierunfähigkeit des Erblassers offenbare.[717]

382 **3.** Darüber hinaus sind häufig **spezielle Offenbarungspflichten** gegeben.

Beispiele: § 159 Abs. 1 StPO (Anzeige einer unnatürlichen Todesursache); § 11 GeldwäscheG (Verdachtsmitteilung von Geldwäschefällen); § 4 Abs. 1 LPresseG NRW (Auskunftspflichten von Behörden gegenüber Pressevertretern)

383 **4.** Soweit eine **Aussage als Zeuge im Prozess** gemacht wird, besteht aufgrund des Zeugenzwangs eine Pflicht zur vollständigen Aussage. Diese Pflicht rechtfertigt nach h.M. auch die Preisgabe von Geheimnissen.[718] Besteht aber ein Zeugnisverweigerungsrecht, so ist der Zeuge auch nicht mehr zur Aussage verpflichtet. Macht er sie dennoch, wird der Geheimnisverrat nicht mehr durch die Zeugenstellung erlaubt, sondern allenfalls nach allgemeinen Rechtfertigungsgründen.[719] Parallelnormen im Strafprozess: §§ 53, 53 a StPO.

384 **5.** An Rechtfertigung des Geheimnisverrats aus **Notstand** gemäß **§ 34** ist immer zu denken, wenn dadurch Leib oder Leben anderer geschützt wird (Offenbarung einer Aids-Infektion durch den behandelnden Arzt gegenüber dem Sexualpartner des Infizierten) oder bei **Wahrung eigener Interessen des Schweigepflichtigen**, etwa wenn dieser einem Arzthaftungs- oder Strafprozess ausgesetzt ist.[720] Das Strafverfolgungsinteresse rechtfertigt dagegen die Schweigepflichtverletzung grundsätzlich nicht.[721]

385 **6.** Unabhängig von § 34 wird in Rspr. und Schrifttum eine Rechtfertigung der Tat nach § 203 aus Wahrnehmung berechtigter Interessen i.V.m. einer **allgemeinen Güter- und Interessenabwägung** ohne Erfordernis einer Notstandslage hergeleitet.[722] Andere sehen darin eine unzulässige Umgehung der Grenzen des § 34.[723]

716 BGH NJW 1983, 2627; Sch/Sch/Lenckner/Eisele § 203 Rn. 27.
717 BGH NJW 1984, 2983, 2895.
718 Arzt/Weber Rn. 508.
719 LK-Schünemann § 203 Rn. 128.
720 BGHSt 1, 366.
721 Sch/Sch/Lenckner/Eisele § 203 Rn. 32.
722 Vgl. BGHSt 1, 366; OLG Köln NJW 2000, 3656; Fischer § 203 Rn. 45.
723 Vgl. Sch/Sch/Lenckner/Eisele § 203 Rn. 30.

V. Strafverfolgungsvoraussetzung

Nach § 205 Abs. 1 S. 1 ist auch § 203 **absolutes Antragsdelikt**. 386

VI. Qualifikationen

Ein **qualifizierter Geheimnisverrat** liegt nach **§ 203 Abs. 5** vor, wenn der Täter **gegen Entgelt** oder in der **Absicht** gehandelt hat, **sich oder einen anderen zu bereichern oder einen anderen zu schädigen**. Der Begriff des „Entgelts" ist in § 11 Abs. 1 Nr. 9 legaldefiniert und bedeutet jede in einem Vermögensvorteil bestehende Gegenleistung. Lässt man für die Bereicherungsabsicht jedes Erstreben eines Vermögensvorteils ausreichen,[724] ohne dass es auf eine rechtswidrige Vermögensverschiebung ankommen muss,[725] so überschneiden sich beide Qualifikationsmerkmale. 387

J. Verwertung fremder Geheimnisse, § 204

Strafbar nach § 204 ist das wirtschaftliche Ausnutzen zum Zweck der Gewinnerzielung, soweit es auf andere Weise als durch Offenbarung geschieht, z.B. wenn der Patentanwalt mit dem anzumeldenden Patent seines Mandanten eine eigene Produktion aufzieht.[726] 388

724 LK-Schünemann § 209 Rn. 162 f.

725 So Sch/Sch/Lenckner/Eisele § 203 Rn. 74.

726 Vgl. Fischer § 204 Rn. 3.

Hausfriedensbruch, § 123 Abs. 1

- **Wohnung:** Alle Räumlichkeiten, die Menschen als Lebensmittelpunkt und Unterkunft dienen.
- **Befriedetes Besitztum:** Jede unbewegliche Sache, die äußerlich erkennbar durch zusammenhängende Schutzwehren gegen das willkürliche Betreten durch andere gesichert ist.
- **Eindringen:** Betreten der Räumlichkeit ohne den Willen des Hausrechtsinhabers. Ausgeschlossen bei individueller und genereller Zutrittserlaubnis, selbst bei Verfolgung deliktischer Zwecke; nach h.M. auch durch garantenpflichtwidriges Unterlassen begehbar

Verletzung des persönlichen Lebensbereichs durch Bildaufnahmen, § 201 a

- **Bildaufnahme einer anderen Person:** Jede digitale oder analoge Speicherung als Einzelaufnahme oder Bildserie von einem anderen lebenden, nicht notwendig identifizierbaren Menschen.
- Tatbestandlich sind unbefugte Aufnahmen von Personen **in einem besonders geschützten Raum,** ferner von **hilflosen Personen,** ferner **Aufnahmen, die das Ansehen schädigen können, sowie Nacktaufnahmen von Personen unter 18 Jahren in kommerzieller Absicht.** Handlungen in Wahrnehmung überwiegender öffentlicher Interessen sind – außer bei unbefugten Aufnahmen in geschützten Räumen – vom Tatbestand ausgenommen.

Verletzung des Briefgeheimnisses, § 202

Erfasst werden alle **Schriftstücke** und **Abbildungen**, die nicht zur Kenntnis des Täters bestimmt sind und entweder durch einen unmittelbaren Verschluss (Abs. 1) oder durch ein verschlossenes Behältnis (Abs. 2) vor fremder Kenntnisnahme geschützt sind.

Ausspähen von Daten, § 202 a

- Geschütztes Tatobjekt sind nur solche g**espeicherten oder übermittelten Informationen der Datenverarbeitung**, die für den Täter nicht bestimmt sind und zusätzlich gegen unberechtigten Zugang besonders gesichert sind.
- Als Tathandlung genügt das bloße **Verschaffen des Zugangs** durch Eindringen in ein fremdes Datensystem, sofern dies durch **Überwindung der Zugangssicherung** geschieht.

Datenhehlerei, § 202 d

- Anschlussdelikt für nicht öffentlich zugängliche **Daten**, die ein **anderer durch eine rechtswidrige Straftat erlangt hat**.
- Tathandlungen sind das **sich oder einem Dritten Verschaffen, Überlassen, Verbreiten** oder sonst **Zugänglichmachen in Schädigungs- oder Bereicherungsabsicht.**
- Die Erfüllung rechtmäßiger dienstlicher oder beruflicher Pflichten schließt die Tatbestandsmäßigkeit aus.

Verletzung von Privatgeheimnissen, § 203

- **Sonderdelikt**, das nur durch abschließend aufgezählte **Geheimhaltungsverpflichtete** verwirklicht werden kann.
- **Geheimnis:** Jede Tatsache, die nur einem beschränkten Personenkreis bekannt ist und an deren Geheimhaltung ein sachlich begründetes Interesse besteht.
- **Offenbaren:** Jede Mitteilung an einen Dritten, der das Geheimnis noch nicht oder nicht sicher kannte.

2. Teil: Rechtsgüter der Allgemeinheit

1. Abschnitt: Begriff und Strukturen

Rechtsgüter der Allgemeinheit, auch Universalrechtsgüter oder kollektive Rechtsgüter genannt, stehen im Gegensatz zu den Individualrechtsgütern (s. dazu oben Rn. 1).[727] **Rechtsgüter der Allgemeinheit sichern das friedliche Zusammenleben aller in der Rechtsgemeinschaft unter Wahrung ihrer Grundrechte**. **389**

A. Gesetzessystematik

Die Tatbestände zum Schutz kollektiver Rechtsgüter sind im StGB verstreut. Vielfach finden sich im Regelungszusammenhang solcher Strafvorschriften auch Individualdelikte. **390**

Beispiele: Die (einfache) Brandstiftung, § 306, ist wegen der Begrenzung auf „fremde" Tatobjekte reines Eigentumsdelikt, schützt also ein Individualrechtsgut. Die Vorschrift steht aber im 28. Abschnitt bei den gemeingefährlichen Delikten. Der Hausfriedensbruch, § 123, schützt nur das individuelle Hausrecht, findet sich aber im 7. Abschnitt der Straftaten gegen die öffentliche Ordnung.

Häufig schützt der Gesetzgeber auch mehrere Rechtsgüter durch dieselbe Vorschrift.

Beispiel: Widerstand gegen Vollstreckungsbeamte, § 113, ist eine Strafvorschrift, die sowohl die (rechtmäßige) Vollstreckung als auch die Willensfreiheit des Amtsträgers schützt.

Die **für Strafrechtsprüfungen wichtigsten kollektiven Rechtsgüter:**

- Der Schutz der Allgemeinheit vor der Entstehung bestimmter Gefahren, **§§ 315–316, 306-306 f, 323 a;**
- das Allgemeininteresse an der Beseitigung akuter Gefahrenlagen, **§§ 138 f., 323 c;**
- die Sicherheit des Beweisverkehrs, **§§ 267–282;**
- die Rechtsordnung und Rechtspflege, **§§ 145 d, 153–165, 257–258 a;**
- die staatliche Vollstreckungstätigkeit, **§§ 113 f.**, 120 f., 133, 136;
- das Vertrauen in die Autorität öffentlicher Ämter und Lauterbarkeit der Amtsführung, **§§ 132 f., 331–353 b**.

B. Gemeinsamkeiten

Schützt eine Strafnorm (zumindest auch) ein kollektives Rechtsgut, ist **keine rechtfertigende Einwilligung** möglich. **391**

Beispiel: Die Einwilligung in eine Aussageerpressung rechtfertigt eine Tat nach § 343 nicht, weil die Vorschrift allein die Rechtspflege schützt.[728]

Ferner ist die Abwehr der Gefahr für ein Kollektivgut **niemals durch Nothilfe gemäß § 32** gerechtfertigt, weil das „schneidige" Notwehrrecht nur für die Verteidigung von Individualgütern passt und keine Generalermächtigung zur Durchsetzung rechtskonformen Verhaltens bildet.[729]

727 AS-Skript StrafR AT 1 (2016), Rn. 5.

728 NK-Kuhlen § 343 Rn. 16.

729 MünchKomm/Erb § 32 Rn. 93.

Beispiel: Eine Nötigung zur Verhinderung einer Trunkenheitsfahrt (§ 316) ist nicht durch Notwehr, sondern allenfalls durch Notstand gemäß § 34 gerechtfertigt.[730]

2. Abschnitt: Verkehrsdelikte

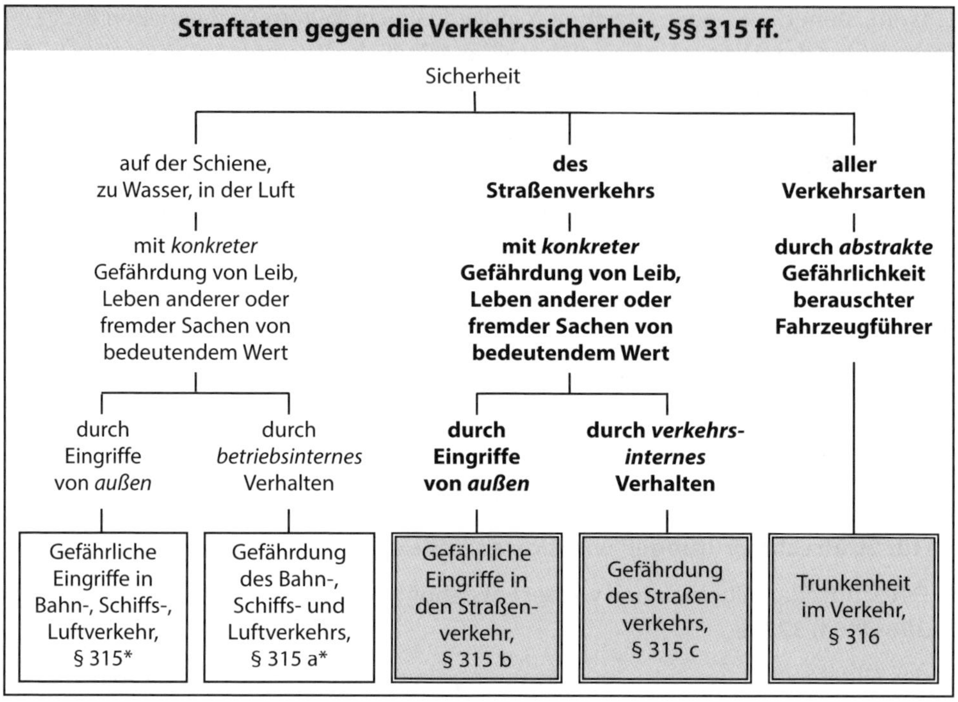

* Es genügt die Kenntnis des Gesetzeswortlauts. Auf eine Einzeldarstellung wird verzichtet. Zur Prüfungsfolge bei diesen Tatbeständen AS Aufbauschemata Strafrecht/StPO (2016).

Ergänzende Bestimmungen: § 315 d, der Schienenbahnen, soweit sie am Straßenverkehr teilnehmen, den Schutzvorschriften der §§ 315 b, 315 c zuordnet. **§ 316 a**, räuberischer Angriff auf Kraftfahrer, der die Ausnutzung der besonderen Straßenverkehrsverhältnisse zur Begehung einer Tat nach §§ 249, 250; § 252; § 255 unter Strafe stellt.[731] § 316 c, Angriffe auf den Luft- und Seeverkehr, der die Luft- und Seepiraterie bekämpfen soll. Ferner **§ 320**, wonach in Fällen tätiger Reue u.a. bei § 315 und § 315 b Strafmilderung oder Absehen von Strafe möglich ist.

Aus dem Allgemeinen Teil werden bei Verkehrsdelikten regelmäßig die **Entziehung der Fahrerlaubnis gemäß §§ 69 ff.** bzw. **das Fahrverbot gemäß § 44** bedeutsam.

Die wichtigsten Verkehrs-Strafvorschriften außerhalb des StGB sind: **§ 21 StVG**, Fahren ohne Fahrerlaubnis, und **§ 22 StVG**, Kennzeichenmissbrauch; **§ 6 PflVG**, Fahrzeuggebrauch ohne Haftpflichtversicherung.

392 Die im 28. Abschnitt des StGB geregelten Verkehrsdelikte unterscheiden zwischen dem Bahn-, Schiffs- und Luftverkehr und dem Straßenverkehr. In Ausbildung und Praxis sind die **Straßenverkehrsdelikte** die wichtigsten.

730 Vgl. AS-Skript StrafR AT 1 (2016), Rn. 213.

731 Dazu ausf. AS-Skript StrafR BT 1 (2015), Rn. 498 ff.

Hier trennt das StGB zwischen **betriebsinternen Fehlverhaltensweisen**, die in **§ 315 c** abschließend aufgezählt werden, und **Eingriffen von außen**, die § 315 b erfasst. Beide Tatbestände müssen sich auf die **Verkehrssicherheit** auswirken, was nur durch Handlungen auf Verkehrsflächen möglich ist, die faktisch jedermann oder allgemein bestimmten Gruppen von Verkehrsteilnehmern zugänglich sind. §§ 315 b, c sind als **konkrete Gefährdungsdelikte** ausgestaltet, verlangen zur Tatvollendung also den Eintritt einer kritischen Situation, bei der ein Schaden entweder eingetreten oder nur durch Zufall ausgeblieben ist. Zudem muss sich in der konkreten Gefahrenlage gerade das **Risiko niedergeschlagen** haben, das typischerweise dem Fehlverhalten als Gefahrenpotenzial anhaftet. Die §§ 315 b, c sind als Vorsatztaten, als Vorsatz-Fahrlässigkeitstaten und als reine Fahrlässigkeitstaten mit Strafe bedroht.

§ 316 bestraft als **formell subsidiäres abstraktes Gefährdungsdelikt** allein schon das vorsätzliche oder fahrlässige Führen von Fahrzeugen durch berauschte Fahrzeugführer im (Bahn-, Schiffs-, Luft- und) Straßenverkehr. Die §§ 315 c, 316 sind **eigenhändiger** Natur, können also täterschaftlich nur vom Fahrzeugführer selbst begangen werden.

Außerhalb der die Allgemeinheit schützenden Verkehrsstraftatbestände steht das **unerlaubte Entfernen vom Unfallort** gemäß **§ 142**. Schutzgut dieser Norm sind ausschließlich die zivilrechtlichen Beweisinteressen der durch einen Verkehrsunfall Geschädigten.[732] § 142 ist also verbrechenssystematisch ein **Vermögens(-gefährdungs-)delikt**. Wegen des falltypischen Sachzusammenhangs wird diese Strafnorm im Rahmen der Verkehrsdelikte dargestellt.

A. Gefährdung des Straßenverkehrs, § 315 c

Aufbauschema: Gefährdung des Straßenverkehrs, § 315 c (Tatbestand)

1. objektiv:

- **a)** Tatausführung **im Straßenverkehr** (mit Erweiterungsklausel des § 315 d)
- **b)** Tathandlung:
  - Nr. 1: **Führen eines Fahrzeugs** (i.S.d. StVG)
    - Nr. 1 a: trotz alkoholbedingter **absoluter** oder **relativer** oder **rauschmittelbedingter Fahruntüchtigkeit**
    - Nr. 1 b: trotz **körperlicher** oder **geistiger Mängel**
  - Nr. 2 a–g: Begehung eines der abschließend aufgezählten **Straßenverkehrsverstöße in grob verkehrswidriger und rücksichtsloser Weise**
- **c)** dadurch (kausal und im Gefahrzusammenhang mit Tathandlung) **konkrete Gefährdung anderer** oder **wertvoller** (ab 750 €) **fremder Sachen**

2. Vorwerfbarkeitsformen

Abs. 1	Abs. 3 Nr. 1	Abs. 3 Nr. 2
Vorsatz	Vorsatz	Fahrlässigkeit
	+	+
Vorsatz	Fahrlässigkeit	Fahrlässigkeit

732 Allgemeine Ansicht, Rengier § 46 Rn. 1.

I. Fehlverhalten als Fahrzeugführer im öffentlichen Straßenverkehr

1. Öffentlicher Straßenverkehr

393 Die Tat muss **„im Straßenverkehr"** stattgefunden haben. Erfasst werden zum einen alle Verkehrsflächen, die nach **öffentlichem Wegerecht dem allgemeinen Verkehr gewidmet** sind (z.B. Straßen, Plätze, Brücken, Fußwege). Ein Verkehrsraum ist darüber hinaus auch dann öffentlich, wenn er ohne Rücksicht auf eine Widmung und ungeachtet der Eigentumsverhältnisse **ausdrücklich oder mit stillschweigender Duldung** des Verfügungsberechtigten für jedermann oder aber zumindest für eine allgemein bestimmte größere Personengruppe zur Benutzung **zugelassen** ist und auch tatsächlich so genutzt wird.[733] Für die Frage, ob eine Duldung des Verfügungsberechtigten vorliegt, ist nicht auf dessen inneren Willen, sondern auf die für etwaige Besucher erkennbaren äußeren Umstände (Zufahrtssperren, Schranken, Ketten, Verbotsschilder etc.) abzustellen. Eine Verkehrsfläche kann auch zeitweilig „öffentlich" und zu anderen Zeiten „nicht-öffentlich" sein. Die Zugehörigkeit einer Fläche zum öffentlichen Verkehrsraum endet mit einer eindeutigen, äußerlich manifestierten Handlung des Verfügungsberechtigten, die erkennbar macht, dass ein öffentlicher Verkehr nicht (mehr) geduldet wird.[734]

Beispiel: Mangels Öffentlichkeit des Verkehrsraums keine Strafbarkeit aus §§ 315c, 316 des alkoholisierten Autofahrers, der vergeblich versucht, mit seinem Fahrzeug ein nach Betriebsschluss durch eine Schranke von der Straße abgesperrtes Tankstellengelände zu verlassen.

Ob die konkrete Gefährdung in oder außerhalb einer öffentlichen Verkehrsfläche stattfindet ist unerheblich.

Beispiel: § 315 c Abs. 1 Nr. 1 a ist also auch erfüllt, wenn ein Autofahrer infolge seiner Alkoholisierung von der Straße abkommt und einen Bauern auf dem Feld verletzt.

2. Führen eines Fahrzeugs

394 **a) „Fahrzeuge"** i.S.v. § 315 c sind nicht nur Kraftfahrzeuge, sondern **alle Fortbewegungsmittel i.S.d. Straßenverkehrsrechts** (also auch Fahrräder!). Fortbewegungsmittel, die nach § 24 StVO keine Fahrzeuge sind, unterfallen deshalb umgekehrt nicht dem Fahrzeug-Begriff der Straßenverkehrsdelikte.[735]

Daher sind die §§ 315 c, 316 **unanwendbar** bei Benutzung von **Kickboards** und **Skateboards.** Auch bei **Inlineskates** lehnt die zivilrechtliche Rspr. die Fahrzeugeigenschaft ab.[736]

395 **b)** Ein Fahrzeug **„führt"**, wer es **unter Beherrschung seiner Antriebskräfte in Bewegung setzt oder das Fahrzeug während der Fahrbewegung ganz oder zum Teil lenkt**.[737] Die Tathandlung ist also immer erst bei einem Bewegungsvorgang des Fahrzeugs vollendet. Zudem ist die Tat ein **eigenhändiges Delikt**.

---

733 BGHSt 49, 128.

734 BGH, Beschl. v. 30.01.2013 – 4 StR 527/12, RÜ 2013, 433.

735 LK-König § 315 c Rn. 8.

736 BGH, Urt. v. 19.03.2002 – VI ZR 333/00, BGHZ 150, 201.

737 Vgl. BGHSt 35, 390.

„Führen" ist beispielsweise zu **bejahen** beim Abrollenlassen auf einer Gefällestrecke ohne Motor[738] oder beim Lenken eines abgeschleppten Fahrzeugs.[739]

„Führen" ist zu **verneinen** bei demjenigen, der nur den **Motor anlässt**, auch wenn er die Absicht hat, loszufahren (noch kein Bewegungsvorgang),[740] ferner bei einem **Fahrlehrer**, der trotz seiner Alkoholisierung mit einem Fahrschüler unterwegs ist und sich dabei nur auf mündliche Einwirkungen beschränkt (keine eigenhändige Bedienung technischer Einrichtungen).[741]

3. Fehlverhalten

Die Fahrzeugführung muss einer der in § 315 c Abs. 1 Nr. 1 oder Nr. 2 **abschließend** aufgezählten Varianten zuzuordnen sein. **396**

a) Fahruntüchtigkeit, Abs. 1 Nr. 1

aa) Wichtigster Fall ist **Abs. 1 Nr. 1 a**: Der Täter darf **infolge des Genusses alkoholischer Getränke oder anderer berauschender Mittel nicht in der Lage gewesen sein, das Fahrzeug sicher zu führen**. **397**

(1) Für den Hauptfall **alkoholbedingter Fahruntüchtigkeit** wird unterschieden:

- **Absolute Fahruntüchtigkeit** liegt vor, wenn die Blutalkoholkonzentration des Fahrzeugführers im Tatzeitraum einen bestimmten Grad erreicht hat, sodass die Fahrunsicherheit unwiderleglich vermutet wird. **398**
  - Für alle Führer von **Kraftfahrzeugen** (einschließlich Mofas[742] und E-Bikes, die Tretunterstützung über 25 km/h hinaus geben[743]) liegt der Grenzwert bei **1,1‰**.[744] Derselbe Wert gilt – wichtig für die §§ 315 a, 316 – für Bootsführer.[745]

    Diese Promillegrenze setzt sich aus dem Grundwert wissenschaftlich gesicherter Fahruntüchtigkeit von 1,0‰ und einem Sicherheitszuschlag von 0,1‰ zusammen, durch den Messungenauigkeiten ausgeglichen werden sollen.
  - Für **Radfahrer** nimmt die h.M. absolute Fahruntüchtigkeit bei **1,6‰** an.[746] Derselbe Grenzwert soll für elektrisch angetriebene Rollstühle[747] und für Pedelecs (bei denen die elektrische Tretunterstützung bei 25 km/h abschaltet) gelten.[748]
- **Relative Fahruntüchtigkeit ist gegeben, wenn ein Alkoholisierungsgrad ab 0,3‰, aber unterhalb der absoluten Fahruntüchtigkeit vorliegt und anhand** **399**

---

738 BGHSt 14, 185.

739 BGHSt 36, 341.

740 BGHSt 35, 390.

741 OLG Dresden, Beschl. v. 19.12.2005 – 3 Ss 588/05, NJW 2006, 1013.

742 Fischer § 316 Rn. 25.

743 Vgl. OLG Hamm, Beschl. v. 28.02.2013 – 4 RBs 47/13, NZV 2014, 482.

744 BGHSt 37, 89.

745 OLG Brandenburg NStZ-RR 2002, 222.

746 OLG Karlsruhe NStZ-RR 1997, 356 m.w.N.; Fischer § 316 Rn. 27.

747 AG Löbau NJW 2008, 530.

748 OLG Hamm, Beschl. v. 28.02.2013 – 4 RBs 47/13, NZV 2014, 482.

von Ausfallerscheinungen im Einzelfall der Nachweis erbracht werden kann, dass der Fahrzeugführer alkoholbedingt nicht mehr imstande war, das Fahrzeug sicher zu führen.[749]

Solche Ausfallerscheinungen können sich vor allem aus ungewöhnlichem Fahrverhalten (Schlangenlinien, häufiges Bremsen ohne erkennbaren Grund), aber auch aus besonders riskanter Fahrweise (etwa bei Polizeiflucht)[750] oder aus dem Erscheinungsbild des Fahrers ergeben.[751]

400 **Es genügt, dass der Täter eine Alkoholmenge im Körper hat, die zu einer Blutalkoholkonzentration in Höhe der Grenzwerte und darüber führen kann.** Wer abweichend vom „normalen" Trinkverlauf den Alkohol forciert oder als Sturztrunk kurz vor Fahrtbeginn zu sich genommen hat, macht eine Anflutungswirkung des Alkohols durch, die so stark ist, dass sie die Differenz zwischen tatsächlichem Blutalkohol im Tatzeitpunkt und Alkoholgrenzwert mindestens ausgleicht.[752] (Diese Erkenntnis hat auch zur entsprechenden Fassung des § 24 a Abs. 1 StVG geführt.)

Maßgeblich ist bei den Trunkenheits-Straftaten allein die Blutalkoholkonzentration (= BAK), die sich aus der Rückrechnung des Alkoholgehalts von **Blutproben** oder – wenn solche fehlen – aus der Umrechnung der ermittelten **Trinkmenge** nach der sogenannten Widmark-Formel ergibt. Die bei Polizeikontrollen übliche Messung der **Atemluftalkoholkonzentration** (= AAK) hat nur im Rahmen von § 24 a Abs. 1 StVG – also nur für das Ordnungswidrigkeitenrecht – gleichwertige Bedeutung.[753] Im Strafrecht darf die gewonnene AAK wegen der Gefahr von Manipulationen und Messungenauigkeiten nach dem gegenwärtigen Stand der Rspr. **nicht für die BAK-Berechnung absoluter Fahruntüchtigkeit** herangezogen werden – etwa wenn eine Blutprobe verloren gegangen ist. Die AAK kann lediglich Indiz für relative Fahruntüchtigkeit sein.[754]

Klausurhinweis: *In strafrechtlichen Übungsarbeiten sind in aller Regel die BAK und etwaige Ausfallerscheinungen des Täters im Sachverhalt angegeben.*

401 **(2) „Andere berauschende Mittel"** sind Drogen wie Haschisch, Heroin und Kokain. Anders als beim Alkoholkonsum ist hier eine („absolute") Fahruntüchtigkeit allein aufgrund eines positiven Wirkstoffspiegels im Blut nach dem gegenwärtigen Stand der Wissenschaft (noch) nicht zu begründen. Daher kann nach dem Konsum solcher Drogen nur der Nachweis relativer Fahruntüchtigkeit geführt werden.[755]

Hierfür sind nach der Rspr. Umstände erforderlich, die den sicheren Schluss zulassen, dass der Konsument in der konkreten Verkehrssituation fahrunsicher gewesen ist. Wichtigste Indizien sind auch hier Ausfallerscheinungen beim Fahrverhalten, ferner Auffälligkeiten nach der Fahrt, wie z.B. bei einer Verkehrskontrolle festgestellte schwerwiegende Einschränkungen der Wahrnehmungs- und Reaktionsfähigkeit; bloß allgemeine Drogensymptome wie auffällige Stimmungsschwankungen oder die Beeinträchtigung der Sehfähigkeit aufgrund einer drogenbedingten Pupillenstarre genügen hierfür nicht ohne Weiteres.[756]

402 **bb) § 315 c Abs. 1 Nr. 1 b** setzt voraus, dass der Fahrzeugführer **infolge geistiger oder körperlicher Mängel nicht in der Lage ist, das Fahrzeug sicher zu führen**. Körperli-

749 Vgl. BGHSt 31, 42.

750 Vgl. OLG Düsseldorf NJW 1997, 1382; BGH NStZ 1995, 88.

751 OLG Saarbrücken NStZ-RR 2000, 12.

752 BGHSt 25, 246, 251.

753 OLG Zweibrücken NStZ 2002, 269.

754 Fischer § 316 Rn. 23.

755 BGH, Beschl. v. 21.12.2011 – 4 StR 477/11.

756 OLG Zweibrücken, Urt. v. 14.02.2003 – 1 Ss 117/02, StV 2003, 624; OLG Frankfurt, Beschl. v. 22.10.2001 – 3 Ss 287/01, NStZ-RR 2002, 17.

che oder geistige Mängel sind solche, die die physischen oder psychischen Fähigkeiten zur sicheren Führung eines Fahrzeugs im Straßenverkehr ausschließen oder erheblich mindern. Diese Mängel können dauernd oder auch nur vorübergehend sein.[757]

Zu den **körperlichen Mängeln** gehören beispielsweise Anfallsleiden, Nachtblindheit oder Kurzsichtigkeit ohne Benutzung einer Fahrbrille, altersbedingter Leistungsabbau.

Geistige Mängel können durch die Einnahme von Medikamenten, die nicht zu den Rauschmitteln gehören, ausgelöst werden. Auch die **Übermüdung** wird den geistigen Mängeln zugerechnet.[758] Bloße Abgespanntheit aber – etwa nach einem langen Arbeitstag – genügen nicht.[759]

b) Grob verkehrswidriger und rücksichtsloser Verkehrsverstoß, Abs. 1 Nr. 2

aa) Im Katalog der Nr. 2, Buchst. a–g sind abschließend besonders gefahrträchtige Verstöße im Straßenverkehr aufgelistet (man spricht auch von den **„Todsünden"** eines Kraftfahrers). 403

Klausurhäufig ist zu schnelles Fahren an unübersichtlichen Stellen gemäß **Nr. 2 d**. Unübersichtlich ist eine Stelle dann, wenn die Straßenverhältnisse keinen hinreichenden Überblick über den Straßenverlauf gewähren oder wenn vorübergehende Umstände wie Nebel, Dunkelheit usw. ein Überblicken der Strecke erschweren.[760]

bb) Die Grenze zwischen Verkehrsordnungswidrigkeit und strafbarem Fehlverhalten zieht der Gesetzgeber durch das zusätzliche objektive Tatbestandsmerkmal **„grob verkehrswidrig"**. Das setzt einen **besonders schweren Verstoß gegen die Verkehrsvorschriften** voraus. Die Schwere ergibt sich nicht schon aus dem im Katalog des § 315 c Abs. 1 Nr. 2 benannten Fehlverhalten; vielmehr muss ein im Schweregrad qualifizierter Regelverstoß vorliegen.[761] 404

cc) Das kumulativ („und") erforderliche Merkmal **„rücksichtslos"** kennzeichnet das subjektive Verhältnis des Täters zur Verkehrswidrigkeit, seine üble Einstellung. Die deliktssystematische Einordnung dieses Merkmals ist umstritten. 405

In einer frühen Entscheidung sah der BGH in der Rücksichtslosigkeit ein **subjektives Tatbestandsmerkmal**.[762] Diese Auffassung findet auch in der Lit. Anhänger.[763] Später hat der BGH das Merkmal als **schuldsteigerndes Gesinnungsmerkmal** verstanden.[764] Eine beachtliche Gruppe von Rechtswissenschaftlern folgt diesem Verständnis.[765] Demzufolge darf es erst in der Schuld geprüft werden. Für den Täter führt dieser Streit nicht zu unterschiedlichen Ergebnissen.

---

757 Vgl. BGHSt 40, 341, 344.
758 LK-König § 315 c Rn. 57.
759 OLG Köln NZV 1989, 358; Sch/Sch/Sternberg-Lieben/Hecker § 315 c Rn. 11.
760 Vgl. BayObLG NZV 1988, 110.
761 LK-König § 315 c Rn. 133.
762 BGHSt 5, 392, 395.
763 LK-König § 315 c Rn. 138; Lackner/Kühl § 15 Rn. 17.
764 BGH VRS 23, 289, 292.
765 Sch/Sch/Sternberg-Lieben/Schuster § 15 Rn. 24.

***Klausurhinweis**: Probleme können lediglich zwischen Tätern und Teilnehmern entstehen, wenn nur einer von ihnen bei der Tat eine „rücksichtslose" Gesinnung hatte.*

„Rücksichtslosigkeit" kann bei einem vorsätzlichen, bewusst fahrlässigen oder auch unbewusst fahrlässigen Verkehrsverstoß vorliegen:

- **Rücksichtslos im Fall einer Vorsatztat handelt, wer sich aus eigensüchtigen Gründen bewusst über seine Pflichten als Verkehrsteilnehmer hinwegsetzt**, um beispielsweise schneller voranzukommen, mag er auch darauf vertrauen, dass es zu einer Beeinträchtigung anderer Personen nicht kommen werde.[766]
- **Rücksichtslos im Fall einer Fahrlässigkeitstat** handelt, wer sich aus Gleichgültigkeit **nicht auf seine Pflichten besinnt und Hemmungen gegen seine Fahrweise gar nicht erst aufkommen lässt, sondern unbekümmert um die Folgen seiner Fahrweise drauflosfährt**.[767]

Die Feststellung der Rücksichtslosigkeit verlangt in der Regel die Kenntnis der Motivationslage des Fahrers. Nur ausnahmsweise kann wegen der Schwere des Fehlverhaltens die Rücksichtslosigkeit **evident** sein. Doch muss dann sicher sein, dass kein Augenblicksversagen als Folge kurzer Unaufmerksamkeit, Bestürzung, Schrecken oder sonstiger Erregung vorlag.[768]

II. Konkrete Gefährdung anderer oder fremder Sachen von bedeutendem Wert

1. Vom Tatbestand erfasste Gefährdungsopfer und -objekte

406 In Bezug auf den Kreis der **potenziell gefährdeten Personen oder Sachen** setzt zunächst schon der Gesetzeswortlaut Grenzen („andere Person", „fremde Sache"). Darüber hinaus gebietet nach h.M. der Normzweck (Schutz der Sicherheit aller Verkehrsteilnehmer), nur solche Personen oder Sachen als Gefährdungsopfer/-objekte anzusehen, die gewissermaßen **die Allgemeinheit repräsentieren**. Daraus folgt:

407 **a) „Anderer"** ist jeder lebende Mensch, der von der Person des Täters verschieden ist. Der Gefährdete braucht nicht Verkehrsteilnehmer zu sein; es kann sich auch um den Mitfahrer handeln.

408 **b) Fremde Sache von bedeutendem Wert** kann jeder Gegenstand sein, der im Eigentum eines anderen als des Täters steht und einen **Mindestwert** besitzt. Zudem muss dem Objekt durch die Tat **bedeutender Schaden** gedroht haben.[769] Die Gefahr eines geringfügigen Schadens an einer hochwertigen Sache genügt also nicht! Die Höhe des (drohenden) Schadens bemisst sich nach der am Marktwert orientierten **Wertminderung des Objekts** selbst. Schadensposten, wie sie bei § 69 Abs. 2 Nr. 3 i.V.m. § 142 zu Buche schlagen (z.B. Bergungs- und Abschleppkosten), interessieren hier nicht.[770]

---

766 BGHSt 5, 392, 395.

767 BGHSt 5, 392, 395.

768 Vgl. Fischer § 315 c Rn. 14 a.

769 BGH, Beschl. v. 20.10.2009 – 4 StR 408/09, NStZ 2010, 216.

770 BGH, Beschl. v. 28.09.2010 – 4 StR 245/10 Rn. 9, RÜ 2011, 173.

Für die Praxis verbindlich hat der BGH die Wertuntergrenze bei **750 €** „eingefroren". Eine Erhöhung kommt danach aus Gründen der am Bestimmtheitsgebot ausgerichteten Auslegung von Tatbestandsmerkmalen nur bei einer grundlegenden Veränderung der wirtschaftlichen Verhältnisse infrage.[771] **409**

2. Nicht erfasste Personen und -objekte

Klausurhinweis: *Die nachfolgenden Umstände werden gern in Klausuren „eingebaut". Daher bitte gut merken!*

a) Der **Täter** selbst kann kein Gefährdungsopfer sein; auch **Tatteilnehmer** nicht, weil sie nicht stellvertretend für die Allgemeinheit, sondern „im Lager" des Täters selbst stehen.[772] Häufige Fälle:

aa) Der **Fahrer des jeweils anderen Fahrzeugs** bei einem zum Zweck des Versicherungsbetrugs **fingierten** Unfall (§ 315 b).[773] **410**

bb) Der **Anstifter oder Gehilfe der Trunkenheitsfahrt.**[774] Diese Restriktion in persönlicher Hinsicht stößt im Schrifttum auf Widerspruch: Auch sonst sei im Verhältnis zu Straftätern untereinander die Strafrechtsordnung nicht suspendiert, wie z.B. beim Dieb, der auch um seine Beute bestohlen werden könne. Auch ein Zurechnungsausschluss wegen eigenverantwortlicher Selbstgefährdung sei nicht möglich. Dieser Gesichtspunkt komme nur bei Delikten zum Schutz höchstpersönlicher Güter zum Tragen, bei denen das Opfer den Taterfolg aufgrund eigener Entscheidung auf sich lenke. Wenn das Schutzgut der §§ 315 b, c aber allein die Verkehrssicherheit sei, sei die bewusste Inkaufnahme des Risikos durch den Gefährdeten irrelevant, weil dieser gar nicht das „Opfer" der Tat im Rechtssinn sei.[775] **411**

Aufbau: *Die Teilnehmerfälle sind nicht unkompliziert, denn meistens weiß man im Gutachten bei der Prüfung des § 315 c noch gar nicht, ob die weitere Person Teilnehmer ist oder nicht. Zur Lösung bieten sich folgende Wege an: Man bildet Handlungskomplexe und prüft zuerst den Beginn der Trunkenheitsfahrt (ohne unfallkritische Situation) und dabei Täterschaft und Teilnahme; im zweiten Handlungskomplex geht man dann auf die Unfallsituation ein und kann im Rahmen von § 315 c auf die bereits festgestellte Beteiligung des Mitfahrers Bezug nehmen. Man kann auch innerhalb der Prüfung von § 315 c bei der Frage der konkreten Gefährdung hypothetisch die übrigen Deliktsmerkmale unterstellen und dann fragen, ob die gefährdete Person an diesem unterstellten § 315 c Teilnehmer gewesen wäre.*

b) Als Gefährdungsobjekt scheidet die h.M. auch das **vom Täter geführte, in fremdem Eigentum stehende Fahrzeug** aus. Nach dem Sinnzusammenhang der §§ 315 ff. könne das Mittel der Gefährdung nicht zugleich das Objekt der Gefährdung sein; darüber hinaus würden die §§ 315 ff. nur dem Eigentumsschutz dienen, wenn die Gefährdung **412**

771 BGH, Beschl. v. 28.09.2010 – 4 StR 245/10 Rn. 10, RÜ 2011, 173.

772 Vgl. Sch/Sch/Heine/Bosch Vorbem. §§ 306 ff. Rn. 12 ff. und die nachfolgenden Rspr.-Nachweise.

773 BGH MDR 1991, 360; OLG Düsseldorf NStZ-RR 1997, 325.

774 Vgl. BGHSt 6, 100, 102.

775 OLG Stuttgart NJW 1976, 1904; zusammenfassend LK-König § 315 b Rn. 74 m.w.N.

des Fahrzeugs auf der Straße, aber ohne konkrete Gefährdung des Straßenverkehrs erfolgt.[776]

3. Konkrete, nicht nur abstrakte Gefährdung

413 Eine **konkrete Gefährdung** ist nur zu bejahen, wenn es zu einer unfallträchtigen Situation gekommen ist, die bei objektiv nachträglicher Prognose nicht mehr durch verkehrsübliche Brems- und Ausweichreaktionen abwendbar war, sondern bei der es nur noch vom Zufall abhing, ob das Rechtsgut verletzt wurde oder nicht.[777] Ist es tatsächlich zu einem Schaden gekommen, so hat als dessen Vorstufe denknotwendig auch eine konkrete Gefahr vorgelegen, die sich in dem Schaden realisiert hat, aber auch – je nach Fall – darüber hinausgegangen sein kann.

414 Bei **anderen Fahrzeugführern, für geparkte Autos und Fußgänger** wird allgemein eine konkrete Gefährdung erst dann angenommen, wenn sich der Täter ihnen in einer Weise nähert, die sie in ihrer Sicherheit unmittelbar beeinträchtigt (Stichwort: **„Beinahe-Unfall"**). Eine solche unmittelbare Gefahr, die den Nachweis erfordert, dass Menschen oder Sachen in den Bereich geraten sind, innerhalb dessen der fahruntüchtige Fahrer ihnen gefährlich wird, besteht für die anderen Verkehrsteilnehmer nicht ohne Weiteres allein dadurch, dass der fahruntüchtige Fahrer am Straßenverkehr teilnimmt, weil anderenfalls das abstrakte Gefährdungsdelikt des § 316 überflüssig wäre.[778]

415 Für den **Beifahrer (bzw. in dem Fahrzeug mitgeführte fremde Sachen von bedeutendem Wert)** nimmt die Rspr. eine konkrete Gefährdung – ohne dass ein „Beinahe-Unfall" passiert ist – nur dann an, wenn aufgrund der im Einzelfall gegebenen Umstände festgestellt werden kann, dass der Fahrer infolge seiner Alkoholisierung **nicht mehr zu kontrollierter Betätigung der wesentlichen technischen Einrichtungen des Fahrzeugs (Lenkung, Bremsen, Gaspedal) in der Lage war.**[779]

III. Gefahrspezifischer Zusammenhang

416 Taucht im Gesetz das Merkmal „dadurch" als Bindeglied zwischen einer bestimmten Tathandlung und einem Erfolg auf, wird heute einhellig nicht nur Kausalität, sondern darüber hinaus Risikozusammenhang verlangt. Deshalb muss **sich auch bei § 315 c in der konkreten Gefährdung das spezifische Risiko des Fehlverhaltens im Straßenverkehr niedergeschlagen haben.**[780] Dies ist bei Trunkenheitsfahrten stets näher zu begründen.

417 **1.** Der Zusammenhang liegt auf der Hand, wenn der Täter **alkoholbedingte Wahrnehmungsfehler oder Reaktionsverzögerungen** zeigte oder **enthemmt** zu schnell gefahren ist und das Gefährdungsgeschehen gerade darauf beruhte.

---

776 Sch/Sch/Heine/Bosch vor §§ 306 ff. Rn. 11; BGHSt 27, 40, 43; a.A. SK-Wolters vor § 306 Rn. 10.

777 BGH, Beschl. v. 26.07.2011 – 4 StR 340/11, RÜ 2011, 648.

778 Vgl. Sch/Sch/Sternberg-Lieben/Hecker § 315 c Rn. 33; BGH NStZ 1985, 262, 263.

779 BGH MDR 1995, 798.

780 Sch/Sch/Sternberg-Lieben/Hecker § 315 c Rn. 35.

2. Schwierigkeiten bereiten die Fälle, in denen keine alkoholbedingten Ausfallerscheinungen vorliegen, der Täter innerhalb der zulässigen Höchstgeschwindigkeit geblieben ist und dasselbe (Beinahe-)Unfallgeschehen **auch für einen nüchternen Fahrer unvermeidbar** gewesen wäre. **418**

Soweit es um fahrlässige Tötung gemäß § 222 und fahrlässige Körperverletzung gemäß § 229 geht, lässt die Rspr. keine Berufung auf einen hypothetisch nüchternen und ebenso schnell fahrenden Fahrzeugführer zu, weil dem betrunkenen Fahrzeugführer trotzdem noch vorgeworfen werden könne, die Geschwindigkeit entgegen § 3 Abs. 1 S. 2 StVO nicht seinen alkoholbedingt verminderten Fahrfähigkeiten angepasst zu haben.[781]

Dieser Argumentation hält das Schrifttum entgegen, dass es eine fiktive Geschwindigkeit für einen trunkenen Autofahrer gar nicht gebe, weil dieser überhaupt nicht am Straßenverkehr teilnehmen dürfe. Geschehe es dennoch, wirke sich die Alkoholisierung im Unfall nicht aus.[782]

§ 315 c wird jedoch – wenn der (Beinahe-) Unfall auch einem Nüchternen passiert wäre – auch von der Rspr. abgelehnt, weil der innere Zusammenhang nicht zwischen der Alkoholisierung und der konkreten Gefährdung besteht, sondern auf einer **Nichtanpassung der Geschwindigkeit an die individuellen Fahrfähigkeiten**; dies aber ist eine Fehlverhalten, das von § 315 c nicht erfasst wird.[783]

IV. Vorsatz und Fahrlässigkeit

§ 315 c Abs. 1 verlangt Vorsatz sowohl bezüglich des eigenen fehlerhaften Verkehrsverhaltens als auch bezüglich des Eintritts einer konkreten Gefährdung. **419**

§ 315 c Abs. 1 i.V.m. Abs. 3 Nr. 1 setzt **Vorsatz bezüglich des fehlerhaften Verkehrsverhaltens voraus, lässt aber** objektive sowie subjektive Fahrlässigkeit im **Hinblick auf die konkrete Gefährdung ausreichen.** **420**

§ 315 c Abs. 1 i.V.m. Abs. 3 Nr. 2 lässt sowohl hinsichtlich des Fahrfehlers als auch hinsichtlich der konkreten Gefährdung Fahrlässigkeit genügen. **421**

V. Rechtswidrigkeit

Umstritten ist, ob eine **Einwilligung** des einzigen konkret Gefährdeten die Rechtswidrigkeit der Tat ausschließt. **422**

Beispiel: Bundeswehrsoldat B bekommt mit, dass sein Kamerad trotz hoher Alkoholisierung mit dem Auto nach Hause fahren will. B bittet, mitgenommen zu werden. Es kommt zu einem Unfall, bei dem B verletzt wird.

***Aufbau**: In diesen Mitfahr-Konstellationen muss man für den Unfallfahrer zunächst im Tatbestand des § 315 c prüfen, ob überhaupt eine **zurechenbare Fremdgefährdung vorliegt oder diese wegen einverständlicher Fremdgefährdung** zu verneinen ist.[784] Des Weiteren ist (inzidenter) festzustellen, dass der **Beifahrer kein Anstifter oder Gehilfe zur Trunkenheitsfahrt** ist, weil er sonst nach h.M. aus dem Kreis der potenziellen Gefährdungsopfer ausscheiden würde (s.o. Rn. 411).*

781 BGHSt 24, 31; BGH, Urt. v. 06.12.2012 – 4 StR 369/12, RÜ 2013, 231.
782 Ausführlich dazu AS Skript StrafR AT 1 (2016) Rn. 371.
783 BayObLG NStZ 1997, 388; im Erg. auch BGH, Urt. v. 06.12.2012 – 4 StR 369/12, RÜ 2013, 231.
784 Vgl. dazu AS-Skript StrafR AT 1 (2016), Rn. 388.

Einige im Schrifttum meinen, dass § 315 c wegen seiner Gefährdungskomponente ausschließlich oder zumindest auch Individualgüter schütze und zumindest insoweit einwilligungsfähig sei.[785] Danach kann der Trunkenheitstäter bei Einwilligung des einzig gefährdeten Mitfahrers nur aus § 316 strafbar sein.

Die ganz h.M. schließt jedoch zutreffend eine rechtfertigende Einwilligung bei § 315 c aus. Die Gefährdungskomponente hat nur Indizfunktion für die Allgemeingefährlichkeit des Täters. § 315 c ist kein Individualschutztatbestand, sondern ausschließlich Delikt zum Schutz der Allgemeinheit.[786] Dieses Rechtsgut ist der Disposition des Einzelnen entzogen.

VI. Teilnahme

423 Die Teilnahmefähigkeit von § 315 c Abs. 1 als reine Vorsatztat ist unproblematisch. Ebenso klar ist umgekehrt, dass die reine Fahrlässigkeitstat nach § 315 c Abs. 3 Nr. 2 keine teilnahmefähige Haupttat i.S.d. §§ 26, 27 ist.

Näherer Begründung bedarf die Teilnahme an einer Vorsatz-Fahrlässigkeitstat nach § 315 c Abs. 1 i.V.m. Abs. 3 Nr. 2.[787] Nach **§ 11 Abs. 2** gelten alle Delikte, die sich aus einer vorsätzlichen Tathandlung und einer fahrlässig oder leichtfertig verursachten Folge zusammensetzen, als Vorsatztaten. Das Merkmal „Folge" bei § 11 Abs. 2 ist dabei so zu verstehen, dass es nicht nur Verletzungserfolge, sondern auch Gefährdungsfolgen mitumfasst. **Mithin sind sowohl Erfolgsqualifikationen als auch vorsätzlich-fahrlässig begehbare Gefährdungstatbestände, insbesondere § 315 c Abs. 1 i.V.m. Abs. 3 Nr. 1, teilnahmefähig.**

Subjektiv genügt es für die Strafbarkeit der Teilnahme an einer Vorsatz-Fahrlässigkeits-Kombination, dass der Teilnehmer **nur hinsichtlich des Vorsatzteils der Haupttat Teilnehmervorsatz besaß. Beim Fahrlässigkeitsteil selbst genügt es, wenn der Teilnehmer sorgfaltswidrig gehandelt hat**.

Lediglich die dogmatische Begründung ist umstritten. Zum Teil wird **§ 18** herangezogen.[788] Hiergegen spricht jedoch, dass § 315 c wegen der Gefährdungsfolge keine Erfolgsqualifikation ist, also nicht, wie in § 18 vorausgesetzt, wegen der besonderen Folge „schwerere Strafe" androht. Vorzugswürdig ist deshalb, das Erfordernis eigener Sorgfaltswidrigkeit des Teilnehmers aus **§ 29** herzuleiten.[789]

B. Trunkenheit im Verkehr, § 316

I. Objektiver Tatbestand

424 Der objektive Tatbestand ist schon durch das eigenhändige Führen eines Fahrzeugs im Verkehr trotz rauschmittelbedingter Fahruntüchtigkeit erfüllt. Diese Merkmale sind, soweit es um den Straßenverkehr geht, mit § 315 c Abs. 1 Nr. 1 a identisch. Auf den Eintritt einer Gefährdungssituation kommt es nicht an. § 316 ist abstraktes Gefährdungsdelikt und Auffangtatbestand.

785 Rengier § 44 Rn. 19 a; Sch/Sch/Sternberg-Lieben/Hecker § 315 c Rn. 41.

786 BGHSt 23, 261; LK-König § 315 b Rn. 74 a.

787 Dazu allgemein AS-Skript StrafR AT 2 (2014), Rn. 77.

788 SK-Wolters § 315 c Rn. 30.

789 Sch/Sch/Eser/Hecker § 11 Rn. 65.

II. Vorsatz und Fahrlässigkeit

Als Vorwerfbarkeitsform verlangt Abs. 1 Vorsatz, während Abs. 2 denselben Strafrahmen auch bei Fahrlässigkeit auslöst.

Vorsatz liegt vor, wenn der Täter wusste oder zumindest damit rechnete und billigend **425**
in Kauf nahm, fahruntüchtig zu sein.

Klausurhinweis: *Ohne eindeutige Hinweise im Sachverhalt darf der Vorsatz nicht einfach unterstellt werden: Insbesondere wenn die BAK des Täters nur geringfügig über dem Grenzwert lag, kann oft nicht ausgeschlossen werden, dass er sich noch für fahrtüchtig gehalten hat. In solchen Fällen muss auf § 316 Abs. 2 ausgewichen werden.*

Da die Wirkungen von Alkohol und Drogen auf die Fahrtüchtigkeit allgemein bekannt **426**
sind, handelt bei § 316 Abs. 2 stets **fahrlässig**, wer weiß oder damit rechnet, dass er Alkohol oder Drogen zu sich genommen hat und dass er infolgedessen fahrunsicher sein könnte. Dies gilt auch nach einigen Stunden Schlaf (Restalkohol) oder im Zusammenwirken mit Krankheiten oder der Wechselwirkung mit Medikamenten.

III. Subsidiarität

§ 316 ist gegenüber § 315 c (und § 315 a) **formell subsidiär**. **427**

Aufbau: *Prüfen Sie aus diesem Grund § 316 grundsätzlich erst nach § 315 c.*

C. Gefährliche Eingriffe in den Straßenverkehr, § 315 b

Aufbauschema: Gefährliche Eingriffe in den Straßenverkehr, § 315 b (Tatbestand)

1. objektiv:

- **a)** Sicherheit des Straßenverkehrs beeinträchtigt
- **b)** Tathandlung
  - **aa) Eingriffscharakter:** grds. nur bei Außeneingriffen; ausnahmsweise auch bei Inneneingriffen
  - **bb)** Verwirklichung einer der Modalitäten:
    - **Nr. 1:** Anlagen, Fahrzeuge beschädigt/zerstört/beseitigt
    - **Nr. 2:** Hindernisbereiten
    - **Nr. 3:** ähnlicher, ebenso gefährlicher Eingriff
- **c)** konkrete Gefährdung anderer Personen (nicht Täter, Teilnehmer) oder fremder Sachen von bedeutendem Wert in erheblichem Umfang
- **d)** Kausalzusammenhang zwischen Eingriff und Gefährdung
- **e)** Verwirklichung einer durch den Eingriff geschaffenen typischen Straßenverkehrsgefahr in der konkreten Gefährdung

2. Vorwerfbarkeitsformen

	Abs. 1	Abs. 4	Abs. 5
a)–b)	Vorsatz	Vorsatz	Fahrlässigkeit
		+	+
c)–e)		Fahrlässigkeit	Fahrlässigkeit

Qualifikationen des § 315 b Abs. 1: § 315 b Abs. 3 i.V.m. § 315 Abs. 3

428 Wie sich aus der gesetzlichen Überschrift und aus der Generalklausel der Nr. 3 ergibt, müssen alle Verhaltensweisen **„Eingriffe" in den Straßenverkehr** sein. Dieses Merkmal grenzt den Anwendungsbereich des § 315 b gegenüber § 315 c ab:[790] **§ 315 b erfasst im Gegensatz zu § 315 c grundsätzlich nur verkehrsfremde Einwirkungen, also Verhaltensweisen, die von außen auf den Straßenverkehr einwirken, sogenannte Außeneingriffe.** Nur unter ganz engen Voraussetzungen kann die Sperrwirkung des § 315 c im Verhältnis zu § 315 b bei sogenannten **verkehrsfeindlichen Inneneingriffen** durchbrochen werden (s. dazu unten Rn. 443).

Aufbau: *Wegen des grundsätzlich abschließenden Charakters des § 315 c für verkehrsinterne Verhaltensweisen sollten Sie § 315 c in einem Gutachten vor § 315 b erörtern!*

I. Beeinträchtigung der Sicherheit des Straßenverkehrs

429 Die Beeinträchtigung der Sicherheit des Straßenverkehrs ist kein selbstständiger Deliktserfolg, sondern beschreibt das Rechtsgut und begrenzt die Strafbarkeit – wie das Merkmal „im Straßenverkehr" in § 315 c – räumlich auf öffentliche Verkehrsflächen. Das heißt dass die Tathandlung im wegerechtlich oder faktisch öffentlichen Verkehrsraum (s.o. Rn. 393) stattgefunden oder zumindest begonnen haben. Die Gefährdung kann dann auch bei § 315 b außerhalb öffentlicher Wege und Plätze eingetreten sein.

Befinden sich die Gefährdungsopfer oder -objekte aber schon bei Beginn der Tathandlung außerhalb des öffentlichen Verkehrsraums, so ist die Sicherheit des Straßenverkehrs nicht beeinträchtigt.[791] Dies wird – neben dem Problem des verkehrsfeindlichen Inneneingriffs (s.u. Rn. 443) – häufig bei **Amokfahrten** mit Kfz bedeutsam:

Beispiel: Fährt der Täter mit seinem Auto in Tötungsabsicht in die Außenterrasse eines Cafés auf dem Gehweg einer Straße und tötet er dort sitzende Gäste, so ist § 315 b Abs. 1 (i.V.m. Abs. 3) neben § 211 (Heimtücke, gemeingefährliches Mittel, niedrige Beweggründe) neben § 303 gegeben.[792]

Gegenbeispiel (schon mehrfach in Examensklausuren verarbeitet): Fährt der Täter mit seinem Kfz mit Schädigungsvorsatz in den nur über eine Betonstufe erreichbaren Eingangsbereich eines Bürogebäudes und verletzt er dort weilende Personen, so ist § 315 b nicht erfüllt, weil sich Tatopfer und -objekt nicht bei Tatbeginn im öffentlichen Verkehrsraum befanden. Gegeben sind §§ 224, 303 und ggf. § 305.[793]

II. Tathandlungen

430 Nr. 1: Zerstörung, Beschädigung oder Beseitigung von Anlagen oder Fahrzeugen

Beispiele: Durchschneiden der Bremsleitungen als Fall der Beschädigung eines Fahrzeugs oder Verstecken eines Gullydeckels als Beseitigung einer dem Verkehr dienenden Anlage.[794]

431 Nr. 2: Bereiten von Hindernissen

Beispiel: Errichten einer Straßensperre.

790 BGHSt 23, 4, 7.
791 BGH, Beschl. v. 05.10.2011 – 4 StR 401/11, RÜ 2012, 107.
792 BGH, Urt. v. 16.08.2005 – 4 StR 168/05, NStZ 2006, 167.
793 BGH, Beschl. v. 05.10.2011 – 4 StR 401/11, RÜ 2012, 107.
794 BGH, Beschl. v. 02.07.2002 – 4 StR 174/02, NStZ 2002, 648.

Umstritten ist, ob die pflichtwidrige **Nichtbeseitigung eines Hindernisses**, das durch Teilnahme am Straßenverkehr verursacht wurde, als Eingriff durch Unterlassen angesehen werden kann. Eine Mindermeinung verweist auf § 315 c Abs. 1 Nr. 2 g, woraus sich abschließend die Pflichten von Verkehrsteilnehmern ergeben sollen, wenn sie durch ihr Fahrzeug ein Hindernis bereiten. Ein Rückgriff auf § 315 b sei deshalb nicht zulässig.[795] Die h.M. macht demgegenüber keinen Unterschied zwischen verkehrsbedingten und nicht verkehrsbedingten Hindernissen, sondern lässt in beiden Fällen § 315 b zu.[796]

Nr. 3: Ähnlicher, ebenso gefährlicher Eingriff **432**

Dafür ist eine Handlung erforderlich, die an Bedeutung und Gefährlichkeit den in den Nr. 1 und 2 genannten, nämlich der Fahrzeugzerstörung bzw. dem Hindernisbereiten, gleichkommt.[797]

Beispiel: Der Beifahrer greift dem Fahrer ins Lenkrad, um das Fahrzeug in den Graben zu lenken (und nicht nur, um ein bestimmtes Fahrverhalten zu erzwingen).[798]

III. Konkrete Gefährdung für Leib oder Leben eines anderen Menschen oder fremder Sachen von bedeutendem Wert

1. Insoweit dieselben Grundsätze wie bei § 315 c (s.o. Rn. 406 ff): Der Täter selbst, alle Tatteilnehmer, aber auch das vom Täter benutzte Fahrzeug scheiden also als Gefährdungsobjekte aus. **433**

2. Ferner muss die Tathandlung über die ihr innewohnende latente Gefährlichkeit hinaus in eine **kritische Situation** geführt haben, in der – nach der Lebenserfahrung auf Grund einer objektiv nachträglichen Prognose – die Sicherheit einer bestimmten Person oder Sache so stark beeinträchtigt war, dass es nur **noch vom Zufall** abhing, ob das Rechtsgut verletzt wurde oder nicht.[799] Ist es nicht dazu gekommen, kann ein Versuch vorgelegen haben. **434**

IV. Verkehrsspezifischer Zusammenhang

Durch den Eingriff, d.h. kausal und in Zurechnungszusammenhang mit den spezifischen Gefahren der Tathandlung, muss es zur konkreten Gefährdung anderer oder fremder Sachen von bedeutendem Wert gekommen sein.

1. Eine zeitliche Zäsur zwischen dem Eingriffsverhalten und dem Gefährdungserfolg ist nicht erforderlich. Vielmehr kann der Tatbestand des § 315 b Abs. 1 in sämtlichen Handlungsalternativen auch dann erfüllt sein, wenn die Tathandlung **unmittelbar** zu einer konkreten Gefahr und/oder Schädigung geführt hat.[800] **435**

2. Damit nicht jede Sachbeschädigung oder Körperverletzung tatbestandsmäßig i.S.d. § 315 b ist, nur weil sie sich auf einer öffentlichen Verkehrsfläche abgespielt hat, gebie- **436**

---

795 SK-Wolters § 315 b Rn. 14.

796 BayObLG NJW 1969, 2026; LK-König § 315 b Rn. 36 ff.; Fischer § 315 b Rn. 15.

797 Vgl. BGHSt 25, 306, 307.

798 BGH, Beschl. v. 13.06.2006 – 4 StR 123/06, NStZ 2007, 34.

799 BGH, Beschl. v. 26.07.2011 – 4 StR 340/11, RÜ 2011, 648.

800 BGH, Beschl. v. 13.06.2006 – 4 StR 123/06, NStZ 2007, 34; BGH, Beschl. v. 04.11.2008 – 4 StR 411/08, NStZ 2009, 100.

tet der Schutzzweck der Vorschrift – die Sicherheit des Straßenverkehrs – eine **restriktive Auslegung**. Die in der konkreten Gefährdung verwirklichte Gefahr muss deshalb eine **verkehrsspezifische Gefahr** gewesen sein. Diese ist nur gegeben, wenn die vom Täter herbeigeführte kritische Situation (und ggf. der der daraus resultierende Schaden) jedenfalls auch **auf die Wirkungsweise der für Verkehrsvorgänge typischen Fortbewegungskräfte, d.h. Dynamik des Straßenverkehrs** zurückzuführen ist.[801]

Beispiel: Wer von einer Brücke einen Gullydeckel auf ein herannahendes Fahrzeug wirft, schafft mit dem Wurf eine abstrakte Gefahr für den Straßenverkehr, die sich durch das Näherkommen des Fahrzeugs, also einen **verkehrstypischen Fortbewegungsvorgang**, zu einer konkreten Gefahr verdichtet.

Gegenbeispiel: Schießt der Täter aus seinem Auto auf das Fahrzeug eines Verfolger und beschädigt dieses dadurch, um ihn zu erschrecken und zum Aufgeben zu veranlassen, so liegt in dem Schuss zwar ein verkehrsfremder ähnlicher, ebenso gefährlicher Eingriff i.S.d. § 315 b Abs. 1 Nr. 3, der auch eine Schädigung des Kfz als Sache von bedeutendem Wert und als Vorstufe dazu eine konkrete Gefährdung verursacht hat. Die Gefahr beruht jedoch nicht auf der Eigendynamik der Fahrzeuge im Tatzeitpunkt, sondern ausschließlich auf der Bewegungsenergie des auftreffenden Projektils. § 315 b ist nicht erfüllt (ggf. versucht, wenn der Täter es für möglich hielt, dass der Schreck des Opfers zu einem Unfall führen würde).[802]

V. Vorsatz und Fahrlässigkeit

437 Eine Bestrafung nach **Abs. 1** verlangt Vorsatz sowohl hinsichtlich der Tathandlung als auch des Eintritts der konkreten Gefahr. Auch hierauf ist nur die Versuchsstrafbarkeit nach Abs. 2 bezogen.

Abs. 4 erfasst die hinsichtlich des Eingriffs vorsätzliche und hinsichtlich der Gefahr fahrlässige Tat.

Abs. 5 betrifft die rein fahrlässige Begehung.

VI. Rechtswidrigkeit

438 **1.** Eine rechtfertigende Einwilligung kommt bei § 315 b nach h.M. ebenso wenig infrage wie bei § 315 c. Das einverständliche Zusammenwirken des (einzigen) Gefährdeten mit dem Täter kann allerdings dazu führen, dass schon der Tatbestand nicht erfüllt ist, weil ein Tatbeteiligter kein Gefährdungsopfer mehr sein kann.

439 **2.** Fraglich ist, ob § 315 b – in der Regel als sogenannter Inneneingriff (vgl. dazu unten Rn. 443) aus **Notwehr** gemäß § 32 gerechtfertigt werden sein kann, wenn der Täter mit seinem Fahrzeug auf den Angreifer zufährt, um dessen Angriff abzuwehren (ebenfalls schon Examensklausurthema). Obwohl § 315 b die Verkehrssicherheit schützt und dieses Rechtsgut deshalb nicht dem Angreifer zusteht, rechtfertigt der BGH auch den gefährlichen Eingriff in den Straßenverkehr aus § 32, wenn die Verwirklichung untrennbar mit der Verteidigung gegen den Angreifer verbunden ist.[803] Wer eine Drittwirkung der Notwehr generell verneint, kann die Tat nur bei eindeutigem Wertüberhang des verteidigten Rechtsguts aus § 34 rechtfertigen oder sonst nur unter den Voraussetzungen des § 35 entschuldigen.

801 BGH, Beschl. v. 04.11.2008 – 4 StR 411/08, NStZ 2009, 100.

802 BGH, Beschl. v. 04.11.2008 – 4 StR 411/08, RÜ 2009, 33.

803 BGH, Urt. v. 25.04.2013 – 4 StR 551/12, RÜ 2013, 505.

VII. Qualifikationen

§ 315 b Abs. 3 qualifiziert die Vorsatztat des Abs. 1 – nur diese – zum Verbrechen, wenn die zusätzlichen Voraussetzungen des **§ 315 Abs. 3** erfüllt sind.[804]

***Klausurhinweis**: Diese versteckte Strafschärfung wird von den Bearbeitern häufig übersehen. Merken Sie sich bitte: Wenn § 315 b Abs. 1 erfüllt ist, immer auch § 315 b Abs. 3 ansprechen. Die Strafschärfung ist in aller Regel erfüllt.*

1. In **§ 315 Abs. 3 Nr. 1 a** ist die **Absicht** genannt, **einen Unglücksfall herbeizuführen.** **440**
Der Begriff „Unglücksfall" wird hier anders als in § 323 c verstanden. Der Täter muss den zielgerichteten Willen haben, ein plötzliches Ereignis herbeizuführen, aus dem nicht nur eine erhebliche Gefahr, sondern ein Schaden für andere entsteht.[805] Für die Annahme des Unglücksfalls ist es unschädlich, dass die schadenstiftende Situation für nur einen der Beteiligten plötzlich eintritt, während der Täter sie vorsätzlich herbeiführt. Dies ergibt sich schon daraus, dass § 315 Abs. 3 verlangt, einen solchen Unglücksfall zu beabsichtigen.

2. Die in **§ 315 Abs. 3 Nr. 1 b** genannte **Absicht, eine andere Straftat zu ermöglichen** **441**
oder zu verdecken, entspricht dem gleichlautenden Mordmerkmal in § 211 (s.o. Rn. 54 ff.). Wichtigste Einschränkung auch hier: Eine „andere" Straftat liegt nicht vor, wenn der Eingriff und die Zieltat völlig deckungsgleich sind.[806]

3. § 315 Abs. 3 Nr. 2 ist **Erfolgsqualifikation** i.S.v. § 18. Tatbestandsmäßig ist die Her- **442**
beiführung entweder der **schweren Gesundheitsschädigung eines Einzelnen** oder der **einfachen Gesundheitsschädigung einer großen Zahl von Menschen**.

Der Begriff der „schweren Gesundheitsschädigung" reicht weiter als die schwere Körperverletzung i.S.d. § 226 und erfasst z.B. auch das Verfallen in eine ernste, langwierige Krankheit sowie die erhebliche Beeinträchtigung der körperlichen oder geistigen Leistungsfähigkeiten.[807]

Eine „große Anzahl von Menschen" wird bei einer Zahl von 20 Personen angenommen.[808]

VIII. Inneneingriff

Fall 17: Zufahren auf Halt gebietenden Polizeibeamten

A geriet in eine Verkehrskontrolle. Um zu verhindern, dass er wegen Fahrens ohne Fahrerlaubnis belangt werden könnte, gab er Gas. Wie erhofft, sprang der Halt gebietende Polizeibeamte P zur Seite und blieb unverletzt.
Strafbarkeit des A?

---

804 Rengier § 45 Rn. 36.
805 LK-König § 315 Rn. 113.
806 Vgl. BGH NZV 1995, 285; Fischer § 315 Rn. 22 a.
807 Küper S. 167 f.
808 Fischer § 306 b Rn. 5.

***Klausurhinweis**: Der Fall ist ein **Klassiker** aus zahlreichen Klausuren und mündlichen Prüfungen! Prägen Sie sich die Formulierungen zu § 315 b gut ein.*

I. Da A ohne Fahrerlaubnis mit dem Pkw gefahren ist, hat er sich nach **§ 21 Abs. 1 Nr. 1 StVG** strafbar gemacht.

II. Das Zufahren auf einen Polizeibeamten, der ein Haltegebot erteilt, ist im abschließenden Katalog des **§ 315 c Abs. 1 Nr. 2** nicht aufgeführt.

III. Infrage kommt ein **gefährlicher Eingriff in den Straßenverkehr gemäß § 315 b Abs. 1 Nr. 3** durch Zufahren auf P. Wie sich aus der gesetzlichen Überschrift und aus der Generalklausel der Nr. 3 ergibt, müssen alle Verhaltensweisen als **Eingriffe in den Straßenverkehr** anzusehen sein. Dieses Merkmal grenzt den Anwendungsbereich des § 315 b im Verhältnis zu § 315 c ab:[809]

1. **§ 315 b erfasst im Gegensatz zu § 315 c grundsätzlich nur verkehrsfremde Einwirkungen, also Verhaltensweisen, die von außen auf den Straßenverkehr einwirken, sogenannte Außeneingriffe.** Hier war das Zufahren auf P aber – äußerlich betrachtet – ein Verkehrsvorgang.

443 2. Ausnahmsweise ist § 315 b auch auf Vorgänge im ruhenden oder fließenden Verkehr anwendbar, wenn der Verkehrsteilnehmer den Verkehrsvorgang zu einem sogenannte **verkehrsfeindlicher Inneneingriff** in den Straßenverkehr „pervertiert", und zwar

- **objektiv durch eine grobe Einwirkung von einigem Gewicht**
- **und subjektiv**
  - in der **verkehrsfeindlichen Absicht**, insbesondere ein Fahrzeug als Schadenswerkzeug zu zweckentfremden
  - **und mit dem zumindest bedingten Vorsatz, es dadurch zu einem Schaden für andere oder Sachen von bedeutendem Wert kommen zu lassen**. Die bloß fahrlässige Schädigung oder der reine Gefährdungsvorsatz genügt für die Überwindung der Sperrwirkung nicht. Hier ist immer noch das eigene Fortkommen primäres Ziel der Fahrweise, die allein durch den bewussten Verkehrsverstoß nicht einem Eingriff von außen gleichsteht.[810]

  § 315 b ist unter diesen Voraussetzungen sogar bei äußerlich korrekter Teilnahme am Straßenverkehr anwendbar, wenn der Täter durch Ausnutzen der Unaufmerksamkeit anderer Verkehrsteilnehmer oder unübersichtlicher Verkehrssituationen **absichtlich einen Unfall provoziert, um anschließend eine vorteilhafte Schadensregulierung zu ermöglichen**. Denn auch ein solches Verhalten, das allein die Schädigung eines anderen bezweckt, verstößt gegen die Straßenverkehrsordnung (§ 1 Abs. 2 StVO), und der Täter setzt sein Fahrzeug zweckwidrig und in verkehrsfeindlicher Absicht ein. Nur dann, wenn der äußerlich verkehrsgerecht handelnde Täter lediglich auf einen Unfall hoffe oder einen solchen billigt, ist § 315 b unanwendbar.[811]

---

809 BGHSt 23, 4, 7.

810 BGH, Urt. v. 22.02.2003 – 4 StR 228/02; BGHSt 48, 233; RÜ 2003, 217; BGH, Beschl. v. 16.10.2003 – 4 StR 275/03, StV 2004, 136; BGH, Beschl. v. 09.02.2010 – 4 StR 556/09, NStZ 2010, 391; Sch/Sch/Sternberg-Lieben/Hecker § 315 b Rn. 10.

811 BGH, Urt. v. 02.07.1999 – 4 StR 90/99, StV 2000, 22.

Im vorliegenden Fall hat A sein Fahrzeug als Fluchtmittel benutzt und handelte ohne Verletzungsvorsatz. Der bloße Gefährdungsvorsatz genügt für die Annahme eines ausnahmsweise nach § 315 b tatbestandlichen Inneneingriffs nicht.[812]

Aufbau: *Man kommt also nicht umhin, bei „pervertierten Verkehrsvorgängen" die genannten objektiven* ***und*** *subjektiven Voraussetzungen schon im Zusammenhang mit dem Merkmal „Eingriff" abzuhandeln.* ***Schädigungsvorsatz ist aber nur bei Inneneingriffen erforderlich****, wenn es um die Überwindung der Sperrwirkung des § 315 c geht; bei Außeneingriffen, für die diese Sperrwirkung nicht besteht, genügt Gefährdungsvorsatz, den man wie gewohnt erst im subjektiven Tatbestand prüft!*

§ 315 b scheidet aus.

IV. **Widerstand gegen Vollstreckungsbeamte gemäß § 113 Abs. 1 Alt. 1?**

1. Der Halt gebietende Polizeibeamte war Vollstreckungsbeamter und befand sich mit dem Anhaltegebot zur Durchführung einer Polizeikontrolle nach § 36 StVO bei einer konkreten Diensthandlung. Hierbei hat A durch Zufahren und Erzwingen der Freigabe körperliche Gewalt i.S.d. vis compulsiva geübt. Insoweit handelte er auch vorsätzlich.

2. Die Diensthandlung war nach dem für § 113 Abs. 3 entwickelten sogenannten strafrechtlichen Rechtmäßigkeitsbegriff (Zuständigkeit, Ermächtigungsgrundlage, sonstige wesentliche Regeln des „Ob" und „Wie") rechtmäßig (ausführlich unten Rn. 821).

3. Auch Rechtswidrigkeit und Schuld als allgemeine Verbrechensmerkmale sind erfüllt.

4. Fraglich ist, ob ein **besonders schwerer Fall nach § 113 Abs. 2** vorliegt. 444

   a) Die h.M. sah früher in dem zweckentfremdeten Fahrzeug eine **„Waffe im untechnischen Sinn"** nach § 113 Abs. 2 S. 2 Nr. 1, weil die „Waffe" lediglich ein Spezialfall des gefährlichen Werkzeugs sei.[813] Diese Auffassung hat das BVerfG als Analogieverstoß verworfen: Ein Personenkraftwagen ist danach vom möglichen Wortsinn des Begriffs der „Waffe" in § 113 Abs. 2 S. 2 Nr. 1 nicht mehr umfasst. Er wird weder von der Zweckbestimmung noch von einem typischen Gebrauch her zur Bekämpfung anderer oder zur Zerstörung von Sachen eingesetzt.[814]

   b) Aufgrund dieser Entscheidung hat der Gesetzgeber in § 113 Abs. 2 Nr. 1 als zusätzliche Erschwerungsvariante das **Beisichführen eines gefährlichen Werkzeugs in Verwendungsabsicht** eingefügt.[815]

      aa) Wie auch in den §§ 224, 244 Abs. 1 Nr. 1 a, 2. Alt, 250 Abs. 1 Nr. 1 a Alt. 2 ist für das gefährliche Werkzeug objektive Voraussetzung, dass der Gegen-

---

812 OLG Hamm, Beschl. v. 08.01.2008 – 3 Ss 528/07 Rn. 20, StV 2008, 588.

813 BGHSt 26, 176, 179.

814 BVerfG, Beschl. v. 01.09.2008 – 2 BvR 2238/07, RÜ 2008, 709.

815 44. StrÄndG, BGBl. I, S. 2130, in Kraft seit dem 05.1.2011.

stand überhaupt geeignet ist, erhebliche Verletzungen bei einem Einsatz gegen Menschen herbeizuführen. Diese Gefährlichkeit kann sich aus jeder möglichen Zweckentfremdung ergeben, aber auch aus dem konkreten Gebrauch.[816] Weitere Einschränkungen sind – anders als bei den §§ 244 Abs. 1 Nr. 1 a Alt. 2, 250 Abs. 1 Nr. 1 a Alt. 2 – auf objektiver Tatbestandsebene nicht erforderlich. Die dort bestehende Gefahr der Ausuferung durch Einbeziehung von Alltagsgegenständen[817] besteht bei § 113 Abs. 2 Nr. 1 Alt. 2 nicht, da hier die Begrenzung durch das Merkmal der Gebrauchsabsicht erreicht wird, die sich auch in dem konkreten Gebrauch realisieren kann. Von Kraftfahrzeugen geht schon bei gewöhnlicher Verwendung als Fortbewegungsmittel im Straßenverkehr aufgrund der erzielbaren Geschwindigkeiten und der Beschaffenheit der Sache immer eine Gefahr für andere Menschen aus. Diese wird noch gesteigert, wenn das Fahrzeug gezielt gegen ein bestimmtes Opfer eingesetzt wird.

bb) Ein vom Täter geführtes Kfz hat dieser auch bei sich geführt.

cc) A hatte Vorsatz sowie die Absicht, das gefährliche Werkzeug bei der Tat zu verwenden. Diese Absicht hat sich im konkreten Einsatz gegen P realisiert.

c) Das Regelbeispiel des **§ 113 Abs. 2 S. 2 Nr. 2** ist dagegen nur erfüllt, wenn es nach den Tatumständen zu einer konkreten Leibes- oder Lebensgefahr gekommen ist. Dafür ist festzustellen, wie weit das Fahrzeug noch vom Polizeibeamten entfernt war, als dieser zur Seite sprang, und mit welcher Geschwindigkeit es fuhr. Soweit Feststellungen fehlen, ist die konkrete Gefahr im Zweifel abzulehnen.

A ist strafbar wegen Widerstandes gegen Vollstreckungsbeamte im besonders schweren Fall.

V. Die mitverwirklichte **Nötigung** nach **§ 240** tritt hinter dem spezielleren § 113 zurück.

Konkurrenzen und Ergebnis: Das Fahren ohne Fahrerlaubnis und der Widerstand überschneiden sich in ihrer Ausführungshandlung und stehen daher in Tateinheit, § 52.

---

816 Singelnstein/Puschke NJW 2011, 3473, 3474.

817 Vgl. AS-Skript StrafR BT 1 (2015), Rn. 141.

D. Unerlaubtes Entfernen vom Unfallort

Aufbauschema: Unerlaubtes Entfernen vom Unfallort, § 142	
Abs. 1	**Abs. 2**
1. Objektiv: **a)** Unfall im Straßenverkehr **b)** Täter: Unfallbeteiligter nach Abs. 5 **c)** Sichentfernen vom Unfallort **d)** Verletzung gesetzlicher Pflichten ■ Nr. 1: Bei Anwesenheit feststellungsbereiter Personen: – Feststellungsduldungspflicht – und Anwesenheitspflicht ■ Nr. 2: Bei Nichtanwesenheit feststellungsbereiter Personen: – angemessen lange Wartepflicht	**1.** Objektiv: **a)** in der Vergangenheit liegender Unfall im Straßenverkehr **b)** Täter: Unfallbeteiligter nach Abs. 5 **c)** Strafloses Verlassen des Unfallorts ■ Nr. 1: Wegen Ablaufs der Wartefrist ■ Nr. 2: Wegen Rechtfertigung oder Entschuldigung **d)** Unterlassen unverzüglicher Nachholung der nach Abs. 3 S. 1 gebotenen Feststellungen
2. Subjektiv: Vorsatz	**2.** Subjektiv: Vorsatz
3. Rechtswidrigkeit	**3.** Rechtswidrigkeit
4. Schuld	**4.** Schuld
5. Tätige Reue bei „Parkunfällen", Abs. 4	**5.** Tätige Reue bei „Parkunfällen", Abs. 4

§ 142 schützt nicht – wie man wegen seiner systematischen Stellung im Abschnitt „Straftaten gegen die öffentliche Ordnung" vermuten könnte – irgendein staatliches Interesse, erst recht nicht das Strafverfolgungsinteresse, weil die Norm dann gegen den nemo tenetur-Grundsatz verstoßen würde. **Geschützt wird ausschließlich das Interesse eines potenziellen Anspruchsinhabers aus einem Schadensereignis im Straßenverkehr, die Beweise für seine zivilrechtlichen Ansprüche aus § 7 StVG und § 823 BGB zu sichern**. Insofern ist § 142 ein **abstraktes Vermögens-Gefährdungsdelikt**. Die Sicherung der zivilrechtlichen Beweisinteressen durch eine Strafnorm gibt es nur bei Schadensfällen im Straßenverkehr, weil hier die Gefahr der Anspruchsvereitelung durch Flucht besonders hoch ist. **445**

§ 142 ist in allen Modalitäten strafbegründendes **Sonderdelikt**, kann also nur von einem „Unfallbeteiligten" verwirklicht werden. Zudem ist nur **vorsätzliche Vollendung** unter Strafe gestellt. Fahrlässigkeits- und Versuchsstrafbarkeit sind gesetzlich nicht vorgesehen.

Zu unterscheiden ist zwischen dem Begehungsdelikt der „Unfallflucht" in **Abs. 1** und dem echten Unterlassungsdelikt der Nichtnachholung gebotener Unfallfeststellungen gemäß **Abs. 2**. Beide Varianten schließen sich gegenseitig aus.

***Aufbau**: Wegen dieser tatbestandlichen Exklusivität ist in einem Gutachten immer zuerst zu untersuchen, ob Abs. 1 erfüllt ist. Erst wenn die Strafbarkeit hieraus abgelehnt wurde, ist auf Abs. 2 einzugehen.*

I. Unfallflucht, Abs. 1

1. Unfall im Straßenverkehr

446 **Unfall im Straßenverkehr** ist jedes **plötzliches Ereignis im öffentlichen Straßenverkehr, das einen nicht ganz unerheblichen, beweissicherungsbedürftigen Personen- oder Sachschaden zur Folge hat und das auf typischen Gefahren des Straßenverkehrs beruht**.

447 **a) „Straßenverkehr"** ist der Verkehr auf Straßen und Wegen zu Lande. Für den Luft-, Schifffahrts- und Eisenbahnverkehr ist § 142 nicht anwendbar.[818] **„Öffentlich"** ist der Straßenverkehr, wenn er sich auf einer faktisch von jedermann oder einer bestimmten Gruppe von Verkehrsteilnehmern genutzten Fläche abspielt.

448 **b)** Als Folge muss ein **Personen- oder Sachschaden** eingetreten sein. Dieser darf nicht so gering sein, dass Schadensersatzansprüche dafür üblicherweise nicht gestellt werden, bei Sachschäden bis etwa 25 €, bei Personenschäden nur kleine Hautabschürfungen.[819] Zudem muss es sich nach dem Schutzzweck des § 142 als Vorschrift zur Sicherung privater Beweisinteressen um Schäden handeln, an deren Feststellung ein **anderer überhaupt Interesse** haben kann. Der Tatbestand ist also nicht erfüllt, wenn der Unfall ausschließlich Eigenschäden des einzigen Beteiligten zur Folge hatte.[820]

Dass der Schaden an dem vom Täter geführten Fahrzeug eingetreten ist, steht der Pflicht, am Unfallort zu bleiben, prinzipiell nicht entgegen, wenn das Fahrzeug in fremdem Eigentum steht.

Beispiel: Daher kann sich auch derjenige wegen Unfallflucht strafbar machen, der an einem von ihm selbst geleasten Fahrzeug einen Schaden anrichtet und dann damit den Unfallort verlässt, es sei denn, nach dem Leasingvertrag werden alle Schäden auf den Täter als Leasingnehmer abgewälzt.[821]

449 **c)** Umstritten ist, ob ein geplanter **Aggressionsakt** noch als **„plötzliches Ereignis"** angesehen werden kann.

Ein Teil des Schrifttums lehnt dies ab. Ein vorsätzlicher Schädigungsakt sei ein „Anschlag", aber kein „Unfall". Wegen des nemo-tenetur-Grundsatzes dürfe kein Vorsatztäter mit Mitteln des Strafrechts gezwungen werden, am Tatort zu verbleiben und – wenn auch für die Beweissicherung zivilrechtlicher Ansprüche – an seiner eigenen Überführung mitzuwirken.[822]

Die Rspr. wendet mit Zustimmung des überwiegenden Schrifttums folgende Differenzierung an:

- Ein Verkehrsunfall i.S.v. § 142 ist zu **verneinen**, wenn ein Fahrzeug **ausschließlich Werkzeug oder Objekt einer außerhalb des Straßenverkehrs liegenden Schädi-**

818 LK-Geppert § 142 Rd. 13.

819 Vgl. Fischer § 142 Rn. 11.

820 Fischer § 142 Rn. 12.

821 Fischer § 142 Rn. 12.

822 Roxin NJW 1969, 2038; Sternberg-Lieben JR 2002, 386, 388; nur für Ausgrenzung direkt vorsätzlicher Handlungen SK-Rudolphi/Stein § 142 Rn. 15.

gung ist. Dann liegt ein verkehrsatypisches Verhalten vor, wie es an beliebigen anderen Orten und mit beliebigen anderen Mitteln möglich ist.

Beispiele: Mutwillige Zerstörung des Gartentors des Nachbarn mit dem Auto; Vandalismus an geparkten Fahrzeugen; Bewerfen eines anderen mit Bierflaschen aus dem fahrenden Kfz; „Geschicklichkeitsspiele" mit dem fahrenden Auto, etwa durch Mitschleifen und Loslassen von Mülltonnen, die dadurch andere Fahrzeuge beschädigen.

- Wird das Fahrzeug aber **auch seinem Zweck entsprechend als Mittel der Fortbewegung** im öffentlichen Verkehrsraum benutzt, so ist der bei einer solchen Fortbewegung einem anderen zugefügte Schaden ungeachtet der vorsätzlichen Herbeiführung ein „Unfall im Straßenverkehr".

Beispiel: Durchbrechen einer Polizeisperre durch Rammen eines Polizeifahrzeugs.[823]

Dieser Auffassung ist zu folgen. Es ist nicht verständlich, warum derjenige, der einen Schaden im fließenden Verkehr unvorsätzlich herbeigeführt hat, wartepflichtig sein soll, nicht aber derjenige, der denselben Schaden sogar vorsätzlich verursacht hat. Die Unterscheidung erzeugt auch einen Wertungswiderspruch zu § 315 b, bei dem – wie dargestellt – auch ein verkehrstypischer „Unglücksfall" trotz und gerade bei Vorsatz möglich ist.

d) Der Schaden muss auf typischen Verkehrsgefahren beruhen. Umstritten ist, ob die Beteiligung eines Fahrzeugs notwendig ist. Der Streit wird relevant bei Unfällen zwischen **Fußgängern und/oder Inlineskatern**[824] oder bei **Fußgängern mit Einkaufswagen**. Eine Mindermeinung[825] verlangt, dass mindestens ein Unfallbeteiligter ein Fahrzeug geführt haben müsse, und kann sich dafür auf den Normzweck des § 142 (Gefahr schneller Flucht) und den Wortlaut des § 142 Abs. 1 Nr. 1 („ ... die Feststellung ... seines Fahrzeugs ...") berufen. Die h.M. verlangt nur, dass das Schadensereignis auf einer typischen Nutzung der Verkehrsfläche beruht, wie Fortbewegung oder Be- und Entladung. Dann ist § 142 auch ohne Fahrzeugbeteiligung anwendbar.[826] **450**

2. Unfallbeteiligter

Unfallbeteiligter ist nach **§ 142 Abs. 5**, wessen Verhalten nach den Umständen zur Verursachung des Unfalls beigetragen haben kann. Daher kommt es im Prinzip nur auf die **Möglichkeit eines Verursachungsbeitrags für den Unfall** an.

a) Unfallbeteiligter kann also jeder sein, der irgendetwas mit dem Unfall zu tun haben könnte, gleichviel ob er Verkehrsteilnehmer oder Geschädigter ist. **451**

Beispiele: Unfallbeteiligter ist der Radfahrer, der den Zusammenstoß zweier Fahrzeuge bei einem Ausweichmanöver auslöst. Unfallbeteiligter ist auch der Arbeiter, der durch Rauchentwicklung bei Straßenbauarbeiten schlechte Sichtverhältnisse schafft, die zur Kollision von Fahrzeugen führen.[827]

---

823 BGHSt 24, 382; BGH, Urt. v. 15.11.2001 – 4 StR 233/01, RÜ 2002, 121; Lackner/Kühl § 142 Rn. 8.

824 Vgl. zur rechtlichen Einordnung BGH, Urt. v. 19.03.2002 – VI ZR 333/00, VersR 2002, 727.

825 LK-Geppert § 142 Rn. 25.

826 OLG Stuttgart VRS 18, 117; Lackner/Kühl § 142 Rn. 6; Rengier § 46 Rn. 4; für Schäden durch Einkaufswagen OLG Düsseldorf, Urt. v. 07.11.2011 – III -1 RVs 62/11.

827 LK-König § 315 Rn. 113.

Unerheblich ist, ob das Verhalten schuldhaft oder überhaupt willensgesteuert war.

Beispiel: Unfallbeteiligter ist also auch derjenige, der als Folge eines epileptischen Anfalls oder eines Sekundenschlafs einen Unfall herbeigeführt hat.[828]

Für die Unfallbeteiligung genügt aber nur **der nicht ganz unbegründete, aus dem äußeren Anschein der Unfallsituation zu folgernde Verdacht der Mitverursachung**.[829] Die bloße Vermutung, einen Schaden verursacht zu haben, der in Wirklichkeit schon vorher vorhanden war, begründet keine Verpflichtungen aus § 142.[830]

452 **b)** Umstritten ist, ob der (mögliche) Verursachungsbeitrag **nur in der unmittelbaren Unfallsituation** erbracht worden sein muss oder ob auch ein bis zum Unfall fortwirkendes Vorverhalten, also eine **„mittelbare Verursachung"** genügt. Dabei geht es aber nur um **gefahrerhöhendes pflichtwidriges** Vorverhalten.

Wer einen mittelbaren Verursachungsbeitrag im Rahmen erlaubten Risikos gesetzt hat – z.B. durch Überlassung seines Fahrzeugs an einen geübten und fahrtüchtigen Fahrerlaubnisinhaber –, wird nach keiner Ansicht schon hierdurch zum Unfallbeteiligten.[831]

Die überwiegende Meinung bejaht die Eigenschaft als Unfallbeteiligter dann, wenn sich der Betreffende durch seine mittelbare Verursachung **regelwidrig verhalten oder wenn er in sonstiger Weise über die normale Verkehrsteilnahme hinaus auf den Verkehr eingewirkt** hat.[832]

Beispiele: Überlassen des Fahrzeugs an einen betrunkenen Fahrer oder eine Person ohne Fahrerlaubnis oder Überlassung eines nicht verkehrssicheren Kfz.

Eine häufig vertretene Gegenmeinung im Schrifttum schließt jede mittelbare Verursachung als täterschaftsbegründend für § 142 aus und verlangt ein **Fehlverhalten in der aktuellen Unfallsituation**. Argument: Die Zielsetzung des § 142, die Feststellungen zu sichern, die gerade am Unfallort getroffen werden können, ist auf solche Verhaltensweisen begrenzt, die auch am Unfallort begangen worden sein können. Die Ausweitung auf vorverursachende Handlungen würde zu einer unzulässigen Überdehnung der Pflicht zur aktiven Mitwirkung an der Aufklärung führen.[833]

Dieser Auffassung kann nicht gefolgt werden, wenn das pflichtwidrige Vorverhalten einen garantenpflichtwidrigen Dauerzustand erzeugt hat. Jedenfalls dann ist der Vorverursacher durch Nichtstun in der konkreten Unfallsituation demjenigen gleichzustellen, der diese durch aktives Tun unmittelbar ausgelöst hat.

453 **c)** Für die täterschaftsbegründende Eigenschaft „Unfallbeteiligter" ist ferner erforderlich, dass sich der (mögliche) **Unfallverursacher im Zeitpunkt des Unfalls am Unfallort** befunden haben muss, weil nur derjenige dem Normbefehl des § 142 Abs. 1, am Unfallort zu verbleiben, nachkommen kann, der sich auch tatsächlich dort befindet.[834]

---

828 Vgl. Janiszewski NStZ 1988, 410.

829 OLG Koblenz NZV 1989, 200.

830 BayObLG NJW 1990, 335.

831 BGHSt 15, 1, 3; OLG Frankfurt NJW 1983, 2038.

832 Fischer § 142 Rn. 16.

833 LK-Geppert § 142 Rn. 41; SK-Rudolphi/Stein § 142 Rn. 16 c.

834 OLG Köln NJW 1969, 1683; OLG Stuttgart NStZ 1992, 384; Rengier § 46 Rn. 10.

3. Verlassen des Unfallorts

a) Unfallort ist nicht nur die Stelle, an der sich das schädigende Ereignis zugetragen hat, sondern **der geographische Bereich, in dem der Unfallbeteiligte seine Pflicht, einem Berechtigten seine Unfallbeteiligung zu offenbaren, erfüllen kann**, oder in dem – unabhängig davon – eine feststellungsbereite Person den Wartepflichtigen vermuten und ggf. durch Befragen ermitteln würde. Da dies entscheidend von der Verkehrssituation abhängt, schwanken die Angaben zwischen **20, 100 und 250 m von der Schadensstelle.**[835] **454**

b) Die Tathandlung des **Sichentfernens** ist im wörtlichen Sinn zu verstehen, und zwar als **körperliches Verlassen der räumlichen Grenzen des Unfallortes.**[836] Wer sich nicht vom Unfallort, sondern von einem anderen Ort entfernt (z.B. nach telefonischer Mitteilung, dass das geparkte Fahrzeug wegen gelöster Handbremse in ein anderes hineingerollt ist), handelt nicht tatbestandsmäßig i.S.v. § 142. Es besteht auch keine gesetzliche Pflicht, den Unfallort aufzusuchen.[837] **455**

4. Verletzung der Vorstellungs-/Feststellungsduldungspflicht, Nr. 1

a) Voraussetzung dafür ist, dass am Unfallort **feststellungsbereite Personen anwesend** sind. Feststellungsbereit ist, wer nach der konkreten Situation fähig und erkennbar willens ist, sein erlangtes Wissen bzgl. der in § 142 Abs. 1 Nr. 1 bezeichneten Verhältnisse zur Kenntnis der Berechtigten zu bringen.[838] Hierunter fallen Geschädigte, sonstige Unfallbeteiligte, Zeugen und Polizeibeamte. **456**

b) Sind feststellungsbereite Beweisinteressenten vorhanden, so treffen den Unfallbeteiligten folgende **Pflichten**:

aa) Er **muss durch seine Anwesenheit** die Feststellung seiner Person, seines Fahrzeugs und der Art seiner Beteiligung **ermöglichen.** Diese sogenannte passive **Feststellungsduldungspflicht** ist dadurch erfüllt, dass der Täter **am Unfallort bleibt.**[839] **457**

bb) Darüber hinaus muss er die Feststellungen durch die **Angabe, dass er am Unfall beteiligt** ist, ermöglichen. Diese sogenannte aktive **Vorstellungspflicht** zwingt den Unfallbeteiligten über die Anwesenheit am Tatort hinaus zu der – auch ungefragten – Erklärung, dass sein Verhalten zur Verursachung beigetragen haben könnte.[840]

cc) Weitere Erklärungen oder gar aktive Mitwirkung bei den Feststellungen bis hin zur Selbstbezichtigung einer Straftat sind aber nicht geboten.[841] Sie wären auch mit dem verfassungsrechtlichen Recht, sich nicht selbst belasten zu müssen, unvereinbar.

Umstritten ist, ob derjenige, der sich, nachdem er alle sonstigen Angaben gemacht hat, einer am Unfallort **angeordneten Blutprobe durch Flucht entzieht**, aus § 142 strafbar ist. Zum Teil wird dies abge-

---

835 OLG Karlsruhe NStZ 1988, 409, 410; Fischer § 142 Rn. 20.

836 Vgl. Sch/Sch/Sternberg-Lieben § 142 Rn. 43.

837 BGHSt 28, 129, 131.

838 OLG Köln, Beschl. v. 06.03.2001 – Ss 64/01, RÜ 2002, 267, NJW 2002, 1359.

839 Fischer § 142 Rn. 27.

840 Fischer § 142 Rn. 28.

841 BayObLG NJW 1993, 410.

lehnt, weil der Unfallbeteiligte nur am Unfallort Erhebungen zum Unfallhergang ermöglichen müsse und § 142 gerade nicht die Sicherung des Strafverfahrens schütze.[842] Nach der Gegenansicht gehört auch die Frage des Grades einer möglichen Alkoholisierung zu der von der Feststellungsduldungspflicht umfassten „Art der Beteiligung" und damit zum Beweisinteresse des durch § 142 geschützten Unfallgeschädigten. Deshalb müsse der Unfallbeteiligte nach Anordnung einer Blutprobe so lange am Unfallort anwesend bleiben, bis entschieden sei, ob die Anordnung zwangsweise durchgesetzt werden soll.[843]

458 **c)** Der Täter muss **diese Pflichten verletzt** haben.

aa) Ob eine **Täuschung über die Personalien** als Pflichtverstoß anzusehen ist, ist umstritten:

Ein Teil des Schrifttums verneint das. Danach liegt in falschen Auskünften zur eigenen Person kein Pflichtverstoß mehr, weil der Unfallbeteiligte anwesend gewesen ist, sich als Unfallbeteiligter vorgestellt hat und die Feststellungen ermöglicht hat. Ob diese zutreffend ermittelt worden sind, liegt nach dieser Ansicht schon nicht mehr im Verantwortungsbereich des Unfallbeteiligten. Wer sich dann nach tatsächlicher Beendigung der Feststellungen entferne, verletze auch keine Anwesenheitspflicht mehr.[844]

Herrschend ist die Gegenansicht: Das Gebot des § 142 Abs. 1 Nr. 1, die Feststellungen zu ermöglichen, beinhalte zugleich das Verbot, diese Feststellungen durch eigene Aktivitäten unmöglich zu machen. Wer die Feststellung seiner wahren Identität verschleiere, ermögliche sie nicht.[845]

Dieser Auffassung ist zuzustimmen. Das Gesetz begrenzt die Mitwirkungspflichten des Unfallbeteiligten aus Rücksicht auf den nemo-tenetur-Grundsatz auf eine Feststellungsduldungspflicht. Diese in ein immanentes Recht zur aktiven Täuschung umzukehren, würde das Normziel des § 142, nämlich den Schutz der Unfallgeschädigten vor Beweisverlust, auf den Kopf stellen.

459 **bb)** Umstritten ist auch, ob der Unfallbeteiligte, der nach Falschangaben **als Letzter den Unfallort verlässt**, nach **§ 142 Abs. 1** strafbar ist.

Generell zur Straflosigkeit kommen diejenigen, die in der – wenn auch irrtumsbedingten – Beendigung der Feststellungen auch eine Beendigung der Anwesenheitspflicht sehen. Danach entfällt hier der Tatbestand des § 142 Abs. 1 Nr. 1 deswegen, weil der andere Unfallbeteiligte weitere Feststellungen nicht mehr treffen wollte. § 142 Abs. 2 greift danach auch nicht ein, weil das objektiv tatbestandslose Verlassen nach (wenn auch durch Täuschung) erfüllter Anwesenheitspflicht dem berechtigten Sichentfernen nicht gleichgestellt werden könne.[846]

Nach h.M. kann derjenige, der seine Bleibe- und Vorstellungspflicht nicht erfüllt hat (sei es durch Falschangabe oder sogar durch Verstecken am Tatort), nicht dadurch dem Unrechtsvorwurf der Unfallflucht entgehen, dass er wartet, bis keine feststellungsbereiten

842 Vgl. OLG Zweibrücken NJW 1989, 2765; Fischer § 142 Rn. 26.
843 OLG Köln NStZ-RR 1999, 251; LK-Geppert § 142 Rn. 107.
844 Küper JZ 1990, 510, 518; SK-Rudolphi § 142 Rn. 31; Wessels/Hettinger Rn. 1021.
845 LK-Geppert § 142 Rn. 90.
846 SK-Rudolphi/Stein § 142 Rn. 31.

Personen mehr anwesend sind. Es mache keinen Unterschied, ob der in seinem Beweisinteresse gefährdete Unfallbeteiligte vor oder nach dem Täter den Unfallort verlasse.[847]

In der Rspr. gibt es mehrere Entscheidungen, die den Tatbestand des § 142 Abs. 1 ablehnen, wenn der täuschende Täter den Unfallort nach dem Feststellungsberechtigten als Letzter verlässt, weil dann keine Vorstellungspflicht mehr erfüllt werden könne und das Gebot zu warten sinnlos werde.[848] Nach dieser Ansicht wird aber derjenige, der sich wegen Sinnlosigkeit des Wartens zuvor vom Unfallort entfernt hat, demjenigen gleichgestellt, der sich „berechtigt" entfernt hat. Diesen trifft nach **§ 142 Abs. 2 Nr. 2** die Pflicht, die Feststellungen unverzüglich nachträglich zu ermöglichen.[849]

cc) Ein weiteres Problem ist die **Einordnung des Feststellungsverzichts** durch den oder die Geschädigten. Da § 142 als Vermögensgefährdungsdelikt ein Individualgut schützt, kann dessen Träger auch über die Feststellungen disponieren. **460**

Möglich ist ein **ausdrücklicher oder konkludent erklärter Feststellungsverzicht** dadurch, dass sich die Beteiligten am Unfallort einigen. **461**

Denkbar ist aber auch ein **mutmaßlicher Feststellungsverzicht**, wenn aufgrund der persönlichen Beziehungen, der Art und des Umfangs des Schadens anzunehmen ist, dass der abwesende Alleingeschädigte kein Interesse am Verbleiben des Unfallverursachers an der Schadensstelle hat und es ihm genügt, dass sich der Schädiger danach mit ihm in Verbindung setzt.[850]

Eine in Lit. und Rspr. vertretene Ansicht sieht darin ein tatbestandsausschließendes **Einverständnis**, weil dem Tatbestand durch den Interessenverzicht seine „unrechtskonstituierende Substanz" genommen sei.[851] **462**

Dominierend ist die **Rechtfertigungslösung**. Danach ist der erklärte Feststellungsverzicht eine **rechtfertigende Einwilligung** und der mutmaßliche Feststellungsverzicht nichts anderes als eine **rechtfertigende mutmaßliche Einwilligung**.[852]

Hinsichtlich der **Wirksamkeitsvoraussetzungen** bestehen keine Meinungsunterschiede: Insbesondere dann, wenn der Verzicht **erzwungen** wurde oder auf einem **rechtsgutbezogenen Willensmangel** beruht, ist er nach allen dargestellten Ansichten unwirksam.

5. Verletzung der Wartepflicht, Nr. 2

a) Voraussetzung für diese Variante ist, dass **keine Personen anwesend** sind, die bereit sind, die erforderlichen Feststellungen über den Unfall aufzunehmen. **463**

b) Die **Wartepflicht** beginnt mit dem tatsächlichen Abschluss des schädigenden Ereignisses. Maßstab für die Dauer der Wartezeit ist die Angemessenheit. Diese hängt von **464**

847 Horn/Hoyer JZ 1987, 965, 973; Lackner/Kühl § 142 Rn. 18; vgl. auch OLG Hamm NJW 1979, 438.
848 BayObLG NJW 1983, 2039; 1984, 66; OLG Frankfurt NJW 1990, 1189.
849 BayObLG a.a.O.; OLG Frankfurt a.a.O.
850 OLG Köln, Beschl. v. 13.02.2002 – Ss 54/02, NZV 2002, 278.
851 LK-Geppert § 142 Rn. 76; Fischer § 142 Rn. 30; BayObLG VRS 71, 191.
852 OLG Stutgart NJW 1982, 2266; OLG Köln NJW 2002, 278; Lackner/Kühl § 142 Rn. 34 f.; Rengier § 46 Rn. 20.

dem Grad des Feststellungsbedürfnisses einerseits und der die Zumutbarkeit begrenzenden Tatumstände wie Zeit, Witterungsverhältnisse und Verkehrsdichte andererseits ab.[853]

Bei schweren Personen- oder Sachschäden gilt eine Wartezeit von mindestens einer Stunde. Bei nächtlichem Unfall mit geringem Fremdschaden genügt dagegen eine Wartezeit von nur zehn Minuten.[854]

Die Wartezeit kann sich zudem **durch eigenes Verhalten des Unfallbeteiligten verkürzen oder verlängern:**

(Nur) bei unbedeutenden Unfallfolgen und einfacher Sach- und Rechtslage kann das **Hinterlassen eines Zettels am Unfallort mit richtigen Personalien** die Wartezeit um die für die Aufnahme dieser Daten erforderliche Zeit reduzieren.[855] Entgegen einem verbreiteten Rechtsirrtum unter Autofahrern lässt also das **Hinterlassen eines Zettels oder einer Visitenkarte hinter dem Scheibenwischer** des beschädigten Fahrzeugs die Anwesenheits- und Wartepflicht nicht ganz entfallen!

Wer als Unfallbeteiligter umgekehrt **andere von den Feststellungen aktiv abhält**, kann die bis dahin verstrichene Anwesenheit nicht als Wartezeit angerechnet bekommen. Die Wartefrist beginnt vielmehr ab diesem Zeitpunkt neu zu laufen.[856]

465 **c)** Der Unfallbeteiligte muss den **Unfallort** vor Ablauf der so ermittelten Wartezeit **verlassen** haben.

6. Vorsatz

466 Der Täter muss den Unfall und die Überschreitung der Bagatellgrenze des angerichteten Schadens wahrgenommen haben. Anderenfalls handelt er in einem den Vorsatz ausschließenden Tatbestandsirrtum, § 16 Abs. 1 S. 1. Fraglich ist dann, ob er nach Abs. 2 zur Nachholung der erforderlichen Unfallfeststellungen verpflichtet ist (s. dazu unten Rn. 470).

Verkennt der Täter trotz Kenntnis der Tatumstände seine Pflichten, liegt ein in aller Regel vermeidbarer Verbotsirrtum vor.

II. Nichtnachholung gebotener Feststellungen, Abs. 2

1. Entstehung der Nachholungspflicht

467 **a)** Voraussetzung ist wiederum ein **Unfall im Straßenverkehr** (s.o. Rn. 446 ff.), bei dem der fragliche Täter als Unfallbeteiligter (s.o. Rn. 451 ff.) den Unfallort straflos verlassen haben muss (s.o. Rn. 454 f.)

b) Die Straflosigkeit muss darauf beruhen, dass der Täter:

aa) nach **Nr. 1** nach Ablauf der Wartefrist den Unfallort verlassen hatte (s.o. Rn. 463)

853 Sch/Sch/Sternberg-Lieben § 142 Rn. 36.
854 Vgl. Kasuistik bei LK-Geppert § 142 Rn. 114.
855 Lackner/Kühl § 142 Rn. 19.
856 OLG Köln NJW 2002, 1359, 1360, RÜ 2002, 267.

bb) oder nach **Nr. 2** berechtigt oder entschuldigt den Unfallort verlassen hatte.

(1) Berechtigtes Sichentfernen liegt vor, wenn für das Verhalten ein Rechtfertigungsgrund eingreift, insbesondere **Einwilligung, mutmaßliche Einwilligung** (= erklärter oder mutmaßlicher Feststellungsverzicht, s.o. Rn. 460), **Notstand** gemäß § 34 (z.B. wenn sich der Täter wegen eigener schwerer Verletzungen zum Arzt begibt). Dem berechtigten Sichentfernen soll nach umstrittener Rspr. die Situation gleichgestellt werden, dass sich jemand **als Letzter vom Unfallort entfernt** hat (vgl. Rn. 459). **468**

(2) Entschuldigtes Sichentfernen liegt vor, wenn für den Unfallbeteiligten § 35 eingreift (z.B. durch ernste Bedrohung), wenn er sich in einem **Erlaubnistatbestandsirrtum** befindet, der die Vorsatzschuld ausschließt (z.B. bei irriger Annahme eines wirksamen Feststellungsverzichts), oder wenn sich der Täter in einem **unvermeidbaren Verbotsirrtum** befindet. Ob auch ein Sichentfernen in **rauschbedingter Schuldunfähigkeit** unter § 142 Abs. 2 Nr. 2 fällt, ist umstritten (s. dazu unten Fall 18 Rn. 498 ff.). **469**

(3) Lange Zeit haben die Fachgerichte angenommen, dass ein Unfallbeteiligter, der zunächst den Unfallort ohne Kenntnis des Unfalls, also **unvorsätzlich**, verlassen hatte, gemäß § 142 Abs. 2 Nr. 2 die Feststellungen nachholen müsse. Der BGH vertrat die Ansicht, dass die Merkmale „berechtigt oder entschuldigt" ihrem natürlichen Wortsinn nach so aufgefasst werden könnten, dass darunter auch das unvorsätzliche Sichentfernen zu verstehen sei. Einschränkend wurde lediglich verlangt, dass der Unfallbeteiligte **in zeitlichem und räumlichem Zusammenhang von dem Unfall Kenntnis erlangt** haben müsse.[857] **470**

Das BVerfG sieht in der Gleichstellung des unvorsätzlichen Handelns und des berechtigten oder entschuldigten Handelns einen Analogieverstoß nach Art. 103 Abs. 2 GG: Die Begriffe „berechtigt", „entschuldigt" sind danach normative Begriffe, die zum Ausdruck bringen, dass der Handelnde „das Recht auf seiner Seite hat" oder dass sein Verhalten aus höherrangigen Gründen hinzunehmen ist. Der Begriff „unvorsätzlich" bezeichne dagegen eine empirische Tatsache, nämlich die fehlende Kenntnis vom Unfallgeschehen. Die normativen Begriffe könnten aber nicht in einem nicht-normativen Sinn ausgelegt werden.[858]

Das BVerfG hielt es für denkbar, das Weiterfahren bei nachträglicher Kenntniserlangung noch unter § 142 Abs. 1 zu subsumieren, indem man den Begriff des Unfallorts auch noch auf den Ort der Kenntniserlangung erstreckt.[859] Dem ist OLG Düsseldorf gefolgt.[860] Mit der überwiegenden Rspr.[861] ist eine solche Ausweitung aber abzulehnen. Sie würde dazu führen, dass es zwei Begriffe des Unfallortes gäbe: Den geographischen Ort des Schadensereignisses, wenn der Täter hiervon sofort Kenntnis erlangt hat; bei Unvorsätzlichkeit des Weiterfahrens nach dem Unfall den Ort der nachträglichen Kenntniserlangung. Diese Konstruktion ist in sich widersprüchlich. Letztlich liegt hier nur ein Fall des straflosen dolus subsequens vor.

857 BGHSt 28, 129; BayObLG NJW 1981, 879.

858 BVerfG, Beschl. v. 19.03.2007 – 2 BvR 2273/06, RÜ 2007, 254; vgl. auch Beulke NJW 1979, 400; Lackner/Kühl § 142 Rn. 25; Fischer § 142 Rn. 51 f.

859 BVerfG a.a.O. Rn. 26.

860 NStZ-RR 2008, 83.

861 OLG Hamburg, Beschl. v. 27.03.2009 – 1 Ss 31/09, RÜ 2009, 508; BGH, Beschl. v. 15.11.2010 – 4 StR 412/10.

471 **(4)** Ein ähnliches Problem stellt sich, wenn der Täter **unwillentlich vom Unfallort entfernt wurde**, sei es weil er festgenommen wurde oder sei es weil er bewusstlos ins Krankenhaus geschafft wurde. Während die Rspr. vereinzelt auch hier die Nachholungspflicht nach § 142 Abs. 2 Nr. 2 bejaht,[862] ist in der Gleichstellung des erlaubten oder entschuldigten Sichentfernens mit dem „Entferntwerden" ohne Handlungsqualität eine noch weitere Überschreitung der natürlichen Wortsinngrenzen und damit eine verbotene Analogie zu sehen.[863]

2. Verletzung der Nachholungspflicht

472 Auf welche Weise die Nachholungspflicht erfüllt wird, ist gleichgültig. § 142 Abs. 3 S. 1 enthält nur beispielhaft zwei Möglichkeiten (Benachrichtigung des Berechtigten und Mitteilung an eine nahe gelegene Polizeidienststelle), die als Mindestvoraussetzungen zu verstehen sind und deren Erfüllung in jedem Fall ausreicht.[864]

473 **a)** Fraglich ist aber das Zusammenspiel dieser prinzipiellen Wahlmöglichkeit des Unfallbeteiligten mit dem Gebot, die Nachholung **unverzüglich**, also ohne schuldhaftes Zögern, zu ermöglichen.

Nicht durchgesetzt hat sich die Rechtsauffassung, die dem Wahlrecht des Unfallbeteiligten Vorrang einräumt und die Unverzüglichkeit jeweils im Hinblick auf die vom Täter gewählte Art der Ermöglichung der Feststellungen bezieht.[865]

Die h.M. sieht umgekehrt das Wahlrecht unter dem Vorbehalt der Unverzüglichkeit. Das bedeutet, **dass der Unfallbeteiligte von vornherein nur den Weg der Nachholung der erforderlichen Feststellungen beschreiten darf, der im Vergleich zu den anderen Möglichkeiten dem Unverzüglichkeitsgebot gerecht wird**.[866] Bei nächtlichem Unfall mit eindeutiger Haftungslage kann der Unfallbeteiligte nach der Rspr. noch dem Unverzüglichkeitsgebot nachgekommen sein, wenn der Geschädigte am folgenden Morgen benachrichtigt wird.[867]

474 **b)** Nach § 142 Abs. 3 S. 2 wird derjenige aber, der **absichtlich die Feststellungen vereitelt**, wie ein Täter behandelt, der die erforderlichen Feststellungen nicht ermöglicht.

III. Tätige Reue bei „Parkunfällen", Abs. 4

475 **1.** Voraussetzung dieser **Strafzumessungsregelung** ist zunächst die schuldhafte Verwirklichung des § 142 Abs. 1 oder Abs. 2.

476 **2.** Die Möglichkeit für eine tätige Reue begrenzt der Gesetzgeber auf **Unfälle außerhalb des fließenden Verkehrs, die ausschließlich nicht bedeutenden Sachschaden** zur Folge haben. Der Grund für die Begrenzung auf Unfälle im nicht fließenden Verkehr

862 BayObLG NJW 1982, 1059; s. auch BayObLG NJW 1993, 410.
863 Wessels/Hettinger Rn. 1009; Rengier § 46 Rn. 31; LK-Geppert § 142 Rn. 125.
864 BGHSt 23, 138, 141.
865 SK-Rudolphi/Stein § 142 Rn. 48; Sch/Sch/Sternberg-Lieben § 142 Rn. 65.
866 BGHSt 29, 138; Lackner/Kühl § 142 Rn. 26; Wessels/Hettinger Rn. 1017.
867 Vgl. die Nachw. bei Fischer § 142 Rn. 54.

besteht darin, dass hier die Beweisinteressen des Geschädigten auch bei verspäteter Meldung gewahrt bleiben.[868] Halter abgestellter Fahrzeuge müssen nicht damit rechnen, dass ihre Ansprüche aus § 7 StVG über § 17 Abs. 1 StVG gemindert werden. „Außerhalb des fließenden Verkehrs" betrifft zunächst einmal den „ruhenden Verkehr" i.S.v. § 12 StVO, also haltende und geparkte Fahrzeuge, aber auch sonstige stehende Gegenstände wie Verkehrsschilder und Leitplanken. Dabei bezieht sich das Merkmal allein auf den Geschädigten.[869] Das Erfordernis „ausschließlich nicht bedeutender Sachschaden" nimmt zunächst einmal alle Unfälle mit Personenschäden aus. Im Übrigen gilt hier derselbe Maßstab wie in § 69 Abs. 2 Nr. 3.[870] Der tatsächlich eingetretene Fremdschaden darf also eine Wertgrenze von **1.300 €** nicht überschreiten.[871]

Abweichend von §§ 315 b, c sind hier die Reparatur- und Abschleppkosten als Schaden einzubeziehen.

3. Objektives Kriterium ist weiterhin, dass der Täter die gebotenen **Feststellungen i.S.v. § 142 Abs. 3 innerhalb von 24 Stunden nach dem Unfall** (und nicht: nach der Unfallflucht!) ermöglicht hat. **477**

4. Subjektiv ist **Freiwilligkeit**, also Handeln aus autonomer Motivation erforderlich. **478**

E. Konkurrenzen

I. Werden durch dieselbe Tat des § 315 b oder § 315 c **mehrere Personen oder verschiedene Sachen** von bedeutendem Wert gefährdet, liegt – da beide Delikte keinen Individualschutz betreffen – nur jeweils eine Tat vor.[872] **479**

II. Zwischen § 315 b und § 315 c kann bei einem **verkehrsfeindlichen Inneneingriff** Tateinheit bestehen, wenn der Täter das Fahrzeug entweder unter Alkohol- bzw. Drogeneinfluss oder unter Verwirklichung einer der Tatvarianten des § 315 c Abs. 1 Nr. 2 zweckentfremdet.[873] **480**

Beispiel: Geisterfahrer G fährt auf ein entgegenkommendes Fahrzeug in Suizidabsicht zu. Im letzten Moment weicht er aus. Nur durch Glück passiert nichts weiter. – Vom Mordversuch (heimtückisch, mit gemeingefährlichen Mitteln) ist G strafbefreiend zurückgetreten. § 315 b Abs. 1 Nr. 3 i.V.m. Abs. 3 und § 315 Abs. 3 Nr. 1 a und § 315 c Abs. 1 Nr. 2 f stehen in Tateinheit.

III. Die §§ 315 c, 316 sind nach h.M. Dauerdelikte,[874] d.h. **es liegt – auch bei mehreren Gefährdungen – nur eine Tat vor, solange eine einheitliche Trunkenheitsfahrt gegeben ist**. Die Einheitlichkeit wird aber durch eine Fahrtunterbrechung und einen erst dann neu gefassten Entschluss zur Weiterfahrt aufgehoben. **481**

Auch ein **Unfall bildet stets eine Zäsur** des Geschehens (sogar dann, wenn der Täter ohne Halt weiterfährt).[875] Zwischen den den Unfall verursachenden Taten und der Unfallflucht besteht Handlungsmehrheit und wegen der Verschiedenartigkeit der betrof- **482**

868 Bönke NZV 1998, 129, 130.
869 Böse StV 1998, 509, 512.
870 BT-Drs. 13/9064 S. 10.
871 Vgl. Fischer § 142 Rn. 64.
872 Sch/Sch/Sternberg-Lieben/Hecker § 315 b Rn. 18.
873 BGH NStZ 2006, 503.
874 Vgl. OLG Düsseldorf JMBl. NRW 1999, 250.
875 Vgl. BGHSt 21, 203.

fenen Rechtsgüter Tatmehrheit, da Erstere mit dem Unfall vollendet und beendet sind.[876]

483 Ist der Täter nach Fahrtunterbrechung oder Unfall immer noch fahruntüchtig, so liegt in der **Weiterfahrt eine neue Tat** nach § 316 und bei erneutem Unfall § 315 c. Diese steht zum Geschehen vorher in Tatmehrheit und zu einer ggf. zeitgleich verwirklichten Unfallflucht in Tateinheit.

Aufbau: *Bilden Sie wegen der Zäsurwirkung eines Unfalls oder einer Fahrtunterbrechung in solchen Fällen stets Handlungskomplexe. S. dazu auch den nachfolgenden Fall.*

3. Abschnitt: Vollrausch, § 323 a

Aufbauschema: Vollrausch, § 323 a
1. objektiver Tatbestand:
Sichversetzen in einen Rausch
2. Vorwerfbarkeit in Bezug auf das Sichberauschen:
a) Vorsatz
b) Fahrlässigkeit
3. objektive Strafbarkeitsbedingung: Rauschtat
4. Rechtswidrigkeit des Sichberauschens
5. Schuld des Sichberauschens
6. Geltung der Rauschtat-Verfolgungsvoraussetzungen auch für Vollrausch, Abs. 3

Ergänzende Bestimmungen: § 69 Abs. 2 Nr. 4, wonach auch bei Vollrausch mit §§ 315 c, 316, 142 als Rauschtaten eine Entziehung der Fahrerlaubnis möglich ist.

Aufbau: *Auch in Sachverhalten, bei denen die Schuldunfähigkeit des Täters schon vorgegeben ist, wäre es falsch, vorschnell auf § 20 oder sogleich auf § 323 a einzugehen. Zunächst ist abzuschichten, welche Strafnormen der Täter im Rausch überhaupt tatbestandsmäßig und rechtswidrig erfüllt hat. Hierbei sind auch die Vorverlagerungsmöglichkeiten – also vor allem die a.l.i.c. – zu berücksichtigen. Nur wenn Delikte übrig bleiben, aus denen der Täter gerade wegen der Schuldunfähigkeit nicht unmittelbar bestraft werden kann, kommt es überhaupt zur Prüfung von § 323 a.*

A. Struktur

484 **§ 323 a** ermöglicht als **Auffangtatbestand** eine Bestrafung desjenigen, der im Rauschzustand andere Straftaten begangen hat, dafür aber wegen seiner rauschbedingten Schuldunfähigkeit (§ 20) unmittelbar nicht zur Verantwortung gezogen werden kann. Soweit eine solche Tat im Rausch ganz fehlt oder eine Bestrafung unmittelbar daraus möglich ist – bei verhaltensneutralen Fahrlässigkeitstaten durch Anknüpfung an ein

876 LK-Geppert § 142 Rn. 221.

Fehlverhalten vor Eintritt der Schuldunfähigkeit, bei anderen Delikten mithilfe der Rechtsfigur der actio libera in causa[877] – besteht kein Strafbedürfnis aus Vollrausch. Konstruktiv erreicht der Gesetzgeber dies dadurch, dass die im Rausch begangene Straftat **objektive Strafbarkeitsbedingung des § 323 a Abs. 1** ist. Deren Höchststrafe bildet bei Bagatellverfehlungen zugleich die Obergrenze des Strafrahmens aus Vollrausch (§ 323 a Abs. 2) und deren Antragserfordernisse machen auch aus dem Vollrauschdelikt ein Antragsdelikt (§ 323 a Abs. 3).

Da der Täter im Zeitpunkt der Begehung der Rauschtat selbst schuldunfähig ist, kann der Vollrauschtatbestand nur an das **vorsätzliche** oder **fahrlässige** „Sichversetzen" in einen Rausch anknüpfen. Strafgrund ist folglich die **Gemeingefährlichkeit** rauschmittelbedingter Unfähigkeit zur Selbstkontrolle. Wegen der reflexiven Tathandlung liegt zudem ein **eigenhändiges Delikt** vor.

I. Sichversetzen in einen Rausch

1. Objektives Tatbestandsmerkmal ist ein **Rausch** des Täters **durch alkoholische Getränke oder andere berauschende Mittel**. 485

Auch das Zusammenwirken von Medikamenten und Alkohol kann einen Rausch auslösen. Hat der Täter ausschließlich Pharmaka zu sich genommen, so handelt es sich nur dann um berauschende Mittel, wenn sie in ihren Auswirkungen mit Alkohol vergleichbar sind und zu einer Beeinträchtigung des Hemmungsvermögens sowie der intellektuellen und motorischen Fähigkeiten führen.[878]

Entscheidend ist der erforderliche Schweregrad der Bewusstseinstrübung. Dieser lässt sich aus der gesetzlichen Verknüpfung mit der Rauschtat in § 323 a Abs. 1 a.E. ableiten. Danach wird der Täter für das Sichberauschen bestraft, „weil er infolge des Rausches schuldunfähig war oder weil dies nicht auszuschließen ist". Konsens besteht darüber, dass ein **Rausch jedenfalls dann vorliegt, wenn sicher ist, dass der Täter durch Alkohol oder andere Rauschmittel vermindert schuldfähig i.S.v. § 21 war und möglicherweise schuldunfähig i.S.v. § 20 gewesen sein kann.**[879] Zum Streit über die Behandlung von Zweifelsfällen bzgl. des Rausches der nachfolgende Fall (Rn. 498 ff.).

2. Die Tathandlung des **„Sichversetzens"** erfasst jede Form der Selbstberauschung, gleichgültig auf welche Weise. 486

II. Vorwerfbarkeit

1. Das Gesetz verlangt **Vorsatz** und **Fahrlässigkeit**. Diese beziehen sich zunächst auf die **Herbeiführung des Rausches selbst**.

Der Täter handelt **vorsätzlich**, wenn er weiß oder in Kauf nimmt, dass er durch die Rauschmittel in den Zustand nicht ausschließbarer Schuldunfähigkeit gerät. Auf den Vorsatz darf nicht allein aus der Menge des konsumierten Alkohols geschlossen werden.[880] 487

---

877 Ausführlich dazu AS-Skript StrafR AT 1 (2016), Rn. 285 ff.

878 BayObLG NJW 1990, 2334.

879 BGHSt 32, 48; BGH NStZ 1989, 365; Dencker NJW 1980, 2159; Lackner/Kühl § 323 a Rn. 4; Wessels/Hettinger Rn. 1032.

880 OLG Hamm, unveröffentl. Beschl. v. 22.08.2000 – 4 Ss 615/00.

488 **Fahrlässigkeit** liegt vor, wenn man objektiv damit hätte rechnen können und der Täter subjektiv damit hätte rechnen müssen, dass durch das eingenommene Rauschmittel die Schuldfähigkeit beeinträchtigt werden würde.

489 **2.** Die später im **Rausch begangene konkrete Straftat** muss für den Täter weder gewollt noch vorhersehbar gewesen sein. Anderenfalls wäre zumeist eine Bestrafung nach den Grundsätzen der actio libera in causa möglich, und für § 323 a bliebe kaum noch ein Anwendungsbereich übrig.

Um aber dem Schuldprinzip zu genügen, verlangen Rspr. und h. M. eine **abgeschwächte subjektive Beziehung zu der im Rausch manifestierten Gefährlichkeit**. Erforderlich ist dafür, dass der Täter wusste oder hätte wissen können, dass er im Rausch **irgendwelche** kriminellen Handlungen begehen könnte.[881] Dieses Bewusstsein ist in der Regel anzunehmen, kann aber in Ausnahmefällen besondere Feststellungen erforderlich machen (z.B. bei völlig unerfahrenen jungen Menschen, bei vorherigen Vorkehrungen, die die Begehung von Straftaten im Rausch ausschließen oder bei Selbsttötungsversuchen mit Rauschzuständen als Durchgangsstadium).

III. Rauschtat – objektive Strafbarkeitsbedingung

490 Strafbar wird vorwerfbares Sichberauschen nur dann, wenn der Berauschte in diesem Zustand eine rechtswidrige Tat begangen hat. Die Rauschtat ist nach ganz h.M. kein Tatbestandselement des § 323 a, sondern objektive Strafbarkeitsbedingung. Daher brauchen sich auf die Rauschtat Vorsatz oder Fahrlässigkeit des Täters – abgesehen vom generellen Vorhersehenmüssen (s.o. Rn. 489) – nicht zu beziehen.

Aufbau: *Um die Rauschtat als objektive Strafbarkeitsbedingung zu verdeutlichen, sollte man darauf erst eingehen,* ***nachdem*** *objektiver und subjektiver Tatbestand des § 323 a festgestellt sind.*

Die Rauschtat muss nach § 323 a eine rechtswidrige Tat (§ 11 Abs. 1 Nr. 5) sein, aus der allein deshalb nicht bestraft werden kann, weil der Täter im Tatzeitpunkt nicht ausschließbar schuldunfähig gewesen ist.

491 **Rauschtat ist ein Verhalten, das den objektiven und subjektiven Tatbestand einer verfolgbaren Vorsatz- oder Fahrlässigkeitsstraftat verwirklicht, das rechtswidrig geschah und auch schuldhaft *gewesen wäre*, wenn der Täter nicht vermindert schuldfähig, möglicherweise sogar schuldunfähig gewesen wäre.**

492 - Eine Rauschtat **entfällt** also, wenn ein Merkmal des **objektiven** oder **subjektiven Tatbestandes** nicht gegeben ist, wenn **kein strafbarer Versuch** vorliegt, wenn der Rauschtäter **gerechtfertigt** gehandelt hat (z.B. Notwehr) oder dann, wenn ein **Entschuldigungsgrund** eingreift (z.B. Nötigungsnotstand gemäß § 35). Auch bei **Strafausschließungsgründen** (z.B. § 258 Abs. 5) oder **Strafaufhebungsgründen** (Rücktritt nach § 24) und bei **Verfolgungsverjährung** der Rauschtat entfällt diese als Bedingung für die Strafbarkeit aus § 323 a.[882]

881 Vgl. BGHSt 10, 247; OLG Hamm, Beschl. v. 21.08.2007 – 3 Ss 135/07, RÜ 2008, 38; Sch/Sch/Sternberg-Lieben/Hecker § 323 a Rn. 3.

882 Vgl. Dencker NJW 1980, 2159, 2165.

- Bei **Irrtumsfällen** differenziert die herrschende Lehre.[883] **493**
  - Befand sich der Berauschte in einem Tatbestands- oder Erlaubnistatbestandsirrtum, so entfällt eine vorsätzlich begangene Rauschtat, **gleichviel ob der jeweilige Irrtum auch einem Nüchternen** unterlaufen wäre oder ob er rauschbedingt war. Sofern tatbestandlich möglich, kommt in solchen Fällen aber eine Fahrlässigkeitstat in Betracht.
  - Schuldrelevante Irrtümer, wie z.B. ein unvermeidbarer Verbots- oder Erlaubnisirrtum (§ 17), ein Entschuldigungstatbestandsirrtum (§ 35 Abs. 2) oder ein Notwehrexzess (§ 33), werden **nur dann berücksichtigt, wenn sie dem Täter auch ohne den Rausch unterlaufen wären**.

B. Beteiligung

I. An der Rauschtat

Eine Beteiligung an den **im Rausch begangenen Delikten** ist nach allgemeinen Regeln möglich (insbesondere kommt mittelbare Täterschaft durch Handeln eines schuldunfähigen Werkzeugs in Betracht). **494**

II. Am Vollrausch

1. Mittäterschaft oder **mittelbare Täterschaft** am **Vollrausch** selbst scheiden wegen des **eigenhändigen Charakters** dieser Strafnorm aus. **495**

2. Umstritten ist, ob eine **Teilnahme an § 323 a** möglich ist. **496**

Eine Minderansicht im Schrifttum lehnt die Möglichkeit einer Teilnahme ab. § 323 a habe nur den Sinn, dem Täter die Pflicht der Selbstkontrolle aufzuerlegen. Die Bejahung einer Teilnahme am vorsätzlichen Vollrauschdelikt würde zu einer unübersehbaren Haftungsausdehnung für Wirte und Zechgenossen führen.[884]

Rspr. und h.Lit. bejahen die Möglichkeit einer Teilnahme am Vorsatzdelikt des § 323 a uneingeschränkt.[885]

Diese Ansicht ist überzeugender. Die Pflicht zur Selbstkontrolle ist kein einsichtiges Gegenargument, weil man aus diesem Grund auch die Teilnahme an dem eigenhändigen Delikt des § 316 ablehnen könnte. Durch die Teilnahmemöglichkeit wird auch keine unübersehbare Haftungsausdehnung begründet, weil der Tatbestand mit dem Kriterium der Sozialadäquanz als Zurechnungsausschluss oder als Argument teleologischer Auslegung hinreichend begrenzt werden kann.

---

883 Vgl. Sch/Sch/Sternberg-Lieben/Hecker § 323 a Rn. 15 f.

884 Lackner/Kühl § 323 a Rn. 17.

885 BGHSt 10, 247, 248; SK-Wolters § 323 a Rn. 9; Rengier § 41 Rn. 26; Sch/Sch/Sternberg-Lieben/Hecker § 323 a Rn. 25.

C. Konkurrenzen

497 Zwischen den einzelnen Rauschtaten müssen keine Konkurrenzen gebildet werden, denn sie sind, sofern sie während desselben Rausches begangen worden sind, nur unselbstständige **Bestandteile einer einzigen Bestrafung nach § 323 a**.[886]

498 Soweit zusätzlich noch Delikte erfüllt sind, deren Strafbarkeit an das Sichberauschen anknüpfen (Vorsatzdelikte mit actio libera in causa nach der Vorverlagerungstheorie; Fahrlässigkeitsdelikte), stehen diese, da auch § 323 a an das Sichberauschen anknüpft, dazu in Tateinheit.[887]

D. „Rausch" i.S.v. § 323 a bei Zweifeln über die Alkoholisierung

Fall 18: § 323 a bei möglicher Alkoholisierung unterhalb der Schwelle der §§ 20, 21; Unfallflucht als mögliche Rauschtat und Nachholungspflicht

A war mit dem Bus zu einem feuchtfröhlichen „Junggesellenabschied" gekommen. Ursprünglich wollte er mit dem Taxi wieder nach Hause fahren. Im Laufe des Abends nahm A alkoholische Getränke in einem nicht mehr feststellbaren Umfang zu sich. Seine Alkoholisierung kann so stark gewesen sein, dass er schuldunfähig war. Möglich ist aber auch, dass er vermindert schuldfähig oder unbeschränkt schuldfähig war. Fest steht nur, dass er über 1,1‰ Alkohol im Blut hatte und wusste, dass er nicht mehr fahrtüchtig war. In diesem Zustand bat A seinen Freund B aufgrund eines spontanen Entschlusses, ihm dessen Auto für die Heimfahrt zu überlassen. B stimmte zu und A fuhr los. Infolge seiner Alkoholisierung streifte er den am Straßenrand geparkten Pkw des P (Schaden: 1.800 €). Obwohl er den Unfall akustisch wahrnahm und im Rückspiegel die im Wagen des P sitzende Beifahrerin des P sah, fuhr A mit hoher Geschwindigkeit weiter. Auch später, als der Blutalkohol abgebaut war, meldete er sich weder beim Geschädigten noch bei der Polizei.
Strafbarkeit des A?

***Klausurhinweis**: Das klassische Problem für Examensaufgaben. Bitte die nachfolgende Falllösung zwei- oder dreimal durcharbeiten!*

1. Handlungskomplex: Der Alkoholkonsum und die Trunkenheitsfahrt

I. § 315 c Abs. 1 Nr. 1 a i.V.m. Abs. 3 Nr. 1

A hat in absolut fahruntüchtigem Zustand ein Fahrzeug im Verkehr geführt und dadurch eine konkrete Gefahr für das Fahrzeug des P verursacht. Er handelte bezüglich seiner Fahruntüchtigkeit vorsätzlich und bzgl. der Gefährdung fahrlässig. Rechtfertigungsgründe für sein Verhalten greifen nicht ein. Nach dem Grundsatz in dubio pro reo muss für § 315 c aber davon ausgegangen werden, dass A im Zeitpunkt der Fahrt so stark alkoholisiert war, dass seine Schuldfähigkeit gemäß § 20 ausgeschlossen war.

886 Vgl. BGH StV 1990, 404.
887 Vgl. Fischer § 323 a Rn. 23.

II. Aus demselben Grunde entfällt auch der Vorwurf **vorsätzlicher Trunkenheit im Verkehr gemäß § 316 Abs. 1.**

III. Indem sich A nach dem von ihm verursachten Unfall im Straßenverkehr trotz Anwesenheit der Beifahrerin des P, also einer feststellungsbereiten Person, vom Unfallort entfernte, hat er den Tatbestand des **§ 142 Abs. 1 Nr. 1** erfüllt. Da A den Unfall bemerkt hatte, liegt auch Vorsatz vor. Die Tat geschah rechtswidrig. Jedoch ist auch hier unter Anwendung des Zweifelssatzes von der fehlenden Schuldfähigkeit im Zeitpunkt der Weiterfahrt auszugehen.

IV. Die Bestrafung wegen eines dieser Vorsatzdelikte in Verbindung mit **vorsätzlicher actio libera in causa** scheitert schon daran, dass A im Zeitraum des Sichbetrinkens noch gar nicht den Willen hatte, später alkoholisiert zu fahren, geschweige denn nach einem Unfall den Unfallort zu verlassen. Auf die rechtliche Anerkennung der umstrittenen Rechtsfigur kommt es deshalb nicht an.

V. In Betracht kommt **Vollrausch gemäß § 323 a** mit den Rauschtaten der Straßenver- **499**
kehrsgefährdung und des unerlaubten Entfernens vom Unfallort.

A müsste sich dann in einem Rausch befunden haben. Umstritten ist, ob auch derjenige als Täter des Vollrausches infrage kommt, der zwar – wie im vorliegenden Fall der A – **möglicherweise vermindert schuldfähig oder sogar schuldunfähig war, andererseits aber auch voll schuldfähig** gewesen sein kann.

1. Ein Teil des Schrifttums entnimmt der Gesetzesformulierung „oder dies nicht auszuschließen ist" eine umfassende Auffangfunktion des § 323 a. „Rausch" ist danach jeder rauschmittelbedingte Zustand, in welchem der Täter **nur möglicherweise rauschbedingt schuldunfähig** ist. Dies erfasse auch den Fall, in dem die Alkoholisierung möglicherweise unterhalb der Schwelle der §§ 20, 21 liege. Da der nur vielleicht noch schuldfähige Täter nicht besser gestellt werden könne als derjenige, dem wenigstens eine verminderte Schuldfähigkeit nachzuweisen sei, müsse § 323 a auch dann angewendet werden, wenn die Spannbreite möglicher Alkoholwirkungen von voller Schuldfähigkeit über verminderte Schuldfähigkeit bis zur Schuldunfähigkeit reiche.[888] Nach dieser Auffassung kommt bei A eine Bestrafung aus Vollrausch infrage, auch wenn nicht ausgeschlossen werden kann, dass er bei der Vornahme der Verkehrsdelikte voll schuldfähig war.

2. Die Obergerichte und das überwiegende Schrifttum sehen dagegen in der Formulierung „oder dies nicht auszuschließen ist" nur einen Hinweis darauf, dass die Alkoholisierung **innerhalb der Bereiche des § 21 und § 20** schwanken könne. Ein tatbestandsmäßiger Rausch gemäß § 323 a **unterhalb der Schwelle des § 21** sei nicht zu akzeptieren. Ein Schuldfähiger habe gerade nicht die Steuerungsfähigkeit verloren, entspreche also nicht dem Tatbild des Vollrauschtäters. In Zweifelsfällen müsse bei § 323 a in dubio pro reo zugunsten des Täters von dessen Schuldfähigkeit ausgegangen werden.[889]

888 Fischer § 323 a Rn. 11 c; SK-Horn/Wolters § 323 a Rn. 4; aber ausdrücklich offengelassen von BGHSt 32, 48, 54; BGH NStZ 1989, 365.

889 OLG Karlsruhe NJW 2004, 3356; Lackner/Kühl § 323 a Rn. 4; Ranft § 41 Rn. 22; Wessels/Hettinger Rn. 1033.

3. Der zuletzt dargestellten Meinung ist zuzustimmen. Der Begriff „Rausch" ist ein auf gemeingefährliche Rauschzustände begrenztes echtes Tatbestandsmerkmal. Fielen hierunter auch Rauschzustände, die möglicherweise gar nicht die Schuldfähigkeit beeinträchtigt haben, würde der Nachweis der Gemeingefährlichkeit wegen Berauschung ersetzt durch die Möglichkeit seines Vorliegens, also durch einen bloßen Verdacht. Dies verletzt den Zweifelssatz.

Damit ist in dubio pro reo der Tatbestand des § 323 a nicht erfüllt.

500 VI. Eine ungleichartige **Wahlfeststellung zwischen Vollrausch und Verkehrsdelikt** scheidet aus, ohne dass es auf die Verfassungsmäßigkeit dieser Rechtsfigur ankommt:[890] Zwar steht fest, dass A entweder § 315 c oder § 323 a verwirklicht hat und ein strafloser dritter Hergang ausscheidet. Da § 315 c aber an das fahruntüchtige Fahren anknüpft und § 323 a an das Sichberauschen, fehlt – wie typischerweise zwischen Rauschtat und Vollrausch – die rechtsethische und psychologische Vergleichbarkeit der möglicherweise verwirklichten Delikte.[891]

2. Handlungskomplex: Das Verhalten nach der Trunkenheitsfahrt

501 I. Indem A sich auch später weder bei der Polizei noch beim Geschädigten meldete, könnte er nach **§ 142 Abs. 2 Nr. 2** strafbar sein. A war als Unfallbeteiligter tauglicher Täter. Er müsste sich zuvor „berechtigt oder entschuldigt" vom Unfallort entfernt haben.

1. Ein Teil des Schrifttums sieht auch das Sichentfernen im Zustand der Schuldunfähigkeit als „entschuldigtes Sichentfernen" an mit der Folge, dass den nüchtern gewordenen Unfallbeteiligten die Nachholungspflicht treffe. Erfülle er auch diese Pflichten vorwerfbar nicht, so sei er aus § 142 Abs. 2 Nr. 2 strafbar, der seinerseits den vorher verwirklichten § 323 a mit § 142 Abs. 1 als Rauschtat verdränge.[892] Ist der Rausch nicht nachgewiesen – wie im vorliegenden Fall –, so muss diese Ansicht in dubio pro reo von einem schuldhaften Sichentfernen i.S.d. § 142 Abs. 1 ausgehen, sodass auch die Nachholungspflicht in dubio pro reo gar nicht erst entstanden ist.

Diese Auffassung könnte in der vorliegenden Konstellation allenfalls über eine **Postpendenzfeststellung**[893] zu einer Bestrafung aus § 142 Abs. 2 Nr. 2 gelangen: Sicherer Nachtatsachverhalt ist, dass A als Unfallbeteiligter die erforderlichen Feststellungen vorsätzlich nicht nachgeholt hat. Seine Strafbarkeit hängt nach dieser Meinung nur rechtlich (durch das Merkmal „entschuldigtes Sichentfernen") von dem unsicheren Sachverhalt ab, dass er vielleicht schuldfähig war, als er den Unfallort verließ.

Gegen diese Lösung spricht jedoch, dass eine Nachholungspflicht gegen den nemo-tenetur-Grundsatz verstößt, indem sie verlangt, dass derjenige, der im nur möglichen Vollrausch den Unfallort verlassen hat, sich nachträglich selbst einer Straftat bezichtigen müsste, nämlich entweder des § 142 Abs. 1 Nr. 2 oder zumindest des Vollrausches gemäß § 323 a mit dem Sichentfernen vom Unfallort nach § 142 Abs. 1 Nr. 2 als Rauschtat.

---

890 Zum Anfragebeschl. des 2. Strafsenats gemäß § 132 GVG, der die Verfassungsmäßigkeit verneint, RÜ 2014, 506; zur Gegenansicht der übrigen Strafsenate die die Verfassungsmäßigkeit bejahen, RÜ 2015, 97.

891 BGHSt 9, 390; OLG Köln VRS 68, 38, 41; OLG Karlsruhe NJW 2004, 3356.

892 Keller JR 1989, 344.

893 Näher zur Postpendenz AS-Skript StrafR AT 2 (2016), Rn. 409 f.

2. Die h.M. verneint aus diesem Grund bei Sichentfernen in erwiesenem Vollrausch schon die Nachholungspflicht nach § 142 Abs. 2 Nr. 2. Nach dieser Auffassung greift die Nachholungspflicht generell nur dann ein, wenn der Unfallbeteiligte sich **insgesamt in strafloser Weise vom Unfallort entfernt hat** (z.B. wegen Nötigungsnotstands nach § 35).[894] Bei möglichem Vollrausch ist aber ein strafloses Sichentfernen undenkbar, weil A entweder § 142 Abs. 1 Nr. 2 oder § 323 a erfüllt hat, als er nach dem Unfall weiterfuhr. Dass dies nicht bestraft werden kann, beruht nur auf mangelnder Beweisbarkeit. Folglich ist nach dieser Ansicht die Nachholungspflicht ebenfalls schon nicht ausgelöst.[895]

II. Auf der Grundlage der letztgenannten Meinung kommt im vorliegenden Fall auch eine prinzipiell mögliche **Wahlfeststellung** zwischen § 142 Abs. 1 Nr. 2 und § 142 Abs. 2 Nr. 2 nicht zum Zug: Unterstellt man, dass A zum Zeitpunkt der Fahrt schuldfähig war, ist zwar die Strafbarkeit nach § 142 Abs. 1 gegeben und § 142 Abs. 2 ausgeschlossen. Unterstellt man demgegenüber, dass A im Tatzeitpunkt schuldunfähig im Vollrausch war, ist § 142 Abs. 1 eben nicht erfüllt, aber auch die Nachholungspflicht ist wegen der Strafbarkeit aus § 323 a nach h.M. nicht ausgelöst. Die für die Wahlfeststellung erforderliche Strafbarkeit aus § 142 nach dem einen und dem anderen Sachverhalt fehlt also.

Ergebnis: A ist straflos.

---

894 BayObLG NJW 1989, 1685; LK-Geppert § 142 Rn. 132; Fischer § 142 Rn. 48; Wessels/Hettinger Rn. 1015.

895 Küper NJW 1990, 209, 214, der diese Fallkonstellation als seltenen Ausnahmefall anerkennt.

Gefährdung des Straßenverkehrs, § 315 c

- **Abs. 1 Nr. 1 a Alt. 1: Straßenverkehr** ist jede Fläche, auf der unabhängig von seiner öffentlich-rechtlichen Widmung faktisch öffentlicher Kraftfahrzeug-, Fahrrad- oder Fußgängerverkehr stattfindet.
- **Fahrzeug** (auch Fahrrad!) führt, wer es eigenhändig in Bewegung setzt oder hält und dabei die Antriebs- oder Lenkkräfte zumindest mitbeherrscht.
- **Absolute Fahruntüchtigkeit** liegt bei Kfz-Führern ab 1,1‰, bei Radfahrern ab 1,6‰ BAK vor.
- **Relative Fahruntüchtigkeit** liegt vor bei geringer Alkoholisierung (ab 0,3‰ BAK) und alkoholtypischen Ausfallerscheinungen.
- **§ 315 c Abs. 1 Nr. 2 a–g** muss grob verkehrswidrig und rücksichtslos verwirklicht sein, d.h. durch einen besonders schweren Verkehrsverstoß aus egoistischer Motivation bewusst (bei Vorsatz) oder aus Gleichgültigkeit (bei Fahrlässigkeit).

→

Gefährliche Eingriffe in den Straßenverkehr, § 315 b

- **Abs. 1 Nr. 1–3:** Abschließend aufgeführte **Außeneingriffe** im öffentlichen Verkehrsraum. Ausnahmsweise auch durch Pervertierung eines Verkehrvorgangs als objektiv grobe Einwirkung in verkehrsfeindlicher Absicht und mit Schädigungsvorsatz **(Inneneingriff)**.
- Zeitgleich mit der konkreten Gefährdung möglich, sofern diese zumindest auch auf den verkehrstypischen Fortbewegungskräften beruht.

→

konkrete Gefährdung

- **unfallkritische Situation**
- **Anderer:** Jede vom Täter verschiedene Person, die nicht an der Tat beteiligt ist.
- **Fremde Sache von bedeutendem Wert:** Jeder im Eigentum eines anderen stehende körperliche Gegenstand, der nicht Tatmittel ist, einen Mindestwert von 750 € besitzt und dem in diesem Umfang auch Schaden drohte.
- **Gefahrspezifischer Zusammenhang** zwischen Tathandlung und Gefährdung

Unerlaubtes Entfernen vom Unfallort, § 142

- **Unfall im Straßenverkehr:** Jedes plötzliche Ereignis im öffentlichen Straßenverkehr, das einen nicht ganz unerheblichen beweissicherungsbedürftigen Personen- oder Sachschaden zur Folge hat und auf typischen Straßenverkehrsgefahren beruht. Nach h.M. auch bei geplanter Tat, sofern ein verwendetes Fahrzeug auch als Fortbewegungsmittel diente.
- **Unfallbeteiligter** ist jeder, der nach dem tatsächlichen Anschein durch regelwidriges Verhalten vor oder bei dem Unfall einen Verursachungsbeitrag dazu erbracht haben könnte.
- **Abs. 1:** Sichentfernen vom Unfallort ist das körperliche Verlassen des geografischen Orts des Schadensereignisses unter Verletzung der:
  - Nr. 1: Vorstellungs-/Feststellungsduldungspflicht bei anwesenden feststellungsbereiten Personen
  - Nr. 2: Wartepflicht
- **Abs. 2:** Nicht unverzügliche Nachholung der gebotenen Feststellungen
  - Nr. 1: nach Ablauf einer Wartefrist
  - Nr. 2: nach berechtigtem/entschuldigtem Sichentfernen; nicht bei vorsatzlosem Sichentfernen, bei rauschbedingt schuldlosem Sichentfernen, bei Entferntwerden

Vollrausch, § 323 a

- **Rausch:** Zustand des Täters, in dem dieser infolge von Alkohol oder anderer Rauschmittel sicher vermindert schuldfähig i.S.v. § 21, möglicherweise schuldunfähig i.S.v. § 20 war.
- **Rauschtat als objektive Strafbarkeitsbedingung:** Jede Tatbestandsverwirklichung einer verfolgbaren Vorsatz- oder Fahrlässigkeitstat, die rechtswidrig geschah und schuldhaft gewesen wäre, wenn sich der Täter nicht im Rausch befunden hätte.

4. Abschnitt: Brandstiftungsdelikte

Kein Prüfungsstoff zum 1. Examen in Niedersachsen (§ 16 Abs. 2 Nr. 1 NJAVO)

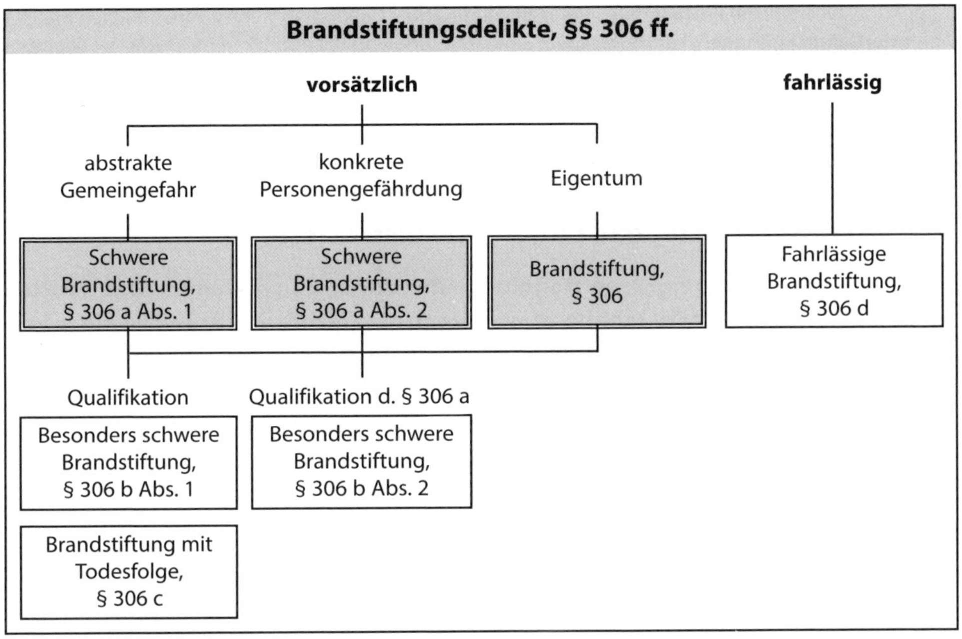

Ergänzende Bestimmungen: Tätige Reue, § 306 e; Herbeiführen einer Brandgefahr, § 306 f. Sehr häufig einschlägig sind aus dem Bereich der Vermögensdelikte die **§§ 303, 305 (Sachbeschädigung, Bauwerkzerstörung)**, ferner **§ 265 (Versicherungsmissbrauch)**. Letzterer ist – wie die §§ 306 ff. – schon mit der Inbrandsetzung des versicherten Objekts (= Beschädigen) vollendet, tritt aber hinter einem späteren **Brandversicherungsbetrug gemäß § 263 Abs. 1, Abs. 3 S. 2 Nr. 5** als formell subsidiär zurück.

Aufbau: *Prüfen Sie § 306, § 306 a Abs. 1 und § 306 a Abs. 2 als selbstständige Delikte! In der* ***Reihenfolge*** *sollten die Brandstiftungsdelikte vor dem Brandgefährdungstatbestand und auch vor den allgemeinen Sachbeschädigungsdelikten geprüft werden, weil Letztere in aller Regel auf Konkurrenzebene zurücktreten. Innerhalb der §§ 306 ff. kann es sinnvoll sein, mit § 306 zu beginnen, wenn man bei § 306 a Abs. 2 eine Inzidenterprüfung des Tatobjektes nach § 306 vermeiden will. Von Fall zu Fall bietet es sich aber auch an, sogleich mit § 306 a Abs. 1 und Abs. 2 zu starten, weil § 306 (und die §§ 305, 303) dahinter zurücktreten.*

A. Gemeinsame Tathandlungen

Alle Brandstiftungsdelikte haben zwei Tatmodalitäten:

I. Inbrandsetzen

In Brand gesetzt i.S.d. 1. Alt. ist ein Gegenstand, wenn ein nicht völlig unwesentlicher Bestandteil derart vom Feuer ergriffen ist, dass er auch nach Entfernen oder Erlöschen des Zündstoffs selbstständig weiterbrennen kann.[896] Zwar genügt es für 502

896 BGHSt 16, 109, 110.

die Tatvollendung nicht, wenn erst der Zündstoff brennt. Aber dass das Tatobjekt selbst in Flammen steht, ist auch nicht notwendig. Ein Gebäude ist vielmehr schon dann in Brand gesetzt, wenn ein für den bestimmungsgemäßen Gebrauch wesentlicher Bestandteil vom Feuer erfasst ist.

Als funktionswesentliche Bestandteile in diesem Sinne sind – unabhängig von zivilrechtlichen Maßstäben – **anerkannt**: Fußboden, Fensterrahmen, Zimmerwände und -treppen.[897] Eine Deckenverkleidung nur dann, wenn sie fest mit dem Baukörper verbunden ist und ohne Eingriff in die Bausubstanz nicht entfernt werden kann.[898]

Nicht ausreichend sind Verbrennungen von Einrichtungsgegenständen und Tapeten[899] oder nur das Inbrandsetzen von Holzwänden zur Abtrennung einzelner Kellerabteile.[900]

II. Durch Brandlegung ganz oder teilweise zerstören

503 Diese Tatmodalität verlangt eine **Handlung, die durch Einsatz eines Brandmittels eine brandtypische Gefahr schafft, aber statt zu einem offenen Brand zu einer vollständigen oder teilweisen Funktionsaufhebung des Tatobjekts führt.**[901] Durch diese Erweiterung werden auch die Fälle erfasst, in denen der Täter durch die Verwendung eines Brandmittels und Schaffung einer brandtypischen Gefahr entweder das Objekt oder einzelne funktionswesentliche Bestandteile unbrauchbar macht, ohne dass es zu einem Brand gekommen ist, etwa durch Explosion des Zündstoffes oder durch Herbeiführung eines Schwelbrandes.

504 **1. Brandmittel** sind nur solche, denen eine thermische Zerstörungswirkung innewohnt. Die Herbeiführung einer Druckwelle allein durch schlagartiges Freisetzen von Gasen genügt also nicht. Dafür ist § 308, Herbeiführung einer Sprengstoffexplosion, einschlägig.

Das Erfordernis einer **brandtypischen Gefahr** soll sicherstellen, dass das vom Täter freigesetzte Zerstörungspotenzial gerade in unkontrollierter Hitzeentwicklung bestehen muss.

Beispiele: Schwelbrand, Verrußungen, Verpuffungen.

Gegenbeispiel: Erwärmt der Täter mit einem Feuerzeug den Sensor einer Sprinkleranlage und zerstört das versprühte Löschwasser Teile des Gebäudes, liegt keine Brandlegung vor: Trotz Einsatzes eines typischen Brandmittels (Feuerzeug) sollte und ist hier gerade keine Zerstörungswirkung durch Hitze freigesetzt worden.[902]

505 **2.** Der Zerstörungserfolg ist im Kern genauso zu definieren wie in den §§ 305, 305 a:

Ganz zerstört ist eine Sache danach, wenn ihre Eignung zur bestimmungsgemäßen Verwendung für eine beträchtliche Zeit vollständig beseitigt ist.[903]

Teilweise zerstört ist das Tatobjekt, wenn es für einzelne seiner Zweckbestimmungen unbrauchbar wird, wenn ein für die ganze Sache zwecknötiger Teil unbrauchbar wird oder wenn einzelne Bestandteile der Sache mit selbstständiger Funktion

897 Vgl. Fischer § 306 Rn. 14 a.

898 BGH, Urt. v. 14.11.2013 – 3 StR 336/13, RÜ 2014, 576.

899 BGH NStZ 1981, 220.

900 BGH, Beschl. v. 10.12.2002 – 4 StR 462/02, StV 2004, 208.

901 Vgl. Lackner/Kühl § 306 Rn. 4.

902 Sch/Sch/Heine/Bosch § 306 Rn. 17.

903 Sch/Sch/Stree/Hecker § 305 Rn. 10.

gänzlich vernichtet werden.[904] Im Hinblick auf die hohe Strafdrohung bei den §§ 306 ff. verlangt die Rspr. zusätzlich eine Beeinträchtigung „von Gewicht", also eine **in Dauer oder Umfang beträchtliche Funktionseinbuße.**[905] Ob dies eingetreten ist, hängt von der dem Tatobjekt **konkret zugewiesenen Funktion** ab:

a) Bei einem Gebäude, das **gewerblichen Zwecken** dient, ist § 306 Abs. 1 Nr. 1 nur erfüllt, wenn durch die Brandstiftung das Gebäude insgesamt oder einzelne zwecknötige Teile unbrauchbar gemacht worden sind. **506**

Beispiel: Wird durch einen Brandherd nur die Teeküche eines Verwaltungsgebäudes verrußt und dadurch längere Zeit unbenutzbar, so ist § 306 Abs. 1 Nr. 1 nicht vollendet, da ein Sozialraum für die Verwaltungstätigkeit nur untergeordnete Bedeutung hat. Gegeben ist aber versuchte Brandstiftung gemäß §§ 306 Abs. 1 Nr. 1, 22, 23.[906]

b) Bei einem **Wohngebäude** i.S.v. **§ 306 a Abs. 1 Nr. 1** muss eine **selbstständige Untereinheit**, also eine Wohnung unbenutzbar geworden sein. **507**

Beispiel: Die Unbenutzbarkeit nur eines Zimmers in einem Mehrfamilienhaus genügt nicht für eine vollendete schwere Brandstiftung,[907] es sei denn, dass die Unbenutzbarkeit des einen Raums (z.B. Schlafzimmer oder Küche) die Zweckbestimmung einer Wohnung unzumutbar beeinträchtigt.[908]

c) Bei einem **sowohl gewerblichen als auch Wohnzwecken dienenden Gebäude** muss für § 306 Abs. 1 Nr. 1 der gewerbliche Zweck und für § 306 a Abs. 1 Nr. 1 der Wohnzweck beeinträchtigt sein. [909] **508**

d) Diese Grundsätze wendet die Rspr. konsequent auch bei **§ 306 a Abs. 2** an: Diese Vorschrift verlangt als Tatobjekt nur ein solches i.S.v. § 306, nicht notwendig i.S.v. § 306 a Abs. 1. Die Inbezugnahme auf Tatobjekte des § 306 führt dazu, dass für die Vollendung der Tatalternative „durch Brandlegung ganz oder teilweise zerstören" nur eine Funktionsbeeinträchtigung der Nutzbarkeit des Gebäudes allgemein eingetreten sein muss, sofern diese zu einer konkreten Gesundheitsgefährdung geführt hat. **509**

Beispiel: Ist also bei einem Wohngebäude nur der Keller unbenutzbar geworden, bestand aber die konkrete Gefahr einer Rauchvergiftung für andere Mieter, so ist zwar § 306 a Abs. 1 Nr. 1 nicht erfüllt, wohl aber § 306 Abs. 1 Nr. 1 in Tateinheit mit § 306 a Abs. 2.[910]

***Klausurhinweis**: Bitte lesen Sie den Fall in der RÜ nach. Eine sehr examensrelevante Konstellation.*

3. Der Zerstörungserfolg muss auf **brandspezifischen Risiken** beruhen. **510**

Beispiel: Wird Zündstoff entflammt, liegt also ein Brandherd vor, und wird schon dadurch die Sprinkleranlage ausgelöst, die die Räume „teilweise zerstört", so ist die Tat vollendet, da auch **Zerstörungswirkungen durch Löschmittel** im gefahrspezifischen Zusammenhang gesehen werden.[911] (Anders als in dem oben erwähnten Gegenbeispiel hat der Täter hier eine Brandlegung begangen, weil durch den Brandherd die brandtypische Gefahr eines unkontrollierten Feuers entstanden ist.)

---

904 Vgl. Fischer § 306 Rn. 17.

905 BGH, Urt. v. 12.09.2002 – 4 StR 165/02, S. 11, BGHSt 48, 14.

906 BGH, Beschl. v. 20.11.2011 – 4 StR 344/11, RÜ 2012, 171.

907 BGH, Beschl. v. 14.07.2009 – 3 StR 276/09, RÜ 2010, 102.

908 BGH, Urt. v. 14.11.2013 – 3 StR 336/13, RÜ 2014, 576.

909 BGH, Beschl. v. 10.05.2011 – 4 StR 659/10, RÜ 2011, 509.

910 BGH, Urt. v. 17.11.2010 – 2 StR 399/10, RÜ 2011, 305.

911 Fischer § 306 Rn. 15; Sch/Sch/Heine/Bosch § 306 Rn. 17; a.A. Radtke NStZ 2003, 432, 433.

511 **4.** Dass der Täter subjektiv bei dieser Variante ein offenes Feuer, also einen Brand wollte, ist wegen der rechtlichen Gleichstellung mit dem vollendeten Inbrandsetzen keine wesentliche, sondern eine für den Vorsatz irrelevante unwesentliche Kausalabweichung.[912]

III. Unterlassen

512 Wie jedes Erfolgsdelikt können auch die Brandstiftungsdelikte durch Unterlassen verwirklicht werden, wenn die Voraussetzungen des § 13 (Möglichkeit der Erfolgsabwendung, Garantenstellung) erfüllt sind. Der Wortlaut der Tathandlungen (in Brand setzen/ Brandlegung) spricht aber schon bei der Aktivtat für die Auslegung, dass nur **die Schaffung eines Brandherdes** die Täterschaft begründet. Folglich ist die aktive Intensivierung eines bereits bestehenden Brandes – ohne Schaffung eines neuen Brandherdes – allenfalls als (sukzessive) Beihilfe zu werten, sofern eine teilnahmefähige Haupttat vorliegt.[913] Für die Unterlassungstat ergibt sich daraus Folgendes:

513 **1.** Schafft der Garant durch Unterlassen einen **eigenen** – wenn auch nur weiteren – **Brandherd**, so ist die Unterlassungstäterschaft vorbehaltlich der übrigen Deliktsvoraussetzungen gegeben.

2. Findet der Garant eine **bereits in Brand stehende Sache** vor, so ist weiter zu unterscheiden:[914]

514 **a)** Beruht der Brand auf Naturkausalität oder fehlt es an einer vorsätzlichen Haupttat, so liegt in der durch Untätigkeit bewirkten „Intensivierung" weder täterschaftliches Verhalten noch eine Teilnahme.

515 **b)** Liegt dem Brand eine Vorsatztat zugrunde, so ist allenfalls eine sukzessive Beihilfe durch Unterlassen gegeben.

B. Die einzelnen Brandstiftungstatbestände

I. (Einfache) Brandstiftung, § 306

Aufbauschema: Brandstiftung, § 306

1. objektiver Tatbestand:
- **a)** fremdes Tatobjekt i.S.d. Abs. 1 Nr. 1–6
- **b)** Tathandlungen
  - Alt.1: Inbrandsetzen
  - Alt. 2: durch Brandlegung ganz/teilweise zerstören

2. subjektiver Tatbestand: Vorsatz

3. Rechtswidrigkeit

4. Schuld

912 Fischer § 306 Rn. 19.

913 OLG Hamm JZ 1961, 94; Müller/Hönig JA 2001, 517, 518; Rengier § 40 Rn. 9.

914 Vgl. im Folgenden Sinn Jura 2001, 803, 808.

1. Eigentumsdelikt

§ 306 ist – entgegen seiner Stellung im 28. Abschnitt – kein gemeingefährliches Delikt. Durch die Begrenzung auf „fremde" Tatobjekte wird deutlich, dass es sich hierbei um einen **Spezialfall von Sachbeschädigung** handelt. **516**

1. Wichtigste Konsequenzen: Der **Eigentümer** der in Brand gesetzten Sache kann das Delikt schon **tatbestandlich nicht** verwirklichen; **ein Dritter, der die Brandstiftung aufgrund einer Einwilligung des Eigentümers begeht, handelt gerechtfertigt**![915] Verfügungsberechtigt sind der Alleineigentümer oder bei Miteigentum alle Miteigentümer. Steht das Eigentum einer juristischen Person zu, kann nur das Vertretungsorgan einwilligen, zu dessen Geschäftsbefugnissen die Verfügung über die fragliche Sache gehört, wobei die Wirksamkeit der Einwilligung fehlt, wenn der Vertreter seine Befugnisse offensichtlich missbraucht.[916]

2. Tatbestandliche Restriktionen

Der Schutz fremden Eigentums durch einen Verbrechenstatbestand wird allgemein als unverhältnismäßig kritisiert. **517**

Beispielsweise wäre dann das Verbrennen eines fremden Brotes oder eines Bratapfels als Inbrandsetzen eines „ernährungswirtschaftlichen Erzeugnisses" bei Vorsatz gemäß § 306 Abs. 1 Nr. 6 und sogar bei Fahrlässigkeit nach § 306 d Abs. 1 Alt. 1 strafbar!

Ungeklärt ist aber, wie eine sinnvolle **Restriktion** vorzunehmen ist. In solchen Fällen nur einen minder schweren Fall anzunehmen, hilft nicht weiter, weil der Schuldspruch aus einem Verbrechen davon unberührt bliebe. Zum Teil wird vorgeschlagen, alle Objekte aus dem Tatbestand auszunehmen, von denen im Brandfall schlechthin keine Gemeingefahr ausgehen kann.[917] Überwiegend verlangt man, dass es sich bei dem Tatobjekt um eine größere Menge oder eine **Sache von bedeutendem Wert** (nach BGH – s.o. Rn. 409 – mindestens 750 €; nach dem Schrifttum mindestens 1.000 €[918]) handeln muss. Diese Einschränkung hat für sich, dass der Begriff auch in § 306 f Abs. 2 und § 263 Abs. 3 S. 2 Nr. 5 verwendet wird, also im Sachzusammenhang mit der Brandstiftung steht.[919]

---

915 Ganz h.M., vgl. Fischer § 306 Rn. 20; kritisch Duttge Jura 2006, 15, 16.

916 BGH, Beschl. v. 26.03.2003 – 1 StR 549/02, NJW 2003, 1824.

917 Radtke ZStW 110, 848, 862; für einen sachlichen Strafausschließungsgrund Sch/Sch/Heine/Bosch § 306 Rn. 1, 15.

918 Rengier § 40 Rn. 6.

919 SK-Wolters § 306 Rn. 1 a.E.; Lackner/Kühl § 306 Rn. 2; Sinn Jura 2001, 803, 806.

II. Schwere Brandstiftung, § 306 a Abs. 1

Aufbauschema: Schwere Brandstiftung, § 306 a Abs. 1
1. objektiver Tatbestand: **a)** Tatobjekt i.S.d. Nr. 1–3 **b)** Tathandlungen ■ Alt. 1: Inbrandsetzen ■ Alt. 2: durch Brandlegung ganz/teilweise zerstören **2.** subjektiver Tatbestand: Vorsatz **3.** Rechtswidrigkeit **4.** Schuld

1. Abstrakt gemeingefährliches Delikt

518 **§ 306 a Abs. 1** ist echter gemeingefährlicher Tatbestand. Danach ist die Brandlegung solcher Objekte strafbar, in denen sich typischerweise Menschen aufhalten, Leib und Leben anderer **abstrakt gefährdet** werden. Täter kann auch der Eigentümer der in Brand gesetzten Sache sein; dass der Täter andere nicht gefährden wollte, spielt keine Rolle.

2. Tatobjekte

519 **a)** Der Katalog der Tatobjekte in **§ 306 a Abs. 1 Nr. 1** unterscheidet sich von § 306 Abs. 1 Nr. 1 dadurch, dass bei der schweren Brandstiftung zusätzlich zu den Objekten „Gebäude" und der „Hütte" (sowie dem „Schiff") **„eine andere Räumlichkeit, die der Wohnung von Menschen dient"** mit aufgenommen ist. Gerade dieses Merkmal soll die Raumgebilde schützen, **die Menschen auch nur vorübergehend als Lebensmittelpunkt dienen**. Indizien dafür können neben der Gebrauchsdauer, z.B. das regelmäßige Übernachten, das Zubereiten von Speisen und die postalische Erreichbarkeit sein.[920] „Gebäude" oder „Hütte" muss eine Wohnung nicht sein. Geschützt sind damit beispielsweise Wohnmobile oder Künstlerwagen, Lastkraftwagen mit Schlafkojen oder Eisenbahnwagen.[921]

520 **b)** Die **Nr. 2** erfasst alle **Räume, die der Religionsausübung dienen**, nicht aber Räume der Kirchenverwaltung oder des Religionsunterrichts.[922]

521 **c)** Tatobjekt der **Nr. 3 ist eine Räumlichkeit, welche zeitweise zum Aufenthalt von Menschen dient**. „Räumlichkeit" ist jeder irgendwie abgeschlossene, unbewegliche oder bewegliche Raum, der eine gewisse Bewegungsmöglichkeit darin gewährt.[923] Ob die Räumlichkeit zum Aufenthalt von Menschen „dient", richtet sich nicht nach der jeweiligen Zweckbestimmung durch den Berechtigten, sondern nach ihrer tatsächlichen

920 BGH, Beschl v. 21.09.2011 – 1 StR 95/11, RÜ 2012, 27.
921 BT-Drs. 13/8587, S. 68, 88; BGH, Beschl. v. 01.04.2010 – 3 StR 456/09 Rn. 9, StV 2010, 525.
922 Vgl. Rengier § 40 Rn. 22.
923 BGHSt 10, 208, wonach Pkw nicht ausreichen.

Verwendung.[924] Die Tat des Inbrandsetzens bzw. der Brandlegung muss aber **zu einer Zeit geschehen, während der sich Menschen in den Räumlichkeiten aufzuhalten pflegen**. Ausreichend ist dafür, dass der Raum zu einer Zeit in Brand gesetzt wird, in der üblicherweise die faktische Nutzung zum Aufenthalt geschieht.[925]

Die Tathandlung ist dagegen nicht erfüllt, wenn der Täter zu dieser Zeit nur den zum Brand führenden Ursachenverlauf in Gang setzt, der Brand selbst aber außerhalb der regelmäßigen Aufenthaltszeiten anderer stattfinden soll.[926]

3. Tatbestandliche Restriktionen

Auch bei § 306 a Abs. 1 gibt es verschiedene Ansätze für **Restriktionen** – allerdings mit unterschiedlicher Reichweite:

a) Die wichtigste ist die sogenannte **Entwidmung** bei Wohnungen i.S.d. Nr. 1: Da über die Wohnungseigenschaft allein die tatsächliche Lage entscheidet, kann diese Eigenschaft durch bloßen Realakt wieder aufgehoben werden. Eine solche Entwidmung kann nach h.M. auch darin liegen, dass der bisherige Besitzer – sei es der Eigentümer oder besitzberechtigte Mieter oder Pächter – **das Gebäude in Brand setzt**,[927] selbst wenn er es im Fall eines Fehlschlags der Brandstiftung weiterbenutzen will.[928] Benutzen mehrere Erwachsene ein Gebäude als Wohnung, so kann eine wirksame Entwidmung nur dann erfolgen, wenn alle den Wohnzweck aufgegeben haben.[929] Zur Entwidmung bei Minderjährigen s.u. Fall 19. **522**

b) Ein weiterer Tatbestandsausschluss bei § 306 Abs. 1 Nr. 1 kann sich beim Inbrandsetzen **miteinander verbundener oder gemischt genutzter Gebäude** ergeben: Legt der Täter einen Brand in einem Wirtschaftsteil des Gebäudes zu einer Zeit, in der sich darin keine Menschen aufzuhalten pflegen (daher Nr. 3 nicht erfüllt), und hat sich der Brand auch nicht auf den Wohnteil ausgebreitet, so fragt sich, ob die Tat überhaupt an einer „Wohnung" begangen wurde. Die Rspr. stellt darauf ab, ob der in Brand gesetzte Wirtschaftsteil und der Wohnteil zu einem **baulich einheitlichen Gebäude** gehört haben.[930] Sind die einzelnen Teile durch verschiedene Treppenhäuser und eine Brandschutzmauer voneinander getrennt, so ist § 306 a Abs. 1 Nr. 1 nicht erfüllt.[931] Die abstrakte Gefahr, dass der Brand auf den Wohnteil übergreift, genügt nicht.[932] **523**

c) Oft handelt der Täter nur aus Gewinnstreben und hat sich vorher **vergewissert**, keine Menschenleben zu gefährden. Nach der Rechtslage vor dem 6. StrRG kam ein Wegfall der Strafbarkeit aus § 306 a.F. nach h.M. nur in Betracht, **wenn nach der objektiven Sachlage im Zeitpunkt des Inbrandsetzens eine Gefährdung von Menschenleben absolut ausgeschlossen war und der Täter sich vor der Tat davon in einer jeden** **524**

924 Vgl. BGHSt 23, 60, 62.
925 Sch/Sch/Heine/Bosch § 306 a Rn. 8.
926 BGHSt 36, 221.
927 BGHSt 10, 215; 16, 394; BGH, Beschl. v. 29.10.2004 – 2 StR 381/04, StV 2005, 391.
928 BGH, Beschl. v. 12.06.2001 – 4 StR 189/01, NStZ-RR 2001, 335.
929 BGH NStZ 1988, 71; NStZ 1992, 541.
930 BGHSt 34, 115; BGH, Beschl. v. 22.05.2001 – 3 StR 140/01; StV 2001, 576.
931 Vgl. Fischer § 306 a Rn. 5 m.w.N.; Bachmann NStZ 2009, 667.
932 BGH, Beschl. v. 01.04.2010 – 3 StR 456/09 Rn. 4, StV 2010, 525.

Zweifel behebenden Weise Gewissheit verschafft hatte, was regelmäßig nur bei kleineren, auf einen Blick überschaubaren Objekten, insbesondere bei einräumigen Hütten oder Häuschen möglich war.[933] Dieser Ansicht ist der Gesetzgeber gefolgt und hat deshalb von einer Tatbestandseinschränkung für § 306 a Abs. 1 bewusst abgesehen.[934] Daraus folgt: Bei mehrräumigen Objekten wird der Täter mit der häufig geltend gemachten Einlassung, er habe sich vorher vergewissert, dass niemand gefährdet werde, kein Gehör finden.[935]

III. Schwere Brandstiftung, § 306 a Abs. 2

Aufbauschema: Schwere Brandstiftung, § 306 a Abs. 2
1. objektiver Tatbestand:
a) Tatobjekt i.S.v. § 306 Abs. 1 Nr. 1–6 (unabhängig vom Eigentum)
b) Tathandlungen
■ Alt. 1: Inbrandsetzen
■ Alt. 2: durch Brandlegung ganz/teilweise zerstören
c) dadurch (konkrete) Gefahr der Gesundheitsschädigung eines anderen
2. subjektiver Tatbestand: Vorsatz
3. Rechtswidrigkeit
4. Schuld

1. Individualschützendes konkretes Gefährdungsdelikt

§ 306 a Abs. 2 lässt einerseits die Brandstiftung an jedem beliebigen Tatobjekt i.S.v. § 306 ausreichen, verlangt dafür aber zusätzlich den Eintritt konkreter Gesundheitsgefahr für einen anderen.

525 **a)** Man könnte in der Verweisung auf **„eine in § 306 Abs. 1 Nr. 1–6 bezeichnete Sache"** eine Einbeziehung des Merkmals „fremd" vermuten. Gerade das Gegenteil hat der Gesetzgeber aber gewollt! Nach allgemeiner Ansicht geht es nur um einen der in § 306 Abs. 1 bezeichneten Gegenstände, **und zwar unabhängig vom Eigentum daran**: Nach der amtlichen Begründung kann **Tatobjekt** auch eine **täterfremde, mit Einwilligung des Eigentümers angezündete** oder auch eine **tätereigene**, ja sogar eine **herrenlose Sache** sein.[936]

526 **b)** Zusätzlich verlangt der Tatbestand, dass ein anderer Mensch **durch die Tat in die konkrete Gefahr einer Gesundheitsschädigung** gebracht worden ist. „Anderer" Mensch ist jede vom Täter verschiedene Person. Für die Bejahung der „konkreten Gefahr" muss die Tathandlung über die ihr innewohnende latente Gefährlichkeit hinaus in

933 BGHSt 26, 121, 124.

934 BT-Drs. 13/8587, S. 47.

935 Vgl. auch NK-Herzog/Kargl § 306 a Rn. 3.

936 BT-Drs. 13/8587, S. 88.

eine kritische Situation für das geschützte Rechtsgut geführt haben. Dabei muss aufgrund einer objektiven nachträglichen Beurteilung die Sicherheit einer bestimmten Person so stark beeinträchtigt worden sein, dass es **nur noch vom Zufall abhing**, ob das Rechtsgut verletzt wurde oder nicht. Allein der Umstand, dass sich Menschen in enger räumlicher Nähe zur Gefahrenquelle befunden haben, genügt zwar zur Annahme einer konkreten Gefahr einer Gesundheitsschädigung noch nicht.[937] Dabei braucht der Gefährdete sich zur Zeit des Brandes nicht in den Räumlichkeiten aufgehalten zu haben. Bezüglich der Gefährdung muss der Täter **Vorsatz** besessen haben.

c) Anders als der ähnlich erscheinende § 315 c Abs. 1 ist § 306 a Abs. 2 **Individualschutztatbestand**. Das bedeutet, dass die Einwilligung des Gefährdeten die Rechtswidrigkeit der Tat ausschließt.[938] **527**

2. Auch die Gefährdung von Teilnehmern ist tatbestandsmäßig

Ebenso wie bei § 315 c ist auch bei § 306 a Abs. 2 (dasselbe gilt für die Qualifikationen des § 306 b Abs. 1 Alt. 1, Abs. 2 Nr. 1 und § 306 c) umstritten, ob die **Gefährdung von Tatteilnehmern** tatbestandsmäßig ist. Rspr. zu § 306 a fehlt noch. Das Schrifttum tendiert mehrheitlich dahin, auch Tatteilnehmer einzubeziehen, sofern der Tatbestand nicht wegen eigenverantwortlicher Selbstgefährdung oder die Rechtswidrigkeit nicht wegen wirksamer Einwilligung ausgeschlossen ist.[939] **528**

IV. Besonders schwere Brandstiftung, § 306 b

1. Abs. 1

Diese Vorschrift enthält **Erfolgsqualifikationen**,[940] die an die Grunddelikte des § 306 oder des § 306 a anknüpfen. Strafschärfend wirkt es, wenn der Täter durch ein brandtypisches Risiko dieser Straftaten **entweder eine schwere Gesundheitsschädigung eines Menschen** oder **eine (einfache) Gesundheitsschädigung einer Vielzahl von Menschen** wenigstens fahrlässig (§ 18) verursacht. **529**

2. Abs. 2

Diese Strafvorschrift vereinigt **drei** ganz unterschiedliche Qualifikationstypen. Alle setzen die Verwirklichung des vollständigen objektiven und subjektiven Tatbestandes des § 306 a Abs. 1 oder Abs. 2 voraus.[941] **530**

a) Nr. 1

verlangt die **vorsätzliche (!) Herbeiführung konkreter Todesgefahr**. Es handelt sich also nicht um eine Erfolgsqualifikation des § 306 a.[942] Die konkrete Gefahr ist nur dann **531**

---

937 BGH, Beschl. v. 10.10.2013 – 3 StR 336/13, RÜ 2014, 97.
938 H.M., Rengier § 40 Rn. 38; Fischer § 306 a Rn. 11.
939 Sch/Sch/Heine/Bosch § 306 a Rn. 21; Wirsch JuS 2006, 400.
940 Rengier § 40 Rn. 40; Wessels/Hettinger Rn. 971.
941 BGH, Beschl. v. 15.03.2000 – 3 StR 597/99, StV 2001, 16.
942 BGH NJW 1999, 3131.

eingetreten, wenn ein unbeteiligter Beobachter zu der Einschätzung gelangt wäre, dass „das noch einmal gut gegangen ist."[943]

b) Nr. 2

532 ist reine **Absichtsqualifikation** für den Fall, dass durch den Brand eine **andere Straftat ermöglicht oder verdeckt** werden soll. Wie bei § 315 Abs. 3 Nr. 1 b (s.o. Rn. 441) darf auch hier die Zieltat in ihrer Ausführung nicht deckungsgleich mit der Brandstiftung sein. Ob weitere Einschränkungen bei § 306 b Abs. 2 Nr. 2 wegen der Höhe der Strafdrohung geboten sind, ist umstritten (s. dazu den nachfolgenden Fall).

c) Nr. 3

533 ist objektive und vorsatzbedürftige Straferschwerung dafür, dass der Täter **das Löschen des Brandes erschwert oder verhindert**. Wegen der hohen Mindeststrafe von fünf Jahren, die der des Totschlages entspricht, verlangt die Rspr. im Anschluss an das Schrifttum, dass die Erschwernis eine gewisse Erheblichkeit erreicht. Dafür müssen die anderenfalls bestehenden Chancen auf ein erfolgreiches Löschen des Brandes nicht unerheblich verschlechtert, insbesondere das Löschen zeitlich relevant verzögert worden sein.[944]

534 **Fall 19: Brandstiftung, schwere und besonders schwere Brandstiftung; Einwilligung; Entwidmung; Ermöglichungsabsicht und Versicherungsbetrug als Zieltat**

H betrieb ein in seinem Eigentum stehendes Hotel in W. Darin wohnte er zusammen mit seiner Frau und dem gemeinsamen 10-jährigen Kind. Die Wohnung war mit dem übrigen Gebäude durch ein Treppenhaus verbunden. Das Gebäude war mit 1,3 Mio. € gegen Feuer versichert. Um sich durch die Versicherungssumme wirtschaftlich zu sanieren, beschloss H, das Hotel in Brand setzen zu lassen. Er weihte seine Ehefrau in das Vorhaben ein, die sich dem Plan nicht entgegenstellte. Dann gewann er den K zur Tatausführung und bestimmte, dass dieser den Brand zwischen dem 20.11. und 23.12. legen sollte, weil in dieser Zeit das Hotel geschlossen sein und H sich mit seiner Familie in Innsbruck aufhalten würde. Plangemäß begab sich K am 08.12. in das Hotel. Er erkannte zwar, dass das Feuer auf die direkt angebauten Nachbarhäuser übergreifen konnte, glaubte aber nicht, dass deren Bewohner zu Schaden kommen würden. Er vergewisserte sich, dass niemand in dem Hotelgebäude anwesend war, und zündete es sodann mithilfe eines Brandbeschleunigers an. Das Feuer breitete sich rasch im gesamten Gebäude aus. Nur durch das schnelle Eingreifen der Feuerwehr konnte verhindert werden, dass es auf die Nachbarhäuser übergriff. 14 Bewohner erlitten jedoch Rauchvergiftungen und mussten für einige Tage im Krankenhaus behandelt werden. Noch vor der Schadensmeldung an die Versicherung wurde der Tatablauf von der Polizei ermittelt. Die Eheleute H sind flüchtig.
Strafbarkeit des K?

---

943 BGH, Beschl. v. 23.10.2013 – 4 StR 401/13.

944 BGH, Urt. v. 11.06.2013 – 5 StR 124/13; Sch/Sch/Heine /Bosch§ 306 b Rn. 18.

I. Verwirklicht ist zunächst **Versicherungsmissbrauch gemäß § 265 Abs. 1 Mod. 1**. K hat eine gegen Beschädigung versicherte Sache vorsätzlich beschädigt und er handelte dabei in der Absicht, einem Dritten – dem H – Leistungen aus der Versicherung zu verschaffen. Die Tat erfolgte rechtswidrig und schuldhaft.

Die formelle Subsidiaritätsklausel greift nicht, da es zu einem dem K als Mittäter zurechenbaren Betrug des H gegenüber der Versicherung gemäß § 263 Abs. 3 S. 2 Nr. 5 – auch als Versuch – noch nicht gekommen ist.)

II. Infrage kommt ferner **Brandstiftung gemäß § 306 Abs. 1 Nr. 1 Alt. 1** durch Legen des Feuers.

1. Unter **„Gebäude"** versteht man wie in § 243 Abs. 1 S. 2 Nr. 1 ein durch Wände und Dach begrenztes, mit dem Erdboden fest – wenn auch nur durch die eigene Schwere – verbundenes Bauwerk, das den Eintritt von Menschen gestattet und das Unbefugte abhalten soll.[945] Das Hotel des H erfüllt diese Voraussetzungen.

2. Das Gebäude war für K **fremd**, denn es stand im Eigentum des H.

3. Im vorliegenden Fall hatte das Feuer das gesamte Hotelgebäude ergriffen. Die Inbrandsetzung war damit objektiv vollendet.

4. K handelte bzgl. der Tatumstände mit Vorsatz.

5. Fraglich ist die Rechtswidrigkeit. Dadurch, dass der Gesetzgeber die „Fremdheit" der Tatobjekte verlangt, wird deutlich, dass es sich hierbei um ein spezielles Sachbeschädigungsdelikt handelt, das der **Einwilligung des Verfügungsberechtigten** untersteht.[946] Hier hat der Eigentümer H durch seinen Brandauftrag an K wirksam in die Zerstörung des Gebäudes eingewilligt. Dass diese Einwilligung sittenwidrigen Zwecken diente, ist unbeachtlich, da der Rechtsgedanke des § 228 auf Delikte außerhalb der §§ 223 ff. nach h.M. nicht gilt. K handelte in Kenntnis und aufgrund der Einwilligung. Die Tat ist damit nicht rechtswidrig.

III. Aus demselben Grund entfällt die Rechtswidrigkeit der mitverwirklichten Eigentumsdelikte der **§§ 305** und **303**.

IV. Da mit dem Brandauftrag auch eine Erlaubnis zum Betreten des Gebäudes verbunden war, entfällt bereits die Tathandlung des Eindringens i.S.v. **§ 123 Abs. 1 Alt. 1, Hausfriedensbruch**.

V. Infrage kommt jedoch **schwere Brandstiftung** gemäß **§ 306 a Abs. 1 Nr. 1 Alt. 1**.

1. Bei dem Hotel handelte es sich um ein **Gebäude**.

2. Auf die Eigentumsverhältnisse daran kommt es – da § 306 a Abs. 1 ausschließlich **gemeingefährliches Delikt** ist – nicht an.

3. Das Gebäude müsste aber im Tatzeitpunkt noch **der Wohnung von Menschen** gedient haben. Es ist nicht notwendig, dass das Gebäude ausschließlich Wohn-

945 BGHSt 1, 158, 163.

946 Fast einhellige Ansicht, vgl. Rengier § 40 Rn. 3.

zwecke erfüllt. Unter § 306 a Abs. 1 Nr. 1 fallen auch sogenannte **gemischt genutzte Baukörper**, sofern sie aufgrund ihrer baulichen Beschaffenheit ineinander übergehen und deshalb ein einheitliches zusammengehöriges Gebäude bilden. So war es hier, weil der Wohnteil mit dem Hotel über ein gemeinsames Treppenhaus verbunden war.

a) Der Hotelteil des Gebäudes von H war im Tatzeitpunkt schon nicht mehr bewohnt.

b) Die Wohnung der Familie des H könnte als Wohnstätte **entwidmet** worden sein. Soweit es H betrifft, geschah dies durch den Brandstiftungsauftrag an K. Seine Ehefrau hatte dies ebenfalls getan, indem sie nach der Information über die bevorstehende Tat dem Geschehen seinen Lauf ließ. Zugleich hat sie damit auch für ihren minderjährigen Sohn die Wohnung aufgegeben.[947] Im Zeitpunkt der Inbrandsetzung lag damit kein taugliches Tatobjekt i.S.v. § 306 a Abs. 1 vor.

VI. Verwirklicht sein könnte jedoch **schwere Brandstiftung** nach **§ 306 a Abs. 2 Alt. 1**.

1. Tatobjekt ist **„eine in § 306 Abs. 1 Nr. 1–6 bezeichnete Sache"**.

   a) Hier bezog sich die Tat auf das Hotelgebäude.

   b) Durch die Verweisung knüpft § 306 a Abs. 2 nur an das Inbrandsetzen bestimmter Arten von Gegenständen an, nicht auch an das fremde Eigentum.[948] Damit **kommt es auf die Frage des Eigentums hieran nicht an**.

2. Die **Inbrandsetzung** war vollendet.

3. Durch den Brand muss ein **anderer Mensch in die konkrete Gefahr einer Gesundheitsbeschädigung** gebracht worden sein. Hier ist es zu Rauchvergiftungen, also tatsächlich zu Körperverletzungen gekommen. Damit hat sich im Schaden eine konkrete Gefährdung anderer Personen realisiert.

4. Darüber hinaus muss zwischen der Tathandlung und der konkreten Gefährdung ein **gefahrspezifischer Zusammenhang** bestehen, also die konkrete Gefährdung gerade auf einer spezifischen Gefährlichkeit der Brandlegung beruhen.[949] Auch das war hier der Fall, weil die von den Anwohnern erlittenen Rauchvergiftungen typische Folge einer Brandlegung sind.

5. K müsste sowohl bezüglich der Brandlegung als auch der konkreten Gefährdung vorsätzlich gehandelt haben. Das Feuer legte er willentlich. Er hatte zwar die vage Hoffnung, dass tatsächlich keine Menschen zu Schaden kommen würden. Jedoch schließt dies den Gefährdungsvorsatz nicht aus. Vielmehr war sich K des Ausmaßes des Feuers bewusst und er billigte auch, dass es letztlich seiner Beherrschung entzogen war, ob ein Schaden eintrat oder nicht. K handelte damit vorsätzlich.

---

947 Vgl. BGH NStZ 1999, 32, 34.

948 BGH NStZ 1999, 32, 33.

949 Wessels/Hettinger Rn. 969.

6. Die Rechtswidrigkeit der Tat ist hier nicht durch die Einwilligung des Gebäudeeigentümers ausgeschlossen, da es auf die Fremdheit des Tatobjekts nicht ankommt. Möglich wäre allenfalls eine Einwilligung sämtlicher konkret gefährdeter Personen. Die von der Rauchvergiftung betroffenen Bewohner wussten aber von der Brandstiftung nichts.

7. K handelte schuldhaft.

VII. In Betracht zu ziehen ist auch die Erfolgsqualifikation einer **besonders schweren Brandstiftung gemäß § 306 b Abs. 1**. 535

1. Die hierfür erforderliche vorsätzliche Brandstiftung **„nach § 306 oder § 306 a"** ist nach dem Vorgenannten verwirklicht.

2. Fraglich ist der Eintritt der schweren Folge:

   a) Der Begriff der **„schweren Gesundheitsschädigung eines anderen Menschen"** ist dem § 218 Abs. 2 S. 2 Nr. 2 entlehnt. Er reicht weiter als die schwere Körperverletzung i.S.d. § 226 und erfasst z.B. auch das Verfallen in eine ernste langwierige Krankheit sowie die erhebliche Beeinträchtigung der Arbeitskraft und anderer körperlicher Fähigkeiten.[950] Hier ist es bei den Anwohnern nur zu Rauchvergiftungen gekommen, die keinen langen Genesungsprozess notwendig machten. Eine schwere Gesundheitsschädigung hat K nicht herbeigeführt.

   b) Gleichwertig mit der schweren Gesundheitsschädigung Einzelner nennt das Gesetz auch **die (einfache) Gesundheitsschädigung „einer großen Zahl von Menschen"**. Zur Auslegung dieses Tatbestandsmerkmals geht die Rspr. davon aus, dass dazu mehr Personen erforderlich sind als beim Begriff „mehrere", der schon bei drei Personen erfüllt wäre. Andererseits muss es sich auch nicht um eine unübersehbar große Menschengruppe handeln, weil die Qualifikation an beliebige Objekte i.S.d. §§ 306 Abs. 1 und 306 a Abs. 1 anknüpft, also auch solche, bei denen die Gefährdung großer Menschenmengen eher fernliegt. Außerdem ist zu berücksichtigen, dass das Gesetz für beide Erfolgsqualifikationen gleichwertig nur eine relativ geringfügige Anhebung der Mindeststrafe vorsieht. Daraus wird geschlossen, dass die Zahl der Geschädigten jedenfalls „groß" ist, wenn **14 Personen** als Anwohner des in Brand gesetzten Hauses betroffen sind.[951]

   Bzgl. der Herbeiführung der Rauchvergiftungen handelte K **objektiv sorgfaltswidrig**.

3. Da die Rauchvergiftungen auch ein brandtypisches Risiko darstellen, besteht zwischen Grunddelikt und Erfolgsqualifikation der notwendige **gefahrspezifische Zusammenhang**.

4. Rechtswidrigkeit und Schuld liegen vor.

---

950 Rengier JuS 1998, 397, 399 f.

951 BGH NStZ 1999, 84; kritisch Fischer § 306 b Rn. 5.

VIII. Als Bestandteil der Erfolgsqualifikation tritt die **fahrlässige Körperverletzung** durch die Rauchvergiftung der 14 Anwohner **(§ 229)** hinter § 306 b Abs. 1 zurück.

536 IX. Eine weitere Strafschärfung könnte nach **§ 306 b Abs. 2 Nr. 2** gegeben sein.

1. Erforderlich hierfür ist zunächst eine **Tat nach § 306 a** – hier von K in der schweren Brandstiftung nach § 306 a Abs. 2 verwirklicht.

2. Strafschärfend wirkt allein, dass der Täter bei der Tat **in der Absicht handelt, eine andere Straftat zu ermöglichen oder zu verdecken**.

a) § 265 scheidet insoweit aus. Die Tathandlung dieser Strafvorschrift, das Beschädigen des Versicherungsobjekts, ist deckungsgleich mit der Brandstiftung und damit keine „andere" Straftat.[952]

b) Als Zieltat kommt ein **Betrug** nach **§ 263** infrage. K wollte durch die Brandlegung erreichen, dass H – dem gemäß § 81 VVG wegen seiner vorsätzlichen Veranlassung des Schadensfalles kein Anspruch auf die Versicherungssumme zustand – der Versicherungsgesellschaft vorspiegeln konnte, anspruchsberechtigt zu sein. Dadurch sollte es zu einer irrtumsbedingten Auszahlung der Versicherungssumme, also zu einer schädigenden Verfügung der Gesellschaft und einer rechtswidrigen Bereicherung des H kommen. Ermöglichungsabsicht bestand also in Bezug auf eine andere Straftat.

c) Die Lit. tritt jedoch für eine **Restriktion des § 306 b Abs. 2 Nr. 2** ein, wenn es um später zu verwirklichende Straftaten dieser Art geht: Würde man für die strafschärfende Absicht allein die Finalbeziehung zu einer weiteren Straftat ausreichen lassen, so habe derjenige, der eine fremde Sache bei konkreter Gefährdung eines anderen in Brand setzt, um an die Versicherungssumme zu kommen, eine Freiheitsstrafe von mindestens fünf Jahren verwirkt. Derselbe Täter, der die Sache – ebenfalls bei konkreter Gefährdung eines anderen – ohne Feuer zerstöre (z.B. Versenken eines Autos), habe dagegen nur mit einer Mindeststrafe von fünf Tagessätzen Geldstrafe gemäß §§ 265, 40 Abs. 1 zu rechnen. Deshalb müsse die Absicht in § 306 b Abs. 2 Nr. 2 so ausgelegt werden, dass der Täter gerade die **spezifischen Auswirkungen der Gemeingefahr** wie Panik und Unübersehbarkeit der Situation dazu ausnutzen müsse, die weitere Straftat zu begehen.[953] Nach dieser Ansicht wäre K nicht aus besonders schwerer Brandstiftung nach § 306 b Abs. 2 Nr. 2 strafbar, weil zwischen dem Legen des Feuers und der späteren Schädigung der Versicherung kein räumlich-zeitlicher Zusammenhang bestehen sollte.

Der BGH hat dieser Meinung zu Recht eine Absage erteilt. Der besondere Unwert der schweren Brandstiftung liegt allein in der Verknüpfung von Unrecht mit weiterem Unrecht. Diese Auslegung deckt sich mit den wortgleichen Absichtsmerkmalen in § 211 Abs. 2, Gruppe 3 und in § 315 Abs. 3 Nr. 1 b.[954]

952 BGH, Beschl. v. 15.03.2007 – 3 StR 454/06, BGHSt 51, 236.

953 Hecker GA 1999, 332; Lackner/Kühl § 306 b Rn. 4; Fischer § 306 b Rn. 9 b; dem folgend LG Kiel StV 2003, 675; RÜ 2004, 85.

954 BGH, Urt. v. 23.09.1999 – 4 StR 700/98, BGHSt 45, 211; BGH, Beschl. v. 29.10.2004 – 2 StR 381/04, RÜ 2005, 91, wodurch die Entscheidung des LG Kiel (s. vorangegangene Fußnote) aufgehoben wurde.

d) Unerheblich ist auch, dass nicht der Brandstifter K, sondern H die zu ermöglichende Straftat begehen sollte. Ebenso wie bei dem inhaltsgleichen Merkmal in § 211 kann die zu ermöglichende Straftat auch die einer anderen Person sein.[955]

K handelte damit zur Ermöglichung einer anderen Straftat.

3. Rechtswidrigkeit und Schuld liegen vor.

Konkurrenzen und Ergebnis: Die schwere Brandstiftung gemäß § 306 a Abs. 2 tritt als **537** bloßes Gefährdungsdelikt hinter der weitergehenden und damit spezielleren Qualifikation des § 306 b Abs. 1 zurück. Zwischen § 306 b Abs. 1 und Abs. 2 muss dagegen Tateinheit angenommen werden, um sowohl das in der Verletzung der geschädigten Anwohner liegende Erfolgsunrecht als auch das völlig andersartige Handlungsunrecht der Ermöglichungsabsicht im Schuldspruch klarzustellen (s.u. Rn. 548).

K ist strafbar gemäß §§ 306 b Abs. 1, 2; 265; 52.

V. Brandstiftung mit Todesfolge, § 306 c

Eine weitere Erfolgsqualifikation enthält § 306 c. Auch hier ist zwingende Voraussetzung, **538** dass der Täter eine vorsätzliche Brandstiftung gemäß § 306 oder § 306 a begangen hat.[956] Des Weiteren muss der Tod eines Menschen durch gefahrspezifisches Risiko der Brandlegung oder des Brandes verursacht worden sein, und der Täter muss bzgl. der Todesfolge wenigstens leichtfertig gehandelt haben. Es kommt nicht darauf an, ob sich die getötete Person zur Zeit der Brandlegung an der Brandstelle aufgehalten hat oder erst später hinzugekommen ist, sodass auch der Tod von Löschmannschaften die Strafschärfung auslöst.

VI. Fahrlässige Brandstiftung, § 306 d

§ 306 d enthält vier **Fahrlässigkeitsvarianten**, deren Rechtsfolgen nicht mit den Straf- **539** rahmen der §§ 306 ff. abgestimmt sind (s.u. Rn. 549):

1. Abs. 1 Mod. 1: Reine **Fahrlässigkeitsvariante des § 306 Abs. 1.**

2. Abs. 1 Mod. 2: Reine **Fahrlässigkeitsvariante des § 306 a Abs. 1.**

3. Abs. 1 Mod. 3: Vorsätzliche Tathandlung des § 306 a Abs. 2 i.V.m. fahrlässiger konkreter Gesundheitsgefährdung für einen anderen Menschen.

4. Abs. 2: Fahrlässige Tathandlung des § 306 a Abs. 2 i.V.m. fahrlässiger konkreter Gesundheitsgefährdung für einen anderen Menschen.

---

955 BGH, Urt. v. 09.08.2000 – 3 StR 139/00, RÜ 2000, 509.

956 BGH, Beschl. v. 24.09.2002 – 3 StR 323/02.

VII. Herbeiführen einer Brandgefahr, § 306 f

540 **Abs. 1** ist vorsätzliches konkretes Eigentumsgefährdungsdelikt. Hierin wird pönalisiert, dass der Täter zumindest mit Eventualvorsatz bestimmte, abschließend aufgezählte fremde Objekte so in Feuergefahr gebracht hat, dass nur aus Zufall ein Brand nicht ausgebrochen ist. Der Eigentümer kann in die Gefährdung wirksam einwilligen. Ist es zum Feuer gekommen, so tritt § 306 f Abs. 1 hinter § 306 zurück, soweit sich die Tatobjekte decken.

541 **Abs. 2** ist dagegen die Allgemeinheit schützender Gefährdungstatbestand. Er setzt zwar ebenfalls eine konkrete Brandgefahr für Objekte aus dem Katalog des Abs. 1 voraus. Doch kommt es auf das Eigentum hieran nicht an. Auch die Herbeiführung von Brandgefahr durch den Eigentümer der Sache oder mit Einwilligung des Eigentümers genügt. Allerdings muss zusätzlich durch ein spezifisches Risiko der Brandgefahr eine konkrete Gefahr für eine (weitere) fremde Sache von bedeutendem Wert oder für Leib oder Leben eines anderen (nicht Tatbeteiligten) herbeigeführt worden sein. Bezüglich beider Gefährdungen ist Vorsatz erforderlich.

542 **Abs. 3** enthält zwei Fahrlässigkeitsvarianten:

1. Alt.: fahrlässige Begehung des § 306 f Abs. 1.

2. Alt.: Vorsatz bzgl. der Tathandlung des Abs. 2 und Fahrlässigkeit bzgl. der weiteren konkreten Gefährdung für andere bzw. für wertvolle Sachen.

VIII. Tätige Reue

543 Hat der Täter die Brandlegung nur versucht, ist Strafbefreiung nach § 24 möglich. Ist es dagegen zur Tatvollendung gekommen, enthält **§ 306 e** eine benannte Rechtsfolgenregelung bei **tätiger Reue**. Lag eine Vorsatztat i.S.d. §§ 306–306 b vor, so löst die tätige Reue eine fakultative Strafmilderung, allenfalls ein Absehen von Strafe aus, **Abs. 1**. Nur bei fahrlässiger Brandstiftung wird der reuige Täter mit einem Verzicht auf Schuldspruch und Strafe belohnt, **Abs. 2.**

Objektiv darf noch **kein erheblicher Schaden eingetreten** sein. Abzustellen ist dafür auf die durch die §§ 306 ff. geschützten Rechtsgüter, also Leib und Leben von Menschen sowie Sachgüter. Da an Letzteren durch die Tathandlung des „ganz oder teilweise Zerstörens" ohnehin in der Regel beträchtlicher Sachschaden verursacht wird, darf die Schadensgrenze – soll § 306 e überhaupt noch Anwendung finden – nicht zu niedrig angesetzt werden. Bei Wohngebäuden nimmt die Rspr. deshalb einen „erheblichen Schaden" i.S.d. § 306 e erst ab Reparaturkosten in Höhe von 2.500 € an.[957]

Subjektiv muss **Freiwilligkeit**, also Handeln aus autonomen Motiven vorgelegen haben. Der Beweggrund muss nicht sittlich billigenswert sein. Reue über das angerichtete Unrecht oder eine Rückkehr in die Legalität ist nicht erforderlich.[958]

Nach **§ 306 e Abs. 3**, der sowohl auf die vorsätzliche als auch auf die fahrlässige Brandstiftung anwendbar ist,[959] können die Rechtsfolgen der Abs. 1 und 2 auch dann ausge-

957 BGH, Urt. v. 12.09.2002 – 4 StR 165/02; BGHSt 48, 14.

958 S. vorangegangene Fußnote.

959 BGH StV 1999, 211.

löst sein, wenn der Brand vor Eintritt eines erheblichen Schadens ohne Zutun des Beteiligten erloschen ist, dieser sich aber ernsthaft und freiwillig darum bemüht hat.

Umstritten ist, inwieweit die tätige Reue nach § 306 e auch auf die **Herbeiführung einer Brandgefahr nach § 306 f auszudehnen** ist. Eine gesetzliche Regelung fehlt. Im Schrifttum wird eine analoge Anwendung befürwortet, soweit Herbeiführung der Brandgefahr auf die Objekte bezogen wird, die später in Brand gesetzt worden sind und bezüglich derer der Täter dann später das Löschen bewirkt hat. Anderenfalls würde das rechtspolitische Ziel, den Täter zur Umkehr zu bewegen, konterkariert, weil er letztlich trotzdem mit einer Bestrafung aus § 306 f rechnen müsse.[960] Die Rspr. zum früheren Brandstiftungsrecht argumentiert dagegen: Wenn die tätige Reue nach Brandstiftung auch für die Herbeiführung der Brandgefahr gelten würde, wäre derjenige, der nur die Brandgefahr geschaffen hat, sinnwidrigerweise schlechter gestellt (weil hier unstreitig keine tätige Reue möglich ist) als der viel gefährlichere Brandstiftungstäter.[961] **544**

C. Konkurrenzen

I. Bei mehreren Handlungsalternativen

Brennt das Tatobjekt völlig ab, ist begrifflich sowohl ein vollendetes Inbrandsetzen (Alt. 1) als auch eine Zerstörung durch Brandlegung erfüllt (Alt. 2) gegeben. Tateinheit in solchen Fällen zu bejahen, widerspricht dem Umstand, dass es um dasselbe Rechtsgut und dasselbe Tatobjekt geht. Vorzugswürdig ist daher, nur eine Gesetzesverletzung **(tatbestandliche Bewertungseinheit)** anzunehmen.[962] **545**

II. Bei mehreren Tatobjekten in fremdem Eigentum und zwischen § 306 und §§ 305, 303

Wurden durch eine Brandstiftung verschiedene Tatobjekte nach § 306 in Mitleidenschaft gezogen oder ist die Tat an einem Objekt vollendet und an einem anderen versucht, liegt insgesamt nur eine vollendete Tat vor, auch wenn verschiedene Eigentümer betroffen sind.[963] Soweit die **§§ 305 und 303 an dem in Brand gesetzten Objekt** erfüllt sind, **treten** aus Gründen der Spezialität hinter § 306 **zurück**. Sachbeschädigungen an sonstigen Objekten stehen zu § 306 in Tateinheit. **546**

III. Zwischen § 306 a und § 306 sowie §§ 305, 303

§ 306 Abs. 1 Nr. 1 tritt – trotz der unterschiedlichen Schutzgüter – als typische Begleittat hinter § 306 a Abs. 1 Nr. 1 zurück.[964] Auch bei einer Tat nach §§ 306 b, c besteht für eine Klarstellung einer etwa mitverwirklichten Tat nach § 306 kein Bedürfnis mehr.[965] **547**

960 Vgl. Geppert Jura 1998, 597, 606.

961 BGHGSSt 39, 128 ff.

962 Beck OK StGB/von Heintschel/Heinegg § 306 Rn. 38; vgl. auch Sch/Sch/Sternberg-Lieben/Bosch § 52 Rn. 27/28.

963 BGH, Urt. v. 12.05.2016 – 4 StR 487/15, RÜ 2016, 578.

964 BGH, Beschl. v. 21.11.2000 – 1 StR 438/00, NStZ 2001, 196.

965 BGH, Beschl. v. 06.12.2000 – 1 StR 498/00, StV 2001, 232.

IV. Zwischen § 306 a Abs. 1 und Abs. 2; § 306 b Abs. 1 und Abs. 2

548 Zwischen § 306 a Abs. 1 und Abs. 2 ist Tateinheit bei verschiedenen Tat- und Gefährdungsobjekten geboten.[966] § 306 b verdrängt als Qualifikation mit höherer Strafe § 306 a. Zwischen § 306 b Abs. 1 und Abs. 2 besteht Tateinheit (s.o. Rn. 537).

V. Zwischen § 306 d und § 306 sowie § 306 a

549 Auf Tatbestandsseite ist § 306 d Abs. 1 Mod. 3 die weitreichendste Vorschrift: Sie bezieht den objektiven Tatbestand des § 306 a Abs. 2 mit ein, der seinerseits auf § 306 Bezug nimmt. Also könnte man § 306 d insoweit als spezieller ansehen und müsste § 306 im Wege der Gesetzeskonkurrenz zurücktreten lassen. Vergleicht man aber die Rechtsfolgen des § 306 einerseits und die des § 306 d andererseits miteinander, stößt man auf einen **eklatanten Wertungswiderspruch:** § 306 sieht als reines Sachzerstörungsdelikt einen Strafrahmen von 1–10 Jahren vor. § 306 d Abs. 1 Mod. 3 bestraft dagegen das Hinzutreten einer fahrlässig begangenen konkreten Gefährdung nur als Vergehen mit Freiheitsstrafe bis zu fünf Jahren. **Der Täter, der größeres Unrecht verwirklicht, wird also milder bestraft!** Eine angemessene Lösung kann deshalb nur in der Annahme von **Tateinheit** zwischen § 306 und § 306 d Abs. 1 Mod. 3 liegen, weil dann gemäß § 52 Abs. 2 S. 1 der höhere Strafrahmen des § 306 zugrunde zu legen ist und nicht der niedrigere des § 306 d.[967]

Die Tateinheitslösung vertritt der BGH auch bei § 306 d Abs. 1 Mod. 2 i.V.m. § 306 a Abs. 2 einerseits und § 306 a Abs. 1 andererseits.[968]

VI. Zwischen § 306 d Abs. 1 und Abs. 2; § 306 f Abs. 1 und Abs. 3

550 Ein Parallelproblem entsteht im Verhältnis zu § 306 d Abs. 1 und Abs. 2: Die fahrlässige Tat des § 306 Abs. 1 wird gemäß § 306 d Abs. 1 mit Freiheitsstrafe bis zu fünf Jahren bestraft. Tritt nun wiederum über § 306 a Abs. 2 eine fahrlässige konkrete Gefährdung hinzu, so ergibt sich plötzlich eine Strafobergrenze von nur drei Jahren, § 306 d Abs. 2. Auch hier kann Abhilfe nur durch die Annahme von Idealkonkurrenz zwischen § 306 d Abs. 1 und Abs. 2 geschaffen werden.

551 Im Verhältnis zwischen § 306 f Abs. 1 und Abs. 3 taucht derselbe Wertungswiderspruch auf wie oben zwischen § 306 und § 306 d dargestellt: Das Hinzutreten der fahrlässigen Gefährdung eines anderen Menschen wird geringer bestraft als die vorsätzliche Fremdsachgefährdung als solche. Zur Lösung kann auch insoweit nur die Annahme von Tateinheit beitragen.[969]

966 BGH, Beschl. v. 14.01.2014 – 1 StR 628/13, NJW 2014, 1123.
967 BGH NStZ-RR 2000, 209; BGH, Beschl. v. 17.12.2014 – 4 StR 556/14.
968 BGH, Beschl. v. 17.12.2014 – 4 StR 556/14.
969 Fischer § 306 f Rn. 7 a.E.

(einfache) Brandstiftung, § 306

- **Tatobjekte nach Abs. 1 Nr. 1–6** müssen in fremdem Eigentum stehen. Daher Eigentumsdelikt, das für den Eigentümer nicht strafbar ist und bei Handeln durch Nichteigentümer mit Einwilligung des Eigentümers gerechtfertigt ist.
- **Teleologische Einschränkung** auf solche fremden Objektive, die bedeutenden Wert (ab 750 €) darstellen und/oder deren Brand irgendeine Gefahr für andere mit sich bringen kann.

(gemeingefährliche) schwere Brandstiftung, § 306 a Abs. 1

- **Tatobjektive nach Nr. 1–3** sind unabhängig vom Eigentum des Täters. Abstraktes Gefährdungsdelikt, das auch der Eigentümer begehen kann. Eine rechtfertigende Einwilligung ist nicht möglich.
  - **Nr. 1:** Räumlichkeit, die der Wohnung von Menschen dient, ist jedes Raumgebilde, das Menschen auch nur vorübergehend als Lebensmittelpunkt dient, bei gemischt genutzten Gebäuden genügt Inbrandsetzen des Wirtschaftsteils, wenn Wirtschafts- und Wohnteil baulich nicht voneinander getrennt sind. Die Wohnungseigenschaft kann aber aufgehoben werden, wenn der einzige oder alle Bewohner das Gebäude in Brand setzen (Entwidmung).
  - **Nr. 2:** Räume der Religionsausübung
  - **Nr. 3:** Räumlichkeit, die zeitweise zum Aufenthalt von Menschen dient, aber nur dann, wenn der Brand zu einer Zeit stattfindet, in der sich üblicherweise Menschen in dem Objekt aufhalten.

(gesundheitsgefährdende) schwere Brandstiftung, § 306 a Abs. 2

- **Tatobjekt** ist eine in § 306 Abs. 1 Nr. 1–6 bezeichnete Sache. Darin liegt kein Verweis auf die Fremdheit, sodass die Tat an herrenlosen Sachen, durch den Eigentümer oder mit Zustimmung des Eigentümers trotzdem strafbar sein kann.
- Eintritt **einer konkreten Gefahr der Gesundheitsschädigung für andere Person**, auf die sich auch der Vorsatz des Täters beziehen muss. Individualschutzdelikt, sodass die Einwilligung des Gefährdeten die Rechtswidrigkeit beseitigt.

gemeinsame Tathandlungen

Inbrandsetzen:

Sache bzw. wesentlicher Bestandteil derart vom Feuer ergriffen, dass sie auch ohne den Zündstoff selbstständig weiterbrennen kann.

Durch Brandlegung ganz oder teilweise zerstören:

Jede Handlung, die durch Einsatz eines Brandmittels eine brandtypische Gefahr schafft, die aber, statt zu einem offenen Brand, zu einer vollständigen oder in Dauer bzw. Umfang beträchtlichen Funktionseinbuße i.S.d. jeweiligen Tatbestandes führt.

5. Abschnitt: Straftaten bei akuten Gefahrenlagen

A. Unterlassene Hilfeleistung, § 323 c

Aufbauschema: Unterlassene Hilfeleistung, § 323 c
1. objektiver Tatbestand:
a) Tatsituation:
■ Unglücksfall
■ gemeine Gefahr/gemeine Not
b) Tathandlung: Unterlassen der erforderlichen und zumutbaren Hilfe
2. subjektiver Tatbestand: Vorsatz
3. Rechtswidrigkeit
4. Schuld

552 **§ 323 c** geht für jedermann von der Pflicht zu solidarischer Hilfe in akuten Notlagen aus. Der Täter wird nur für die Untätigkeit als solche bestraft, nicht für die Nichtabwendung eines weitergehenden Schadens. Es handelt sich um ein **echtes Unterlassungsdelikt**, das nur bei **Vorsatz** unter Strafe steht. Versuch und Fahrlässigkeit sind nicht strafbar. Gegenüber einem den Unglücksfall herbeiführenden vorsätzlichen Tötungsdelikt in Form eines Begehungs- oder unechten Unterlassungsdelikts oder dem schwereren § 221 tritt § 323 c zurück.

Aufbau: *Wegen der materiellen Nachrangigkeit des § 323 c sind in einem strafrechtlichen Gutachten zuerst die vorsätzlichen und fahrlässigen Erfolgsdelikte sowie der Aussetzungstatbestand des § 221 zu prüfen, bevor man „unterlassene Hilfeleistung" erörtert.*

I. Unglücksfall

553 **Unglücksfall** ist ein **plötzlich eintretendes Ereignis, das eine erhebliche Gefahr für Personen oder Sachen mit sich bringt oder zu bringen droht.**[970]

554 **1.** Ob die Gefahrensituation auf einem menschlich unbeeinflussten Geschehen beruht oder von einem Dritten vorsätzlich oder fahrlässig herbeigeführt worden ist, ist unerheblich.[971]

Nicht jede Körperverletzung, bei der weitere Verletzungen eintreten können, ist bereits ein Unglücksfall. Es müssen zumindest erhebliche Gefahren für Personen bestehen.[972] Ferner ist nicht jede Erkrankung als Unglücksfall anzusehen, sondern erst dann, wenn eine plötzliche und sich rasch verschlimmernde Wendung eintritt.[973] **Auch Suizidversuche** können Unglücksfälle darstellen.

---

970 BGHSt 6, 147, 152.

971 Vgl. BGHSt 3, 65, 66.

972 OLG Düsseldorf NStZ 1991, 531.

973 S. vorherige Fußnote.

Geht es um **Gefahren für fremde Sachen**, so müssen diese von bedeutendem Wert sein. Anderenfalls ergäbe sich aus der Tatsache, dass auch deliktische Angriffe Unglücksfälle sein können, eine Jedermannspflicht zum Einschreiten gegen Sachbeschädigungen oder Diebstähle.[974]

In allen Fällen muss die **Gefahr weiterer Schäden** bestehen, sodass der Unglücksfall im rechtlichen Sinne **abgeschlossen ist, wenn der Verletzte bereits tot ist**[975] oder ein Unfall bloßen Sachschaden zur Folge hat, ohne dass weitere Gefahren für Personen oder Sachen gegeben sind.[976] 555

2. Ob überhaupt ein Unglücksfall vorgelegen hat, beurteilt sich aus einer **ex post-Perspektive**, also **in der Rückschau unter Einbeziehung aller nachträglich bekannt gewordenen Umstände**. Ist Aufklärung nicht möglich, weil denkbar ist, dass das schadensträchtige Ereignis nicht oder nicht mehr vorlag, so muss in dubio pro reo von diesem für den Täter günstigeren Sachverhalt ausgegangen werden.[977] 556

3. Liegt eine Krisensituation im Sinne eines Unglücksfalls tatsächlich vor, so besteht Einigkeit darüber, dass es für die Frage, ob **weitere Schäden drohen, allein auf eine objektive ex ante-Betrachtung** ankommt.[978] Derjenige, der einen **Sterbenden** liegen lässt, ist also auch dann aus § 323 c strafbar, wenn sich im Nachhinein (ex post) herausstellt, dass das Leben auch bei geleisteter Erster Hilfe nicht zu retten gewesen wäre. 557

II. Gemeine Gefahr, gemeine Not

Als weitere Krisensituation nennt § 323 c **gemeine Gefahr** als **einen Zustand, bei dem die Möglichkeit eines erheblichen Schadens an Leib oder Leben oder an bedeutenden Sachwerten für unbestimmt viele Personen naheliegt**. 558

Gemeine Not ist eine Notlage der Allgemeinheit.[979]

III. Keine örtliche Nähe erforderlich

Die Wendung **„bei“** (Unglücksfällen usw.) wird von einer früher vertretenen Mindermeinung[980] so ausgelegt, dass eine räumliche Nähebeziehung zum Ort der Gefahr bestehen müsse. Die h.M. interpretiert die Präposition als „anlässlich“[981] und begründet damit auch eine Hilfspflicht von Personen, die sich an einem anderen Ort aufhalten und erst durch einen Telefonanruf zur Hilfeleistung aufgefordert werden. 559

974 Vgl. SK-Stein/Rudolphi § 323 c Rn. 5; noch enger Sch/Sch/Sternberg-Lieben/Hecker § 323 c Rn. 5, die zugleich „gemeine Gefahr“ verlangen.

975 BGHSt 1, 269.

976 Vgl. BGH NJW 1954, 728.

977 Vgl. BGHSt 1, 266; BGH VRS 13, 120, 125; AG Tiergarten NStZ 1991, 236; Küper S. 308; Lackner/Kühl § 323 c Rn. 2; a.A. SK-Stein/Rudolphi § 323 c Rn. 3.

978 Vgl. Küper S. 308 f.

979 Vgl. Lackner/Kühl § 323 c Rn. 3.

980 Welzel NJW 1953, 327.

981 BGHSt 21, 50, 53.

IV. Unterlassen der erforderlichen und zumutbaren Hilfeleistung

560 1. **Hilfeleistung** ist jede Tätigkeit, die ihrem Zweckbezug nach auf Abwehr weiterer Schäden gerichtet ist.[982]

561 2. Der Begriff der **Erforderlichkeit** entspricht dem der Notwehr, d.h. es muss die Hilfe geleistet werden, die möglichst schnell auf die wirksamste Weise die Aufhebung oder Abmilderung der Notlage verspricht. Eine Hilfe des Täters ist dann nicht erforderlich, wenn bereits von anderer Seite Hilfe geleistet wird und der Täter auch nicht wirksamer und rascher helfen könnte. Dabei spielen die persönlichen Fähigkeiten des Täters eine Rolle, z.B. als Arzt.[983] Die Beurteilungsperspektive für die Erforderlichkeit ist – wie bei der Frage, ob weitere Gefahren drohen – diejenige eines gedachten und verständigen Beobachters im Zeitpunkt der Kenntniserlangung des Täters von der Krisensituation **(objektive ex ante-Betrachtung)**.[984]

562 3. Die **Zumutbarkeit** richtet sich nach der Größe der Gefahr und den Fähigkeiten des Hilfspflichtigen. Je größer die Gefahr ist, umso mehr kann dem Täter an Einsatz zugemutet werden.[985]

V. Vorsatz

563 Subjektiv ist Vorsatz erforderlich. Bedingter Vorsatz genügt.[986] Verkennt der Täter die Unglückssituation oder glaubt er, die von ihm geleistete Hilfe sei ausreichend, um drohenden Schaden abzuwenden, so handelt er im Tatbestandsirrtum.[987]

B. Nichtanzeige geplanter Straftaten, §§ 138, 139

564 Eine allgemeine Anzeigepflicht bei Kenntniserlangung zukünftiger oder in Gang befindlicher Straftaten besteht nicht. § 138 – wie § 323 c ein **echtes Unterlassungsdelikt** – macht hiervon eine Ausnahme.

I. Katalogtat

1. Voraussetzung für eine Anzeigepflicht ist, dass es um eine dem **abschließenden Katalog des Abs. 1 u. 2 unterfallende** besonders schwere Rechtsverletzung geht.

Beispielsweise ist ein Arzt, der an einem Kind die Spuren von Misshandlungen entdeckt, zur Abwendung weiterer Misshandlungen nicht aus § 138 anzeigepflichtig, da § 225 dort nicht als Katalogtat aufgeführt ist. Eine Pflicht zum Tätigwerden kann sich dann allenfalls aus § 323 c ergeben.

565 2. Die Katalogtat muss sich entweder im Stadium des **Vorhabens** oder der **Ausführung** befinden. **Vorhaben ist der ernstliche und hinsichtlich Tatopfer, -objekt und Art des Vorgehens konkretisierte, wenn auch noch von Bedingungen abhängige Tat-**

982 Sch/Sch/Sternberg-Lieben/Hecker § 323 c Rn. 12.
983 BGHSt 2, 296.
984 BGHSt 17, 169; Geilen Jura 1983, 138, 140.
985 Vgl. BGHSt 11, 135.
986 Vgl. OLG Köln NJW 1991, 764.
987 AG Saalfeld NStZ-RR 2005, 142.

plan.[988] **In der Ausführung befindet sich die Tat vom Zeitpunkt des Versuchsbeginns bis zum Eintritt des letzten noch durch die Anzeige abwendbaren Erfolgs.**[989]

Der untaugliche Versuch einer Katalogtat genügt nicht, da hierbei der Eintritt des Erfolgs nicht abgewendet werden kann. Dessen Nichtanzeige erfüllt begrifflich die Voraussetzungen eines Versuchs des § 138, der aber nicht unter Strafe gestellt ist.[990]

3. Von einer der bezeichneten Straftaten muss der nach § 138 strafbare Täter **glaubhafte Kenntnis zu einer Zeit erlangt haben, in der die Ausführung oder der Erfolg noch abgewendet werden konnte.** **566**

II. Täterkreis

Täter kann nur eine **zur Anzeige verpflichtete Person** sein. Da die Vorschrift mitmenschliche Solidarität zur Gefahrenabwehr einfordert, ist sie – wie § 323 c – ein „Jedermann"-Delikt. **567**

Es gelten aber zwei wichtige Einschränkungen: **568**

1. Nicht anzeigepflichtig ist wegen des nemo tenetur-Grundsatzes, wer an der Straftat oder ihrer Vorbereitung und Planung **beteiligt** gewesen ist, selbst wenn diese Vorbeteiligung nicht nach § 30 strafbar ist.[991] Die Möglichkeit, sich durch die Anzeige wegen der Beteiligung an der geplanten Straftat selbst verdächtig machen zu können, lässt die Anzeigepflicht nicht entfallen.[992]

Umstritten ist die Begründung für den Wegfall der Anzeigepflicht. Nach Rspr. und h.M. enthält § 138 das **ungeschriebene Tatbestandsmerkmal**, dass die anzuzeigende Tat eine „völlig fremde" sein muss.[993] Teile der Lit. lehnen einen solchen Tatbestandsausschluss ab und lassen § 138 bei Beteiligung an der Tat als **materiell subsidiär** zurücktreten.[994]

Wenn zwar sicher ist, dass ein Beschuldigter Kenntnis von dem Vorhaben hatte, aber **zweifelhaft** bleibt, **569** ob er an der Bezugstat beteiligt war, so besteht heute weitgehend Einigkeit besteht darin, dass er aus § 138 strafbar ist. Die Mehrheit der Strafsenate des BGH bejaht dies, weil § 138 gerade das Rechtsgut schütze, dass durch die geplante Tat bedroht werde und in einem normativ-ethischen Stufenverhältnis des „Weniger" zur geplanten Tat stehe.[995] Nach Ansicht des 3. Strafsenats des BGH kann – jedenfalls wenn § 138 durch die Beteiligung an dem späteren Verbrechen nur im Wege der Gesetzeskonkurrenz verdrängt werde – eine sogenannte Präpendenz-Verurteilung aus § 138 erfolgen.[996]

2. Nicht anzeigepflichtig ist auch der **Bedrohte** selbst, sofern sich die angedrohte Tat nicht auch gegen Rechtsgüter der Allgemeinheit richtet.[997]

---

988 Fischer § 138 Rn. 6.

989 Fischer § 138 Rn. 7.

990 Sch/Sch/Sternberg-Lieben § 138 Rn. 2.

991 BGH NStZ 1982, 244.

992 Vgl. BGHSt 36, 167, 170.

993 BGHSt 36, 167, 169; 39, 164, 167; LK-Hanack § 138 Rn. 42 m.w.N.

994 SK-Rudolphi/Stein § 138 Rn. 5.

995 BGH, Beschl. v. 13.01.2010 – 5 StR 464/09.

996 BGH, Beschl. v. 09.03.2010 – 3 ARs 3/10; zu dem gesamten Anfrageverfahren RÜ 2010, 369; vgl. AS-Skript StrafR AT 2 (2016), Rn. 363.

997 Sch/Sch/Sternberg-Lieben § 138 Rn. 19.

III. Unterlassen der Anzeige

570 Tathandlung ist das Unterlassen der Anzeige durch eine zur Anzeige verpflichtete Person. In Abs. 1 muss die Tat nicht rechtzeitig angezeigt sein, während Abs. 2 schon die nicht unverzügliche Anzeige ausreichen lässt. „Rechtzeitig" kann also auch noch eine späte Anzeige sein, sofern dadurch nur die Ausführung der Tat bzw. ihr Erfolg noch abgewendet werden kann.[998]

IV. Vorwerfbarkeitsform

571 **Abs. 1** und **Abs. 2** verlangen Vorsatz. In **Abs. 3** ist die leichtfertige Nichtanzeige mit Strafe bedroht.

V. Unrechts- und Schuldausschlüsse sowie Strafzumessungsregeln

572 Als **Rechtfertigungsgrund** sieht die h.M. die Freistellung von der Anzeigepflicht nach § 139 Abs. 2 und Abs. 3 S. 2 für Seelsorger und bestimmte Berufsgruppen.[999]

§ 139 Abs. 3 S. 1, der dem Interessenkonflikt eines anzeigepflichtigen Angehörigen des zukünftigen Täters Rechnung trägt, ist nach überwiegender Auffassung **Entschuldigungsgrund**.[1000]

Als **persönlicher Strafaufhebungsgrund** wirkt § 139 Abs. 4, der den Anzeigepflichtigen dafür honoriert, dass er anders als durch Anzeige den Erfolg der Tat verhindert oder sich bei Unterbleiben der Tat ernsthaft darum bemüht.[1001]

Reine **Rechtsfolgenregel** ist dagegen § 139 Abs. 1, der ein Absehen von Strafe ermöglicht, wenn das Verbrechensvorhaben nicht einmal versucht worden ist.

Unterlassene Hilfeleistung, § 323 c

- **Unglücksfall** ist jedes plötzliche, bei objektiver ex-post-Betrachtung tatsächlich vorliegende Ereignis, das aufgrund objektiver ex ante-Prognose erhebliche Gefahren für Personen oder Sachen von bedeutendem Wert mit sich bringt.
- **Hilfeleistung** ist jede Tätigkeit, die auf Abwehr weiterer Schäden gerichtet ist. Sie ist **erforderlich**, wenn sie nach objektiver ex ante-Prognose die schnellste und wirksame Beseitigung oder Abmilderung der Notlage verspricht. Sie ist **zumutbar**, wenn sie dem Täter nach Intensität der Gefahr und seinen Fähigkeiten abverlangt werden kann.

Nichtanzeige geplanter Straftaten, §§ 138, 139

- **Vorhaben** ist der ernstliche und hinsichtlich Tatopfer, -objekt und Art des Vorgehens konkretisierte Tatplan. In der Ausführung befindet sich die Tat vom Zeitpunkt des Versuchsbeginns bis zum Eintritt des letzten noch abwendbaren Erfolgs.
- **Nicht anzeigepflichtig** ist vor allem der an der Bezugstat oder ihrer Planung Beteiligte. Bei Zweifeln an der Beteiligung bleibt die Bestrafung aus § 138 möglich.

998 BGH NJW 1996, 2239.

999 Lackner/Kühl § 139 Rn. 2; für Tatbestandsausschluss Sch/Sch/Sternberg-Lieben § 139 Rn. 2.

1000 SK-Rudolphi/Stein § 139 Rn. 6; für Strafaufhebungsgrund Fischer § 139 Rn. 5.

1001 Lackner/Kühl § 139 Rn. 4; für Tatbestandsausschluss Sch/Sch/Sternberg-Lieben § 139 Rn. 6.

6. Abschnitt: Straftaten gegen die Sicherheit des Beweisverkehrs

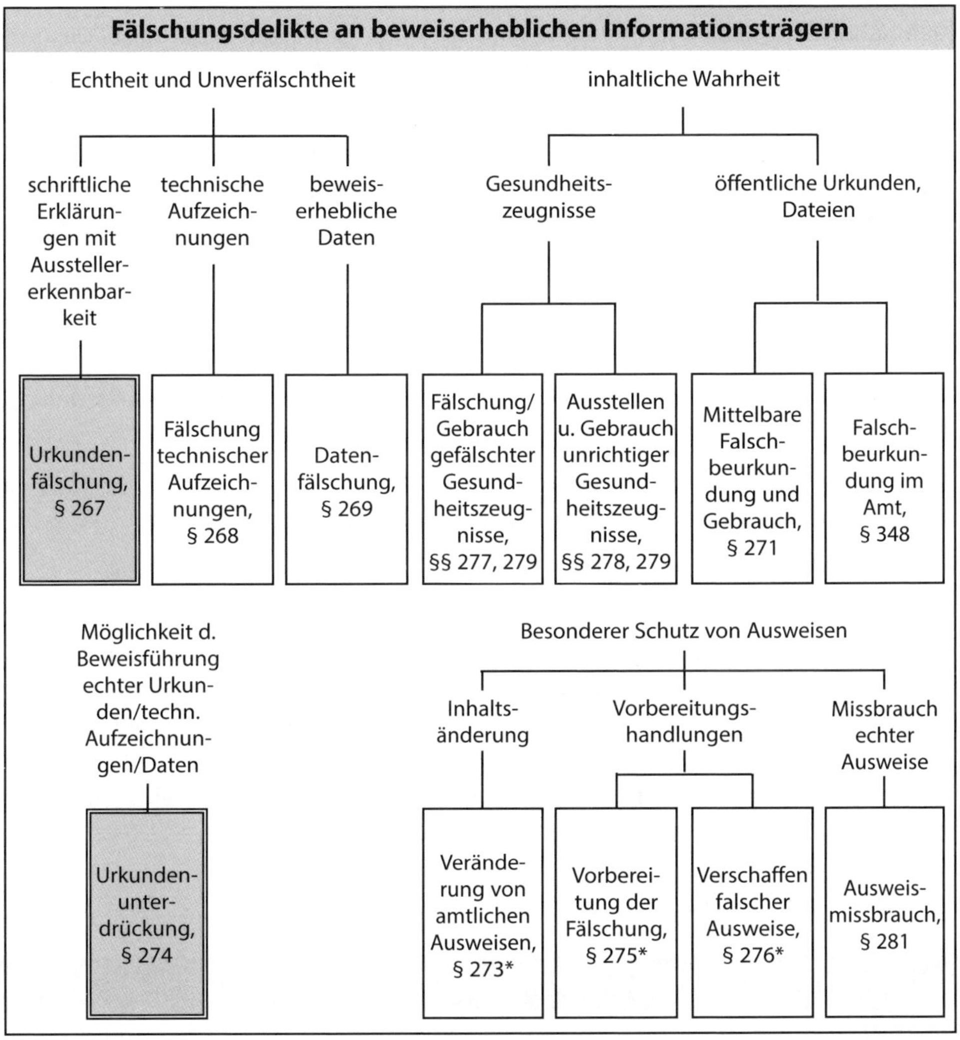

* Es genügt die Kenntnis des Gesetzeswortlauts. Auf eine Einzeldarstellung wird verzichtet. Zur Prüfungsfolge bei diesen Tatbeständen AS Aufbauschemata Strafrecht/StPO (2016).

Ergänzende Bestimmungen: § 270 stellt für alle Urkundentatbestände die Beeinflussung einer Datenverarbeitung der Täuschung (die nur gegenüber Menschen erfolgen kann) gleich. **§ 276 a** dehnt den Anwendungsbereich der §§ 275, 276 auf aufenthaltsrechtliche Papiere und Fahrzeugpapiere aus.

Die Urkundsdelikte i.w.S. betreffen die Echtheit, inhaltliche Wahrheit und jederzeitige **573**
Beweisführungsmöglichkeit mit beweiserheblichen Informationsträgern. Ausweispapiere genießen erweiterten Schutz. Dieser bezieht sich auf Identitätstäuschungen mithilfe echter Ausweise **(§ 281)**, auf jegliche Inhaltsänderung echter Ausweise **(§ 273)** sowie auf Vorbereitungshandlungen zur Fälschung **(§ 275)** und die Verschaffung falscher Ausweise **(§ 276)**.

Die jederzeitige Verfügbarkeit von Urkunden, technischen Aufzeichnungen und Dateien zum Zweck der **Beweisführung** ist in **§ 274** geregelt.

Die **Inhaltsrichtigkeit** verkörperter Gedankenerklärungen ist nur in Bezug auf **Gesundheitszeugnisse** in **§§ 277 ff.** und in Bezug auf mit **öffentlichem Glauben versehene Informationsträger in §§ 348, 271** geschützt.

Die **Kerntatbestände** der Urkundsdelikte sind die **§§ 267 ff.** Sie schützen vorrangig die Echtheit beweiserheblicher Informationen. „Echtheit" bedeutet Authentizität der Information. Diese muss tatsächlich von der Quelle stammen, von der sie zu stammen vorgibt. Auf die inhaltliche Richtigkeit der Information kommt es nicht an.

Diese Echtheit **visuell wahrnehmbarer und stofflich fixierter menschlicher Erklärungen** schützt **§ 267**.

Sind die Informationen nicht stofflich fixiert, sondern existieren nur als **elektronische Daten**, greift **§ 269** ein.

Maschinell gewonnene Informationen sind vor Nachahmungen und vor Eingriffen in den Prozess der Informationsgewinnung durch **§ 268** geschützt.

Mündliche Erklärungen sind vor Manipulationen strafrechtlich nicht geschützt.

Die Fälschungsdelikte erfassen durchgängig als selbstständig strafbare Modalität das **„Herstellen"**, als weitere Modalität das **„Verfälschen"** und schließlich das **„Gebrauchmachen"**. Fälscher und Verwender müssen also nicht dieselbe Person sein. Hat der Fälscher das Falsifikat aber auch gebraucht und war der Gebrauch bloße Verwirklichung der schon bei der Herstellung vorhandenen Absicht, so verschmelzen beide Varianten zu einer **tatbestandlichen Bewertungseinheit** und damit zu einem einzigen (mehraktigen) Delikt, s. dazu ausführlich unten Rn. 614 ff.

A. Urkundenfälschung, § 267

Aufbauschema: Urkundenfälschung, § 267

1. objektiver Tatbestand:

- 1. Mod.: Herstellen einer unechten Urkunde
- 2. Mod.: Verfälschen einer echten Urkunde
- 3. Mod.: Gebrauchmachen von unechter / verfälschter Urkunde

2. subjektiver Tatbestand:

a) Vorsatz

b) Täuschungswille im Rechtsverkehr

3. Rechtswidrigkeit

4. Schuld

5. Besonders schwerer Fall mit Regelbeispielen, § 267 Abs. 3 S. 2:

Nr. 1: gewerbsmäßig/als Mitglied einer Bande

Nr. 2: Herbeiführung eines Vermögensverlusts großen Ausmaßes

Nr. 3: erhebliche Gefährdung des Rechtsverkehrs durch große Zahl unechter/verfälschter Urkunden

Nr. 4: Missbrauch von Amtsstellung oder -befugnissen

I. Urkunde

1. Begriffsmerkmale

Urkunde ist jede Verkörperung einer allgemein oder wenigstens für die Beteiligten verständlichen menschlichen Gedankenerklärung, die geeignet und bestimmt ist, eine außerhalb ihrer selbst liegende Tatsache im Rechtsverkehr zu beweisen, und die ihren Aussteller wenigstens für die Beteiligten erkennen lässt.[1002] 574

a) Perpetuierung

In der **Verkörperung einer allgemein oder wenigstens für die Beteiligten verständlichen menschlichen Gedankenerklärung** liegt das für die Urkunde typische Perpetuierungselement.

aa) Durch ihren **Gedankeninhalt** unterscheidet sich die Urkunde vom ***Augenscheinsobjekt***, das durch seine Existenz und Erscheinungsform gedankliche Rückschlüsse erst ermöglicht (z.B. beschossene Zielscheibe, Fußabdrücke). 575

Auch ***technische Aufzeichnungen***, die keine menschliche Gedankenerklärung verkörpern, sondern maschinell erstellte Informationen beinhalten, sind als solche keine Urkunden (z.B. Diagrammblatt eines Barographen). Sie können allerdings gleichzeitig Urkunden sein, wenn eine Person die maschinelle Erklärung im Rechtsverkehr als eigene gelten lassen will, z.B. der vom Geldinstitut an den Kunden verschickte Kontoauszug (s. auch unten Rn. 629).

Mangels Gedankenerklärung entfällt schließlich auch die Urkundeneigenschaft von ***Blanketten*** und ***Formularen***, die erst durch Ausfüllen zur Urkunde werden.[1003]

bb) Die Gedankenerklärung muss **zumindest für die Beteiligten verständlich** sein. 576
Daraus folgt, dass auch Zeichen, die als Abkürzung für die vollständige Gedankenäußerung stehen, Urkunden sein können, und zwar auch dann, wenn sich der im Zeichen verkörperte Gedankeninhalt erst im Zusammenhang mit dem Gegenstand ergibt, an dem das Zeichen angebracht ist. Nach h.M. sind auch solche sogenannten **Beweiszeichen** Urkunden im strafrechtlichen Sinne (z.B. das Künstlerzeichen auf einem Gemälde, der Eichstempel des Eichamtes, Motor- und Fahrgestellnummern von Kfz).[1004]

1002 BGHSt 3, 82, 84.

1003 Lackner/Kühl § 267 Rn. 4.

1004 BGHSt 9, 235, 236; Sch/Sch/Heine/Schuster § 267 Rn. 23; Wessels/Hettinger Rn. 791.

Die Verständlichkeit der Gedankenerklärung muss sich ferner aus ihrer **visuellen Wahrnehmbarkeit** ergeben. Gedankenerklärungen auf Speichermedien, die eine unmittelbare Wahrnehmung ausschließen, fallen deshalb aus dem urkundsrechtlichen Schutz heraus.[1005]

577 **cc)** An die **Verkörperung** der Gedankenerklärung werden keine allzu hohen Anforderungen gestellt. Man verlangt nur eine „gewisse Festigkeit", sodass auch mit Bleistift geschriebene Erklärungen oder etwa Entwertungsstempel, die einem vorher mit Tesafilm präparierten Mehrfahrtenausweis aufgedrückt werden,[1006] Urkundscharakter besitzen. Ganz flüchtige Fixierungen, wie z.B. Zeichen im Sand, werden nicht erfasst. Auch Daten oder Eingaben auf einem Touchscreen die nur auf einem Bildschirm wahrnehmbar gemacht werden und dann digital gespeichert werden, fallen nicht unter § 267.[1007]

b) Beweis

Die Gedankenerklärung muss **geeignet und bestimmt sein**, eine außerhalb ihrer selbst liegende Tatsache im Rechtsverkehr zu beweisen. Hierin liegt das urkundstypische Beweiselement.

578 **aa)** Das **objektive Kriterium der Beweiseignung** besagt nach h.M., dass die Gedankenerklärung irgendetwas Rechtserhebliches beinhalten muss, entweder allein oder i.V.m. anderen Beweismitteln.[1008]

Diese Rechtserheblichkeit ist nicht zu verwechseln mit der inhaltlichen Wirksamkeit des dokumentierten rechtlichen Vorgangs selbst. Auch **nichtige Verträge und Erklärungen können Gegenstand einer Urkunde** sein (z.B. ein nichtiger und auch nicht umdeutungsfähiger Quervermerk auf einem Scheck als Einlösungsversprechen). An der Beweiseignung fehlt es lediglich bei solchen Erklärungen, deren Unsinnigkeit oder Unwirksamkeit für den Rechtsverkehr offenbar ist.[1009]

579 **bb)** Die **Beweisbestimmung** ist demgegenüber **subjektiv** zu interpretieren. Sie setzt einen durch beliebigen Akt nach außen getretenen Willen voraus, die Gedankenerklärung als Beweismittel im Rechtsverkehr einzusetzen. Zweckgerichtetes Handeln ist nicht erforderlich. Es genügt, dass der Betreffende weiß, ein anderer werde mit der Urkunde Beweis erbringen.[1010]

Die Beweisbestimmung kann der Urkunde schon bei ihrer Herstellung beigelegt worden sein, sogenannte ***Absichtsurkunde***.

Beispiele: Quittungen, Testamente, Vertragsurkunden, Zeugnisse, aber auch sogenannte **Deliktsurkunden**, das sind z.B. beleidigende oder erpresserische Schreiben unter fremdem Namen, die zu dem Zweck hergestellt werden, andere zu rechtserheblichem Verhalten zu veranlassen.

Die Beweisbestimmung kann dem Schriftstück aber auch erst nachträglich zugeordnet worden sein, und zwar **durch den ursprünglichen Aussteller selbst** oder **durch Dritte**, sogenannte ***Zufallsurkunde***.[1011]

1005 Sch/Sch/Heine/Schuster § 267 Rn. 6.

1006 Vgl. Schroeder JuS 1991, 301, 303; a.A. Ranft Jura 1993, 84.

1007 SK-Hoyer § 267 Rn. 28; OLG Köln, Beschl. v. 01.10.2013 – III-1 RVs 191/13, RÜ 2014, 234 für Notepads.

1008 LK-Zieschang § 267 Rn. 77.

1009 BGH GA 1971, 180; Lackner/Kühl § 267 Rn. 12.

1010 Sch/Sch/Heine/Schuster § 267 Rn. 14.

1011 Sprachlich präziser wäre ***„nachträgliche Urkunden"***, so mit Recht LK-Zieschang § 267 Rn. 70; generell abl. NK-Puppe § 267 Rn. 9 ff.

Beispiel: Der Journalist J hat einen Liebesbrief des Politikers P in die Hände bekommen, den dieser vor seiner Eheschließung an eine andere Frau verschickt hatte. Um P zu kompromittieren, verändert J das Datum des Briefes so, als sei dieser während der Ehe geschrieben worden und beweise ein ehebrecherisches Verhältnis des P. Dieses manipulierte Schreiben veröffentlicht J. – J hat dem ursprünglich nicht für den Beweisverkehr bestimmten Schreiben wegen seines Vorhabens der Veröffentlichung Beweisbestimmung beigelegt und die Urkunde verfälscht und gebraucht. Er ist strafbar gemäß § 267.[1012]

Die Beweisbestimmung kann sich schließlich **ändern** (z.B. abgegebene Bahnfahrkarten, die noch zu innerdienstlichen Kontrollen gebraucht werden),[1013] oder sie kann gänzlich **verloren gehen** (z.B. eingezogene, zum Einstampfen bestimmte Pässe).[1014]

cc) Durch das Kriterium **„einer außerhalb ihrer selbst liegenden Tatsache"** soll sich die Urkunde, insbesondere das Beweiszeichen, vom sogenannten **Kennzeichen**, das keine Urkundsqualität besitzt, abgrenzen. Kennzeichen haben nach der Rspr. lediglich die Funktion, durch ihr körperliches Dasein an dem Gegenstand, an dem sie angebracht sind, die so bezeichnete Sache von anderen zu unterscheiden.[1015] Die Abgrenzung zwischen Beweiszeichen und Kennzeichen ist oft sehr kasuistisch und wird von manchen als praktisch undurchführbar angesehen.[1016] **580**

Beispiele für Kennzeichen ohne Urkundsqualität: Das rote Kfz-Kennzeichen für Prüfungs-, Probe- und Überführungsfahrten;[1017] Firmenbezeichnung „Faber-Castell" auf Kopierstift;[1018] Signaturen an Büchern in Bibliotheken.[1019]

c) Garantie

Aus der Gedankenerklärung muss schließlich ein bestimmter **Aussteller** erkennbar sein. **581** Unter „Aussteller" versteht man mit der sogenannten Geistigkeitstheorie (näher dazu unten Rn. 599) nicht denjenigen, der die Urkunde hergestellt hat, sondern denjenigen, der geistig für die Erklärung einsteht. Dass die Gedankenerklärung einer bestimmten Person zugeschrieben werden kann, macht die **Garantiefunktion** der Urkunde aus. **Ob der ersichtlich gemachte Aussteller wirklich existiert oder noch lebt, ist unerheblich**. Erforderlich ist nur der äußere Anschein, eine bestimmte Person stehe hinter der Erklärung.[1020] Der Aussteller muss nicht notwendig mit seinem Namen unterzeichnet haben. Es genügen Kürzel oder Zeichen (z.B. Prüfkennziffer bzw. Platznummer bei einer Prüfungsarbeit).[1021] Ausreichend ist sogar, dass die Individualisierung nach Gesetz, Herkommen oder Parteivereinbarung aus der Urkunde möglich ist.[1022]

Beliebtes Klausurbeispiel: Der mit Strichen für die getrunkenen Biere vom Ober beim Gast gekennzeichnete Bierdeckel.[1023]

1012 Beispiel nach Arzt/Weber/Heinrich/Hilgendorf § 31 Rn. 2 a.E.; vgl. auch BGHSt 3, 82, wonach bei Schriftstücken im privaten Bereich eine nachträgliche Beweisbestimmung durch Dritte erst dann möglich sein soll, wenn der Hersteller sie einem anderen zugänglich gemacht hat, was hier durch die Versendung an die ehemalige Freundin der Fall war.

1013 BGHSt 4, 284.

1014 OLG Köln MDR 1960, 946.

1015 RGSt 76, 205, 206.

1016 Sch/Sch/Heine/Schuster § 267 Rn. 22.

1017 BGHSt 34, 375; ablehnend Puppe JZ 1991, 447.

1018 BGHSt 2, 370.

1019 SK-Hoyer § 267 Rn. 34.

1020 Vgl. BGHSt 5, 149.

1021 BayObLG NJW 1981, 772.

1022 BGHSt 13, 382, 385.

1023 RG DStZ 1916, 77; kritisch Bode/Ligicki, JuS 2015, 989, 1071.

Dagegen fehlt es an der Ausstellererkennbarkeit, wenn sich lediglich unter Zuhilfenahme völlig außerhalb der Urkunde liegender Umstände ermitteln lässt, wer die Gedankenerklärung verfasst hat. Ein Aussteller ist auch nicht erkennbar, wenn das Schriftstück bewusst nicht unterzeichnet oder mit einem Decknamen oder mit einem ersichtlich unleserlichen Namenszeichen versehen ist, sogenannte **offene Anonymität**. Ausnahmsweise kann sogar der Gebrauch eines Allerweltsnamens die Urkundseigenschaft ausschließen, allerdings nur, wenn den Umständen nach offensichtlich ist, dass die Identität des Urhebers verborgen bleiben soll, sogenannte **versteckte Anonymität**.[1024]

2. Kopien, Faxe und Computerscans

a) Abschriften

582 Abschriften von Originalen, die als Abschriften erkennbar sind, haben keinen Urkundscharakter, weil sie nur über Inhalt und Fassung ihrer Vorlage berichten sollen und ihr Urheber für die Richtigkeit der Wiedergabe keine Verantwortung übernimmt. Wer also ein Schriftstück herstellt, das er als „Abschrift" kennzeichnet, obwohl das Original gar nicht existiert, fabriziert nur eine schriftliche Lüge, aber keine unechte Urkunde.[1025]

583 Das gilt aber nicht für **Zweitschriften, Durchschriften oder sonstige Vervielfältigungen** – gleichviel auf welche Weise technisch hergestellt –, die gerade deswegen vom Aussteller produziert worden sind, um von vornherein mehrere Stücke im Rechtsverkehr zur Verfügung zu haben, z.B. Einladungskarten, Speisekarten und Wertpapiere. Hier ist jedes Stück als selbstständige Urkunde für den Rechtsverkehr bestimmt.[1026]

584 Eine Ausnahmestellung nimmt auch die **beglaubigte Abschrift** ein. Dabei ist nicht die Wiedergabe selbst, sondern der Beglaubigungsvermerk, durch den eine Amtsperson die Garantie für die originalgetreue Wiedergabe übernimmt, das Beweiszeichen, das zusammen mit der Abschrift selbst eine zusammengesetzte Urkunde bildet.[1027]

b) Fotokopien und Dateiausdrucke

***Klausurhinweis**: Der nachfolgende Problemkreis ist einer der **meistgeprüften** in Klausuren und mündlichen Examina!*

585 Es gibt Stimmen im Schrifttum, die Kopien – soweit sie im Rechtsverkehr Originale vertreten – für genauso schutzwürdig halten wie Urkunden selbst. Wer also eine solche Kopie inhaltlich manipuliere, könne wegen Urkundenfälschung oder -verfälschung strafbar sein, selbst wenn an der Ursprungserklärung kein Urkundsdelikt begangen wurde und selbst wenn die Kopie als solche erkennbar oder gekennzeichnet ist.[1028]

Die h.M. differenziert bei Fotokopien:

1024 Vgl. RGSt 46, 297; Lackner/Kühl § 267 Rn. 14.

1025 OLG Hamm, Beschl. v. 12.05.2016 – 1 RVs 18/16, RÜ 2016, 431 zur Abschrift eines erfundenen Urteils.

1026 LK-Zieschang § 267 Rn. 109.

1027 Sch/Sch/Heine/Schuster § 267 Rn. 40 a.

1028 Freund JuS 1991, 723; Puppe NStZ 2001, 482; Sch/Sch/Heine/Schuster § 267 Rn. 42.

- **Genau wie eine manuelle Abschrift verkörpert eine Fotokopie (und ein Computerausdruck) danach grundsätzlich nicht selbst die Erklärung des Ausstellers, sondern ist lediglich bildliche Wiedergabe der in einem anderen Schriftstück verkörperten Erklärung. Ihr mangelt es damit an der Garantiefunktion für die Richtigkeit des Inhalts.** Demgemäß sind Handlungen, die keine Urkundenfälschung am Ausgangsobjekt darstellen und sich allein auf den Inhalt einer **als solche erkennbaren oder so bezeichneten Kopie** beziehen, urkundsrechtlich nicht zu erfassen.[1029]

- Eine Fotokopie als „Nichturkunde" kann aber **„zur Urkunde aufrücken"**, wenn sie nicht nur wiedergibt, was in einem anderen Schriftstück verkörpert ist, sondern wenn sie vortäuscht, sie enthalte eine eigene Erklärung des angeblichen Ausstellers, für die dieser einstehen wolle. Das ist der Fall, **wenn der Täter**

  - mit der Reproduktion den **Anschein einer Originalurkunde** erweckt und

  - **sie als eine von dem angeblichen Aussteller herrührende Urschrift ausgeben will**.

  Der **äußere Anschein** besteht, wenn die Reproduktion einer Originalurkunde so weit ähnlich ist, dass die Möglichkeit einer Verwechslung nicht auszuschließen ist, auch wenn es sich um handwerklich schlechte Kopien handelt. Nur wenn der Kopiecharakter evident ist (z.B. Schwarz-Weiß-Kopie eines farbigen Ausweises oder sichtbare Kennzeichnung als Kopie), ist der Anschein ausgeschlossen. Entscheidend ist der **Wille** des Täters, einen Originalersatz für den Rechtsverkehr herzustellen.[1030]

Zwar besteht nach der Rspr. die Möglichkeit, **von einem Falsifikat dadurch Gebrauch zu machen, dass von ihm angefertigte Kopien vorgelegt werden**, denn auch auf diese Weise wird dem zu Täuschenden die sinnliche Wahrnehmung der in allen Einzelheiten abgebildeten falschen Urkunde ermöglicht.[1031] Voraussetzung dafür ist allerdings, dass die **Kopiervorlage ihrerseits eine unechte oder verfälschte Urkunde** gewesen ist. Das ist dann, wenn ihr entweder die Beweiseignung oder die Beweisbestimmung fehlte, nicht der Fall.

c) Faxe

Eine Mindermeinung sieht in empfangenen Faxen uneingeschränkt Urkunden. Im Unterschied zu Fotokopien seien Faxe keine bloßen Abbildungen, sondern auf technischem Wege hergestellte, für den Empfänger bestimmte Originale. Die Garantiefunktion ergebe sich aus der mitübertragenen Absenderkennung. Sogar die Übermittlung fremder Urkunden besitze Urkundsqualität. Insoweit ergebe sich aus der Absenderkennung wie aus einem Beglaubigungsvermerk die Garantie für die originalgetreue Übertragung.[1032] **586**

1029 BGHSt 24, 140, 141; BGH, Beschl. v. 27.01.2010 – 5 StR 488/09, RÜ 2010, 309; BGH, Beschl. v. 09.03.2011 – 2 StR 428/10 Rn. 10 f.

1030 OLG Köln StV 1987, 297; BayObLG NJW 1989, 2553; NJW 1992, 3311; OLG Stuttgart NJW 2006, 2869; LK-Zieschang § 267 Rn. 116.

1031 BGHSt 5, 291; BGH, Beschl. v. 02.05.2001 – 2 StR 149/01, S. 4, StV 2001, 624; LK-Zieschang § 267 Rn. 114.

1032 SK-Hoyer § 267 Rn. 21; Sch/Sch/Heine/Schuster § 267 Rn. 43.

Die herrschende Gegenansicht misst der Absenderkennung nicht die Beweisbedeutung wie in einer Beglaubigung bei. Die Absenderkennung besage lediglich, dass das eingegangene Fax vom Absender gemäß dem Aufdruck eingelegt worden und versandt worden sei. **Die h.M. wendet bei Faxschreiben die Grundsätze der Fotokopien an.**[1033] Danach kommt die Modalität des Herstellens einer unechten Urkunde durch Telefax kaum infrage. Als Fernkopie besitzt ein Fax dann nämlich keine Garantiefunktion, und ein „Aufrücken" zum Original kommt so lange nicht in Betracht, wie durch die mitübermittelte Absenderkennung am oberen/unteren Rand jeder Seite für den Rechtsverkehr der Kopiecharakter erkennbar bleibt.

Eine vermittelnde Auffassung sieht als solche erkennbare Telefaxschreiben ausnahmsweise dann als Urkunden an, wenn der Absender durch sie **unmittelbar eine eigene, in dem Fax verkörperte und rechtserhebliche Gedankenerklärung** übermitteln will, z.B. ein Kaufangebot.[1034] Die Rspr. hat hierüber noch nicht zu entscheiden. In den zitierten Fällen[1035] diente das Fax nur als Fernkopie anderer (manipulierter) Tatobjekte.

3. Zusammengesetzte Urkunden

587 Häufig bezieht sich die Manipulationshandlung nicht auf den Schriftteil einer Gedankenerklärung, sondern auf ein Bezugsobjekt mit der Folge, dass der Gedankeninhalt des Schriftteils hierdurch ein anderer wird als zuvor. Bildet der Schriftteil mit dem Bezugsobjekt eine sogenannte zusammengesetzte Urkunde, so erstreckt sich der urkundsstrafrechtliche Schutz auch auf diesen Beziehungszusammenhang.

a) Eine zusammengesetzte Urkunde liegt aber nur dann vor, wenn eine verkörperte Gedankenerklärung mit einem Bezugsobjekt räumlich fest zu einer **Beweiseinheit** verbunden ist.[1036]

Die Erklärung kann in einer Schrift enthalten sein und schon für sich genommen eine Urkunde darstellen.

Beispiel: Grundstückskaufvertrag mit angeheftetem und in Bezug genommenem Lageplan.

Zumeist besteht die zusammengesetzte Urkunde aber aus einer verkürzten Urkunde, dem sogenannten **Beweiszeichen** (s.o. Rn. 576), und einem **Augenscheinsobjekt.**

Häufige Klausurfälle:

Kfz und angeschraubtes amtliches Kennzeichen, versehen mit dem Stempel der Zulassungsstelle[1037] oder Kfz zusammen mit der auf dem Kennzeichen angebrachten Prüfplakette über den Nachweis der Durchführung der Hauptuntersuchung.[1038]

Verkaufsgegenstand im Einzelhandel und **fest** damit – und nicht nur mit der losen Verpackung –[1039] verbundenes Preisschild.

1033 OLG Oldenburg NStZ 2009, 391; BGH, Beschl. v. 27.01.2010 – 5 StR 488/09, RÜ 2010, 309; Fischer § 267 Rn. 21.

1034 LK-Zieschang § 267 Rn. 122 ff.; Zielinski in Computer und Recht 1995, 286, 291 f.

1035 S. vorangegangene Fußnote.

1036 Ganz h.M., z.B. Fischer § 267 Rn. 23; BGHSt 9, 235.

1037 BGH, Beschl. v. 21.09.1999 – 4 StR 71/99, NJW 2000, 229.

1038 OLG Karlsruhe DAR 2002, 229.

1039 Vgl. OLG Köln NJW 1979, 729, das Urkundenverfälschung beim Austausch von Oberhemden in offenen Klarsichthüllen abgelehnt hat; vgl. auch BGHSt 5, 75, 79, wonach Venüle mit Blut zur Bestimmung des Blutalkohols und lose beigelegter ärztlicher Entnahmebericht ebenfalls mangels Festigkeit keine zusammengesetzte Urkunde bilden.

Umstrittenes Gegenbeispiel: Verkehrsschild mit einer Geschwindigkeitsbeschränkung für einen nachfolgenden Straßenabschnitt. Verändert der Täter hier den Aufdruck, so wird teilweise im Schrifttum Urkundenverfälschung an der zusammengesetzten Urkunde „Schild und in Bezug genommenes Straßenstück" bejaht.[1040] Die Gegenauffassung sieht hierin mangels räumlicher Überschaubarkeit des Bezugsobjekts eine rechtliche Überdehnung des Urkundsbegriffs und verneint § 267.[1041]

b) Liegt eine zusammengesetzte Urkunde vor, **so werden der Bestandsschutz (§ 274) und der Echtheitsschutz (§ 267) auf die gesamte Beweiseinheit erweitert.** 588

Strafbar macht sich bei zusammengesetzten Urkunden derjenige, der **unmittelbar auf den verkörperten Zeichenbestand** einwirkt.

Beispiel: Veränderungen von Buchstaben-Zahlen-Kombinationen des abgestempelten Kfz-Nummernschilds durch weißes und schwarzes Isolierband.

Gegenbeispiel: Keine Verfälschung einer zusammengesetzten Urkunde, sondern nur Kennzeichenmissbrauch gemäß § 22 Abs. 1 Nr. 3 StVG liegt vor, wenn die Ablesbarkeit des amtlichen Kennzeichens durch Übersprühen mit reflektierendem Speziallack erschwert wird.[1042]

Strafbar ist aber auch, wer **nur auf das Bezugsobjekt** einwirkt.

Beliebter Klausurfall: Das abgestempelte Nummernschild wird an ein anderes Fahrzeug geschraubt.[1043]

Die ganz h.M. ordnet das Auswechseln von Bestandteilen einer zusammengesetzten Urkunde der Tatmodalität des **Verfälschens einer echten Urkunde** zu.[1044] Zwar entsteht dadurch eine Gedankenerklärung, die vorher nicht vorhanden war, was für ein „Herstellen" i.S.d. 1. Mod. sprechen könnte. Bei jeder Verfälschungshandlung entsteht aber eine Urkunde, die vorher so nicht existiert hat. Insoweit ist § 267 Abs. 1 Mod. 2 lediglich ein Spezialfall der ersten Modalität und immer dann anzuwenden, wenn gewissermaßen unter Beibehaltung der Ausstellerangabe der ursprünglich vorhandenen echten Urkunde nur die Beweisrichtung verändert wird.

4. Gesamturkunden

Das Wesen der Gesamturkunde liegt in der körperlichen Zusammenfassung von Einzelurkunden, durch die eine neue, **über den Inhalt der Einzelteile hinausgehende Vollständigkeits- und Abgeschlossenheitserklärung entsteht.** Dieser über das Einzelne hinausgehende Erklärungsgehalt erlangt bei genügender Festigkeit der Verbindung urkundsstrafrechtlichen Schutz. Folgende Voraussetzungen müssen für eine Gesamturkunde erfüllt sein: 589

a) Es muss eine **Zusammenfassung mehrerer Schriftstücke zu einem einheitlichen Ganzen vorliegen, wobei die Verbindung eine gewisse Festigkeit aufweisen muss, z.B. als Buch oder Akte; nicht ausreichend ist nur loses Hineinlegen mehrerer Schriftstücke in einen Umschlag.**[1045] Umstritten ist, ob die Einzelteile Urkunden sein

1040 NK-Puppe § 267 Rn. 38.

1041 Baier JuS 2004, 56, 59; Sch/Sch/Heine/Schuster § 267 Rn. 36 a; im Erg. auch OLG Köln NJW 1999, 1042.

1042 BGH, Beschl. v. 21.09.1999, NJW 2000, 229.

1043 Vgl. BGHSt 16, 94; ablehnend insoweit SK-Hoyer § 267 Rn. 72 ff.

1044 BGHSt 9, 235; LK-Zieschang § 267 Rn. 198.

1045 RGSt 60, 19.

müssen[1046] oder ob schriftliche Gedankenerklärungen ohne Ausstellererkennbarkeit genügen.[1047]

Die Einrichtung, Herstellung und Führung der Gesamturkunde muss entweder auf Gesetz, Gebrauch oder Vereinbarung der Beteiligten beruhen und jedem Beteiligten ein Beweisführungsrecht daran verschaffen.[1048]

Wichtigste Voraussetzung ist, dass die Verbindung der Einzelerklärungen nicht nur über die einzelnen Geschäfte oder Vorgänge, sondern **über einen ganzen Kreis von Geschäftsbeziehungen oder Rechtsverhältnissen vollständige und erschöpfende Auskunft geben soll.**[1049]

Beispiele: Kaufmännische Handelsbücher, Sparbücher, Klassenbücher und Bierdeckel als Abrechnungsgrundlage für einen Gaststättenbesuch,[1050] ferner Personalakten eines Richters.[1051]

590 **b)** Damit wird derjenige, der nur eine Einzelurkunde vernichtet **(§ 274)** oder eine einzelne Erklärung hinzufügt, Täter einer Verfälschung der Gesamturkunde, **§ 267 Abs. 1 Mod. 2.**[1052]

II. Herstellen einer unechten Urkunde, § 267 Abs. 1 Mod. 1

1. Tatprodukt unechte Urkunde

Aufbauschema: „unechte" Urkunde gemäß § 267 Abs. 1

a) **Wer erscheint** in der Urkunde als „geistiger Aussteller", d.h. als **Erklärungsgarant**?

b) **Steht der urkundliche Erklärungsgarant gar nicht hinter der Erklärung?**

Ist der aus der Urkunde **ersichtliche Aussteller** eine andere Person als die, **die die Urkunde körperlich** hergestellt hat?

aa) Sind der aus der Urkunde ersichtliche Aussteller und der körperliche Hersteller dieselbe Person, so ist die **Echtheit der Urkunde in der Regel gegeben.**

Die Urkunde kann dann nur noch unecht werden, wenn der scheinbare Aussteller als Werkzeug einer **Urkundenfälschung in mittelbarer Täterschaft** fungierte.

bb) Sind der aus der Urkunde ersichtliche Aussteller und der körperliche Hersteller **nicht dieselbe Person**, gilt:

Die **Unechtheit** der Urkunde ist in diesem Fall erst **indiziert.**

Zusätzlich ist immer zu prüfen, ob ein **zulässiges Handeln unter fremdem Namen** vorlag. Ist dies zu bejahen, so ist die Urkunde trotz Personenverschiedenheit von urkundlichem Aussteller und körperlichem Hersteller echt; lag dagegen kein zulässiges Handeln unter fremdem Namen vor, ist die Urkunde unecht.

1046 So die h.Lit., Sch/Sch/Heine/Schuster § 267 Rn. 31; LK-Zieschang § 267 Rn. 96.

1047 So BGHSt 12, 108 für Wahlzettel in einer Wahlurne i.V.m. der Wählerliste; vgl. auch OLG Koblenz NStZ 1992, 134.

1048 Vgl. RGSt 16, 17, 20.

1049 RGSt 60, 17, 20.

1050 Krey/Hellmann/Heinrich Rn. 978 f.

1051 OLG Düsseldorf NStZ 1981, 25.

1052 RGSt 60, 17; OLG Düsseldorf NStZ 1981, 25; Sch/Sch/Heine/Schuster § 267 Rn. 30 ff.; ablehnend SK-Hoyer § 267 Rn. 80.

Bei der Fälschungsmodalität muss das Ergebnis der Tathandlung eine Urkunde sein (s.o. Rn. 574 ff.), die unecht ist.

Unecht ist eine Urkunde, wenn sie nicht von demjenigen herrührt, der aus ihr als Aussteller hervorgeht, wenn also über die Identität des Ausstellers getäuscht wird. Über die Person des wirklichen Ausstellers wird ein Irrtum erregt; im rechtsgeschäftlichen Verkehr wird auf einen Aussteller hingewiesen, der in Wahrheit nicht hinter der in der Urkunde verkörperten Erklärung steht.[1053] **591**

Aussteller ist nach der dem § 267 heute allgemein zugrunde gelegten Geistigkeitstheorie derjenige, der geistig hinter der Erklärung steht, weil er sie tatsächlich als seine Erklärung gelten lässt und weil sie ihm auch rechtlich als eigene zurechenbar ist. Wer die Urkunde dagegen körperlich hergestellt hat, ist für die Echtheit nicht entscheidend.[1054]

Diese Definition erhellt einerseits den Schutzbereich des § 267 und grenzt andere, oft von der Bevölkerung als Urkundenfälschung bezeichnete Fälle aus § 267 aus: **Das Merkmal „unecht" erfasst nur die Urkunden, durch die dem aus der Urkunde ersichtlichen Aussteller eine ihm tatsächlich nicht zuzurechnende Erklärung untergeschoben wird.**[1055]

§ 267 schützt dagegen nicht

- vor „geistigem Diebstahl" dadurch, dass sich jemand in einer Urkunde eine fremde Gedankenerklärung zu eigen macht,

  Beispiel: A lässt sich nach Herausreichen des Falltextes von einem Freund die Lösung seiner Examensklausur anfertigen, vervollständigt diese mit seiner Platznummer und gibt die so entstandene Urkunde als eigene Lösung ab. – Keine Urkundenfälschung![1056]

- vor schriftlichen Lügen,

  Beispiel: (Neben dem Vorgenannten, das ebenfalls ein Fall schriftlicher Lüge ist) Dr. D schreibt seinen Patienten Rechnungen für angebliche Eigenlaborarbeiten, obwohl die Leistungen tatsächlich von einem Fremdlabor erbracht worden sind. – Keine Urkundenfälschung, weil Dr. D tatsächlich hinter der Erklärung als Aussteller steht. Ggf. Abrechnungsbetrug![1057]

- die graphologische Echtheit der Unterschrift.

  Beispiel: Weil er sich in Kur befindet, bittet A seinen Freund, die notwendigen Überweisungen von seinem Konto zu veranlassen und die Überweisungsträger mit seinem Namen (A) zu unterschreiben. Kommt der Freund diesem Wunsch nach, so begeht er keine Urkundenfälschung.[1058]

a) Wer erscheint in der Urkunde als „geistiger Aussteller", d.h. als Erklärungsgarant? **592**

Während es bei der Feststellung der Urkundsmerkmale nur darum ging, ob irgendein Aussteller ersichtlich ist, gilt es nun, diesen anhand des Urkundsinhalts zu **identifizie-**

1053 BGHSt 33, 159, 160.

1054 Statt aller LK-Zieschang § 267 Rn. 29.

1055 Schroeder JuS 1981, 417, 418.

1056 BayObLG JZ 1981, 201.

1057 BGH, Beschl. v. 26.02.2003 – 2 StR 411/02, NStZ 2003, 543.

1058 BayObLG StV 1999, 320.

ren. Hier fällt die Vorentscheidung für die Feststellung der Unechtheit einer Urkunde. Auf welche Person eine Urkunde als Aussteller verweist, ergibt sich aus ihrem Verwendungszweck, ihrer Beweisrichtung und den beteiligten Verkehrskreisen.[1059]

Sollen die Wirkungen der urkundlichen Erklärung nach ihrem Inhalt den Unterzeichner selbst treffen, gilt Folgendes:

593 Entscheidendes Identitätsmerkmal einer Person ist im Rechtsverkehr ihr **Name**. In der Regel wird also die Person als Aussteller erscheinen, deren Name als Unterschrift auf der Urkunde steht.

594 Trotz Verwendung des eigenen Namens kann sich aber aus den Umständen ergeben, dass die Urkunde auf eine andere Person mit identischem Namen verweist. Der Täter erzeugt dann eine **Fremdwirkung des eigenen Namens**.

Beispiel: Günther G, Verwaltungsangestellter und zufällig Träger desselben Namens wie ein berühmter Schriftsteller, bittet den Verlag V schriftlich um Zusendung weiterer Freiexemplare „seiner" bisher erschienenen Werke. Hier verweist die Urkunde von vornherein auf Günther G, den Autor, und nicht auf Günther G, den Angestellten. – Vollendete Urkundenfälschung und Betrugsversuch.

595 Im Massengeschäftsverkehr mit Datenverarbeitung kommt es für die Unterscheidung einzelner Personen nicht nur auf den **Ruf- und Familiennamen** an, sondern auch auf **Anschrift und Geburtsdatum**. Variiert der Täter deshalb diese Daten gegenüber einem Unternehmen, dessen Kunde er bereits ist, so wird nunmehr auf eine scheinbar andere, mit dem bisherigen Kunden nicht identische Person hingewiesen.

Mit diesen Erwägungen hat der BGH Urkundenfälschung in einem Fall bejaht, in dem der Angeklagte, der von einer Versandfirma nicht mehr beliefert wurde, **Bestellungen** dadurch **erschlich**, dass er u.a. seinen sonst nicht gebrauchten Vornamen oder ein falsches Geburtsdatum oder falsche Adressen angab.[1060]

***Klausurhinweis**: Wichtiger Fall in Examensarbeiten und Prüfungsvorträgen!*

596 Soll die urkundliche Erklärung nach ihrem Inhalt einen anderen als den Unterzeichner binden, so ist zu unterscheiden:

- Bei Handeln **in fremdem Namen für eine andere natürliche Person** verweist die Urkunde auf den unterzeichnenden Vertreter und nicht auf den Vertretenen.[1061]

  Ist in einem solchen Fall gar keine Vertretungsmacht gegeben, so liegt lediglich eine schriftliche Lüge über die Vertretungsbefugnis vor, aber keine unechte Urkunde!

- Bei **Handeln für eine Firma oder Behörde** tritt nach der Verkehrsanschauung die Person des Unterschreibenden in den Hintergrund. Als Aussteller erscheint dann die Behörde oder Firma.[1062]

  Also ist auch Urkundenfälschung durch denjenigen möglich, der mit seinem eigenen Namen unterschreibt, aber unzulässigerweise den Stempel eines Handelsunternehmens aufdrückt und auf diese Weise dem Unternehmen eine nicht von diesem stammende Erklärung unterschiebt.

1059 BGHSt 40, 203, 206.
1060 BGHSt 40, 203 ; gegen § 267 in diesen Fällen Puppe JZ 1997, 490, 492.
1061 BGH NJW 1993, 491 m.w.N.
1062 BGHSt 5, 149; 17, 11; BGH NJW 1993, 491.

b) Steht der urkundliche Erklärungsgarant gar nicht hinter der Erklärung?

aa) Dafür ist zunächst zu fragen, **ob der scheinbare Erklärungsgarant auch derjenige war, der die Urkunde körperlich hergestellt hat**. 597

(1) Sind der urkundlich ersichtliche Erklärungsgarant und die Person, die die Urkundsmerkmale geschaffen hat, **dieselbe Person**, so ist die **Echtheit der Urkunde** in der Regel gegeben.

Beispiele hierfür sind alle Fälle der sogenannten **Namenstäuschung**:[1063]

Um seine Vergangenheit zu verbergen, lebt A ständig unter falschem Namen. Damit zeichnet er Rechnungen und Schecks für sein ebenfalls unter falschem Namen geführtes Konto. – Keine Urkundenfälschung.

Auch die Benutzung von Künstlernamen oder Pseudonymen ist keine Urkundenfälschung, wenn damit die beteiligten Verkehrskreise über die Person des Ausstellers nicht getäuscht werden, wie etwa wenn X die Bierrechnung im Verbindungshaus mit seinem dort unverwechselbaren „Biernamen" unterschreibt.

Noch weitergehend OLG Celle, das auch die Unterschrift eines Postschecks mit dem Familiennamen des Lebensgefährten als bloße Namenstäuschung ansieht.[1064]

(2) Sind urkundlich **benannter Erklärungsgarant und körperlicher Hersteller dieselbe Person**, so kann, da für die Identitätstäuschung die Geistigkeitstheorie letztentscheidend ist, allerdings noch eine **Urkundenfälschung in mittelbarer Täterschaft** vorliegen (dazu nachfolgend Fall 21 Rn. 600).

bb) Weist die Urkunde auf **eine andere Person hin als diejenige des körperlichen Herstellers**, so ist grundsätzlich die **Unechtheit indiziert**. 598

(1) Hier liegen die in der Rechtswirklichkeit häufigsten Fälle des **eigenmächtigen Zeichnens mit fremdem Namen**, beispielsweise wenn der Dieb einer Kreditkarte Kartenbelege mit dem auf der Karte ersichtlichen Namenszug des Karteninhabers versieht.

(2) Da es für die Unechtheit letztendlich aber auf die Geistigkeitstheorie ankommt, kann die Urkunde trotz Auseinanderfallens von beurkundetem Erklärungsgaranten und körperlichem Hersteller **echt** sein, und zwar bei **zulässigem Handeln unter fremdem Namen**. Dafür müssen folgende Voraussetzungen zusammentreffen:[1065]

- Die rechtliche Befugnis des Urkundenherstellers zur Vertretung des Namensträgers kann sich aus rechtsgeschäftlicher Vollmacht oder aus gesetzlicher Vertretungsmacht herleiten.[1066]

  An der rechtlichen Zulässigkeit der Vertretung fehlt es immer, wenn Gesetz oder Rechtsverkehr die **höchstpersönliche Errichtung der Urkunde** voraussetzen.

  Beispiele: Urkundenfälschung begeht also, wer für einen anderen eine **Prüfungsarbeit** schreibt und sie selbst zur Urkunde macht,[1067] wer für einen anderen eine **eidesstattliche Versicherung**

1063 Sch/Sch/Heine/Schuster § 267 Rn. 50.

1064 OLG Celle NStZ 1987, 27.

1065 RGSt 75, 46, 47; Sch/Sch/Heine/Schuster § 267 Rn. 58.

1066 BGH b. Holtz MDR 1992, 933.

1067 Vgl. RGSt 68, 240.

abgibt[1068] oder für einen anderen einen **Lebenslauf** [1069] oder ein **Testament** (§ 2247 Abs. 1 BGB) schreibt und unterschreibt.

- Der **Wille** des körperlichen Herstellers der Urkunde zur Vertretung des Namensträgers.

  Beispiel: Hieran soll es nach BayObLG fehlen, wenn ein Dritter die ihm vom Inhaber überlassenen Schecks mit der Unterschrift des Scheckberechtigten versieht und sie dann einlöst, um die Tat später durch den Scheckinhaber als Missbrauch gestohlener Schecks darstellen zu lassen.[1070]

- Im **Tatzeitpunkt muss der Namensträger tatsächlich den Willen haben**, bei der Ausstellung der Urkunde mit Wirkung gegen sich vertreten zu werden.

  Beispiel: In Rechnungen, die zur Begründung eines Vorsteuerabzugs dienen sollen, darf der Leistungsempfänger fehlende Angaben nicht eigenmächtig ergänzen. Geschieht dies dennoch, ohne dass der Rechnungsaussteller vorher gefragt worden ist, so ist Urkundenfälschung gegeben und entfällt auch nicht durch vermutetes Einverständnis in die fremde Namensführung.[1071]

Fall 20: Prüfungsfolge beim Merkmal „unecht"; Blankettfälschung

Frau M übergibt ihrer 18-jährigen Tochter T den Bestellschein eines Buchclubs und erklärt, T solle für sie ein paar Fremdenführer über die Türkei und Marokko aus dem Katalog auswählen, in den Bestellschein eintragen und diesen möglichst umgehend zur Post bringen. Sie habe schon unterschrieben, nun aber selbst keine Zeit mehr, noch lange herumzusuchen. T füllt den Bestellschein aus, ordert aber keine Reiselektüre, sondern Kochbücher. Als zwei Wochen später die mehrbändige Reihe „Kulinarische Genüsse des Mittelmeeres" samt Rechnung angeliefert wird, gibt es einen handfesten Familienkrach. M zahlt jedoch die Rechnung und benutzt die Bücher später mit. Strafbarkeit der T?

I. Durch Vervollständigen des Bestellscheins könnte T eine **unechte Urkunde hergestellt haben, § 267 Abs. 1 Mod. 1**.

1. Nach Ausfüllen ergab sich aus dem Schriftstück, welche Bücher der Kunde erwerben wollte. Erst von diesem Zeitpunkt an lag eine verkörperte Gedankenerklärung vor, die als Kaufvertragsangebot beweisbestimmt und -geeignet war sowie wegen der Absenderangabe und Unterschrift des Bestellers einen Aussteller aufwies. Die Vervollständigung machte damit aus dem bis dahin vorliegenden *Blankett* eine Urkunde.

599 2. Diese müsste unecht gewesen sein. Die Unechtheit ist zu bejahen, wenn der aus der Urkunde ersichtliche Aussteller tatsächlich nicht hinter der verkörperten Erklärung stand. Als Ausstellerin des Bestellscheins erschien nach der Bestelleradresse und der Unterschrift Frau M. Diese hat jedoch das Schriftstück nicht selbst zur Urkunde gemacht. Vielmehr hat erst die T die Urkundsmerkmale erfüllt, indem sie das Blankett mit einer Gedankenerklärung versah. Dieses Auseinanderfallen von urkundlichem Erklärungsgaranten und körperlichem Hersteller ist nach der

1068 RGSt 69, 117.

1069 OLG Oldenburg JR 1952, 410.

1070 BayObLG NJW 1998, 1401; a.A. Puppe JuS 1989, 361.

1071 BayObLG NStZ 1988, 313.

Geistigkeitstheorie jedoch unschädlich, wenn T berechtigt war, die konkrete Erklärung für M abzugeben. Das ist zu verneinen. Da T andere Bücher ausgewählt hat als ihr aufgetragen war, hat sie sich nicht an die ihr erteilte Ausfüllungsermächtigung gehalten. T hat auf diese Weise der M eine Erklärung untergeschoben, hinter der diese als Erklärungsgarantin nicht stand. Das ist der typische Fall der Identitätstäuschung. Hierfür macht es keinen Unterschied, wie der Täter technisch vorgeht, also ob er eine vorformulierte Willenserklärung nachträglich mit einer gefälschten Unterschrift oder ob er eine im Voraus erteilte Blankounterschrift nachträglich mit einem anderen Inhalt versieht.[1072] **Jede Blankettfälschung ist damit Herstellung einer unechten Urkunde** i.S.v. § 267.[1073] Daran ändert sich auch nichts durch nachträgliche Genehmigung, hier seitens M durch Zahlung der Rechnung. Für das Strafrecht kommt es nur auf das tatsächliche Vorliegen der Tatbestandsmerkmale im Handlungszeitpunkt selbst an (Simultaneitätsprinzip). Für Rückwirkungsfiktionen, wie sie das Zivilrecht kennt, ist kein Raum.[1074]

3. T hat die Urkunde hergestellt, sie handelte vorsätzlich, zur Täuschung im Rechtsverkehr, rechtswidrig und schuldhaft.

II. Mit dem Aufgeben der Bestellung hat T die Falschurkunde auch zur Täuschung im Rechtsverkehr gebraucht. Dieser absichtsgemäße Gebrauch verschmilzt mit der vorherigen Fälschung zu einer einheitlichen Tat (s. dazu ausführlich unten Rn. 614 ff.).

III. **Untreue** gemäß **§ 266 Abs. 1** ist zu verneinen, und zwar die **Alt. 1** deswegen, weil T durch das abredewidrige Ausfüllen gar nicht die Ausfüllungsermächtigung gebraucht und infolgedessen auch nicht missbraucht haben kann. Für die **Alt. 2** fehlt es mangels eigenen Entscheidungsspielraums an der erforderlichen Vermögensbetreuungspflicht.

IV. **Betrug** gemäß **§ 263** gegenüber und zum Nachteil des Buchclubs scheidet aus. Zwar hat T darüber getäuscht, dass Frau M die Bestellung aufgegeben habe. Auch ein entsprechender Irrtum des zuständigen Angestellten beim Buchclub wurde erregt. Durch Zusenden der Bücher samt Rechnung ist auch eine vermögensmindernde Verfügung vollzogen worden. Diese führte jedoch zu keinem Schaden, weil dem Buchclub unmittelbar mit der Ausführung der Bestellung ein Kaufpreisanspruch erwachsen ist, und zwar – trotz abredewidriger Ausfüllung des Blanketts – aus veranlasstem Rechtsschein analog § 172 Abs. 2 BGB.[1075]

V. Auch ein **Betrug** gegenüber dem Buchclub zum Nachteil der M ist nicht gegeben. Zwar ließe sich die täuschungsbedingte Vermögensverfügung des Buchclubs darin sehen, dass dieser die Kaufpreisverpflichtung der M zur Entstehung brachte. Insoweit fehlt es jedoch am Vermögensschaden, weil die erlangten Kochbücher objektiv ihr Geld wert waren und von M in zumutbarer Weise verwendet werden konnten.[1076]

Ergebnis: T ist strafbar wegen Urkundenfälschung.

1072 LK-Zieschang § 267 Rn. 185 ff.

1073 Vgl. BGHSt 5, 295.

1074 Vgl. Sch/Sch/Heine/Schuster § 267 Rn. 60 a.

1075 Vgl. BGHZ 40, 65.

1076 Vgl. OLG Köln GA 1977, 188, 189.

Fall 21: Abgrenzung von Urkundenfälschung in mittelbarer Täterschaft zur straflosen Veranlassung einer schriftlichen Lüge
(Abwandlung des vorherigen Falles)

T hat in dem Bestellschein bereits die Titel der begehrten Kochbücher eingetragen. Während sie mit dem Daumen diese Eintragungen verdeckt, hält sie der M den Bestellschein hin und erklärt, sie habe bereits die Reiseführer für Marokko und die Türkei eingesetzt, M brauche nur noch zu unterschreiben. Erwartungsgemäß unterzeichnet die M das Schriftstück unbesehen, das T sofort absendet.
Strafbarkeit der T?

Infrage kommt **Urkundenfälschung in mittelbarer Täterschaft gemäß §§ 267 Abs. 1 Mod. 1, 25 Abs. 1 Alt. 2.**

I. Mit Unterzeichnen des Bestellscheins wies die Gedankenerklärung einen Aussteller auf. Aus dem bis dahin vorliegenden Entwurf ist eine Urkunde geworden.

600 II. Fraglich ist, ob diese unecht war, mithin über die Ausstellereigenschaft getäuscht worden ist. Als Erklärungsgarant erschien wiederum aufgrund der Adressenangabe und der Unterschrift die M. Im Unterschied zum Ausgangsfall hat M selbst durch ihre Unterschrift die Urkunde zur Entstehung gebracht. Sind urkundlicher Erklärungsgarant und körperlicher Hersteller der Urkunde dieselbe Person, so ist die Echtheit indiziert, es sei denn, dass die verkörperte Erklärung dem Erklärungsgaranten **nicht zugerechnet werden kann**. Entscheidendes Kriterium für die Zurechnung einer eigenen Erklärung ist der Erklärungswille (und zwar im Strafrecht der aktuelle Erklärungswille und nicht wie im Zivilrecht aus den dort vorrangigen Haftungs- und Rechtsscheinsgründen der potenzielle Erklärungswille).[1077]

Am Erklärungswillen fehlt es, wenn der Urheber die betreffende Gedankenerklärung **noch gar nicht an Dritte gelangen lassen wollte**, sodass derjenige, der das Schriftstück als angeblich vom Aussteller bereits begebene Urkunde in den Verkehr bringt, Urkundenfälschung begehen kann.[1078]

Wenn **vis absoluta** angewendet wird, fehlt der Erklärungswille; mangels eigener Handlung des Vordermannes wird aber unmittelbare Täterschaft des Veranlassers anzunehmen sein.

In den übrigen Fällen der **Drohung** und des Zwangs ist der Erklärungswille als vorhanden anzusehen, wie sich aus § 123 BGB ergibt, der von einer existenten, nur anfechtbaren Willenserklärung ausgeht.[1079]

Bei einer **durch Täuschung erschlichenen Unterschrift** ist zu unterscheiden:

- Wird dem Unterschreibenden verschleiert, **dass er überhaupt eine beweiserhebliche Erklärung abgibt** (z.B. durch Vorlage einer Grußpostkarte mit untergelegtem Kohlepapier, das die Unterschrift auf einen Kaufvertrag durchschreibt), fehlt der Erklärungswille, und die Urkunde ist unecht.[1080]

1077 BGHZ 91, 324.
1078 RGSt 48, 125; LK-Zieschang § 267 Rn. 134.
1079 Sch/Sch/Heine/Schuster § 267 Rn. 55; a.A. Lackner/Kühl § 267 Rn. 19.
1080 Sch/Sch/Heine/Schuster § 267 Rn. 98.

- Ist sich jedoch der Erklärende darüber bewusst, dass er irgendetwas Rechtserhebliches unterzeichnet, verschleiert ihm die **Täuschung nur den Inhalt der konkreten Erklärung**, so ist der Erklärungswille gegeben. Die Urkunde ist echt.[1081]

Zu der letztgenannten Fallgruppe gehört auch der vorliegende Sachverhalt. M war sich bewusst, eine Bücherbestellung zu unterzeichnen. Durch ihre Täuschung hat T lediglich eine schriftliche Lüge veranlasst.

Ergebnis: T ist straflos.

---

2. Herstellen

Für das „Herstellen" genügt jede zurechenbare – nicht notwendig eigenhändige – Verursachung der Existenz der unechten Urkunde.[1082] Ist auch der subjektive Tatbestand erfüllt, so ist das Delikt schon mit der Herstellung vollendet. Zu einem (bei der Fälschung geplanten) Gebrauch braucht es nicht mehr gekommen zu sein. **601**

Beispiel aus einer Examensklausur: Die F fälscht anhand der Unterschrift auf einem Brief einen Scheck des S, den sie später einlösen will. Als sie ihr Machwerk betrachtet, hält sie die Unterschrift doch nicht für gelungen und zerreißt das Papier. – Vollendete Urkundenfälschung nach § 267 Abs. 1 Mod. 1. Eine tätige Reue ist bei § 267 nicht vorgesehen.

III. Verfälschen einer echten Urkunde, § 267 Abs. 1 Mod. 2

1. Tatobjekt

Angriffsobjekt der Verfälschung muss eine vor der Tat vorhandene **echte Urkunde** sein (s.o. Rn. 574 ff.). **602**

2. Verfälschen

a) Die Tathandlung des **Verfälschens erfasst jede nachträgliche Veränderung des gedanklichen Inhalts einer echten Urkunde, durch die der Anschein erweckt wird, als habe der Aussteller die Erklärung mit dem Inhalt abgegeben, den die Urkunde erst durch die Verfälschung erlangt hat.**[1083] Vor und nach der Manipulation muss eine Urkunde vorliegen; nur die **Beweisrichtung** muss sich geändert haben. Es spielt keine Rolle, ob die Gedankenerklärung inhaltlich wahr ist oder nicht.[1084] **603**

Auch der Austausch von Bezugsobjekten bei einer **zusammengesetzten Urkunde** (s. Rn. 587 f.) oder die Beseitigung/Hinzufügung einer Einzelerklärung bei einer **Gesamturkunde** (s. Rn. 589 f.) erfüllen das Verfälschen.

1081 Sch/Sch/Heine/Schuster § 267 Rn. 55.

1082 SK-Hoyer § 267 Rn. 64.

1083 BGH, Beschl. v. 21.09.1999 – 4 StR 71/99, NJW 2000, 229, 230.

1084 Fischer § 267 Rn. 29.

604 **b)** Umstritten ist, ob **Inhaltsänderungen durch den Aussteller selbst** den Verfälschungstatbestand erfüllen.

Beispiel: Nach Abgabe einer Klausur zieht sich A die Bearbeitung noch einmal aus dem Stapel, um die Lösung zu verbessern.

Ein Teil des Schrifttums hält die Verfälschungsmodalität nur für einen begrifflichen Spezialfall des Herstellens einer unechten Urkunde. Folglich müsse auch das Ergebnis einer Urkundenverfälschung stets eine unechte Urkunde sein. Manipuliere der Aussteller die Urkunde selbst, fehle es aber an der für die Unechtheit typischen Identitätstäuschung, denn der Erklärungsgarant wolle gerade an den neuen Erklärungsinhalt gebunden sein.[1085]

Die ganz h.M. sieht dagegen die nachträgliche Veränderung durch den Aussteller als Urkundenverfälschung an, **wenn er die Abänderungsbefugnis verloren hat**. Das sei der Fall, wenn der Aussteller die Urkunde abgegeben habe, sie also **in den Rechtsverkehr gelangt** sei, oder wenn ein Dritter **einen Anspruch auf unversehrten Bestand** der Urkunde erworben habe.[1086]

Der h.M. ist zu folgen. Mit dem Verlust der Änderungsbefugnis steht der Aussteller der Urkunde gegenüber wie ein beliebiger Dritter; durch seine nachträgliche Manipulation erweckt er – typisch für die Verfälschung – den Anschein, als weise die Urkunde noch die ursprüngliche Gestalt auf.

IV. Gebrauchmachen, § 267 Abs. 1 Mod. 3

1. Tatmittel

605 Tatmittel ist eine unechte Urkunde oder eine verfälschte Urkunde. Bedeutungslos ist, ob das Falsifikat durch eine strafbare Tat nach § 267 Abs. 1 Mod. 1 oder Mod. 2 entstanden ist.

2. Gebrauchmachen

606 **Gebraucht** wird die Urkunde, **wenn sie demjenigen, der durch sie getäuscht werden soll, so zugänglich gemacht wird, dass dieser sie wahrnehmen kann.**[1087]

607 Das Gebrauchmachen muss gegenüber der Person erfolgen, die durch die Täuschung zu einem rechtserheblichen Verhalten bestimmt werden soll. Wird eine Mittelsperson (Bote etc.) eingeschaltet, die diesem die Urkunde zugänglich machen soll, gilt Folgendes: Bei **Bösgläubigkeit der Mittelsperson** liegt vollendetes Gebrauchmachen erst dann vor, wenn die Urkunde dem zu Täuschenden zugänglich gemacht wurde. Bei **Gutgläubigkeit der Mittelsperson** liegt dann bereits in der Übergabe an sie ein vollendetes Gebrauchmachen, wenn diese Mittelsperson getäuscht werden soll (z.B. Anwalt,

1085 NK-Puppe § 267 Rn. 89 ff.; SK-Hoyer § 267 Rn. 83; Sch/Sch/Heine/Schuster § 267 Rn. 68.

1086 BGHSt 13, 387; BGH MDR 1954, 310; OLG Stuttgart NJW 1978, 715; OLG Koblenz NJW 1995, 1624; AG Pfaffenhofen NStZ-RR 2004, 170 m. Anm. Kudlich JuS 2004, 1119 zu einem Fall mittelbarer Täterschaft mit einer strafunmündigen Schülerin als Tatmittlerin, der erlaubt wird, ihre Klassenarbeit nachträglich abzuändern; Lackner/Kühl § 267 Rn. 21.

1087 BGH NStZ 1989, 178.

dem ein gefälschter Wechsel zum Einreichen im Prozess übergeben wird),[1088] sonst jedenfalls Versuch.

Vollendet ist das Gebrauchmachen erst, wenn die Urkunde so in den Machtbereich des zu Täuschenden gelangt, dass er Einsicht nehmen kann.[1089] Ob es dann tatsächlich zur Kenntnisnahme gekommen ist, spielt keine Rolle.

Daher **beispielsweise** vollendetes Gebrauchmachen durch Umherfahren eines Kfz mit gefälschtem Kennzeichen auf öffentlichen Straßen.[1090]

Der **Versuch** des Gebrauchmachens liegt erst vor, wenn der Täter beginnt, dem Täu- **608**
schungsopfer das Falsifikat zugänglich zu machen, z.B. wenn er in die Tasche greift, um einen gefälschten Führerschein vorzulegen. Das bloße Beisichführen für den Fall einer eventuellen Kontrolle ist straflose Vorbereitungshandlung.[1091]

V. Vorsatz und Täuschungswille im Rechtsverkehr

1. Zusätzlich zur Kenntnis der den objektiven Tatbestand ausfüllenden Tatsachen muss **609**
der Täter in laienhafter Parallelwertung gewusst haben, dass sich seine Handlungen auf ein für den Rechtsverkehr beweiswichtiges Schriftstück beziehen und dass durch seine Handlung der Beweisverkehr im Sinne einer der Varianten des § 267 gefährdet wird.

2. Darüber hinaus ist im subjektiven Tatbestand erforderlich, dass der Täter zur Täu- **610**
schung im Rechtsverkehr handelt. (Gleichgestellt ist nach § 270 die fälschliche Beeinflussung einer Datenverarbeitung.)

a) Zur Zeit der Tathandlung muss der Täter den Willen haben,

- **einen anderen über die Echtheit der Urkunde zu täuschen, um**
- **dadurch irgendein rechtlich erhebliches Verhalten zu erreichen.**[1092]

Dabei ist nicht erforderlich, dass derjenige getäuscht werden soll, der an dem Rechtsverhältnis beteiligt ist, zu dessen Beweis die Urkunde ursprünglich hergestellt wurde.[1093] Entscheidend ist nur, dass es täuschungsbedingt zu einer rechtserheblichen und nicht nur außerrechtlich-zwischenmenschlichen Reaktion kommen sollte.

Krasses Beispiel nach einem Originalfall: Ein 14-Jähriger verändert in der Zeitkarte einer Verkehrsgesellschaft sein Geburtsdatum, um damit als vermeintlich 16-Jähriger Zutritt zu einer Diskothek zu erlangen. – Vollendete Urkunden(-ver-)fälschung mit Täuschungswillen im Rechtsverkehr, weil es darum ging, die Altersgrenzen des Jugendschutzgesetzes zu umgehen, auch wenn dies in keinem inneren Zusammenhang zu der Zeitkarte als Beförderungsausweis stand![1094]

b) Für den Täuschungswillen im Rechtsverkehr genügt **dolus directus II**, d.h. dass der Täter die Täuschung über die Echtheit und die rechtserhebliche Reaktion als sichere Folge dessen voraussehen muss, ohne dass es ihm darauf anzukommen braucht. Der Be-

1088 Sch/Sch/Heine/Schuster § 267 Rn. 78.
1089 BGH NStZ 1989, 178, 179.
1090 BGHSt 18, 70.
1091 Fischer § 267 Rn. 36.
1092 Lackner/Kühl § 267 Rn. 25.
1093 LK-Zieschang § 267 Rn. 255.
1094 BayObLG, Beschl. v. 27.03.2002 – 5 StRR 71/02; NStZ-RR 2002, 305.

griff der „Absicht" tauche im Gesetzeswortlaut nicht auf; deshalb sei eine Einschränkung des Anwendungsbereichs der Urkundenfälschung nicht geboten. Auch wer primär rein zwischenmenschliche Ziele verfolgt, handelt also nach dieser Ansicht mit Täuschungswillen im Rechtsverkehr, wenn er weiß, dass als notwendige Folge seines Verhaltens die Beweissicherheit des Rechtsverkehrs tangiert wird.[1095]

Lediglich eine Minderansicht lässt es genügen, dass der Täter hinsichtlich der Folgen seiner Täuschung für den Beweisverkehr mit dolus eventualis gehandelt hat.[1096] Dieser Meinung kann aber nicht gefolgt werden. Anderenfalls würde das Merkmal „zur" (Täuschung im Rechtsverkehr), das mindestens eine überschießende Innentendenz des Täters umschreibt, unter Verstoß gegen das Analogieverbot überdehnt.

VI. Regelbeispiele und Qualifikation

611 **1.** § 267 Abs. 3 S. 2 enthält vier **Regelbeispiele** als Strafzumessungserschwerungen:

Nr. 1 betrifft die gewerbsmäßige oder bandenmäßige Begehung.

Nr. 2 verlangt wie § 263 Abs. 3 S. 2 Nr. 2 Hs. 1 einen tatsächlichen Schaden von mindestens 50. 000 €.[1097]

Nr. 3 bestraft die erhebliche Gefährdung des Rechtsverkehrs durch eine große Anzahl von Falschurkunden, was ab 20 Einzelstücken angenommen wird.[1098]

Nr. 4 betrifft den Missbrauch von Amtsbefugnissen oder einer Amtsstellung.

612 **2. § 267 Abs. 4** qualifiziert die Tat als **Verbrechen**, wenn banden- und gewerbsmäßige Begehung zusammen vorliegen.

VII. Tatbestandliche Bewertungseinheiten und Konkurrenzen

613 **1.** Stellt der Täter bei derselben Gelegenheit **mehrere Fälschungen** her oder gebraucht er mehrere durch dieselbe Handlung, so liegt dennoch nur eine einzige Tat nach § 267 Abs. 1 Mod. 1 oder Mod. 3 vor.[1099]

614 **2.** Zum **Verhältnis der Herstellungs- und Gebrauchsmodalität** gelten folgende Regeln (ebenso bei §§ 268, 269, 271, 273):

615 **a)** Hat der Täter bereits im Zeitpunkt des Fälschens oder Verfälschens ganz bestimmte Vorstellungen über **einen späteren Gebrauchsakt mit der falschen Urkunde** und **entspricht der spätere Gebrauch der beim Herstellen bzw. Verfälschen vorhandenen Absicht**, so liegt nach allgemeiner Ansicht **nur eine Urkundenfälschung** vor. Die Rspr. begründet dies aus dem Gesichtspunkt **tatbestandlicher Handlungs- oder Bewertungseinheit.**[1100] Das überwiegende Schrifttum sieht in den Manipulationshand-

1095 Sch/Sch/Heine/Schuster § 267 Rn. 91; Fischer § 267 Rn. 41; Wessels/Hettinger Rn. 837; BayObLG JZ 1998, 635.

1096 NK-Puppe § 267 Rn. 103.

1097 Fischer § 267 Rn. 50 f.

1098 Fischer § 267 Rn. 54.

1099 BGH, Beschl. v. 15.01.2008 – 4 StR 648/07, RÜ 2008, 311; für mitbestrafte Nachtat des Gebrauchs SK-Hoyer § 267 Rn. 114.

1100 BGHSt 5, 291, 293.

lungen lediglich durch die Strafbarkeit aus dem späteren Gebrauchmachen mitbestrafte Vortaten.

b) Hat der Täter schon bei der Herstellung **mehrere ganz bestimmte Gebrauchsakte** geplant, so lässt sich ebenfalls eine Tat trotz mehrfacher Verwirklichung über die Rechtsfigur der tatbestandlichen Bewertungseinheit annehmen.[1101] **616**

c) Bestanden bei der Herstellung **keine bestimmten Vorstellungen** über den Gebrauch oder weicht der spätere Gebrauch vom ursprünglichen Plan ab, so ist Tatmehrheit anzunehmen.[1102] **617**

3. Sind die Herstellungs- (oder Verfälschungs-) und Gebrauchsmodalität als Absichtsverwirklichung zu einer einheitlichen Urkundenfälschung verschmolzen, kann diese alle Delikte, die nur mit einem Teilakt der Urkundenfälschung tateinheitlich verbunden sind, **auch untereinander zur Tateinheit verklammern**, selbst wenn eines der zu verklammernden Delikte schwerer wiegt als die Urkundenfälschung.[1103] **618**

4. Sofern eine **Urkundenunterdrückung** gemäß § 274 lediglich Durchgangsstadium zum Herstellen oder Verfälschen einer Urkunde im Rahmen einer natürlichen Handlungseinheit ist, tritt sie als mitbestrafte Begleittat hinter § 267 zurück.[1104] **619**

1101 LK-Zieschang § 267 Rn. 288: „einheitlicher Deliktskomplex".

1102 BGHSt 5, 291; BGH NStZ-RR 1998, 269.

1103 BGH, Urt. v. 28.01.2014 – 4 StR 528/13, RÜ 2014 372 zur Tateinheit zwischen den §§ 267, 242, 315 c und 255, 250.

1104 Sch/Sch/Heine/Schuster § 267 Rn. 71; LK-Zieschang § 274 Rn. 66; für Tatbestandsausschluss Geppert Jura 1988, 158, 160; Lindemann NStZ 1998, 23.

Urkundenfälschung, § 267

Abs. 1 Mod. 1: **Herstellen einer unechten Urkunde**

- Tatprodukt muss eine **Urkunde** sein. **Urkunde ist die Verkörperung einer menschlichen Gedankenerklärung, die zum Beweis im Rechtsverkehr geeignet und bestimmt ist und die ihren Aussteller erkennen lässt.** Als solche erkennbare **Fotokopien, Faxe u.a. Reproduktionen** sind keine verkörperten Gedankenerklärungen, sondern spiegeln die Existenz eines entsprechenden Originals nur wider. Sie können zur Urkunde „aufrücken", wenn der Täter damit den Anschein einer Originalurkunde erweckt und sie als eine vom angeblichen Aussteller herrührende Urschrift ausgeben will. Von § 267 erfasst werden auch sogenannte **zusammengesetzte Urkunden**, also solche, bei denen eine verkörperte Gedankenerklärung mit einem Bezugsobjekt räumlich fest zu einer Beweiseinheit verbunden ist. § 267 gilt ferner für sogenannte **Gesamturkunden**, bei denen durch feste Zusammenfassung mehrerer Schriftstücke ein über den Inhalt der Einzelteile hinausgehender Erklärungs- und Beweisinhalt entsteht.
- **Unecht** ist eine Urkunde, **wenn sie nicht von demjenigen herrührt, der aus ihr als Aussteller hervorgeht**. Aussteller ist derjenige, der geistig hinter der Erklärung steht, der **Erklärungsgarant**. Wer die Urkunde körperlich hergestellt hat, ist nicht entscheidend.
- Herstellen ist jede zurechenbare – nicht notwendig eigenhändige – Verursachung der Existenz der unechten Urkunde.

Abs. 1 Mod. 2: **Verfälschen einer echten Urkunde**

- Angriffsobjekt muss eine – zumindest in Bezug auf den später veränderten Teil – **echte Urkunde** gewesen sein.
- **Verfälschen ist jede nachträgliche Veränderung des gedanklichen Inhalts, durch die der Anschein erweckt wird, dies sei die ursprüngliche Erklärung des Ausstellers.** Bei zusammengesetzten Urkunden kann das durch Vertauschen der Bezugsobjekte geschehen; bei Gesamturkunden durch **Beseitigung** oder Hinzufügen einzelner Erklärungen. Auch der Aussteller selbst kann Täter einer Verfälschung werden, wenn er die Änderungsbefugnis verloren hat.

Abs. 1 Mod. 3: **Gebrauchen einer unechten oder verfälschten Urkunde**

- Tatmittel muss ein **Falsifikat i.S.d. 1. oder 2. Modalität** sein.
- **Gebrauchen** heißt: **Dem zu Täuschenden so zugänglich machen, dass dieser die Urkunde wahrnehmen kann.** Nach Rspr. auch durch Vorlage einer Kopie der (manipulierten) Urschrift.

Täuschungswille im Rechtsverkehr: Zur Zeit der Tathandlung muss der Täter den direkten Vorsatz haben, **einen anderen über die Echtheit der Urkunde zu täuschen und dadurch irgendein rechtserhebliches Verhalten zu veranlassen** (Erweiterung in § 270).

B. Fälschung technischer Aufzeichnungen, § 268

I. Technische Aufzeichnung

Tatgegenstand und Bezugsobjekt ist eine technische Aufzeichnung. Dieser Begriff ist in § 268 Abs. 2 legaldefiniert und – wie der gesamte § 268 – an § 267 angelehnt:

1. Anstelle der verkörperten menschlichen Gedankenerklärung steht hier die **Darstellung von Daten, Mess- oder Rechenwerten, Zuständen oder Geschehensabläufen**. 620

a) Daten sind speicherbare Informationen aller Art, die einer weiteren Verarbeitung in einer Datenverarbeitungsanlage unterliegen.[1105] Im gesamten Bereich der EDV können daher technische Aufzeichnungen entstehen. **Messwerte** sind Messergebnisse, **Rechenwerte** sind Produkte von Rechenoperationen.[1106] **Zustände** sind alle realen Gegebenheiten.[1107] **Geschehensabläufe** sind Vorgänge während eines bestimmten Zeitraums (z.B. Elektrokardiogramm). 621

b) Der Begriff der **Darstellung** setzt eine gewisse **Dauerhaftigkeit der Verkörperung** voraus. 622

Daran **fehlt** es bei solchen Anzeigegeräten, die unmittelbar nach der Wiedergabe des Messergebnisses wieder in ihre Ursprungsstellung zurückgehen. Deshalb sind **beispielsweise** die Anzeigen auf einem Voltmeter, auf einem Tachometer oder auf einer einfachen Personenwaage keine technischen Aufzeichnungen.

Umstritten ist die Behandlung solcher **„Nur-Anzeigegeräte"**, bei denen sich fortlaufend der Zählerstand im Wege einer kontinuierlichen Addition verändert (Hauptfälle: **Kilometerzähler beim Auto, Stromzähler, Wasseruhr, geräteinterne Speicher**). 623

Eine überkommene Meinung ordnet solche Aufzeichnungen § 268 zu. Man verweist darauf, dass bei derartigen Anzeigegeräten der vorangegangene Messwert nicht ersatzlos gelöscht werde, sondern als Teil in der fortlaufend veränderten Endsumme hinreichend perpetuiert bleibe.[1108]

Durchgesetzt hat sich die Gegenauffassung, die als „Darstellung" verlangt, dass die jeweilige Information in einem selbstständig verkörperten, **vom Gerät abtrennbaren Stück** enthalten sei. Damit fallen die vorbezeichneten „Nur-Anzeigegeräte" aus dem Anwendungsbereich des § 268 heraus. Technische Aufzeichnungen sind dann aber ggf. die **Ausdrucke der geräteintern gespeicherten und ausgelesenen Informationen**.

Beispiele: Der automatisch ausgedruckte Beleg nach Belieferung mit Heizöl;[1109] der mithilfe eines mobilen Druckers erstellte Auslesestreifen von Geldspielautomaten als Umsatznachweis für die Steuerbehörde.[1110]

1105 Sch/Sch/Heine/Schuster § 268 Rn. 11.

1106 Vgl. LK-Zieschang § 268 Rn. 10; z.B. bei Lkw-Waagen oder Tanksäulen mit jeweils angeschlossenen Druckwerken.

1107 Sch/Sch/Heine/Schuster § 268 Rn. 12 b; z.B. Röntgen- oder Infrarotaufnahmen.

1108 SK-Hoyer § 268 Rn. 10; Sch/Sch/Heine/Schuster § 268 Rn. 9.

1109 BGHSt 29, 204; Rengier § 34 Rn. 5; LK-Zieschang § 268 Rn. 6; Wessels/Hettinger Rn. 863.

1110 BGH, Beschl. v. 16.04.2015 – 1 StR 490/14, RÜ 2015, 516.

Im Gegensatz zu den Urkunden kommt es auf eine optisch-visuelle Verkörperung der technischen Aufzeichnung nicht an. Vielmehr genügt die dauerhafte Fixierung auf einer Speicherkarte oder CD-ROM, die eine solche Visualisierung möglich macht.[1111]

624 **2.** Die Darstellung muss **durch ein technisches Gerät ganz oder zum Teil selbsttätig bewirkt** worden sein.

625 **a) Technisches Gerät** ist jeder Mechanismus, der darauf angelegt ist, technische Aufzeichnungen zu produzieren, z.B. der Kaufsummenbeleg einer Registrierkasse, nicht aber der Rillenabdruck eines Pistolenlaufs auf der abgeschossenen Kugel.

626 **b)** Unter **Selbsttätigkeit** wird allgemein ein wenigstens zum Teil automatisierter Aufzeichnungsvorgang verstanden. Daran fehlt es, wenn die Aufzeichnung der Gedankenerklärung inhaltlich allein durch einen Menschen bestimmt wird, z.B. bei einem maschinengeschriebenen Text. Im Übrigen wird der Begriff der Selbsttätigkeit unterschiedlich interpretiert:

Ein Teil des Schrifttums lässt es ausreichen, wenn das zwischen Aufzeichnungsobjekt und Aufzeichnung geschaltete Gerät die Art der Aufzeichnung wenigstens mitbestimmt. Die Anhänger dieser Meinung sehen deshalb Fotokopien, Fotografien oder sonstige Speicherungen optischer und akustischer Erscheinungen als technische Aufzeichnung an.[1112]

Die h.M. versteht § 268 als Tatbestand zum Schutz der technischen Informations**gewinnung**. Deshalb könne von „selbsttätiger" Aufzeichnung nur bei Informationen gesprochen werden, die durch das Gerät neu erzeugt würden. Solche Darstellungen, die sich allein in der Fixierung oder Reproduktion der Außenwelt erschöpfen (Fotografien, Filme usw.), gehören damit nicht per se zum Bereich der technischen Aufzeichnungen, sondern nur, wenn irgendeine weitere Information damit verbunden ist, z.B. Bilder automatischer Kameras zur Verkehrsüberwachung, die mit darauf eingeblendeten Zeituhren oder Geschwindigkeitsmessern gekoppelt sind, oder auch Infrarot-Fotografien.[1113]

627 **3. Der Gegenstand der Aufzeichnung muss allgemein oder für Eingeweihte erkennbar** sein. Das Objekt, auf das sich die Aufzeichnung bezieht, muss dafür individualisierbar sein.[1114] Dieser Beziehungszusammenhang kann sich zunächst aus der Erklärung selbst ergeben (z.B. durch Bezeichnung des Patienten auf dem Diagrammblatt des EKG). Möglich ist aber auch, dass erst die stoffliche Verbindung mit dem Bezugsobjekt den Zusammenhang herstellt. Insofern lässt sich von **zusammengesetzter technischer Aufzeichnung** sprechen.

Beispiel: Preis- und Gewichtsauszeichnung auf einer Ware, die zusammen mit der Verpackung von einem Automaten selbsttätig hergestellt wurde.

628 **4.** Die Aufzeichnung muss **zum Beweis einer rechtlich erheblichen Tatsache bestimmt** sein. Dieses Merkmal deckt sich mit dem bei § 267.

1111 Vgl. LK-Zieschang § 268 Rn. 8.

1112 SK-Hoyer § 268 Rn. 19; Sch/Sch/Heine/Schuster § 268 Rn. 16.

1113 BGHSt 24, 140, 142; Fischer § 268 Rn. 2; Lackner/Kühl § 268 Rn. 4.

1114 Lackner/Kühl § 268 Rn. 5.

Wichtigste Fallgruppe technischer Aufzeichnung war früher der Diagrammteil eines analogen Fahrtenschreibers zusammen mit dem Innenteil:[1115] Der Fahrtenschreiber zeichnete einen Geschehensablauf auf, nämlich Fahrzeit, Ruhezeit und Fahrgeschwindigkeit. Diese Informationen waren auf einem Blatt Papier enthalten, das vom Gerät abtrennbar war. Durch die automatisch bewirkte grafische Umsetzung von Geschwindigkeit und Zeit entstand eine neue Information, die das Gerät selbsttätig bewirkte. Aufgrund der EG VO Nr. 1360/2002 müssen seit einigen Jahren in neuen Nutzfahrzeugen digitale Kontrollgeräte eingebaut werden, die nicht mehr so leicht zu manipulieren sind.

II. Herstellen einer unechten technischen Aufzeichnung, § 268 Abs. 1 Nr. 1 Alt. 1

Unecht ist eine technische Aufzeichnung, wenn sie überhaupt nicht oder nicht in ihrer konkreten Gestalt aus einem in seinem automatischen Ablauf unberührten Herstellungsvorgang stammt, obwohl sie diesen Eindruck erweckt. Auf die Inhaltsrichtigkeit kommt es nicht an; vielmehr will der „maschinenspezifische" Unechtheitsbegriff in § 268 das Vertrauen in die Verlässlichkeit des von einer Maschine erstellten Beweismittels schützen.[1116] 629

Hauptfall des Herstellens einer unechten technischen Aufzeichnung ist die **Imitation**,[1117] z.B. dadurch, dass der Täter mithilfe seines PC und eines Kontoauszug-Vordrucks den Anschein erzeugt, als habe der automatische Kontoauszug-Drucker der Bank einen Kontoauszug mit hohem Haben-Saldo ausgeworfen.

III. Störende Einwirkung auf den Aufzeichnungsvorgang, § 268 Abs. 3

§ 268 Abs. 3 stellt es der Herstellung einer unechten technischen Aufzeichnung gleich, **wenn der Täter durch störende Einwirkung auf den Aufzeichnungsvorgang das Ergebnis der Aufzeichnung beeinflusst**. Dafür muss in den Funktionsablauf des aufzeichnenden Geräts so eingegriffen werden, dass das Aufzeichnungsergebnis objektiv unrichtig wird.[1118] Schwierig ist im Einzelfall, die Grenzen dieses von § 268 Abs. 3 geschützten Funktionsablaufs zu bestimmen:

1. Im **Kernbereich der Strafvorschrift** liegen zunächst alle Manipulationen, die sich unmittelbar auf den **Mechanismus des Anzeigegeräts** beziehen. 630

Strafbar ist danach, wer **beispielsweise** den Schreibstift des Fahrtenschreibers verbiegt oder einen Fremdkörper in das Gerät klebt und so eine geringere als die tatsächlich gefahrene Geschwindigkeit aufzeichnen lässt.

Nutzt der Täter **einen bereits vorhandenen Defekt** des Geräts aus, so ist zu unterscheiden:[1119] 631

1115 Vgl. BGHSt 28, 300; OLG Karlsruhe, Urt. v. 16.05.2002 – 3 Ss 128/00, NStZ 2002, 652.

1116 Vgl. BGHSt 28, 300.

1117 Vgl. Sch/Sch/Heine/Schuster § 268 Rn. 29 a.

1118 Vgl. BGHSt 28, 300; Sch/Sch/Heine/Schuster § 268 Rn. 48.

1119 Zum Folgenden BGHSt 28, 300 ff.

- Beruht der Defekt auf **menschlicher Einwirkung** (sei es unvorsätzliches Vorverhalten des Täters oder auch schädigender Eingriff durch Dritte) und weiß der Täter dies, so liegt in dem Ingangsetzen des Geräts eine Herstellung unechter technischer Aufzeichnungen nach § 268 Abs. 1 Nr. 1 Mod. 1 durch aktives Tun.

- Beruht der Defekt nicht auf einem menschlichen Eingriff, sondern auf einem mechanischen oder elektrischen Versagen (sogenannter **Eigendefekt**), so ist das Einschalten des Geräts kein aktives Tun i.S.d. § 268 Abs. 1 Nr. 1 und auch keine störende Einwirkung nach Abs. 3, weil der Täter sich mit dem Einschalten auf das beschränkt, was ohnehin Voraussetzung einer selbsttätig fehlerfreien Aufzeichnung ist. Selbst wenn an sich eine Handlungspflicht zur Inbetriebnahme defektfreier Geräte besteht, liegt in der Ausnutzung eines Eigendefekts keine störende Einwirkung durch Unterlassen, §§ 268 Abs. 3, 13, weil das Unterlassen der Entstörung der aktiven störenden Einwirkung nicht gleichwertig ist.

632 Nach überwiegendem Schrifttum ist auch das **zwischenzeitliche Abschalten** des Geräts störende Einwirkung, wenn es nur zeitweilig vorgenommen wird, um den kontinuierlichen Aufzeichnungsfluss zu stören und so das Gesamtergebnis zu beeinflussen, z.B. durch mehrfaches Öffnen und Schließen des Fahrtenschreiberdeckels.[1120] Nach der Gegenansicht[1121] gehört dieses Verhalten schon zur nachfolgenden Fallgruppe und ist nicht nach § 268 strafbar.

633 **2. Außerhalb des § 268** liegen Fehlbedienungen, die zwar nach dem mit der Aufzeichnung verfolgten Zweck unzulässig sind, aber in die technische Funktionsweise nicht eingreifen.

634 Deshalb wird von § 268 nicht die Verhinderung der Aufzeichnung durch **Nichteinschalten oder vorzeitiges Abbrechen des Aufzeichnungsvorgangs** erfasst.[1122]

Ebenfalls nicht tatbestandsmäßig sind sogenannte **Input-Manipulationen**. Das sind Verhaltensweisen, durch die dem Gerät nur unrichtige Arbeitsvoraussetzungen eingegeben werden.[1123]

635 Nicht erfasst werden auch **Irreführungen über Personen oder Sachen, auf die sich die im Übrigen unbeeinflusste technische Aufzeichnung inhaltlich bezieht**. Nach einhelliger Rspr. ist deshalb die Verwendung des Fahrtenschreiberblattes eines in Wahrheit nicht existenten Beifahrers zur Verschleierung eigener Lenkzeitüberschreitungen nicht strafbar.[1124]

636 Klausurbedeutung haben in diesem Zusammenhang die sog. **Gegenblitzanlagen**: Der Täter hat in seinem Kraftfahrzeug eine Vorrichtung eingebaut, die bewirkt, dass die **Fotos der Polizei und Ordnungsbehörden** bei Geschwindigkeitsüberschreitungen, Unterschreitungen des Sicherheitsabstands und bei Rotlichtverstößen **überbelichtet** wer-

1120 Fischer § 268 Rn. 23.

1121 BayObLG NJW 1974, 325; Sch/Sch/Heine/Schuster § 268 Rn. 48.

1122 LK-Zieschang § 268 Rn. 39.

1123 Vgl. Sch/Sch/Heine/Schuster § 268 Rn. 48.

1124 OLG Stuttgart, Urt. v. 06.08.1999 – 1 Ss 269/99, NStZ-RR 2000, 11; BayObLG, Urt. v. 17.04.2001, RÜ 2001, 368; OLG Karlsruhe, Urt. v. 16.05.2002 – 3 Ss 128/00, NStZ 2002, 652.

den (Gegenblitzanlage oder an der Hinterseite des Innenspiegels und der Sonnenblenden angebrachte Reflektoren).

Das AG Tiergarten sah hierin eine störende Einwirkung auf den Aufzeichnungsvorgang gemäß § 268 Abs. 3, weil durch die Überbelichtung des Bildsensors oder des Films in der Kamera bewirkt würde, dass die Aufzeichnung unkenntlich werde.[1125] Diese Ansicht hat keine Anhänger gefunden. Das LG Flensburg[1126] und ihm folgend ein Teil des Schrifttums[1127] verneinen eine störende Einwirkung, weil nicht in den Ablauf des Gerätemechanismus' eingegriffen, sondern durch Veränderung der Lichtverhältnisse nur unzureichende Arbeitsvoraussetzungen für das Gerät geschaffen würden. Danach liegt eine straflose Input-Manipulation vor. Das OLG München[1128] kommt zu demselben Ergebnis, begründet dies aber in Anlehnung an Puppe[1129] anders: Da die Aufzeichnung wegen der Überbelichtung schon keinen Beweiswert mehr besitze, stehe die Manipulation dem Fall gleich, in dem der Täter schon die Entstehung einer technischen Aufzeichnung selbst durch Ausschalten des Geräts verhindere.

IV. Verfälschen einer techn. Aufzeichnung, § 268 Abs. 1 Nr. 1 Alt. 2

Die Verfälschungsmodalität setzt voraus, dass eine **bereits vorhandene technische Aufzeichnung auf beweiserhebliche Weise verändert und hierbei der Eindruck erweckt wird, als trüge sie im veränderten Zustand die Gestalt, in der sie nach ordnungsgemäßem Herstellungsvorgang das technische Gerät verlassen hat.**[1130] Die Manipulation kann sich unmittelbar auf die Aufzeichnung selbst beziehen, z.B. durch Ausradieren und manuelles Nachbearbeiten einer EKG-Kurve. Als Verfälschung ist auch eine Veränderung des Beweisbezugs anzusehen, sofern dieser ebenfalls maschinell hergestellt worden ist.[1131] **637**

V. Gebrauchmachen, § 268 Abs. 1 Nr. 2, u. sonstige Deliktsmerkmale

Das Gebrauchmachen entspricht inhaltlich demselben Merkmal in § 267 (s.o. Rn. 606). **638**
Auch der Täuschungswille im Rechtsverkehr (mit der Erweiterungsklausel des § 270) ist sachlich gleichbedeutend mit demselben Merkmal in § 267 (s.o. Rn. 610). § 268 Abs. 5 verweist zudem auf die Straferschwerungen des § 267 Abs. 3 und 4.

VI. Tatbestandliche Bewertungseinheiten und Konkurrenz zu § 267

1. Auch bei § 268 bilden die Manipulation und der absichtsgemäße Gebrauch eine tatbestandliche Bewertungseinheit. **639**

2. Geht aus einer technischen Aufzeichnung eine Person hervor, die sich den Inhalt erkennbar als Erklärung für den Rechtsverkehr zu eigen macht, so liegt **zugleich eine Ur-** **640**

1125 AG Tiergarten NStZ-RR 2000, 9.
1126 LG Flensburg RÜ 2000, 337.
1127 LK-Zieschang § 268 Rn. 32; Fischer § 268 Rn. 24.
1128 OLG München NJW 2006, 3132; RÜ 2006, 479.
1129 NK-Puppe § 268 Rn. 40 a.E.
1130 LK-Zieschang § 268 Rn. 41.
1131 LK-Zieschang § 268 Rn. 41.

kunde gemäß § 267 vor. Wird dann eine Manipulation an der technischen Aufzeichnung vorgenommen, so ist auch eine Urkundenfälschung oder -verfälschung gegeben. Zur Klarstellung der unterschiedlichen Angriffshandlungen nimmt die h.M. dann Tateinheit zwischen § 268 und § 267 an.[1132]

Beispiel: Die Täterin **überklebte auf einem Parkschein**, der von einem Automaten der Stadt Köln ausgegeben war, das aufgedruckte Parkzeitende mit einem Zettel. Auf diesem stand mit angepasstem Druckbild ein späteres Parkzeitende. Dadurch sollte die kontrollierende Politesse dahingehend getäuscht werden, dass die Parkzeit noch nicht abgelaufen und dass deshalb keine Verwarnung zu erteilen sei.

Das OLG Köln[1133] bejaht zutreffend Verfälschen und Gebrauchmachen von einer verfälschten Urkunde, **§ 267 Abs. 1 Mod. 2 u. 3.** Der Parkschein enthält die Erklärung, die Parkgebühr entrichtet zu haben, besitzt ferner nach § 13 Abs. 1 S. 1 StVO Beweisfunktion und verweist mit der Bezeichnung des Standorts auf die Stadt Köln als Ausstellerin. Darauf, dass diese Erklärung durch den Automaten erstellt worden sei, komme es nicht an. **Auch eine maschinelle Erklärung kann als menschliche Erklärung im Voraus autorisiert sein.**[1134]

Hecker[1135] ergänzt, dass auch **Verfälschen und Gebrauchmachen von einer verfälschten technischen Aufzeichnung gemäß § 268 Abs. 1 Nr. 1 Alt. 2 Nr. 2** vorliegt, weil der Parkschein aufgrund seiner automatisierten Erstellung technische Aufzeichnung war und diese Eigenschaft durch die Urkundsqualität nicht verdrängt wird. Danach ist Tateinheit zwischen § 267 und § 268 anzunehmen.[1136]

C. Datenfälschung, § 269

I. Beweiserhebliche Daten

641 **Daten sind nach allgemeiner Ansicht alle Informationen, die Gegenstand eines Datenbearbeitungsvorgangs sein können und die** – da § 269 auch die Eingabephase schützt – **entweder bei der Tathandlung elektronisch, magnetisch oder sonst nicht unmittelbar wahrnehmbar gespeichert werden bzw. schon bei Tatbegehung gespeichert waren.**[1137] Beweiserheblich sind die Daten, wenn sie dazu bestimmt sind, bei einer Verarbeitung im Rechtsverkehr als Beweisdaten für rechtlich erhebliche Tatsachen benutzt zu werden.[1138]

II. Tatmodalitäten

642 **1.** Diese Daten muss der Täter der 1. Mod. **speichern** und in der 2. Mod. **verändern.** Das Speichern entspricht dem „Herstellen" in § 267 und erfasst jeden Vorgang, durch den die Daten in eine EDV-Anlage eingegeben werden.[1139] Unter „Verändern" versteht man jede inhaltliche Umgestaltung bereits gespeicherter Daten.[1140]

1132 Rengier § 34 Rn. 13; NK-Puppe § 267 Rn. 111.

1133 OLG Köln, Beschl. v. 10.08.2001 – Ss 264/01, RÜ 2002, 175.

1134 Vgl. auch LK-Zieschang § 267 Rn. 136.

1135 Hecker JuS 2002, 224, 227.

1136 Sch/Sch/Heine/Schuster § 268 Rn. 68.

1137 Vgl. Fischer § 269 Rn. 4; einschränkend für Programme Sch/Sch/Heine/Schuster § 269 Rn. 8.

1138 Sch/Sch/Heine/Schuster § 269 Rn. 9 ff.

1139 Sch/Sch/Heine/Schuster § 269 Rn. 15 ff.

1140 Fischer § 269 Rn. 6; Sch/Sch/Heine/Schuster § 269 Rn. 17.

Die Tathandlung muss zur Folge haben, **dass bei Wahrnehmung der manipulierten Daten eine unechte oder verfälschte Urkunde vorliegen würde.** Das Gesetz verlangt also die Subsumtion des hypothetisch als Urkunde gedachten Datenbestandes unter die Merkmale „unecht" oder „verfälscht" in § 267. Da § 269 die durch fehlende Verkörperung und Visualisierbarkeit von EDV-Vorgängen entstehenden Strafbarkeitslücken des § 267 ausfüllen, andererseits aber nicht über den Schutzbereich des § 267 hinausgehen soll, dient dieses Merkmal dazu, nur Daten**(-ver-)fälschungen** zu erfassen und „Datenlügen" (Parallele zu schriftlichen Lügen) auszufiltern. **643**

2. Die 3. Mod. des Gebrauchens sowie alle übrigen Deliktsmerkmale decken sich mit § 267 i.V.m. § 270. **644**

3. Ebenso wie bei § 267 bilden Fälschungs- und Gebrauchsmodalität bei der Datenfälschung ein einheitliches Delikt. **645**

Häufiger Anwendungsfall des § 269 sind sogenannte **Phishing-Mails**. Hier versendet der Täter eine E-Mail unter dem Namen eines Kreditinstituts oder eines Internetproviders an Kunden dieser Unternehmen, um sie im Vertrauen auf die Seriosität des Absenders zur Preisgabe von persönlichen Identifikationsnummern oder sonstiger Zugangscodes zu veranlassen. **646**

D. Delikte zum Schutz von Gesundheitszeugnissen, §§ 277–279

I. Gesundheitszeugnis

Unter diesem Zentralbegriff der §§ 277 ff. versteht man **Bescheinigungen über den gegenwärtigen Gesundheitszustand eines Menschen, aber auch über frühere Krankheiten, ihre Spuren und Folgen, ferner über zukünftige Gesundheitsaussichten.**[1141] **647**

Beispiele: Atteste, aber auch Krankenscheine[1142] und ärztliche Berichte über Blutalkoholuntersuchungen.[1143]

Nicht erfasst sind Zeugnisse über die Todesursache oder die Geburt.[1144]

II. Fälschung von Gesundheitszeugnissen, § 277

§ 277 ist zweiaktiges Delikt. Es erfasst im ersten Handlungsteil drei verschiedene **Manipulationsformen** und im zweiten Teil das **Gebrauchmachen** zur Täuschung von Behörden (auch als Arbeitgeber)[1145] oder Versicherungsgesellschaften (insbesondere Lebens-, Kranken-, Haftpflichtversicherungen).[1146] **648**

Die erste Manipulationsform („Wer unter der ihm nicht zustehenden Bezeichnung als Arzt usw.") ist ein Fall einer schriftlichen Lüge über den Beruf. Der Täter gibt sich in dem mit seinem Namen unterzeichneten Gesundheitszeugnis als Arzt usw. aus.

1141 LK-Zieschang § 277 Rn. 2.
1142 BGHSt 6, 90.
1143 BGHSt 5, 75.
1144 LK-Zieschang § 277 Rn. 2
1145 Peglau NJW 1996, 1193.
1146 Fischer § 277 Rn. 10.

Die zweite Manipulationsform („unter dem Namen solcher Personen ...") ist ein Spezialfall des § 267 Abs. 1 Mod. 1. Nach h.M. genügt es dafür, wenn der Täter wahrheitswidrig vorgibt, von einem Arzt zur Ausstellung des Gesundheitszeugnisses beauftragt oder bevollmächtigt zu sein, denn auch dann liegt ein Handeln „unter" dem Namen eines Arztes usw. vor.[1147]

Die dritte Manipulationsform („ein derartiges echtes Zeugnis verfälscht") ist ein Spezialfall des § 267 Abs. 1 Mod. 2.

III. Ausstellen unrichtiger Gesundheitszeugnisse, § 278

649 Strafbar ist danach die **schriftliche Lüge des Arztes** oder anderer Medizinalpersonen über den Gesundheitszustand in einem echten ärztlichen Attest, das zum Gebrauch bei einer Behörde oder Versicherungsgesellschaft bestimmt ist. Der besondere Beweiswert eines ärztlichen Gesundheitszeugnisses liegt darin, dass sich ein fachkundiger Mediziner in ordnungsgemäßer Weise vom Gesundheitszustand einer Person überzeugt und darauf aufbauend eine ärztliche Diagnose gestellt hat. Demgemäß ist ein ärztliches Zeugnis unrichtig, wenn entweder gar keine Untersuchung oder zumindest angemessene Unterrichtung über den Patienten stattgefunden hat oder wenn eine unrichtige Diagnose gestellt wurde oder wenn das Zeugnis in irgendeinem anderen wesentlichen Punkt nicht den Tatsachen entspricht.[1148] Subjektiv muss der Arzt „wider besseres Wissen", also mit positiver Kenntnis bezüglich der Unrichtigkeit und vorsätzlich bezüglich der übrigen Tatbestandsmerkmale gehandelt haben.

IV. Gebrauchmachen von falschen Gesundheitszeugnissen gegenüber Behörden oder Versicherungsgesellschaften, § 279

650 Voraussetzung ist nur ein **objektiv falsches Gesundheitszeugnis.**[1149] Es spielt keine Rolle, wenn das Zeugnis i.S.d. § 278 vom Arzt gutgläubig einem simulierenden Patienten ausgestellt war.

1147 OLG Frankfurt NStZ 2009, 700; a.A. MünchKomm/Erb § 277 Rn. 5.

1148 OLG Frankfurt StV 2006, 471.

1149 BGHSt 5, 84.

Fälschung technischer Aufzeichnungen, § 268

Abs. 1 Nr. 1 Alt. 1: Herstellen einer unechten technischen Aufzeichnung

- Tatprodukt muss eine **technische Aufzeichnung** i.S.v. § 268 Abs. 2 sein; dabei versteht die h.M. unter „Darstellung", dass die Information auf einem vom Gerät **abtrennbaren Stück** enthalten ist, und unter „selbsttätig", dass durch das Gerät **neue Informationen** geschaffen werden. Erfasst werden also weder Informationen auf „Nur-Anzeigegeräten" noch Speicherungen der Außenwelt durch Fotografien, Fotokopien oder Bild- und Tonaufzeichnungen ohne zusätzlichen Informationsgehalt.
- Unecht ist die technische Aufzeichnung, wenn sie nicht aus dem technischen Gerät stammt, auf das das Erscheinungsbild hinweist. Gleichgestellt ist nach Abs. 3 die durch störende Einwirkung auf den Aufzeichnungsvorgang entstandene technische Aufzeichnung. Damit werden alle Manipulationen des Funktionsablaufs erfasst, nicht aber Manipulationen außerhalb des Aufzeichnungsmechanismus.
- Herstellen wie in § 267 Abs. 1 Mod.1

Abs. 1 Nr. 1 Alt. 2: Verfälschen einer technischen Aufzeichnung

- Verfälschen ist jede beweiserhebliche Veränderung des Erscheinungsbildes, durch die der Eindruck entsteht, als sei die technische Aufzeichnung so aus dem Gerät hervorgegangen.

Abs. 1 Nr. 2: Gebrauchen d. unechten/verfälschten techn. Aufzeichnung

wie in § 267 Abs. 1 Mod. 3

Datenfälschung, § 269

- Beweiserhebliche Daten, d.h. alle Informationen, die Gegenstand eines Datenverarbeitungsvorgangs sein können und die entweder bei der Tathandlung elektronisch, magnetisch oder sonst nicht unmittelbar wahrnehmbar gespeichert werden bzw. gespeichert waren und die Beweisfunktion für den Rechtsverkehr besitzen.
- Tatmodalitäten Abs. 1

  Mod. 1 falsch speichern, } und Vergleich mit hypothetischer
  Mod. 2 verändern, } unechter/verfälschter Urkunde

  Mod. 3 Gebrauchen wie in § 267 Abs. 1 Mod. 3

Fälschung von Gesundheitszeugnissen etc., §§ 277–279

Gesundheitszeugnis ist jede Bescheinigung über den gegenwärtigen Gesundheitszustand eines Menschen, aber auch über frühere Krankheiten, ihre Spuren und Folgen, ferner über zukünftige Gesundheitsaussichten.

E. Delikte zum Schutz der Wahrheit in öffentlichen Urkunden

Die §§ 271, 348 sind kein Prüfungsstoff in:

- Mecklenburg-Vorpommern (§ 11 Abs. 2 Nr. 2 b JAPO)

§ 348 ist kein Prüfungsstoff in:

- Baden-Württemberg (§ 8 Abs. 2 Nr. 7 b JAPrO)
- Nordrhein-Westfalen (§ 11 Abs. 2 Nr. 7 b JAG)
- Sachsen (§ 11 Abs. 3 Nr. 4 b JAPO)

I. Falschbeurkundung im Amt, § 348

651 § 348 **ist teilnahmefähiges Amtsdelikt** für denjenigen, der als Beurkundungsperson vorsätzlich eine unrichtige Beurkundung vornimmt.

II. Mittelbare Falschbeurkundung, § 271

652 § 271 erfasst die Fälle in denen ein Außensteher einen tatsächlich oder vermeintlich gutgläubigen Amtsträger veranlasst, etwas Unrichtiges in einer öffentlichen Urkunde zu beurkunden und das weder als mittelbare Täterschaft noch als Anstiftung zu § 348 strafbar ist.

1. Unrechtskern des § 271 (und des § 348): Die Falschbeurkundung

653 **a)** Schutzobjekte sind **öffentliche Urkunden**, daneben auch öffentliche Bücher (z.B. Heirats-, Geburtenbücher), öffentliche Dateien oder Register (z.B. das Vereins- und das Handelsregister). Der Hauptbegriff der öffentlichen Urkunde erschließt sich in zwei Denkschritten:

aa) Ausgangspunkt ist die **Legaldefinition des § 415 ZPO.**[1150] Erfasst werden damit nur Urkunden, die von einer öffentlichen Behörde innerhalb der Grenzen ihrer Amtsbefugnisse oder von einer mit öffentlichem Glauben versehenen Person (z.B. von einem Notar, vgl. § 20 BNotO) im Rahmen ihrer Zuständigkeit und in der vorgeschriebenen Form errichtet worden sind.

bb) Da es in § 271 (und § 348) um den Schutz vor unwahren „Beurkundungen" geht, muss die unter den Voraussetzungen des § 415 ZPO errichtete Urkunde ferner öffentliche Beweiswirkung haben, d.h. **sie muss für den allgemeinen Rechtsverkehr bestimmt sein und dem Zweck dienen, Beweis für und gegen jedermann zu erbringen.**[1151] Diese erhöhte Beweiswirkung kann sich entweder aus Gesetz ergeben (z.B. § 60 PStG für das Familienbuch) oder nach der Verkehrsanschauung unter Berücksichtigung von Sinn und Zweck der Vorschriften, die für die Errichtung der Urkunde maßgebend sind, z.B. bei einer zollamtlichen Ausfuhrbescheinigung.[1152]

1150 BGHSt 19, 21.

1151 BGHSt 7, 94; 19, 7; Fischer § 271 Rn. 5.

1152 Vgl. BGHSt 22, 201; BayObLG NJW 1990, 655.

Keine öffentlichen Urkunden sind somit **schlichte amtliche Urkunden**, die nur zur Prüfung, Ordnung oder Erleichterung des inneren Dienstes, zur Überwachung der Beamten oder zur gegenseitigen Überwachung amtlicher Stellen und nicht für den Verkehr nach außen bestimmt sind.[1153]

Beispiele für solche schlichten amtlichen Urkunden: die Kfz-Zulassungsbescheinigung I (früher: Kfz-Schein),[1154] Kfz-Zulassungsbescheinigung II (früher: Kfz-Brief),[1155] innerdienstliche Aktenvermerke, behördliche Auskünfte und Bescheinigungen,[1156] **polizeiliche Vernehmungsprotokolle**.[1157]

b) In der öffentlichen Urkunde muss eine **rechtlich erhebliche Tatsache falsch beurkundet** sein. **654**

aa) Dafür muss zunächst in der Urkunde eine Gedankenerklärung über eine Tatsache verkörpert sein, die **mit der Wirklichkeit nicht übereinstimmt**.

Beispiel: Der Täter bewirkt, dass eine Kopie oder eine Abschrift beglaubigt wird, die nicht mit dem Original übereinstimmt. – Vollendeter § 271.

Gegenbeispiel: Der Täter fälscht eine Originalurkunde und legt davon eine Kopie zur Beglaubigung vor. – Da die Kopie hier tatsächlich mit dem Original übereinstimmt, ist der Beglaubigungsvermerk schon inhaltlich nicht falsch. § 271 scheidet also aus. Gegeben ist vielmehr Urkundenfälschung hinsichtlich der Urschrift.[1158]

bb) Aus den Gesetzesformulierungen „für Rechte oder Rechtsverhältnisse von Erheblichkeit" und „beurkundet" folgt, dass sich darüber hinaus **die erhöhte Beweiskraft der öffentlichen Urkunde gerade auf die unrichtige Angabe miterstrecken muss.**[1159]

***Klausurhinweis**: Diese tatbestandliche Einschränkung wird in der Fallbearbeitung häufig nicht beachtet!*

Auf welche Teile der öffentlichen Urkunde sich ihre gesteigerte Beweiskraft bezieht, ist **nach Urkundentypus und nach Sinn und Zweck der für die Errichtung der Urkunde geltenden Vorschriften zu ermitteln.**[1160] Hinweise für die Reichweite öffentlicher Urkunden ergeben sich aus den §§ 415 ff. ZPO: **655**

- Gemäß **§ 417 ZPO** begründen öffentliche Urkunden, die eine amtliche Anordnung, Verfügung oder Entscheidung enthalten, sogenannte **öffentliche Dispositivurkunden**, vollen Beweis ihres Inhalts. Entgegen dem umgangssprachlichen Verständnis beschränkt sich die gesteigerte Beweiskraft jedoch nur darauf, dass die amtliche Verfügung **ergangen** ist. Die Beweiskraft richtet sich **nicht** darauf, dass die Entscheidung auch **richtig** ist.[1161] **656**

  Beispiele: Ein **Steuerbescheid** bezeugt mit erhöhter Beweiskraft nur, dass er in der niedergelegten Form ergangen ist, nicht aber, dass die Zahlenangaben über die Steuerschuld inhaltlich richtig sind.[1162] Ein **Strafurteil** beweist nur, dass der, mit dem es sich befasst, derjenige ist, der auch vor

---

1153 AG Hamburg StV 1992, 380, 381.
1154 BGH, Beschl. v. 30.10.2008 – 3 StR 156/08, NStZ 2009, 387.
1155 BGH, Beschl. v. 02.12.2014 – 1 StR 31/14, RÜ 2015, 170.
1156 BGHSt 17, 66.
1157 OLG Düsseldorf NJW 1988, 217.
1158 BGH, Beschl. v. 02.05.2001 – 2 StR 149/01, S. 4, StV 2001, 624.
1159 Allgemeine Ansicht, vgl. nur BGHSt 42, 131; Sch/Sch/Heine/Schuster § 271 Rn. 19.
1160 BGHSt 22, 201, 203.
1161 SK-Hoyer § 271 Rn. 19; OLG Köln JR 1979, 255.
1162 RGSt 72, 378.

Gericht gestanden hat, nicht aber, dass er einen bestimmten Namen trug und mit dem Träger dieses Namens identisch ist.[1163]

657 ■ Nach **§ 415 ZPO** begründen öffentliche Urkunden über Erklärungen, die vor der Behörde oder einer mit öffentlichem Glauben versehenen Person abgegeben worden sind, sogenannte **Zeugnisurkunden über Erklärungen**, vollen Beweis über den beurkundeten Vorgang.

Klausurbeliebte Beispiele:

Bei **gerichtlichen und notariellen Beurkundungen** bezieht sich der öffentliche Glaube zunächst darauf, dass die jeweiligen Erklärungen vor der Urkundsperson abgegeben worden sind. Da die Urkundsperson zudem Gewissheit über die Person der Beteiligten erlangen muss, § 10 Abs. 2 BeurkG, bezieht sich die Beweiskraft auch auf die Richtigkeit der Namensangabe.[1164] Dagegen erstreckt sich die erhöhte Beweiskraft nicht auf die inhaltliche Richtigkeit der Erklärungen.[1165]

Die Beweiskraft der **Protokolle von Gerichtsverhandlungen** bezieht sich zwar ebenfalls darauf, dass eine Person erschienen und den beurkundeten Namen angegeben hat, **nicht aber auf die Identität der Person.**[1166]

658 ■ Gemäß **§ 418 ZPO** erstreckt sich bei **Zeugnisurkunden über sonstige Tatsachen** der öffentliche Glaube nur auf solche Tatsachen, die auf der eigenen Wahrnehmung der Behörde bzw. Urkundsperson beruhen.

Klausurbeliebte Beispiele:

Bei der **Unterschriftsbeglaubigung** gemäß § 40 BeurkG erstreckt sich die Beweiskraft darauf, dass die Unterschrift in Gegenwart des Notars vollzogen oder anerkannt worden ist, § 40 Abs. 3 S. 2 BeurkG.[1167] Dagegen erstreckt sich der öffentliche Glaube nicht auf den Zeitpunkt und den Ort des Vollzugs sowie der Anerkennung der Unterschrift.[1168]

Die **Erteilung einer TÜV-Prüfplakette** beweist mit öffentlichem Glauben den Termin der nächsten Hauptuntersuchung, nicht aber, dass das Fahrzeug bei der Untersuchung für verkehrstauglich und ohne wesentliche Mängel befunden worden sei.[1169]

2. „Bewirken" in § 271

Die Reichweite dieses Merkmals wird deutlich bei Irrtümern über die Gut- oder Bösgläubigkeit des Beurkundenden.

a) Irrige Annahme der Gutgläubigkeit der Beurkundungsperson

659 Hat der Beamte bewusst etwas falsch beurkundet, ist er nach § 348 strafbar. Der Veranlasser wäre Anstifter hierzu (mit Strafmilderung aus § 28 Abs. 1), wenn er Vorsatz bezüglich der Vorsätzlichkeit des Amtsträgers besessen hätte. Fraglich ist, ob das auch gilt, wenn er den Amtsträger irrtümlich für unvorsätzlich hält. Dass der Veranlasser damit die Tat „wie ein mittelbarer Täter" beherrschen wollte, begründet keine Strafbarkeit als Anstifter. Zwar wird im Allgemeinen Teil von der Rechtslehre vertreten, bei irriger Annah-

1163 RGSt 24, 308, 312; LK-Zieschang § 271 Rn. 41; a.A. Sch/Sch/Heine/Schuster § 271 Rn. 23.
1164 RGSt 66, 356; LK-Zieschang § 271 Rn. 43.
1165 BGH JZ 1987, 522 zur falschen Kaufpreisangabe beim notariellen Grundstückskaufvertrag.
1166 OLG Hamm NJW 1977, 592.
1167 OLG Frankfurt NStZ 1986, 121.
1168 OLG Karlsruhe NJW 1999, 1044.
1169 BayObLG, Urt. v. 29.10.1998 – 5 St RR 167/98, RÜ 1999, 159; NStZ 1999, 575 m. abl. Anm. Puppe.

me der Unvorsätzlichkeit des Vordermannes umfasse der Wille zur Tatherrschaft auch den Anstiftungsvorsatz.[1170] Doch kann diese Konstruktion bei Falschbeurkundungen nicht greifen, weil sie zu einem höheren Strafrahmen führen würde (§§ 348; 26; 28 Abs. 1, 49 Abs. 1 Nr. 2) als demjenigen, der in § 271 für die Fälle quasi mittelbar-täterschaftlich bewirkter Falschbeurkundungen vorgesehen ist.

Infrage kommt deshalb nur **mittelbare Falschbeurkundung** gemäß **§ 271**. Das hängt von der Auslegung des Merkmals **„Bewirken"** ab:

Eine Mindermeinung im Schrifttum versteht darunter die Verursachung der Falschbeurkundung, verlangt aber wegen der Ergänzungsfunktion des § 271 als Sonderdelikt für mittelbare Täterschaft des Außenstehenden zusätzlich, dass der Veranlasser objektiv die Tatherrschaft (hier: Wissensherrschaft) über den Beurkundungsvorgang besitzt.[1171] Diese Ansicht erhebt die Gutgläubigkeit der Urkundsperson zum ungeschriebenen objektiven Tatbestandsmerkmal. Danach könnte der Veranlasser nur wegen versuchter mittelbarer Falschbeurkundung bestraft werden, weil er sich die Gutgläubigkeit vorgestellt hat.

Mit der ganz h.M. ist unter „Bewirken" jede Verursachung der unwahren Beurkundung zu verstehen, die nicht als Beteiligung am Delikt des § 348 zu erfassen ist. Entscheidend für die Tatvollendung ist nur, dass der Veranlasser eine unrichtige Falschbeurkundung herbeigeführt hat; die Gut- oder Bösgläubigkeit des Urkundsbeamten ist unerheblich.[1172] Der Veranlasser ist damit wegen vollendeter mittelbarer Falschbeurkundung strafbar.

b) Irrige Annahme der Bösgläubigkeit der Urkundsperson

In dieser umgekehrten Irrtumskonstellation kann sich nur der Veranlasser strafbar ge- **660**
macht haben: Anstiftung zur Falschbeurkundung, §§ 348, 26, scheidet dabei von vornherein aus, weil es an einer vorsätzlichen rechtswidrigen Haupttat fehlt. Die begrifflich gegebene versuchte Anstiftung zur Falschbeurkundung ist nicht strafbar, weil § 30 nur für Verbrechen gilt und eine Parallelvorschrift zu § 159 fehlt.

Ob **§ 271** eingreift, ist umstritten: Einige Rechtslehrer lassen den subjektiven Tatbestand scheitern, wenn der Veranlasser nur Anstiftungswillen habe; die versuchte Anstiftung zu § 348 sei aber nicht strafbar.[1173] Die h. M., die § 271 immer dann anwendet, wenn eine **Teilnahmestrafbarkeit bei § 348 scheitert**, bejaht die Tatvollendung.[1174]

3. Schwere mittelbare Falschbeurkundung, § 271 Abs. 3

Diese Qualifikation setzt voraus, dass T entweder **gegen Entgelt** (§ 11 Abs. 1 Nr. 9) oder **661**
in der Absicht gehandelt hat, **entweder sich oder einem anderen einen Vermögensvorteil zu verschaffen oder einem anderen Schaden zuzufügen**. Diese Absicht ist

1170 Vgl. dazu AS-Skript StrafR AT 2 (2016), Rn. 360.

1171 NK-Puppe § 271 Rn. 31, 41.

1172 RGSt 13, 52, 56; SK-Hoyer § 271 Rn. 24; Sch/Sch/Heine/Schuster § 271 Rn. 30; LK-Zieschang § 271 Rn. 87.

1173 NK-Puppe § 271 Rn. 42; Sch/Sch/Heine/Schuster § 271 Rn. 30.

1174 SK-Hoyer § 271 Rn. 24; Lackner/Kühl § 271 Rn. 7; LK-Zieschang § 271 Rn. 88.

dolus directus ersten Grades, der entweder auf eine günstigere Gestaltung der Vermögenslage des Täters oder eines Dritten oder auf irgendeinen Nachteil bei einem anderen als unmittelbare oder mittelbare Folge der Falschbeurkundung gerichtet sein muss.[1175]

F. Besonderer Schutz von Ausweispapieren, §§ 281, 273

Die §§ 273, 281 sind kein Prüfungsstoff zum 1. Examen in

- Berlin/Brandenburg (§ 3 Abs. 4 Nr. 2 JAO)
- Mecklenburg-Vorpommern (§ 11 Abs. 2 Nr. 2 b JAPO)
- Rheinland-Pfalz (§ 1 Abs. 2 Nr. 1 Anl. B II Nr. 9 JAPO)
- Sachsen-Anhalt (§ 14 Abs. 2 Nr. 2 Nr. 4 b JAPrVO)
- § 273 ist kein Prüfungsstoff in:
- Baden-Württemberg (§ 8 Abs. 2 Nr. 7 b JAPrO)
- Sachsen (§ 11 Abs. 3 Nr. 4 b jj JAPO)

I. Ausweismissbrauch, § 281

662 Geschützt sind nach Abs. 1 **amtliche Ausweispapiere** i.S.v. § 275 (also insbesondere Personalausweis, Reisepass) und nach der Gleichstellungsklausel des Abs. 2 solche Zeugnisse und andere Urkunden, die im Verkehr als Ausweis, d.h. als Identitätspapier benutzt werden, also Arbeitsbuch, Geburtsurkunde, nicht aber die Kredit- oder ec-Karte.[1176] Der Schutz besteht ferner nur, wenn die Papiere **echt** sind.[1177] Das Gesetz unterscheidet zwei Formen von Ausweismissbrauch:

663 **1.** Nach der **1. Alt.** ist derjenige strafbar, der einen **für einen anderen ausgestellten Ausweis zur Täuschung im Rechtsverkehr gebraucht**. Diese Merkmale entsprechen denen des § 267.

664 **2.** Nach der **2. Alt.** macht sich strafbar, wer **einem anderen Ausweise überlässt**, die nicht für diesen ausgestellt sind. Diese Tatmodalität ist eine zur Täterschaft erhobene Teilnahmehandlung an der 1. Alt. Sie ist erfüllt, wenn der Täter einem anderen die Verfügungsgewalt an dem Ausweis überträgt, sodass dieser in die Lage versetzt wird, das Papier zu gebrauchen.

665 **3.** Für das **Verhältnis beider Modalitäten** gilt: Die Täterschaft an einer Alternative konsumiert die zugleich gegebene Teilnahme an der anderen. Wer also das Ausweispapier zur Täuschung im Rechtsverkehr gebraucht, ist nicht auch noch wegen Anstiftung zum Überlassen des Ausweispapiers strafbar. Und wer als Täter ein Ausweispapier überlässt, ist nicht zugleich wegen Beihilfe zum Gebrauch strafbar.[1178]

1175 Lackner/Kühl § 271 Rn. 11; BGH MDR 1987, 598 f.

1176 Steinhilper GA 1985, 114, 130.

1177 Fischer § 281 Rn. 2.

1178 Lackner/Kühl § 281 Rn. 5.

II. Verändern von amtlichen Ausweisen, § 273

Nach der Rspr. sind die in einem Pass (oder sonstigen Ausweis) enthaltenen behördlichen Vermerke keine Bestandteile einer Gesamturkunde (s.o. Rn. 589 f.), ferner „gehören" Ausweispapiere in der Regel allein der in dem Papier benannten Person. Daraus folgte früher, dass die Beseitigung negativer behördlicher Vermerke für den Ausweisinhaber straflos war. Um diese Strafbarkeitslücke zu schließen, ist § 273 eingefügt worden. **666**

Abs. 1 Nr. 1 bezeichnet spezielle Handlungen, die auf das Beseitigen von Eintragungen gerichtet sind; der Eingriff muss sich nicht auf den Identitätsnachweis beziehen. Vielmehr kommen Veränderungen hinsichtlich jeglicher Eintragungen (Vermerke, Genehmigungen, Stempel) in Betracht, sofern sie mit dem Ausweis fest verbunden sind. **Abs. 1 Nr. 2** erfasst die Gebrauchsalternative. Beide Varianten müssen mit der überschießenden Innentendenz der Täuschung im Rechtsverkehr begangen sein und treten entsprechend ihrer Auffangfunktion als formell subsidiär hinter den §§ 267, 274 zurück.

Beispiel: Der Täter beseitigte Aufkleber des Straßenverkehrsamts von seinem tschechischen Führerschein, wonach dieser nicht in Deutschland galt. – Nach OLG Köln[1179] vollendet § 273.

G. Urkundenunterdrückung; Veränderung einer Grenzbezeichnung, § 274

Aufbauschema: Urkundenunterdrückung, § 274 Abs. 1 Nr. 1, 2

1. objektiver Tatbestand:

- Nr. 1:

  a) Tatobjekt: (echte) Urkunde/technische Aufzeichnung, die dem Täter nicht/nicht ausschließlich gehört

  b) Tathandlungen: Vernichten/Beschädigen/Unterdrücken

- Nr. 2:

  a) Tatobjekt: (echte) beweiserhebliche gespeicherte/übermittelte Daten, über die der Täter nicht/nicht ausschließlich verfügungsbefugt ist

  b) Tathandlungen: Löschen/Unterdrücken/Unbrauchbarmachen/Verändern

2. subjektiver Tatbestand:

a) Vorsatz

b) Nachteilszufügungsabsicht

4. Rechtswidrigkeit

5. Schuld

Hinweis: *§ 274 wird in mündlichen Prüfungen wegen seiner ungeschriebenen und vom umgangssprachlichen Verständnis abweichenden Merkmale gern geprüft.*

1179 OLG Köln, Beschl. v. 06.10.2009 – 81 Ss 43/09, RÜ 2010, 578.

I. Schutzobjekte

Nr. 1 benennt **Urkunden** oder **technische Aufzeichnungen**. Daneben werden in der **Nr. 2 beweiserhebliche Daten** i.S.v. § 202 a Abs. 2 und in der **Nr. 3 Grenz- und Wasserstandszeichen** geschützt, haben aber in Prüfungen keine Bedeutung.

667 **1.** Der Begriff der Urkunde i.S.d. Nr. 1 ist inhaltsgleich mit dem des § 267. Der Begriff der technischen Aufzeichnung deckt sich mit dem des § 268. Die Urkunde/technische Aufzeichnung muss darüber hinaus **echt** sein, da ihr anderenfalls der von § 274 gewährte Bestandsschutz nicht zukommt.[1180]

668 **2.** Sie darf dem Täter **nicht oder nicht ausschließlich gehören**. Entgegen dem Umgangssprachgebrauch hat dies **nichts mit den dinglichen Eigentumsverhältnissen an der Urkunde zu tun**. Da § 274 das Recht anderer (auch des Staates) schützt, mit der Urkunde oder der technischen Aufzeichnung im Rechtsverkehr Beweis zu erbringen, gehört diese schon dann nicht mehr dem Täter allein, wenn ein Dritter damit **beweisführungsberechtigt** ist. Deshalb kann Täter sogar der Eigentümer der Urkunde sein, sofern er herausgabe- oder vorlegungspflichtig ist.[1181] Allerdings begründen öffentlichrechtliche Vorlegungspflichten, die bloßen Überwachungsaufgaben dienen, kein Beweisführungsrecht des Staates.[1182]

II. Tathandlungen der Nr. 1

669 **Vernichtet** ist die Urkunde oder Aufzeichnung, wenn ihr Inhalt völlig beseitigt wird, sodass sie als Beweismittel nicht mehr vorhanden ist.[1183] **Beschädigt** ist das Tatobjekt, wenn daran Veränderungen vorgenommen worden sind, die den Wert als Beweismittel beeinträchtigen.[1184] **Unterdrückt** ist die Urkunde oder technische Aufzeichnung, wenn der Berechtigte – auch nur vorübergehend – an der Benutzung der Urkunde als Beweismittel gehindert wird.[1185]

III. Vorsatz und Nachteilszufügungsabsicht

670 **1.** Der Täter muss wissen oder billigend in Kauf nehmen, dass er auf eine Urkunde oder technische Aufzeichnung einwirkt.

671 **2.** Darüber hinaus muss er **Nachteilszufügungsabsicht** besitzen. Unter „Nachteil" versteht die h.M. jede Beeinträchtigung fremder Rechte, nicht nur vermögensrechtlicher Natur.[1186]

a) Die Vereitelung des **staatlichen Straf- und Bußgeldanspruchs stellt nach h.M. keinen solchen Nachteil dar**, weil anderenfalls das Urkundsdelikt die Funktion eines

---

1180 Fischer § 274 Rn. 2.

1181 BGHSt 29, 192.

1182 Sch/Sch/Heine/Schuster § 274 Rn. 5.

1183 Fischer § 274 Rn. 4.

1184 Lackner/Kühl § 274 Rn. 2.

1185 OLG Düsseldorf NStZ 1981, 25, 26.

1186 Sch/Sch/Heine/Schuster § 274 Rn. 16.

Rechtspflegedelikts übernähme. Daher wird z.B. das Vernichten von Fahrtenschreiberblättern nicht von § 274 erfasst.[1187]

b) Zudem muss der **Nachteil gerade darauf beruhen, dass dem Berechtigten die Benutzung des Inhalts der Urkunde in einer aktuellen Beweissituation vorenthalten wird. Nicht ausreichend ist, dass der Nachteil erst als Folge missbräuchlicher Verwendung der Urkunde entsteht.**[1188]

Beispiel (gern in Klausuren verwendet): Strafbar ist nach § 274 Abs. 1 Nr. 1, wer den Zettel eines Unfallzeugen mit dessen Adresse und Angaben zum Unfallverursacher vernichtet, um auf diese Weise die Durchsetzung etwaiger Schadensersatzansprüche zu verhindern.[1189]

Gegenbeispiel: Nicht nach § 274 strafbar ist, wer eine ec-Geldautomatenkarte zur unbefugten Abhebung während eines Zeitraums wegnimmt, der vom Inhaber unbemerkt sein soll. In diesem Fall soll dem Inhaber die Beweismöglichkeit nicht in einer aktuellen Beweissituation entzogen werden und der Nachteil, der durch die Geldabhebung eintritt, beruht nur auf der unbefugten Verwendung, nicht aber spezifisch auf der Ausschaltung der Beweisführungsmöglichkeit.

Da es sich um ein subjektives Tatbestandsmerkmal handelt, braucht der Nachteil nicht eingetreten sein. Für die Absicht lässt es die h.M. genügen, dass der Nachteil nur als notwendige Folge des Täterhandelns erkannt wird. Absicht in diesem Sinne ist nach der h.M. **direkter Vorsatz** unter Ausschluss des dolus eventualis.[1190]

IV. Konkurrenzen

1. Von Fälschungsdelikten wird § 274 als typische Begleittat konsumiert (siehe oben Rn. 619). **672**

2. Umstritten ist das Verhältnis zwischen § 274 und der Sachbeschädigung nach § 303. **673**
Beide Delikte schützen unterschiedliche Rechtsgüter, nämlich fremdes Eigentum einerseits und das Beweisführungsrecht andererseits. Deshalb befürwortet eine vordringende Ansicht Tateinheit.[1191] Nach h.M. verdrängt § 274 Abs. 1 Nr. 1 als speziellere Vorschrift die mitverwirklichte Sachbeschädigung an der Urkunde.[1192] Dieser Ansicht ist im Ergebnis zuzustimmen. Für Gesetzeskonkurrenz spricht der höhere Strafrahmen des § 274; ferner ist zu berücksichtigen, dass die Eigentumsverletzung regelmäßige Begleittat der Urkundenunterdrückung ist. Es liegt deshalb Gesetzeskonkurrenz in Form von Konsumtion vor.[1193]

1187 OLG Düsseldorf NJW 1985, 1231; BayObLG NZV 1989, 81; OLG Düsseldorf JR 1991, 250 m. Anm. Bottke; LK-Zieschang § 274 Rn. 59; Sch/Sch/Heine/Schuster § 274 Rn. 5, 16; NK-Puppe § 274 Rn. 4; SK-Hoyer § 274 Rn. 15.

1188 Vgl. RGSt 31, 143, 149; Fischer § 274 Rn. 9.

1189 AG Karlsruhe NJW 2000, 87.

1190 Sch/Sch/Heine/Schuster § 274 Rn. 15; für Beschränkung auf dolus directus I Freund JuS 1994, 207, 212; SK-Hoyer § 274 Rn. 17.

1191 NK-Puppe § 274 Rn. 19; SK-Hoyer § 274 Rn. 28.

1192 LK-Zieschang § 274 Rn. 65; Wessels/Hettinger Rndr. 898.

1193 Vgl. auch Geppert Jura 2000, 651, 655.

7. Abschnitt: Straftaten gegen die Rechtsordnung und Rechtspflege

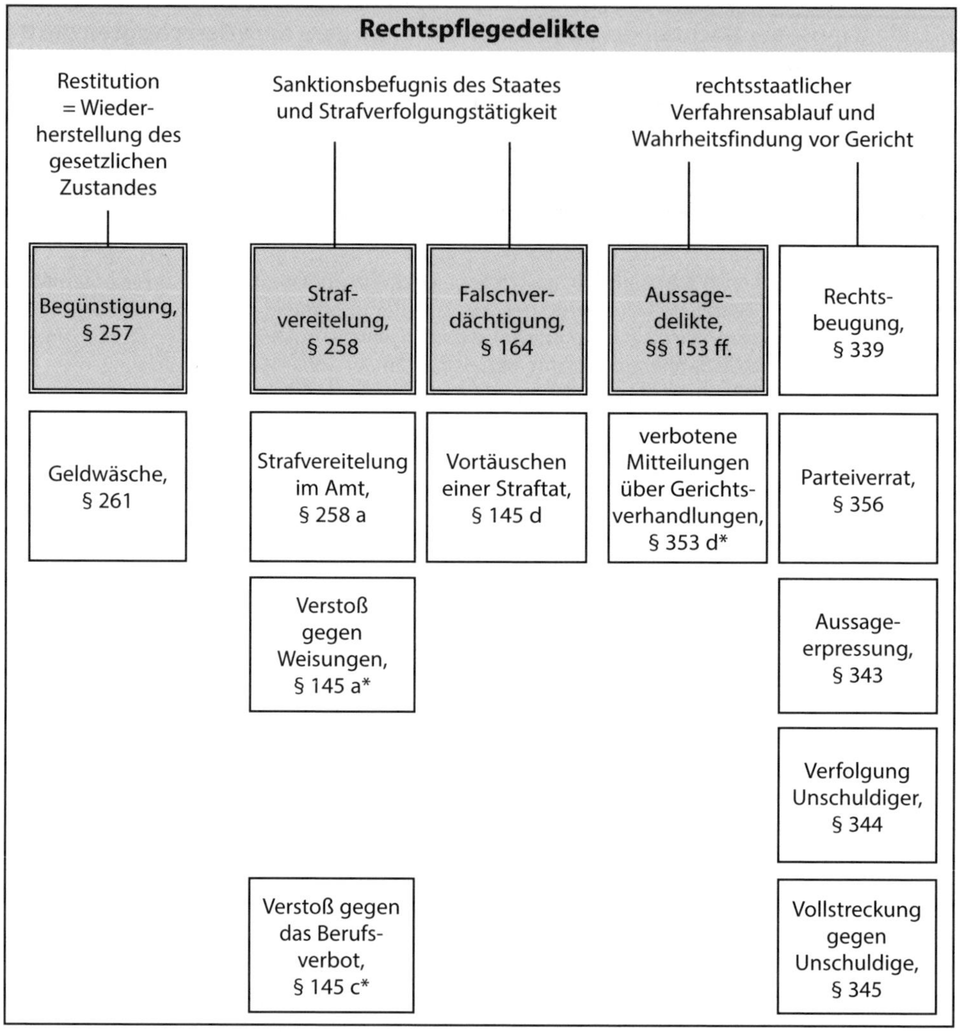

* Es genügt die Kenntnis des Gesetzeswortlauts. Auf eine Einzeldarstellung wird verzichtet. Zur Prüfungsfolge bei diesen Tatbeständen AS Aufbauschemata Strafrecht/StPO (2016).

A. Begünstigung, § 257

Aufbauschema: Begünstigung, § 257
1. objektiver Tatbestand: **a) Vortat:** In der Vergangenheit liegende rechtswidrige Straftat eines anderen **b)** Beim Vortäter noch vorhandene unmittelbare **Tatvorteile** **c) Tathandlung:** Hilfeleisten **2.** subjektiver Tatbestand: **a)** Vorsatz **b)** Vorteilssicherungsabsicht **3.** Rechtswidrigkeit **4.** Schuld **5. Persönlicher Strafausschluss bei Vortatbeteiligung**, Abs. 3 S. 1 aber: S. 2 **6. Strafverfolgungsvoraussetzungen:** ■ Antragerfordernis etc. bei der Vortat gelten auch für Begünstigung, Abs. 4 S. 1 ■ Bei Geringwertigkeit der Tatvorteile Antrag oder Bejahung bes. öffentl. Verfolgungsinteresses, Abs. 4 S. 2 ■ § 258 Abs. 6 analog bei Begünstigung als notw. Teil einer Strafvereitelung

Die Begünstigung gemäß § 257 knüpft – wie die Strafvereitelung (§ 258), Hehlerei (§ 259) und die Geldwäsche (§ 261) – an die Begehung einer rechtswidrigen Vortat an und ist deshalb wie diese ein **Anschlussdelikt**. Der Täter der Begünstigung verhindert oder erschwert die Möglichkeit, dem Vortäter durch staatliche Organe oder durch den Verletzten die Vorteile der Tat zu entziehen und dadurch den gesetzmäßigen Zustand wiederherzustellen. [1194] Schlagwortartig ist § 257 also ein **Restitutionsvereitelungsdelikt.**[1195] Geschütztes Rechtsgut ist primär die Rechtspflege in ihrer Funktion der Wiederherstellung des gesetzmäßigen Zustandes und sekundär das Interesse des durch die Vortat Verletzten. **674**

I. Struktur

1. Rechtswidrige Vortat eines anderen

a) Taugliche **Vortat** kann jede begangene, also in der Vergangenheit liegende rechtswidrige Straftat gemäß § 11 Abs. 1 Nr. 5 sein. Ist die Strafbarkeit der Vortat aber durch Gesetzesänderung aufgehoben worden, führt der Rechtsgedanke des § 2 Abs. 3 auch zur Straflosigkeit der Begünstigung bzgl. solcher Vortatvorteile.[1196] **675**

1194 BGH, Beschl. v. 03.11.2011 – 2 StR 302/11 Rn. 9.

1195 Vgl. Sch/Sch/Stree/Hecker § 257 Rn. 1.

1196 BGH, Urt. v. 04.12.2002 – 4 StR 411/02, StV 2003, 166.

b) Es muss sich um die **Vortat eines anderen** handeln. Selbstbegünstigungshandlungen durch den Vortäter sind nicht tatbestandsmäßig. Schuld und Verfolgbarkeit des Vortäters sind nicht erforderlich.[1197]

2. Vorteile der Vortat

676 **a) Vorteil** ist jede Besserstellung des Vortäters, die diesem nach privatem oder öffentlichem Recht wieder entzogen werden kann.[1198] Das ist in der Hauptsache Besitz an Vermögensgegenständen.

677 **b)** Der Vorteil muss **unmittelbar** im Zusammenhang mit der Vortat erlangt worden sein.[1199] Unter „unmittelbar" versteht die h.M. nicht Sachidentität wie bei der Hehlerei. **Surrogate aus der Vortatbeute genügen jedoch nicht.**

Beispiel: Der Erlös aus dem Verkauf der Diebesbeute an einen Hehler ist kein unmittelbar aus der Diebestat stammender Vorteil.[1200]

War durch die Vortat Bar- oder Buchgeld erlangt worden, ist dessen Wert der unmittelbare Tatvorteil. Hilft der Anschlusstäter, diesen nachvollziehbar im Vermögen des Täters zu erhalten, kommt es nicht darauf an, in welcher Weise er finanztechnisch verkörpert ist.[1201]

Beispiel: Begünstigung ist also möglich durch Einlösung strafbar erlangter Schecks und Umwandlung in Bankguthaben und weiter in Wertpapiere und deren Rückumsetzung in Bargeld.[1202]

678 **c)** § 257 unterscheidet auch nicht zwischen Vorteilen „für" und „aus" der Tat, sondern beinhaltet jeglichen Vorteil im **Zusammenhang mit der Tatbegehung**. Nicht erforderlich ist deshalb, dass dieser „aus" der Tat resultiert.

Beispiel: Vorteil ist sogar der vor der später begangenen Tat dem Vortäter von einem Dritten gezahlte (und nicht nur versprochene) Tatlohn.[1203]

679 **d)** Beim Vortäter muss der Vorteil im Zeitpunkt der Begünstigung noch vorhanden sein.

Beispiel: Die Rückgabe zuvor gutgläubig vom Vortäter geschenkten Geldes ist deshalb straflose Rückverschaffung eines Vorteils, aber keine Begünstigung.[1204]

3. Hilfeleisten

680 Tathandlung ist das **Hilfeleisten.** Die früher von der Rspr. vertretene Ansicht, wonach eine tatsächliche Besserstellung des Vortäters erforderlich sei,[1205] ist überholt. Durchgesetzt hat sich die Ansicht, wonach **Hilfeleisten jedes Verhalten ist, das objektiv geeignet ist, den Vortäter günstiger zu stellen**. Auf den Eintritt eines Begünstigungserfolgs kommt es für die Tatvollendung nicht an; untaugliche Versuche reichen für die

1197 Sch/Sch/Stree/Hecker § 257 Rn. 4.
1198 Lackner/Kühl § 257 Rn. 2.
1199 BGH NStZ 1987, 22.
1200 BGH, Beschl. v.29.04.2008 – 4 StR 148/08, NStZ 2008, 516.
1201 BGH NStZ 1990, 123.
1202 BGH a.a.O.
1203 BGH, Beschl. v. 03.11.2011 – 2 StR 302/11.
1204 BGHSt 24, 166.
1205 BGHSt 2, 375, 376.

Vollendung nicht aus, und eine Versuchsstrafdrohung fehlt bei § 257.[1206] Die Hilfeleistung ist auch durch Unterlassen möglich, sofern eine Rechtspflicht zur Verhinderung der Vorteilssicherung besteht.[1207]

4. Vorsatz und Vorteilssicherungsabsicht

a) In subjektiver Hinsicht genügt dolus eventualis. Genaue Vorstellungen über die Art der Vortat sind nicht erforderlich.[1208] **681**

b) Spezifisches subjektives Tatbestandsmerkmal der Begünstigung ist die **Absicht, die (unmittelbaren) Vorteile der Vortat zu sichern**. **682**

Diese Absicht ist nur dann gegeben, wenn der fragliche Täter das (Zwischen- oder Neben-)Ziel verfolgt, dem Vortäter die Tatvorteile gegen Entziehung zu sichern und die Wiederherstellung des gesetzmäßigen Zustands zu vereiteln.[1209]

Begünstigungsabsicht scheidet in folgenden Konstellationen aus:

- wenn der Anschlusstäter **nicht mit einer drohenden Entziehung der Beute rechnet**;

  Klausurhinweis*: Das ist der häufigste Fall!*

- wenn die Beutesicherung im Bewusstsein des Täters nur notwendige Konsequenz eines mit anderer Absicht geleisteten Verhaltens ist.[1210]

  Beispiel: Derjenige, der den Rückverkauf einer entwendeten Sache aus dem vorrangigen Motiv finanziert, dass der Bestohlene seine Sache zurückerhält, macht sich mangels Vorteilssicherungsabsicht nicht nach § 257 strafbar.[1211] Begünstigung liegt dagegen vor, wenn die Vermittlung des Rückverkaufs in erster Linie dazu dient, dem Vortäter den wirtschaftlichen Erfolg einer Tat zu erhalten.[1212]

- Auch fallen Handlungen, die nur dazu dienen, die erlangte Sache zu erhalten oder zu verwerten – ohne dass aus der Sicht des Täters eine Entziehung droht –, nicht unter § 257.[1213]

5. Konkurrenzen

Da § 257 gegenüber den anderen Anschlussdelikten eine eigenständige Schutzrichtung der Restitutionsvereitelung besitzt, kann der Tatbestand sowohl zur Strafvereitelung und zur Hehlerei als auch zur Geldwäsche in **Tateinheit** stehen.[1214] **683**

1206 BGHSt 4, 221, 224.
1207 BGH StV 1993, 27.
1208 Sch/Sch/Stree/Hecker § 257 Rn. 20.
1209 Sch/Sch/Stree/Hecker § 257 Rn. 19; BGH StV 1993, 27.
1210 BGH, Beschl. v. 01.09.1999 – 1 StR 416/99, NStZ 2000, 31.
1211 Vgl. Geppert Jura 1980, 327, 329.
1212 Vgl. OLG Düsseldorf NJW 1979, 2320.
1213 Vgl. MünchKomm/Cramer § 257 Rn. 22.
1214 Fischer § 257 Rn. 15; § 261 Rn. 53; str.

II. Abgrenzung zwischen sukzessiver Beihilfe und Begünstigung; Sonderregeln für Vortatbeteiligte

Fall 22: Willensrichtungstheorie; analoge Anwendung des § 258 Abs. 6

F hat ihren Ehemann M verlassen und ist zu ihrem Freund X gezogen. Eines Tages begibt sie sich aufgrund eines spontanen Entschlusses in die eheliche Wohnung zurück und bringt dort das Tafelsilber an sich, das M von seinen Eltern geerbt hat. Als sie mit dem schweren Besteckkasten unter dem Arm vor der Tür steht, ruft sie aus der nächsten Telefonzelle den X an und bittet ihn, sie mit dem Auto abzuholen, weil sie das Silber doch nicht allein tragen könne. X, der weiß, dass F das Silber ihres Mannes entwendet hat, kommt dem Wunsch nach und bringt F in die gemeinsame Wohnung. Als M kurz darauf bei F anruft und ihr den Diebstahl auf den Kopf zusagt, befürchtet sie eine polizeiliche Durchsuchung und Beschlagnahme der Beute. Diesmal kommt B, der Mann ihrer Schwester, nachdem sie diesem die Vorgeschichte erzählt hat, der Bitte der F nach, das Besteck in seinem Wohnwagen vor dem Zugriff des M zu sichern und als belastendes Beweismittel verschwinden zu lassen. M erstattet Strafanzeige. Den ebenfalls gestellten Strafantrag nimmt er später jedoch wieder zurück.
Strafbarkeit von F, X und B?

1. Handlungskomplex: Die Entwendung des Tafelsilbers

Aufbau: *Kommen in einem Fall Anschlussdelikte in Betracht (§§ 257, 258, 259, 261), sollte vorab geklärt sein, welche Vortaten verwirklicht sind und welcher Beteiligte hieraus strafbar ist. Am zweckmäßigsten ist es, dafür Handlungskomplexe zu bilden.*

A. **Strafbarkeit der F**

Infrage kommt **Diebstahl, § 242**. Indem F das Silber, das im Alleineigentum ihres Mannes stand, aus der Wohnung brachte, hat sie den fortbestehenden Gewahrsam des M gebrochen und neuen begründet. Sie hat also eine fremde bewegliche Sache vorsätzlich weggenommen. Dabei beabsichtigte F die rechtswidrige Zueignung; sie handelte rechtswidrig und schuldhaft. Die Tat richtete sich gegen ihren Ehemann als Angehörigen gemäß § 11 Abs. 1 Nr. 1 a; zur Strafverfolgung ist deshalb ein Antrag des M erforderlich, § 247. Da nach Rücknahme des Strafantrags eine erneute Antragstellung nicht mehr möglich ist, § 77 d Abs. 1 S. 3, ist für den Diebstahl ein Verfahrenshindernis eingetreten.

Zwischenergebnis: Für die Entwendung des Tafelsilbers kann F nicht verfolgt werden.

B. **Strafbarkeit des X**

I. **Mittäterschaftlicher Diebstahl** gemäß **§§ 242, 25 Abs. 2** scheidet aus, weil X nicht die notwendige Tatherrschaft bzw. den u.a. durch die Tatherrschaft indizierten Täterwillen besaß.

684 II. **Beihilfe zum Diebstahl, §§ 242, 27?**

1. Dass F einen rechtswidrigen Diebstahl begangen hat, ist festgestellt.

2. X müsste diesen gefördert haben. Er hat zwar für den Abtransport der Beute gesorgt und damit den Erfolg der Tat ermöglicht. Sein Mitwirkungsbeitrag setzte aber **erst nach Vollendung und vor tatsächlicher Beendigung der Tat** ein. Ob in diesem Stadium eine Beihilfe überhaupt noch möglich ist und – bejahendenfalls – wie diese von der Begünstigung abgegrenzt werden soll, ist umstritten:

   a) Ein Teil des Schrifttums lehnt die sogenannte **sukzessive Beihilfe**, also die Förderung der Haupttat **zwischen formeller Vollendung und materieller Beendigung** ab. Der Bestimmtheitsgrundsatz, Art. 103 Abs. 2 GG, verbiete, die Strafbarkeit wegen Teilnahme von dem völlig unpräzisen Begriff der Tatbeendigung abhängig zu machen.[1215] Nach dieser Ansicht stellt sich die Frage einer Abgrenzung zwischen sukzessiver Beihilfe und Begünstigung schon gar nicht. Das Verhalten des X kann allenfalls nach § 257 strafbar sein.

      Dieser Ansicht kann nicht gefolgt werden. Beihilfe ist keine allein handlungsorientierte, sondern erfolgsorientierte Teilnahmeform.[1216] Die Unterstützung kann also bis zum tatsächlichen Eintritt der Rechtsverletzung geleistet werden. Auch ist der Begriff der Tatbeendigung nicht zu unpräzise, weil daran sogar der Beginn der Verfolgungsverjährung anknüpft (§ 78 a).

   b) Rspr. und h.L. sprechen sich für die Möglichkeit einer sukzessiven Beihilfe aus.[1217] Innerhalb dieser Meinungsgruppe besteht Streit, wie Überschneidungen zur Begünstigung bewältigt werden sollen.

      aa) Vorwiegend die Rspr. stellt auf die **innere Willensrichtung** des Unterstützenden ab. Wolle dieser dazu beitragen, die Tat erfolgreich zu Ende zu bringen, so liege Beihilfe vor; wolle der Unterstützende das vom Vortäter Erlangte nur gegen Entziehung sichern, so sei Begünstigung gegeben.[1218]

      bb) Im Schrifttum wird die innere Willensrichtung als taugliches Abgrenzungskriterium abgelehnt. Derjenige, der die Deliktsbeendigung tatsächlich fördere, dürfe der u.U. strengeren Haftung wegen Beihilfe nicht deshalb entgehen, weil er nur eine Vorteilssicherung anstrebe. Aus der Wertung des § 257 Abs. 3 S. 1 folge, dass in diesem Fall die **sukzessive Beihilfe generell vorgehe**. Nach dieser Ansicht ist für eine Begünstigung praktisch erst ab tatsächlicher Beendigung der Vortat Raum.[1219]

   Im vorliegenden Fall kommen die beiden letztgenannten Ansichten zu demselben Ergebnis: Da es X darum ging, F den Abtransport der schweren Beute zu ermöglichen, wollte er helfen, den Taterfolg herbeizuführen. Sein Verhalten ist damit als Förderungshandlung i.S.d. § 27 und nicht als Begünstigungshandlung zu werten.

1215 Rengier BT 1, 18. Aufl., § 7 Rn. 48.

1216 Kühl, Allg. Teil, 7 Aufl., § 20 Rn. 234.

1217 BGHSt 4, 132, 133; Fischer § 257 Rn. 4.

1218 RGSt 58, 13, 14; BGHSt 4, 132, 133; OLG Köln NJW 1990, 587; MünchKomm/Cramer § 257 Rn. 24.

1219 Sch/Sch/Stree/Hecker § 257 Rn. 7.

3. X handelte vorsätzlich, rechtswidrig und schuldhaft.

4. Zwischen dem Teilnehmer X und dem Verletzten M besteht kein Angehörigenverhältnis. Die Tat ist nicht antragsbedürftig i.S.d. § 247. Für X hat die Rücknahme des Strafantrags also kein Prozesshindernis bewirkt.

Ergebnis: X ist strafbar wegen Beihilfe zum Diebstahl.

2. Handlungskomplex: Das Verbergen der Beute im Wohnwagen

A. **Strafbarkeit des B**

I. **Hehlerei** gemäß **§ 259?** Zwar war das von F gestohlene Besteck taugliches Hehlereiobjekt. Die bloße Inverwahrungnahme ist jedoch mangels Erlangung eigener Verfügungsgewalt kein Sichverschaffen[1220] und mangels beabsichtigter Abschiebung der Beute auch noch kein Absatz bzw. keine Absatzhilfe.[1221]

II. Strafvereitelung gemäß **§ 258 Abs. 1** scheidet ebenfalls aus. Dabei kommt es auf die Frage, ob Vollendung oder nur Versuch vorliegt, wenn die Vortat ein später nicht mehr verfolgbares Antragsdelikt ist, nicht an.[1222] Da B die Schwester seiner Frau, also seine Angehörige i.S.v. § 11 Abs. 1 Nr. 1 a, vor Strafe bewahren wollte, indem er das Besteck beiseite schaffte, greift für ihn der persönliche Strafausschließungsgrund des § 258 Abs. 6 ein.

III. Infrage kommt **Begünstigung, § 257**.

1. F hatte einen Diebstahl begangen. Hieraus ist ihr der Besitz an dem Tafelsilber als Vorteil zugeflossen. Dass die Tat für F einem Strafverfolgungshindernis unterlag, steht der Begünstigung nicht entgegen.

2. Das Verbergen der Diebesbeute war objektiv geeignet, der F den Besitz an dem Silberbesteck zu erhalten. Eine Hilfeleistung hat damit vorgelegen.

3. Hier wusste B, dass F einen Diebstahl begangen hatte und dass er bei der Besitzerhaltung half.

4. B hat die Sache – neben seiner Strafvereitelungsabsicht – versteckt, damit sie nicht als Diebesbeute beschlagnahmt und an M zurückgegeben werde. Er handelte also mit Vorteilssicherungsabsicht.

5. Rechtswidrigkeit und Schuld liegen vor.

6. § 257 Abs. 4 S. 1 könnte für B ein Strafverfolgungshindernis auslösen: Danach ist auch die Begünstigung antragsbedürftig, wenn der Begünstigte – unterstellt, er wäre Vortatbeteiligter gewesen – nur auf Antrag verfolgt werden könnte. § 247 greift aber hier nicht ein, weil B Schwager der F war und zum Ehegatten seiner Schwägerin nicht mehr als verschwägert i.S.v. § 11 Abs. 1 Nr. 1 a angesehen wird.[1223]

1220 Vgl. BGH bei Holtz MDR 1991, 1022.

1221 Vgl. BGH NJW 1989, 1490.

1222 Dazu Sch/Sch/Stree/Hecker § 258 Rn. 4.

1223 RGSt 15, 78.

7. Infrage kommt aber eine **analoge Anwendung des § 258 Abs. 6**, denn zwischen F und B bestand ein Angehörigenverhältnis durch Schwägerschaft. Die Rspr. zieht die Analogie in Betracht, **wenn die Vorteilssicherungsabsicht mit der Strafvereitelungsabsicht einhergeht und die Strafvereitelung nach der Vorstellung des Täters nicht ohne gleichzeitige Begünstigung erreicht werden kann.**[1224] **685**

Ergebnis: Befürwortet man die Analogie auch im vorliegenden Fall, ist B straflos.

B. **Strafbarkeit der F als Teilnehmerin**

I. **Anstiftung zur Strafvereitelung** gemäß **§§ 258, 26** scheidet aus. Nach heute allgemeiner Ansicht folgt aus dem Wortlaut des § 258 Abs. 5, dass der Vortäter für die zu seinen Gunsten bewirkte Strafvereitelung nicht strafbar ist, auch wenn dies über eine an sich tatbestandsmäßige und rechtswidrige Fremdvereitelung eines anderen bewirkt wird.[1225]

II. F könnte wegen **Anstiftung zur Begünstigung strafbar sein, §§ 257, 26**.

1. Eine rechtswidrige Begünstigung seitens des B ist festgestellt. F hat durch ihre Bitte den Tatentschluss in B hervorgerufen und damit den Anstiftungstatbestand erfüllt. Rechtswidrigkeit und Schuld sind gegeben.

2. Für F könnte aber der Strafausschließungsgrund des § 257 Abs. 3 S. 1 eingreifen. **686**

a) Danach wird wegen Begünstigung nicht bestraft, **wer wegen Vortatbeteiligung strafbar** ist. Maßgeblich hierfür ist allein die Strafbarkeit, nicht die Verfolgbarkeit der Vortatbeteiligung.[1226] Abs. 3 S. 1 gilt für Täter und für Teilnehmer an der Begünstigung.[1227] Hier war F eines Diebstahls schuldig. Dass für sie ein Verfolgungshindernis bestand, steht der Anwendung des Abs. 3 S. 1 nicht entgegen.

b) Nach § 257 Abs. 3 S. 2 gilt der Strafausschließungsgrund jedoch nicht, wenn der Vortatbeteiligte einen an der Vortat **Unbeteiligten zur Begünstigung anstiftet.**[1228] Da feststeht, dass B an dem Diebstahl unbeteiligt war, greift § 257 Abs. 3 S. 1 nach dem Wortlaut von S. 2 nicht zugunsten der F ein.

c) Gleichwohl wendet die h.M. § 257 Abs. 3 S. 2 ausnahmsweise nicht an, **wenn die Anstiftung zur Strafvereitelung nicht zu erreichen wäre ohne die Anstiftung zur Begünstigung**. In einem solchen Fall gebiete es die notstandsähnliche Lage des Vortäters, die Straflosigkeit der Anstiftung zur Strafvereitelung auf die Teilnahme an der Begünstigung zu übertragen.[1229]

1224 BGH, Beschl. v. 15.12.1999 – 3 StR 448/99, NStZ 2000, 259; Fischer § 258 Rn. 39; a.A. wegen Verschiedenartigkeit der geschützten Rechtsgüter Cramer NStZ 2000, 246.

1225 Sch/Sch/Stree/Hecker § 258 Rn. 38.

1226 Sch/Sch/Stree/Hecker § 257 Rn. 31.

1227 LK-Walter § 257 Rn. 80.

1228 Zur Kritik an dieser mit dem heutigen Verständnis des Strafgrundes der Teilnahme unvereinbaren Rückausnahme Sch/Sch/Stree/Hecker § 257 Rn. 27.

1229 Sch/Sch/Stree/Hecker § 258 Rn. 38.

Dieser Gedanke greift auch hier ein, weil das Beiseiteschaffen des Bestecks als Strafvereitelungshandlung ohne gleichzeitige Begünstigung gar nicht möglich war.

Auf § 257 Abs. 4 und das Strafverfolgungshindernis des zurückgenommenen Strafantrags gemäß §§ 247; 77 d Abs. 1 S. 2 kommt es deshalb nicht mehr an.

Gesamtergebnis: F und B sind straflos, X ist strafbar wegen Beihilfe zum Diebstahl.

B. Geldwäsche; Verschleierung unrechtmäßig erlangter Vermögenswerte, § 261

Kein Prüfungsstoff zum 1. Examen in

- Berlin / Brandenburg (§ 3 Abs. 4 Nr. 2 b, kk JAO)
- Mecklenburg-Vorpommern (§ 11 Abs. 2 Nr. 2 b JAPO)
- Niedersachsen (§ 16 Abs. 2 Nr. 1 NJAVO))
- Sachsen-Anhalt (§ 14 Abs. 2 Nr. 4 b JAPrVO)

In den übrigen Ländern spielt § 261 kaum eine Rolle

Aufbauschema: Geldwäsche; Verschleierung unrechtmäßig erlangter Vermögenswerte, § 261

1. Objektiver Tatbestand

a) Tatobjekt:

aa) Gegenstand = (bewegliche/unbewegliche) Sache/Forderung/Recht

bb) Katalogtat i.S.d. Abs. 1 S. 2 Nr. 1–5, insbesondere Nr. 1: Verbrechen

cc) Herrühren (auch bei werterhaltendem Umtausch in Ersatzgegenstände)

b) Tathandlungen:

aa) Abs. 1 **(Gefährdungs- und Vereitelungstatbestand)**
Verbergen/Herkunft verschleiern/Ermittlung der Herkunft, Auffinden, Verfall, Einziehung, Sicherstellung vereiteln oder gefährden

bb) Abs. 2 **(Isolierungstatbestand)**

(1) Verschaffen/Verwahren/Verwenden

(2) Kein Tatbestandsausschluss nach Abs. 6 wegen redlichen Zwischenerwerbs

2. Subjektiver Tatbestand:

   Vorsatz, bei Tathandlungen nach Abs. 2 Nr. 2 im Zeitpunkt der Erlangung (bei Verneinung „leichtfertige" Tatbegehung nach Abs. 5 prüfen).

3. Rechtswidrigkeit
4. Schuld
5. **Persönlicher Strafausschluss** bei Eigengeldwäsche, Abs. 9 S. 2 mit Rückausnahme, Abs. 9 S. 3
6. **Regelbeispiele** für besonders schwere Fälle, Abs. 4 S. 2
7. **Strafaufhebungsgrund:** Tätige Reue, Abs. 9 S. 1

Bei lukrativen Straftaten, vor allem aus dem Bereich der organisierten Kriminalität, liegt 687
eine wirksame Prävention darin, dem Vortäter diese Gewinne zu entziehen und das Einschleusen in den legalen Finanz- und Wirtschaftskreislauf zu verhindern. Mit den Anschlussdelikten der Hehlerei (§ 259) und der Begünstigung (§ 257) ist dieses Ziel schwer erreichbar: Erlöse aus Nichtvermögensdelikten – insbesondere aus dem Betäubungsmittelhandel – werden vom Hehlereitatbestand genauso wenig erfasst wie deliktisch erlangte Forderungen oder Ersatzgegenstände, und eine Verurteilung wegen Begünstigung scheitert regelmäßig am fehlenden Nachweis der Vorteilssicherungsabsicht. Aus diesem Grund wurde im Jahre 1992 der Geldwäschetatbestand, § 261, geschaffen und inzwischen mehrfach erweitert – zuletzt durch Gesetz zur Verbesserung der Bekämpfung des Menschenhandels vom 11.10.2016 mit Wirkung vom 15.10.2016.[1230]

Potenziell strafbar ist danach jeder Umgang mit Vorteilen aus einer der in § 261 abschließend aufgezählten Vortaten. Es kommt nicht darauf an, ob der Vorteil unmittelbar aus der Vortat stammt (wie bei der Hehlerei und Begünstigung) oder ob der Anschlusstäter zugunsten des Vortäters handelt (wie bei der Begünstigung). § 261 dient mehreren Schutzzwecken gleichzeitig: Abs. 1 schützt die **Rechtspflege**, vor allem das Ermittlungsinteresse der Strafverfolgungsbehörden.[1231] Abs. 2 schützt die **Volkswirtschaft**[1232] (vor Eingriffen in den legalen Wirtschafts- und Finanzkreislauf) sowie mittelbar die **durch die Vortat selbst geschützten Rechtsgüter**.[1233]

I. Tatobjekt

Tatobjekt ist jeder **Gegenstand**, der aus einer **Vortat** i.S.d. Abs. 1 S. 2 **herrührt**.

1. Der Begriff des **Gegenstandes** umfasst **Sachen und Rechte**, beispielsweise bewegli- 688
che und unbewegliche Sachen, Edelmetalle und -steine, Bargeld und Buchgeld, Wertpapiere und Forderungen.[1234]

1230 BGBl. I 2016, S. 2226.

1231 Fischer § 261 Rn. 3.

1232 BGH, Urt. v. 24.01.2006 – 1 StR 357/05, S. 20, BGHSt 50, 347.

1233 BT-Drs. 12/989, S. 27.

1234 BT-Drs. 12/989, S. 27.

689 **2.** Das Merkmal des „Herrührens" ist bewusst weit gehalten, um die für die Geldwäsche typischen verschiedenen und häufig mehrfachen wirtschaftlichen Transaktionen zu erfassen. **Ein Gegenstand rührt dann aus einer bestimmten Straftat her, wenn er entweder unmittelbar aus der Vortat stammt oder ein Ersatzgegenstand ist, der bei wirtschaftlicher Betrachtung als Ergebnis auch mehrfacher Umwandlungsvorgänge an die Stelle des Ursprungsgegenstandes getreten ist.** Bei **Ersatzgegenständen** genügt es für den Zusammenhang zur Vortat, dass darin der wirtschaftliche Wert des Ursprungsgegenstandes mehr als unerheblich eingegangen ist.[1235] Wird auf einem Bankkonto legal erworbenes Buchgeld mit nicht völlig unerheblichen Zahlungseingängen aus illegalen Quellen **vermischt**, so rührt der gesamte Kontostand aus diesen Vortaten.[1236]

690 **3.** Die **Vortat**, aus welcher der Gegenstand herrührt, muss eine **Katalogtat** des Abs. 1 S. 2 sein. Der Vortatkatalog erfasst:

Nr. 1: Verbrechen i.S.v. **§ 12 Abs. 1;**

Klausurhinweis: *Diese Anknüpfung kann (soweit § 261 noch zum Prüfungsstoff zählt) in Klausuren relevant werden!*

Zu den Verbrechen gehört auch die gewerbs- oder bandenmäßige Steuerhinterziehung. Dabei ordnet § 261 Abs. 1 S. 3 eine Erweiterung der inkriminierten Vermögenswerte auf die durch die Steuerhinterziehung ersparten Aufwendungen sowie die dadurch erlangten Steuererstattungen und -vergütungen an.

Nr. 2: Korruptionsdelikte und Vergehen aus dem Bereich der Drogenkriminalität;

Nr. 3: Gewerbsmäßigen Schmuggel und Steuerhehlerei. § 261 Abs. 1 S. 3 macht sogar die Gegenstände, hinsichtlich derer die Steuern hinterzogen worden sind, zu geldwäschefähigen Tatobjekten.

Nr. 4: Wirtschaftsdelikte nach §§ 152 a, 242, 246, 253, 259, 263–264, 266, 284, Urkundsdelikte nach §§ 267, 269, Menschenhandel, Einschleusungen zum Zweck des Asylmissbrauchs, Zuhälterei, Umweltdelikte nach §§ 326, 328, sowie Steuerhinterziehung u.a. Diese Taten müssen aber **gewerbsmäßig oder als Bandendelikte** begangen worden sein.

Nr. 5: Alle Bezugstaten von Mitgliedern einer kriminellen Vereinigung.

Gemäß **Abs. 8** genügen auch am Tatort mit Strafe bedrohte Auslandstaten, wenn diese einer der Katalogtaten entsprechen.

691 **4.** Es muss **sich nicht um die Vortat eines anderen** handeln. Auch Geldwäsche durch den Vortäter („Selbstgeldwäsche") selbst ist tatbestandsmäßig. Um eine Doppelbestrafung des Vortäters zu vermeiden, der seine eigene Beute in den legalen Wirtschaftskreislauf einschleust, sieht **§ 261 Abs. 9 S. 2 einen persönlichen Strafausschließungsgrund für Beteiligte an der Vortat** vor. Diese Regelung beruht – wie ihr Pendant § 257 Abs. 3 S. 1 – auf dem Gedanken der mitbestraften Nachtat. Sie ist der Sache nach zugleich eine Konkurrenzregel, die eine Strafbarkeit wegen Geldwäsche immer aus-

---

1235 OLG Karlsruhe RÜ 2005, 202, 204.

1236 BVerfG, Beschl. v. 20.05.2015 – 1 StR 33/15, RÜ 2015, 785.

schließt, wenn der Betreffende schon wegen der Beteiligung an der Katalogtat strafbar ist.[1237] § 261 Abs. 9 S. 2 greift umgekehrt nicht ein, wenn es tatsächlich nicht zu einer Verurteilung aus der Vortat kommen kann, ferner gemäß Abs. 9 S 3 dann nicht, wenn der Täter oder Teilnehmer einen Geldwäschegegenstand in den Verkehr bringt und dabei die rechtswidrige Herkunft des Gegenstandes verschleiert.[1238]

II. Tathandlungen

1. Gefährdungs- und Vereitelungstatbestand

Abs. 1 stellt Verhaltensweisen unter Strafe, die den Zugriff der Strafverfolgungsorgane auf die „kontaminierten" Gegenstände verhindern oder erschweren. **692**

2. Isolierungstatbestand

Abs. 2 erfasst sonstige Fälle des Erwerbs, Besitzes und der Verwendung von Vortat-Vorteilen. Speziell für die Tathandlungen des Absatzes 2 hat der Gesetzgeber einen Tatbestandsausschluss dann vorgesehen, wenn es sich um Gegenstände handelt, die zuvor ein Dritter (nicht notwendig wirksam, § 935 BGB) erworben hat, ohne hierdurch eine Straftat zu begehen, **Abs. 6**. Damit soll der Entstehung unangemessen langer Ketten von Straftaten, die sich bei häufigen Umsatzgeschäften entwickeln können, entgegengewirkt werden. Wer einen in Abs. 1 bezeichneten Gegenstand ohne strafbaren Verstoß gegen die Geldwäschevorschrift erlangt, unterbricht die Kette und bewirkt, dass weitere auf den Gegenstand bezogene Handlungen nach Abs. 2 nicht mehr tatbestandsmäßig sind, und zwar selbst dann nicht, wenn nachfolgende Erwerber bösgläubig sind.[1239] Abs. 6 gilt nur für Tathandlungen nach Abs. 2 und ist nicht analogiefähig.[1240] **693**

III. Vorwerfbarkeitsformen

Für alle Tathandlungen ist zumindest bedingter **Vorsatz** erforderlich. **694**

Ist dies nicht der Fall, weil der Täter die strafbare Herkunft nicht kennt, kann die Tat bei **Leichtfertigkeit** diesbezüglich nach Abs. 5 strafbar sein.[1241]

Zum verfassungsrechtlichen Tatbestandsausschluss bei Wahlverteidigern unten Rn. 727.

1237 BGH, Urt. v. 20.09.2000 – 5 StR 252/00, NJW 2000, 3725.

1238 Vgl. dazu Neuheuser NZWiSt 2016, 265.

1239 Lackner/Kühl § 261 Rn. 6.

1240 OLG Karlsruhe RÜ 2005, 202, 204; Fischer § 261 Rn. 27–29.

1241 Zusammenfassend Hombrecher JA 2005, 67.

C. Strafvereitelung, § 258; Strafvereitelung im Amt, § 258 a

Aufbauschema: Strafvereitelung, § 258

Verfolgungsvereitelung, Abs. 1	**Vollstreckungsvereitelung, Abs. 2**
1. Objektiver Tatbestand: **a)** **Straftat eines anderen**, aus der ein strafrechtlicher Anspruch auf Strafe oder Verhängung von Maßnahmen begründet ist **b)** Tathandlung: **Ganz/teilweise Vereiteln der Bestrafung**	**1.** Objektiver Tatbestand: **a)** Rechtskräftig gegen einen anderen **verhängte und noch nicht vollstreckte Strafe oder Maßnahme** **b)** Tathandlung: **Ganz/teilweise Vereiteln der Vollstreckung**

2. Subjektiver Tatbestand:
Vorsatz bezüglich Vortat (Abs. 1)/bezüglich der verhängten Strafe (Abs. 2), sowie **Absicht/Wissentlichkeit** bezüglich der Vereitelung

3. Rechtswidrigkeit

4. Schuld

5. **Persönlicher Strafausschluss** bei gleichzeitiger Fremd- und Eigenbegünstigung, Abs. 5; ferner bei Strafvereitelung zugunsten Angehöriger, Abs. 6

Schutzgut der §§ 258, 258 a ist die inländische Strafrechtspflege. Es handelt sich um **Anschlussdelikte**, die nur bei Absicht oder Wissentlichkeit der Erfolgsherbeiführung unter Strafe stehen. Schon der Versuch ist strafbar, § 258 Abs. 4, § 258 a Abs. 2.

Klausurhinweis: *§ 258 Abs. 1, 5 ist 2015 und 2016 mehrfach Hauptthema in Examensklausuren in NRW gewesen.*

I. Strafverfolgungsvereitelung, § 258 Abs. 1

1. Straftat eines anderen

695 **a)** Vortat muss bei § 258 eine rechtswidrige **(Straf-)Tat eines anderen** sein, aus der die **konkrete Erwartung einer Bestrafung oder der Verhängung von Maßnahmen** (§ 11 Abs. 1 Nr. 8) erwachsen ist.

696 **aa)** Bei **Vereitelung einer Bestrafung** muss deshalb die Vortat tatbestandsmäßig, rechtswidrig und schuldhaft begangen worden sein, ferner dürfen keine Strafausschließungs- oder Strafaufhebungsgründe eingreifen. Bei einem Antragsdelikt als Vortat ist Strafvereitelung so lange möglich, wie der Antrag noch gestellt werden kann.[1242] Ferner muss als Sanktion im konkreten Fall eine Strafe zu erwarten sein. Würde das Verfahren beispielsweise nur mit einer Geldauflage nach § 153 a StPO[1243] oder bei Jugendlichen nur mit der Verhängung von Zuchtmitteln enden,[1244] ist eine darauf gerichtete

1242 Sch/Sch/Stree/Hecker § 258 Rn. 4.
1243 MünchKomm/Cramer § 258 Rn. 6.
1244 OLG Hamm NJW 2004, 1189.

Vereitelungshandlung nicht tatbestandsmäßig i.S.v. § 258. In Betracht kommt dann aber Versuch.

bb) Bei der (für Klausuren nicht relevanten) **Maßnahmenvereitelung** braucht die Tat nicht schuldhaft begangen worden zu sein. Maßnahmen sind nach § 11 Abs. 1 Nr. 8 alle Maßregeln der Sicherung und Besserung, Verfall, Einziehung und Unbrauchbarmachung. **697**

Das Vorliegen der Vortat ist Tatbestandsmerkmal. Das Gericht, das über die Strafvereitelung zu entscheiden hat, muss daher die **Vortat selbstständig prüfen**. Eine schon erfolgte Verurteilung oder Freisprechung des Vortäters bindet das über die Strafvereitelung erkennende Gericht nicht.[1245]

b) Es muss sich zudem um die Straftat eines **anderen** handeln. Der Vortäter und der Anschlusstäter der Strafvereitelung müssen also **personenverschieden** sein; die Vereitelungshandlung zu eigenen Gunsten ist schon nicht tatbestandsmäßig. **698**

2. Ganz oder teilweise vereiteln

Der Täter muss den dem Strafgesetz gemäßen Sanktionsanspruch **ganz oder zum Teil vereitelt** haben. Hiermit ist ein strafrechtlicher **Erfolg** umschrieben.

a) Ganz vereitelt ist der staatliche Sanktionsanspruch nicht nur dann, wenn die Bestrafung oder Verhängung der Maßnahme endgültig unmöglich gemacht, sondern auch dann, wenn sie für geraume Zeit verzögert wird.[1246] Was unter „geraumer Zeit" zu verstehen ist, wird kontrovers beurteilt. Eine **Verzögerung von Tagen** ist für die Tatvollendung mindestens erforderlich.[1247] Vielfach wird eine Verzögerung von mindestens zwei Wochen verlangt.[1248] Manche verlangen mit Blick auf die gerichtlichen Unterbrechungsmöglichkeiten einer Hauptverhandlung gemäß § 229 Abs. 1 StPO sogar schon drei Wochen.[1249] **699**

b) Zum Teil vereitelt wird die Bestrafung dann, wenn der Täter bewirkt, dass die Strafe oder Maßnahme **milder** ausfällt als sie nach den tatsächlichen Umständen hätte ausfallen müssen.[1250] **700**

c) Durch **Unterlassen** kann eine Strafvereitelung nur begangen werden, wenn nach § 13 eine Rechtspflicht gerade zur Durchsetzung des strafrechtlichen Strafanspruchs besteht. Eine allgemeine Anzeigepflicht gibt es nicht. Zeugen oder Sachverständige sollen nach einer Meinung durch Verletzung ihrer prozessualen Auskunftspflicht gegenüber Staatsanwaltschaft oder Gericht wegen Strafvereitelung durch Unterlassen strafbar werden können.[1251] Die Gegenauffassung sieht in den Ordnungs- und Beugemitteln des § 70 StPO eine die Strafbarkeit aus § 258 verdrängende Spezialregel.[1252] **701**

1245 BGH bei Dallinger MDR 1969, 194.
1246 BGH NJW 1984, 134; OLG Karlsruhe JR 1989, 210; Sch/Sch/Stree/Hecker § 258 Rn. 16.
1247 Vgl. KG NStZ 1988, 178; OLG Stuttgart NJW 1976, 2084; SK-Hoyer § 258 Rn. 13.
1248 Wessels/Hettinger Rn. 727.
1249 Sch/Sch/Hecker § 258 Rn. 14.
1250 Sch/Sch/Stree/Hecker § 258 Rn. 16.
1251 Sch/Sch/Stree/Bosch § 13 Rn. 31 a. E.
1252 Reichling/Döring StraFo 2011, 82..

3. Vorsatz und Wissen oder Absicht der Vereitelung

702 **a)** In subjektiver Hinsicht muss der Täter hinsichtlich der Vortat nur **dolus eventualis** besitzen. Genaue tatsächliche oder rechtliche Vorstellungen braucht er nicht zu haben. Auch Zweifel an der Tatbegehung stehen nicht entgegen. [1253]

703 **b)** Die Vorsatzverengung auf **Wissentlichkeit und Absicht** bezieht sich auf die Vereitelungswirkung: Der Täter muss also darauf abzielen, durch seine Handlung die Bestrafung des Vortäters zu verhindern oder dies als sichere Folge seines Handelns voraussehen.

4. Persönliche Strafausschlüsse

704 **a) § 258 Abs. 5** erfasst als persönlicher Strafausschließungsgrund die Fälle, bei denen ein Vortatbeteiligter durch die Vereitelungshandlung, die einem anderen Vortatbeteiligten zugutekommt, **auch sich selbst** der Strafverfolgung wegen dieser Vortat entziehen will, selbst wenn die Befürchtung eigener Strafverfolgung unberechtigt ist.[1254]

Zur Bedeutung des Abs. 5 für die Teilnahme des Vortäters an der ihm gewährten Strafvereitelung und Begünstigung s.o. Fall 22 Rn. 683 ff.)

705 **b)** Die Strafvereitelung zugunsten **Angehöriger** i.S.v. § 11 Abs. 1 Nr. 1 a ist nach **§ 258 Abs. 6** straffrei.

II. Strafvollstreckungsvereitelung, § 258 Abs. 2

706 **1.** Voraussetzung ist eine nach § 449 StPO **vollstreckbare Entscheidung**, durch die eine Strafe oder Maßnahme der Besserung und Sicherung verhängt worden ist.

Der Inhalt des Urteils darf bei der Prüfung des § 258 Abs. 2 nicht mehr nachgeprüft werden.[1255]

707 **2.** Die Tathandlung des **ganz oder teilweisen Vereitelns der Vollstreckung** ist erfüllt, wenn der Verurteilte hinsichtlich des Ob und Wann der Vollstreckung besser gestellt worden ist.[1256] Dies kann z.B. dadurch geschehen, dass anstelle des Verurteilten ein anderer die Haftstrafe verbüßt.

708 Umstritten ist, ob in der **Zahlung einer Geldstrafe** zugunsten des Verurteilten eine tatbestandsmäßige Vollstreckungsvereitelung liegen kann. Ein Teil des Schrifttums bejaht dies. Die Geldstrafe solle den Verurteilten fühlbar persönlich treffen. Sie verliere diesen Sinn, wenn ein Dritter dem Verurteilten diese Belastung abnehme.[1257]

Die Gegenauffassung, der sich der BGH angeschlossen hat, verneint die Tatbestandsmäßigkeit. Die Vollstreckungsbehörden haben danach die Freiheitsentziehung oder die Zahlung der Geldstrafe durchzusetzen. Nicht mit Vollstreckungsmaßnahmen durchsetzbar sei hingegen die weitgehend vom Willen des Verurteilten abhängige „persönliche Betroffenheit". Sie sei deshalb nicht Angriffsobjekt der Strafvereitelung. Deshalb be-

1253 BGH, Urt. v. 10.09.2015 – 4 StR 1541/15, RÜ 2015, 781.

1254 BGH, Beschl. v. 03.04.2002 – 2 StR 66/02, NStZ-RR 2002, 215.

1255 Vgl. RGSt 73, 333.

1256 Fischer § 258 Rn. 30.

1257 Sch/Sch/Stree/Hecker § 258 Rn. 29.

gehe Strafvereitelung nur, wer durch Störung der äußeren Abläufe bewirke, dass eine gegen einen anderen verhängte Strafe oder Maßnahme nicht verwirklicht werden könne. Eine andere Auslegung verstoße gegen das Analogieverbot und mache die Strafbarkeit letztlich davon abhängig, ob es dem Täter gelinge, seine Zuwendung an den Verurteilten so zu etikettieren, dass sie nicht als tatbestandsmäßige Handlung erscheine (z.B. durch nachträgliche Erstattung der vom Beschuldigten gezahlten Geldstrafe oder durch nachträglich erlassenes Darlehen), obwohl sie der Sache nach Abwendung der unmittelbar fühlbaren Auswirkung des Strafübels vom Verurteilten sei.[1258]

3. In **subjektiver Hinsicht** muss der Täter hinsichtlich des Bestehens einer rechtskräftigen Entscheidung dolus eventualis besitzen; Vereitelungsabsicht oder -wissen sind auch hier erforderlich. **709**

4. Auch die Strafausschlüsse des § 258 Abs. 5 und 6 gelten für die Strafvollstreckungsvereitelung. **710**

III. Strafvereitelung im Amt, § 258 a

1. § 258 a qualifiziert sowohl die Strafverfolgungs- als auch die Strafvollstreckungsvereitelung als unechte Amtsdelikte. Tauglicher Täter ist nur ein **Amtsträger** (vgl. § 11 Abs. 1 Nr. 2), der zur **Mitwirkung bei dem Strafverfahren berufen** ist. Die Beziehung des Amtsträgers zur Strafsache wird nicht schon durch die allgemeine Pflicht des Polizeibeamten zur Erforschung von Straftaten gemäß § 163 Abs. 1 StPO ausgelöst.[1259] Während ein Teil des Schrifttums verlangt, dass der Amtsträger mit der Sache tatsächlich befasst sein müsse,[1260] lässt die h.M. nur die dienstlich eröffnete tatsächliche Möglichkeit ausreichen, in das Verfahren einzugreifen.[1261] **711**

2. Die Tathandlungen sind mit § 258 identisch.

3. Gemäß § 13 steht das **Unterlassen** dem aktiven Tun nur bei einer rechtlichen Handlungspflicht zur Abwendung des Erfolgs gleich. Nach allgemeiner Ansicht begründet die **Amtsträgerstellung eine Anzeigepflicht**, wenn ein Polizeibeamter **im Rahmen seiner dienstlichen Tätigkeit** von Straftaten erfährt.[1262] **712**

Inwieweit die Amtsträgerstellung den Beamten verpflichtet, auch **außerdienstlich** erlangte Kenntnis über Straftaten zu offenbaren, ist umstritten. Um den privaten Bereich des Beamten zu schützen, wird zum Teil jegliche Anzeigepflicht privat erlangter Kenntnisse verneint.[1263] Im Grundsatz stimmt die h.M. dem zu. **Ausnahmsweise besteht jedoch eine Pflicht zum Tätigwerden auch bei außerdienstlicher Kenntnisnahme, wenn es sich um Delikte handelt, die als Dauerdelikte oder auf ständige Wiederholung angelegte Serientaten auch während der Dienstausübung fortwirken, und wenn aufgrund einer Abwägung im Einzelfall das öffentliche Interesse an der Verhinderung dieser Straftaten den privaten Belangen des Beamten vorgeht.** Maß- **713**

1258 BGHSt 37, 226.
1259 OLG Karlsruhe JR 1989, 210.
1260 Lackner/Kühl § 258 a Rn. 2.
1261 BayObLG JZ 1961, 453; Sch/Sch/Stree/Hecker § 258 a Rn. 4.
1262 Vgl. Sch/Sch/Stree/Hecker § 258 a Rn. 10.
1263 SK-Hoyer § 258 a Rn. 6.

stab für das Gewicht der Tat ist zunächst der Katalog des § 138; doch auch außerhalb dessen kann sich die Schwere der Straftat aus dem hohen wirtschaftlichen Schaden oder dem besonderen Unrechtsgehalt ergeben; z.B. schwere Körperverletzungen, erhebliche Umwelt- oder Wirtschaftsdelikte, schwerwiegende Verstöße gegen das Waffen- oder Betäubungsmittelgesetz, organisierte Kriminalität; nicht aber das Fahren ohne Fahrerlaubnis eines Bekannten des Polizeibeamten.[1264]

714 **3.** Nach § 258 a Abs. 3 gilt auch hier der Strafausschluss des § 258 Abs. 5, **nicht** aber das Angehörigenprivileg des § 258 Abs. 6.

IV. Privilegierungen von Strafverteidigern

Fall 23: Tatbestandsausschluss für zulässiges Verteidigerhandeln; Abgrenzung Täterschaft/Teilnahme bei anwaltlichen Handlungen; Versuchsbeginn bei Veranlassung zur Falschaussage

Frau F war wegen unerlaubten Entfernens vom Unfallort mit einem Fahrzeug ihrer Firma vor dem Strafrichter angeklagt. Einige Tage vor der Hauptverhandlung bespricht sie sich noch einmal mit ihrer Verteidigerin, Rechtsanwältin R. Diese weiß, dass F die Tat begangen hat, hofft aber, dass die Unfallzeugen die Angeklagte nicht wiedererkennen werden. R rät der F, im Prozess von ihrem Schweigerecht Gebrauch zu machen. Auf die Frage, ob sie keine Entlastungszeugen habe, deren Vernehmung R beantragen könne, erinnert sich F an ihre Arbeitskollegin K. Diese sei bestimmt bereit, sich selbst wahrheitswidrig in der mündlichen Hauptverhandlung als Unfallfahrerin zu bezeichnen, aber nur, wenn L, der Lebensgefährte der K, auf diese einwirke. R ruft bei L an und bittet ihn um den „Gefallen". Wütend lehnt L das Ansinnen ab und verbittet sich jeden weiteren Kontakt. Trotz ihres Schweigens wird F zu einer Geldstrafe verurteilt. Strafbarkeit der R?

715 I. **Versuchte Anstiftung zur uneidlichen Falschaussage, §§ 159, 153, 30 Abs. 1?**

1. Zur Vollendung ist es nicht gekommen, weil schon der Versuch, den L als Anstifter zu gewinnen, misslungen ist.

716 2. Fraglich ist, ob gerade für diese Fallkonstellation eine Versuchsstrafbarkeit existiert. R hat allein angesetzt, L dazu anzustiften, dass dieser seinerseits die K zur Falschaussage anstifte. § 159 verweist aber „für den Versuch der Anstiftung" zu § 153 auf § 30 Abs. 1. Die sogenannte versuchte Kettenanstiftung ist zwar in § 30 Abs. 1 genannt, fehlt aber in der Verweisungsnorm des § 159. Scheitert also schon die Anstiftung zur Anstiftung, wie im vorliegenden Fall, so ist für diese Versuchslage auch § 159 nicht einschlägig.[1265]

717 II. **Strafvereitelung im Amt** gemäß **§ 258 a** ist von vornherein außer Betracht zu lassen: Zwar ist ein Rechtsanwalt Organ der Rechtspflege (§ 1 BRAO). Die Zulassung zur

1264 BGH NJW 1993, 544; NStZ 2000, 147; bestätigt von BVerfG, Beschl. v. 21.11.2002 – 2 BvR 2202/01, JZ 2004, 303 m. abl. Anm. Seebode JZ 2004, 305.

1265 Lackner/Kühl § 159 Rn. 5; NK-Vormbaum § 159 Rn. 13.

Rechtsanwaltschaft begründet aber kein öffentlich-rechtliches Amtsverhältnis i.S.d. § 11 Abs. 1 Nr. 2 b,[1266] sodass R keine „Amtsträgerin" ist.

III. Infrage kommt allenfalls **Strafvereitelung, und zwar als Versuch, §§ 258; 22, 23**. 718

1. Zur Vollendung ist es nicht gekommen. Die Handlungen der R haben an der strafrechtlichen Verurteilung der F nichts geändert.

2. R müsste Tatentschluss besessen haben.

a) Dass ein staatlicher Strafanspruch gegen F wegen der dieser zur Last gelegten Tat nach § 142 bestand, wusste R.

b) Fraglich ist, ob R eine Verfolgungsvereitelung verwirklichen wollte.

aa) Es kam ihr darauf an, das Verfahren mit einem Freispruch enden zu lassen. Erreichen wollte R dies durch den Rat zur Ausübung des Schweigerechts und durch die Herbeiführung der Falschaussage durch K.

bb) Da R diese Handlungen im Zusammenhang mit ihrem Verteidigermandat 719
vorgenommen hat, könnten sie **außerhalb des Tatbestands der Strafvereitelung** liegen. Der Verteidiger ist an Recht und Gesetz gebundenes Organ der Rechtspflege gemäß § 1 BRAO. Er ist andererseits (parteiischer!) Beistand des Beschuldigten (§ 137 StPO). Das Recht auf eine effektive Verteidigung ist kardinales Menschenrecht (Art. 6 III lit. c EMRK). Die Verteidigung ist deshalb notwendiger Bestandteil eines rechtsstaatlichen Strafverfahrens. Diese institutionalisierte Rolle wäre gefährdet, wenn ein Strafverteidiger wegen seiner Verteidigung selbst Strafverfolgung zu befürchten hätte. **Zulässiges Verhalten eines Strafverteidigers ist deshalb schon nicht tatbestandsmäßig i.S.v. § 258 Abs. 1.** Die Grenzen zulässigen Verteidigerhandelns ergeben sich nicht aus § 258 Abs. 1 selbst, sondern aus den Regelungen des Strafprozessrechts. Dort, wo ausdrückliche Bestimmungen fehlen, ist mit Blick auf die Gewährung effektiver Strafverteidigung und das Grundrecht aus Art. 12 GG erhebliche Zurückhaltung bei der Inhaltskontrolle von Verteidigerverhalten zu üben.[1267] Folgende Grundsätze sind anerkannt:

(1) **Der Verteidiger darf grundsätzlich alles tun, was in gesetzlich** 720
nicht zu beanstandender Weise seinem Mandanten nützt. Er hat die Aufgabe, zum Finden einer sachgerechten Entscheidung beizutragen und dabei das Gericht vor Fehlentscheidungen zulasten seines Mandanten zu bewahren. Zu seinen besonderen Aufgaben gehört es auch, auf die Einhaltung der Verfahrensgarantien und die Wahrung der Rechte seines Mandanten zu achten sowie den Prozessverlauf in rechtskonformer Weise zu beeinflussen.

Daher darf der Verteidiger z.B. auf den Verletzten einwirken, den **Strafantrag wieder zurückzunehmen**. Dies darf auch durch Zuwendung von Geld erleichtert werden, weil die Zuwendung eines Vermögensvorteils keine unzulässige Willensbeeinflussung ist

1266 Sch/Sch/Eser/Hecker § 11 Rn. 19.

1267 BGH, Beschl. v. 24.05.2006 – 2 ARs 199/06, StraFo 2006, 284.

und – bei Weiterleitung an den Verletzten – auch die Funktion besitzen kann, den angerichteten Schaden wiedergutzumachen.[1268]

Zum Fall: Dass R die Schuld ihrer Mandantin positiv kannte, hinderte sie nicht daran, auf einen Freispruch hinzuwirken, solange dies mit verfahrensrechtlich zulässigen Mitteln geschah. Die Verteidigerin durfte und musste vollständige Hinweise auf die materielle und prozessuale Rechtslage geben. Sie durfte deshalb der Beschuldigten empfehlen, sich **nicht zur Sache einzulassen**.

Zulässig ist sogar ein Hinweis an den Beschuldigten, dieser dürfe den **Tatvorwurf leugnen** und auch zu Lügen greifen, während dem Verteidiger dies selbst wegen seiner Wahrheitspflicht nicht gestattet ist.[1269]

721 (2) **Allerdings muss sich der Verteidiger bei seinem Vorgehen auf verfahrensrechtlich erlaubte Mittel beschränken und sich jeder sachwidrigen Erschwerung der Strafverfolgung enthalten.**

Unzulässig ist deshalb beispielsweise das Fernbleiben des Verteidigers mit dem Ziel, durch die Verzögerung den Angeklagten der Bestrafung zu entziehen, z.B. weil er den Tod eines schwer verletzten Belastungszeugen abwarten will.[1270] Der Verteidiger darf sich auch ihm als unwahr bekannte Behauptungen seines Mandanten nicht ausdrücklich zu eigen machen[1271] oder Einlassungen seines Mandanten in Kenntnis der Wahrheitswidrigkeit durch gezielte Informationen erst ermöglichen.[1272]

Verteidigungsfremd sind zudem alle Handlungen, die sich zwar den äußeren Anschein einer Verteidigung geben, aber tatsächlich nach den Maßstäben des Straf- und Strafprozessrechts nichts zu solcher beizutragen vermögen.[1273]

Versuchte Strafvereitelung liegt deshalb vor, wenn durch ununterbrochene, an das Publikum gerichtete volksverhetzende Erklärungen das Ziel verfolgt wird, den Prozess für geraume Zeit zu sabotieren oder einen Abschluss endgültig zu vereiteln.[1274]

Umstritten ist, ob die **Information des Beschuldigten über bevorstehende Zwangsmaßnahmen** zulässig ist. Die h.M. bejaht dies entgegen BGH,[1275] wenn der Verteidiger sein Wissen auf zulässigem Wege erlangt hat.[1276]

Zum Fall: Zulässiges Verteidigerhandeln liegt nicht mehr vor, wenn versucht wird, durch aktive Verdunkelung und Verzerrung des Sachverhalts die Wahrheitsfindung zu erschweren, insbesondere Beweisquellen zu verfälschen.[1277] **Nicht erlaubt** ist es deshalb, wenn der Verteidiger auf Zeugen einwirkt, um eine **Falschaussage zu veranlassen.**[1278] Der Anruf bei L, um diesen dazu zu bringen, die K zu einer Falschaussage zu veranlassen,

---

1268 Vgl. Krekeler NStZ 1989, 146, 150.
1269 Dazu Hammerstein NStZ 1997, 12.
1270 Schneider Jura 1989, 343.
1271 Vgl. Krekeler NStZ 1989, 146.
1272 BGH NStZ 1999, 188.
1273 BGH, Urt. v. 10.04.2002 – 5 StR 485/01, BGHSt 47, 278.
1274 BGH, Beschl. v. 24.05.2006 – 2 ARs 199/06, StraFo 2006, 284; kritisch Böhm NJW 2006, 2371.
1275 BGHSt 29, 99, 103.
1276 Liemersdorf MDR 1989, 204, 207.
1277 BGH, Beschl. v. 09.05.2000 – 1 StR 106/00, BGHSt 46, 53, RÜ 2000, 373 m.w.N.
1278 KG, Beschl. v. 28.06.2004 – 2 AR 54/04 – 4 ARs 27/04.

ist damit nicht durch das Verteidigerprivileg vom Tatbestand der Strafvereitelung ausgenommen.

cc) Fraglich ist aber, ob hierin eine **täterschaftliche Vereitelungshandlung** gesehen werden kann. Die Vereitelungswirkung in Form des Freispruchs sollte erst durch die Falschaussage der K herbeigeführt werden. Diese volldeliktische Handlung wäre R aber nach allgemeinen Grundsätzen nicht als eigene gemäß § 25 zurechenbar gewesen. **722**

Ein Teil des Schrifttums verneint in solchen Fällen stets die Täterschaft und wendet nur die Regeln der Teilnahme an.[1279] Da die versuchte (Ketten-) Anstiftung mangels Verbrechenscharakters des § 258 nicht unter § 30 Abs. 1 fällt und für die Strafvereitelung eine dem § 159 vergleichbare Regelung fehlt, müsste danach schon der Tatentschluss für eine strafbare Strafvereitelung verneint werden.

Eine weitergehende Auffassung bejaht Täterschaft des Anwalts in solchen Fällen dann, wenn er eine eigene Prozesshandlung vornimmt, durch die die fremde Vereitelungshandlung erst möglich wird.[1280] Den Tatentschluss könnte diese Meinung nur mit dem Willen der R begründen, die Aussage der Zeugin durch einen Beweisantrag in das Verfahren einzuführen.

Die Rspr. bejaht in ähnlich gelagerten Fällen stets Täterschaft, ohne dies näher zu begründen.[1281] Beulke unterstützt das Ergebnis mit dem Argument, dass der Verteidiger im Strafprozess so vielfältige Einwirkungsmöglichkeiten habe, dass er schon deswegen die Tatherrschaft besitze.[1282] Auch diese Ansicht bejaht daher den Tatentschluss bei R.

Stellungnahme: Die erstgenannte Ansicht ist abzulehnen. Sie berücksichtigt nicht, dass der verteidigende Rechtsanwalt als Organ der Rechtspflege (§ 1 BRAO) eine Sonderstellung einnimmt, die mit der Rolle eines beliebigen Dritten nicht vergleichbar ist.

3. Fraglich ist dann, zu welchem Zeitpunkt der Anwalt, der eine Falschaussage in den Prozess einführen will, gemäß § 22 zur Tatbestandsverwirklichung unmittelbar ansetzt. **723**

Eine Minderansicht im Schrifttum lässt schon die Aufforderung zur Falschaussage genügen, wenn der Anwalt damit alles zur Tatbestandsverwirklichung Erforderliche getan hat.[1283]

Nach h.M. liegt die Aufforderung eines Zeugen zur Falschaussage noch im Bereich strafloser Vorbereitung. Die Versuchsschwelle werde erst überschritten, wenn die falsche Zeugenaussage begonnen habe oder wenn der Verteidiger den

1279 Lackner/Kühl § 258 Rn. 10; NK-Altenhain § 258 Rn. 39.

1280 Sch/Sch/Stree/Hecker § 258 Rn. 34.

1281 BGHSt 31, 10; BGH StV 1987, 195; KG, Beschl. v. 28.06.2004 – 2 AR 54/04 – 4 ARs 27/04.

1282 Beulke Jura 1986, 642, 649.

1283 Beulke NStZ 1982, 330, 331; Wessels/Beulke/Satzger AT, 45. Aufl., Rn. 861.

Zeugen, nachdem ihm dieser die erbetene Falschaussage zugesichert habe, als Beweismittel gegenüber dem Gericht genannt habe.[1284]

Hier kommen beide Ansichten zu demselben Ergebnis: R hätte auch nach Zusicherung der Falschaussage durch L und K erst noch den Beweisantrag stellen müssen. Sie hätte erst dann alles ihrerseits Erforderliche zur Tatbestandsverwirklichung getan bzw. erst dadurch das Rechtsgut der Strafrechtspflege konkret gefährdet.

Ergebnis: R ist straflos.

Die Verteidigerfunktion privilegiert den Rechtsanwalt nicht nur im Bereich des § 258, sondern auch **bei anderen Straftatbeständen**:

724 ■ So liegt **keine strafbare Teilnahme an einem Aussagedelikt (§§ 153 ff.)** vor, wenn der Verteidiger einen Zeugen benennt, von dem er nur **für möglich hält**, dass dieser in der Hauptverhandlung die Unwahrheit sagt. Hier wird es in der Regel am erforderlichen voluntativen Vorsatzelement der Billigung fehlen, weil von dem inneren Vorbehalt eines Verteidigers auszugehen ist, dass das Gericht die Aussage kritisch überprüfen werde. Andererseits darf der Verteidiger nicht wissentlich falsche Tatsachen behaupten oder Zeugen hierfür benennen.[1285]

725 ■ Aus denselben Gründen liegt **kein nach § 267 Abs. 1 Mod. 3 strafbares Gebrauchmachen von einer gefälschten oder verfälschten Urkunde als Beweismittel** im Prozess vor, wenn der Verteidiger nur Zweifel an der Echtheit der Urkunde hat, die Unechtheit aber nicht positiv kennt.[1286]

726 ■ Die Ankündigung eines Verteidigers, an der weiteren Verhandlung nicht mehr teilzunehmen und dadurch deren Wiederholung zu erzwingen, diese also „platzen zu lassen" (vgl. § 229 Abs. 4 StPO), ist in aller Regel **keine verwerfliche Nötigung nach § 240 Abs. 2** (s.o. Rn. 213 ff.).[1287]

■ Ein Rechtsanwalt darf im Rahmen der Rechtsverteidigung auch eindringliche Ausdrücke oder sinnfällige Schlagworte benutzen, ohne sich damit wegen **Beleidigung (§ 185)** strafbar zu machen. Sein Verhalten ist dann wegen Wahrnehmung berechtigter Interessen gemäß § 193 gerechtfertigt (s.o. Rn. 282 ff.).[1288]

727 ■ Die **Entgegennahme von Wahlverteidigerhonorar aus Katalogtaten des § 261** nur mit Eventualvorsatz oder leichtfertiger Unkenntnis bezüglich der Herkunft erfüllt zum Schutz der Berufsausübungsfreiheit des Rechtsanwalts gemäß Art 12 Abs. 1 GG nicht den **Geldwäschetatbestand**. Die Beschränkung des § 261 auf direkten Vorsatz gilt nach der Rspr. des BVerfG sowohl für den Verschleierungstatbestand[1289] als auch für den Vereitelungs- und Gefährdungstatbestand.[1290]

1284 BGH NStZ 1982, 329; KG, Beschl. v. 28.06.2004 – 2 AR 54/04 – 4 ARs 27/04.

1285 BGH, Beschl. v. 09.05.2000 – 1 StR 106/00, BGHSt 46, 53, RÜ 2000, 373 m.w.N.

1286 BGHSt 38, 345; RÜ 1993, 58.

1287 OLG Frankfurt, Beschl. v. 11.07.2000 – 3 Ws 715/00, StV 2001, 407.

1288 BVerfG, Beschl. v. 16.03.1999 – 1 BvR 734/98, StV 1999, 532.

1289 BVerfG, Urt. v. 30.03.2004 – 2 BvR 1520/01, NJW 2004, 1305, RÜ 2004, 256 m. Anm. Barton JuS 2004, 1033.

1290 BVerfG, Beschl. v. 28.07.2015 – 2 BvR 2558/14, 2571/14 und 2573/14, RÜ 2015, 716.

Begünstigung, § 257

- **Rechtswidrige (Vor-)Tat eines anderen** kann jede rechtswidrige Straftat einer anderen Person sein, die dem Vortäter einen nach öffentlichem oder privatem Recht entziehbaren Vorteil gebracht hat.
- **Vorteil** ist jede, nicht notwendig vermögensmäßige, aber unmittelbar im Zusammenhang mit der Vortat beim Vortäter entstandene und noch vorhandene Besserstellung.
- **Hilfeleisten** ist jedes Verhalten, das objektiv geeignet ist, den Vortäter hinsichtlich der erlangten Tatvorteile günstiger zu stellen. Ein Begünstigungserfolg braucht nicht eingetreten zu sein. Handlungen nach Vollendung, aber vor Beendigung der Vortat behandelt die Rspr. nach der Willensrichtung des Handelnden als Begünstigung, wenn damit das vom Vortäter Erlangte gegen Entziehung gesichert werden soll; beim Willen zur Unterstützung der Vortat soll sukzessive Beihilfe vorliegen. Die h.Lit. lässt sukzessive Beihilfe generell vorgehen.
- **Vorteilssicherungsabsicht** ist nur gegeben, wenn als Zwischen- oder Endziel erstrebt wird, dem Vortäter die Tatvorteile vor Entziehung zu sichern und die Wiederherstellung des gesetzmäßigen Zustands zu vereiteln.

Geldwäsche, § 261

- Tatobjekt ist jeder Gegenstand, der aus einer **Katalog-Vortat nach § 261 Abs. 1 S. 2** herrührt. **Gegenstand** sind alle beweglichen oder unbeweglichen Sachen und Rechte. Für das **Herrühren** muss der Gegenstand nicht unmittelbar aus der Vortat stammen, sondern kann auch ein Ersatzgegenstand sein, in dem bei wirtschaftlicher Betrachtung als Ergebnis auch mehrfacher Umwandlungsvorgänge der wirtschaftliche Wert des ursprünglichen Tatvorteils mehr als unerheblich eingeflossen ist.
- Der **Gefährdungs- oder Vereitelungstatbestand** des Abs. 1 erfasst Handlungen, die den Zugriff der Strafverfolgungsorgane auf das Tatobjekt verhindern oder erschweren.
- Der **Isolierungstatbestand** des Abs. 2 enthält die Fälle des Erwerbs, Besitzes und der Verwendung. Nach Abs. 6 gilt aber ein Tatbestandsausschluss bei vorherigem straffreien Erwerb durch einen Dritten.
- Als **Vorwerfbarkeitsform** für Abs. 1, 2 ist zumindest dolus eventualis erforderlich, doch ist nach Abs. 5 auch leichtfertiges Nichterkennen der deliktischen Herkunft des Gegenstands strafbar. Bei Wahlverteidiger-Honorar aus geldwäschefähiger Vortat genügt nach BVerfG nur direkter Vorsatz.
- Die **Selbstgeldwäsche** ist – außer in den Fällen des Abs. 9 S. 3 – straflos, Abs. 9 S. 2.

Strafvereitelung, § 258

Strafverfolgungsvereitelung, Abs. 1:

- **Straftat eines anderen** als Vortat, aus der die Befugnis des Staates zur Verhängung einer Strafe oder Maßnahme (§ 11 Abs. 1 Nr. 8) entstanden ist.
- **Ganz vereitelt** ist die Strafe oder Maßnahme, wenn sie mindestens für geraume Zeit (ab 14 Tagen Verzögerung) nicht verhängt worden ist; **zum Teil vereitelt** ist die Strafe oder Maßnahme, wenn sie milder ausfällt, als sie nach den tatsächlichen Umständen hätte ausfallen müssen.
- Für **strafprozessual zulässiges Verhalten von Strafverteidigern** ist der Tatbest. ausgeschlossen.
- Subjektiv ist neben dem Vorsatz bzgl. der Vortat **Absicht oder Wissentlichkeit der Vereitelung erforderlich.**

Strafvollstreckungsvereitelung, Abs. 2:

- Vorliegen einer **vollstreckbaren Entscheidung**
- **Ganz oder teilweise Vereitelung** der Vollstreckung ist erfüllt durch jede Besserstellung des Verurteilten, nicht aber durch Bezahlung der Geldstrafe.

D. Falschverdächtigung, § 164

Kein Prüfungsstoff zum 1. Examen in

- Sachsen-Anhalt (§ 14 Abs. 2 Nr. 4 b JAPrVO)

Aufbauschema: Falschverdächtigung, § 164 Abs. 1, 2

Abs. 1	**Abs. 2**
1. Adressat: **Behörde, für Anzeigen zuständige Stelle, Öffentlichkeit**	
2. Objektiv unrichtiger Vorwurf einer Straftat oder Dienstpflichtverletzung in Beziehung auf einen anderen	**2.** Zur Herbeiführung eines behördl. Verfahrens oder einer behördl. Maßnahme geeigneter objektiv unrichtiger Vorwurf in Beziehung auf einen anderen
3. Verdächtigen	**3.** Tatsächl. Behauptung aufstellen
4. Vorsatz; **positive Kenntnis der Unrichtigkeit**	
5. Absicht, behördliches Verfahren usw. herbeizuführen oder fortdauern zu lassen (dolus directus II genügt!)	
6. Rechtswidrigkeit	
7. Schuld	

728 Geschütztes Rechtsgut des § 164 ist nach h.M. die Rechtspflege vor sachlich nicht gerechtfertigter Inanspruchnahme, und daneben auch der Einzelne als Opfer ungerechtfertigter staatlicher Maßnahmen.[1291] Andere sehen ausschließlich die Rechtspflege als Schutzobjekt an,[1292] während eine Mindermeinung ausschließlich Individualschutz des Denunzierten annimmt.[1293] Die beiden erstgenannten Auffassungen haben zur Folge, dass eine **Einwilligung des Denunzierten mangels Dispositionsbefugnis keine rechtfertigende Wirkung erzeugt** und dass der **Denunzierte selbst Teilnehmer an der ihn betreffenden Falschverdächtigung sein kann**.

§ 164 Abs. 1 ist lex specialis für die **Falschverdächtigung in Bezug auf strafbare Handlungen oder Verletzung von Dienstpflichten**, während in

§ 164 Abs. 2 die Falschverdächtigung auf die Herbeiführung **sonstiger behördlicher Verfahren oder Maßnahmen** (z.B. Verfahren nach OWiG, Entziehung der Approbation usw.) gerichtet sein muss.

§ 164 Abs. 3 ist eine Qualifikation der Abs. 1 und 2, wenn der Täter in der Absicht handelt, durch die Falschverdächtigung eine Strafmilderung als „Kronzeuge" nach § 46 b oder § 31 BtMG zu erlangen.

***Klausurhinweis:** Die wichtigste Tatmodalität ist **§ 164 Abs. 1**.*

1291 BGHSt 5, 66, 68; Sch/Sch/Lenckner/Bosch § 164 Rn. 1.

1292 SK-Rudolphi /Rogall § 164 Rn. 1.

1293 Vormbaum, Der strafrechtliche Schutz des Strafurteils, 1987, 449 ff.

I. Adressat der Falschverdächtigung

Die Verdächtigung muss an eine **Behörde**[1294] oder einen **zur Entgegennahme von Anzeigen zuständiger Amtsträger** (gemäß § 158 StPO insbesondere Polizeibeamte) oder die **Öffentlichkeit** (vgl. dazu § 186) gerichtet sein. Die gegenüber einer Privatperson gemachte Anschuldigung genügt, wenn eine Weitervermittlung an Strafverfolgungsorgane erfolgt (eigentlich ein Fall mittelbarer Täterschaft).[1295] 729

II. Unrichtiger Vorwurf einer Straftat oder Dienstpflichtverletzung in Beziehung auf einen anderen

1. Rechtswidrige Tat ist eine solche i.S.d. § 11 Abs. 1 Nr. 5, also eine Straftat. Der Schutzrichtung des § 164 gemäß, die Rechtspflegeorgane vor unnützer Tätigkeit zu bewahren, muss die in Abs. 2 genannte Eignung, ein behördliches Verfahren herbeizuführen, auch auf Abs. 1 übertragen werden. Also ist § 164 Abs. 1 nicht erfüllt, wenn schon nach dem Inhalt einer Anzeige offenkundig ist, dass es zu keinem weiteren Verfahren kommen wird.[1296] 730

Beispiele: Keine Falschverdächtigung, wenn inhaltlich ein evident haltloser[1297] oder nicht auf greifbaren Tatsachen, sondern nur auf substanzlosen Wertungen[1298] beruhender Vorwurf erhoben wird, oder wenn jemand einer zwar rechtswidrigen, aber entschuldigten oder nicht verfolgbaren Tat[1299] oder wenn eine nicht strafmündige Person einer Tat bezichtigt wird.[1300]

Auch das bloße Aufbauschen eines tatsächlich begangenen Delikts ist nicht tatbestandsmäßig (vgl. dazu im Zusammenhang mit § 145 d unten Rn. 745).

2. Aus der Gesetzesüberschrift und aus dem Erfordernis eines Handelns „wider besseres Wissen" folgt, dass die Verdächtigung **objektiv falsch** sein muss. 731

Umstritten ist, ob sich die Unrichtigkeit auf den rechtlichen Vorwurf oder das vorgetragene Tatsachenmaterial beziehen muss. 732

Beispiel: Um A als Täter einer Graffiti-Schmiererei (§ 303) strafrechtlich zur Verantwortung zu ziehen, behauptet Z wahrheitswidrig, er habe A bei der Tatausführung gesehen. A war tatsächlich der Täter.

Nach herrschendem Schrifttum kommt es auf die **Unrichtigkeit des vorgelegten Tatsachenmaterials** an, das den Verdacht ergeben soll, sogenannte **Unterbreitungstheorie**. Unerheblich sei, ob der Verdacht im Ergebnis berechtigt und damit der erhobene Vorwurf selbst richtig bzw. unrichtig sei. Dies folge schon aus einem Vergleich zu § 164 Abs. 2, bei dem es ebenfalls auf die falschen Behauptungen „tatsächlicher Art" ankomme. Zudem werde auch die Rechtspflege zu Unrecht in Anspruch genommen, wenn sie aufgrund falschen Beweismaterials Verfolgungsmaßnahmen einleite.[1301] Nach dieser

1294 Organisatorische Einheit als Träger öffentlicher Autorität, Sch/Sch/Lenckner/Bosch § 164 Rn. 25; gemäß § 11 Abs. 1 Nr. 7 auch Gerichte.

1295 Im Ergebnis BGH GA 1968, 84.

1296 Fischer § 164 Rn. 5 a.

1297 BGH, Beschl. v. 14.03.2003 – 2 StR 7/03, NStZ 2004, 33.

1298 KG, Beschl. v. 03.04.2006 – 1 Ss 329/05, NStZ-RR 2006, 276.

1299 Lackner/Kühl § 164 Rn. 5.

1300 OLG Hamm NStZ-RR 2002, 168.

1301 Rengier § 50 Rn. 11 f.; Sch/Sch/Lenckner/Bosch § 164 Rn. 1.

Auffassung kann eine Falschverdächtigung auch in Beziehung auf einen tatsächlich Schuldigen begangen werden, wenn der Täter falsche Beweismittel vorlegt.

Die Gegenauffassung, die auch der BGH vertritt, stellt auf die **Unwahrheit der Beschuldigung**, d.h. auf das Vorliegen einer rechtswidrigen Tat oder Dienstpflichtverletzung ab, sogenannte **Beschuldigungstheorie**. Begründet wird dies zum einen mit dem Gesetzeswortlaut in Abs. 1, ferner damit, dass eine Gefährdung der Rechtspflege nicht vorliege, wenn die angezeigte Tat in Wirklichkeit begangen worden sei.[1302]

Der letztgenannten Ansicht ist zu folgen. § 164 will verhindern, dass die Justizbehörden einen Unschuldigen verfolgen. Ein davon abweichender Normzweck der „Beweismittelwahrheit" ist nicht anzuerkennen.

733 **3.** Der Vorwurf muss sich auf einen **anderen** beziehen, **also eine vom Täter verschiedene lebende Person, die nicht unbedingt namentlich bezeichnet, aber so genau beschrieben sein muss, dass eine Identifizierung möglich ist.**[1303]

734 **a)** Der Bezichtigte muss noch **leben**, weil gegen Verstorbene gar kein Strafverfahren in Gang kommen würde.

735 **b)** Die **Selbstbezichtigung** ist schon nicht tatbestandsmäßig. Wird jemand aber veranlasst, sich selbst einer für ihn verfolgbaren Straftat zu bezichtigen, so kann der Veranlasser aber zum **mittelbaren Täter einer Falschverdächtigung** werden, der durch den sich selbst Bezichtigenden als tatbestandslos-doloses Werkzeug handelt. Der sich Bezichtigende ist dann Gehilfe zur Falschverdächtigung in mittelbarer Täterschaft.[1304]

III. Verdächtigen

736 **1.** Das **Verdächtigen** erfolgt in der Regel durch **verbale Kommunikation**. Dieses Verhalten entspricht dem „Behaupten" in § 186. Im Gegensatz zu Abs. 2 erfasst das „Verdächtigen" darüber hinaus aber auch das reine **Schaffen einer verdächtigenden Beweislage**, ohne dass der Denunziant selbst gegenüber den Strafverfolgungsbehörden in Erscheinung tritt – sogenannte **„ Beweismittelfiktion"**.[1305] Hauptfälle sind das Unterschieben von belastendem Beweismaterial und die Angabe eines falschen Namens bei Identitätsüberprüfung nach einer Straftat

737 **2.** Möglich ist auch eine **Falschverdächtigung durch Unterlassen**, etwa durch Erstatten einer für sich wahrheitsgemäßen Anzeige, bei der der Täter aber Umstände verschweigt, die eine Strafbarkeit des Verdächtigten entfallen lassen würden[1306] oder wenn die zunächst unvorsätzlich falsch erstattete Strafanzeige später als unrichtig erkannt, aber pflichtwidrig nicht korrigiert wird, und das Verfahren deshalb weiterläuft.[1307]

1302 BGHSt 35, 50; Fischer § 164 Rn. 6.
1303 Vgl. BGHSt 13, 219, 220.
1304 OLG Stuttgart, Urt. v. 23.07.2015 – 2 Ss 94/15, RÜ 2015, 713.
1305 BGHSt 9, 240.
1306 OLG Brandenburg NJW 1997, 141.
1307 BGHSt 14, 240, 246.

IV. Tatbestandsbeschränkung aus dem nemo tenetur-Grundsatz

Da niemand verpflichtet ist, sich selbst zu belasten, ist das **Selbstbegünstigungsprivileg** nach allgemeiner Ansicht auch bei der Auslegung des § 164 (und § 145 d) zu berücksichtigen.[1308] Ein Beschuldigter darf deshalb die Tatbegehung selbst dann leugnen, wenn sich dadurch der Verdacht zwangsläufig auf die oder den anderen reduziert. Das gilt sogar dann, wenn von zwei in Betracht kommenden Personen jede die andere ausdrücklich als Täter bezeichnet. Dadurch spricht der Beschuldigte nur die Konsequenz seines Leugnens aus, ohne den sich aus der Sachlage ergebenden Verdacht zu verstärken.[1309] 738

Die Schwelle zur Strafbarkeit aus §§ 164, 145 d ist aber überschritten: wenn der Beschuldigte **eine zuvor völlig unverdächtige Person der Straftat bezichtigt**[1310] oder wenn er die **Beweislage zum Nachteil des anderen verfälscht**,[1311] oder gegen einen Zeugen wegen dessen den Beschuldigten belastender Aussage **Strafanzeige oder Strafantrag** stellt[1312] oder wenn der Täter und der Bezichtigte hinsichtlich der falschen Anschuldigung **einverständlich zusammenwirken**.[1313] 739

Klausurhinweis: *Sprechen Sie das Selbstbegünstigungsprivileg immer an, wenn der Täter der Vortat den Verdacht von sich ablenkt.*

V. Subjektiver Tatbestand

1. Der Täter muss zunächst **wider besseres Wissen bezüglich der Unrichtigkeit der Beschuldigung** gehandelt haben. Hier wirkt sich erneut der Streit darüber aus, was an der Verdächtigung falsch sein muss (s.o. Rn. 731 f.). Folgt man der Unterbreitungstheorie des Schrifttums, so muss sich die positive Kenntnis der Unwahrheit nur darauf beziehen, dass die vorgelegten Tatsachen und Beweismittel falsch waren. Die irrige Annahme, einen Schuldigen zu überführen, entlastet den Täter dann nicht. Zieht man die Beschuldigungstheorie vor, so muss der Täter wissen, dass sein Vorwurf einen Unschuldigen betrifft. Glaubt er an dessen Schuld, ist kein Handeln wider besseres Wissen gegeben! 740

2. Bzgl. der übrigen Tatbestandsmerkmale genügt **bedingter Vorsatz**.[1314]

3. Die **Absicht, ein behördliches Verfahren oder andere behördliche Maßnahmen gegen den Verdächtigten herbeizuführen oder fortdauern zu lassen**, bezeichnet eine überschießende Innentendenz. Dolus eventualis genügt hierfür zwar nicht, nach überwiegender Ansicht wohl aber **dolus directus I und II**. Das bedeutet, dass nicht nur derjenige die erforderliche Absicht besitzt, dem es auf die Herbeiführung eines Verfahrens ankommt, sondern auch derjenige, der die Falschverdächtigung aus anderen Mo- 741

1308 Sch/Sch/Lenckner/Bosch § 164 Rn. 5; Wessels/Hettinger Rn. 696 f.

1309 OLG Hamm RÜ 2006, 249.

1310 BGH, Urt. v. 10.05.2015 – 1 StR 488/14, RÜ 2015, 377.

1311 OLG Hamm VRS 32, 141.

1312 BayObLG JZ 1985, 753.

1313 OLG Celle NJW 1964, 733.

1314 Sch/Sch/Lenckner/Bosch § 164 Rn. 31.

tiven begeht, aber sicher weiß, dass das Verfahren zwangsläufige Folge seines Verhaltens sein wird.[1315]

VI. Strafmilderung analog § 158

742 Stellt der Verdächtigende die Sachlage rechtzeitig richtig, so gewährt ihm die h.M. dieselbe Strafmilderung wie bei der Richtigstellung einer Falschaussage.[1316] § 258 Abs. 5 ist dagegen mangels Vergleichbarkeit der Unrechtsvorwürfe der Strafvereitelung und der Falschverdächtigung nicht auf § 164 übertragbar.

E. Vortäuschen einer Straftat, § 145 d

Kein Prüfungsstoff zum 1. Examen in

- Sachsen-Anhalt (§ 14 Abs. 2 Nr. 4 b JAPrVO)

Aufbauschema: Vortäuschen einer Straftat, § 145 d

Abs. 1	Abs. 2
1. Adressat: **Behörde, für Anzeigen zuständige Stelle**	
2. **Vortäuschung**	2. **Täuschung über Beteiligte**
▪ **einer angeblich begangenen Straftat (Nr. 1)**	▪ **einer tatsächlich (str.) begangenen Tat (Nr. 1)**
▪ einer zukünftigen Straftat i.S.v. § 126 Abs. 1 **(Nr. 2)**	▪ einer zukünftigen Straftat i.S.v. § 126 Abs. 1 **(Nr. 2)**
3. Vorsatz, Täuschung **wider besseres Wissen**	
4. Rechtswidrigkeit	
5. Schuld	
6. **Formelle Subsidiarität** gegenüber §§ 164, 258, 258 a	

743 In Ergänzung zu § 164 schützt § 145 d die Rechtspflege vor unnützer Inanspruchnahme, und zwar in Abs. 1 Nr. 1 und Abs. 2 Nr. 1 den inländischen staatlichen Verfolgungsapparat und in Abs. 1 Nr. 2, Abs. 2 Nr. 2 die staatlichen Organe der Verbrechensverhütung.[1317] Die Deliktsmodalitäten können folgendermaßen **systematisiert** werden:

- Liegt die **Bezugstat in der Zukunft**
  - und betrifft die Vortäuschung eine nicht bevorstehende Tat als solche, so gilt, wenn die Tat im Katalog des § 126 Abs. 1 aufgeführt ist, § 145 d Abs. 1 Nr. 2;
  - bezieht sich die Vortäuschung auf die Beteiligten einer tatsächlich bevorstehenden Tat i.S.d. § 126 Abs. 1, so ist dies nach § 145 d Abs. 2 Nr. 2 strafbar.

1315 Vgl. BGHSt 13, 219; OLG Düsseldorf JMBl. NRW 1996, 117; LG Dresden NZV 1998, 217; Rengier § 50 Rn. 24.

1316 Vgl. Lackner/Kühl § 164 Rn. 10.

1317 Vgl. Otto § 95 Rn. 12.

- Liegt die **Bezugstat in der Vergangenheit** (das sind die klausurhäufigsten Fälle)
  - und betrifft die Vortäuschung eine **in Wahrheit nicht begangene Tat als solche,** so gilt § 145 d Abs. 1 Nr. 1;
  - bezieht sich die Vortäuschung auf die **Beteiligten einer tatsächlich begangenen Tat**, so ist dies nach § 145 d Abs. 2 Nr. 1 strafbar.

Fall 24: Strafloses Aufbauschen in Abgrenzung zum Vortäuschen einer Straftat gemäß § 145 d Abs. 1 Nr. 1; Selbstbezichtigung und § 145 d Abs. 2 Nr. 1

A brach das Auto des B auf, löste das in der Mittelkonsole eingebaute Radio aus der Halterung und versuchte vergebens, den im Kofferraum montierten CD-Wechsler zu lösen. Dieser wurde dabei so beschädigt, dass A ihn im Wagen beließ. Da die Teilkaskoversicherung des B nur für Diebstahlschäden eintrat, erstattete B Strafanzeige gegen Unbekannt und führte auch das von ihm zuvor selbst ausgebaute CD-Gerät als gestohlen auf. Bevor B den Schaden der Versicherung meldete, wurde die Diebesbeute bei einer Durchsuchung in dem Haus gefunden, in dem A zusammen mit seinem Vater V wohnte. Um seinen Sohn vor einer Vorstrafe zu bewahren, gab V an, die Tat selbst begangen zu haben. Da jedoch in dem Auto und an dem Autoradio des B nur die Fingerabdrücke von A nachgewiesen wurden, glaubten die ermittelnden Beamten dem V nicht. Strafbarkeit von A, B und V?

A. **Strafbarkeit des A**

I. In der Entwendung des Autoradios liegt ein vollendeter **Diebstahl in einem besonders schwerem Fall** gemäß **§§ 242, 243 Abs. 1 S. 2 Nr. 1**. Der mitverwirklichte Diebstahlsversuch an dem CD-Wechsler ist nur unselbstständiger Teil des vollendeten Diebstahls.

II. Die **Sachbeschädigung** an dem Auto und an dem CD-Gerät gemäß **§ 303 Abs. 1** steht dazu in Tateinheit, § 52.

B. **Strafbarkeit des B**

I. **Falschverdächtigung gemäß § 164 Abs. 1** scheidet aus, da die Strafanzeige nicht gegen eine bestimmte andere Person gerichtet war.

II. Infrage kommt das **Vortäuschen einer Straftat gemäß § 145 d Abs. 1 Nr. 1**.

1. Adressatenkreis der Vortäuschung muss **eine Behörde** oder **eine zur Entgegennahme von Anzeigen zuständige Stelle** sein (s. dazu oben Rn. 729). Hier wurde Anzeige bei der Polizei, also einer gemäß § 158 Abs. 1 StPO zuständigen Stelle, erstattet. **744**

2. Tathandlung ist das **Vortäuschen** einer begangenen rechtswidrigen Tat. Bezugsgegenstand muss eine Tat i.S.v. § 11 Abs. 1 Nr. 5 sein, die **tatsächlich nicht begangen** worden ist. „Vortäuschen" bedeutet Erregen oder Verstärken des Verdachts der Tatbegehung.[1318] Dies kann wie bei § 164 Abs. 1 durch Tatsa- **745**

1318 Vgl. SK-Rudolphi/Rogall § 145 d Rn. 13.

chenbehauptungen oder durch Schaffung von Beweismitteln geschehen, die auf die nicht begangene Tat hindeuten und zur Kenntnis der Strafverfolgungsbehörden gebracht werden.[1319] Zu einer Tätigkeit der Strafverfolgungsorgane infolge der Täuschung braucht es nicht gekommen zu sein. Diese muss nur geeignet sein, ein unnützes Einschreiten der Strafverfolgungsbehörden auszulösen. Das bloße **Aufbauschen** einer tatsächlich begangenen Tat ist nach allgemeiner Ansicht keine tatbestandsmäßige Vortäuschung. Im vorliegenden Fall könnte in der Falschangabe der Gesamtbeute ein solches tatbestandsloses **Aufbauschen** gelegen haben. Nach welchen Kriterien Vortäuschung und Aufbauschen voneinander abzugrenzen sind, ist umstritten:

Die täterfreundlichste Auffassung bejaht eine Vortäuschung nur dann, wenn der den Gegenstand der Anzeige bildende **historische Vorgang** keine Straftat war. Nur hinzugedichtete Straftaten oder Vergröberungen seien für § 145 d irrelevant.[1320] Eine andere Ansicht bejaht auch dann eine Vortäuschung, wenn ein tatsächlich begangenes Vergehen zu einem **Verbrechen** hochgespielt wird.[1321] Zum Teil wird es auch als ausreichend angesehen, wenn ein Antrags- oder Privatklagedelikt als **Offizialdelikt** hingestellt wird.[1322]

Die h.M. orientiert sich am **Schutzzweck** des § 145 d und fragt im Rahmen einer Gesamtbetrachtung aller konkreten Umstände, ob durch die Vortäuschung unnütze Maßnahmen der Strafverfolgungsbehörden ausgelöst werden: Dies ist anzunehmen, wenn das **tatsächliche Geschehen** gegenüber dem vorgetäuschten **nicht ins Gewicht fällt** oder aufgrund der Vortäuschung ein **völlig anderes Gepräge** erhält oder wenn der **Umfang der erforderlichen Ermittlungshandlungen** hinsichtlich der vorgetäuschten Tat denjenigen der tatsächlichen Tat überschreitet. Unter diesen Umständen liegt ein strafbares Vortäuschen selbst dann vor, wenn die tatsächlich begangene und die angebliche Tat dieselbe Strafnorm erfüllen würden.[1323]

Im vorliegenden Fall kommen alle Ansichten zu demselben Ergebnis: Die bloße Übertreibung des Diebstahlschadens ändert weder etwas an dem historischen Vorgang der Wegnahme selbst noch ändert sich die materiell-rechtliche Bewertung der Tat; auch Art und Umfang der Ermittlungen bleiben dieselben. Das Verhalten des B war damit nicht tatbestandsmäßig.

III. Ein nach **§ 263 Abs. 2** strafbarer Betrugsversuch zum Nachteil der Versicherungsgesellschaft scheidet aus. Zwar hatte B Tatentschluss. Da es jedoch noch nicht zu einer Schadensmeldung gekommen ist und die Strafanzeige erst straflose Vorbereitungshandlung für die Schadensmeldung war, fehlt es am unmittelbaren Ansetzen i.S.v. § 22.

1319 Vgl. Lackner/Kühl § 145 d Rn. 5.

1320 SK-Rudolphi/Rogall § 145 d Rn. 20.

1321 NK-Schild/Kretschmer§ 145 d Rn. 14; OLG Karlsruhe MDR 1992, 1166.

1322 Sch/Sch/Sternberg-Lieben § 145 d Rn. 9; insoweit auch OLG Karlsruhe MDR 1992, 1166.

1323 BGH, Beschl. v. 15.04.2015 – 1 StR 337/14, RÜ 2015, 584.

IV. Gegeben ist jedoch **Versicherungsmissbrauch gemäß § 265 Abs. 1 Mod. 4**, indem B den gegen Diebstahl mitversicherten CD-Wechsler beiseite schaffte, um aus der Versicherung die Ersatzleistung dafür zu erlangen.

Ergebnis: B ist strafbar gemäß § 265.

C. **Strafbarkeit des V**

I. Durch die Selbstbezichtigung hat V versucht, seinen Sohn wegen dessen Diebstahl der Strafverfolgung zu entziehen. V hat damit rechtswidrig und schuldhaft einen **Strafvereitelungsversuch** erfüllt, **§§ 258, 22, 23**. Da die Tat aber zugunsten eines Angehörigen, § 11 Abs. 1 Nr. 1 a, verwirklicht werden sollte, greift der persönliche Strafausschließungsgrund des § 258 Abs. 6 ein.

II. Auch **Falschverdächtigung gemäß § 164 Abs. 1** scheidet aus, da die Selbstbezichtigung keinen „anderen" i.S.d. Tatbestandes betraf.

III. Infrage kommt § 145 d, und zwar in der Modalität der **Täuschung über die Beteiligten einer Straftat, § 145 d Abs. 2 Nr. 1**. 746

1. Die Erklärung des V war an die Ermittlungsbeamten der Kriminalpolizei, also **eine der in § 145 d Abs. 1 bezeichneten Stellen**, gerichtet.

2. Die Tathandlung der Nr. 1 verlangt, dass der Täter die Strafverfolgungsbehörden **über den Beteiligten** an einer rechtswidrigen Tat zu täuschen sucht. Nach einer Mindermeinung muss bei dieser Tatmodalität eine Straftat wirklich begangen worden sein, [1324] während des die h. M. genügen lässt, dass der Täter irrtümlich vom Vorliegen einer solchen Tat ausgeht.[1325]

a) Die Täuschungshandlung ist erfüllt, wenn ein Unbeteiligter als Täter oder Teilnehmer der begangenen Straftat hingestellt wird.[1326] Ob es tatsächlich zu Verfolgungsmaßnahmen kommt, ist für die Vollendung unbeachtlich.[1327] 747

b) Dem Normzweck des § 145 d gemäß – nämlich unnütze Inanspruchnahme der Verfolgungsbehörden zu verhindern – gelten aber auch bei Abs. 2 Nr. 1 folgende **Einschränkungen**: 748

Die bloße Erschwerung von **Ermittlungstätigkeit** in Bezug auf eine Person (z.B. durch Verschaffen eines falschen Alibis) ohne Umlenkung des Verdachts auf eine andere erfüllt den Tatbestand nicht.[1328]

Soweit sich der Täter im Rahmen **prozessual zulässiger Selbstentlastung** bewegt (vgl. dazu oben Rn. 738), ist sein Verhalten nicht tatbestandsmäßig,

1324 KG JR 1989, 26; BayObLG NStZ 2004, 97.

1325 OLG Hamm NJW 1963, 2138; Sch/Sch/Sternberg-Lieben § 145 d Rn. 13; nur den Tatsachenirrtum einbeziehend Lackner/Kühl § 145 d Rn. 7; einen bereits bestehenden Verdacht setzt SK-Rudolphi/Rogall § 145 d Rn. 24 voraus.

1326 Sch/Sch/Sternberg-Lieben § 145 d Rn. 14.

1327 SK-Rudolphi/Rogall § 145 d Rn. 26.

1328 BayObLG NJW 1984, 2302.

selbst wenn dadurch die Ermittlungen in eine falsche Richtung gelenkt werden.

Straflos ist ferner, wer wahrheitswidrig durch Selbstbezichtigung vom wahren Tatbeteiligten ablenkt, **ohne dass** nach dem Inhalt der Selbstbezichtigung in eigener Person **ein strafbares Verhalten übrig bleibt**.

Beispiele: Die wahrheitswidrige Behauptung, sich selbst eine Verletzung beigebracht zu haben, ist (mangels Strafbarkeit der Selbstverletzung) ebenso wenig Vortäuschung i.S.d. § 145 d Abs. 2 Nr. 1 wie die unwahre Erklärung, Fahrer des Unfallfahrzeugs gewesen zu sein, aber den Unfallort ohne Kenntnis des Unfalls verlassen zu haben.[1329]

Zum Fall: Hier hat V durch seine Erklärung, selbst den Diebstahl begangen zu haben, den Verdacht von A abgelenkt und die Gefahr unnützer Strafverfolgungstätigkeit ausgelöst.

3. V handelte bzgl. der Vortäuschung wider besseres Wissen und im Übrigen vorsätzlich, rechtswidrig und schuldhaft.

4. Eine analoge Anwendung des § 258 Abs. 6 auf § 145 d scheidet mangels Regelungslücke aus. Der Gesetzgeber hat bei Schaffung des § 145 d bewusst auf einen dem § 258 Abs. 6 entsprechenden Strafausschluss verzichtet.[1330]

749 5. Eine Bestrafung des V könnte aber gemäß § 145 d Abs. 1 a.E. ausgeschlossen sein, wonach die Vortäuschung einer Straftat nur strafbar ist, **wenn die Tat nicht in § 164, § 258 oder § 258 a** mit Strafe bedroht ist. Diese formelle Subsidiaritätsklausel gilt – das folgert man aus dem Gesetzeswortlaut „Ebenso wird bestraft" in § 145 d Abs. 2[1331] – auch für die Modalität der Täuschung über den Beteiligten einer Straftat. Der Wortlaut wird aber so ausgelegt, dass § 145 d als mitbestrafte Begleittat zurücktreten soll, **wenn es tatsächlich zu einer Bestrafung aus den vorgehenden Rechtspflegedelikten kommt**. Entfällt insbesondere § 258 oder § 258 a, weil der Täter sich selbst oder einen Angehörigen begünstigt (§ 258 Abs. 5, 6, § 258 a Abs. 3 i.V.m. § 258 Abs. 5), tritt § 145 d nicht zurück.[1332]

Ergebnis: V ist strafbar wegen Vortäuschens einer Straftat gemäß § 145 d Abs. 1 Nr. 1.

1329 OLG Zweibrücken NStZ 1991, 530; OLG Karlsruhe StraFo 2003, 284.

1330 Vgl. Kuhlen JuS 1990, 396, 398.

1331 Fischer § 145 d Rn. 17.

1332 Sch/Sch/Sternberg-Lieben § 145 d Rn. 26.

Falschverdächtigung, § 164 Abs. 1

- Gegenüber einer Behörde, StA/Polizei oder öffentlich muss ein anderer, d.h. eine identifizierbare lebende und vom Täter verschiedene Person einer rechtswidrigen (Straf-)Tat oder Dienstpflichtverletzung in einer zur Verfahrenseinleitung geeigneten Weise verdächtigt werden.
- Die Verdächtigung muss in ihrem **rechtlichen Vorwurf objektiv unwahr** sein; diesbezüglich muss der Täter wider besseres Wissen handeln (str.). Keine Falschverdächtigung liegt vor, wenn der Täter zur Überführung eines Schuldigen falsches Tatsachenmaterial vorlegt.
- Die Verdächtigung kann **verbal** erfolgen, aber auch durch **Schaffung einer belastenden Tatsachenlage** und durch garantenpflichtwidriges **Unterlassen**. Nicht tatbestandsmäßig ist die bloße Leugnung der Tat, auch wenn dadurch der Verdacht umgelenkt wird.
- Die Absicht, ein behördliches Verfahren herbeizuführen oder fortdauern zu lassen, ist als überschießende Innentendenz schon bei **dolus directus II** gegeben.
- Eine rechtfertigende Einwilligung durch den Verdächtigten ist nicht möglich, da er über das zumindest auch geschützte Rechtsgut der Rechtspflege nicht disponieren kann.

Vortäuschen einer Straftat, § 145 d Abs. 1 Nr. 1, Abs. 2 Nr. 1

- Adressaten: Behörde, StA/Polizei oder sonstige Behörde.
- Abs. 1 Nr. 1 erfasst das Vortäuschen einer tatsächlich nicht begangenen Tat. Bloßes Aufbauschen einer Tat genügt nicht, sofern das Geschehen dadurch kein völlig anderes Gepräge erhält und sich der Umfang der erforderlichen Ermittlungen nicht ändert.
- Abs. 2 Nr. 1 erfasst die Täuschung über die Beteiligten einer tatsächlich begangenen Tat.
- Die Subsidiaritätsklausel des § 145 d Abs. 1 a.E. gilt auch für Abs. 2. § 145 d tritt aber nur zurück, wenn es tatsächlich zu einer Bestrafung aus §§ 258, 258 a, 164 kommt.

F. Aussagedelikte, §§ 153–163

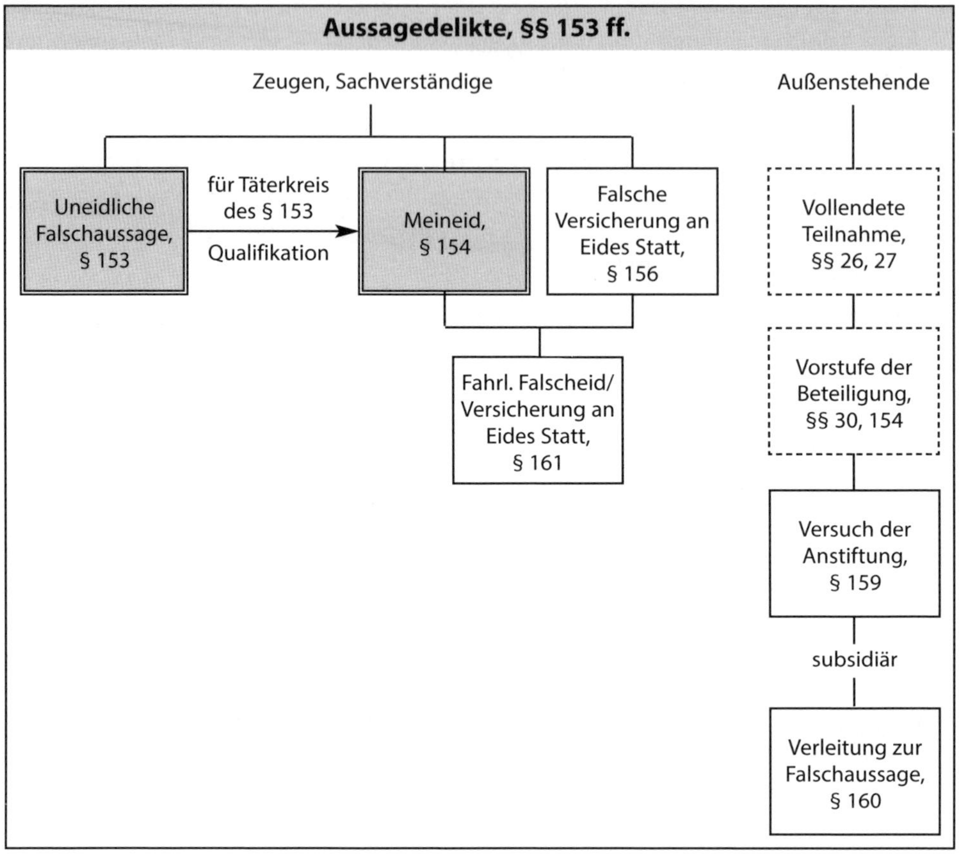

Ergänzende Bestimmungen: § 157, Möglichkeit der Strafmilderung oder des Absehens von Strafe bei Aussagenotstand oder uneidlicher Falschaussage Eidesunmündiger; **§ 158**, Möglichkeit der Strafmilderung oder des Absehens von Strafe bei rechtzeitiger Berichtigung; nach **§ 162 Abs. 1** gelten die §§ 153–161 auch für Falschangaben vor internationalen Gerichten, die durch völkerrechtlichen Vertrag oder sonstigen für Deutschland verbindlichen Rechtsakt errichtet worden sind, z.B. IStGH, EGMR, EuGH; nach **§ 162 Abs. 2** gelten die §§ 153 und 157–160 auch für Falschangaben vor parlamentarischen Untersuchungsausschüssen des Bundes und der Länder.

750 Die §§ 153 ff. schützen die Rechtspflege – speziell die **Gerichte** – davor, dass **Zeugen und Sachverständige** die Unwahrheit sagen und damit die Tatsachengrundlage der Entscheidung verfälschen. Nicht geschützt durch die Aussagedelikte sind die Polizei und die Staatsanwaltschaft, weil sie keine „zur Eidesabnahme zuständige Stelle" sind (vgl. § 161 a Abs. 1 S. 3 StPO).

751 Die Aussagedelikte sind **„eigenhändige Delikte"**. Täter können nur Aussagepersonen selbst sein. Außenstehende scheiden als mittelbare Täter oder Mittäter aus. Sie können aber wegen Anstiftung oder Beihilfe oder wegen Verleitung zur eidlichen oder uneidlichen Falschaussage strafbar sein.

Aufbauschemata:		
Uneidliche Falschaussage, § 153	**Meineid, § 154**	**Falsche Versicherung an Eides Statt, § 156**
1. Täter: Nur **Zeugen** oder **Sachverständige**	**1.** Täter: Wie in § 153, ferner Partei im Zivilprozess	**1.** Adressat: **Eine allgemein und in Bezug auf Verfahren und Beweisthema konkret zur Abnahme eidesstattlicher Versicherungen zuständige Behörde**
2. Adressat: **Gericht** oder **generell zur eidlichen Vernehmung zuständige Stelle**	**2.** Adressat: **Gericht oder andere in dem konkreten Verfahren gesetzlich zur Eidesabnahme zuständige Stelle**	**2.** Tathandlung: **Falsche Versicherung an Eides Statt**, also eidesgleiche Bekräftigung der Wahrheit einer objektiv unwahren Bekundung, auf die sich die Wahrheitspflicht bezieht (Alt. 1) oder **Falschaussage unter Berufung auf eine solche Versicherung** (Alt. 2)
3. Tathandlung: **Falschaussage** vor einer der genannten Stellen	**3.** Tathandlung: **Falsches Schwören** vor einer der genannten Stellen	**3.** Vorsatz
4. Vorsatz	**4.** Vorsatz	**4.** Rechtswidrigkeit
5. Rechtswidrigkeit	**5.** Rechtswidrigkeit	**5.** Schuld
6. Schuld	**6.** Schuld	**6.** **Tätige Reue, § 158**
7. **Strafmilderung bei Aussagenotstand, § 157**	**7.** **Strafmilderung bei Aussagenotstand, § 157**	
8. **Tätige Reue, § 158**	**8.** **Tätige Reue, § 158**	

I. Kernbegriff der §§ 153 ff.: Falsche Aussage

1. Aussage

Aussagen i.S.d. §§ 153 ff. sind **nur mündliche Erklärungen,** die **„vor", d.h. unmittelbar gegenüber dem Vernehmenden** gemacht worden sein müssen. Schriftliche Erklärungen von Zeugen (außer im Fall des § 186 GVG) oder schriftliche Sachverständigengutachten scheiden also aus.[1333] 752

2. Reichweite der Wahrheitspflicht

Tatbestandsmäßig i.S.d. §§ 153 ff. sind ferner nur solche Bekundungen, **auf die sich in der konkreten Verfahrenssituation die Wahrheitspflicht erstreckt**.[1334]

a) Wahrheitspflichtiger Inhalt einer **Zeugenaussage** sind zunächst die **Angaben zur Person**, § 68 StPO, § 395 ZPO.[1335] Bei der Aussage zur Sache bezieht sich die Wahrheitspflicht auf den **Vernehmungsgegenstand** und den **Aussageinhalt**: 753

1333 Rengier § 49 Rn. 6; a.A. für verfahrensrechtlich zulässige schriftliche Äußerungen Sch/Sch/Lenckner/Bosch Vor §§ 153 ff. Rn. 22.

1334 Vgl. BGHSt 25, 246.

1335 Vgl. BGHSt 4, 214.

- Im **Zivilprozess** ist der Vernehmungsgegenstand durch den Beweisbeschluss, § 359 ZPO, begrenzt.
- Im **Strafprozess** ist Gegenstand der Untersuchung alles, was mit der Tat im prozessualen Sinne zusammenhängt oder zusammenhängen kann.[1336]
- Bei **parlamentarischen Untersuchungsausschüssen** bildet der im Einsetzungsbeschluss bezeichnete Untersuchungsgegenstand zugleich den Vernehmungsgegenstand.[1337]
- In all diesen Verfahrensarten kann der Vernehmungsgegenstand durch Fragen des Gerichts oder anderer Verfahrensbeteiligter **erweitert** werden.[1338] **Spontanäußerungen** werden nur dann von der Wahrheitspflicht erfasst, wenn sie auf nachträgliche Erweiterung des Beweisthemas durch den vernehmenden Richter hin bestätigt worden sind.[1339]

Inhaltlich hat der Zeuge lückenlos alle äußeren und inneren Tatsachen anzugeben, die mit dem Beweisthema in Sachzusammenhang stehen und dafür erkennbar von Bedeutung sind.[1340] Ausnahmsweise besteht nur bei unzulässigen Fragen keine Verpflichtung, über den genauen Inhalt der Frage hinausgehende ergänzende und vervollständigende Angaben zu machen.[1341]

754 **b)** Bei Sachverständigen bezieht sich die Wahrheitspflicht darüber hinaus auf die richtige Wiedergabe der aus den vorgegebenen Tatsachen (sogenannte Befundtatsachen) gezogenen **Schlussfolgerungen**.

755 **c)** Zur Tatvollendung ist erforderlich, dass die Aussage **abgeschlossen** ist. Das ist anzunehmen, wenn der Aussagende seine Erklärung beendet und die Vernehmungsperson endgültig zu erkennen gegeben hat, dass von dem Zeugen oder Sachverständigen keine weiteren Angaben mehr erwartet werden.[1342] Möglich ist, dass sich eine Vernehmung über mehrere Verhandlungstermine erstreckt; möglich ist aber auch, dass ein Zeuge in einem Verhandlungstermin mehrmals abschließend gehört wird.[1343] Vollendungszeitpunkt ist in aller Regel der Beschluss über die Vereidigung[1344] oder der Schluss der Verhandlung im jeweiligen Rechtszug.[1345]

1336 Rengier § 49 Rn. 11.
1337 BVerfG NJW 1979, 261.
1338 BGHSt 2, 90; BGH NJW 1979, 266.
1339 BGHSt 25, 244, 246.
1340 BGHSt 2, 90.
1341 BGH bei Holtz MDR 1991, 1021.
1342 BGHSt 8, 301, 314; BayObLG StV 1989, 251.
1343 BGHSt 4, 172, 177.
1344 Wessels/Hettinger Rn. 751.
1345 BGHSt 8, 301.

3. Wann ist eine Aussage „falsch"?

a) Theorienstreit

aa) Ganz herrschend ist die **objektive Theorie**. Danach ist **der Aussageinhalt mit der objektiven Sachlage zu vergleichen**. Bekundet der Täter durch objektiv falsche Erklärung bzw. durch Verschweigen erheblicher Umstände etwas, das mit der Wirklichkeit nicht übereinstimmt, so ist die Aussage falsch.[1346] Bei **äußeren Tatsachen**, also Umständen der Außenwelt (Wann? Wo? Wie? etc.) ergibt sich die Falschheit aus der Nichtübereinstimmung der objektiven Sachlage mit dem Erklärungsinhalt. Bei **inneren Tatsachen** (Wahrnehmungen, Empfindungen, Überzeugungen der Aussageperson) ist die Aussage falsch, wenn das Erklärte von dem subjektiven Erlebnisbild des Aussagenden abweicht. **756**

bb) Die **subjektive Theorie** hat die Prämisse, dass jede Aussage immer nur ein von menschlicher Unvollkommenheit im sinnlichen Erfassen und Bewahren beeinflusstes Vorstellungsbild wiedergeben könne. Nach diesem Verständnis bestimmt sich die Falschheit der Aussage nicht nach dem Widerspruch zwischen Wort und Wirklichkeit, sondern nach dem **Widerspruch zwischen Wort und Wissen**.[1347] **757**

cc) Die **Pflichttheorie** stellt darauf ab, ob der Aussagende nach kritischer Prüfung seines Erinnerungsvermögens sein Vorstellungsbild oder -wissen zu dem Beweisthema mit allen Zweifeln oder ihm ernst erscheinenden Vorbehalten wiedergibt. Eine Aussage ist danach falsch, wenn sie **nicht pflichtgemäß** ist.[1348] **758**

Stellungnahme: Die subjektive Theorie kommt zwar psychologisch der Unzulänglichkeit menschlichen Erinnerungsvermögens am nächsten, macht aber den Versuch zur Vollendung. Außerdem bliebe danach für § 161 nur der geringe Anwendungsbereich fahrlässigen Sichversprechens, während § 160 überhaupt nicht mehr zu erklären wäre. Die Pflichttheorie steht im Widerspruch zum Gesetzeswortlaut. Die §§ 153 ff. setzen keine pflichtwidrige, sondern eine „falsche" Aussage voraus. Pflichtwidrig falsch wird die Aussage erst im Fall des § 161. Vorzugswürdig ist deshalb die objektive Aussagetheorie.

b) Bedeutung des Streits

Wer objektiv etwas Falsches bekundet und dies weiß, macht nach allen Auffassungen eine falsche Aussage. **759**

Wer objektiv die Unwahrheit sagt, aber glaubt, das Richtige zu sagen, hat nach der objektiven Theorie und in der Regel nach der Pflichttheorie den objektiven Tatbestand erfüllt, aber vorsatzlos gehandelt. Seine Strafbarkeit kann sich nur im Fall eines Falscheids aus § 161 ergeben. Nach der subjektiven Theorie liegt schon keine falsche Aussage vor.

1346 BGHSt 7, 147; OLG Koblenz NStZ 1984, 551; LK-Ruß vor 153 Rn. 13; Sch/Sch/Lenckner/Bosch Vorbem. §§ 153 ff. Rn. 6.

1347 LK-Willms, 10. Aufl., vor § 153 Rn. 9.

1348 Otto § 97 Rn. 15.

Wer objektiv die Wahrheit sagt, aber glaubt, die Unwahrheit zu sagen, hat nach der objektiven Theorie nur einen (untauglichen) Versuch einer Falschaussage begangen, der nur bei Vereidigung wegen des Verbrechenscharakters des Meineids strafbar ist. Nach der subjektiven Theorie (und in der Regel nach der Pflichttheorie) liegt dagegen ein vollendetes Aussagedelikt nach § 153 und bei Vereidigung nach § 154 vor.

4. Auswirkungen von Verfahrensfehlern

Umstritten ist, ob sich **schwere Verfahrensfehler** bei der Vernehmung auf die Tatbestandsmäßigkeit nach den §§ 153 ff. oder lediglich auf die Strafzumessung auswirken.

Beliebtes Klausurbeispiel: Der Zeuge Z wird nicht gemäß § 52 Abs. 3 S. 1 StPO über das ihm als Angehörigem zustehende Zeugnisverweigerungsrecht belehrt und sagt in Unkenntnis dessen falsch aus. – Prozessual ist die Aussage sogar unverwertbar.[1349]

760 Ein Teil des Schrifttums verneint in solchen Fällen die Tatbestandserfüllung. Aufgabe der §§ 153 ff. sei es, die den Organen der Rechtspfleger obliegende Tatsachenfeststellung vor Gefährdung wahrheitswidriger Aussagen zu schützen. Sei es aber untersagt, verfahrensfehlerhaft zustande gekommene Aussagen bei der Wahrheitsfindung heranzuziehen, so seien solche Aussagen auch nicht geeignet, die Rechtspflege zu gefährden. Was verfahrensrechtlich unverwertbar sei, müsse auch materiell-rechtlich als nicht existent behandelt werden.[1350]

761 Nach ganz h.L. und Rspr. stehen Verfahrensfehler der Tatbestandsmäßigkeit eines Aussagedelikts nicht entgegen, und zwar selbst dann nicht, wenn sie zur Unverwertbarkeit führen. Die prozessuale Unverwertbarkeit sei dem Gericht oft gar nicht bekannt, sodass eine Falschaussage trotz ihrer Unverwertbarkeit doch Einfluss auf eine Entscheidung nehmen könne. Nach dieser Ansicht ist die Aussage tatbestandsmäßig. Der Prozessmangel ist allenfalls durch eine Strafmilderung zu berücksichtigen.[1351]

Stellungnahme: Dieser Auffassung ist zu folgen. Prozessuale Wahrheitspflicht einerseits und Verwertbarkeit andererseits betreffen zwei verschiedene Rechtssphären, nämlich die des Zeugen und die des Angeklagten. Beides zu vermischen hieße, dem Zeugen einen Freiraum zur Lüge zu verschaffen, obwohl er bei richtiger Anwendung der Prozessregeln allenfalls ein Recht zum Schweigen gehabt hätte.

II. Uneidliche Falschaussage, § 153

1. Täter

762 Täter dieses **Sonderdelikts** sind nur Zeugen oder Sachverständige, nicht jedoch Beschuldigte oder Angeklagte. Der Tatbestand nur bei Vorsatz erfüllt und Vergehen ohne Versuchsstrafbarkeit. Eine Fahrlässigkeitsvariante existiert nicht.

1349 BGHSt 40, 336, 339.

1350 SK-Rudolphi vor § 153 Rn. 34.

1351 BGH, Beschl. v. 13.02.2004 – 2 StR 408/03, StV 2004, 482; Kindhäuser § 46 Rn. 22.

2. Falschaussage vor Gericht oder einer anderen zur eidlichen Vernehmung zuständigen Stelle

a) Unter „Gericht" fällt auch der Rechtspfleger, soweit dieser nach § 4 RPflG richterliche Aufgaben wahrnimmt und das Gericht repräsentiert.[1352] Bei einer Falschaussage vor Gericht kommt es nicht darauf an, ob das Gericht auch in der betreffenden Verfahrensart eidlich vernehmen kann. Die bei Gerichten generell gegebene Zuständigkeit zur eidlichen Vernehmung genügt.[1353] **763**

Als **andere zuständige Stellen** kommen das Patentamt, § 33 PatG, und Disziplinargerichte in Betracht.

Klausurhinweis: *Nicht zuständige Stellen sind Polizei und Staatsanwaltschaft, Arg. aus § 161 a Abs. 1 S. 3 StPO. Vor ihnen kann kein Aussagedelikt verwirklicht werden.*

III. Meineid, § 154

§ 154 stuft das Beschwören einer Falschaussage als Verbrechen ein.

1. Täter

a) Der Tatbestand ist einerseits **Qualifikation für den Täterkreis des § 153**, andererseits **strafbegründendes Grunddelikt für den falschen Parteieid im Zivilprozess**, § 452 ZPO. **764**

b) Nach § 60 Nr. 1 StPO ist bei **Eidesunmündigen**, also Personen **unter 18 Jahren**, von der Vereidigung abzusehen. Umstritten ist, ob die Eidesunmündigkeit eine Strafbarkeit nach § 154 ausschließt. **765**

Klausurhinweis: *Die beliebteste Problematik der Aussagedelikte*

Ein Teil des Schrifttums nimmt schon wegen der Verfahrenswidrigkeit der Eidesabnahme Unverwertbarkeit der Aussage als eidliche Aussage und als materielle Folge daraus Straflosigkeit aus § 154 an.[1354] Andere sehen in § 60 Nr. 1 StPO die unwiderlegbare Vermutung dafür, dass dem Eidesunmündigen das Verständnis vom Wesen und der Bedeutung des Eides gefehlt habe.[1355] Nach beiden Auffassungen scheidet bei Eidesunmündigen eine Strafbarkeit aus Meineid aus. Es bleibt bei einer Strafbarkeit aus uneidlicher Falschaussage.

Rspr. und h.M. gehen zutreffend davon aus, dass auch ein Eidesunmündiger einen Meineid begehen kann. Es sei nicht einzusehen, dass ein Jugendlicher, der die Bedeutung der Wahrheitspflicht begreife, nicht auch solle verstehen können, dass ein Verstoß gegen diese Pflicht schwerere Missbilligung verdient, wenn der Täter die Wahrheit seiner falschen Aussage auch noch in besonders feierlicher Form bekräftigt habe. Hinzu komme, dass bei Jugendlichen die Einsichtsfähigkeit in die konkrete Tat auch nach § 3 JGG fest-

---

1352 Lackner/Kühl § 153 Rn. 3; a.A. Fischer § 153 Rn. 8.

1353 Fischer § 153 Rn. 8.

1354 SK-Rudolphi, § 154 Rn. 8.

1355 Kindhäuser § 47 Rn. 3; Sch/Sch/Lenckner/Bosch Vorbem. §§ 153 ff. Rn. 25.

gestellt werden müsse.[1356] In der Rspr. wird darüber hinaus auch auf § 157 Abs. 2 verwiesen, wonach die uneidliche Falschaussage eines Eidesunmündigen als Strafmilderungsgrund angesehen wird.[1357]

2. Falscheid vor Gericht oder einer anderen zur Abnahme von Eiden zuständigen Stelle

766 **a)** Über die allgemeine Zuständigkeit zur Eidesabnahme hinaus muss der Eid in dem **konkreten Verfahren gesetzlich zugelassen sein** und die **den Eid abnehmende Person** muss selbst gesetzlich dazu berechtigt sein (z.B. nach § 10 S. 2 GVG nicht ein Referendar).

767 **b) „Schwören"** ist die in den Prozessgesetzen (§§ 64, 65 StPO, § 481 ZPO) formalisierte Beteuerung der Wahrheit durch den Eid. § 155 stellt dabei eine verfahrensrechtlich mögliche eidesgleiche Bekräftigung oder Berufung auf einen früheren Eid in derselben Sache dem Eid gleich.

3. Vorsatz

768 Der Täter muss **Vorsatz** bzgl. aller Tatumstände besitzen, also zumindest bedingten Vorsatz für das Vorliegen der falschen Aussage und die Zuständigkeit der den Eid abnehmenden Stelle.[1358]

4. Vollendung und Versuch

769 **Vollendet** ist die Tat bei dem in der Regel gegebenen Nacheid mit dem vollständigen Sprechen der gesetzlichen Eidesformel.[1359]

Der **Versuch des Meineides beginnt** bei dem im Straf- und OWi-Verfahren vorgeschriebenen Nacheid (§ 59 Abs. 2 StPO) **erst mit dem Beginn des Nachsprechens der Eidesformel.**[1360]

Bei dem für Sachverständige im Zivilprozess möglichen Voreid (vgl. § 410 ZPO) beginnt der Versuch mit dem Anfang der Aussage.[1361]

Versuch ist auch gegeben, wenn ein Zeuge während der Beweisaufnahme **bei mehrfachen Vernehmungen falsch ausgesagt hat und vereidigt wurde**, aber **nach seiner letzten Vernehmung unvereidigt** blieb. Wenn nicht ausnahmsweise wegen der Trennbarkeit der Aussagen zu verschiedenen und nicht miteinander in Zusammenhang stehenden Taten eine Teilvereidigung statthaft ist, ist die ganze Aussage als uneidliche anzusehen.[1362] Meineid ist dann nicht vollendet, der Zeuge hat aber schon mit dem Nachsprechen des ersten Eides zur Verwirklichung des Meineidversuchs angesetzt.

1356 LK-Ruß, § 154 Rn. 10.

1357 BGHSt 10, 142, 144.

1358 Zu Irrtumsfragen AS-Skript StrafR AT 2 (2016), Rn. 284.

1359 Vgl. SK-Rudolphi § 154 Rn. 11.

1360 BGHSt 1, 243.

1361 Fischer § 154 Rn. 13.

1362 BGH, Beschl. v. 20.07.2010 – 3 StR 193/10, RÜ 2010, 789.

IV. Falsche Versicherung an Eides statt, § 156

Ein eigener Typ von Aussagedelikt ist die von **§ 156** erfasste **falsche Versicherung an Eides statt**. Hierbei handelt es sich um eine mündliche oder schriftliche Bekräftigung minderen Gewichts. Ihre Hauptbedeutung liegt in der Glaubhaftmachung von Tatsachen (z.B. §§ 294, 807 ZPO oder § 56 StPO). § 156 ist als vorsätzliches Vergehen ohne Versuchsstrafbarkeit ausgestaltet. **§ 161 Abs. 1** stellt auch die **fahrlässige falsche Versicherung an Eides statt** unter Strafe. **770**

Klausurhinweis: *In Examensfällen hat § 156 keine Bedeutung.*

1. Zur Abnahme einer Versicherung an Eides statt zuständige Behörde

Der Begriff der „Behörde" wird in § 11 Abs. 1 Nr. 7 nicht legaldefiniert. Man kann darunter eine von der Person des Amtsinhabers unabhängige, mit bestimmten Mitteln für eine gewisse Dauer ausgestattete Einrichtung verstehen, die unter staatlicher Autorität für öffentliche Zwecke tätig wird.[1363] Die Behörde muss zur Abnahme eidesstattlicher Versicherungen **allgemein zuständig sein, darüber hinaus muss sie die konkrete Versicherung über den Gegenstand, auf den sie sich bezieht, und in dem Verfahren, in dem sie eingereicht wird, abnehmen dürfen; ferner darf die Versicherung nicht rechtlich völlig bedeutungslos sein.**[1364] **771**

Zur allgemeinen Zuständigkeit:

Beispiele: Gerichte, etwa das Familiengericht für die eidesstattliche Versicherung einer Mutter über den Vater des nichtehelichen Kindes;[1365] Sparkassen zur Abnahme von Versicherungen zur Kraftloserklärung von abhanden gekommenen oder vernichteten Sparbüchern.[1366]

Gegenbeispiele: Polizei und StA, weil diese kein förmliches Beweisverfahren durchzuführen haben.[1367] Auch **Notare** sind – von Spezialregeln wie etwa § 2356 Abs. 2 BGB abgesehen – nicht zur Abnahme, sondern gemäß § 22 BNotO nur zur Aufnahme, d.h. zur Beurkundung eidesstattlicher Versicherungen zuständig.[1368]

Ob darüber hinaus die **besondere Zuständigkeit** gegeben ist und ob die eidesstattliche Versicherung in dem konkreten Verfahren rechtliche Wirkung entfaltet, ist durch Auslegung der jeweiligen Verfahrensart und -vorschriften zu ermitteln.

Beispiele:

Das **Strafgericht** ist zuständig für eidesstattliche Versicherungen von Zeugen, Auskunftspersonen und Sachverständigen, wenn es nur um Zwischen- und Nebenentscheidungen (§§ 45, 56 StPO) geht. Eidesstattliche Versicherungen von Beschuldigten oder von Zeugen sind dagegen rechtlich bedeutungslos, wenn sie Tatsachen betreffen, die im förmlichen Beweisverfahren zu erörtern sind.[1369]

Zuständig ist das **Zivilgericht** im Rahmen von Arrest- und einstweiligen Verfügungsverfahren (§§ 920 Abs. 2, 294 ZPO). Dort, wo die jeweilige Verfahrensart aber das förmliche Beweisverfahren vorsieht

1363 Sch/Sch/Eser/Hecker § 11 Rn. 52.

1364 BGHSt 5, 69; BGH b. Holtz MDR 1989, 493; Lackner/Kühl § 156 Rn. 2; kritisch Sch/Sch/Lenckner/Bosch § 156 Rn. 8.

1365 RGSt 36, 2.

1366 OLG Düsseldorf NStZ 1991, 38.

1367 BayObLG NJW 1998, 1577.

1368 OLG Frankfurt/Main NStZ-RR 1996, 294.

1369 BayObLG NJW 1998, 1577.

(§§ 355 ff. ZPO) oder das Gesetz keine gemilderte Beweisführungsmöglichkeit schafft, ist eine eidesstattliche Versicherung unzulässig, so etwa im Zusammenhang mit Anträgen auf Vollstreckungsschutz nach § 765 a ZPO.[1370]

2. Abgabe einer falschen Versicherung an Eides statt

772 Tathandlung ist die Abgabe einer falschen Versicherung an Eides statt, § 156 Alt. 1 (oder die Falschaussage unter Berufung auf eine solche Versicherung Alt. 2). Begrifflich ist die Versicherung an Eides statt eine den Erklärenden sofort bindende Bekräftigung der Wahrheit, wobei der Inhalt der Erklärung den Willen erkennen lassen muss, dass sie an Eides statt abgegeben wird.[1371] Die Reichweite der Versicherung wird durch die den Täter treffende Wahrheitspflicht begrenzt. Dabei richten sich Umfang und Grenzen der **Wahrheitspflicht** nach dem Verfahrensgegenstand und den Regeln, die für das Verfahren gelten, in dem die eidesstattliche Versicherung abgegeben wird.[1372]

Beispiel: Bei der Offenbarungsversicherung nach § 807 Abs. 1 ZPO muss der Täter alle Bestandteile seines gegenwärtigen Aktivvermögens einschließlich der nach dem AnfG wieder zum Schuldnervermögen rückführbaren Gegenstände, ausschließlich der nach § 811 Abs. 1 Nr. 1, 2 ZPO offensichtlich unpfändbaren Gegenstände angeben.

773 Tatvollendung ist eingetreten, wenn die **objektiv falsche Versicherung vor der Behörde abgegeben** und **unterschrieben** worden ist;[1373] im Fall der Mündlichkeit, wenn sie vor einer zur Vertretung der Behörde befugten Person mit deren Einverständnis erklärt worden ist, und bei einer schriftlichen Erklärung, wenn sie mit Willen des Erklärenden der zuständigen Behörde zugegangen ist.[1374]

3. Vorsatz

774 Für den subjektiven Tatbestand ist **Vorsatz** erforderlich, der sich zumindest in Form des dolus eventualis auf alle vorgenannten Merkmale beziehen muss.

V. Fahrlässiger Falscheid; fahrlässig falsche Versicherung an Eides statt, § 161

775 Die Fahrlässigkeitstat gemäß § 161 Abs. 1 setzt voraus, dass die Aussageperson objektiv die Unwahrheit beeidet oder an Eides statt versichert hat, sie bzgl. der Falschheit aber sorgfaltswidrig gehandelt hat. Bei einem Zeugen ist das der Fall, wenn er aus Nachlässigkeit sein Erinnerungsbild nicht so wiedergibt, wie es noch in seinem Gedächtnis besteht, wenn er etwas Unwahres als sicheres Erinnerungsbild hinstellt, obwohl er es wegen mangelnder Überlegung nicht so ausgeben darf, oder wenn er es schuldhaft unterlässt, Hilfsmittel zu benutzen, die geeignet sind, sein Erinnerungsbild zu verbessern oder zumindest Zweifel an der Richtigkeit seiner Erinnerung zu wecken.[1375] Fahrlässigkeit liegt weiter dann vor, wenn der Zeuge es bei Zweifeln über den Umfang seiner

1370 BayObLG wistra 1990, 70.
1371 Sch/Sch/Lenckner/Bosch § 156 Rn. 4.
1372 Vgl. BayObLG NJW 2003, 2181, RÜ 2003, 413.
1373 BGH, Beschl. v. 11.11.2015 – 1 StR 339/15.
1374 Sch/Sch/Lenckner/Bosch § 156 Rn. 19.
1375 Vgl. OLG Koblenz NStZ 1984, 511; Lackner/Kühl § 161 Rn. 2.

Wahrheits- und Eidespflicht unterlässt, sich durch den vernehmenden Richter darüber belehren zu lassen.[1376] Eine besondere Vorbereitungspflicht trifft den Zeugen jedoch nach h.M. nicht.

VI. Aussagenotstand, § 157

1. § 157 Abs. 1 ist eine **Strafzumessungsregel**, die eine rechtswidrige und schuldhafte Falschaussage gemäß §§ 153, 154 voraussetzt. Für Taten nach den §§ 156, 161 gilt der Aussagenotstand nicht. **776**

Aufbau: *§ 157 ist erst anzusprechen, wenn rechtfertigender Notstand, § 34, oder entschuldigender Notstand, § 35, nicht eingreifen.*

Der Anwendungsbereich erstreckt sich in persönlicher Hinsicht nur auf **Zeugen und Sachverständige**, dagegen **nicht** auf Parteien im Zivilprozess und auf Teilnehmer an den Aussagedelikten.[1377] **777**

Der Täter muss die Unwahrheit gesagt haben, **um von einem Angehörigen oder von sich selbst die Gefahr abzuwenden, bestraft oder einer freiheitsentziehenden Maßregel der Besserung und Sicherung unterworfen zu werden**. Aus der subjektiven Gesetzesformulierung und dem Zweck des § 157, der Zwangslage Rechnung zu tragen, die der Zeuge durch eine richtige Aussage befürchtet, kommt es allein auf das Vorstellungsbild des Täters an.[1378] Die Gefahr darf nur dem Täter selbst oder einem Angehörigen i.S.v. § 11 Abs. 1 Nr. 1 drohen. **778**

Eine **analoge Anwendung des § 157** auf sonstige „nahestehende Personen" – vgl. den Begriff in § 35 Abs. 1 S. 1 – wie etwa nichteheliche Lebenspartner, wird von der h.M. abgelehnt. Es fehle die für die Analogie erforderliche planwidrige Regelungslücke, weil der Gesetzgeber sich bewusst für die Beschränkung auf Angehörige im formellen Sinne entschieden habe.[1379] **779**

Die von dem Täter angenommene Gefahr muss ferner wegen einer **vor der Falschaussage** liegenden Straftat drohen. Wer also einen Meineid schwört, um eine in derselben Instanz begangene uneidliche Falschaussage nicht aufdecken zu müssen, kann sich nicht auf einen Aussagenotstand berufen.[1380] § 157 ist dagegen anwendbar, wenn die Gefahr der Strafverfolgung wegen einer in der Vorinstanz gemachten Falschaussage droht.[1381] **780**

Dass der Täter die Aussage verweigern konnte oder den Notstand verschuldet hat, schließt die Milderung nicht aus.[1382]

2. § 157 Abs. 2 erlaubt eine Strafmilderung oder sogar einen Strafverzicht, wenn eine noch nicht eidesmündige Person uneidlich falsch ausgesagt hat. **781**

1376 Wessels/Hettinger Rn. 763.

1377 Sch/Sch/Lenckner/Bosch § 157 Rn. 3 f.

1378 Vgl. BGHSt 8, 301, 317.

1379 OLG Braunschweig NStZ 1994, 344; a.A. z.B. SK-Rudolpi § 157 Rn. 1.

1380 BGHSt 8, 301.

1381 BGH StV 1995, 249.

1382 BGH StV 1995, 249; Lackner/Kühl § 157 Rn. 1.

VII. Berichtigung, § 158

782 **§ 158** erfasst die Berichtigung als **tätige Reue** und wirkt anders als § 157 für alle Fälle der vollendeten Falschaussage (sonst Rücktritt nach § 24), für Taten nach §§ 153–156 und analog für Teilnehmer daran.[1383] Über den Verweis in § 161 Abs. 2 gilt § 158 als Strafausschluss sogar für den fahrlässigen Falscheid und die fahrlässig falsche Versicherung an Eides statt.

783 **1.** Eine **Berichtigung** liegt nur dann vor, **wenn die unrichtige Aussage in allen Punkten durch die Mitteilung der Wahrheit ersetzt wird.** Der Widerruf der unwahren Aussage unter gleichzeitiger Verweigerung der Aussage genügt nicht.[1384] Freiwilligkeit der Berichtigung ist nicht erforderlich.[1385]

784 **2.** Die Berichtigung muss aber **rechtzeitig** sein. Maßgeblich dafür ist § 158 Abs. 2, also ob die Berichtigung noch verwertet werden kann oder aus der Tat ein Nachteil für einen anderen entstanden ist. Für die Verwertbarkeit kommt es auf die den Rechtszug abschließende, nicht notwendig rechtskräftige Entscheidung in der Sache an.[1386]

VIII. Teilnahme an Aussagedelikten

785 Anstiftung und aktive Beihilfe zu den Aussagedelikten sind uneingeschränkt möglich.

786 Problematisch ist, ob der **Angeklagte im Strafprozess Gehilfe durch Unterlassen** werden kann, wenn er eine von ihm zuvor nicht auf strafbare Weise veranlasste oder geförderte Falschaussage nicht verhindert. Die rechtliche und tatsächliche Möglichkeit dazu hat der Angeklagte aufgrund seines Fragerechts nach § 240 Abs. 2 S. 1 StPO. Voraussetzung für die Unterlassungsstrafbarkeit ist aber auch eine Rechtspflicht i.S.v. § 13 Abs. 1 zur Verhinderung der Falschaussage. Diese ergibt sich nicht aus persönlicher Nähebeziehung, weil dies eine Beschützergarantie, aber keine Überwachungsgarantie ist. Infrage kommt nur **gefahrbegründendes Vorverhalten**, sogenannte Ingerenz. Die inhaltlichen Anforderungen hierfür sind im Bereich der Aussagedelikte umstritten:

Das Schrifttum verlangt ein **pflichtwidriges Vorverhalten**, durch das in besonderer Weise in die Sphäre des Zeugen oder der Rechtspflege eingegriffen und dadurch die Gefahr der Falschaussage herbeigeführt wird, z.B. Geschehenlassen eines Meineids nach vorangegangener Anstiftung nur zu § 153.[1387]

Die Rspr. lässt jedes Verhalten ausreichen, durch das die Aussageperson in eine **besondere, dem Prozess nicht mehr eigentümliche (inadäquate) Gefahr der Falschaussage gebracht wird.**[1388]

Solche Gefahren sind **beispielsweise** darin gesehen worden, dass die Partei während eines Scheidungsprozesses das ehewidrige Verhalten mit dem Zeugen fortsetzt und intensiviert und diesen so besonders der Versuchung zu einer Falschaussage aussetzt, oder dass sie den Zeugen durch schlüssiges

1383 Sch/Sch/Lenckner/Bosch § 158 Rn. 2.

1384 BGHSt 9, 99; 18, 348.

1385 BGHSt 4, 175.

1386 OLG Hamm NJW 1950, 358 f.

1387 Sch/Sch/Lenckner/Bosch Vorbem. §§ 153 ff. Rn. 39 f.; generell für Straflosigkeit des Angeklagten Scheffler GA 1993, 341.

1388 BGHSt 17, 321, 323.

Verhalten in Sicherheit wiegt, sie werde ihn nicht durch Widersprechen der Angaben in Schwierigkeiten bringen.[1389] Sogar eine aus verwandtschaftlichen Bindungen motivierte Falschaussage soll durch den so begünstigten Familienangehörigen zu verhindern sein.[1390]

Nicht ausreichen soll ein nur „stillschweigendes Einvernehmen" zwischen den Beteiligten, begründet durch ein Gefühl gegenseitigen Verpflichtetseins,[1391] oder das bloße Bestehen einer Liebesbeziehung ohne Hinzutreten besonderer Umstände.[1392]

Selbst wenn man der vorgenannten Auffassung folgen wollte, stellt sich die Frage, ob die Verhinderung einer Falschaussage auch **zumutbar** ist. Die Unterbrechung und Richtigstellung der Zeugenaussage in der mündlichen Hauptverhandlung ist in einem Strafprozess regelmäßig gleichbedeutend mit der Selbstbelastung des Angeklagten bezüglich der vorgeworfenen Straftat. Im Strafverfahren gilt aber der Grundsatz, dass der Beschuldigte nicht gezwungen werden darf, an seiner eigenen Überführung mitzuwirken („nemo tenetur se ipsum accusare"). Ausnahmen von diesem rechtsstaatlichen Fundamentalprinzip sind nur unter engen Voraussetzungen zuzulassen. Ein solcher Ausnahmefall ist etwa dann gegeben, wenn der Beschuldigte in verbotener Weise die Falschaussage herbeigeführt hat. Hier ist die mit der Pflicht zur Richtigstellung einhergehende Gefahr der Selbstbelastung hinzunehmen, weil das Recht zur Selbstbegünstigung kein Recht gibt, andere zur Lüge zu veranlassen. Liegt die Ursache der Falschaussage aber in prozessual erlaubtem Verhalten, wie etwa in einer bloßen Zeugenbenennung im Rahmen eines Beweisantrages, so hat das Recht zur Selbstbegünstigung den Vorrang.[1393] Eine Beihilfe zu einem Aussagedelikt durch Unterlassen scheidet dann aus.

IX. Versuchte Anstiftung zur uneidlichen Falschaussage, § 159

Das Sichbereiterklären und die versuchte Anstiftung sowie Kettenanstiftung zum Meineid sind wegen des Verbrechenscharakters der Tat nach § 154 aus § 30 strafbar. **787**

§ 159 erweitert den Anwendungsbereich des § 30 Abs. 1 (und der speziellen Rücktrittsregel des § 31 Abs. 1 Nr. 1 und Abs. 2) auf die Vergehen der § 153, 156. Strafbar ist danach aber nur die versuchte Anstiftung zur uneidlichen Falschaussage/falschen Versicherung an Eides statt.

Nicht strafbar sind: **788**

- das Sichbereiterklären zu Taten nach den §§ 153, 156
- die versuchte Kettenanstiftung dazu (s. dazu schon oben Fall 23 Rn. 716).

Umstritten ist, ob auch die **versuchte Anstiftung zu einem** (bei Ausführung der angesonnenen Tat) nur **untauglichen Versuch** der Falschaussage strafbar ist, z.B. weil die Aussage entgegen der Annahme der Beteiligten objektiv richtig ist oder weil die Beteiligten irrtümlich von der Zuständigkeit der Stelle ausgehen, vor der die Aussage gemacht werden soll. **789**

1389 BGHSt 14, 229.

1390 KG JR 1969, 27 mit ablehnender Anm. Lackner.

1391 BGHSt 17, 323; OLG Köln NStZ 1990, 594.

1392 OLG Düsseldorf NJW 1994, 272.

1393 KG, Beschl. v. 28.03.2001 – (5) 1 Ss 261/99 (73/99); MünchKomm/Müller § 153 Rn. 106.

Ein Teil des Schrifttums wendet auch in diesen Fällen § 159 an, weil ein wirksamer Schutz der Rechtspflege nur dann gewährleistet sei, wenn jeder Versuch einer Beeinflussung von Zeugen – mag er auch auf einen untauglichen Versuch der Haupttat hinauslaufen – unterbunden werde.[1394]

Die h.M. lehnt dagegen zu Recht die **Anwendung des § 159 ab, wenn die geplante Haupttat, so wie der Angestiftete sie begehen sollte, nur zu einem untauglichen Versuch des § 153 (oder § 156) hätte führen können oder geführt hat**. Die Grundsätze des § 30 dürften nicht schematisch übertragen werden, sondern nur so, dass wenigstens eine Kontinuität in der Strafbarkeit der einzelnen Verwirklichungsstufen erhalten bleibe.[1395] Daraus folgt, dass ein Verhalten, das in der Person des Haupttäters nur ein untauglicher Versuch wäre, auch nicht über die Teilnahme oder versuchte Teilnahme strafbar werden darf.

X. Verleitung zur uneidlichen/eidlichen Falschaussage bzw. zur falschen Versicherung an Eides statt, § 160

Es kommt häufig vor, dass eine Aussageperson „instrumentalisiert" wird, im Prozess etwas Falsches zu erklären, sich dessen aber nicht bewusst ist. Wegen der eigenhändigen Deliktsstruktur der §§ 153 f. kann der Veranlasser dann nicht aus mittelbarer Täterschaft bestraft werden, und eine Anstiftung käme mangels vorsätzlicher Haupttat nicht in Betracht. Diese Strafbarkeitslücke schließt § 160. Folglich ist die Vorschrift erfüllt, wenn der Hintermann die Gutgläubigkeit der Aussageperson kennt und sie zu einer unvorsätzlich falschen Bekundung veranlasst. Fraglich ist, ob dies auch bei Irrtumsfällen über die Gutgläubigkeit der Aussageperson gilt (vgl. zum Parallelproblem bei § 271 oben Rn. 659 f.)

Klausurhinweis: *Die beiden nachfolgenden Fallkonstellationen sind Dauerbrenner in Examensaufgaben.*

Fall 25: Verleitung zum Falscheid, § 160; irrige Annahme der Vorsätzlichkeit der Aussageperson

A ist wegen eines tatsächlich von ihm begangenen Raubes angeklagt. Er bittet Z um die Bekundung eines Alibis für den Tattag. Dabei geht er davon aus, Z wisse, dass der Besuch des A bei ihm einen Tag zuvor stattgefunden hatte. Aufgrund einer unbewusst falschen Datenzuordnung ist Z fest davon überzeugt, dass A ihn tatsächlich an dem fraglichen Tattag besucht habe. Entsprechend sagt er in der Hauptverhandlung aus und beschwört seine Aussage. A wird daraufhin freigesprochen.
Strafbarkeit von Z und A?

1394 LK-Ruß § 159 Rn. 1 a; Sch/Sch/Lenckner/Bosch § 159 Rn. 4; Wessels/Hettinger Rn. 781.

1395 Vgl. BGHSt 24, 38; LK-Willms, 10. Aufl., § 159 Rn. 1; NK-Vormbaum § 159 Rn. 22.

A. **Strafbarkeit des Z**

I. **Strafvereitelung** gemäß **§ 258 Abs. 1** scheitert am Vorsatz.

II. Nach der herrschenden objektiven Aussagetheorie hat Z den objektiven Tatbestand des **Meineids, § 154**, erfüllt. Ihm fehlte allerdings der Vorsatz bezüglich der Unrichtigkeit seiner Aussage, § 16 Abs. 1 S. 1.

III. **Fahrlässiger Falscheid** gemäß **§ 161 Abs. 1** setzt voraus, dass den Z bezüglich der Tatbestandsverwirklichung des § 154 der Vorwurf der Sorgfaltswidrigkeit trifft. Einem Zeugen – wie hier bei Z – kann aus einem fest eingewurzelten falschen Erinnerungsbild allein kein solcher Vorwurf gemacht werden, da sich dies durch bloßes Anstrengen des Willens und Nachdenken nicht ändert.[1396]

Ergebnis: Z ist straflos.

B. **Strafbarkeit des A**

I. Durch den **Raub** hat sich A gemäß **§ 249** schuldig gemacht.

II. **Anstiftung zum Meineid** gemäß **§§ 154, 26** scheitert an der vorsätzlichen Haupttat des Z. Dieser Mangel wird nach heute h.M. auch nicht durch die Tatsache überwunden, dass Z wie ein gutgläubiger Tatmittler fungierte.[1397]

III. In Betracht kommt **versuchte Anstiftung zum Meineid, §§ 154, 30 Abs. 1**. Da A davon ausging, dass Z die Unwahrheit seiner Aussage kannte, wollte er ihn zu einer vorsätzlichen rechtswidrigen Meineidstat bestimmen. Mit der Bitte um Aussage hat A zu seiner Anstiftung unmittelbar angesetzt. Er handelte rechtswidrig. Auf entschuldigenden Notstand gemäß § 35 Abs. 1 kann er sich wegen Verschuldens der Notstandslage gemäß § 35 Abs. 1 S. 2 nicht berufen.

IV. **Verleitung zum Meineid** gemäß **§ 160 Abs. 1?**

Ob § 160 auch bei **unerkannter Gutgläubigkeit oder bei irrig angenommener Gutgläubigkeit** angewendet werden kann, ist umstritten: **790**

1. Voraussetzung ist zunächst, dass der **objektive Tatbestand eines Aussagedelikts der §§ 153, 154 oder 156** erfüllt ist. Das war hier durch die Aussage des Z der Fall. Ob darüber hinaus die Gutgläubigkeit der Aussageperson objektives Tatbestandsmerkmal ist (dazu die Abwandlung), muss hier nicht entschieden werden, da Z tatsächlich gutgläubig war.

2. Die Tathandlung des **Verleitens** erfüllt, wer auf die Aussageperson einwirkt, die fragliche Aussage zu machen, und zwar durch beliebige Mittel, sogar durch Drohung oder Täuschung.[1398]

3. **Nach ganz h.M. verlangt der subjektive Tatbestand neben dem Vorsatz, eine objektiv falsche Aussage zu veranlassen, das Bewusstsein des Verleitenden, dass die Aussageperson unvorsätzlich falsch aussagen solle.**[1399]

1396 Fischer § 161 Rn. 6.

1397 Näher dazu AS-Skript StrafR AT 2 (2016), Rn. 357.

1398 Wessels/Hettinger Rn. 785.

1399 Fischer § 160 Rn. 4.

Dies wird damit begründet, dass für die Auffangnorm des § 160 kein Bedürfnis bestehe, wenn die Tat als Anstiftung oder versuchte Anstiftung erfasst werden könne. **Wer also Anstiftungsvorsatz zu einem Aussagedelikt hat, hat keinen Verleitervorsatz.**[1400] Auch der Wille des A ging dahin, Z zu dessen vorsätzlicher Falschaussage zu bewegen. A hatte somit nicht den erforderlichen Verleitervorsatz.

Ergebnis: A ist strafbar wegen Raubes und versuchter Anstiftung zum Meineid.

Fall 26: Unkenntnis der Vorsätzlichkeit der Aussageperson
(Abwandlung des vorhergehenden Falles)

Z beschwor seine Falschaussage, obwohl er genau wusste, dass A am Tattag nicht bei ihm gewesen war. A hatte dagegen bei seiner Bitte an Z geglaubt, dieser werde gutgläubig falsch aussagen und schwören.
Strafbarkeit von Z und A?

A. **Z** ist strafbar wegen **Meineides** in Tateinheit mit **Strafvereitelung, §§ 258 Abs. 1, 154; 52.**

B. **Strafbarkeit des A**

I. Gegeben ist **Raub gemäß § 249**.

791 II. Fraglich ist **Anstiftung zum Meineid gemäß §§ 154, 26**. Zwar hat A durch seine Bitte objektiv die Vorsatztat des Z veranlasst. Ihm fehlte aber der Vorsatz für eine vorsätzliche Unrechtsverwirklichung durch den Haupttäter. Die im Allgemeinen Teil von der h.M. vertretene Ansicht, dass im Vorsatz zur mittelbaren Täterschaft der Anstiftungsvorsatz mitenthalten sei, kann im Bereich der Aussagedelikte deshalb nicht gelten, weil sonst der in § 160 vorgesehene mildere Strafrahmen für die Fälle der „mittelbaren Täterschaft" durch Rückgriff auf die wesentlich schwereren Strafrahmen aus §§ 153–156 unterlaufen würde.

792 III. Fraglich ist, ob **§ 160 Abs. 1** erfüllt ist.

1. Objektiv hat Z einen Meineid geschworen. A hat Z durch seine Bitte um Aussage auch dazu veranlasst.

2. Umstritten ist, ob § 160 auch bei **Veranlassung einer vorsätzlichen Falschaussage** vollendet ist.

a) Eine starke Gruppe im Schrifttum verneint dies. Wenn der Verleiterwille auf die Leistung einer gutgläubigen Aussage gerichtet sei und die Aussageperson nach dem Erkennen der bösen Absicht des Verleiters dessen Ansinnen nicht zurückweise, sondern es durch eine bewusste unwahre Aussage

---

1400 Vgl. Lackner/Kühl § 160 Rn. 5; Wessels/Hettinger Rn. 783.

übertrumpfe, dann liege ein Exzess des Vordermannes vor, der dem Hintermann nicht mehr zurechenbar sei. Diese Auffassung macht die Gutgläubigkeit der Aussageperson zum ungeschriebenen Tatbestandsmerkmal des § 160. Folglich kann sich A durch Einwirkung auf Z nur wegen versuchter Verleitung zum Falscheid gemäß §§ 160, 22, 23 strafbar gemacht haben.[1401]

b) Die h.M. sieht den Strafgrund des § 160 auch in der Gefährdung der Rechtspflege durch Veranlassung einer Falschaussage. Diese Gefährdung trete aber unabhängig davon ein, ob der Aussagende gut- oder bösgläubig sei. Dass der Verleitende objektiv mehr veranlasst habe als er subjektiv wollte, könne ihn nicht privilegieren, da jedenfalls der von ihm gewollte Erfolg – die Gefährdung der Rechtspflege – eingetreten sei.[1402] Nach dieser vorzugswürdigen Auffassung kommt es auf die Gutgläubigkeit der Aussageperson als objektives Merkmal nicht an.

3. A wollte den Z zu der beeideten Falschaussage veranlassen. Da er auch subjektiv von der Gutgläubigkeit des Z ausging, hatte er Verleiterwillen. Dass stärkeres Unrecht geschah als er wollte, nämlich ein vorsätzlicher Meineid, führt lediglich zu einer unwesentlichen Kausalabweichung und lässt den Vorsatz unberührt.

4. Rechtswidrigkeit und Schuld liegen vor.

Ergebnis: A ist strafbar wegen Raubes in Tatmehrheit mit Verleitung zum Falscheid.

1401 MünchKomm/Müller § 160 Rn. 18; Wessels/Hettinger Rn. 783.

1402 BGHSt 21, 116; SK-Rudolphi § 160 Rn. 4; Sch/Sch/Lenckner/Bosch § 160 Rn. 9.

Falsche Aussage i.S.d. §§ 153 ff.

- **Aussage** ist jede mündliche Erklärung, die unmittelbar gegenüber der Vernehmungsperson gemacht wird und auf die sich die Wahrheitspflicht erstreckt.
- **Falsch** ist die Aussage nach der herrschenden objektiven Theorie, wenn der Erklärungsinhalt bei äußeren Tatsachen nicht mit der objektiven Sachlage und bei inneren Tatsachen nicht mit dem subjektiven Erlebnisbild des Aussagenden übereinstimmt.
- **Verfahrensfehler** bei der Aussage stehen selbst dann nicht der Tatbestandsmäßigkeit entgegen, wenn die Aussage deswegen prozessual unverwertbar ist. Möglich ist lediglich eine Strafmilderung.

uneidliche Falschaussage, § 153

- **Täter:** Zeuge/Sachverständiger (nicht Beschuldigter!)
- **Adressat:** Gericht oder generell zur eidlichen Vernehmung zuständige Stelle (nicht Polizei oder StA!)
- **Tathandlung:** Falsche Aussage

Meineid, § 154

- **Täter:** Zeuge/Sachverständiger/Partei im Zivilprozess (nach umstr. Ansicht auch eidesunmündige Person)
- **Adressat:** Allgemeine Zuständigkeit zur Eidesabnahme und Zulässigkeit des Eides im konkreten Verfahren
- **Tathandlung:** „Falsches Schwören", d.h. Beteuerung der Wahrheit einer falschen Aussage durch Eid

Fahrlässige uneidliche Falschaussage

nicht strafbar

Fahrlässiger Falscheid, § 161

bei sorgfaltswidriger falscher Aussage

versuchte Anstiftung, § 159 i.V.m. § 153

Nach umstr. Ansicht nicht strafbar, wenn die angesonnene Haupttat nur zu einem untauglichen Versuch des § 153 geführt hätte

Sichbereiterklären etc. zum Meineid, §§ 30, 154

Generell strafbar wegen Verbrechenscharakters des Meineids

Verleitung zur uneidlichen Falschaussage/zum Meineid/zur falschen Versicherung an Eides statt, § 160

- Auf Gut- oder Bösgläubigkeit der Aussageperson kommt es nach h.M. nicht an.
- Verleiten ist jede Veranlassung der Aussageperson zu deren Falschaussage.
- Der Wille des Verleitenden muss aber stets auf eine **unvorsätzliche Falschaussage** gerichtet sein. Wer Anstifter zu einer vorsätzlichen Falschaussage ist (§ 26) oder sein will (§§ 30, 154/§ 159), hat keinen Verleiterwillen.

G. Sonstige Rechtspflegedelikte

Kein Prüfungsstoff zum 1. Examen in

- Baden-Württemberg (§ 8 Abs. 2 Nr. 7 b JAPrO)
- Nordrhein-Westfalen (§ 11 Abs. 2 Nr. 7 b JAG)
- Rheinland-Pfalz (§ 1 Abs. 2 Nr. 1 Anl. B II JAPO)
- Sachsen (§ 14 Abs. 3 Nr. 4 JAPO)
- Sachsen-Anhalt (§ 14 Abs. 2 Nr. 4 b JAPrVO)
- Mecklenburg-Vorpommern (§ 11 Abs. 2 Nr. 2 b JAPO)
- Niedersachsen (§ 16 Abs. 2 Nr. 2 NJAVO; Prüfungsstoff aber § 339)

I. Rechtsbeugung, § 339

1. Täter dieses Sonder- und eigenhändigen Verbrechens können sein: **Richter** (§ 11 Abs. 1 Nr. 3), **Schiedsrichter** (z.B. §§ 1025 ff. ZPO, §§ 101–110 ArbGG), ferner **Amtsträger** (§ 11 Abs. 1 Nr. 2), denen die Leitung oder Entscheidung einer Rechtssache obliegt. **793**

a) Rechtssache ist jede Rechtsangelegenheit, bei der sich mehrere Beteiligte mit widerstreitenden rechtlichen Belangen gegenüberstehen können, wenn über sie in einem rechtlich vollständig geregelten Verfahren nach Rechtsgrundsätzen zu entscheiden ist.[1403] **794**

Beispiele: Praktisch alle Angelegenheiten der verschiedenen Gerichtszweige, aber auch rechtsförmlich ausgestaltete Verwaltungsverfahren, deren Entscheidungen richterähnliche Tätigkeit voraussetzen, wie z.B. im Bußgeldverfahren.

b) Zu **leiten** hat der Täter diese, wenn er die Herrschaft über ihre Erledigung hat (z.B. Staatsanwälte im Ermittlungsverfahren[1404], selbstständig entscheidende Rechtspfleger,[1405] aber auch Verwaltungsbeamte, die gemäß § 35 OWiG Bußgeldbescheide erlassen).[1406] **795**

c) Zu **entscheiden** hat der Täter eine Rechtssache, wenn er dabei im Wesentlichen richterliche Aufgaben wahrnimmt. **796**

2. Die Tathandlung ist die **Beugung des Rechts bei Leitung oder Entscheidung der Rechtssache zugunsten oder zum Nachteil einer Partei.**

a) Durch das Wort **„bei"** ist die Tatsituation beschrieben, die in innerem und funktionalen Zusammenhang mit der Leitung oder Entscheidung der Rechtssache stehen muss. Ob die dem Täter vorgeworfene Handlung ein Maßnahme rechtlicher Art ist, kommt es nicht an. **797**

1403 BGHSt 24, 326.

1404 BGHSt 38, 381, 382.

1405 BGHSt 35, 224, 231.

1406 BGH; Urt. v. 27.01.2016 – 5 StR 328/15, RÜ 2016, 303.

Daher kann beispielsweise eine Verwaltungsbeamtin der Bußgeldstelle Rechtsbeugung wenn sie Ordnungswidrigkeiten-Verfahren, die sie leitet, gesetzeswidrig beendet, indem sie die Akten dem Geschäftsgang entzieht. [1407]

798 **b) „Recht"** i.S.d. § 339 können geschriebene oder ungeschriebene, materiell-rechtliche oder verfahrensrechtliche Regeln sein.

799 **c)** Umstritten ist, ab wann man von tatbestandsmäßiger „**Beugung**" sprechen kann:

Eine Mindermeinung vertritt die sogenannte Pflichttheorie und stellt darauf ab, ob der Richter bei der Sachverhaltsfeststellung oder Rechtsanwendung die ihm obliegenden Pflichten verletzt hat.[1408]

Herrschend in Lit. und Rspr. ist die **objektive Theorie**, die auf die objektive Unrichtigkeit der Rechtsanwendung abstellt.[1409] Allerdings hat sich ein heftiger Streit an der Frage entzündet, ob nur **schwere Verstöße** erfasst werden können:

Ein Teil des Schrifttums verneint das. § 339 enthalte keinerlei wörtliche oder ungeschriebene Begrenzung auf schwere Rechtsverletzungen; vielmehr sei der Zweck des Tatbestandes (bei Erfüllung der übrigen Merkmale), jede vorsätzliche Rechtsverletzung unter Strafe zu stellen.[1410]

Die Rspr. demgegenüber den Anwendungsbereich des § 339 besonders stark. Unter „Beugung" wird **nicht schon jede fehlerhafte Rechtsanwendung** verstanden, selbst wenn die darauf beruhende Entscheidung „unvertretbar" ist.[1411] Die Bestrafung aus dem Verbrechenstatbestand des § 339, dessen Verurteilung in der Regel kraft Gesetzes zur Beendigung des Richter- oder Beamtenverhältnisses führt (§ 24 Nr. 1 DRiG), sei nur bei **elementaren Rechtsverstößen, d.h. bei offensichtlichen Willkürakten** anzunehmen:

Rechtsbeugung begeht nach dieser **„Schweretheorie"** nur der Amtsträger, **der sich (bewusst) in schwerwiegender Weise von Recht und Gesetz entfernt**.[1412]

Beispiel: Amtsrichter R war zuständiger Richter in Betreuungssachen am Amtsgericht. In zahlreichen Fällen genehmigte R freiheitsentziehende Maßnahmen gegenüber unter Betreuung stehenden Personen in Heimunterbringung nach § 1906 Abs. 4 BGB (Fixierung im Bett, Sessel oder Rollstuhl), ohne die Betroffenen zuvor persönlich anzuhören und sich einen unmittelbaren Eindruck zu verschaffen. Den Verstoß gegen die gesetzliche Anhörungspflicht nach § 70 c FGG a.F. (heute: § 319 Abs. 1 FamFG) vertuschte R dadurch, dass er formularmäßig vorgefertigte „Anhörungsprotokolle" zu den Akten nahm. Er handelte dabei ausschließlich, um mehr Freizeit zu haben. Der BGH bestätigte die Verurteilung wegen Rechtsbeugung.[1413]

Gegenbeispiel: Keine Rechtsbeugung, wenn der Strafrichter nach Verkündung des Urteils die Höhe der Geldstrafe in der bereits schriftlich fixierten Urteilsformel abändert.[1414]

800 **d)** Die Tat muss **zum Vorteil oder Nachteil einer Partei**, d.h. zu irgendeiner Besser- oder Schlechterstellung eines am Verfahren Beteiligten geführt haben.

1407 BGH aaO (vohergehende Fußnote).

1408 SK-Stein/Rudolphi § 339 Rn. 13; Wessels/Hettinger Rn. 1134 a.

1409 Vgl. Sch/Sch/Heine/Hecker § 339 Rn. 6; BGH NJW 1997, 1455; BGH NJW 1999, 1122.

1410 Bemmann JZ 1995, 123; Spendel NJW 1996, 809; kritisch auch Fischer § 339 Rn. 9 ff.

1411 BGHSt 41, 247, 251.

1412 BGH, Urt. v. 04.09.2001 – 5 StR 92/01, NStZ 2001, 651; auch Lackner/Kühl § 339 Rn. 5.

1413 BGH, Beschl. v. 24.06.2009 – 1 StR 201/09, NStZ 2010, 92.

1414 BGH, Urt. v. 13.05.2015 – 3 StR 498/14, RÜ 2015, 648.

3. Beim subjektiven Tatbestand differenziert die aktuelle Rspr:

a) Bedingter Vorsatz reicht danach für das **Vorliegen eines Rechtsverstoßes** aus. **801**

b) Bedeutungskenntnis im Sinn **direkten Vorsatzes** wird aber **hinsichtlich der Schwere des Rechtsverstoßes** verlangt. Diese Differenzierung trägt dem Anliegen Rechnung, einerseits den Verbrechenstatbestand der Rechtsbeugung nicht auf jede – später möglicherweise aufgehobene oder als unzutreffend angesehene – „nur" rechtsfehlerhafte Entscheidung anzuwenden, andererseits aber ein sachwidriges Privileg für Richter auszuschließen, die unter bedingt vorsätzlicher Anwendung objektiv unvertretbarer Rechtsansichten bei der Entscheidung von Rechtssachen Normen verletzen, deren grundlegende – materiell-rechtliche oder verfahrensrechtliche – Bedeutung ihnen bewusst ist. **802**

Allein der Wunsch oder die Vorstellung des Richters, „gerecht" zu handeln oder „das Richtige" zu tun, schließen eine Rechtsbeugung daher nicht aus. Jedenfalls bei der fehlerhaften Anwendung oder Nichtanwendung zwingenden Rechts ist es nicht erforderlich, dass der Richter entgegen seiner eigenen Überzeugung oder aus sachfremden Erwägungen handelt. Verschließt er sich, obgleich er die Unvertretbarkeit seiner Ansicht erkennt oder für möglich hält, der Erkenntnis des rechtlich Gebotenen, so unterliegt er einem unbeachtlichen Subsumtionsirrtum, wenn er gleichwohl sein Handeln für „gerecht" hält. [1415]

4. Zum Schutz der richterlichen Unabhängigkeit entfaltet § 339 ferner eine **Sperrwirkung für anderes Straftatbestände**: Wer eine Rechtssache leitet oder entscheidet, ist – parallel zum zivilrechtlichen Haftungsprivileg des § 839 Abs. 2 S. 1 BGB – für seine Tätigkeit aus anderen Strafnormen nur strafbar, wenn auch der Tatbestand der Rechtsbeugung erfüllt ist.[1416] Diese Sperrwirkung ist aber nach aktueller Rspr. **beschränkt auf nach außen hin zu treffende Entscheidungen, Anordnungen oder Maßnahmen der Verhandlungsleitung**. **803**

Beispiel: Wenn der Richter also eine Urkundenfälschung an dem bereits verkündeten Urteil vollzieht, liegt zwar keine Rechtsbeugung vor, doch ist die Strafbarkeit aus § 267 nicht dadurch ausgeschlossen.[1417]

Aufbau: *Wegen dieser Sperrwirkung in strafrechtlichen Gutachten grundsätzlich mit der Prüfung des § 339 beginnen.*

II. Parteiverrat, § 356

1. Täter dieses auch **Prävarikation** (lat. praevaricari = breitbeinig gehen, auf zwei Schultern tragen) genannten *Sonderdelikts* können nur **Anwälte** oder **andere Rechtsbeistände** sein. „Anwälte" sind auch Nichtdeutsche, die in ihrem in der EU liegenden Heimatland berechtigt sind, die dortige Berufsbezeichnung Rechtsanwalt zu führen = sogenannte Europäische Rechtsanwälte, Art. 1 §§ 1, 42 EuRA-Gesetz.[1418] Zu „Rechtsbei- **804**

1415 BGH, Urt. v. 22.01.2014 – 2 Str 479/14 ; vgl. auch Sch/Sch/Heine/Hecker § 339 Rn. 8.
1416 BGHSt 10, 294; OLG Karlsruhe NJW 2004, 1469.
1417 BGH, Urt. v. 13.05.2015 – 3 StR 498/14, RÜ 2015, 64.8.
1418 Vom 09.03.2000, BGBl. I, 182 ff.

ständen" gehören solche Personen, die ebenso wie Anwälte als selbstständige Organe der Rechtspflege anzusehen sind, z.B. Anwaltsvertreter gemäß § 53 BRAO oder Prozessvertreter vor dem Arbeitsgericht oder dem Sozialgericht. Dem Täter muss **in dieser Eigenschaft** die fragliche **Angelegenheit anvertraut** sein. Ihm muss also die Interessenwahrnehmung in seiner beruflichen Eigenschaft als unabhängiger Sachwalter und nicht nur als Privatmann oder in sonstiger beruflicher Funktion, z.B. als Insolvenzverwalter, übertragen sein.[1419]

805 **2.** Die Tathandlung setzt voraus, dass der Anwalt **in derselben Rechtssache beiden Parteien pflichtwidrig gedient** hat.

Rechtssache ist jede Angelegenheit, die zwischen mehreren Beteiligten mit möglicherweise entgegenstehenden rechtlichen Interessen nach Rechtsgrundsätzen entschieden wird. Ob die Rechtssache **dieselbe** ist, beurteilt sich nicht nach prozessualen Regeln des Streitgegenstandes oder der Tat, sondern nach der **Identität des Sachverhalts.**[1420]

Dies ist **beispielsweise** anzunehmen bei Scheidungsverfahren, die dieselbe Ehe betreffen, selbst wenn die Scheidungsgründe wechseln.

Der Begriff **Parteien** ist nicht verfahrenstechnisch gemeint, sondern umfasst alle an der Rechtssache mit gegensätzlicher Interessenrichtung beteiligten Personen. **Beschuldigte in einer Strafsache**, gegen die jeweils der Verdacht besteht, gemeinsam mit dem anderen Beschuldigten als Mittäter, Anstifter oder Gehilfe Teilnehmer derselben Straftat gewesen zu sein, können ebenfalls Parteien i.S.d. § 356 sein.[1421]

Der Anwalt **dient** beiden Parteien, wenn er einer Partei Rat und Beistand leistet, nachdem er eine andere in derselben Sache unterstützt hat. Das gilt auch dann, wenn das alte Mandat erledigt ist.[1422] Dagegen liegt kein Dienen gegenüber mehreren Parteien vor, wenn der Anwalt auf der einen Seite selbst als Partei handelt, mag dies auch gegenüber einem vormals von demselben Anwalt vertretenen Auftraggeber geschehen.[1423]

Ob das Dienen **pflichtwidrig** ist, ergibt sich aus den Betätigungsverboten des § 45 BRAO. Maßgeblich ist also der **objektive Interessengegensatz**. Dies kann sogar dadurch geschehen, dass der Anwalt im Rahmen beider Mandate denselben Rechtsstandpunkt zu dem ihm anvertrauten Sachverhalt vertritt, dies aber nunmehr den Interessen des ersten Mandanten zuwiderläuft.[1424]

806 **3.** Bezüglich aller Tatbestandsmerkmale ist Vorsatz erforderlich.

807 **4.** Wegen des nicht dispositionsfähigen Rechtsguts (Vertrauen der Allgemeinheit in die Zuverlässigkeit und Integrität der Anwalt- und Rechtsbeistandschaft) ist eine **rechtfertigende Einwilligung nicht möglich**.

808 **5.** § 356 Abs. 2 **qualifiziert** die Tat zum **Verbrechen**, wenn der Täter im Einverständnis mit der Gegenpartei zum Nachteil seiner Partei handelt. Dieses Einverständnis setzt ein

1419 BGHSt 24, 191.
1420 BGH NJW 1987, 335.
1421 BGH, Urt. v. 25.06.2008 – 5 StR 109/07, BGHSt 52, 307.
1422 BayObLG NJW 1989, 2903.
1423 BGHSt 12, 96, 98.
1424 BGH NJW 1987, 335.

gemeinsames Schädigungsbewusstsein voraus, das nur bei natürlichen Personen vorhanden sein kann.

III. Aussageerpressung, § 343

Täter kann nur ein **Amtsträger** sein, der allgemein zur Mitwirkung in einem der in § 343 abschließend aufgezählten Verfahren berufen ist. Die Tathandlungen sind enger als die verbotenen Vernehmungsmethoden nach § 136 a StPO, weil Täuschungen und rechtswidrige Versprechungen von § 343 nicht erfasst werden. **Beabsichtigter** – nicht notwendigerweise erreichter – Erfolg muss eine Aussage oder Erklärung **gerade in dem Verfahren** sein, für dessen Mitwirkung der Täter zuständig ist. **809**

Umstritten ist, ob für außenstehende **Teilnehmer § 28 Abs. 1** anzuwenden ist[1425] oder ob über **§ 28 Abs. 2** § 240 zur Anwendung gelangt.[1426] **810**

IV. Verfolgung Unschuldiger, § 344

1. Täter dieses **echten Amtsdelikts** kann nur ein zur Mitwirkung an den in § 344 abschließend aufgezählten Verfahren (Straf-, Bußgeld-, Disziplinarverfahren u.a.) berufener Amtsträger sein. Die Tat muss sich gegen einen Unschuldigen oder jemanden, der sonst nach dem Gesetz nicht strafrechtlich verfolgt werden darf, richten. Unschuldig ist, wer die Tat nicht begangen hat oder ihretwegen nach materiellem Recht nicht strafbar ist; mangelnde Verfolgbarkeit ist z.B. durch Verjährung oder fehlenden Antrag gegeben. Tathandlung ist die strafrechtliche Verfolgung, also jedes dienstliche Tätigwerden im Rahmen des Strafverfahrens. Das Hinwirken auf eine solche Verfolgung erfasst auch solche Amtsträger, die als Hilfsorgane handeln und nicht selbst Träger der Verfolgung sind.[1427] **811**

2. Für den subjektiven Tatbestand genügt nur Absicht oder Wissentlichkeit bezüglich der Verfolgung des Unschuldigen. **812**

V. Vollstreckung gegen Unschuldige, § 345

Täter dieses echten Sonderdelikts sind ebenfalls nur **Amtsträger**, die **zur Mitwirkung bei der Vollstreckung** berufen sind. **813**

Abs. 1 betrifft die unzulässige Vollstreckung einer Freiheitsstrafe, einer freiheitsentziehenden Maßregel der Besserung und Sicherung oder einer behördlichen Verwahrung und ist als Vorsatztat **Verbrechen**. Auch die **leichtfertige** Begehung ist strafbar, **Abs. 2**.

Abs. 3 betrifft die unzulässige Vollstreckung von nicht freiheitsentziehenden Strafen sowie bestimmter – zum Teil ebenfalls freiheitsentziehenden – Maßregeln. Gegenüber einer mitverwirklichten Freiheitsberaubung ist § 345 lex specialis.

1425 So die h.M., die in § 343 ein echtes Amtsdelikt sieht, vgl. Lackner/Kühl § 343 Rn. 1.

1426 So diejenigen, die die Aussageerpressung nur als durch die Amtsträgereigenschaft qualifizierte Form der Nötigung begreifen, vgl. Sch/Sch/Hecker § 343 Rn. 1, 19.

1427 OLG Oldenburg MDR 1990, 1135; Lackner/Kühl § 344 Rn. 4.

8. Abschnitt: Schutz der staatlichen Vollstreckungstätigkeit

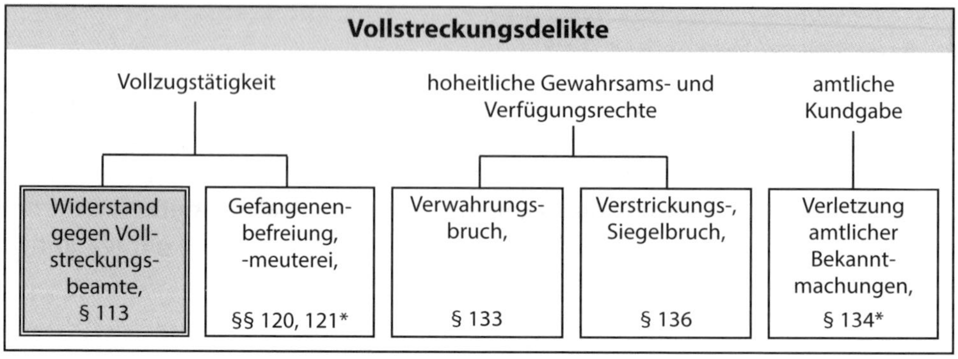

* Es genügt die Kenntnis des Gesetzeswortlauts. Auf eine Einzeldarstellung wird verzichtet. Zur Prüfungsfolge bei diesen Tatbeständen AS Aufbauschemata Strafrecht/StPO (2016).

Ergänzende Bestimmungen: *§ 114 Abs. 1, 2, Erweiterung des von § 113 geschützten Personenkreises.*

A. Widerstand gegen Vollstreckungsbeamte, § 113

Klausurhinweis: *Dieser Tatbestand steht aus systematischen Gründen ganz am Ende dieses Skripts. Er ist aber der klausurwichtigste der Straftaten gegen die Verwaltung.*

Aufbauschema: Widerstand gegen Vollstreckungsbeamte, § 113

1. objektiver Tatbestand:
- **a) Tatopfer:** Vollstreckungsamtsträger (oder nach § 114 gleichgestellte Person)
- **b) Tatsituation:** Bei Vornahme einer Diensthandlung
- **c) Tathandlung:**
  - 1. Alt.: Widerstandleisten
    - 1. Fall: mit Gewalt
    - 2. Fall: durch Drohung mit Gewalt
  - 2. Alt.: Tätlicher Angriff

2. subjektiver Tatbestand: Vorsatz

3. Vorsatzunabhängige Strafbarkeitsbedingung: **Rechtmäßigkeit der Diensthandlung, § 113 Abs. 3**

4. Rechtswidrigkeit

5. Schuld, spezieller Schuldausschluss nach § 113 Abs. 4 S. 2 Hs. 1

6. Fakultative Strafmilderung/Absehen von Strafe nach § 113 Abs. 4 S. 2 Hs. 2

7. Besonders schwerer Fall mit Regelbeispielen, § 113 Abs. 2 S. 2:
- Nr. 1: Beisichführen einer Waffe/gefährliches Werkzeug bei der Tat mit Verwendungsabsicht
- Nr. 2: Gefahr des Todes/einer schweren Gesundheitsschädigung des Angegriffenen durch Gewalttätigkeit des Täters

Die Ausübung von Zwang gegen andere Personen ist allgemein durch den Tatbestand der Nötigung, § 240, unter Strafe gestellt (s. dazu oben Rn. 204 ff.). Richtet sich der Zwang gegen einen Amtsträger beim Vollzug einer konkreten hoheitlichen Maßnahme, so enthält **§ 113 eine privilegierende Sonderregel** gegenüber § 240. Grundgedanke des § 113 ist folgender: Sieht sich ein Bürger mit staatlicher Machtausübung bei einer Vollstreckungsmaßnahme konfrontiert, neigt er aus dem Gefühl der Unterlegenheit leicht dazu, die Maßnahme als Willkürakt zu begreifen und sich dagegen zu wehren. Zwar ist nach der Angleichung des Strafrahmens des § 113 mit dem der Nötigung seit dem 05.11.2011[1428] ein bedeutsamer Teil der Privilegierung weggefallen. Die strafrechtliche Privilegierung zeigt sich aber immer noch darin, dass als Tatmittel nicht Drohung mit einem empfindlichen Übel ausreicht, sondern **zumindest mit Gewalt gedroht** worden sein muss. Handelt es sich ferner um einen **rechtswidrigen Hoheitsakt**, so ist Widerstand dagegen nicht strafbar, selbst wenn der Bürger die Rechtswidrigkeit nicht kennt, § 113 Abs. 3. Zudem lässt § 113 Abs. 4 die Schuld entfallen, wenn der Betroffene **irrig, aber unvermeidbar die Rechtswidrigkeit annahm und ihm keine Rechtsbehelfe gegen die Maßnahme zumutbar waren**. 814

***Aufbau:** Wegen seiner Spezialität ist § 113 vor § 240 zu untersuchen.*

I. Tatopfer

Die Tat muss sich gegen **Amtsträger** (§ 11 Abs. 1 Nr. 2) oder **Soldaten der Bundeswehr** (§ 1 SoldG) **richten, soweit diese Personen zur Vollstreckung von Gesetzen, Rechtsverordnungen, Urteilen, Gerichtsbeschlüssen oder Verfügungen berufen sind**. Das sind alle Amtsträger, die den gesetzlich normierten Staatswillen im konkreten Einzelfall zu verwirklichen und ggf. zwangsweise durchzusetzen haben.[1429] 815

Dazu gehören insbesondere **Polizeibeamte im Vollzugsdienst**, ferner Wachsoldaten.

Zur Vollstreckung von Urteilen und Gerichtsbeschlüssen berufen ist insbesondere der **Gerichtsvollzieher** bei der Zwangsvollstreckung.

Durch § 114 Abs. 1, 2 wird der Kreis von Amtsträgern erweitert auf Personen, die, ohne Amtsträger zu sein, Rechte und Pflichten eines Polizeibeamten haben oder Ermittlungspersonen der Staatsanwaltschaft sind, Abs. 1 (z.B. bestätigte Jagdaufseher gemäß § 25 Abs. 2 BJagdG), oder auch solche Personen, die zur Unterstützung bei der Diensthandlung zugezogen sind, Abs. 2 (z.B. von der Polizei beauftragter Abschleppdienst). Nicht dazu gehören Privatpersonen in Ausübung des Jedermann-Festnahmerechts nach § 127 Abs. 1 StPO.[1430]

II. Tatsituation

Der Amtsträger muss sich **bei der Vornahme einer solchen Diensthandlung** befunden haben. Erforderlich ist eine **konkrete Vollstreckungshandlung**, also eine solche, die auf die Verwirklichung des auf den Einzelfall anzuwendenden, notfalls durch Zwang durchzusetzenden Staatswillens gerichtet ist.[1431] Dazu gehören z.B. Anhaltegebote ei- 816

1428 BGBl. I, 2130.

1429 Lackner/Kühl § 113 Rn. 2.

1430 Sch/Sch/Eser 114 Rn. 16.

1431 Lackner/Kühl § 113 Rn. 3.

nes Polizeibeamten bei allgemeinen Verkehrskontrollen,[1432] nicht aber die Streifenfahrt.[1433] **Bei** der Vollstreckungshandlung befindet sich der Beamte, wenn die Vollstreckungshandlung unmittelbar bevorsteht oder bereits begonnen hat, aber noch nicht beendet ist.[1434]

III. Täter

817 Täter kann nach h.M. jedermann sein, also auch der nicht unmittelbar von der Vollstreckung Betroffene.[1435]

IV. Tathandlungen

Tathandlung ist entweder das Widerstandleisten mit Gewalt oder durch Drohung mit Gewalt (1. Alt.) oder der tätliche Angriff (2. Alt.).

1. Widerstandleisten

818 **Widerstand i.S.d. 1. Alt. ist jede aktive Tätigkeit gegenüber dem Vollstreckungsbeamten, die die Durchführung einer Maßnahme verhindern oder erschweren soll.**[1436] Auf den Erfolg der Handlung kommt es – anders als bei § 240 – bei § 113 nicht an.

a) „Gewalt" als Widerstandsmittel (Alt. 1 Fall 1) ist nur die durch tätiges Handeln gegen die Person des Vollstreckenden gerichtete Kraftäußerung. Der erforderliche Körperlichkeitsbezug kann auch über Sachen vermittelt werden. Passiver Widerstand oder nur psychischer Zwang scheidet aber bei § 113 nach allgemeiner Ansicht aus.[1437]

Beispiel für einen Grenzfall zwischen Gewalt und passivem Widerstand ist eine Entscheidung des OLG Düsseldorf.[1438] In dem zugrunde liegenden Fall hatte sich der Angeklagte **nach Beginn einer Verkehrskontrolle** der Aufforderung, auszusteigen, widersetzt, indem er die Zentralverriegelung seines Autos auslöste und in dem Pkw sitzen blieb, bis die Beamten ihm androhten, die Seitenscheibe einzuschlagen. Das OLG bejaht § 113; das Verriegeln der Türen sei Gewalt, weil den Polizeibeamten hierdurch ein körperlich wirkendes Hindernis bereitet worden sei.[1439]

Ob Widerstandshandlungen ausreichen, die in **Erwartung einer erst in der Zukunft liegenden Vollstreckungshandlung vorgenommen worden sind und bis zu deren Durchführung fortwirken** (z.B. Verbarrikadieren einer Tür vor Erscheinen des Gerichtsvollziehers), ist umstritten.[1440]

Keine „Gewalt" liegt jedenfalls vor, wenn sich ein vorläufig Festgenommener ohne Schläge oder Stöße nur aus dem lockeren Griff des Vollstreckungsbeamten befreit.[1441]

1432 BGHSt 25, 313; OLG Düsseldorf JP 1996, 145.
1433 Backes/Ransiek JuS 1989, 624, 625.
1434 Wessels/Hettinger Rn. 626.
1435 Wessels/Hettinger Rn. 631.
1436 BGHSt 18, 133.
1437 Fischer § 113 Rn. 23.
1438 JP 1996, 145.
1439 Abl. Seier/Rohlfs NZV 1996, 458, 460 f.
1440 Bejahend BGHSt 18, 133; abl. Sch/Sch/Eser § 113 Rn. 16.
1441 OLG Dresden, Beschl. v. 21.07.2014 – 2 OLG 21 Ss 319/14, RÜ 2015, 168.

b) Als weitere Modalität des Widerstandes nennt § 113 Abs. 1 Alt. 1 Fall 2 die **Drohung**. Anders als in § 240 genügt hier aber nur die **Drohung mit Gewalt** und nicht die Drohung mit einem empfindlichen Übel.

2. Tätlicher Angriff

Die **2. Alt.** bezeichnet eine unmittelbar auf den Körper des Amtsträgers abzielende **819** feindselige Aktion, wobei es dem Täter im Gegensatz zur 1. Alt. nicht auf die Vereitelung der Diensthandlung ankommen muss.[1442]

V. Vorsatz

Bzgl. der genannten Tatumstände muss der Täter vorsätzlich handeln, wobei Eventual- **820** vorsatz genügt.

VI. Rechtmäßigkeit der Diensthandlung

1. Nach § 113 Abs. 3 S. 1 ist die Tat als Widerstand gegen Vollstreckungsbeamte **nicht** **821** **strafbar, wenn die Diensthandlung nicht rechtmäßig war**. Aus § 113 Abs. 3 S. 2 und aus der speziellen Irrtumsregel des § 113 Abs. 4 folgt, dass die **Rechtmäßigkeit der Diensthandlung dem Vorsatzerfordernis entzogen ist**.

Die deliktssystematische Einordnung ist im Übrigen umstritten: Zum Teil wird § 113 als Vorsatz-Sorgfaltswidrigkeits-Kombination gedeutet, und zwar mit Abs. 1 als Vorsatzteil und mit Abs. 3 als Tatbestandsmerkmal, für den Abs. 4 spezielle Sorgfaltsregeln aufstellt.[1443] Andere sehen in der Rechtmäßigkeit der Diensthandlung eine durch die Irrtumsregeln des Abs. 4 modifizierte objektive Strafbarkeitsbedingung.[1444] Eine weitere Meinungsgruppe deutet § 113 Abs. 3 als pflichtbegrenzendes Merkmal außerhalb des Gesetzestatbestandes, das wie ein Rechtfertigungsgrund für Widerstandshandlungen wirke, allerdings ohne das Erfordernis eines subjektiven Rechtfertigungselements und mit spezieller Irrtumsregel.[1445] Schließlich wird sogar vertreten, es handele sich bei § 113 Abs. 3 um einen Strafausschließungsgrund.[1446]

Aufbau: *In einer Übungsarbeit sollte dem fehlenden Vorsatzerfordernis bzgl. der Rechtmäßigkeit der Diensthandlung dadurch Rechnung getragen werden, dass das Merkmal* ***erst nach Prüfung des objektiven und subjektiven Tatbestandes von § 113 Abs. 1*** *angesprochen wird.*

2. Welche Anforderungen an die **Rechtmäßigkeit der Diensthandlung** zu stellen sind, **822** wird kontrovers gesehen:

a) Die sog. **Wirksamkeitstheorie** stellt im Sinne der Einheit der Rechtsordnung allein darauf ab, ob der zugrundeliegende Verwaltungsakt öffentlich-rechtlich wirksam gewesen ist und damit eine Grundlage der Vollstreckbarkeit bieten konnte. Nach dieser Auf-

1442 Lackner/Kühl § 113 Rn. 6.
1443 Sch/Sch/Eser § 113 Rn. 20.
1444 KG NJW 1972, 781 f.; Wessels/Hettinger Rn. 633.
1445 Fischer § 113 Rn. 10.
1446 Bottke JA 1980, 98; Schmidhäuser 22/24.

fassung wäre Rechtswidrigkeit der Diensthandlung nur bei öffentlich-rechtlicher Nichtigkeit des Verwaltungsaktes gegeben.[1447]

Gegen diese Auffassung ist jedoch einzuwenden, dass dann der Schutz des Bürgers vor Amtsmissbrauch staatlicher Machtträger verkürzt wäre.

b) Der **vollstreckungsrechtliche Rechtmäßigkeitsbegriff**, der ebenfalls im öffentlichen Recht wurzelt, unterscheidet bei der Prüfung von Vollstreckungshandlungen zwischen dem Grund-Verwaltungsakt und dem Vollzugsakt: Der GrundVA müsse unabhängig von seiner materiellen Rechtmäßigkeit nur vollstreckbar sein; der Vollzug sei aber nur dann rechtmäßig, wenn der Amtsträger auch die hierfür geltenden Regeln beachtet habe.[1448]

Dieser Prüfungsmaßstab wird der tatsächlichen Lage von Vollstreckungsbeamten nicht gerecht: Diese müssen sich in der Regel unter zeitlichem Druck auf die Ermittlung eines äußeren Sachverhalts beschränken, ohne die Rechtmäßigkeit des eigenen Handelns auf der Grundlage des materiellen Rechts oder des (Verwaltungs-)Vollstreckungsrechts bis in alle Einzelheiten klären zu können. Die Folge wäre, dass auch unverschuldete Irrtümer den Beamten nach § 113 schutzlos stellen würden und gegen ihn sogar Notwehr geübt werden dürfte.

c) Den Ausgleich zwischen dem Schutz des Bürgers und des Beamten ermöglicht der **strafrechtliche Rechtmäßigkeitsbegriff**, der in der Rspr herrschend ist und auch vom BVerfG gebilligt wurde.[1449]

Rechtmäßig ist eine Diensthandlung danach, wenn der Amtsträger sachlich und örtlich zuständig war, die wesentlichen Förmlichkeiten der fraglichen Maßnahme beachtet und ein etwa bestehendes Ermessen pflichtgemäß ausgeübt hat. Ein Irrtum des Amtsträgers ist unbeachtlich, wenn er unverschuldet ist. Der Betroffene muss dann die Diensthandlung dulden und ist darauf beschränkt, nachträglich Rechtsschutz einzuholen.

Wird der hoheitlich handelnde Beamte mit der Vollstreckung einer durch eine andere Behörde angeordneten Verwaltungsmaßnahme beauftragt, darf er sich grundsätzlich auf die Rechtmäßigkeit der ihm übertragenen Vollstreckung verlassen.

Die Diensthandlung ist dagegen **rechtswidrig**, wenn sich der Hoheitsträger in einem **schuldhaften Irrtum** über die Voraussetzungen der Amtshandlung befindet oder wenn er willkürlich oder unter Missbrauch seines Amtes handelt.

Klausurwichtige Beispiele:

Die **Vollstreckung eines Haftbefehls**, eine **polizeiliche Festnahme** wegen Fluchtverdachts (§ 127 Abs. 1 S. 1 StPO) ist rechtswidrig i.S.v. § 113, wenn dem Betroffenen als **wesentliche Förmlichkeit** nicht zuvor eröffnet worden ist, dass er festgenommen und welche Tat Anlass zu dieser Maßnahme ist.[1450]

1447 Backes/Ransiek JuS 1989, 624; Niehaus/Achelpöhler StV 2008, 71.

1448 NK-Paeffgen § 113 Rn. 40.

1449 BGH, BGH, Urt. v. 09.06.2015 – 1 StR 606/14, RÜ 2015, 644; BVerfG, Beschl. v. 30.04.2007 – 1 BvR 1090/60 Rn. 26.

1450 KG StV 2001, 260; KG NJW 2002, 3789, RÜ 2003, 74.

Nach § 163 b Abs. 1 S. 2 StPO darf ein wegen einer Straftat Verdächtiger zur **Identitätsfeststellung** nur dann festgehalten werden, wenn diese sonst nicht oder nur unter erheblichen Schwierigkeiten möglich ist. Eine Mitnahme zur Wache ist deshalb rechtswidrig, wenn der Betroffene einen gültigen Personalausweis vorlegen kann, dessen Echtheit nicht zweifelhaft ist und dessen Bild auch offensichtlich den Betroffenen zeigt.[1451]

Die **Durchsuchung eines Unverdächtigen** zur Ergreifung eines Beschuldigten ist nach § 103 Abs. 1 S. 1 StPO rechtswidrig, wenn keine konkreten Hinweise, sondern nur Vermutungen darüber vorliegen, dass sich der Gesuchte in der Wohnung aufhält.[1452]

Auch eine nach § 81 a StPO rechtmäßig angeordnete **Blutentnahme** wird rechtswidrig, wenn diese unter Verletzung des Verhältnismäßigkeitsgrundsatzes ohne vorherige Androhung im Wege unmittelbaren Zwangs durchgesetzt wird.[1453]

Ist die Diensthandlung rechtswidrig, so ist nicht nur die Strafbarkeit aus § 113 ausge- 823
schlossen. Zudem liegt dann in dem Amtsmissbrauch noch ein **rechtswidriger Angriff des Beamten**, der zur Notwehr gemäß § 32 berechtigen kann. Im Rahmen der Gebotenheit ist aber der Rechtsgedanke des § 113 Abs. 4 S. 2 zu berücksichtigen (Zumutbarkeit von Rechtsbehelfen). Das kann dazu führen, dass der Betroffene nur kurzzeitige Beeinträchtigungen seiner Fortbewegungsfreiheit hinnehmen und den Rechtsweg einschlagen muss. Verletzungen des Amtsträgers sind dann nicht mehr gerechtfertigt.[1454]

VII. Schuldausschließende Irrtümer

Hält der Täter seinen Widerstand für erlaubt, weil er **irrtümlich die Rechtswidrigkeit** 824
der Diensthandlung annimmt, so ist dieser Irrtum an der insoweit § 17 verdrängenden Sonderregel des § 113 Abs. 4 zu messen: **Die Schuld entfällt nur dann, wenn der Irrtum unvermeidbar war und es dem Täter nach den ihm bekannten Umständen auch unzumutbar war, sich mit Rechtsbehelfen gegen die vermeintlich rechtswidrige Diensthandlung zu wehren.** Für die Frage der Vermeidbarkeit gelten dieselben Grundsätze wie bei § 17.[1455] Hinsichtlich der Unzumutbarkeit ist darauf abzustellen, ob bei Verzicht auf Widerstand ein nicht wiedergutzumachender Schaden oder ein Zuspätkommen rechtlicher Hilfe zu befürchten ist.[1456]

VIII. Regelbeispiele für besonders schwere Fälle

1. „Waffe" i.S.d. **Abs. 2 S. 2 Nr. 1 Alt. 1** kann nur ein seiner Zweckbestimmung nach als 825
gefährliches Angriffs- oder Verteidigungsmittel dienender Gegenstand sein. Zudem muss der Täter die Waffe mit Verwendungsabsicht bei sich führen.

Durch das 44. StrÄndG ist das Regelbeispiel auch auf das Beisichführen **gefährlicher** 826
Werkzeuge mit Verwendungsabsicht ausgedehnt worden, **Abs. 2 S. 2 Nr. 1 Alt. 2**. Damit kann auch ein Alltagsgegenstand, insbesondere ein Kfz, das der Täter spontan gegen den Amtsträger einsetzt, das Regelbeispiel erfüllen (ausführlich oben Rn. 444).

1451 Vgl. BVerfG, Beschl. v. 08.03.2011 – 1 BvR 47/05.

1452 OLG Düsseldorf StraFo 2008, 237.

1453 OLG Dresden NJW 2001, 3643, RÜ 2002, 78.

1454 OLG Hamm, Beschl. v. 07.05.2009 – 3 Ss 180/09, NStZ-RR 2009, 271.

1455 Lackner/Kühl § 113 Rn. 21.

1456 BGHSt 21, 334, 366.

827 **2.** Bei der **Nr. 2** muss eine **Gewalttätigkeit** zur **konkreten Gefahr des Todes oder einer schweren Gesundheitsschädigung** geführt haben, und der Täter muss Gefährdungsvorsatz besessen haben.[1457]

IX. Verhältnis zur Nötigung

828 **1.** Liegt die Widerstandshandlung **objektiv und subjektiv außerhalb einer konkreten Vollstreckungshandlung** des Amtsträgers, so ist der Tatbestand des § 113 nicht erfüllt. Stattdessen kommt § 240 in Betracht.

829 **2.** Hat sich der Täter **bei einer konkreten Vollstreckungshandlung mit Mitteln unterhalb der Schwelle des § 113** gewehrt, z.B. durch Drohung mit empfindlichem Übel, so muss sich die Lösung daran orientieren, dass § 113 eine privilegierende Sonderregel gegenüber § 240 für den von der Vollstreckungshandlung betroffenen Bürger enthält. Eine vordringende Ansicht schließt daraus, dass § 113 eine **Sperrwirkung** entfalte, die bei Widerstandshandlungen unterhalb der in § 113 für strafwürdig erachteten Fälle auch nicht durch Rückgriff auf § 240 unterlaufen werden könne. Danach ist der Täter straffrei.[1458] Die Gegenansicht hält dies für zu weitgehend, weil dann der genötigte Amtsträger völlig schutzlos gestellt sei. Danach ist der Widerstand unterhalb der Schwelle des § 113 zwar tatbestandsmäßige Nötigung, doch sei zugunsten des Widerstand Leistenden § 113 Abs. 3 und 4 im Rahmen der Nötigung zu berücksichtigen.[1459]

830 **3.** Liegen die Tatbestandsmerkmale des § 113 objektiv vor, **weiß der Täter aber nicht**, dass er einem Amtsträger bei konkreter Vollstreckungshandlung Widerstand leistet (z.B. weil er einen Kriminalbeamten für einen Privatdetektiv hält), so entfällt § 113 wegen § 16 Abs. 1 S. 1. Die Tat ist nach § 240 zu würdigen.

831 **4. Nimmt der Täter umgekehrt nur irrtümlich an**, einem Amtsträger bei seiner Diensthandlung Widerstand zu leisten (z.B. weil er einen Privatmann für einen Zivilfahnder der Polizei hält), so ist § 113 objektiv nicht erfüllt. Gegeben ist § 240.

832 **5.** Ist die Diensthandlung **objektiv rechtswidrig, subjektiv aber rechtmäßig**, so scheitert § 113 an Abs. 3. Der Rückgriff auf § 240 ist durch § 113 Abs. 3 S. 2 gesperrt.[1460]

B. Verwahrungsbruch, § 133

833 Täter dieses Delikts zum Schutz der staatlichen Herrschaftsgewalt kann jedermann sein, sogar derjenige, der den Gegenstand selbst in Amtsgewahrsam übernommen hat.[1461]

I. Tatobjekt: Bewegliche Sache

834 **1.** Gegenstand der Tat kann jede **bewegliche Sache** sein; das im Tatbestand genannte Schriftstück ist nur ein Unterfall.

1457 BGHSt 26, 176.

1458 Backes/Ransiek JuS 1989, 624, 629; SK-Wolters § 113 Rn. 23; Wessels/Hettinger Rn. 629.

1459 OLG Hamm NStZ 1995, 547, 548; Fischer § 113 Rn. 2.

1460 Sch/Sch/Eser § 113 Rn. 54.

1461 BGH NJW 1993, 605, 607 zu einem Scheck, den ein StA im Rahmen eines strafrechtlichen Ermittlungsverfahrens für sich verwendet hat.

2. Zentrales Tatbestandsmerkmal ist die **dienstliche Verwahrung**. Darunter versteht man, dass **fürsorgliche Hoheitsgewalt den Gegenstand in Gewahrsam genommen hat, um ihn für bestimmte, über das bloße Funktionsinteresse der Behörde hinausgehende Zwecke zu erhalten und vor unbefugtem Zugriff zu bewahren**.[1462] Nicht erfasst werden aber Gegenstände des allgemeinen Amtsbesitzes, wie insbesondere Gegenstände zum Gebrauch oder Verbrauch durch die Behörde. Hier fehlt die Zweckbestimmung der fürsorglichen Hoheitsgewalt.[1463]

Beispiele für dienstliche Verwahrung: Behördliche oder gerichtliche Akten; dienstlich aufbewahrte Blutproben;[1464] gepfändete und vom Gerichtsvollzieher auf die Pfandkammer geschaffte Gegenstände.[1465]

Gegenbeispiele: Nicht verwahrt werden Inventargegenstände der Behörde; Wechselgeld in der Kasse; Gegenstände in öffentlichen Sammlungen, Museen, Bibliotheken.[1466]

3. Im Übrigen unterscheidet das Gesetz danach, ob sich das Tatobjekt in dienstlicher Verwahrung **befindet** (1. Alt.) oder dienstlich in Verwahrung **gegeben worden ist** (2. Alt.). Im ersteren Fall muss die Verwahrung durch einen Amtsträger oder einen anderen Träger hoheitlicher Befugnisse erfolgen; auf den Aufbewahrungsort und die Verpflichtung zur Entgegennahme kommt es aber nicht an.[1467] Im zweiten Fall – nämlich der Inverwahrunggabe – übt zwar eine Privatperson den Gewahrsam aus, aber nach außen erkennbar kraft hoheitlicher Anordnungen.

Beispiel: Ein von einem privaten Abschleppunternehmer im Auftrag der Polizei auf sein Betriebsgelände geschlepptes Fahrzeug ist diesem dienstlich in Verwahrung gegeben; der Eigentümer, der es eigenmächtig von dort abholt, ist wegen Verwahrungsbruchs strafbar.[1468]

Häufiges **Gegenbeispiel** in Klausuren: Belässt der Gerichtsvollzieher die gepfändete Sache im Gewahrsam des Schuldners, so wird diesem keine dienstliche Herrschaftsgewalt übertragen.[1469] Verwahrungsbruch durch Beiseiteschaffen des Pfandobjekts scheidet aus.

§ 133 Abs. 2 stellt den kirchlichen Verwahrungsbesitz dem dienstlichen Verwahrungsbesitz gleich.

II. Tathandlungen

Tathandlungen sind das **Zerstören, Beschädigen, Unbrauchbarmachen oder der dienstlichen Verfügung Entziehen**. Die letztgenannte Tathandlung ist erfüllt, wenn dem Verfügungsberechtigten die Möglichkeit der jederzeitigen Verfügung i.S.e. bestimmungsmäßigen Verwendung der Sache, wenn auch nur vorübergehend, genommen oder erheblich erschwert wird.[1470] Es genügt aber nicht, wenn die Sache zwar gesucht werden muss, aber leicht und ohne Hindernisse aufgefunden werden kann.[1471] 835

1462 BGHSt 18, 312.
1463 BGH NJW 1993, 605, 607.
1464 Sch/Sch/Sternberg-Lieben § 133 Rn. 6.
1465 Wessels/Hettinger Rn. 683.
1466 Sch/Sch/Sternberg-Lieben § 133 Rn. 7.
1467 BGH NJW 1993, 605.
1468 BayObLG MDR 1992, 606.
1469 Lackner/Kühl § 133 Rn. 4.
1470 Fischer § 133 Rn. 11.
1471 BGHSt 35, 340, 342.

III. Qualifikation

836 Für die Qualifikation des § 133 Abs. 3 (unechtes Amtsdelikt) muss das Tatobjekt **von einem Amtsträger oder für den öffentlichen Dienst besonders Verpflichteten** begangen worden sein, dem die Sache **anvertraut worden oder zugänglich geworden ist**. Für die Anvertrauung kommt es darauf an, ob die Herstellung der Verfügungsmacht auf amtlicher Anordnung und auf dem besonderen, auf die amtliche Eigenschaft gegründeten Vertrauen beruht, für die Erhaltung und Vollständigkeit zu sorgen.[1472] Bei der Zugänglichkeit entscheidet, ob der Täter infolge seiner dienstlichen Eigenschaft die tatsächliche Möglichkeit hat, zur fraglichen Sache zu gelangen.[1473]

C. Verstrickungsbruch, § 136 Abs. 1, 3, 4

I. Begrenzter Täterkreis

837 Täter dieser Straftat zum Schutz der durch Pfändung oder Beschlagnahme begründeten staatlichen Herrschaftsgewalt kann grundsätzlich jedermann sein, **nicht aber der beschlagnahmende Beamte, sofern er selbst der alleinige Träger des öffentlichen Besitzwillens ist und ihm die Entscheidungsbefugnis über die Freigabe zusteht**.

Mit dieser Erwägung wurde Verstrickungsbruch durch einen Polizeibeamten abgelehnt, der sich beschlagnahmte Gegenstände zugeeignet hatte.[1474] (Anders bei eigenmächtiger Freigabe der gepfändeten Sache durch den Gerichtsvollzieher.)[1475]

II. Tatobjekt: Sache, die gepfändet oder sonst dienstlich in Beschlag genommen worden ist

838 „Sachen" sind nur körperliche Gegenstände, nicht dagegen Forderungen. An diesen muss durch Pfändung oder dienstliche Inbeschlagnahme ein wirksamer Verstrickungszustand herbeigeführt worden sein.

Beschlagnahme bedeutet die zwangsweise Bereitstellung einer Sache zur Verfügung einer Behörde, um öffentliche oder private Belange zu sichern,[1476] z.B. die Beschlagnahme von Beweismitteln gemäß § 94 StPO.

Als Pfändung bezeichnet man die Beschlagnahme, die zur Befriedigung oder Sicherung vermögensrechtlicher Ansprüche vorgenommen wird.[1477]

Ob eine Verstrickung begründet worden ist, beurteilt sich nach der jeweils infrage kommenden Beschlagnahme- bzw. Pfändungsvorschrift. Sind hierbei so **schwerwiegende Fehler** gemacht worden, dass sie zur Nichtigkeit des Beschlagnahmeakts geführt haben, so kann an der fraglichen Sache Verstrickungsbruch nicht mehr begangen werden.

1472 BGH NJW 1993, 605, 607.

1473 Sch/Sch/Sternberg-Lieben § 133 Rn. 22.

1474 BGHSt 5, 155.

1475 BGHSt 3, 306.

1476 Sch/Sch/Sternberg-Lieben § 136 Rn. 7.

1477 Sch/Sch/Sternberg-Lieben § 136 Rn. 8.

Beispiel: Auf Bitten des Schuldners legt der Gerichtsvollzieher bei der Pfändung eines Möbelstücks das Pfandsiegel in eine Schublade. Kurz danach veräußert der Schuldner das Pfandobjekt – Verstrickungsbruch scheidet aus. Belässt der Gerichtsvollzieher nach § 808 Abs. 2 S. 2 ZPO den Pfandgegenstand im Gewahrsam des Schuldners, so ist die Wirksamkeit der Verstrickung dadurch bedingt, dass die Pfändung durch Anlegung von Siegeln oder auf sonstige Weise ersichtlich gemacht wird. Eine die Pfändung verbergende Art der Siegelanlegung erzeugt keine Verstrickung.[1478]

III. Tathandlung

Dies kann sein das **Zerstören, Beschädigen, Unbrauchbarmachen oder in anderer Weise ganz oder zum Teil der Verstrickung Entziehen**. Letzteres ist der Fall, wenn die Verfügungsgewalt der Behörde über die Sache dauernd oder zeitweilig in nicht ganz unerheblichem Maße ausgeschaltet wird.[1479] **839**

Beispiele: Verbringen der Pfandsache an einen anderen Ort oder Ersatz der gepfändeten durch eine minderwertige andere Sache.[1480]

Gegenbeispiele: Nicht ausreichend ist das bloße Ablösen des Pfandsiegels, weil hierdurch der Verstrickungszustand nicht verändert wird; auch nicht die bloße Veräußerung, solange dies noch nicht zu einer Gewahrsamsveränderung führt.[1481]

IV. Vorsatz

Bezüglich der Beschlagnahme und der Tathandlung ist Vorsatz erforderlich. **840**

V. Rechtmäßigkeit der Pfändung/Beschlagnahme

Nach § 136 Abs. 3 ist die Tat nicht strafbar, wenn die Pfändung oder die Beschlagnahme **nicht durch eine rechtmäßige Diensthandlung vorgenommen** ist. Diese Regelung entspricht sachlich dem § 113 Abs. 3 und ist – wie § 136 Abs. 3 S. 2 und Abs. 4 zeigen – dem Vorsatzerfordernis entzogen. Inhaltlich gilt auch hier nach h.M. der **strafrechtliche Rechtmäßigkeitsbegriff**. **841**

Rechtswidrig in diesem Sinne können Pfändungen z.B. dann sein, wenn gegen § 759 ZPO als wesentliches Formerfordernis verstoßen wurde[1482] oder wenn der Gerichtsvollzieher trotz offenkundiger Unpfändbarkeit oder eines für jedermann sichtbaren Dritteigentums gepfändet hat.[1483]

Für den Irrtum über die Rechtmäßigkeit der Diensthandlung gilt gemäß § 136 Abs. 4 § 113 Abs. 4 entsprechend. Auch bei Unvermeidbarkeit eines Irrtums über die Rechtmäßigkeit einer Pfändung wird dem Täter aber regelmäßig zumutbar sein, sich im Wege der Vollstreckungserinnerung gemäß § 766 ZPO oder der Drittwiderspruchsklage gemäß § 771 ZPO gegen die fragliche Maßnahme zu wehren.

1478 RGSt 61, 101; LK-Krauß § 136 Rn. 16, 19.

1479 Lackner/Kühl § 136 Rn. 4.

1480 Fischer § 136 Rn. 7.

1481 OLG Hamm NJW 1956, 1800.

1482 BGHSt 5, 93.

1483 LK-Krauß § 136 Rn. 43 ff.

D. Siegelbruch, § 136 Abs. 2

842 Tatobjekt ist ein **dienstliches Siegel, das angelegt ist, um Sachen in Beschlag zu nehmen, dienstlich zu verschließen oder zu bezeichnen.** „Siegel" ist eine von einer Behörde oder von einem Amtsträger herrührende Kennzeichnung mit Beglaubigungscharakter.[1484]

Beispiel: Das hier abgedruckte Pfandsiegel.[1485]

Das Siegel ist angelegt, wenn es mit der Sache verbunden ist.

Tathandlungen sind das **Beschädigen, Ablösen, Unkenntlichmachen oder Unwirksammachen des Verschlusses**. Letzteres ist jede Missachtung der dienstlichen Sperre, z.B. dadurch, dass der Täter sich durch ein Fenster Zutritt zu einer polizeilich versiegelten Wohnung verschafft.[1486]

Zu Vorsatz, Rechtmäßigkeit der Siegelung und Irrtum gilt das Gleiche wie zum Verstrickungsbruch.

1484 Lackner/Kühl § 136 Rn. 5.

1485 RGSt 3, 286.

1486 Fischer § 136 Rn. 8.

Widerstand gegen Vollstreckungsbeamte, § 113

- **Tatopfer:** Zur Vollstreckung berufener Amtsträger (§ 11 Abs. 1 Nr. 2), nach § 114 gleichgestellte Person, Soldat
- Der **Amtsträger** muss sich bei Vornahme einer Vollstreckungshandlung befinden.
- **Tathandlungen** sind:
  - **1. Alt.:** Widerstandleisten, d.h. jede aktive Tätigkeit gegenüber dem Amtsträger zur Verhinderung oder Erschwerung der Maßnahme durch personenbezogene Gewalt (1. Fall) oder durch Drohung mit Gewalt (2. Fall)
  - **2. Alt.:** Tätlicher Angriff, d.h. körperbezogene feindselige Aktion, nicht notwendig mit Vereitelungstendenz
- Vorsatzunabhängige Strafbarkeitsbedingung ist die **Rechtmäßigkeit der Diensthandlung**, § 113 Abs. 3. Es gilt ein spezieller strafrechtlicher Maßstab. Der Amtsträger muss für die Vollstreckungshandlung **sachlich und örtlich zuständig** gewesen sein, die wesentlichen Förmlichkeiten **(Ermächtigungsgrundlage und Vollzugsregeln)** beachtet und ein bestehendes **Ermessen pflichtgemäß ausgeübt** haben. Ein **unverschuldeter Irrtum** ist unschädlich.
- Die **Schuld** des Widerstand Leistenden entfällt bei irriger Annahme der Rechtswidrigkeit der Diensthandlung nur bei Unvermeidbarkeit des Irrtums und Unzumutbarkeit von Rechtsbehelfen, § 113 Abs. 4 S. 2 Hs. 1.
- Das **Regelbeispiel** des § 113 Abs. 2 S. 2 Nr. 1 ist entweder durch Beisichführen einer **Waffe** oder eines **gefährlichen Werkzeugs in Verwendungsabsicht** erfüllt.
- Innerhalb seines sachlichen und persönlichen Schutzbereichs verdrängt § 113 die Nötigung, § 240. Wird Zwang unterhalb der Schwelle des § 113 geübt, gilt § 113 Abs. 3 u. 4 zugunsten des Täters analog, str.

Verwahrungsbruch, § 133

Geschützt ist jede bewegliche Sache, die sich in dienstlicher Verwahrung befindet, d.h. durch fürsorgliche Hoheitsgewalt in Gewahrsam genommen wurde, um sie für bestimmte, über innerbehördliche Interessen hinausgehende Zwecke zu erhalten und vor unbefugtem Zugriff zu bewahren.

Verstrickungs- und Siegelbruch, § 136

- Nach **Abs. 1** ist die hoheitliche Verfügungsgewalt über eine wirksam beschlagnahmte, insbesondere gepfändete Sache geschützt.
- **Abs. 2** schützt das wirksam angelegte dienstliche Siegel vor Beschädigungen, Ablösen, Unkenntlichmachen.

9. Abschnitt: Schutz der Autorität öffentlicher Ämter und der Lauterbarkeit der Amtsführung

Kein Prüfungsstoff zum 1. Examen in:

- Baden-Württemberg (§ 8 Abs. 2 Nr. 7 b JAPrO)
- Mecklenburg-Vorpommern (§ 11 Abs. 2 Nr. 2 b JAPO)
- Nordrhein-Westfalen (§ 11 Abs. 2 Nr. 7 b JAG)
- Sachsen (§ 11 Abs. 3 Nr. 4 b JAPO)
- Sachsen-Anhalt (§ 14 Abs. 2 Nr. 4 b JAPrO)

Straftaten gegen die Verwaltung

staatliche Autorität
- Amtsanmaßung, § 132
- Missbrauch von Titeln, Berufsbezeichnungen, Abzeichen, § 132 a

Korruptionsdelikte, §§ 331 ff.

Integrität der Amtsführung
- Verleitung eines Untergebenen zu einer Straftat, § 357*
- Vertrauensbruch im auswärtigen Dienst, § 353 a*
- Verletzung des Dienstgeheimnisses, § 353 b*
- Verletzung des Steuergeheimnisses, § 355*
- Gebührenüberhebung, § 352*
- Abgabenüberhebung, Leistungskürzung, § 353*

** Es genügt die Kenntnis des Gesetzeswortlauts. Auf eine Einzeldarstellung wird verzichtet. Zur Prüfungsfolge bei diesen Tatbeständen AS Aufbauschemata Strafrecht/StPO (2016).*

A. Korruptionsdelikte, §§ 331–338

Aufbauschemata: §§ 331, 332 (Vorteilsempfänger)

Vorteilsannahme, § 331 Abs. 1

1. **Objektiver Tatbestand:**
   a) **Täter:** Amtsträger (§ 11 Abs. 1 Nr. 2 a), für öffentl. Dienst bes. Verpflichteter
   b) **Tatgegenstand:** Vorteil
   c) **Tathandlungen**
   - Fordern
   - Sichversprechenlassen
   - Annehmen

   d) **Tatbezug:** für die Dienstausübung
2. **Subjektiver Tatbestand:** Vorsatz
3. **Rechtswidrigkeit**, beachte § 331 Abs. 3
4. **Schuld**

Qualifikation ↓

Bestechlichkeit, § 332 Abs. 1

1. **Objektiver Tatbestand:**
   a)–c) wie § 331 Abs. 1
   d) **Tatbezug:**
   aa) konkrete Diensthandlung
   bb) Dienstpflichtverletzung, beachte Abs. 3
2. **Subjektiver Tatbestand:** Vorsatz
3. **Rechtswidrigkeit**
4. **Schuld**
5. **Besonders schwerer Fall** mit Regelbeispielskatalog, § 335 Abs. 2 Nr. 1–3

Aufbauschemata: §§ 333, 334 (Vorteilsgeber)

Vorteilsgewährung, § 333 Abs. 1

1. **Objektiver Tatbestand:**
   a) **Tatopfer:** Amtsträger (§ 11 Abs. 1 Nr. 2 a), für öff. Dienst bes. Verpflichteter
   b) **Tatgegenstand:** Vorteil
   c) **Tathandlungen**
   - Anbieten
   - Versprechen
   - Gewähren

   d) **Tatbezug:** für die Dienstausübung
2. **Subjektiver Tatbestand:** Vorsatz
3. **Rechtswidrigkeit**, beachte § 333 Abs. 3
4. **Schuld**

Qualifikation ↓

Bestechung, § 334 Abs. 1

1. **Objektiver Tatbestand:**
   a)–c) wie § 333 Abs. 1
   d) **Tatbezug:**
   aa) konkrete Diensthandlung
   bb) Dienstpflichtverletzung, beachte Abs. 3
2. **Subjektiver Tatbestand:** Vorsatz
3. **Rechtswidrigkeit**
4. **Schuld**
5. **Besonders schwerer Fall** mit Regelbeispielskatalog, § 335 Abs. 2 Nr. 1–3

Ergänzende Bestimmungen: § 11Abs. 1 Nr. 2 a enthält eine Legaldefinition für europäische Amtsträger **§ 335** enthält eine Strafrahmenerweiterung für besonders schwere Fälle der Bestechlichkeit und Bestechung mit Regelbeispielskatalog. **§ 335 a** bezieht bestimmte Bedienstete und Richter ausländischer und internationaler Behörden bzw. Gerichte in den Anwendungsbereich der §§ 331 ff. ein. **§ 336**, wonach das Unterlassen der Vornahme der Diensthandlung gleichsteht. **§ 337**, Auslegungsregel für Schiedsrichtervergütung als Vorteil i.S.d. §§ 331 ff.

Für ein Gemeinwesen und das dafür notwendige Vertrauen in die Korrektheit seiner **843** Funktionsträger ist es besonders schädlich, wenn hoheitliche Tätigkeit vonseiten des Amtsträgers käuflich gestellt oder vom Bürger erkauft werden kann. Dies zu verhindern und zu ahnden ist Aufgabe der §§ 331 ff. **Die Bestechungsdelikte erfassen alle Handlungen, die auf Abschluss und Vollzug von Unrechtsvereinbarungen für rechtswidrige Diensthandlungen gerichtet sind oder auch nur rechtmäßige Dienstausübung zum Gegenstand haben.** Dabei spielt es keine Rolle, ob die staatliche Tätigkeit im Nachhinein belohnt oder vorher erkauft wird. Für den Bürger ist dieses Verhalten als **Vorteilsgewährung (§ 333)** und **Bestechung (§ 334)** strafbar. Für den Amtsträger existieren spiegelbildlich die Tatbestände der **Vorteilsannahme (§ 331)** und der **Bestech-**

lichkeit (§ 332). Durch das Gesetz zur Bekämpfung der Korruption[1487] wurden die §§ 331 ff. mit Wirkung vom 26.11.2015 auch auf Europäische Amtsträger erweitert. Damit und durch die Einführung von § 335 a wurden die früheren Nebenstrafgesetze des EUBestG und IntBestG in das StGB integriert.

844 Ist ein **Richter** an der Unrechtsvereinbarung beteiligt, so sind die §§ 331–334 jeweils in ihrem Abs. 2 qualifiziert.

845 Für **Schmiergeldzahlungen im privatwirtschaftlichen Bereich** s. **§ 299, Bestechlichkeit und Bestechung im geschäftlichen Verkehr**, mit grundsätzlichem Strafantragserfordernis in **§ 301** und Strafrahmenerweiterung für besonders schwere Fälle und Regelbeispielskatalog in **§ 300**.

846 **Abgeordnete in Bundes- oder Landesparlamenten** sind keine tauglichen Täter der §§ 331 ff., weil sie gesetzgebende Tätigkeiten ausüben.[1488] Auch **kommunale Mandatsträger** sind keine Amtsträger, es sei denn, sie sind mit **konkreten Verwaltungsaufgaben** betraut, die über ihre Mandatstätigkeit in der konkreten Volksvertretung und den dazugehörigen Ausschüssen hinausgehen.[1489] Abschließende Sonderregelung für den genannten Personenkreis ist **§ 108 e, Bestechung und Bestechlichkeit von Mandatsträgern.** Diese Vorschrift wurde neu geregelt und stellt ab dem 01. 09. 2014 Verabredungen zwischen Parlamentariern und Außenstehenden unter Strafe, die ungerechtfertigte Vorteile als Gegenleistung für Handlungen im Auftrag oder auf Weisung bei Ausübung des parlamentarischen Mandats zum Gegenstand haben.[1490]

I. Vorteilsannahme, 331

1. Täterkreis

Taugliche Täter dieses echten Sonderdelikts sind **Amtsträger, Europäische Amtsträger** und **für den öffentlichen Dienst besonders Verpflichtete**. Lediglich Soldaten im Mannschaftsdienstgrad werden mangels Gleichstellung mit Amtsträgern in § 48 WStG nicht erfasst.

847 **a)** Der Begriff des Amtsträgers ist in § 11 Abs. 1 Nr. 2, der des Europäischen Amtsträgers ist in § 11 Abs. 1 Nr. 2 a legaldefiniert und erfasst **Beamte**. (Für Richter, § 11 Abs. 1 Nr. 3, gilt die Qualifikation des § 331 Abs. 2.) Genannt werden ferner öffentlich-rechtliche Amtsverhältnisse, durch die ein beamtenähnliches Dienst- und Treueverhältnis begründet wird (§ 11 Abs. 1 Nr. 2 b; z.B. **Minister, parlamentarische Staatssekretäre, Notare**), ferner Personen, die dazu **bestellt sind, Aufgaben der öffentlichen Verwaltung wahrzunehmen**, und zwar auch dann, wenn dies im Rahmen privatrechtlicher Organisationsformen geschieht (§ 11 Abs. 1 Nr. 2 c).

848 Gerade für den letzteren Personenkreis tauchen erhebliche Abgrenzungsprobleme auf (z.B. Geschäftsführer von GmbHs oder Vorstände von AGs im Alleinbesitz öffentlich-rechtlicher Körperschaften). Folgende **Leitlinien** haben sich herausgebildet:[1491]

1487 BGBl. I 2015, S. 2025.

1488 Sch/Sch/Eser/Hecker § 11 Rn. 22.

1489 BGH, Urt. v. 09.05.2006 – 5 StR 453/05, StV 2006, 465.

1490 Ausführlich dazu Francuski, HRRS 2014, 220.

1491 BGHSt 43, 96 ff.; 370 ff.; BGH, Urt. v. 15.03.2001 – 5 StR 454/00, BGHSt 46, 310, NJW 2001, 2102; BGH, Urt. v. 14.11.2003 – 2 StR 164/03, NJW 2004, 693, RÜ 2004, 78.

Der fragliche Täter muss bei einer Behörde oder einer **sonstigen Stelle** tätig sein, die **öffentliche Aufgaben wahrnimmt**.

- Zu den **öffentlichen Aufgaben** gehört neben der **Eingriffs-** und der **Fiskalverwaltung** auch die **daseinsvorsorgende Leistungsverwaltung**. Nicht erfasst werden dagegen rein mechanische Dienstverrichtungen (wie Reinigungsdienste oder Schreibarbeiten).
  Ebenso wenig genügen rein erwerbswirtschaftliche Tätigkeiten. (Maßgebliches Kriterium für die Abgrenzung daseinsvorsorgender Leistungsverwaltung von Erwerbstätigkeit kann sein, ob es in demselben Bereich private Anbieter gibt und ob der Staat zu diesen im Wettbewerb steht, ferner ob ausschließlich gewinnorientierte Interessen im Vordergrund stehen.)

- Unter einer **sonstigen Stelle** versteht man nach ständiger Rspr. eine behördenähnliche Institution, die auch in privatrechtlicher Organisationsform befugt ist, bei der Ausführung von Gesetzen mitzuwirken. Handelt es sich um eine juristische Person des Privatrechts, müssen aber Merkmale vorliegen, die eine Gleichstellung mit einer Behörde rechtfertigen. Bei einer Gesamtbetrachtung muss sie als „**verlängerter Arm des Staates**" erscheinen. In die Gesamtbetrachtung sind alle wesentlichen Merkmale der Gesellschaft einzubeziehen, namentlich ob sie im **Eigentum der öffentlichen Hand** steht, ob sie **gewerblich tätig** ist und mit anderen im **Wettbewerb** steht, ob ihre Tätigkeit – unmittelbar oder mittelbar – **aus öffentlichen Mitteln finanziert** wird und in welchem Umfang **staatliche Steuerungs- und Einflussmöglichkeiten** bestehen.[1492]

- **Zur Wahrnehmung dieser Aufgaben bestellt** ist, wer entweder durch eine längerfristige vertragliche Bindung oder durch einen (auch formfrei möglichen) Bestellungsakt organisatorisch an eine Behörde angebunden und als Träger besonderer Verhaltenspflichten erkennbar ist.

b) Zu den **für den öffentlichen Dienst besonders Verpflichteten** vgl. § 11 Abs. 1 Nr. 4. 849

2. Tatgegenstand: Vorteil

Vorteil ist jede Zuwendung, auf die der Vorteilsempfänger keinen Rechtsanspruch hat und die seine wirtschaftliche, rechtliche oder auch nur persönliche Lage, wenn auch nur mittelbar, objektiv messbar verbessert.[1493] 850

Materielle Vorteile sind in der Regel Geld- oder Sachgeschenke. Immaterielle Vorteile können z.B. Einladungen zur Jagd und Sexualkontakt sein.[1494]

Kein „Vorteil" i.S.d. Korruptionstatbestände ist dagegen die Begehung einer Ordnungswidrigkeit und die daraus resultierende Zahlung eines Bußgeldes, weil es sich hierbei um die gesetzliche Folge von Verwaltungsunrecht, also um eine repressive Maßnahme handelt.[1495]

1492 BGH, Beschl. v. 09.12.2010 – 3 StR 312/10 Rn. 14 ff. zur DB-Netz AG.
1493 Vgl. BGHSt 31, 264, 279.
1494 BGH JR 1989, 430.
1495 BGH, Urt. v. 07.07.2005 – 4 StR 549/04, StV 2005, 554.

851 Nicht tatbestandsmäßig sind Besserstellungen im Rahmen der **Sozialadäquanz**. Die Rechtspraxis erkennt eine solche Begrenzung an, zieht aber sehr enge Grenzen: Entspricht der dem Amtsträger zufließende Vorteil den Regeln des sozialen Verkehrs, der Höflichkeit und der sozialen Stellung des Amtsträgers, so ist der Tatbestand nicht erfüllt, selbst wenn der Vorteil im Zusammenhang mit einer Diensthandlung steht. Hierunter fallen jedoch nur relativ geringwertige Aufmerksamkeiten aus gegebenen Anlässen.[1496] Alles, was wertmäßig über ein Trinkgeld oder ein Anstandsgeschenk oder eine Einladung zu einem normalen Essen hinausgeht, ist tatbestandsmäßig.

852 Der Vorteil muss nicht dem Amtsträger selbst zugutekommen. Ausreichend sind auch **drittnützige Vorteile**, z.B. für Personenvereinigungen wie etwa Parteien.

Aufbau: *Wegen des größeren Schuldumfangs der eigennützigen Tat ist auf den Drittvorteil erst einzugehen, wenn ein Eigenvorteil ausgeschlossen ist. Hier gilt Ähnliches wie im Verhältnis Eigenzueignung/-bereicherung zu Drittzueignung/-bereicherung.*

3. Tathandlungen

853 Tathandlungen sind das **Fordern, Sichversprechenlassen und Annehmen eines Vorteils**. **Fordern** ist das einseitige Verlangen einer Leistung, **Sichversprechenlassen** ist die Annahme des Angebots von noch zu erbringenden Vorteilen, und das **Annehmen** bezeichnet die tatsächliche Entgegennahme des Vorteils.[1497] Mehrere Tathandlungen in Bezug auf denselben Vorteil bilden eine tatbestandliche Bewertungseinheit.

4. Tatbezug: Dienstausübung

854 Im Gegensatz zu den §§ 332/334 muss bei der Vorteilsannahme und -gewährung keine konkrete Diensthandlung im Beziehungsverhältnis zum Vorteil stehen. Den Beteiligten muss nur klar sein, dass der Vorteil **„für die Dienstausübung"** fließen soll. Es genügt also, wenn irgendein Zusammenhang zwischen Vorteil und Amt besteht.[1498] Zweck der Pönalisierung dieser **gelockerten Unrechtsvereinbarung** ist es, schon das Vorfeld der Korruption strafrechtlich zu erfassen, bei dem noch gar keine konkrete Diensthandlung ins Auge gefasst war (oder dies nicht nachweisbar ist!), sondern erst noch das „Anfüttern" des Amtsträgers oder die „Schaffung einer guten Atmosphäre".[1499]

Da es nicht auf eine konkrete Diensthandlung ankommt, ist auch gleichgültig, ob der Vorteil mit Blick auf vergangenes oder zukünftiges Verhalten fließen soll. Es kommt auch nicht darauf an, ob eine angeblich in der Vergangenheit liegende Diensthandlung tatsächlich vorgenommen worden ist oder nicht.[1500]

Da die Dienstausübung kein rechtswidriges oder pflichtwidriges Verhalten beinhaltet, ist es sogar strafbar, wenn ein Amtsträger sich im Nachhinein für sein korrektes Verhalten belohnen lässt, sofern das Zugewendete oberhalb der Grenzen der Sozialadäquanz liegt und nicht nach § 331 Abs. 3 genehmigt worden ist.

1496 BGH, Urt. v. 02.02.2005 – 5 StR 168/04, S. 4, NStZ 2005, 334; BGH, Beschl. v. 23.10.2002 – 1 StR 541/01, S. 19, RÜ 2003, 80.

1497 Vgl. Sch/Sch/Heine § 331 Rn. 22 ff.

1498 Sch/Sch/Heine/Eisele § 331 Rn. 13, 25, 27.

1499 Vgl. Wessels/Hettinger Rn. 1100.

1500 MünchKomm/Korte § 332 Rn. 22.

5. Vorsatz

Bzgl. aller Tatumstände muss der Täter vorsätzlich gehandelt haben. Der häufig anzutreffende Einwand, das Verhalten nicht für strafbar gehalten zu haben, entlastet in aller Regel als vermeidbarer Verbotsirrtum gemäß § 17 S. 1 nicht. 855

6. Erlaubnis nach § 331 Abs. 3

Die vor der Tat erteilte Zustimmung der zuständigen Behörde, § 331 Abs. 3 Alt. 1 wirkt nach h.M. als **Rechtfertigungsgrund.**[1501] Die nachträgliche Genehmigung nach unverzüglicher Anzeige beseitigt ebenfalls die Strafbarkeit, Abs. 3 Alt. 2. Da eine Rückwirkung im Strafrecht nicht gilt, ist aber nicht die Genehmigung selbst der Erlaubnissatz, sondern die mutmaßliche Zustimmung unter der Voraussetzung der Genehmigungsfähigkeit der Zuwendung.[1502] 856

II. Bestechlichkeit, § 332 Abs. 1

1. Täterkreis, Tatgegenstand und Tathandlungen

Täter der Vorteilsannahme können auch Täter der Bestechlichkeit sein. § 48 Abs. 2 WStG stellt darüber hinaus für § 332 alle Soldaten den Amtsträgern gleich. Auch der Begriff des Vorteils und die Tathandlungen decken sich mit § 331. 857

2. Tatbezug: Pflichtwidrige Diensthandlung

Der Vorteil muss Gegenleistung für eine Diensthandlung sein, die der Amtsträger vorgenommen hat oder künftig vornimmt und dadurch seine Dienstpflichten verletzt hat oder verletzen würde, kurz: eine **pflichtwidrige Diensthandlung**.

a) Kern der Bestechungstatbestände ist die durch das Merkmal **„als Gegenleistung"** gekennzeichnete **Unrechtsvereinbarung**. Erforderlich ist dafür bei der Bestechung, **dass der gewährte Vorteil in einem Beziehungsverhältnis zu einer zumindest in groben Umrissen erkennbaren Diensthandlung erfolgt.**[1503] Die Beteiligten müssen sich wenigstens stillschweigend darüber einig sein, das der Vorteil und die Diensthandlung miteinander verknüpft sind. Es genügt dagegen nicht, wenn die Zuwendung nur aus Anlass oder bei Gelegenheit einer Amtshandlung erfolgt. Am erforderlichen Gegenleistungsverhältnis fehlt es auch, wenn der Vorteil erst als Folge aus der Diensthandlung entsteht, also nur deren Frucht oder Ertrag ist.[1504] 858

b) Die im Gegenseitigkeitsverhältnis zum Vorteil stehende Tätigkeit (oder nach § 336 gleichgestellte Untätigkeit) müsste eine **pflichtwidrige Diensthandlung** gewesen sein. **Diensthandlung** ist jede Handlung, die in den Kreis der Obliegenheiten gehört, die der Amtsperson übertragen sind, und die von ihr in dienstlicher Eigenschaft vorge- 859

1501 Fischer § 331 Rn. 35.

1502 NK-Kuhlen § 331 Rn. 110.

1503 BGHSt 15, 88, 97; BGH NStZ 1984, 24; 1989, 74.

1504 OLG Karlsruhe, Beschl. v. 19.03.2001 – 2 Ws 193/00, NStZ 2001, 654.

nommen wird.[1505] **Pflichtwidrig** ist die Diensthandlung, wenn sie gegen Gesetze, Verwaltungsvorschriften, Richtlinien, allgemeine Dienstanweisungen oder Weisungen eines Vorgesetzten verstößt.[1506]

Nicht erfasst werden nach allgemeiner Ansicht Privathandlungen, die völlig außerhalb des Aufgabenbereichs des Amtsträgers liegen, z.B. privat angefertigte Bauantragsunterlagen eines Beamten des Bauamtes, selbst wenn er später über deren Genehmigung zu entscheiden hat.[1507] Entscheidend für den Charakter als Diensthandlung ist nur, dass der Täter eine Handlung vornimmt, die ihm gerade seine amtliche Stellung ermöglicht. Eine durch die Dienstvorschriften verbotene Handlung ist deshalb keine Privattätigkeit, sondern pflichtwidrige Amtshandlung.[1508]

860 **c)** Umstritten ist, ob auch die **Täuschung über eine in der Vergangenheit liegende rechtswidrige Diensthandlung** tatbestandsmäßig ist.

Das herrschende Schrifttum bejaht dies. Täusche jemand vor, eine Diensthandlung vorgenommen zu haben, und lasse er sich dafür eine Gegenleistung versprechen, so sei das durch die §§ 331, 332 geschützte Vertrauen in die Unkäuflichkeit von Amtsträgern schon allein durch diese Vereinbarung erschüttert.[1509]

Der BGH lehnt in einem solchen Fall Bestechlichkeit ab und verweist dafür auf die Entstehungsgeschichte der Vorschrift und ihren Wortlaut, der verlange, dass der Täter die Diensthandlung „vorgenommen hat" und dadurch seine Pflichten „verletzt hat". Diese Indikativformulierung schließe die Tatbestandsmäßigkeit der nur vorgetäuschten Diensthandlung aus.[1510]

Der Auffassung der Rspr. ist der Vorzug zu geben. Der Nachweis einer Dienstpflichtverletzung ist nur im Zusammenhang mit einer tatsächlichen Diensthandlung möglich.

Vorsicht: *Das aufgezeigte Problem gibt es* ***nur bei vergangenen Diensthandlungen und nur im Rahmen von § 332****.*

861 **d)** Die Vornahme der **zukünftigen Diensthandlung**, das folgt aus **§ 332 Abs. 3**, ist für die Tatbestandsverwirklichung nicht erforderlich.

Vielmehr genügt es bei **gebundenem Handeln**, dass der Täter seine Bereitschaft gezeigt hat, bei der in Aussicht genommenen Handlung seine Pflichten zu verletzen (Abs. 3 Nr. 1).

Bei einer **Ermessenshandlung** muss der Täter sich bereit gezeigt haben, sich bei Ausübung des Ermessens durch den Vorteil beeinflussen zu lassen (Abs. 3 Nr. 2). Die sogenannte **Mentalreservation**, also der innere Vorbehalt, die Diensthandlung nicht oder nur rechtmäßig vorzunehmen, ist unbeachtlich.

1505 BGHSt 31, 264, 280.

1506 Sch/Sch/Heine § 332 Rn. 7.

1507 BGH, Urt. v. 13.06.2001 – 3 StR 131/01; Otto Jurakartei 5/02 § 332/7.

1508 BGH NJW 1987, 1340.

1509 Lackner/Kühl § 331 Rn. 11.

1510 BGHSt 29, 300; anders für § 70 BBG BVerwG, Urt. v. 20.02.2002 – 1 D 19/01, NVwZ 2002, 1515.

3. Regelbeispiele

§ 335 Abs. 2 enthält drei Regelbeispiele für besonders schwere Fälle, nämlich 862

Nr. 1, wenn sich die Tat auf einen Vorteil großen Ausmaßes bezieht, was in diesem Zusammenhang in der Größenordnung von 25.000 € angenommen wird,[1511]

Nr. 2 für fortgesetzte Taten und

Nr. 3 für gewerbsmäßige oder bandenmäßige Taten.

III. Vorteilsgewährung, § 333

1. Bezugspersonen

Bezugspersonen sind hier – spiegelbildlich zu § 331 – deutsche und Europäische 863
Amtsträger sowie für den öffentlichen Dienst besonders Verpflichtete.

Da Soldaten in § 331 nicht benannt sind und § 48 WStG die Mannschaften nicht dem Amtsträger gleichstellt, ergibt sich die Konsequenz, dass bei einer Vorteilsgewährung an Soldaten im Mannschaftsdienstgrad zwar der Vorteilsgeber nach § 333 bestraft wird, der Vorteilsnehmer jedoch nur disziplinarisch verfolgt werden kann.[1512]

2. Tatgegenstand und Tatbezug

Der Begriff des Vorteils ist identisch mit § 331. Auch der Tatbezug „für die Dienstaus- 864
übung" ist in § 333 derselbe wie in § 331.

3. Tathandlungen

Die Tathandlungen sind für den Vorteilsgeber umformuliert: **Anbieten** ist die Offerte 865
auf Abschluss der Unrechtsvereinbarung, **Versprechen** ist die Zusicherung des Vorteils und **Gewähren** ist die tatsächliche Zuwendung an den Amtsträger.[1513]

IV. Bestechung, § 334 Abs. 1

Diese Vorschrift bildet für den Vorteilsgeber das spiegelbildliche Gegenstück zur Be- 866
stechlichkeit des Amtsträgers. **Täter** kann jedermann sein. **Bezugsperson** ist jeder Amtsträger und Soldat (§ 1 Abs. 1 SoldG). Hinsichtlich der **Unrechtsvereinbarung** gilt wiederum dasselbe wie bei der Bestechlichkeit gemäß § 332. Auch bei § 334 muss es um eine pflichtwidrige Diensthandlung gehen. Bei zukünftigen Diensthandlungen genügt es gemäß § 334 Abs. 3, dass der Vorteilsgeber den Amtsträger **zu bestimmen versucht,** bei gebundenen Handlungen seine Pflichten zu verletzen (Nr. 1) oder sich bei Ermessenshandlungen durch den Vorteil beeinflussen zu lassen (Nr. 2). Die Regelbeispiele des § 335 gelten auch hier.

1511 SK-Rudolphi-Stein § 335 Rn. 6.

1512 Sch/Sch/Heine/Eisele § 333 Rn. 2.

1513 Sch/Sch/Heine/Eisele § 333 Rn. 3.

B. Amtsanmaßung, § 132

I. Täter

867 Täter dieses Delikts zum Schutz der Autorität des Staates und seiner Behörden kann jedermann sein; **auch Amtsträger können sich danach strafbar machen, und zwar entweder dadurch, dass sie sich ein anderes Amt anmaßen, oder dadurch, dass sie ihre Amtsbefugnisse derart überschreiten, dass die Überschreitung den Charakter einer „in den Kreis eines anderen einschlagenden Amtshandlung annimmt"**. Letzteres ist aber nicht schon bei Überschreitung innerdienstlicher Befugnisse anzunehmen, sondern erst, wenn der Amtsträger für die fragliche Handlung allgemein, bezogen auf die Außenwirkung unzuständig war.[1514]

II. Tathandlungen

Der Tatbestand trennt zwischen zwei Alternativen, wobei die 1. Alt. nach h.M. Spezialfall gegenüber der 2. Alt. sein soll.[1515]

868 **1.** Die **1. Alt.** verlangt, dass sich der Täter **unbefugt mit der Ausübung eines öffentlichen Amtes befasst** haben muss. Erforderlich dafür ist zweierlei: Der Täter muss sich ausdrücklich oder schlüssig als Inhaber eines inländischen öffentlichen Amtes ausgeben – wofür die allgemeine Kennzeichnung als Funktionsträger der Staatsgewalt ausreicht – und er muss eine in dem Tätigkeitsbereich dieses angemaßten Amtes liegende Handlung vornehmen, sodass ein objektiver Betrachter den Eindruck bekommen kann, das fragliche Handeln sei Handeln eines bundesdeutschen Amtsträgers.

Beispiel: Der Täter meldet sich an der Haustür mit den Worten: „Ich bin von der Kriminalpolizei" und befragt eine „Zeugin" nach der Anschrift einer anderen „Zeugin".[1516]

Gegenbeispiel: Der Täter gibt sich als „Reichspräsident" aus und vereidigt mehrere Staatssekretäre und Minister. – Nach Ansicht des OLG Stuttgart keine Amtsanmaßung, weil die Bezeichnung „Reichspräsident" erkennbar auf ein nicht mehr existentes Amt hinweise.[1517]

869 **2.** Für die **2. Alt.** kommt es nur darauf an, dass der Täter eine **Handlung vornimmt, welche nur kraft eines öffentlichen Amtes vorgenommen werden darf**. Auf das Vorspiegeln einer Amtsbefugnis kommt es nicht an. Entscheidend ist aber auch hier, dass nach außen der Eindruck erweckt wird, es liege amtliches Handeln eines bundesdeutschen Hoheitsträgers vor.[1518]

Beispiel: Das Aufstellen von Verkehrszeichen durch Privatpersonen.[1519]

870 Das Merkmal **unbefugt** ist nach herrschender Ansicht **Tatbestandsmerkmal**, weil erst die fehlende öffentlich-rechtliche Befugnis das Unrecht der Tat typisiert.[1520] Es entfällt bei Einwilligung der zuständigen staatlichen Stellen.

1514 BGHSt 12, 85; BayObLG NStZ-RR 2003, 109.

1515 Sch/Sch/Sternberg-Lieben § 132 Rn. 2; für gegenseitiges Ausschlussverhältnis der beiden Alternativen SK-Rudolphi/Stein § 132 Rn. 2.

1516 OLG Karlsruhe, NStZ-RR 2002, 301.

1517 OLG Stuttgart, Beschl, v. 25.04.2006 – 4 Ws 98/06, NStZ 2007, 527.

1518 BGH NJW 1994, 180; OLG Stuttgart a.a.O. zur Ausstellung von Personalausweisen des „Deutschen Reiches".

1519 Wessels/Hettinger Rn. 612.

1520 BGH NJW 1994, 140, 141.

Beispiel: Die nach § 45 Abs. 7 StVO einem Straßenbauunternehmer erteilte Zustimmung zum Aufstellen von Verkehrszeichen wirkt also bereits tatbestandsausschließend.

C. Missbrauch von Titeln, Berufsbezeichnungen und Abzeichen, § 132 a

I. Schutzgegenstände

Abs. 1 Nr. 1 dieser Vorschrift schützt **in- und ausländische Amts- oder Dienstbezeichnungen**, allerdings nur die **förmlichen Amtsbezeichnungen**,[1521] z.B. „Kriminalkommissar", „Regierungsinspektor", nicht aber „Polizeibeamte". Erfasst werden weiter **akademische Grade** (z.B. Doktor, Dipl.-Ing.), Titel (z.B. „Staatsschauspieler"), **öffentliche Würden** (z.B. „Ehrensenator"). 871

Nr. 2 schützt bestimmte **Berufsbezeichnungen** (insbesondere Arzt und Rechtsanwalt, und zwar auch „Europäischer Rechtsanwalt".[1522]

Nr. 3 erfasst die Bezeichnung **öffentlich bestellter Sachverständiger**, und die **Nr. 4 inländische oder ausländische Uniformen, Amtskleidungen oder Amtsabzeichen**.

Abs. 3 unterstellt auch die Amtsbezeichnungen, Titel, Würden, Amtskleidungen und Abzeichen der Kirchen und Religionsgesellschaften des öffentlichen Rechts dem Strafrechtsschutz, z.B. die Amtsbezeichnung „Erzbischof" der römisch-katholischen Kirche.[1523]

Erfasst werden durch Abs. 2 schließlich zum Verwechseln ähnliche Amtsbezeichnungen, Titel und Uniformen.

II. Tathandlungen

Die Tathandlung des **Führens** liegt nur vor, wenn der Täter die Bezeichnung durch aktive Äußerung gegenüber seiner Umwelt so in Anspruch nimmt, dass dadurch die Interessen der Allgemeinheit berührt werden.[1524] Bei mehrfacher Inanspruchnahme des Titels liegt in der Regel nur eine einzige Tat vor. Bloßes Dulden der Anrede genügt ebenso wenig wie der Gebrauch der Bezeichnung im rein privaten Bereich, z.B. aus Imponiergehabe. 872

Das **Tragen** i.S.v. Abs. 1 Nr. 4 muss in einer die Allgemeinheit berührenden Weise eine in Wahrheit nicht vorhandene Amtseigenschaft zum Ausdruck bringen. Daran fehlt es bei einer offensichtlichen Karnevalsverkleidung,[1525] oder wenn militärische Dienstgradabzeichen oder Kleidungsstücke mit der Aufschrift „Polizei" erkennbar mit Zivilkleidung kombiniert werden.[1526]

1521 BGHSt 26, 267.

1522 Art. 1 §§ 1, 42 EuRA-Gesetz vom 9. März 2000, BGBl. I, 182 ff.

1523 Vgl. OLG Köln, Urt. v. 10.08.1999 – Ss 293/99, NJW 2000, 1053.

1524 OLG Saarbrücken NStZ 1992, 236.

1525 Lackner/Kühl § 132 a Rn. 8.

1526 BGH NStZ 1992, 490.

STICHWORTVERZEICHNIS

Die Zahlen verweisen auf die Randnummern.